ÉTUDES DOCUMENTAIRES SUR LA RÉVOLUTION FRANÇAISE

LA PRÉPARATION

DE LA

GUERRE DE VENDÉE

1789-1793

PAR

Ch.-L. CHASSIN

TOME I

PARIS

IMPRIMERIE PAUL DUPONT

4, RUE DU BOULOI 4

1892

LA PRÉPARATION

DE LA

GUERRE DE VENDÉE

1789-1793

TOME PREMIER

AVERTISSEMENT

SUR LES SOURCES INÉDITES DE CET OUVRAGE

L'ouvrage dont nous commençons la publication est destiné à détruire quelques légendes, à dissiper beaucoup de préjugés et à procurer aux historiens de l'avenir les moyens de déterminer au vrai, d'apprécier au juste le rôle énorme que la Vendée a joué dans le drame de la Révolution française.

Cet ouvrage est le résultat de longues recherches à travers les diverses séries de nos Archives nationales ; dans la section France des Archives du ministère des Affaires étrangères ; dans les Archives historiques et administratives du ministère de la Guerre ; dans les Archives centrales du ministère de la Marine et dans celles des ports, de Rochefort et la Rochelle à Nantes et à Brest ; dans les Archives départementales et municipales ainsi que dans les greffes des tribunaux de la région vendéenne ; enfin dans des collections particulières, dont plusieurs très importantes.

Il a par conséquent pour base un amas considérable de documents authentiques, recueillis de toutes parts. Il est rempli de pièces inédites, qui font apparaître des faits nouveaux, rectifient les faits connus et, sur certains points obscurs, apportent la lumière avec une autorité décisive.

L'auteur intervient le moins possible ; il met les textes en vue et charge le plus souvent les contemporains de les expliquer.

Les administrateurs du département de la Vendée, accusés devant la Convention d'avoir laissé se préparer la guerre civile, répondaient, au mois de juillet 1793 : « Toutes les pièces justificatives nous manquent; le pillage et la dévastation nous en ont dépouillés. » Deux d'entre eux recevaient la mission de « prendre des copies collationnées de leur correspondance dans les archives des Assemblées nationales, du Conseil exécutif et de la douzième division militaire ». Cela ne put être obtenu. Faute de preuves positives, les origines de la guerre de Vendée continuèrent à flotter incertaines dans la perpétuelle polémique des partis.

La destruction des registres et actes administratifs a été systématiquement opérée dans les villes où sont entrés les révoltés. Nous avons constaté que les mairies ne contiennent rien d'antérieur à la première pacification, 1795.

Des six districts de la Vendée, un seul, celui des Sables-d'Olonne, son chef-lieu n'ayant jamais été pris, a gardé ses registres de délibérations, d'inscription des lois, d'enregistrement des actes du département, de correspondance avec les municipalités, l'administration centrale et les chefs des armées; les procès-verbaux de ses comités de surveillance, les jugements de ses commissions militaires ou conseils de guerre, et de nombreux papiers provenant des communes non occupées[1].

Par le dépouillement du dossier de ce district et par celui des procès-verbaux de la ville des Sables, devenue municipalité cantonale en l'an III[2], nous avons obtenu la suite presque ininterrompue des faits administratifs et politiques depuis le commencement de la Révolution jusqu'au Consulat. Les pièces expédiées, en originaux ou en copies, aux Ministres, aux Assemblées nationales ou à leurs Comités, et conservées dans nos grands dépôts parisiens, ont été ramenées sur le

---

1. Ces registres et papiers sont conservés dans le meilleur état et ont été mis dans le meilleur ordre par l'archiviste, M. G. Barbaud; nous lui exprimons notre gratitude du concours qu'il nous a prêté. Nous devons aussi des remerciements à MM. les Préfets qui se sont succédé en Vendée depuis le commencement de nos études, et au secrétaire général de la préfecture, M. Frize, dont la complaisance a été pour nous sans limites.

Le meilleur accueil nous a été fait par les savants archivistes de la Loire-Inférieure, de la Vienne, des Deux-Sèvres, de la Charente-Inférieure; MM. Léon Maître, O. Richard, Jos. Berthelé, de Richemond, nous ont rendu d'éminents services, ainsi que les érudits bibliothécaires de Niort et de la Rochelle, MM. Chotard et Georges Musset.

2. Nous avons aussi utilisé, quoiqu'en désordre et incomplets, les registres et papiers curieux du petit port de Saint-Gilles-sur-Vie, chef-lieu de canton.

plan que nous n'eussions pas pu établir sans ces archives locales.

Longtemps nous avons désespéré de retrouver les délibérations du directoire et du conseil de département à l'instant où éclata l'insurrection générale. Les minutes de ces précieuses délibérations, des derniers jours du mois de février, des premiers jours du mois de mars 1793, ont été très heureusement réservées, avec d'autres documents officiels, de 1792 à 1794, pour servir de pièces justificatives aux « Mémoires » que l'un des administrateurs écrivait.

Deux des cahiers des Mémoires de Mercier du Rocher, quoique inédits, ont été rendus célèbres par l'usage que les grands historiens de la Révolution, J. Michelet et Louis Blanc, ont pu faire de la copie qui leur a été communiquée. Mais les papiers de Mercier, mais les deux cahiers qui contiennent la reprise, en l'an VI, de ses Mémoires, interrompus au 9 thermidor an II ; mais les six cahiers de son Journal, où abondent les notes intimes sur les choses et les hommes de la Vendée jusqu'en 1816, étaient restés en dehors des études historiques, refusés à la publicité. Le petit-fils de Mercier du Rocher, M. Ernest Brisson, à qui est échu ce dépôt, qui en connaît la valeur et qui saura en assurer la conservation, nous a permis d'y puiser à pleines mains[1].

La plus riche et la plus méthodique collection d'autographes et de documents rares qu'ait possédée un particulier, est

---

1. Voir à l'*Appendice* n° 1 de ce volume une notice sur Mercier du Rocher.
N'omettons pas d'indiquer, parmi les manuscrits dont nous nous sommes servi, les *Notes sur les Sables et la Chaume*. La copie concernant la période révolutionnaire nous a été prêtée par M. A. Odin, pharmacien, ancien conseiller municipal des Sables-d'Olonne. Les *Notes* d'André Collinet, né le 3 juillet 1729, échevin de la ville des Sables pour le faubourg de la Chaume au moment de la Révolution, mort le 21 avril 1806, continuaient celles commencées par son père et suivies de 1739 à 1775. L'ensemble formait trois ou quatre registres, qu'il légua à ses deux fils, l'un et l'autre marins célèbres, en particulier le second, Jean-Armand, qui, après de brillants exploits comme capitaine de la *Circé*, commanda l'École de marine de Rochefort, et, retraité en 1830, mourut à la Chaume le 21 janvier 1852. La fille adoptive de ce dernier, femme du docteur Guettant, hérita des *Notes des Collinet*, dont, nous a raconté M. le docteur Marcel Petiteau, l'érudit sablais, le manuscrit fut prêté à M. Bouhier de l'Écluse, député de la Vendée sous le second Empire. Celui-ci ne l'a pas rendu, et en vain, à son décès, l'a-t-on réclamé à son fils, qui ne l'a pas retrouvé. Il n'en subsiste que des copies.

L'existence de plusieurs recueils de Notes journalières et de Mémoires personnels d'hommes ayant pris part aux évènements vendéens ou y ayant assisté, nous a été signalée au cours de nos recherches. Nous espérons en obtenir communication pendant que nous préparons la seconde partie de notre travail.

sans doute celle que rassembla, en quarante années, le Vendéen patriote Benjamin Fillon, érudit aussi profond que merveilleux chercheur[1]. De son vivant et avec sa collaboration, M. Étienne Charavay en a dressé un inventaire qui est lui-même un monument historique[2]. Les ventes qui furent faites, avant et après la mort du propriétaire des célèbres Archives historiques de la Court de Saint-Cyr-de-Talmondais, auraient eu, pour l'histoire de la Révolution, surtout pour celle des guerres vendéennes, des conséquences déplorables, si les

---

1. Né au village de Grues, en Vendée, le 15 mars 1819, mort à Saint-Cyr-de-Talmondais le 23 mai 1881, Benjamin Fillon, issu d'une famille très ancienne dans le pays et très patriote, fils d'un volontaire de 1791, fit ses études classiques à Fontenay et son droit à Poitiers, puis à Paris, où il se fit recevoir avocat. Dès 1841, il était membre de la Société des antiquaires de l'Ouest. Il commençait, en 1846, ses publications d'érudition par le premier volume des *Recherches historiques et archéologiques sur Fontenay-le-Comte*, dont beaucoup plus tard il fit imprimer le tome II, qu'il a laissé inachevé. En 1847, par un recueil de *Pièces contre-révolutionnaires*, il semblait ouvrir une série d'études sur les guerres de Vendée, qui devaient tôt ou tard produire un grand livre. Vers 1861, dans ses *Lettres à M. de Montaiglon*, il annonçait la préparation d'un ouvrage en trois volumes sur *Les causes premières et le but social des guerres de la Vendée*. Mais il continua jusqu'à la fin de sa vie à disperser en brochures, dans les revues et dans les journaux, principalement à l'*Indicateur de Fontenay*, de très nombreuses pièces et notes, au hasard de ses découvertes et de son inspiration ; il laissa venir ses derniers jours sans accomplir celui de ses projets qui lui tenait le plus au cœur. Le goût passionné des choses d'art, recueillies de toutes parts, à tout prix, et son talent, quelques-uns disent son génie d'archéologue, le détournèrent sans cesse de l'histoire contemporaine. (Voir *Benjamin Fillon* par Maurice Tourneux, étude très remarquable, donnée dans l'*Art* en 1881.) Il faut ajouter qu'après avoir été juge suppléant au tribunal civil de la Roche-sur-Yon en 1848, démissionnaire au 2 décembre 1851, pour refus de serment, il fut nommé préfet de la Vendée le 5 septembre 1870, n'accepta pas ces fonctions, mais avec son successeur, M. G. Coulon, partagea la charge de l'organisation des mobiles de la Vendée, et resta longtemps moralement écrasé par les désastres de l'Année terrible. (Voir la notice nécrologique publiée, par M. Eugène Louis, dans l'*Annuaire de la Société d'émulation de la Vendée*, 1881.)

Grâce à la publication d'une très minutieuse *Bibliographie des œuvres de Benjamin Fillon*, à laquelle travaille depuis plusieurs années M. de Montaiglon, et qui s'imprime à Fontenay, chez Baud, il sera possible de recueillir tout ce qu'a semé le célèbre érudit et de n'en rien perdre. M. A. Charier-Fillon, maire de la ville de Fontenay, a bien voulu mettre à notre disposition les épreuves de cette bibliographie, plusieurs brochures très rares et d'intéressants papiers, échappés à la dispersion des Archives de la Court de Saint-Cyr.

2. INVENTAIRE DES AUTOGRAPHES ET DOCUMENTS HISTORIQUES, *réunis par M. Benjamin Fillon, décrits par Etienne Charavay, archiviste-paléographe;* Paris, Charavay frères, 1878, 2 vol. in-4° de XII-239 et 381 pages ; — INVENTAIRE, etc., *des séries* XIII, XIV, XV, *dont la vente aura lieu à Paris le 27 juillet 1883, par le ministère de M° Maurice Delestre, commissaire-priseur, assisté de M. Étienne Charavay, archiviste expert;* Paris, Étienne Charavay, 1883, 1 vol. in-4° de 126 pages.

pièces les plus intéressantes, notamment de la 4ᵉ et de la 14ᵉ séries, n'avaient été réservées pour le collaborateur et l'ami de Benjamin Fillon, M. Charles Dugast-Matifeux[1].

La collection Dugast-Matifeux a sa source première dans les papiers du conventionnel Goupilleau (de Montaigu). Enrichie par le travail de plus d'un demi-siècle, elle forme actuellement dix volumes in-folio, montés sur onglet et reliés. La

1. « Érudit et littérateur, auquel on doit un grand nombre de remarquables travaux historiques sur le Poitou et la Bretagne, né « Matifeux, près de Montaigu (Vendée), le 22 octobre 1812 », lisons-nous page 223 du tome Iᵉʳ de l'*Inventaire Charavay*, brève note de B. Fillon annexée à une lettre autographe de 8 pages in-8°, contenant « le plan d'un ouvrage intitulé : *Causes premières et but social des guerres civiles de la Vendée*, Montaigu, 14 juillet 1866. » D'après le *Dictionnaire des Contemporains* (édition de 1880), Dugast-Matifeux commença par être étudiant en médecine, puis fit son droit à Paris, à l'époque de la révolution de 1830. Arrêté à la suite de l'insurrection républicaine de 1832, il subit trois mois de détention préventive et fut acquitté. Secrétaire de Buchez, il collabora à l'*Histoire parlementaire de la Révolution française*. Le premier ouvrage qu'il ait signé date de 1833; c'est un *Essai sur Grégoire*, mis en tête de l'*Histoire des arbres de la liberté*, du célèbre évêque et conventionnel. En 1841, il rentra dans son pays natal pour ne plus le quitter qu'à de très rares intervalles. Son hostilité au coup d'État du 2 décembre 1851 lui valut une nouvelle arrestation et des perquisitions qui n'aboutirent pas. Il a été conseiller municipal de Nantes depuis 1870 ; il est encore conseiller municipal de Montaigu. Par une vie de *Goupilleau de Fontenay* (1844, Nantes, in-8°), et par un fascicule de *Documents relatifs aux États généraux de 1789 en Poitou* (1850, Fontenay, in-8°), il avait commencé la série des études révolutionnaires vendéennes, qu'il n'a cessé depuis lors de répandre à travers un grand nombre de revues et de journaux de la région, principalement dans la *Biographie bretonne*, de Levot, la *Revue des provinces de l'Ouest*, l'*Annuaire de la Société d'émulation de la Vendée*, les *Échos du Bocage*, le *Phare de la Loire*, le *Libéral de la Vendée*, l'*Indicateur de Fontenay*, etc., etc. Son érudition s'est, à diverses reprises, étendue à l'histoire des deux provinces sur les confins desquelles il habite; connus et très estimés sont ses ouvrages : *État du Poitou sous Louis XIV* (Fontenay, P. Robuchon, 1865, gr. in-8° de 519 pages); *Nantes ancien et le pays nantais* (Nantes, Morel, 1879, gr. in-8° de 580 pages). Il s'est mêlé aux recherches archéologiques de son ami Benjamin Fillon, et il s'est adonné quelquefois à des travaux de pure littérature, comme la *Correspondance inédite de Louis Racine avec René Chevaye de Nantes* (Paris et Nantes, 1858, gr. in-8°). En 1885, il a fait paraître (Nantes, Vier, in-16 de 150 pages) un curieux opuscule, *Carrier à Nantes, Robespierre et Jullien ;* en 1886, la biographie de *Larevellière-Lépeaux* (Paris, Hetzel, brochure in-8°), pour expliquer l'érection d'un modeste monument à la mémoire du théophilanthrope dans sa ville natale de Montaigu. Depuis dix ans qu'il a perdu Fillon, il s'est remis au grand travail qu'ils devaient poursuivre ensemble ; il lui a donné pour titre définitif *Origine et débuts de l'insurrection vendéenne;* les dix premières feuilles (in-18) en ont même été composées et tirées. M. Célestin Port (de l'Institut), qui les a lues, y a puisé de précieux renseignements et une pièce capitale, qu'il s'est hâté de produire dans son excellent livre *La Vendée angevine* (Paris, Hachette, 1888, 2 volumes in-8°). Nous-même nous les avons eues à notre disposition, et nous en avons largement profité, comme le prouvent les nombreuses notes de nos tomes I et II, où nous signalons nos emprunts à notre généreux compatriote et ami, M. Ch. Dugast-Matifeux.

dispersion de cet inestimable recueil de pièces autographes et de documents relatifs à la Révolution dans l'Ouest de la France serait un désastre pour la science historique. Mais cela n'est pas à craindre d'un savant doublé d'un citoyen, qui, loin de cacher son trésor, l'a sans cesse ouvert aux chercheurs de la vérité ; qui ne le complète et le coordonne que pour le mettre à la portée de l'universalité des travailleurs dans le département des manuscrits de notre Bibliothèque nationale.

Depuis trente ans connu de M. Dugast-Matifeux, grâce à notre origine vendéenne, notre naissance à Nantes et l'amitié commune de Michelet, nous avons rencontré en lui le plus utile auxiliaire de nos recherches, le plus compétent vérificateur de nos découvertes. Il a poussé la bienveillance jusqu'à se donner la peine de revoir nos épreuves. Que de fautes il nous a empêché de commettre ! Combien d'explications, de suggestions nous avons tirées de sa prodigieuse mémoire, de son érudition impeccable, dans les réceptions dont il nous a honoré sous son toit hospitalier de Montaigu ! Nous lui en exprimons notre reconnaissance émue.

S'il avait pu hâter l'achèvement de son livre, *L'origine et les débuts de l'insurrection vendéenne*, nous eussions volontiers retardé la publication du nôtre, allégé de ce que le sien aurait fourni. Il ne nous l'a pas demandé, et il a constaté que les travailleurs de province ont le tort de ne pas compléter leurs études à Paris, comme les travailleurs parisiens de négliger la recherche de ce qui ne subsiste qu'en province. Il a reconnu la nouveauté pour lui-même, le haut intérêt pour l'Histoire, de certaines de nos investigations en dehors du terrain fouillé par les érudits de l'Ouest.

La clef des conspirations royalistes nous a été donnée par les états de service du marquis d'Autichamp aux Archives administratives de la guerre. Deux séries différentes des Archives nationales nous ont apporté des informations abondantes sur les troubles et insurrections préliminaires de 1791 et 1792. Sur la gravité de l'agitation des campagnes, gravité si atténuée dans le rapport officiel des deux commissaires Gensonné et Gallois, on n'avait qu'une preuve : la lettre intime de Gensonné au docteur Gallot, constituant, signalée dans l'Inventaire Fillon-Charavay[1] comme « la plus belle qu'on possède du célèbre girondin, document historique d'une importance considérable ». Nous y ajoutons[2] le Journal de

---

1. Tome I*er*, p. 131, n° 518.
2. En notre tome II.

tournée et le Livre d'ordres et de correspondance de Dumouriez, maréchal de camp de la 12ᵉ division, du milieu du mois de juin 1791 à la fin du mois de février 1792, employant toute son habileté diplomatique et tout son génie militaire à empêcher d'éclater la guerre religieuse et civile, préparée dès ce moment. Nous avons pénétré jusqu'au fond du mouvement ecclésiastique contre la Constitution civile du clergé; nous avons même pu suivre, dans des lettres et pétitions jusqu'à ce jour ignorées, les négociations habiles de l'un des grands vicaires de l'évêque de Luçon, en vue d'arriver à l'organisation publique et légale du culte des « non-conformistes ».

Quelques-unes de nos trouvailles sont dues, il faut l'avouer, à des hasards survenus au milieu de fatigantes fouilles dans les liasses « en classement » de certaines séries des Archives nationales, par exemple, la série F (Administration générale de la France) et son numéro 7 (Police générale), lequel à lui seul ne contient pas moins de 2,356 articles[1]. Mais avec quelle patience les savants collaborateurs du garde général, M. Servois, ont répondu à nos questions incessantes! Combien d'indications lumineuses nous devons à MM. Tuetey et Bonassieux !

L'accueil dont nous avons été favorisé aux Affaires étrangères et à la Guerre nous rend également l'obligé des directeurs, MM. Girard de Rialle et Pierre Lefebvre, ainsi que de leurs auxiliaires. La série France du premier de ces ministères nous a donné le détail des missions secrètes de Lalligant-Morillon, Latouche-Cheftel, Burke et Sicard, chargés de la découverte de la mystérieuse conspiration de Bretagne; de Baudry et Févelat, observant l'esprit des populations et l'action des généraux, au commencement de la guerre de Vendée. Les cartons, peu ouverts, des Armées de l'Intérieur, de la Réserve, des Côtes, nous ont livré sur le début du grand soulèvement des renseignements d'intérêt majeur, que ne contiennent pas les cartons, beaucoup plus fouillés, des Armées des Côtes de la Rochelle, des Côtes de Brest, de l'Océan. Nous en avons tiré 70 pièces royalistes, presque toutes inconnues, datées des mois de mars et d'avril; puis le Livre d'ordres et de correspondance du général Boulard, comman-

---

1. Voir les indications beaucoup trop brèves et trop vagues données sur F⁷ pages 70-71 du très beau et très utile *État sommaire par séries des documents conservés aux Archives nationales*, état dressé par l'administration des Archives et que vient d'éditer la librairie Charles Delagrave (Paris, 1891, in-4°, xiv-880 pages).

dant la division des Sables, la seule qui put tenir contre l'insurrection, du mois d'avril au mois d'août 1793. Dans les contrôles des régiments, bataillons et demi-brigades, dans les états de service des officiers supérieurs et inférieurs, avec l'amicale collaboration de M. Léon Hennet, pour lequel rien n'est introuvable, nous avons découvert non seulement des détails biographiques exacts sur les innombrables militaires mêlés aux évènements, mais encore des documents très nécessaires à l'histoire générale [1].

Il nous a été permis de profiter des recherches entreprises en 1886 dans tous les dépôts d'archives publiques et particulières des départements, par des officiers de tous les grands corps d'armée, sur l'ordre du ministre de la guerre. Nous regrettons que ces recherches n'aient pas été continuées, car ce qu'elles ont produit, à peu de frais, nous assure-t-on, est on ne peut plus important pour l'histoire militaire de la France. Elles nous ont procuré des indications précises sur l'ensemble et les détails des documents qui subsistent dans la région de l'Ouest, même sur l'existence, dans des pays très éloignés du théâtre de la guerre, de pièces utiles à notre travail, beaucoup plus civil que militaire.

Car, ce que nous traitons, c'est l'histoire civile des causes et des effets de l'insurrection vendéenne. L'histoire militaire a été faite, et de main de maître, par J.-J.-M. Savary, dans le célèbre ouvrage : *Guerres des Vendéens et des Chouans contre la République française* [2].

Il va sans dire que, si nous avons poussé la recherche de l'inédit jusqu'à « l'enthousiasme », comme M. Albert Sorel nous en a si aimablement accusé, dans l'une de ses belles études de critique historique du journal le *Temps*, nous ne professons pas, avec l'idolâtrie des manuscrits, le mépris des imprimés. L'annotation de nos documents indique combien nous avons dû lire de livres publiés sur les choses et les hommes de la Vendée depuis les histoires de Bourniseaux, de Beauchamp, de Lebouvier-Desmortiers, de Crétineau-Jolly, de Th. Muret, aussi bien que de F. Grille, jusqu'à celles de MM. Alfred Lallié, l'abbé Deniau et L. de la Sicotière ; sans compter les rapports faits aux Assemblées nationales, ni les romans

---

1. Nous oublions d'autant moins les services que nous a rendus, au début de nos recherches, M. Didier Neuville, sous-chef aux Archives de la marine, que nous aurons de nouveau recours à lui, dès que l'achèvement de ce travail sur la guerre de Vendée nous permettra de compléter le dossier que nous avons commencé à former pour servir à l'*Histoire de la défense des côtes de l'Océan de 1793 à 1815.*
2. Nous donnons dans l'*Appendice* n° 2 de ce volume une notice sur Savary.

multipliés après la Restauration sur le modèle des *Mémoires de M*^{me} *la marquise de la Rochejaquelein*. A la Bibliothèque nationale, MM. O. Thierry - Poux, D. Blanchet et les autres serviteurs admirables du plus exigeant des publics, nous comptent parmi ceux qui abusent le plus de leur art de retrouver tout ce que l'on croit perdu.

Nous n'avons pas omis, on le pense bien, de nous mettre au courant des travaux de l'érudition royaliste et catholique, très nombreux dans les vingt-cinq dernières années. Personne plus que nous ne regrette la disparition de la *Revue de la Révolution*, malgré son parti pris contre-révolutionnaire. N'y avons-nous pas reconnu, dans un mémoire oublié parmi les notes de l'historien Beauchamp et édité par M. Gustave Bord, un récit de la découverte du complot La Rouerie par celui qui en livra le secret à Danton, par Latouche-Cheftel lui-même[1]?

Ces explications préliminaires prouvent nos efforts afin d'approcher le plus près possible de la vérité. Il nous est arrivé, pour éclaircir certains points délicats, de nous adresser aux descendants des familles qui ont combattu pour la cause qui n'est pas la nôtre. Quelques-uns se sont abstenus de répondre, mais d'autres nous ont accueilli avec une galanterie française, qu'ils n'auront pas à regretter.

Nos convictions politiques n'excluent pas l'impartialité historique; au contraire, elles l'exigent. Nous estimons que l'étude approfondie des horreurs dont la Vendée a été le théâtre, de part et d'autre, ne saurait servir qu'à rendre la guerre civile haïssable et à faire aimer par dessus tout la patrie et la liberté.

Cet ouvrage se divise en deux parties :
La préparation de la guerre de Vendée (1789-1793) ;
La Vendée patriote (1793-1800).

Dans la première partie, on suit le fil des conspirations de

---

1. Les *Échos du Bocage vendéen*, dont M. Dugast-Matifeux était le principal rédacteur, ont aussi cessé de paraître. La *Revue du Bas-Poitou*, dirigée par M. René Vallette, continue à publier des études locales sur la période révolutionnaire. C'est elle qui donne, trop lentement à notre gré, le *Journal d'un Fontenaisien pendant la Révolution*, résumé de documents authentiques fait avec une exactitude incontestée par M. A. Bitton, le collaborateur de Benjamin Fillon dans la très belle reconstitution des Archives municipales de Fontenay-le-Comte. Nous n'avons négligé aucun des recueils d'opinions diverses contenant des études relatives à notre sujet, depuis la *Revue de Bretagne et d'Anjou* jusqu'à la *Revue poitevine et saintongeaise*. Nous avons trouvé beaucoup de renseignements dans l'*Annuaire de la Société d'émulation du département de la Vendée*.

la Noblesse qui, successivement avortées, produisirent néanmoins l'explosion vendéenne, inattendue des contre-révolutionnaires désespérés et, pour la Convention nationale, pour le Comité de salut public, « inexplicable », comme disait Barère. En même temps se révèlent les procédés par lesquels le clergé réfractaire à la Constitution civile rendit toutes les réformes de la Constituante odieuses aux populations rurales qu'elles émancipaient; exaspéra l'ignorance et la superstition de paysans laborieux, bons et braves, au point de les faire du même coup refuser le service militaire à la France envahie et s'armer contre la patrie, pour la restauration complète de l'Ancien Régime. D'un autre côté, sont rapportées les fautes des Assemblées nationales et les maladresses des Administrations, qui ne surent ni prévoir, ni prévenir, ni réprimer au moment opportun, attisèrent quelquefois le feu, et se laissèrent surprendre par l'incendie sans moyens de l'éteindre.

La Vendée patriote a pour base l'existence, presque ignorée, du tiers environ du « Département Vengé » qui, comme l'expliquait le conventionnel Gaudin (des Sables), « n'a jamais été révolté, s'est défendu courageusement, a obéi à toutes les réquisitions des représentants. » On y voit comment les habitants de la région maritime empêchèrent le soulèvement de 1793 de s'étendre jusqu'à l'Océan, de saisir un port abordable à l'émigration, de le livrer, comme Toulon, à l'étranger, et rendirent les armées catholiques-royales incapables de relations avec l'extérieur, au moment décisif de la trahison de Dumouriez et de la seconde attaque de la Coalition européenne. Ensuite est décrite l'énergique résistance des patriotes de la Vendée aux décrets ordonnant la dévastation, la destruction totale du malheureux pays réputé antinational. Enfin est expliquée, par l'état réel de l'esprit public à l'époque du Directoire, la pénétration des lois nouvelles dans ce sol bouleversé, si bien que, sans le coup d'État des 18 et 19 Brumaire an VIII, les institutions républicaines auraient, dès les premières années du dix-neuvième siècle, poussé des racines profondes sous les cendres de la guerre civile et religieuse.

LA PRÉPARATION

DE LA

GUERRE DE VENDÉE

1789-1793

CHAPITRE PREMIER

LA CONVOCATION DES ÉTATS GÉNÉRAUX DE 1789

Le Poitou, protestant au xvie siècle, avait été ravagé de fond en comble par les grandes guerres religieuses et civiles[1]. L'édit de Nantes le releva d'une ruine totale. La protection de Colbert, qui avait placé l'un de ses frères à l'évêché de Luçon et chargé l'autre d'administrer la généralité de Poitiers, lui promettait des réformes fécondes, le développement de ses ressources agricoles, industrielles et maritimes[2]. La révocation de l'édit de Nantes le précipita dans la misère, dans la décadence intellectuelle et morale.

C'est en cette malheureuse province que le commissaire départi René de Marillac inventa « les missions bottées » ; son successeur Lamoignon de Basville, administrateur de premier ordre[3], régularisa « les dragonnades », qui firent le tour de la France. Ces conversions à main armée, par le pillage, l'assassinat, le viol, ne furent nulle part plus ardentes que dans le Bas-Poitou. Les enlèvements d'enfants s'y pratiquaient avec une férocité barbare[4]. Aussi les émigrations, facilitées par le voisinage de la mer, furent-elles nombreuses au point de « dépeupler » le pays. Lors de la confiscation des biens des fugitifs,

---

1. V. le précieux *Recueil de notes sur les origines de l'Église réformée de Fontenay-le-Comte et sur ses pasteurs*, par Benjamin Fillon (in-4°, Niort, 1888).
2. V. le rapport au roi de l'intendant Charles Colbert de Croissy, dans le recueil de M. Dugast-Matifeux, *État du Poitou sous Louis XIV* (in-8°, Fontenay, 1865).
3. V. *Essai sur l'histoire administrative du Languedoc pendant l'intendance de Basville*, par H. Monin (in-8°, Paris, 1884).
4. D'après le ministre Élie Benoît, en son *Histoire de l'édit de Nantes* (5 t. in-4°. Delft, 1693-1695). Y voir III, 2e partie, p. 472, le détail des persécutions de Marillac en 1661, et, après la page 1019, la longue liste des persécutés notables, plus une autre liste de « ceux qui sont aux galères », et encore une troisième liste de « personnes transférées dans les colonies ». On y trouve toutes les prétendues inventions de la Terreur révolutionnaire, y compris les noyades de Carrier.

en 1700, l'intendance constata, par affiche, que plus de trois cents chefs de famille, « gens de considération », avaient disparu [1].

La Terreur de la Révocation, en sa période aiguë, de 1661 à 1685, a duré autant d'années que de mois la Terreur de la Révolution. Les édits contre « Ceux de la R. P. R. », contre « les Fugitifs », contre les « Nouveaux-Convertis », — édits où les légistes de 1793 ont trouvé le texte des lois contre les Émigrés et contre les Suspects, — furent codifiés en 1724; ils subsistèrent un siècle entier [2], soumettant des milliers de Français à « un genre de persécutions inouï et, dans sa rigueur patiente et réfléchie, le plus odieux qui ait existé chez aucun peuple [3]. »

L'édit de novembre 1787 « concernant ceux qui ne font pas profession de la religion catholique », obtenu par la philosophie après cinquante ans de lutte, mit fin à ce régime abominable. La réparation du plus grand des crimes de la monarchie, très difficile à faire enregistrer par le Parlement de Paris, le 19 janvier 1788, commença au mois de mai suivant. Les filles et les femmes, détenues dans les couvents, furent rendues à leurs familles; les prisonniers pour causes religieuses élargis, les poursuites relatives à des assemblées « au désert » suspendues [4]. Mais la Régie des biens sequestrés n'était pas abolie; rien, absolument rien, n'était ordonné quant aux restitutions à opérer aux « Fugitifs » qui voudraient recouvrer leurs droits de nationalité. L'exercice de tout autre culte que celui de la religion de l'État demeurait rigoureusement interdit; les religionnaires restaient incapables de tout acte en nom collectif.

C'est pourquoi, ceux mêmes des proscrits qui ne s'étaient pas éloignés de la frontière, attendant l'heure de rentrer dans la patrie, revinrent-ils en très petit nombre; quelques ministres à peine, par zèle religieux. C'est pourquoi, d'autre part, durant les opérations électorales de 1789, le protestantisme ne put manifester sa renaissance autrement que par la nomination, à Nîmes, du ministre Rabaut-Saint-Étienne, et celle, en Poitou, du médecin Gallot [5]. »

Seuls de toute la France, les protestants de l'Ouest essayèrent des manifestations collectives en profitant à la fois de l'édit de tolérance de novembre 1787 et de l'arrêt du conseil du 5 juillet 1788 sur la préparation des États généraux.

---

1. *Histoire du Poitou*, par Thibaudeau, continuée jusqu'en 1789 par H. de Sainte-Hermine (éd. de 1843, Niort, in-8°), t. III, p. 336-340.
2. J. Michelet, *Louis XIV et la Révocation de l'édit de Nantes*, t. XIII de l'Histoire de France : — Ch.-L. Chassin, *Génie de la Révolution*, t. II, *passim*.
3. Rulhière, *Eclaircissements sur la Révocation de l'édit de Nantes*, t. II, p. 4.
4. Pasteur Corbière, *Histoire de l'Église réformée de Montpellier*, p. 485 ; pasteur Borel, *Histoire de l'Église de Nîmes*, p. 448.
5. Ch.-L. Chassin, § V, VI et VII du chap. III du livre III du *Génie de la Révolution*.

Dès le mois d'août 1788, l'île d'Oleron, qui comptait jusqu'à 16,000 habitants restés fidèles à la religion supprimée, se choisit, pour « agent général à Paris », un natif de la capitale, originaire des Cévennes, calviniste, l'ancien négociant Roussy. Cet agent présentait à Necker « la soumission des habitants d'Oleron à tout ce qui dépendrait d'eux pour le bien de la patrie », et l'offre, en les représentant, de « participer au bien général sous un si bon maître [1] ».

Le Directeur général des finances, quoique protestant lui-même, ne put admettre officiellement l'agent de ses coreligionnaires. Il dut s'abstenir de toute réponse, de tout accusé de réception administratif à l'acte suivant des protestants du Bas-Poitou :

Observations et questions relatives à l'édit de novembre 1787, concernant les non-catholiques [2].

Les protestants de France qui forment la très grande partie des sujets non catholiques de ce royaume auxquels le Monarque bienfaisant a assuré une existence civile par l'édit de novembre 1787, les protestants avaient toujours espéré, de la bonté du souverain, des déclarations interprétatives et modificatives en leur faveur, d'après les sages réflexions du vertueux ministre (M. de Malesherbes), qui s'est le plus occupé de cet objet ; en les sollicitant avec instance, permettra-t-on à des sujets fidèles et soumis de mettre sous les yeux du ministre quelques observations et questions relatives à l'édit ci-dessus ?

1° (Article premier de l'édit). — N'y aurait-il point lieu d'espérer de modifications sur cet article? En assurant l'état civil des protestants, en les rappelant à la qualité de citoyens, et en leur rendant tous les droits attachés à ce titre, a-t-on bien eu l'intention de leur interdire les professions et charges qui n'exigent pas l'exercice de la religion dominante? n'a-t-on point eu le dessein d'abolir entièrement les lois pénales prononcées jadis contre eux?

2° (Article III de l'édit). — En dérogeant à cet article, ne daignera-t-on pas permettre aux protestants d'adresser des réclamations soit particulières, sous générales, sous forme authentique, mais seulement comme des représentations et observations?

3° (Article IV de l'édit). — Les protestants ne peuvent-ils espérer qu'on leur permettra l'exercice privé de leur religion? car pourrait-on souffrir dans un état un million de citoyens sans culte religieux connu et observé, et ne serait-il pas plus convenable d'accorder partout des lieux de prière, plutôt que de tolérer les assemblées au désert? On peut s'en rapporter là-dessus aux judicieuses remarques de M. de Malesherbes dans son troisième

---

1. Archives nationales, B^{III} 168, f°s 903-908.
2. La minute est jointe à la lettre d'envoi. Archives nationales B^a 64.

mémoire sur le mariage et l'état civil des protestants pages 6 et suivantes.

4° (Article XXI de l'édit). — Le terme d'un an accordé pour satisfaire à cet article[1] est-il de rigueur ?

5° (Article XXII de l'édit). — Ne serait-il pas possible que le juge royal le plus voisin reçût les déclarations des mariages antérieurs à l'édit, sans que les parties fussent obligées, aux termes de cet article, d'aller quelquefois à 25 ou 30 lieues devant le juge royal de leur domicile, et, pour les infirmes et vieillards hors d'état de se transporter, les juges ne seraient-ils pas tenus de se rendre chez eux, ou ne pourraient-ils pas nommer quelqu'un pour les suppléer et recevoir les déclarations ?

6° (Article XXIV de l'édit). — De quelle manière l'état des protestants dont les père et mère sont décédés pourra-t-il être constaté ? Le dépôt des registres tenus par eux depuis un certain nombre d'années ne pourrait-il pas remplir cet objet ? ainsi que M. le garde des sceaux de Lamoignon l'a marqué lui-même aux protestants du comté de Foix, le 1er mai de cette année, en ces termes :

« Quant au dépôt, au greffe de la sénéchaussée, des registres dont vous
« me parlez, je le trouve de la plus grande importance, soit pour assurer
« l'existence des mariages antérieurs à l'édit lorsque des époux seraient décé-
« dés, soit pour constater l'état des enfants qui auraient perdu leurs père et
« mère.

« Lorsqu'on sera décidé à faire ce dépôt, il faudra m'en prévenir, et je
« donnerai des ordres pour qu'il soit reçu et qu'il en soit dressé procès-
« verbal. »

7° (Article XXVII de l'édit). — Les cimetières destinés aux non-catholiques doivent-ils être établis dans toutes les paroisses, même celles où il n'y a pas actuellement de protestants ou seulement peu de familles, et pourrait-on prendre à cet effet partie de celui des catholiques lorsqu'il est trop grand ou inutile (ainsi que quelques municipalités l'ont proposé) ? ou bien doit-on se conformer à une décision récente d'une assemblée provinciale qui a arrêté de ne destiner de cimetières aux non-catholiques que lorsqu'ils en feraient la réquisition et qu'il serait indécent de prendre pour cet usage une portion de celui des catholiques ?

8° (Article XXIX de l'édit). — Le juge ou le commissaire, nommé de sa part pour assister à l'inhumation d'un protestant, doit-il être payé, et quels seraient ses honoraires, non indiqués dans le tarif ?

9° — Ne voudrait-on point ordonner que les droits pour les dispenses de parenté fussent modérés ou même remis, du moins pour les pauvres, d'autant plus que les unions entre parents doivent être plus fréquentes parmi les non-conformistes, d'après des raisons faciles à pressentir, et que ce serait nuire à la population que de mettre des entraves à ces unions ? Ne serait-il pas possible aussi d'exempter les protestants mariés avant l'édit d'obtenir des dispenses qui nécessiteraient un surcroît de frais nouveaux ?

10° — Quoique les droits attribués aux juges ne paraissent pas considérables, ils deviendront cependant onéreux pour les pauvres, et d'autant plus

---

1. La déclaration et la reconnaissance, dans les formes nouvelles, des mariages contractés antérieurement.

que ceux fixés par le tarif annexé à l'édit se trouvent augmentés, en ce que le greffier fait payer le papier et pour son assistance le tiers de la taxe du juge, outre ce qui est indiqué pour l'expédition qu'il délivre; si cela doit avoir lieu, ne pourrait-on réduire les taxes pour les pauvres, et même ordonner une remise entière pour ceux qui rapporteraient des certificats authentiques de leur indigence?

Il y aurait sans doute encore beaucoup d'autres réclamations que les protestants prendraient la liberté d'adresser au gouvernement, si on ne les désapprouvait pas... Leur reconnaissance, leur soumission, leur confiance, leur ont fait jusqu'ici garder un silence respectueux, et ils ne le rompent dans ce moment que parce qu'on leur a assuré que le sage monarque qui a daigné s'occuper de leur sort formait encore, dans sa sollicitude paternelle, des projets favorables à cette portion fidèle et trop longtemps malheureuse de ses sujets, qui, par leur obéissance aux lois et leur attachement à la patrie, ont tâché de ne pas se rendre indignes de la justice et de la bonté de leur auguste souverain.

Les *Observations et questions* étaient jointes à cette lettre :

AU DIRECTEUR GÉNÉRAL DES FINANCES

Fontenay-le-Comte, ce 3 décembre 1788.

Monseigneur,

D'après ce que vous avez daigné me marquer le 30 septembre dernier, je me suis rendu le 15 du mois passé à l'assemblée du département de Fontenay-le-Comte; nous y avons rédigé un mémoire sur la convocation des États généraux qui doit avoir été mis sous vos yeux, Monseigneur; heureux s'il méritait votre approbation et s'il pouvait en être de même d'un rapport sur divers objets relatifs au bien public, que je prendrai la liberté de vous adresser.

En profitant, Monseigneur, de la permission que vous avez bien voulu me donner, j'ai l'honneur de vous offrir ci-jointes quelques observations et questions relatives à l'édit de novembre 1787; oserai-je espérer, Monseigneur, que ces réclamations vous paraîtront de nature à être prises en considération, et que vous aurez la bonté de m'honorer d'une réponse à cet égard?

Si vous désiriez, Monseigneur, quelques éclaircissements ultérieurs, quelques détails plus circonstanciés, je m'empresserais de les procurer : les protestants, ceux de cette province en particulier, vous supplient par ma voix, Monseigneur, de vouloir bien plaider leur cause auprès de notre auguste souverain, et d'obtenir de sa justice et de sa bienfaisance des déclarations interprétatives en notre faveur.

J'ai l'honneur d'être, avec un profond respect, Monseigneur, votre très humble et très dévoué serviteur,

Signé : GALLOT, *Docteur médecin à Saint-Maurice-le-Girard, près la Châtaigneraie (Bas-Poitou)* [1].

---

1. Gallot (Jean-Gabriel), né à Saint-Maurice-le-Girard, le 30 septembre 1744, mort à la Rochelle le 4 juin 1794. D'une famille restée fidèle au protestantisme, il épousa le

Le docteur Gallot venait de se distinguer par les soins qu'il avait donnés aux paysans des environs de la Châtaigneraie et avait reçu une commission royale pour le service des épidémies qui sévissaient dans les parties malsaines du Bas-Poitou. Necker s'était adressé à lui pour préparer un plan d'élection des députés de sa province aux États généraux ; il devait être l'un des commissaires, nommés le 15 octobre 1788, et qui, le 23, présentèrent un rapport, dont les conclusions furent adoptées.

31 août 1779, « au désert », Elisabeth Goudal ; le mariage fut légitimé le 6 septembre 1788, au siège royal de Vouvant, ainsi que la naissance de leurs deux enfants, Moïse-André et Anne-Elisabeth-Bonne-Aventure, baptisés « au désert » en 1780 et 1782, en vertu de l'édit de novembre 1787. Reçu docteur en médecine à Montpellier en 1769, il alla compléter ses études à Paris, où, admis dans la Société de médecine en 1776, et dans la Société d'agriculture en 1787, il s'ouvrit avec les plus illustres praticiens et savants des relations qu'il entretint toujours. Passionné de son art et possédé du plus ardent amour de l'humanité, il s'établit auprès de son père dans sa petite commune natale, faisant par jour dix lieues à cheval pour découvrir des malades et les soigner.
Il consacrait la moitié de ses nuits à relever ses observations, dont il fit de très importants mémoires : *Recueil sur les épidémies du Bas-Poitou en* 1784, 1785, 1786, honoré d'une médaille d'or de la Société de médecine, le 29 août 1786 ; *Tableau topographique médical*, 1787 ; *Réflexions sur les principales maladies populaires du district de la Châtaigneraie, avec des avis sur le soulagement des pauvres de la campagne*, etc. En correspondance avec le père Cotte, oratorien, auteur du *Traité de Météorologie*, publié à l'Imprimerie royale en 1774, il donna, dans le premier journal fondé dans sa province par Jouyneau-Desloges, des notes météorologiques, remplies de conseils appréciés par les laboureurs et les marins.
Élu député du Tiers État du Poitou aux États généraux, sans avoir posé sa candidature, il remplit son mandat en conscience. Il prêta le serment du Jeu de Paume et applaudit à la Révolution du 14 juillet, qu'il raconta à ses commettants dans une lettre datée du 17 juillet 1789. Sans se mêler aux luttes des partis, il vota toutes les lois libérales de l'Assemblée constituante. A la fin de 1789 et au commencement de 1790, il intervint par une touchante brochure (citée plus loin ch. III) pour soustraire ses compatriotes aux manœuvres de la contre-révolution, et, dès que les travaux constitutionnels furent assez avancés, il en publia un *aperçu* destiné aux paysans du Bas-Poitou, mais qui ne pénétra pas jusqu'à eux. Secrétaire du comité de salubrité, il coopéra à tous les projets propres à améliorer la situation des travailleurs. Lorsque Talleyrand déposa le grand rapport sur l'instruction publique, il présenta ses idées sur l'enseignement de l'art de guérir. La Société de médecine fit imprimer de lui des *Vues générales sur la restauration de l'art de guérir, suivies d'un plan d'hospices ruraux pour le soulagement des campagnes*. Lié d'amitié avec son collègue Jacques Jallet, curé de Chérigné, élu évêque des Deux-Sèvres le 30 novembre 1760, et mort d'apoplexie foudroyante le 13 août 1792, il prononça son éloge funèbre, qui fut publié dans les journaux, puis en brochure. Sorti de l'Assemblée constituante, il reprit à Saint-Maurice-le-Girard sa profession de médecin. On le nomma du Conseil, puis du Directoire de Département, où il resta jusqu'au mois de pluviôse an II, toujours le même au milieu des plus affreuses convulsions ; il ne sortit de l'administration que pour se faire requérir, en qualité de médecin, au service des hôpitaux ambulants dont le centre était à la Rochelle. Il y mourut en soignant les blessés et les malades atteints de l'épidémie typhoïde.
La biographie de ce patriote, tracée dans les mémoires inédits de Mercier du Rocher et complétée par M. Dugast-Matifeux, se trouve avec de curieuses pièces justificatives dans l'*Annuaire de la Société d'émulation de la Vendée*, 1877-1878, p. 25-51.

Idées de l'Assemblée du département de Fontenay-le-Comte sur la convocation des États généraux [1].

Le rapport commence par l'éloge de deux mémoires qui ont été adressés aux commissaires : l'un du marquis de la Coudraye « alors syndic de la municipalité de Luçon, depuis appelé à la place de procureur-syndic » ; l'autre de M. de Lapparent [2], conseiller au siège de Fontenay-le-Comte ; « son talent est connu et son mémoire le justifie. »
Il continue ainsi :

Cette portion de la province du Poitou, vous le savez, Messieurs, fut plus longtemps qu'aucune autre partie du royaume le théâtre des guerres civiles qui déchirèrent la France. Nos villes furent prises et reprises, les anciens monuments ont été détruits, les dépôts publics violés, et les chartes qu'elles contenaient brûlées ou enlevées. Par une suite irréparable du malheur de la guerre, nous n'avons pu recueillir aucun monument, aucun titre particulier à cette élection, aucun fait domestique en quelque sorte qui pût nous éclairer sur la forme des États généraux...

La raison nous dit que tout propriétaire est membre nécessaire de l'État, et c'est la voix seule de la raison qui doit fixer notre opinion.

C'est, Messieurs, celui qui acquitte les charges de l'État, c'est le propriétaire, quels que soient son rang, son habit, sa condition, à qui appartient le droit de discuter les intérêts de la nation. C'est pour lui surtout qu'il est important que les lois soient observées, la constitution maintenue, les propriétés respectées. C'est à celui particulièrement sur qui pèse le fardeau des impôts, qu'il importe de connaître la somme à laquelle doit s'élever la quotité de l'impôt. Les usages ont pu varier ; mais la raison, la vérité sont de tous les temps, de tous les lieux, elles seules doivent être écoutées et suivies.

De ces principes dont l'évidence ne peut être contestée il suit :

1° Que c'est aux seuls propriétaires, sur lesquels en dernière analyse pèsent toutes les charges de l'État, à voter pour le choix des députés de la nation, et qu'eux seuls peuvent la représenter ;

2° Que le nombre des députés d'une province quelconque doit être ba-

---

1. Archives nationales, B^{III} 124, f°s 1 à 32. L'extrait est signé Testard, secrétaire du département de Fontenay.
2. Charles Cochon-Lapparent, né le 25 janvier 1749, et qui devait être bientôt élu député suppléant aux États généraux. Parmi les minutes des pièces relatives aux élections du Poitou (Archives nat. B^a 69), se trouve une lettre anonyme dénommant ce suppléant des députés du Tiers : « un certain Cochon de Lapparent, homme dont l'esprit faux, mal intentionné, inflammatoire, est presque autant méprisé que méprisable ; maître de bassesse et de duplicité, flétri par l'opinion publique..., avili par une infinité d'anecdotes de sa vie privée ; enfin susceptible de toute corruption... »
Charles Cochon de Lapparent fut nommé à la Convention par le département des Deux-Sèvres et fit partie du Conseil des Anciens. Déporté à Oleron après le 18 fructidor, il devint, sous Napoléon, préfet de la Vienne, des Deux-Nèthes et de la Seine durant les Cent-Jours. Chevalier de l'Empire en 1808, comte et sénateur en 1809, il fut, à la Restauration, exilé comme régicide et rappelé en 1817 ; il mourut à Paris en 1825.

lancé sur sa population ; mais particulièrement sur ses propriétés ou sur ses impositions, qui en sont le gage le plus naturel ;

3° Que de province à province le nombre des députés ne peut être égal, puisqu'elles ne sont pas toutes égales en propriétés et en population ;

4° Que le nombre respectif des députés pour les différentes provinces doit être calculé d'après la même règle de proportion...

Il est établi que la population du royaume est de 24 millions d'habitants et sa contribution générale de 268 millions de livres ; que le Poitou a 690,500 habitants et que sa contribution est de 12,300,000 livres.

On demande pour le Poitou 24 représentants aux États généraux.

On propose de les répartir ainsi entre les trois Ordres :

M. Necker observa en 1784, dans son ouvrage immortel *De l'administration des finances*, que les revenus du Clergé sont, dans plusieurs provinces du royaume, aux revenus seigneuriaux et fonciers de ces provinces comme 1 est à 4, et nous avons jugé que le Poitou offrait le rapport apprécié par M. Necker.

Sous ce point de vue, sur les 24 représentants du Poitou, 6 doivent être choisis dans l'ordre du Clergé.

Si nous faisons un autre calcul, nous disons, toujours d'après M. Necker, que les contributions du Clergé en 1784 étaient à peu près au niveau de celles de la Noblesse. Depuis cette époque les impositions du Clergé ont été augmentées. Ainsi nous parvenons toujours au même résultat de proportion entre les deux premiers Ordres de l'État, et nous calculons, Messieurs, qu'une balance égale de suffrage doit être établie entre le Clergé et la Noblesse du Poitou. Nous croyons donc pouvoir vous proposer avec confiance que, des 24 députés nationaux, il en soit pris 6 dans l'Ordre du Clergé, 6 dans l'Ordre de la Noblesse et 12 dans l'Ordre du Tiers État.

Quant au mode de nomination des 12 députés nationaux de la province, « les avis des commissaires n'ont point flotté incertains » sur cette question ; ils se sont dit :

La Noblesse peut seule savoir avec quelque certitude quel est celui de ses membres qui connaît le mieux l'intérêt de son corps ; quel est celui qui est le plus inaccessible à la séduction de l'intérêt personnel ; quel est surtout celui que ses talents et ses vertus patriotiques doivent appeler à l'honneur de discuter ceux de la patrie. Ainsi la Noblesse seule doit voter dans le choix de ses représentants. Ces principes s'appliquent dans toute leur étendue au choix des députés du Clergé.

Par une conséquence nécessaire, ces principes décident la question pour les députés du Tiers État ; mais une raison plus forte peut-être en fait une loi. Nous ne pouvons nous le dissimuler, l'influence puissante des Ordres du Clergé et de la Noblesse sur un grand nombre de membres du Tiers État est trop immédiate pour ne pas désirer que le Clergé et la Noblesse ne soient pas admis aux assemblées dans lesquelles l'Ordre du Tiers nommera ses représentants, il serait à craindre que la liberté des suffrages ne fût gênée, et que cet Ordre nombreux et infiniment intéressant n'eût d'autres représentants que ceux que le Clergé et la Noblesse croiraient de leur propre intérêt de lui donner.

Le Clergé a ses diocèses, ses synodes, ses conférences ; nulle difficulté dans cet Ordre pour le choix de ses députés ; la forme de ses assemblées est fixée par un usage constant.

La nomination des députés représentant la Noblesse offre plus de difficultés. Nous croyons que toute la Noblesse d'une élection doit être convoquée au chef-lieu de l'élection, dans laquelle chaque gentilhomme aura son domicile, à raison de ses propriétés, sans qu'il lui soit permis de se trouver à deux assemblées d'élection. Tout gentilhomme majeur, payant cinquante livres au moins pour vingtièmes et capitation réunis, sera admis à ces assemblées. On y nommera au scrutin, savoir : 13 électeurs pour l'élection de Poitiers, 12 pour celle de Fontenay, 8 pour celle de Thouars, 7 pour celle des Sables, 7 pour celle de Niort, 6 pour celle de Châtillon, 5 pour celle de Saint-Maixent et 2 pour celle de Châtellerault. Ces 65 électeurs se rendront à Poitiers pour y nommer, aussi au scrutin, les 6 députés aux États généraux, pris dans l'Ordre de la Noblesse. De ces 6 députés, deux seront choisis dans les élections de Poitiers et de Châtellerault réunies, un dans l'élection de Fontenay, un dans celles des Sables et de Châtillon réunies, un dans celles de Thouars et de Saint-Maixent aussi réunies, et un dans celles de Niort et de Confolens, également réunies. L'assemblée sera présidée par le plus âgé des gentilshommes, qui aura voix prépondérante en cas de partage. Nous désirons que la lettre de convocation de la Noblesse pour procéder à la nomination des électeurs soit adressée au procureur syndic de département ou d'élection. Deux parents au degré prohibé par les règlements donnés aux assemblées provinciales ne pourront être admis à donner leur suffrage, ni en être l'objet.

La marche à tenir pour la nomination des députés de l'Ordre du Tiers État doit être la même, à quelques légères différences près ; d'ailleurs elle nous est tracée par la forme adoptée par les assemblées municipales, de département et provinciales.

Tout propriétaire non noble, majeur, et payant, dans le lieu de son domicile ou ailleurs, au moins 10 livres de vingtièmes en principal, aura voix élective.

Il sera convoqué dans chaque communauté une assemblée des habitants de la classe ci-dessus, pour nommer parmi eux, au scrutin, 2 députés, lesquels se rendront au chef-lieu de l'arrondissement et s'y réuniront aux députés des autres communautés du même arrondissement, pour nommer, par la même voie, 6 députés qui ne pourront être pris que parmi eux, et non dans l'Ordre du Clergé ni de la Noblesse, ni parmi les privilégiés.

Chaque assemblée de communauté sera convoquée par le syndic de la municipalité, mais *elle sera présidée par le seigneur, s'il est de l'Ordre du Tiers* et paye le taux de vingtièmes ci-dessus fixé ; sinon, la présidence sera dévolue, sous les mêmes conditions, au syndic ou au plus ancien des membres de la municipalité, et, à leur défaut, à celui des propriétaires appelés à l'assemblée qui se trouvera payer le taux de vingtièmes le plus considérable.

Les villes et communautés, où il se trouvera des bailliages ou sénéchaussées royales, pourront nommer 4 députés au lieu de 2, et celles où il y aura présidial pourront en nommer 6.

La nomination des députés des villes où il y a municipalité anciennement établie se fera suivant les formes qui y sont usitées pour les élections des Notables et Échevins, sans qu'on puisse toutefois y admettre d'autres habitants que ceux du Tiers État.

Les assemblées d'arrondissement dont on vient de parler seront présidées par le plus âgé des députés composant chacune de ces assemblées.

Les députés nommés dans chaque arrondissement se réuniront au chef-lieu de l'élection et y choisiront parmi eux, savoir : ceux de l'élection de Poitiers, 13 électeurs; ceux de Fontenay, 12; ceux de Thouars, 8; ceux des Sables, 7; ceux de Niort, pareil nombre; ceux de Châtillon, 6; ceux de Confolens, 5; ceux de Saint-Maixent, 5, et ceux de Châtellerault, 2 : en tout 65 électeurs.

Ces 65 électeurs se rendront à Poitiers et nommeront les 12 députés du Tiers État de la province aux États généraux, dans la proportion suivante, savoir : pour l'élection de Poitiers, 3 députés; pour celle de Fontenay, 2, et 1 pour chacune des autres élections : ces députés pourront être choisis parmi les électeurs, ou hors de leur sein; mais nul ne pourra être élu, s'il n'est du Tiers État, non privilégié, s'il n'est pas âgé de trente ans, et s'il ne paye.... de vingtièmes [1].

Ce qu'il y a de très remarquable dans ce plan, c'est la manière dont y est posée et résolue, sans phrases, la question du « doublement du Tiers », qui partout suscitait en ce moment les polémiques et les luttes les plus passionnées. Il semble que, pour la circonstance, la petite assemblée ordinaire de « l'élection » de Fontenay avait été érigée en assemblée de « département » [2], embrassant les membres de l'assemblée de « l'élection » des Sables, et augmentée d'officiers municipaux des villes et de notables, convoqués par l'intendant de Poitiers, sur la désignation des ministres. Les nobles, s'y trouvant en minorité, s'abstinrent de protester, certains, d'ailleurs, que le plan, simplement approuvé pour être présenté à la commission intermédiaire de l'Assemblée provinciale [3], serait repoussé par celle-ci.

L'Assemblée provinciale de 48 membres, instituée par l'édit du

---

1. Le chiffre d'imposition à payer pour être éligible à la députation aux États généraux n'est pas indiqué; le soin de le fixer est laissé au gouvernement.

2. Cette expression *département* était, on le sait, empruntée à la langue fiscale; on disait « le département » pour « la répartition » des contributions. D'après Léonce de Lavergne (*Assemblées provinciales sous Louis XVI*, p. 157-158), elle fut appliquée pour la première fois aux subdivisions administratives dans le règlement de l'Assemblée de l'Ile de France, pour qualifier le sectionnement d' « élections » trop grandes, ou la réunion d'« élections » trop petites, dans l'organisation des assemblées secondaires.

3. Le rapport plus haut donné est, en effet, « approuvé pour être transmis à la commission intermédiaire provinciale et au garde des sceaux », sous la signature de « *Testard*, secrétaire du département de Fontenay-le-Comte ».

12 juillet 1787, avait pour président l'évêque de Poitiers, Beaupoil de Saint-Aulaire, qu'assistait l'évêque de Luçon, Isidore de Mercy. Ses procureurs syndics étaient Thibaudeau, l'auteur de l'*Histoire du Poitou*, père du conventionnel, pour le Tiers État, et, pour le Clergé et la Noblesse, le baron Louis-Jacques-Gilbert Robert de Lézardière et du Poiroux [1].

Ce gentilhomme était très instruit et très entreprenant. Économiste, en relations avec les disciples de Quesnay, il persistait à croire, malgré le terrible échec du grand ministre Turgot, à la possibilité des réformes par la Monarchie. Il rêvait l'équilibre des finances, la transformation de l'agriculture, le développement de l'industrie, sans changement politique. Il eût voulu que la Noblesse entreprît elle-même la rénovation sociale; mais il ne pouvait souffrir qu'elle abandonnât rien de ses privilèges honorifiques, rien de ses prééminences dans l'État. Ses sentiments aristocratiques exaltés le jetèrent dans la contre-révolution, avant même que la révolution eût éclaté. Dans la commission intermédiaire de l'Assemblée provinciale et dans la commission intermédiaire de l'élection des Sables-d'Olonne, où étaient ses propriétés, il forma, dès la fin de 1788, avec son frère le maréchal de camp Robert de la Salle [2], avec le chef d'escadre Vaugiraud [3] de

---

1. Le père de Mlle de Lézardière, l'auteur célèbre de la *Théorie des lois politiques de la monarchie française*.

2. En retraite; nous donnons ses états de service plus loin, ch. XVIII.

3. De Vaugiraud de Rosnay (Pierre-René-Marie, comte), né aux Sables-d'Olonne, en 1740, d'une vieille famille originaire de l'Anjou, mort à Paris, le 13 mai 1819. D'après la notice que lui a consacrée C. Merland, dans les *Biographies vendéennes*, t. IV, p. 429-443), il était le second de trois frères, dont l'aîné, officier aux gardes françaises, fut fait prisonnier à la prise des Tuileries le 10 août et massacré durant les journées de septembre. Son second frère, marin, périt dans un naufrage au retour de l'Inde, sans avoir joué de rôle politique.

Vaugiraud de Rosnay, sorti de l'École navale en 1755, avait été embarqué sur l'*Éveillé*, en 1756; il coopéra à la capture du vaisseau anglais le *Greenwich*. Dès 1762, à vingt-deux ans, il était enseigne; il devint peu après lieutenant d'artillerie; en 1773, lieutenant de vaisseau; en 1776, il fut fait chevalier de Saint-Louis. Il se couvrit de gloire durant la guerre de l'Indépendance des États-Unis d'Amérique. A la bataille d'Ouessant, il servait sur la *Couronne*, sous son compatriote Duchaffault; celui-ci ayant été frappé d'un coup de mitraille, il commanda l'escadre à sa place. Il se distingua dans deux incendies : celui du *Roland*, qui menaçait la flotte réunie à Brest, et, au cap de Bonne-Espérance, celui de l'*Intrépide*, qu'il parvint à faire échouer. Monté sur la *Ville-de-Paris*, il se vit entouré de dix vaisseaux ennemis et forcé de baisser pavillon. Le roi lui écrivit à cette occasion une lettre des plus flatteuses et bientôt il fut tiré de captivité par échange. Après la paix, il fut appelé au commandement de plusieurs escadres d'évolution et chargé de protéger les pêcheries de Terre-Neuve. Il rentrait de la Martinique à l'île d'Aix, le 6 mai 1790. Il ne tarda pas, comme la plupart des officiers nobles de la marine, à abandonner le service plutôt que de prêter serment à la Constitution. Il se retira dans ses propriétés de Vendée, où il prit part aux agissements contre-révolutionnaires de Robert de Lézardière.

Dans une lettre adressée par lui au ministre de la marine, le 24 juin 1816, conservée aux archives de ce département et citée par C. Merland, on lit :

« ... Sorti de France après un décret de prise de corps lancé contre moi pour fait

Rosnay, un centre de résistance au mouvement démocratique.

La commission intermédiaire enterra le mieux qu'elle put les diverses motions relatives à la préparation des États généraux. Quant à l'Assemblée provinciale, elle avait mis à l'étude d'intéressants projets sur les routes, les canaux et les ports, émis des vœux en vue de la création d'une école militaire poitevine et d'une société d'agriculture, etc.; elle s'était surtout signalée, dans deux courtes sessions, par le refus de l'augmentation de l'impôt des vingtièmes, en raison, lit-on dans le rapport, du « dépérissement de cette province qui, dépourvue de communications dans une grande partie de son territoire, languit sans commerce et sans vigueur; qui, énervée par la misère et attaquée de maladies épidémiques, a la douleur de voir décroître chaque année sa population et ses ressources, diminution désastreuse, sensible au point que nombre de propriétaires, ne trouvant plus, à quelque prix que ce puisse être, ni fermiers ni colons pour faire valoir leurs terres, sont obligés de les laisser incultes [1]. »

Mémoire de la noblesse de la Gâtine et du Bocage.

Dans le courant du mois d'octobre 1788, un « ancien officier du corps royal d'artillerie », Desprez-Montpezat [2], adressait à Necker un « mémoire renfermant le vœu général de toute la Noblesse ainsi que des habitants de la partie de cette grande province du Poitou appelée Gâtine et Bocage »[3].

En réponse à l'arrêt du Conseil d'État du roi du 5 juillet 1788, on y présente, non pas des vues sur le mode de convocation des États généraux promis, mais un ensemble de vœux, comme si les États généraux étaient déjà convoqués. On réclame :

L'abonnement proposé par le roi au sujet des vingtièmes...
La liberté pour l'Administration provinciale de s'imposer elle-même, sans

---

de royalisme, forcé d'émigrer avec ma famille, j'ai perdu absolument ma fortune. »

« Voisin de M. Lézardière, ajoute C. Merland, Vaugiraud était un de ses familiers et prenait part aux projets contre-révolutionnaires qui s'ourdissaient au château de la Proutière, devenu un lieu de rendez-vous d'une partie de la noblesse du Poitou. Il s'y trouvait même quand le château devint la proie des flammes. Menacé d'être arrêté, il émigra avec sa famille. Il se rendit à Coblentz, où le comte d'Hector organisait le corps de la marine en compagnies. »

Après les campagnes de France, de Belgique, l'armée de Condé ayant été licenciée, il passa en Angleterre. Il prit part à l'expédition de Quiberon et accompagna le comte d'Artois à l'île d'Yeu. Il ne rentra en France qu'en 1814. La Restauration le nomma vice-amiral, grand-croix de Saint-Louis et gouverneur de la Martinique.

1. Léonce de Lavergne, *Assemblées provinciales*, ch. XII, p. 194.
2. Deux Desprez-Montpezat, le père et le fils, ont pris part aux guerres de la Vendée. L'un fut blessé mortellement à l'attaque de Candé, et l'autre condamné à mort par la commission militaire de Fontenay.
3. Archives nationales, B^III 121, f°s 8 à 36.

nuire aux droits du souverain ni diminuer la nature de sa perception; la liberté de changer la forme des impôts dans ce qu'elle a d'onéreux, de soulager la classe indigente, l'agriculture surtout, comme la plus accablée quoique la plus essentielle, en reportant sa surtaxe sur les objets qui ne sont pas de nécessité première, tels que ceux du faste et du luxe superflus...

Renvoyer le Clergé à ses fonctions spirituelles et le faire contribuer comme les autres sujets dans la même proportion...

Rendre à la Noblesse son ancien lustre, faire revivre ceux de ses privilèges qui ne sont pas incompatibles avec le bon ordre de la société, lui accorder enfin une simple décoration extérieure qui ne coûterait rien à l'État...

Ensuite est faite une description très frappante des misères et des extorsions que souffrait cette région couverte de bois et de broussailles, celle même qui, pour avoir été privée de voies de communication par l'Ancien régime et laissée presque à l'état sauvage, devait devenir l'inextricable point de ralliement des bandes sans cesse dissoutes et reformées de l'armée catholique royale.

La partie de la Gâtine et du Bocage que nous habitons est un pays pauvre et sans débouchés, sans manufactures, sans population suffisante pour le défrichement et pour l'agriculture, sans ressources en un mot, par la difficulté des communications; rempli de fondrières, montueux, couvert d'ajoncs et de plantes nuisibles, qui arrêtent l'action vivifiante du soleil, entraînent des frais et des avances pour le peu de terres à mettre en valeur et pour leur clôture; ne fournissant que des grains médiocres, tels que le seigle, l'avoine, le blé sarrasin, dont la récolte n'équivaut presque jamais aux déboursés qu'elle exige; peuplé d'hommes rabougris, énervés, sans vigueur et sans courage, conséquemment peu laborieux, devant leur débilité à la mauvaise nourriture dont ils se substantent; encore leurs grains suffisent-ils à peine à les nourrir pendant cinq mois de l'année; partout éloignés des grandes routes et des rivières navigables : telle est en raccourci, Monseigneur, la contrée qui excite nos réclamations et qui mérite la plus scrupuleuse attention de la part du Ministre.

Cependant (qui le croirait sans être indigné?) l'on a eu jusqu'ici l'injustice de la faire contribuer aux frais énormes des routes de la première et de la seconde classe, dont elle ne saurait jamais profiter, vu l'extrême éloignement, quoique depuis trente années on l'ait contrainte d'y fournir soit des bras, soit de l'argent (toujours à des époques meurtrières pour l'agriculture). L'on a fait plus encore : malgré ses plaintes itératives sur le refus qu'on lui avait fait constamment éprouver d'ouvrir des communications d'une ville et d'un bourg à l'autre, pour faciliter un peu l'importation et l'exportation de leurs besoins respectifs, seul moyen cependant de la retirer de l'état de langueur et d'inertie, où l'on s'obstine à la laisser, on ne s'en est occupé jusqu'ici que pour la pressurer par des exactions intolérables et tout à fait hors de proportion avec les taxes imposées sur la Plaine et sur le Marais, quoique infiniment plus riches. Et l'on voudrait qu'aujourd'hui ce misérable canton, qui n'offre plus aux regards de l'homme juste qu'un squelette desséché par le vampirisme bursal se souscrivît encore pour des chemins vicinaux ! lui dont la récolte de la présente année ne suffit pas à la subsistance de ses habitants pour trois mois !...

Nous ne cesserons de le répéter, Monseigneur, cette malheureuse contrée ne saurait jamais recueillir le fruit de vos veilles et de vos travaux, vous n'auriez même rien fait pour elle, si vous ne daigniez vous occuper sérieusement de ses besoins et lui accorder des routes de la troisième et de la quatrième classe, qui la traversent dans sa longueur et dans sa largeur pour la faire communiquer avec les provinces limitrophes, ainsi qu'à la mer et aux rivières navigables, seul moyen d'exporter et d'échanger son superflu, ses bestiaux, les productions de son sol, ses marchandises, ses bois d'ouvrage et de construction pour la marine royale, ses laines ouvrées, etc., contre les choses qui lui manquent absolument, comme blé, vin, sel, huile, vêtements recherchés, etc.

Necker répondit, le 25 octobre, que « ce mémoire intéressant » pourrait être apporté aux États généraux par les députés du Poitou.

Adhésion de Fontenay-le-Comte aux demandes de la ville de Nantes.

Le grand évenement de l'union des trois Ordres du Dauphiné contre « le despotisme ministériel » et de la prise de possession par eux des libertés de la province pour conquérir la rentrée de la Nation entière dans ses droits, n'avait trouvé aucun écho dans le Poitou avant l'arrêt du Conseil d'État du Roi qui, le 22 octobre 1788, légalisa la défaite de la monarchie absolue.

C'est seulement à la fin du mois de novembre que les Poitevins commencèrent à être émus par les agitations de leurs voisins les Bretons.

Le « peuple de Nantes », assemblé autour de la mairie le 1er novembre 1788, pendant que le bureau municipal s'occupait de choisir les députés de la ville aux États de Bretagne, avait délibéré et adopté des articles sur le mode de représentation du Tiers et aux États de la province et aux prochains États généraux. La mairie avait été obligée de les consacrer par deux arrêtés du 4 et du 6 ; douze députés avaient été chargés d'aller à Paris les présenter aux Ministres et au Roi. Le Parlement de Rennes, par arrêt du 18, supprima la délibération de la mairie de Nantes ; mais celle-ci fut confirmée par de nouveaux rassemblements populaires ; le corps municipal dut la soumettre officiellement aux villes de la Bretagne et des provinces voisines pour requérir leur adhésion et leur appui [1].

1. A. Guépin, *Histoire de Nantes*, éd. de 1839, p. 394-395

Les demandes générales des Nantais se résument en ces cinq points :

Que l'Ordre du Tiers État soit composé, tant aux États généraux du royaume qu'à ceux particuliers de la province, de manière que ses députés, qui auront tous voix délibérative, soient dans la proportion d'un sur dix mille habitants, et qu'ils ne puissent être élus parmi les nobles, anoblis, procureurs fiscaux, fermiers et agents des seigneurs ;

Que les députés du Tiers État de la province aux États généraux ne puissent être élus que par leur Ordre, et soient en nombre égal aux députés des deux autres Ordres réunis ;

Que la même proportion soit observée dans la formation des commissions durant la tenue des États et dans celle de la commission intermédiaire, et que les voix soient comptées par têtes ;

Que messieurs les recteurs (curés), tant des villes que des campagnes, soient admis en nombre convenable aux États dans l'Ordre du Clergé, pourvu qu'ils aient dix ans d'exercice des fonctions sacerdotales ;

Que les corvées soient abolies et que les diverses impositions soient supportables par les trois Ordres et réparties en proportion des propriétés [1].

Le 13 novembre, presque dans la même forme, « la communauté de la ville de Quimper » adopta les demandes de Nantes et, avec une « requête du peuple de Bretagne au Roi », à l'appui de la mission des douze députés nantais [2], les expédia, de son côté, aux villes du Poitou.

Le 30 novembre, le corps de ville de Fontenay-le-Comte reçut du « maire, Louis-Jacques-Philippe-Nicolas Savary, seigneur de Calais, ancien procureur du Roi en la sénéchaussée [3], communication de la requête des habitants de la ville et communauté de Nantes à messieurs les officiers municipaux, et de l'arrêté de ceux-ci ». Le maire exposa :

Qu'il n'y avait aperçu que des sentiments d'amour et de respect pour notre Souverain ; qu'il ne pouvait qu'applaudir au généreux dessein qu'ils avaient formé de rendre au Tiers État le lustre et l'influence que son zèle et ses services semblent lui mériter plus que jamais ;

Qu'il croyait que, dans ce moment présent où il s'agit de donner de nouvelles et plus fortes preuves pour le soulagement général de l'État, il était de la prudence de tous les officiers municipaux et de l'intérêt de leur com-

---

1. Les arrêtés des officiers municipaux de la ville de Nantes, 4 et 6 novembre 1788, et la requête du Tiers État forment une brochure in-8° de 38 pages. Bibl. nat., Lb 39, 670.
2. La délibération de Quimper et la requête du peuple de Bretagne forment une brochure in-8° de 16 pages. Bibl. nat. Le 23 160.
3. Mort à Fontenay le 17 décembre 1808, âgé d'environ 81 ans ; « bonhomme au cerveau brûlé, » dit Mercier du Rocher en son *Journal manuscrit*, à la date.

mune de se joindre à ceux de la ville de Nantes pour la réussite de leurs représentations ;

Qu'il ne doutait point que le Ministre, que la France a le bonheur d'avoir aujourd'hui à la tête de ses finances, ne s'empressât de faire connaître ces vœux au Monarque, dont la bienfaisance ne méconnaît aucun de ses sujets et les porte au contraire tous dans son cœur.

La délibération était aussitôt ouverte, et la décision prise en ces termes :

Le Bureau, faisant droit sur l'exposé de mondit sieur le Maire, et reconnaissant toute l'utilité dont les motifs en peuvent être pour les intérêts de la commune,

A adhéré, comme de fait il adhère, à l'arrêté des officiers municipaux de la ville de Nantes, en tout son contenu.

Signé : SAVARY DE CALAIS, *maire ;*
SAVARY DES FORGES[1], *lieutenant de maire ;*
QUENEAU, BELLIARD, *échevins ;*
MACAULD, *procureur du Roi dudit Hôtel de ville,*
et FLEURY, *secrétaire.*

Le jour même, cette délibération était adressée directement à Necker, à qui les officiers municipaux de Fontenay écrivaient :

Le Roi trouvera toujours sans doute dans notre ville des sujets empressés de lui témoigner leur soumission ; mais vous, Monseigneur, vous trouverez aussi toujours en elle des officiers municipaux citoyens et remplis de la plus haute admiration, qui vous regardent comme le libérateur de l'État et qui ne sauront jamais mettre de bornes au profond respect avec lequel sont, Monseigneur, vos très humbles et très obéissants serviteurs

Les maire, échevins et procureur du Roi à l'Hôtel de ville[2].

La municipalité de la ville épiscopale de Luçon, — qui devait un peu plus tard adhérer énergiquement à la Révolution et s'y montrer fidèle jusqu'à la fin, — était alors entre les mains des nobles. Les délibérations de la ville de Quimper des 13, 14 et 16 novembre lui ayant été adressées, le chevalier du Fougeroux, syndic, la convoqua pour en délibérer le 8 décembre, et il fut décidé de ne point adhérer à la demande du doublement du Tiers. On se contenta de répondre à la municipalité de Quimper :

1. Procureur du roi de l'élection, mort à Fontenay le 26 septembre 1807, à plus de quatre-vingts ans ; cousin de Savary de Calais. « Il avait de l'esprit et se distinguait dans tous les exercices de corps », dit Mercier du Rocher, en son *Journal manuscrit*, à la date.
2. La lettre et la délibération sont en minutes aux Archives nat. B[a] 69.

Rendons au Tiers État sa dignité ; mais respectons celle des autres Ordres, et n'ayons qu'un cri de ralliement, le bonheur de tous [1].

Le 15 décembre, la capitale du Poitou appuya d'une adhésion solennelle les demandes en faveur du doublement du Tiers, du choix de ses représentants exclusivement dans son Ordre, et du vote par tête. Le « Conseil ordinaire de l'Hôtel de ville de Poitiers » insistait afin que la représentation aux États généraux fût « proportionnée à la richesse et à la population de la province, comparativement à celles des autres provinces du royaume ».[2]

Demande d'États du Poitou sur le modèle des États du Dauphiné.

Le 24 décembre 1788, fut présenté aux maire et officiers municipaux de Fontenay-le-Comte un mémoire des trois Ordres, des corps et corporations de la ville. Du Clergé, avaient signé les trois chefs du service paroissial : « *Bridault*, doyen ; *Daudeteau*, curé de Saint-Nicolas, et *Sabouraud*, curé de Saint-Jean. » De la Noblesse, avait signé un seul gentilhomme : « *Racodet*, chevalier de Saint-Louis. » Mais, parmi les signataires du Tiers État, se trouvaient en tête les magistrats et fonctionnaires de la sénéchaussée : le sénéchal *Savary*, le lieutenant-général *Chevallereau*, le lieutenant de police *Beurrey de Châteauroux*, le conseiller *Cochon de l'Apparent*, directeur des associés au marais de la Vacherie ; *Bouron*, avocat du Roi, membre de l'Administration provinciale ; *Jousseaume*, procureur du Roi ; *Bertin*, greffier des sièges royaux et de la maréchaussée ; — de l'élection : *Majou*, président ; *Garos*, conseiller ; *Savary des Forges*, procureur du Roi ; — de la maîtrise des eaux et forêts : *Bonnamy de Bellefontaine*, maître particulier ; *Biaille de Germon*, procureur du Roi ; *Esnard*, greffier en chef ; — de la maréchaussée : *Guerry de la Barre*, lieutenant ; *Dupuy*, procureur du Roi. Venaient ensuite les avocats : *Brisson*, procureur-syndic de l'assemblée du département ; *Audouit*, *Moreau*, *Belliard* et *Pervinquière* ; les procureurs *Belliard*, *Phelipeau*, *Daniel Robert* et *Robert fils*, ancien échevin ; les médecins : *Aumon*, doyen ; *Desaivre*, *Brisson*, *Perreau*, *Biaille de la Brissonnerie*, *Dupuy* ; les chirurgiens : *Rolland*, *Chuppin* ; les notaires : *Vinet*, *Fillon* l'aîné, *Fillon* le jeune, *Cartron* ; plus, les syndics de la communauté des procureurs, de celle des huissiers, et ceux des corporations des vitriers, des serruriers-maréchaux, des tailleurs

---

1. La délibération de Luçon est donnée par M. Eugène Louis, p. 100-112 de l'*Annuaire de la Société d'émulation de la Vendée*, 1873.
2. La délibération de Poitiers, 9 et 15 déc., est aux Arch. nat., B[III] 121, f°s 54-63.

d'habits, des boulangers, des perruquiers, des chaudronniers, des cordonniers, des bouchers, des tisserands; enfin deux architectes, treize marchands, quatre apothicaires et six bourgeois.

Voici les parties essentielles du mémoire :

> Messieurs,
>
> Depuis que le rappel de la Nation à l'exercice de ses droits primitifs dans l'Assemblée des États généraux a annoncé que notre Auguste Monarque veut régner sur des peuples libres et éclairés, que Sa Majesté veut faire concourir à leur propre bonheur par leur amour et par leurs conseils, les habitants de toutes les parties du royaume semblent être sortis de l'espèce de léthargie dans laquelle ils étaient plongés depuis longtemps. L'amour de la patrie s'est réveillé dans tous les cœurs ; chaque citoyen paraît jaloux de concourir aux vues bienfaisantes du Souverain, et l'attention de tous les esprits s'est portée vers la chose publique.
>
> Le Poitou resterait-il seul dans l'inertie ?...
>
> Déjà plusieurs provinces du royaume ont obtenu des États particuliers : toutes ont également droit à la justice et à la bienfaisance du Souverain; pourquoi le Poitou n'espérerait-il pas participer à une aussi heureuse régénération? Quelle autre province mérita mieux jamais les bienfaits de son Souverain par son attachement et sa fidélité?
>
> Charles VII, dépouillé de la majeure partie de son royaume, trouva dans l'amour des habitants de cette province, restée pour ainsi dire seule fidèle, des ressources pour réparer ses pertes ; ils sacrifièrent leurs fortunes et leurs vies pour le rétablir sur le trône de ses pères...
>
> Sa Majesté, en accordant l'essai des administrations provinciales, n'a certainement consulté que la bonté de son cœur et le vif désir dont elle est animée d'adoucir le sort de son peuple. Cette épreuve a déjà fait disparaître plusieurs abus sous l'œil vigilant des nouveaux administrateurs que Sa Majesté a donnés à ses provinces; mais, pour mettre le comble à son ouvrage, il reste encore à Sa Majesté d'accorder des États provinciaux.
>
> Alors les trois Ordres réunis en une seule famille s'occuperont plus intimement de la chose publique...
>
> Vrais représentants de la province, les États particuliers stipuleront ses intérêts, proposeront des abonnements avantageux au Souverain comme à la Nation, mais toujours sanctionnés par les États généraux; et, si les besoins de l'État ne permettent pas de diminuer la quotité de l'impôt, on pourra du moins en modifier la perception, la rendre plus douce aux contribuables, et les délivrer de ces visites, de ces vexations et de ces inquisitions odieuses, qui troublent les citoyens jusque dans leurs propres foyers, épient toutes leurs actions et gênent toutes leurs conventions[1]...
>
> La perception devenant ainsi moins onéreuse, les ressources se multi-

---

[1]. Dans le texte primitif se trouvaient ici deux phrases importantes, qui ont été effacées au moment de l'acceptation du mémoire par le Corps de ville. Nous les donnons plus loin, d'après le texte complet, imprimé p. 303-308, du très rare tome II des *Recherches historiques et archéologiques sur Fontenay*, par Benjamin Fillon, in-8°. La Bibliothèque nationale ne possède que le tome I. Fontenay, 1846.

plieront, l'industrie ne sera point arrêtée dans son principe, l'annuel des ateliers de charité ne sera point détourné, une économie bien entendue offrira au malheureux le remède à ses peines.

Des grandes routes ouvertes à propos et dirigées surtout pour la plus grande utilité de la province; des chemins vicinaux entretenus avec autant de solidité que d'économie; une navigation utile qui, par la facilité des écours, purgera l'air des miasmes dangereux, soulagera le bras du cultivateur, et laissera au labourage le bétail si nécessaire, seront l'objet des spéculations qu'on se propose.

Enfin, ramenant le tout au meilleur ordre possible, on bannira cet esprit d'égoïsme qui semble diviser une province en autant d'individus isolés, dont les intérêts s'entrechoquent perpétuellement en raison inverse du bien général.

Un Arrêt récent du Conseil a réglé la composition des États du Dauphiné, d'après les délibérations des trois Ordres de cette province; la forme qu'on a adoptée nous semble réunir tous les avantages; elle concilie les différents intérêts et établit un juste équilibre dans la représentation. Le Dauphiné en éprouve déjà les plus heureux effets par l'union intime qu'une constitution si conforme aux principes de la justice fait régner entre les différentes classes de citoyens.

Des motifs si évidents d'utilité sont sans doute plus que suffisants pour vous déterminer, Messieurs, à être notre organe auprès du Souverain et à solliciter de sa bienveillance l'établissement d'États particuliers dans notre province, formés sur le même modèle que ceux du Dauphiné...

Le corps de ville de Fontenay demanda aux auteurs du Mémoire la suppression de ces deux phrases qu'il estimait trop vives :

On fera rentrer dans le néant, d'où il n'aurait jamais dû sortir, ce code de lois fiscales, vrai fléau de l'humanité, qui, en créant des crimes d'un nouveau genre, inconnus dans l'ordre de la nature, décerne, contre le malheureux qui veut se soustraire à l'impôt qui l'accable, la peine destinée au malfaiteur qui a troublé l'ordre de la société.

Enfin l'on restituera à des travaux, à des professions utiles, cet essaim de traitants qui, personnellement intéressés à l'existence des délits, cherchent à donner l'idée de la fraude par la rigueur de leurs vexations.

Moins ce passage, la pétition des trois Ordres, corps et corporations de la commune, fut, par arrêté du 28 décembre, « faite sienne » par la ville. L'expédition en fut ordonnée : au Directeur général des finances, au ministre de la maison du Roi[1], à l'intendant de la généralité de Poitiers et à toutes les cités de la province, afin d'obtenir leur adhésion.

---

1. C'est sur la copie adressée à Laurent de Villedeuil que nous en avons pris le texte. Archives nationales, F1c III-Vendée 7.

Les vœux de Saint-Gilles-sur-Vie.

Saint-Gilles-sur-Vie est peut-être le plus vieux port du littoral poitevin. Quelques érudits croient y retrouver le *Portus secor* indiqué par le géographe Ptolémée [1]. Dès 1483, il avait acquis du renom dans le monde maritime par la publication du *Grand routier de mer* de Pierre Garcie Ferrande, l'un de ses marins, d'origine espagnole ou portugaise [2].

Sa châtellenie paraît avoir primitivement appartenu aux vicomtes de Thouars; elle était, au seizième siècle, sous la suzeraineté des Rochechouart, seigneurs d'Apremont, quand ceux-ci, en 1551, la vendirent pour 1,425 livres tournois à un notaire enrichi, Daniau, dont un descendant devint conseiller au Parlement de Paris en 1652. Elle fournissait, en droits sur les navires, les pêches, les foires, etc., un revenu de 7,000 livres, au moment où Cahouet de Marolles en fit l'acquisition en 1785 [3]. Quand ce dernier châtelain vint visiter ses vassaux, il lui fut adressé des souhaits de bienvenue en vers, auxquels répliqua un poète satirique, Émery Gratton, appelé à jouer un rôle patriotique et révolutionnaire [4].

La bourgeoisie de la localité, quelque peu nombreuse qu'elle fût, s'était faite, depuis plusieurs années, le centre d'un mouvement intellectuel, qui avait de l'importance dans une localité perdue entre les marais et les dunes, au milieu des populations les plus ignorantes et les plus superstitieuses. Le 20 février 1783, le procureur fiscal Giron avait adressé au procureur du Roi à Poitiers une « demande en autorisation de société de lecture », qui fut accordée, le 17 mars suivant, sous la condition que « les lecteurs ne recevraient que les livres autorisés par le gouvernement ». Ce premier cercle ou club vendéen s'ouvrit sous la présidence de Benoît de la Grandière. Il s'est perpétué jusqu'à nos jours; le 30 décembre 1883, il a célébré le centenaire de

---

1. Voir dans l'*Annuaire de la Société d'émulation de la Vendée* les deux études de M. Delidon et de l'abbé Fréd. Baudry. Ce dernier hésite entre Jard et Saint-Gilles.
2. Voir la notice consacrée à ce navigateur et à son livre par l'érudit Vendéen et patriote Ch. Dugast-Matifeux, dans la *Revue de l'Aunis, de la Saintonge et du Poitou*, 25 février 1868.
3. M. de Marolles n'émigra pas; grâce au certificat de résidence que lui délivra la municipalité de Saint-Gilles, il resta possesseur de sa propriété, qu'il revendit 190,000 francs à un négociant de Nantes, Cibot, qui la céda plus tard à la famille de Bourgues (*La châtellenie de Saint-Gilles-sur-Vie*, par l'abbé Pontdevie, p. 156-201 de la 32ᵉ année de l'*Annuaire de la Société d'émulation de la Vendée*).
4. Émery Gratton, le premier chef élu du bataillon de la Vendée en 1791, publia, en 1776 (78 pages in-18), des *Moments perdus d'un philosophe aux bords de l'Océan, pièces fugitives en vers*, dont quelques-unes très galantes. Jusqu'à la fin de la Révolution, il fut, aux Sables-d'Olonne, le chansonnier officiel des anniversaires patriotiques et des fêtes décadaires.

sa fondation[1]. C'est à lui, sans doute, que revient l'honneur d'avoir, dès la veille de la Révolution, engagé Saint-Gilles dans la voie libérale et démocratique où Port-Fidèle se maintint avec une fermeté admirable à travers les plus terribles orages.

Conformément à l'édit dotant le Poitou d'une assemblée provinciale, les habitants de cette communauté, comptant alors deux cents feux, avaient été, sur l'ordre de l'intendant de Poitiers, appelés à élire une municipalité, le 31 août 1788. Ils avaient nommé : syndic le sénéchal Jacques-André-Louis *Coujard*, et conseillers municipaux le fiscal Hilaire *Giron*, le négociant de Nantes Jacques *Cadou*, quoique absent, le capitaine de navire Joseph-Saturnin *Benéteau*, les bourgeois Louis-Marie *Goupilleau*, René *Joubert*, Jean-Baptiste *Gaborit*[2].

C'est cette première « municipalité de la paroisse de Saint-Gilles-sur-Vie, évêché de Luçon », qui prit la délibération que voici[3] :

Ce jour, l'assemblée municipale de la paroisse de Saint-Gilles-sur-Vie, réunie à la manière accoutumée, au parquet, lieu ordinaire de ses séances, un de Messieurs a dit :

« Messieurs,

« C'est moins avec éloquence qu'avec le désir du bien commun que je viens vous représenter que, dans le moment où le Souverain veut réparer les maux qui nous accablent depuis si longtemps, par une Assemblée de la Nation, qu'il a promis de convoquer incessamment, il serait temps que notre province joignît ses réclamations à celles de tout le royaume. Nous l'éprouvons tous les jours, il n'est point de province qui soit plus accablée d'impôts, qui y

---

1. Toujours ardemment patriote, le Cercle de Saint-Gilles s'est distingué, le 5 février 1872, en versant, des premiers, une somme de 260 francs à la « souscription nationale pour la délivrance des départements envahis ». (*Phare de la Loire* du 16 février 1872.)

2. L'acte constitutif de la municipalité de Saint-Gilles-sur-Vie est contresigné par « Messire Robert-Joseph-Marie *Cahouet de Marolles*, chevalier, seigneur de Saint-Gilles-sur-Vie et autres lieux, ci-devant premier lieutenant des chevau-légers, lieutenant de nos seigneurs les maréchaux de France au département d'Orléans ; et messire François-Laurent *Bouhier de la Davière*, bachelier de Sorbonne, ci-devant chanoine de l'église cathédrale de Luçon, prieur-curé ».

C'est par cet acte qu'est ouvert le « Registre pour servir à insérer les délibérations de la municipalité de la paroisse de Saint-Gilles-sur-Vie en Bas-Poitou ». Nous avons tiré de précieux renseignements de l'analyse que nous en avons faite jusqu'à l'époque du Consulat. Il n'a malheureusement pas été relié ; il était, quand nous l'avons eu entre les mains, en désordre, et nous y avons constaté l'absence d'un certain nombre de feuillets, dont quelques-uns nous semblent avoir été enlevés pour dérober à l'histoire certains faits, — qui se retrouvent ailleurs.

3. Cette délibération, qui a d'autant plus d'intérêt que tous les Cahiers de la Vendée maritime manquent, a été imprimée s. l. n. d., 12 p. in-8°. Un exemplaire en fut envoyé, au mois de février 1789, avec une lettre des « composants la municipalité de Saint-Gilles », qui remerciaient le roi « de sa bonté et de sa justice envers son peuple », et suppliaient Necker « d'honorer leur arrêté de sa protection auprès de Sa Majesté ». La minute est aux Archives nationales, B^A 69.

soient levés avec plus de tyrannie, que la nôtre, qui a encore eu le malheur de n'avoir pas un seul représentant aux deux Assemblées des Notables, quoique cette province fasse un des objets de comparaison dans les calculs du Ministre actuel et qu'elle y soit comptée comme une grande province. Nous avons un exemple bien récent de tyrannie dans la levée de l'impôt, par la lettre menaçante que le sieur Bernier, receveur des impositions aux Sables, a fait écrire par son commis aux collecteurs, pour la prochaine année 1789, par laquelle ce commis leur dit, de la part du receveur, que, s'ils n'apportent pas à son bureau, dans les premiers jours du mois de janvier, une somme qu'il fixe à chaque collecteur, il le poursuivra. N'est-ce pas une vraie vexation, puisque les collecteurs sont dans l'impossibilité de commencer la collecte, les rôles n'étant encore pas revenus de la vérification? Vous connaissez, Messieurs, les poursuites de ces receveurs : ce sont le garnisaire et la prison.

« Ah! Messieurs! encouragés par l'exemple de la nation entière, par celui de nos voisins, les patriotes bretons[1], et invités par la bonté de notre Monarque, hâtons-nous de lui offrir l'hommage de notre fidélité et de porter à ses pieds des réclamations contre nos maux, qu'il veut si bien soulager. Il est temps que cette province, presque toujours régie par une administration plus fiscale que légale, reprenne une nouvelle restauration. Elle est déjà commencée par l'établissement de son administration provinciale; il faut qu'elle s'achève. Demandons que son Assemblée provinciale soit continuée et perfectionnée, sous sa dénomination actuelle ou sous celle d'États provinciaux, auxquels le Tiers État sera représenté, ainsi qu'aux États généraux, en nombre égal aux Ordres du Clergé et de la Noblesse réunis, et que les voix y soient comptées par tête et non par Ordre. L'admission du Tiers État de cette manière, nous avons tout lieu de l'espérer, Messieurs, n'éprouvera sûrement aucune difficulté. La piété, les vues bienfaisantes et l'esprit de justice de notre clergé nous l'assurent. La noblesse de cette province, mille fois plus distinguée par ses généreux et patriotes sentiments que par ses titres et ses rangs, nous le confirme encore.

« Ne différons pas, Messieurs, plus longtemps d'élever notre voix pour faire entendre combien il serait utile à notre province, soit qu'elle s'administre par Assemblée provinciale ou par États provinciaux, que les curés fussent admis dans l'Ordre du Clergé; la plupart, placés au milieu des chaumières, qu'ils visitent autant par charité que par devoir, qui peut mieux qu'eux exposer les maux des malheureux?

« L'abolition du droit de Franc-fief serait peut-être un des plus grands soulagements que recevrait notre province. Les motifs de son établissement n'existent plus; et, d'ailleurs, ce droit, qui fait une démarcation si humiliante pour le Tiers État qui possède des biens nobles, est exigé avec une tyrannie incroyable. Non seulement une année de revenu ne suffit pas, il en faut deux et même plus quelquefois pour acquitter le principal droit et les 10 sols pour livre; et, lorsque le domaine n'est pas en ferme, l'estimation du revenu est à l'arbitraire des préposés à la recette de ce droit. Ces vexations et celles qui

---

1. Saint-Gilles est beaucoup plus près de Nantes que de Poitiers.

s'exercent dans la partie des Domaine et Contrôle, par l'extension exorbitante qu'on donne à ces droits, doivent nous faire faire tous les efforts possibles pour solliciter la suppression du droit de Franc-fief et la modération dans les droits de Domaine et Contrôle, et, en cas que les finances de Sa Majesté ne permissent point, quant à présent, la suppression du droit de Franc-fief, demander qu'il soit commué dans un impôt également supportable par les trois Ordres.

« Notre province a encore un plus grand soulagement à espérer dans l'impôt des travaux publics. Il nous suffit de désirer que cet impôt soit supporté également par les trois Ordres. Les deux premiers n'y répugnent sûrement pas ; l'exemple de la majeure partie des provinces de ce royaume les y engage, ainsi que leur propre sentiment.

« Laissons, Messieurs, tant à la commission intermédiaire de l'Assemblée provinciale qu'à celle de l'élection et aux communautés plus instruites que nous, des réclamations plus étendues sur le bien général de cette province, pour nous occuper des abus qui pèsent particulièrement sur notre communauté.

« Vous avez gémi comme moi, Messieurs, lorsque nous avons procédé à la confection du rôle de la taille de cette année, impôt aussi accablant que nuisible à l'agriculture, et, en le répartissant sur nous tous, nous avons vu de plus près combien nous sommes peu fortunés pour supporter une charge si pesante, qui a fait fuir nos plus riches habitants. Vous avez vu depuis peu plusieurs capitaines de la rivière de Nantes, qui habitaient avec nous, et qui, après avoir ramassé quelque peu de fortune, récompense de leurs pénibles travaux, se sont retirés à Nantes, par la crainte de cet impôt, que les plus fortunés évitent soit en fuyant ou en achetant des privilèges, et qui écrase les malheureux que le Roi veut soulager. Ce qui nous encourage à lui en demander la suppression ou sa conversion dans un impôt également réparti sur les trois Ordres en proportion des facultés de chaque individu.

« Dans le moment que le vœu général de la Nation est pour l'égalité de l'impôt, notre communauté, avec un très petit nombre d'autres, en paye un, sous la dénomination de don d'entrée et don gratuit. Il est non seulement injuste dans son établissement, parce qu'il n'est perçu que dans quelques paroisses, mais il l'est encore dans sa continuelle perception, puisque, sous le ministère de l'abbé Terrai, il fut permis de se rédimer de cet impôt moyennant une somme d'argent payée. Notre communauté paya celle qu'on exigea d'elle et au moyen de laquelle elle se croyait rédimée de cet impôt. Néanmoins on continue de le lever. Son injustice, en ce qu'il n'est pas général, nous promet sa proscription, qu'il faut solliciter, également que celle du droit d'inventaire des vins. Cet impôt, aussi criant parce qu'il ne se payait encore que par quelques paroisses, est une vraie inquisition qui, quarante jours après les vendanges, nous soumet à une visite de commis aux Aides, dans nos maisons, pour le payement de ce droit injuste.

« Vous venez de voir que l'impôt de la Taille a fait fuir nos plus riches concitoyens. Le tirage au sort des canonniers auxiliaires de la marine nous cause une émigration plus dangereuse. Nos cultivateurs, depuis l'ordonnance de cette levée, ont déserté nos campagnes, pour se retirer dans les paroisses de milice de terre. Avant la levée de ces canonniers auxiliaires, les jeunes gens de notre paroisse, située sur ce petit port de mer, se dévouaient naturellement à la navigation; depuis l'exécution de cette ordonnance, ils répugnent à cet état. O liberté! que tu as d'influence sur le cœur humain, puisque la contrainte fait changer les goûts naturels !

« Vous savez, Messieurs, que de savants mémoires sur l'inconvénient de cette levée ont été présentés au ministre pour en solliciter la suppression. Joignons-y nos réclamations pour hâter ce bienfait.

« Notre paroisse, en temps de guerre, est, par sa position auprès de la mer, le passage des troupes qu'on place sur la côte et des officiers qui la visitent tant en temps de guerre qu'en temps de paix. Ces passages exigent des convois militaires et des chevaux d'ordonnance. Le défaut de prairies dans notre paroisse fait qu'il s'y tient peu de chevaux. Il faut donc solliciter que cette corvée soit partagée avec les paroisses voisines, et que la course des chevaux, lorsqu'elle sera dirigée du côté de Beauvoir, ne passe pas Challans, et, lorsqu'elle le sera vers les Sables, ne passe pas Vairé, dans lesquels endroits seront fournis d'autres chevaux et d'autres voitures. Plus une charge est divisée, moins elle est lourde.

« Je vous prie, Messieurs, de suppléer de vos connaissances aux abus qui auraient pu m'échapper, et de prendre en considération ceux dont je viens de vous faire une rapide analyse. »

Sur quoi, Nous, composant l'Assemblée municipale de la paroisse de Saint-Gilles-sur-Vie,

Avons arrêté que copie de l'exposé ci-dessus et du présent sera envoyée tant à la commission intermédiaire de l'Assemblée provinciale qu'à celle de l'élection des Sables, en les priant de joindre nos réclamations à celles dont nous sommes persuadés qu'elles s'occupent dans ce moment, et de solliciter :

1° Que cette province continue d'être administrée par son Assemblée provinciale ou des États provinciaux ;

2° Que le Tiers État y soit admis, ainsi qu'aux États généraux, en nombre égal aux Ordres du Clergé et de la Noblesse réunis, et que les voix y soient comptées par tête et non par Ordre ;

3° Que les curés soient admis dans l'Ordre du Clergé ;

4° Que le droit de Franc-fief soit entièrement supprimé ; que les autres droits des Domaine et Contrôle soient modérés et perçus d'une manière moins tyrannique ;

5° Que l'impôt pour les travaux publics soit également supportable par les trois Ordres ;

6° Que l'impôt de la Taille soit supprimé ou converti dans un impôt également réparti sur les trois Ordres, en proportion des facultés de chaque individu ;

7° Que les droits d'entrée, don gratuit et inventaire des vins qui se cueillent et se consomment dans notre paroisse, soient supprimés, ainsi que le droit du pied fourchu ;

8° Que la levée des canonniers auxiliaires de la marine n'ait plus lieu à l'avenir ;

9° Qu'au passage des troupes et officiers par notre paroisse, lorsqu'il faudra des convois militaires et des chevaux d'ordonnance, les paroisses voisines soient commandées pour en fournir, et que la course de ces convois ou chevaux ne passe pas Challans, lorsqu'elle sera dirigée vers Beauvoir, et, lorsqu'elle le sera vers les Sables, elle ne passe pas non plus Vairé, dans lesquels deux endroits seront fournis d'autres convois et chevaux.

Le présent Arrêté sera inscrit par notre greffier sur le Registre de nos délibérations, ce jour 28 décembre 1788, au Parquet dudit Saint-Gilles-sur-Vie, lieu ordinaire des assemblées.

Signé au registre : COUJARD, procureur-syndic; GIRON, J.-B. GABORIT, L. GOUPILLEAU, B. JOUBERT, BENÉTEAU, Z. GABORIT, greffier.

Délibérations de la ville des Sables-d'Olonne, pour les États du Poitou, contre le clergé et contre la noblesse.

Le port des Sables remonte à une haute antiquité. D'après les traditions locales, l'empereur Adrien y assembla une flottille romaine en 124, et les Normands y débarquèrent, au IXe siècle, pour envahir le Poitou. Des pêcheurs espagnols s'y installèrent au Xe siècle, et la marine y était, au XIe siècle, assez importante pour que le droit d'entrée sur les navires formât le principal revenu de l'église d'Olonne. A la fin du XIVe siècle, les Anglais s'y établirent; leur trace y subsiste encore, la tour d'Arundel, transformée en phare.

Les Sables n'étaient qu'une dépendance du bourg d'Olonne, quand Louis XI vint installer Philippe de Commines dans la principauté de Talmond, dont il avait dépossédé la famille de la Trémoïlle. Par ordonnance de novembre 1472, il érigea la localité en ville et fit une donation de 5,000 livres pour améliorer son port. On y comptait 80 à 100 marins à la fin du XVe siècle. L'Amérique découverte, les marins sablais furent des premiers à aller à Terre-Neuve. La prospérité de leurs pêcheries lointaines et côtières fut considérable lorsque les Maures, chassés d'Espagne, augmentèrent la population maritime et lui apprirent à se servir du traîneau et de la drague, au lieu de la ligne et de l'hameçon. Durant les guerres religieuses du XVIe siècle, le port fut pour ainsi dire coupé en deux; la ville était catholique, et le bourg de la Chaume était protestant. Quatre fois les Huguenots et les Catholiques en firent le siège, la prise et la reprise avec pillages et massacres. Enfin, le dernier rempart du protestantisme, la Rochelle, tomba le 30 octobre 1628. Les Sables profitèrent de sa ruine et devinrent l'un des ports marchands les plus riches du littoral de l'Océan. Mais les guerres du règne de Louis XIV épuisèrent leur vaillante population maritime et finalement arrêtèrent l'extension de leur commerce. Ils se relevèrent un peu vers le milieu du xviiie siècle, quand la ville, définitivement isolée d'Olonne, fut pourvue d'un conseil municipal et d'un octroi (1747), étendus au faubourg de la Chaume (1755)[1].

A cette époque[2], les Sables-d'Olonne étaient le chef-lieu d'une des élections de la généralité de Poitiers. Ils dépendaient ecclésiastiquement du diocèse de Luçon et avaient, sur leur territoire même, un prieuré et trois couvents de Cordeliers, de Capucins et de Filles de l'ordre de Saint-Benoît; dans l'étendue de leur élection, deux abbayes de Bénédictins, à Saint-Jean-d'Orbestier et à Talmont; une abbaye de Prémontrés à Jard; deux de l'ordre de Citeaux à Grosbreuil et à Fontenelles; deux de Dominicains et de Mathurins à Beauvoir, et une de Camaldules à l'Ile-Chauvet. La ville des Sables était le siège d'une justice seigneuriale et, pour le jugement définitif de toutes les affaires civiles et commerciales, dépendait du Parlement de Paris. Elle avait une mairie, une amirauté et une juridiction des traites. Dans son port, ajoute Expilly, pouvaient entrer des vaisseaux de 150 tonneaux et plus, ce qui avait attiré presque tous les habitants de l'ancienne Olonne et y rendait le commerce florissant. La majeure partie des Sablais étaient d'excellents hommes de mer, qui se livraient principalement à la pêche de la morue et aussi transportaient des blés et des vins entre Bordeaux et Nantes, jusque sur les côtes de Bretagne. Les petits ports de barques, qui dépendaient de son amirauté, Jard, Saint-Benoit, la Tranche, Saint-Gilles, faisaient la pêche côtière et passaient des céréales, des bois et des bestiaux à l'île de Ré, à la Rochelle et à l'embouchure de la Loire. L'élection entière comptait une population de 17,815 feux; la ville en réunissait 1,718[3], et la Chaume, sur le côté droit du port, 418; au total, 2,136.

La population des Sables et de la Chaume n'est plus estimée que de 1,421 feux dans la liste des paroisses appelées, le 4 mars 1789, à se faire représenter à l'Assemblée électorale de la sénéchaussée de Fontenay-le-Comte[4]. Sans doute l'ensablement de l'entrée du port, que de longs travaux n'avaient pas encore réparé, y avait diminué l'activité commerciale; la dernière guerre maritime contre l'Angleterre pour l'indépendance des États-Unis avait de nouveau décimé

---

1. Voir la chronique sablaise donnée par le docteur Marcel Petiteau dans la *Revue du Bas-Poitou*, 1er num., 1888, et la *Notice sur les Sables*, publiée, en 1846, à la Roche-sur-Yon, reproduite dans le *Guide historique et pittoresque*, de J.-J. Meunier, en 1854.

2. D'après l'abbé Expilly, *Dictionnaire historique et politique des Gaules et de la France*, in-f°, 1768, t. V, p. 299.

3. Ce chiffre, d'Expilly, est exactement le même que celui donné dans le rapport de Colbert de Croissy, *État du Poitou sous Louis XIV*, par Dugast-Matifeux (in-8°, 1865), p. 510.

4. Annexée au procès-verbal. Arch. nat., B III 124, f° 85 à 158.

les marins; et, depuis plusieurs années, sévissaient aux alentours les épidémies et la famine.

Dans ces circonstances, et avec le caractère particulier des Sablais, rendu très vif par le mélange des races méridionales, le mouvement politique, s'il commençait assez tard aux Sables, devait y devenir tout de suite et y rester le plus avancé de la région.

Le jour même où les lettres royales de convocation ouvraient la période électorale des États généraux, la Mairie privilégiée examinait la question des États du Poitou sur le modèle du Dauphiné, réclamés par la ville de Fontenay et aussi par la ville de Poitiers, et en faveur desquels allait, annonçait-on, se prononcer la Noblesse de la région maritime.

Le maire, Jacques-Denis-François-Aimé Duget, avocat au Parlement, appuyait la proposition en ces termes, dans « l'Assemblée extraordinaire de MM. les Officiers municipaux, dûment convoquée et tenue en son hôtel, à défaut d'Hôtel de Ville, » le 24 janvier 1789 :

... Il ne peut être mis en doute que ce ne soit le désir le plus sincère des trois Ordres de la province...

Un choix libre, légal et proportionnel des représentants à cette Assemblée, éloignera tout intérêt particulier; il naîtra, Messieurs, de cette nouvelle administration une répartition égale des impôts proportionnés aux facultés de chacun ; le pauvre ne payera que ce qu'il peut payer, et le riche tout ce qu'il doit. Alors s'évanouiront pour toujours ces distinctions odieuses de capitation roturière, de taxe pour la confection des grandes routes, de casernement et de droit de Franc-fief, qu'enfanta la barbare féodalité; tous compris au même rôle d'imposition, nous saurons ce qu'un chacun de nous des trois Ordres en doit au gouvernement qui nous protège tous...

Arrêté.

« Sur quoi l'Assemblée, après avoir délibéré,

« Considérant l'avantage que la province de Poitou ne peut manquer de se promettre de son établissement en États provinciaux, à l'exemple de plusieurs autres provinces du royaume,

« A arrêté qu'en adhérant à la délibération du corps municipal de Fontenay-le-Comte, du 28 décembre 1788, Sa Majesté sera suppliée d'accorder à la province de Poitou des États particuliers à l'instar de ceux du Dauphiné, observant néanmoins que, dans l'Ordre du Clergé, les curés propriétaires fonciers ne paraissent pas admis aux Assemblées en nombre proportionnel ; observant également que la prépondérance dévolue, soit dans les délibérations, soit dans les élections, au président toujours pris dans l'un des deux premiers Ordres, détruisant l'égalité parfaite qui doit régner dans les Assemblées, il serait à désirer que, pour la rétablir, les décisions ne pussent passer qu'à la majorité d'une voix et, en cas d'égalité parfaite, qu'elles fussent renvoyées à la Commission intermédiaire des États généraux...

« *Signé au registre :* Duget, maire; Ocher de Beaupré, lieutenant de maire ; A. Collinet, premier échevin ; Robert du Breuil, échevin ; Jannet de la Bauduère, échevin ; Boulineau, procureur du Roi, et Rouillé, secrétaire-greffier [1]. »

En cette même séance extraordinaire du 24 janvier 1789, le Corps de ville reçut d'habitants des Sables un Mémoire dont il accusa réception, mais sur lequel il ne se crut pas le droit de délibérer avant d'avoir pris l'avis des autorités supérieures.

Mémoire des différents corps et corporations, ainsi que de citoyens particuliers de la ville des Sables-d'Olonne.

Messieurs,

L'Ordre du Tiers État du royaume, convaincu de l'utilité dont il est à la chose publique, presque avili par l'espèce de servitude que lui ont imposée les Ordres du Clergé et de la Noblesse, vient de connaître que, comme citoyens et habitants de la France, il a des droits qui ne peuvent se prescrire, et il s'empresse de faire parvenir aux pieds du monarque chéri et bienfaisant qui nous gouverne, ses justes et respectueuses réclamations.

Dans cet instant précieux où la tenue des États généraux semble préparer une heureuse révolution, la ville des Sables-d'Olonne, l'une des plus intéressantes du Bas-Poitou par son port et le commerce qui s'y fait, serait-elle la seule qui ne ferait pas entendre sa voix ?

Loin de nous une idée si désastreuse de votre zèle pour la chose publique, dignes représentants du Tiers ! Vous allez être son organe et porter les vœux, faire valoir les droits d'une ville dont vous avez à si juste titre mérité la confiance.

Nos intérêts, ceux des habitants des villes et des campagnes de tout le royaume sont les mêmes ; nos réclamations doivent donc être conformes. Nous composons cet Ordre du Tiers État, pauvre dans ses individus, cependant surchargé d'impôts, tirant à peine de son travail le plus strict nécessaire et obligé encore de le partager pour subvenir aux besoins de l'État ; et deux Ordres de citoyens, dans le même État, privilégiés, riches, possesseurs de biens immenses, comblés de dons, de gratifications, de pensions, d'honneurs et de bénéfices, se refuseraient à soulager notre fardeau et à partager avec nous, en proportion de leurs fortunes considérables, la charge des impôts, qu'ils doivent comme nous, puisqu'ils sont citoyens comme nous !

Non, Messieurs, la loyauté des deux Ordres, jusqu'à présent trop pri-

1. Extrait du 3ᵉ registre des délibérations de la mairie des Sables-d'Olonne, dont copie se retrouve aux Archives nationales, F1c iii-Vendée 7. La signature de Boulineau n'est pas portée au registre des délibérations, mais sur la copie expédiée ; elle dut être ajoutée après la séance.

vilégiés, nous est un sûr garant de leur intention, et les États généraux, sans doute d'un consentement unanime, mettront la main à ce grand œuvre. Mais, si ces Ordres n'avaient pas le sentiment que nous nous plaisons à leur supposer, et se refusaient à une justice aussi démontrée, ne serions-nous pas fondés à dire au premier :

« Autrefois, quand le Clergé tirait sa subsistance du revenu casuel des autels et des aumônes des fidèles, qu'il était réduit au nécessaire et ne possédait aucun fonds, qu'il était exempt des charges publiques, alors, rien n'était plus juste; mais, depuis que nos pères, par des générosités aussi mal entendues que poussées trop loin, lui ont donné une grande et la plus belle partie des terres du royaume, quel titre a-t-il à ne pas payer les impôts en raison de ses superbes et immenses possessions ? »

Et à la Noblesse :

« Quel est le vôtre à jouir d'immunités si onéreuses au Tiers État ? »

Nous dirait-elle qu'elle a dû sa naissance aux services rendus à la Patrie ? Ah ! que cette réponse serait éloignée du vrai ! S'il y a des nobles dont les auteurs aient mérité de la Patrie, combien (et c'est le plus grand nombre) ne doivent leur noblesse qu'à la possession de charges, que les besoins (de l'État) ont multipliées ou rendues vénales. Mais, quelle que soit la cause de leur noblesse, ils ne doivent pas moins, à raison de leurs possessions, contribuer aux charges, puisque leur état primitif est celui de citoyens; et ils cesseraient même de mériter ce dernier si, en devenant nobles, ils voyaient avec indifférence la classe la plus nombreuse, la plus indigente et pourtant la plus utile à l'État, accablée sous le poids des impôts, qu'ils doivent partager.

Oui, Messieurs, l'Ordre du Tiers est de tous le plus utile. C'est par lui que les terres sont cultivées; c'est lui qui fait le commerce, c'est lui enfin qui exerce tous les arts et métiers. Il défend l'État, il l'enrichit, il instruit ses concitoyens et leur procure les commodités qu'ils ont. Cependant il est surchargé d'impôts, qu'il est forcé de prélever sur son plus urgent nécessaire. Cette classe d'hommes si précieuse pourrait dire, d'après Montesquieu :

« Les impôts ne devront être perçus que sur le superflu des citoyens; cependant je n'ai point de superflu, mais même souvent je manque du plus indispensable nécessaire. C'est sur ces superbes et immenses possessions du Clergé et de la Noblesse, c'est sur le superflu dont ils regorgent, que doivent être pris les besoins de l'État. »

Une pareille prétention pourrait donner lieu à des troubles, qu'il est bien loin de notre cœur de désirer. C'est une répartition égale et proportionnelle de tous les impôts que nous demandons.

Sollicitez donc pour nous, à l'exemple des villes et des provinces qui nous environnent, cette égalité. Elle est juste, elle est indipensable pour ranimer le cultivateur et l'artisan que leur misère décourage, et le commerce qui s'anéantit; elle seule enfin peut sauver l'Ordre du Tiers d'une ruine totale et prochaine.

Joignez, Messieurs, à cette demande celle d'États particuliers pour notre province, sur le modèle de ceux accordés au Dauphiné. Une pareille administration, composée de nos représentants légalement élus en nombre égal aux

Ordres du Clergé et de la Noblesse, nous procurerait un avenir plus heureux.

Portez avec confiance nos vœux et nos justes réclamations ! Loin de blâmer les premiers efforts de notre énergie, le meilleur des rois est disposé à guérir nos maux; il suffit de les lui faire connaître pour qu'il y applique le remède nécessaire.

Comptez, comptez sur les bontés du ministre humain et généreux qui s'est déclaré protecteur de notre Ordre; assurez-le que notre reconnaissance et notre respect, aussi étendus que ses vertus, sont sans bornes.

Ont signé : Sourrouille de la Mortière, avocat et procureur fiscal ; — Palvadeau, Delange et Delange le jeune, notaires royaux; — Desselle, receveur des droits du Roi ; — Bermond, Gaudin aîné [1], négociants ; — Corbier, notaire royal, greffier des conventions; — Orseau, capitaine de navire ; — De l'Écluze, licencié ès lois ; — Coppat, Bouhier de Vivier, négociants ; — de la Cailletière, receveur de S. A. S. Mgr l'Amiral ; — Louineau, Brechard, capitaines de navire ; — Guignard, greffier de l'élection ; — Martin, capitaine de navire ; — Blay, greffier de l'Amirauté ; — Mathurin Tessier, cordonnier ; — Blay, Blanc, capitaines de navire ; — Bécherel, notaire royal ; — Gobert, huissier ; — Chauveau, marchand orfèvre ; — Veillon, ancien trésorier; — Gaudin de la Fonssausse ; — Dupleix, lieutenant de l'Amirauté ; — Dupleix, avocat ; — Veillon de Boismartin, conseiller ; — Gaudin jeune, négociant ; — René Maillet, Honoré Guérin, Grouveau, négociants ; — Chevillon, constructeur ; — André Fontaine, forgeron ; — Veillon, bourgeois ; — Mathurin Borgnet, forgeron ; — Noel Borgnet, poulieur ; — Hébert, Maurice Veillon, Cheusseau, Souchet, capitaines de navire ; — F. Bocquet, poulieur ; — Durandet, forgeron ; — Millot, cloutier ; — Grigurdeau, Joseph Millot, A. Bouron, Louis Lorillard, capitaines de navire ; — Dugas, négociant; — Brunel, voilier ; — Louineau, maître cordonnier ; — Millot, cloutier ; — Hébert l'aîné et le jeune, perruquiers ; — Regain, orfèvre ; — Abot, sergent ; — F. Rigolage, marchand et maître maréchal ; — Jean-Joseph Rigolage, marchand-menuisier ; — René-Laurent Menier et Louis Marciteau, meuniers [1].

Deux des signataires de ce Mémoire, le jeune négociant qui en était probablement le promoteur, Joseph-Marie-Jacques-François Gaudin [2], et le notaire Basile-Mathurin-Gabriel Delange l'aîné, se faisaient admettre, le 13 février, en séance ordinaire du Corps de ville,

---

1. Extrait du 3ᵉ registre de la mairie des Sables, dont copie aux Archives nationales, B^III 121, fᵒˢ 116-126, et F^{1c} III — Vendée 7. Les noms ont été rectifiés sur le procès-verbal.

2. Né le 15 janvier 1754 et mort, le 21 août 1818, aux Sables, J.-M.-J.-F. Gaudin aîné était issu d'une famille d'origine espagnole, depuis longtemps vouée, de père en fils, à l'armement de la pêche de la morue. Il avait été, lors de la dernière guerre maritime, enrôlé dans une compagnie de canonniers gardes-côtes. Jeune homme très mondain, se livrant à la poésie légère, surtout contre les moines et les hobereaux, il devint tout de suite le chef du parti de la Révolution, créateur et commandant de la garde nationale, maire de Sables, puis membre de l'Assemblée législative, de la Convention, du Conseil des

comme « représentants de la commune des Sables, » et réclamaient avec insistance son adhésion.

Arrêté de la Mairie des Sables.

Lesdits députés retirés et lecture ayant été faite du Mémoire par le sieur Rouillé, secrétaire-greffier, le maire, M. Duget, a dit :

« Messieurs, les réclamations portées au Mémoire que vous présente la commune de cette ville sont justes; son vœu est celui du Tiers État de tout le royaume; nous devons trop compter sur les bontés paternelles de Sa Majesté et l'intégrité de la Nation assemblée pour craindre qu'il soit rejeté. Ce vœu vous était individuellement connu, Messieurs, lors de votre délibération du 24 du mois dernier que vous avez mise sous les yeux de Sa Majesté; mais nous n'avons pu l'y consigner. Un règlement vous empêchait d'assembler des concitoyens pour prendre leur avis, même sur les affaires qui les intéressent le plus, sans une autorisation spéciale. Mais aujourd'hui, c'est la commune qui exige de vous que vous fassiez connaître vos doléances. Sa Majesté y verra le plus profond respect pour sa personne et le dévouement le plus sincère pour l'avantage de l'État, sentiment gravé dans le cœur de tous les Français.

« Je vous propose donc, Messieurs, d'arrêter, par la délibération que vous allez prendre avec nous, qu'il soit donné acte aux représentants de la commune de cette ville de leur comparution et de la remise qu'ils nous ont faite du mémoire dont il est question; que ce mémoire soit inscrit au long sur le registre de nos assemblées et à la suite de la présente délibération; que copies en soient adressées à MM. Necker et de Villedeuil, avec prière de le mettre sous les yeux du Roi; enfin d'ordonner que ledit mémoire sera imprimé et copié, envoyé aux municipalités de la province.

« *Signé* : Duget, maire. »

Sur quoi ladite Assemblée (des officiers municipaux), après en avoir délibéré, a donné acte aux représentants de la commune de cette ville, de leur comparution et de la remise qui a été faite du Mémoire dont il est question, à l'Hôtel de Ville, et a arrêté de le faire passer sous son sceau à M. de Villedeuil, Ministre de la Maison du Roi, et à M. Necker, Directeur général des Finances.

Ont signé : Duget, maire; Ocher de Beaupré, lieutenant du maire; Jannet de la Bauduère et Robert du Breuil, échevins; Rouillé, secrétaire-greffier.

Cinq-Cents, du Conseil des Anciens, du Corps législatif; il joua un rôle des plus importants, et fut, en 1793, le sauveur de sa ville natale. Sa vie a été écrite par Constant-Jacques Merland (médecin, né à Château-d'Olonne en 1808, mort à Nantes en 1885), auteur d'un recueil estimé de *Biographies vendéennes* (5 vol. in-12, Nantes, 1883).

CHAPITRE II

LES ÉLECTIONS ET LES CAHIERS

Le maire des Sables-d'Olonne n'aurait pas osé revêtir de la sanction officielle le « Mémoire de la commune », si les nobles de la région maritime, les Robert de Lézardière, les Loynes de la Coudraye, les Vaugiraud, les Duchaffault, ne s'étaient déclarés, comme les gentilshommes de Bretagne, en rébellion contre les lettres royales de convocation des États généraux [1].

---

1. Benjamin Fillon (*Recherches sur Fontenay*, t. I, p. 353-354) rappelle l'exclamation caractéristique de Louis XIV : « Entendrai-je toujours parler de la noblesse du Poitou? » Résumant l'histoire de cette noblesse brave et sans cesse agitée, il fait observer que « ce sont les mêmes familles qui ont fourni des chefs aux huguenots, aux mécontents, aux frondeurs et à la Vendée ».

M. Dugast-Matifeux (*État du Poitou sous Louis XIV*, p. 481) souligne ce mot du Régent : « La noblesse du Bas-Poitou est la plus méprisable du royaume! » et cet autre de Mathieu Marais, de l'époque de Louis XV : « La noblesse française n'a jamais été moins noble qu'en ce temps-ci. » Dans le Rapport au roi et le Mémoire écrits par le frère du grand Colbert, Colbert de Croissy, tandis qu'il était intendant de la généralité de Poitiers, on lit (p. 130, 198-199 de l'*État du Poitou*) :

« Cette noblesse est en réputation d'être assez remuante et inquiète; elle voudrait prendre connaissance des affaires et s'en mêler; elle souffre avec peine que l'on paye la taille et les droits du Roi dans les lieux où elle a le pouvoir. Dans le désordre, elle est toujours prête à tout brouiller et s'est assemblée facilement; elle avait des principaux gentilshommes qui s'appelaient cantonniers et qui avaient soin d'un canton de pays. Elle n'a guère fourni de gens au Roi durant les guerres, et, quand ils y allaient, ils s'en lassaient bientôt, se contentaient d'une ou de deux campagnes, qu'ils ne laissaient pas de faire valoir dans les occasions, comme s'ils n'avaient fait d'autre métier...

« Nous avons découvert quelques lieux et maisons fortes, où l'on nous assure qu'il se fait de la fausse monnaie par divers ouvriers ramassés de plusieurs endroits et protégés par des seigneurs et des gentilshommes, les plus considérables du pays. Ce qu'ayant voulu approfondir, nous avons même commencé une information, qui nous a appris de grandes particularités et l'histoire de ce qui s'est passé pour le fait de la fausse monnaie depuis quinze années en cette province, ce qui peut avoir de très grandes suites contre plusieurs personnes considérables qui paraissaient le moins suspectes... Nous avons mis cette affaire en état d'être poussée plus avant, quand il plaira à Votre Majesté de

Les Assemblées factieuses de la noblesse du Bas-Poitou.

Le 28 janvier 1789, une trentaine de gentilshommes se réunirent d'eux-mêmes, dans le couvent des Cordeliers, à Fontenay-le-Comte.

l'ordonner au commissaire qui nous succédera, n'étant pas une affaire qui doive être confiée aux juges des lieux ».

Le minime rendement de la taille et autres impôts, dont les nobles étaient exempts, fit rechercher les titres de noblesse; Colbert de Croissy affirme que, « sur douze cents qui se disaient nobles, il n'y en avait pas plus de deux cents. » (*État du Poitou*, p. 194.) Par lui et par ses successeurs à l'intendance de Poitiers, Barentin, Rouillé du Coudray et Maupeou d'Albeige, fut opérée une « réformation de la noblesse », qui produisit une assez longue liste (p. 377-387) de « condamnés comme faux nobles ». Les usurpations de titres, arrêtées à la fin du dix-septième siècle, se renouvelèrent et même se légitimèrent au siècle suivant, d'autant plus aisément que la vénalité des offices, accrue à chaque embarras du Trésor royal, permettait à quiconque d'anoblir sa personne et sa famille moyennant finance. Si bien qu'à la veille de la Révolution, la majorité de la noblesse française descendait de tout excepté des Croisés.

Mercier du Rocher, apparenté avec beaucoup de nobles d'épée, de robe, de mairie et d'argent, connaissait à fond les gentilshommes du Bas-Poitou. Il a laissé sur un grand nombre d'entre eux, dans ses Mémoires et son Journal manuscrits, des indiscrétions peu édifiantes. On ne saurait, sans scandale pour la postérité de plusieurs, publier ce qu'il a raconté dans ce qu'il appelait ses « notes sans suite ». Pour ne citer qu'un exemple, il a écrit la biographie d'un Montmorency, le duc d'Olonne, né le 31 mai 1731, maréchal de camp dès 1748, emprisonné à Pierre-Encise pour complicité dans l'assassinat d'un de ses créanciers par son domestique; compromis, durant son emprisonnement à Lyon, dans une affaire de viol compliqué de mort; vivant enfin disgracié à Fontenay jusqu'à ce que la petite vérole l'emportât, au mois de juillet 1777, après avoir commis d'incroyables escroqueries, ayant eu pour prêteur jusqu'au bourreau de la ville ! Mercier lui a fait cette épitaphe :

> Ci-gît un pauvre duc qui mourut insolvable
> Et, toujours empruntant, jamais rien ne rendit;
> Qu'il soit au ciel ou chez le diable,
> Il n'y peut être qu'à crédit.

Le vicaire général de l'évêque de Luçon, Brumauld de Beauregard, qui joua, comme on le verra, un si grand rôle dans la préparation et la prolongation de la guerre de la Vendée, et devint évêque d'Orléans au Concordat de Bonaparte, a laissé dans ses manuscrits cette note sur le caractère et les mœurs de la noblesse de son diocèse en 1789 (citée par M. Antonin Proust, *Archives de l'Ouest*, t. I, p. 90-91) :

« Il règne dans la noblesse des environs de Luçon un grand esprit de liberté, même d'indépendance, beaucoup d'honneur, de probité et de bonhomie... La noblesse ne s'allie que dans la contrée; toutes les familles sont en conséquence unies par les liens de la parenté et forment une espèce de confédération dans laquelle règnent une égalité parfaite et même une extrême familiarité, malgré l'inégalité des fortunes. La noblesse vendéenne, sans être fière, a une grande idée de son rang; elle ne va point à la cour et n'aime pas ceux qui s'y font présenter... L'hospitalité entre les gentilshommes est une loi commune; les jeunes gens vont de château en château et sont toujours bien accueillis; les demoiselles voyagent également et font de longs séjours chez leurs amies. On aime les réunions, les foires, les ballades, les *préveils*... On aime aussi les danses rondes, les antiques gavottes animées seulement de la voix... La chasse est l'une des grandes distractions. Les dames, les demoiselles s'y rendent, et les vieux chevaliers, montés sur des petits chevaux de pays, les conduisent au passage du cerf et à la curée. Quelques dames montent habilement, et il en est qui savent *passer*. Cette noblesse, qui consomme tous

Ils décidèrent d'appeler le plus grand nombre possible de nobles du Bas-Poitou à délibérer sur les moyens de faire opposition au doublement du Tiers État.

Le billet suivant fut rédigé dans cette réunion préparatoire et expédié sans signature[1] :

M....,

Dans ce moment important où la Noblesse doit avoir à cœur de conserver ses droits et ses privilèges, vous êtes invité, comme membre de cet Ordre, de vous trouver à Fontenay-le-Comte le 10 février 1789, au matin, à la maison de l'Assemblée du bureau intermédiaire du département. Vous êtes prié d'avertir les gentilshommes à portée de vous du contenu de ce billet pour obvier à tout oubli involontaire ou accident quelconque [2].

Le 9 février, comme il se produit quelque agitation dans Fonte-

---

ses revenus dans le pays, est vraiment aimée du peuple, mais son éducation est loin d'être soignée et ses mœurs ne sont pas toujours exemplaires. »
Les mœurs ne changèrent pas, même durant la guerre civile, comme le prouvent les exploits amoureux et les fêtes dansantes que Charette mêlait à ses sanglantes expéditions. Mais ce qui changea, dès 1790, ce fut l'attitude des nobles campagnards à l'égard des curés. Les plus indifférents, les plus voltairiens devinrent dévots, pour exploiter, au profit de la restauration de leurs privilèges, le fanatisme de leurs paysans. « La supposition de leur évêque d'Agra, dit B. Fillon (*l. c.*, p. 356), en est le sacrilège témoignage. »

1. Il était du marquis de la Coudraye (Denis-Jacques-Nicolas de Loynes), né vers 1740, à Luçon, où son père fut nommé gouverneur en 1743, place dont il obtint la survivance en 1759. De famille de robe, établie en Poitou sous Louis XIV, marié à une demoiselle Carré de la Serrie, de la Rochelle, le marquis de la Coudraye avait à la fois des prétentions féodales et des idées de réformes. Il publia en 1786, par souscription (204 p. in-8°, Fontenay), un *Mémoire en faveur du cardinal de Rohan* (affaire du collier de la Reine), et plus tard, un *Mémoire contre la corvée*. Choisi pour premier syndic du clergé et de la Noblesse dans la commission intermédiaire de Fontenay, il se mit en opposition avec ces deux Ordres par ses motions réformatrices et donna sa démission. En 1791, poursuivi pour des rassemblements de paysans dans son château de la Rivière de Saint-Martin-sous-Mourgueil, il simula l'émigration, mais resta caché à Trizay, dans une ancienne abbaye de l'ordre de Citeaux, acquise par la famille Jousseaume, de Fontenay. (D'après M. Dugast-Matifeux.) Il était à Londres en 1792, désespéré et se disposant à passer au Canada (nous donnons, ch. XXXIII, une très curieuse lettre de lui). Il rentra en Vendée en 1814 et ne joua aucun rôle. Il mourut aux Sables le 8 avril 1824.

Ce n'est pas ce marquis de la Coudraye, mais son père, le chevalier de Loynes de la Coudraye, l'officier de marine déjà célèbre avant 1789, par ses travaux scientifiques sur la *Théorie des Vents* et la *Théorie des Ondes*, qui prit une part considérable à la rédaction du Cahier de la noblesse du Poitou, la représenta aux États généraux, et, en 1791, émigra à Saint-Pétersbourg, où il publia, de 1796 à 1798, une *Réimpression du Cahier du Poitou*. Il commençait à faire paraître un *Dictionnaire de la marine* (2 vol. in-4°, Saint-Pétersbourg, 1812) lorsque la Restauration le rappela en France. Mal accueilli par le roi, rapporte M. Antonin Proust, p. 100 de la série A t. I des *Archives de l'Ouest*, il s'exila de nouveau et mourut à Copenhague.

2. La copie de ce billet anonyme est réunie, liasse 162 du carton B^A 69 des Archives nationales, aux minutes de la correspondance administrative sur les « délibérations factieuses de la noblesse du Bas-Poitou ».

nay, le Corps de ville est convoqué par le maire Savary de Calais, qui, en ouvrant la séance, dit :

Messieurs, j'aurais sans doute dû vous instruire de l'assemblée qui s'est tenue par trente et quelques gentilshommes, le 28 du mois dernier, dans la maison destinée à tenir la séance de votre Assemblée d'élection et celle de son bureau intermédiaire ; mais, ne l'ayant envisagée que comme fortuite et ne devant pas avoir de suite, j'ai cru devoir garder le silence. Cette Assemblée, de nouveau convoquée au 10 du présent, en nombre illimité, paraît aujourd'hui mériter toute votre attention.

Les officiers municipaux des villes, vrais représentants de leur commune, semblent devoir veiller d'une manière plus particulière à ses intérêts, et ne rien négliger, dans un temps aussi orageux que le paraît celui-ci, pour calmer les esprits et y faire suivre la tranquillité.

Ce n'est point à nous de décider, dans ce moment, si cette Assemblée de Noblesse est légale ou non ; ce n'est point à nous encore à en blâmer ou approuver les motifs, puisqu'ils nous sont inconnus ; nous devons même croire qu'ils répondront aux sentiments qui caractérisent la vraie Noblesse.

Mais ne serions-nous pas répréhensibles, Messieurs, aux yeux de tous nos concitoyens si nous ne prenions pas la précaution nécessaire pour assurer leurs intérêts et aller au-devant de tout ce qui pourrait leur devenir contraire par la suite ?

C'est sur ce parti à prendre que je vous propose de délibérer.

La décision suivante est prise :

L'Assemblée proteste tant contre celle de la Noblesse tenue en cette ville le 28 janvier dernier que contre celle qui doit se tenir demain 10 de ce mois, contre tout ce qui a pu être arrêté dans la première et contre tout ce qui pourrait l'être dans la seconde de contraire aux intentions de Sa Majesté et aux droits de cette ville et commune ;

Arrête en outre qu'expédition de la présente sera envoyée à M. l'intendant, pour en faire tel usage que sa prudence et ses lumières lui suggéreront[1].

Le 11, le président de l'Élection de Fontenay, Majou[2], s'empresse d'écrire au Directeur général des finances :

La fermentation, dont j'ai eu l'honneur de vous informer à l'occasion de l'Assemblée de la Noblesse de ce pays-ci, convoquée par lettres anonymes pour le 10 du courant, a cessé au moment où l'on a vu arriver ici des per-

1. Extrait des délibérations du Corps de ville, aux Archives municipales de Fontenay-le-Comte, reconstituées par Benjamin Fillon et M. A. Bitton.
2. Majou (René-Augustin), sieur des Touches de Chavanne, condamné à mort le 31 décembre 1793, par la commission militaire de Fontenay, comme complice de l'insurrection vendéenne.

sonnages distingués qui, par la confiance qu'ils inspiraient d'avance et par les bonnes vues qu'ils ont manifestées, ont répandu le calme dans les esprits. On ignore encore quel a été précisément le résultat de cette assemblée composée d'environ deux cents personnes, parmi lesquelles il s'est trouvé beaucoup d'anoblis. On croit que la pluralité de voix s'est réunie pour l'exécution des projets avantageux promis par Monsieur[1] et adoptés par tous les honnêtes gens.

Les gentilshommes dans leurs assemblées du 10 et du 11 n'ont, en effet, rien décidé. Ils ont préparé une lettre au Roi et un projet de protestation contre toute convocation des États illégalement formés.

Le 12, l'intendant de Poitiers écrit au Directeur général des finances[2] :

Monsieur, j'ai eu l'honneur de vous entretenir de l'Assemblée de plusieurs gentilshommes, qui s'est tenue le 28 du mois dernier à Fontenay-le-Comte et de celle qui a été convoquée par M. le marquis de la Coudraye, pour être tenue dans la même ville le 10 de ce mois. La seule circonstance particulière qui y soit relative et dont j'aie été instruit depuis, est celle du départ de Poitiers de M. le baron de Lézardière, syndic provincial du Poitou, et de M. le comte de Chasteigner pour se rendre à cette assemblée.

Je sais que l'intention du premier est de proposer aux gentilshommes de ne prendre aucune délibération qui puisse les lier, mais seulement de fixer les objets sur lesquels ils croiront que la Noblesse devra délibérer, afin que les gentilshommes du Haut-Poitou puissent les prendre en considération.

La Noblesse de Poitiers paraît avoir une façon de penser opposée à celle du Bas-Poitou. Je suis informé que, le 4 de ce mois, M. le marquis de Vitré et M. le marquis de la Messelière ont été, en qualité de députés de la Noblesse de Poitiers, prévenir le maire de cette ville qu'elle n'était pas dans l'intention de séparer ses intérêts de ceux du Tiers État, et qu'elle donnerait son adhésion à la demande, qui serait faite par une délibération de la commune convoquée à cet effet, de l'établissement d'États provinciaux dont la composition serait la même que celle des États du Dauphiné.

Des députés du Corps de ville ont été les prévenir que l'Assemblée serait convoquée aussitôt que les gentilshommes se seraient mis en état de donner leurs suffrages, et ceux-ci ont dû, en conséquence, écrire à M. le comte de la Tour-du-Pin pour lui demander la permission de s'assembler. J'ai l'honneur de vous observer, Monsieur, que l'époque à laquelle on m'a fait part de ces différents détails est antérieure à celle où l'on a pu avoir

---

1. Allusion au discours prononcé le 12 décembre 1788, par Monsieur, frère du roi, président du premier bureau de la seconde assemblée des Notables, le seul des six bureaux admettant la double représentation du Tiers. Mais Majou donnait un faux renseignement; ce n'était pas l'opinion de Monsieur, c'était celle des autres Princes du sang, contre le Tiers, qu'adoptaient les gentilshommes du Bas-Poitou.

2. Cette lettre, la précédente et les autres, dont nous donnons plus loin des extraits, existent en minutes, dans le carton B^A 66 et, en copie, dans les registres 121 et 124 de B^III, aux Archives nationales.

connaissance en Poitou de l'expédition de lettres de convocation pour la tenue des États généraux...

Les gentilshommes du Bas-Poitou tiennent une nouvelle assemblée à Fontenay le 17 février, pour recevoir le compte rendu des démarches auprès des nobles du Haut-Poitou et déterminer en conséquence une ligne de conduite.

Une note écrite au moment même par le patriote vendéen Mercier u Rocher en fournit le bref compte rendu[1] :

La Noblesse du Bas-Poitou s'est assemblée, à Fontenay, le 17 de février 1789. N'ayant pu trouver de salle pour tenir ses séances, à cause des défenses qui avaient été faites par les juges du lieu de louer des appartements pour leur Assemblée qui était, dans le fait, illicite, ils se sont rendus aux Cordeliers de la ville qui, moyennant une somme de 250 livres, leur ont permis de se rassembler dans leur église.

La première séance a commencé le 17 à 10 heures du matin et a duré jusqu'à 4 heures du soir. La seconde et dernière a commencé à la même heure, le lendemain, et a fini à près de 5 heures du soir.

Le marquis de la Coudraye, auteur des lettres de convocation qui n'étaient pas signées, a, du haut de la chaire, harangué le corps avec toute la politesse dont il est capable. Si toutes les têtes eussent été montées comme la sienne, les délibérations de l'Assemblée auraient été bien contraires à la prospérité de l'État et au bonheur des peuples. Enfin on arrêta à la pluralité de 173 voix contre 113 que la Noblesse contribuerait comme tous les autres citoyens aux charges des impositions nécessaires au bien-être et à l'entretien du royaume.

Dès le 18, l'intendant Boula de Nanteuil avertit le gouvernement, mais sans détails, la délibération ayant été tenue secrète. Il croit seulement savoir qu'on n'a pris aucun arrêté définitif, mais que quelques-uns ont mission de tenir d'autres réunions pour rédiger l'exposé de leurs vœux : maintien des privilèges honorifiques, vote par Ordre.

Le 21, ayant complété ses informations, l'intendant fait savoir aux ministres Necker et Laurent de Villedeuil :

Le dimanche 15, sur la demande du baron de Lézardière et du comte de Chasteigner, il fut tenu à Poitiers une Assemblée des gentilshommes qui habitent cette ville, au nombre d'environ 75.

M. le baron de Lézardière et M. le comte de Chasteigner, comme députés des gentilshommes du Bas-Poitou, y apportèrent :

1° Un procès-verbal que ces gentilshommes, au nombre d'environ 240, avaient signé dans l'Assemblée qu'ils ont tenue à Fontenay le 10 ;

---

1. Pièce 3 du 1er registre des *Papiers inédits de Mercier du Rocher*.

2° Une lettre au Roi, qui avait à peu près le même nombre de signatures ;

3° Le projet d'une lettre au Tiers État, qu'on se proposait de faire imprimer.

Le procès-verbal contenait en substance : 1° que les gentilshommes renonçaient à tout privilège et à toute exemption pécuniaire[1] ; 2° qu'ils protestaient contre toute atteinte qui serait portée aux autres droits et privilèges attachés à leur qualité de gentilhomme ; 3° qu'ils protestaient également contre tout ce qui pourrait être fait ou entrepris pour donner au Tiers État un nombre de députés aux États généraux égal à celui des deux autres Ordres réunis ; 4° qu'ils s'opposaient à ce que les suffrages aux États généraux fussent recueillis par tête et non par Ordre ; 5° que leur protestation serait déposée entre les mains du Roi, auquel il serait en conséquence écrit une lettre et envoyé une expédition du procès-verbal ; 6° que les gentilshommes du Haut-Poitou seraient invités à adhérer à tout ce qui avait été fait ; 7° enfin que des copies du procès-verbal seraient envoyées à *M. le comte d'Artois, à M. le duc de Chartres, à M. le prince de Condé, à M. le prince de Conti, à M. le duc de Luxembourg,* etc.

La lettre au Roi était relative à ce qui avait été réglé par le procès-verbal.

Le projet de lettre au Tiers État avait pour objet de lui persuader que quelquefois le gouvernement n'avait d'autre vue, en augmentant le pouvoir du troisième Ordre, que de se procurer une voie plus facile pour parvenir au despotisme.

Cette démarche de M. le baron de Lézardière n'a pas produit l'effet que s'en étaient sans doute promis les gentilshommes qu'ils avaient députés. Excepté cinq gentilshommes qui ont donné leur adhésion, tous les autres ont jugé qu'il n'y avait pas lieu à délibérer :

1° Parce que leur assemblée n'était pas légale ;

2° Parce que, la Noblesse étant convoquée par le Souverain, c'était dans ses cahiers qu'elle pourrait licitement consigner les représentations et les protestations qu'elle croirait pouvoir faire...

... Cependant il est vraisemblable que les gentilshommes du Bas-Poitou renouvelleront leur tentative et tâcheront d'augmenter le nombre de leurs partisans lorsqu'ils seront à Poitiers ; ils comptent beaucoup sur M. le duc de Luxembourg, qui doit se trouver à l'Assemblée[2].

Je dois rendre à MM. les gentilshommes de Poitiers la justice de dire qu'ils sont aussi disposés que ceux du Bas-Poitou à faire le sacrifice de leurs intérêts pécuniaires, et que la conduite qu'ils ont tenue dans cette circonstance est d'autant plus digne d'éloges que leur but, dans le parti qu'ils ont pris, a été essentiellement d'éviter de faire naître des troubles dans leur province.

---

1. Aux termes de l'arrêté solennel par lequel les ducs et pairs, assemblés au Louvre, avaient, le 20 décembre 1788, offert au Roi de renoncer à leurs privilèges en matière d'impôts.

2. Anne-Charles-Sigismond de Montmorency-Luxembourg, comte d'Olonne, pair de France.

Le 26 février, Boula de Nanteuil transmet aux ministres une lettre que les gentilshommes du Bas-Poitou viennent de faire imprimer [1]. Il écrit à Necker :

> Quoique la tentative (de MM. de Lézardière et de Chasteigner) auprès de la Noblesse de Poitiers ait été sans succès, M. le baron de Lézardière n'en a pas moins cherché à donner des suites à son projet, en adressant copie, signée de lui, de tout ce qui a été fait dans l'Assemblée tenue à Fontenay les 10 et 11 de ce mois, aux syndics des deux premiers Ordres, aux bureaux intermédiaires de département, en les engageant à la faire signer par les gentilshommes de leurs districts respectifs. Je suis instruit qu'il a essuyé des refus des syndics de bureaux intermédiaires de Poitiers et de Niort ; mais j'ignore encore le parti que peuvent avoir pris les syndics des autres bureaux.
> M. le baron de Lézardière, dont les relations avec les gentilshommes de Bretagne exaltent particulièrement le zèle pour la cause commune de la Noblesse, ne laisse pas ignorer que, si l'on adoptait sa façon de penser, *les gentilshommes n'enverraient point de députés aux États généraux, dans le cas où le Tiers État y aurait des représentants en nombre égal à ceux du Clergé et de la Noblesse réunis.*

On ne retrouve qu'une seule des réponses faites à l'envoi du procès-verbal de l'Assemblée de Fontenay du 10 février. C'est une *lettre*, imprimée, *d'un gentilhomme du Haut-Poitou à un gentilhomme du Bas-Poitou* [2]. Elle contient un refus d'adhésion sévèrement motivé sur « l'illégalité d'une Assemblée tenue sans ordre du Roi ». On y signale, comme une énormité, l'arrêté par lequel l'expédition des copies du procès-verbal « aux princes du sang, aux premiers gentilshommes, a été faite *sous l'enveloppe de Monseigneur le prince de Condé ;* ce ne peut être qu'une *faute de copiste;* car qui ne sait en France que c'est Monsieur, frère du Roi, qui non seulement est le premier prince, mais le premier gentilhomme du royaume ? »

La *faute de copiste* a beaucoup d'importance. Elle fait apparaître, au début même de la Révolution, la liaison intime des contre-révolutionnaires du Bas-Poitou avec les auteurs du fameux *Mémoire des*

---

1. Elle ne se retrouve pas annexée à l'original de la lettre de Boula de Nanteuil, dans le carton B^a 69 des Archives nationales.
2. Quatre pages de petit format jointes au dossier des *Assemblées factieuses*, Archives nationales B^a 69. Elle n'est pas signée. M. Dugast-Matifeux l'attribue au comte d'Orfeuille, qui un peu plus tard publia des *Observations d'un gentilhomme poitevin sur le Cahier de la noblesse du Poitou* (V. les *Archives de l'Ouest* de M. Antonin Proust, A t. I 163). Le comte Charles-Louis-Marie d'Orfeuille, né à Saint-Maixent en 1756, mort en 1842, se montra très libéral au commencement de la Révolution. Membre du conseil du département des Deux-Sèvres en 1790, il fut l'un des membres actifs de la Société des Amis de la Constitution. Arrêté après le 31 mai 1793, relâché après le 9 thermidor, il prit part à la guerre de Vendée de 1796 à 1799. Il était en 1810 régent de quatrième au collège de Thouars. La Restauration de 1815 le retrouva libéral. Il a laissé plusieurs ouvrages d'histoire et d'érudition sur le Poitou.

princes contre les concessions du Roi au Tiers État et « les dangers qui menaçaient la monarchie » ; en particulier, avec les plus actifs conspirateurs contre les États généraux et les premiers chefs de l'émigration armée aux portes de la France pour les ouvrir à l'étranger.

Les Cahiers primitifs des campagnes.

Les Cahiers rédigés dans les communautés rurales du Bas-Poitou ont totalement disparu. Portés à l'Assemblée secondaire de la Sénéchaussée de Fontenay-le-Comte, ils furent sans doute brûlés dans l'auto-da-fé de papiers du district et du département que l'armée Catholique Royale fit, le 25 mai 1793, après s'être emparée du chef-lieu de la Vendée[1].

Les Cahiers primitifs manquent également pour trois autres Sénéchaussées du Poitou.

La collection générale manuscrite des Archives nationales n'en contient aucun, dans les quatre registres des élections du Poitou[2]. Au supplément, parmi les délibérations des villes et communautés, s'est égaré le Cahier inédit de la paroisse de Jouhet[3], remis, à Mont-

---

1. L'archiviste du département de la Vienne, M. Alfred Richard, dans ses *Notes pour servir à la bibliographie des États généraux de 1789 en Poitou* (*Revue poitevine et saintongeaise*, 15 novembre 1888), donne la liste des Cahiers primitifs des communautés rurales, qui subsistent en manuscrits ou imprimés, dans les dépôts publics et les collections particulières. Nous résumons ainsi cette liste, dressée avec un soin minutieux :
   A. — Sénéchaussée de Poitiers :
   Plaintes, doléances et remontrances de l'*île de Bouin*, du 19 mars 1789, imprimées dans l'*Annuaire de la Société d'émulation de la Vendée*, 1874, p. 90-93 ;
   Plaintes, doléances et remontrances de *La Grolle*, 1er mars ; *Saint-Christophe-de-la-Chartreuse*, s. d. ; *Saint-Étienne-de-Corcoué*, 1er mars ; *Saint-Philbert-de-Bouaine*, 2 mars ; insérées dans le même Annuaire, 1873, p. 11-26, par M. E. Louis.
   Plaintes, doléances et remontrances des paroisses et communautés de *Notre-Dame et de Saint-Sauveur de Rocheservière*, 1er mars ; publiées avec le Journal de Goupilleau sur ce qui s'est passé à l'assemblée des trois Ordres de Poitiers (24 p. in-8°, Fontenay, 1850). « Bas-Poitou ; documents relatifs aux États généraux de 1789 » par Ch. Dugast-Matifeux.
   B. — Sénéchaussée de Civray :
   Les Archives de la Vienne C 862 possèdent les Cahiers de 92 *paroisses*, avec les procès-verbaux manuscrits, du 1er au 8 mars.
   C. — Sénéchaussée de Lusignan :
   Cahiers de doléances de la paroisse de *Rouillé*, avec procès-verbal manuscrit, aux Archives de la Vienne E66.
   D. — Sénéchaussée de Niort :
   Les Archives du département des Deux-Sèvres C59 possèdent les Cahiers de 45 *paroisses* rurales.
   E. — Les sénéchaussées de Montmorillon, Saint-Maixent, Vouvant et Fontenay-le-Comte n'ont laissé aucun Cahier rural ni imprimé ni manuscrit.
2. Archives nationales B^{in} 121, 122, 123 et 124.
3. *Ibid.* 168, f°s 838-854.

morillon, au Sénéchal de Poitou et adressé, le 17 mars 1789, au Directeur général des finances, avec une lettre d'envoi où nous lisons :

> Monseigneur, quoique nous soyons de pauvres gens attachés à la glèbe d'une terre ingrate et stérile, nous n'en sommes pas moins de bons Français et par conséquent des sujets aussi respectueusement qu'imperturbablement soumis à notre Roi, le meilleur, sans contredit, de tous. Toutes les générations de nos familles, continuellement excitées pendant quatre cents ans et plus au respect et à l'amour de la personne du Roi par l'exemple et les discours de MM. les comtes de Moussy, nos seigneurs, ont transmis dans toute leur plénitude ces sentiments à la nôtre, et M. le comte de Moussy, notre bon seigneur actuel, qui, après Dieu, aime et respecte le Roi par-dessus tout, ne cesse de les fortifier dans nos cœurs.

Comme cette lettre, le Cahier est signé par le syndic de la paroisse, Félix Dupin. On y décrit la misère « d'infortunés cultivateurs d'une terre stérile, ni nourris ni vêtus pour la plupart et logeant dans des espèces de tombeaux, auxquels on a fort mal à propos imposé le nom de maisons ». On y appuie la demande d'une route de Poitiers à Limoges, présentée à l'Assemblée provinciale par le seigneur, dont, fait-on remarquer, « la bienfaisance empêche les vassaux de mourir de misère ». On s'abstient d'agiter aucune question politique, religieuse, sociale. On se contente de déclarer :

> M. le comte de Moussy et nous qui, comme il a eu la bonté de le dire et de nous le prouver, ne font qu'un, au lieu de batailler sur le plus ou le moins et sur la manière ou la forme dont nous devons contribuer à l'acquittement de la dette nationale, n'hésitons pas à faire au Roi, ce père si tendre de tous ses sujets, l'offrande volontaire de tout ce que nous possédons.... de nos biens et de nos personnes.

Il est à croire qu'un assez grand nombre des Cahiers ruraux du Bocage et du Marais du nord de la Vendée furent, comme ce Cahier poitevin, rédigés par les seigneurs pour leurs métayers.

Les « gentillâtres » vendéens, qui n'étaient pas riches, pouvaient être au mieux avec « les métayers », les emmenant à la chasse, buvant le vin blanc au cabaret, chantant et dansant avec les filles. Quant aux « châtelains », qui n'abusaient pas des droits féodaux, plus honorifiques que lucratifs, ils avaient, de vieille date, inspiré confiance, non seulement à leurs vassaux directs, mais aux cultivateurs des alentours.

Les habitants de la Vendée, dit Cavoleau[1], sont naturellement économes. Leurs goûts sont simples comme leurs mœurs, et ils sont étrangers à toutes

---

1. Dans la *Statistique de la Vendée*, rééditée en 1844 par A.-P. de la Fontenelle de Vaudoré (in-8° de 944 p.). Voir plus loin, ch. VI, la biographie de Cavoleau.

les recherches du luxe. Le plus riche laboureur ne met pas plus de recherche dans sa table, ses meubles et son habillement que le plus simple journalier. Avant la Révolution, il y avait peu de cultivateurs qui ne possédassent un petit capital.

Où déposer ce capital ? Plutôt que de l'enfouir, peu en sûreté dans les fermes ouvertes, on portait volontiers au château l'argent recueilli aux foires après la vente du bétail et du blé. Ainsi, mieux que dans aucune autre partie de la France, dans la province où la noblesse résidait le plus sur ses terres, le peuple des campagnes se trouvait directement intéressé à sa fortune [1]. C'est à cause de cela, sans doute, qu'il n'y eut point de châteaux brûlés dans ces parages en 1789, comme dans les régions où les tours féodales ne contenaient que des titres de droits et redevances. C'est à cause de cela aussi que beaucoup de gens du Bocage et du Marais s'opposèrent à l'émigration, empêchèrent leurs anciens seigneurs de partir pour l'étranger avec leurs économies.

Cependant, l'excessive confiance dans les nobles grands propriétaires n'allait pas jusqu'à inspirer aux paysans le respect de la noblesse. La familiarité même des petits nobles les exposait à un mépris qui se traduisait par le surnom donné au domestique et au plus mauvais bœuf: « nobliet. » Le respect n'appartenait exclusivement qu'au prêtre. « Otez le prêtre, le noble disparaît, » a écrit l'homme qui a le mieux connu la Vendée du temps de la Révolution et en a, le premier, retracé l'histoire militaire, sur pièces authentiques, avec une loyauté incontestable [2].

La crédulité de ces hommes simples et bons, doux, hospitaliers, fidèles à leur parole, égale leur ignorance. Ils sont le jouet de tous les charlatans ; les sorciers et devins exercent sur leur imagination un empire absolu. Leur religion est un tissu de superstitions grossières ; ils pardonneraient plutôt un blasphème contre la divinité qu'une plaisanterie contre l'image attachée à l'arbre qu'ils révèrent ou placée au-dessus de la fontaine à laquelle ils rendent un culte qui date peut-être du temps des druides... On retrouve leur portrait exact dans les Celtes de Tacite.

Bodin (d'Angers) ajoute :

Le Vendéen ne croit et ne tient pour certain que ce que lui disent ses

---

1. Observation très juste, sur laquelle J. Michelet insiste, *Histoire de la Révolution française* (éd. de 1869), t. II, p. 401; l. III, p. 488.
2. Savary, le juge de Cholet, pris par les révoltés de la Vendée le 14 mars 1793, ensuite attaché à l'état-major des armées républicaines jusqu'à sa nomination, malgré lui, au conseil des Cinq-Cents, auteur de l'ouvrage capital les *Guerres des Vendéens et des Chouans contre la République française* (6 vol. in-8°, Paris, 1824-1828). Nous donnons ailleurs ses états de service.

prêtres... Vers le milieu du XVIe siècle, des ecclésiastiques qui avaient toute sa confiance ayant embrassé la secte de Calvin, il suivit leur exemple, et bientôt on le vit briser les statues des saints, renverser les autels et se porter à tous les excès sous le spécieux prétexte de régénérer les mœurs du clergé et réformer les abus de la religion. A la fin du XVIIIe siècle, on a vu le même peuple, conduit par des prêtres catholiques, prodiguer avec enthousiasme son sang pour le maintien de cette religion, que deux siècles auparavant il avait voulu détruire [1]...

Ce qui prouve au moins que la Terreur monarchique et catholique avait pleinement réussi dans la future Vendée. D'ailleurs, la conversion des paysans poitevins, replongés dans l'ignorance dont la Réforme les eût tirés en leur apprenant à lire, l'exaltation de leurs superstitions héréditaires et de la dévotion fiévreuse de leurs femmes, avaient été entreprises et étaient entretenues avec un art merveilleux, sous la haute inspiration de la Société de Jésus. Un des meilleurs élèves des Jésuites, Louis-Marie Grignon, surnommé de Montfort, du lieu de sa naissance, après s'être, durant plusieurs années, promené en apôtre mendiant à travers les campagnes, et s'être fait nommer « missionnaire apostolique en France » par le pape Clément XI, s'était arrêté à Saint-Laurent-sur-Sèvre [2]. A sa mort, en 1716, il avait laissé derrière lui deux associations de *Filles de la Sagesse* et de *Prêtres missionnaires du Saint-Esprit* [3]. Protégés par les évêques et par les intendants, ces bonnes sœurs et ces « mulotins » acquirent une influence considérable en conservant l'apparente pauvreté et le mouvement perpétuel de leur fondateur. Ils échappèrent à la proscription des Jésuites en se mettant sous la direction et la responsabilité de l'évêque de la Rochelle. Dans leurs incessantes missions, ils érigèrent des centaines de calvaires, à l'entrée des villages, en plein champ, au milieu des bois ; tous les lieux, traditionnellement sacrés depuis l'époque druidique et païenne, devinrent, en 1791, autant de centres de rendez-vous pour l'exercice du culte réfractaire à la Constitution civile du

---

1. Bodin (d'Angers), payeur de l'armée de l'Ouest en 1793 et de l'armée de la Loire en 1815, né en 1766, mort en 1829, correspondant de l'Institut, député de l'opposition de 1820 à 1823, auteur d'intéressantes *Recherches sur Saumur* (2 vol. in-8°) et sur *Angers et le Bas-Anjou* (2 vol. in-8°). C'est du premier de ces ouvrages ch. XLVII, p. 397-398 qu'est tirée cette citation.
2. Grignon ou plutôt Grignion, était né le 12 février 1673, à Montfort, diocèse de Saint-Malo (Ille-et-Vilaine), d'un père avocat. Entré au collège des Jésuites de Rennes, en 1665, il fit en 1693, à pied le voyage de Paris, pour entrer au séminaire de Saint-Sulpice. Ordonné prêtre en 1700, il entreprit des missions en Bretagne et en Poitou. Étant allé à Rome en 1706, il revint sur les bords de la Loire missionnaire apostolique ; il mourut à Saint-Laurent-sur-Sèvre, le 29 avril 1716. Dès 1724, sa vie errante et les miracles dont sa tombe était, disait-on, le théâtre, étaient racontés par l'un de ses disciples, Joseph Grandet. Grignon de Montfort a été béatifié en 1890.
3. Sainte-Hermine, continuation de l'*Histoire du Poitou*, de Thibaudeau, t. III, p. 482-483.

clergé, et, en 1793, autant de postes indiqués pour le rassemblement des bandes qui composaient l'armée catholique royale [1].

L'ASSEMBLÉE ET LE CAHIER DE LA SÉNÉCHAUSSÉE SECONDAIRE DE FONTENAY-LE-COMTE

Pour suppléer à l'absence des cahiers primitifs du Bas-Poitou, il faut recourir au Cahier résumé de la sénéchaussée de Fontenay-le-Comte, au Cahier général du Tiers État du Poitou et aux articles insérés par le bas clergé dans le Cahier de premier Ordre.

L'Assemblée des électeurs choisis par les villes et par les communautés rurales de la sénéchaussée secondaire de Fontenay se tint le 6 mars 1789 sous la présidence du sénéchal, Gabriel-Benjamin Savary, seigneur de Beauregard. 119 députés y représentaient 114 villes, bourgs et communautés. Réduits au quart, ils allèrent, le 16 mars, à Poitiers, portant leur Cahier résumant les Cahiers primitifs et nommer les députés du Tiers aux États généraux [2].

Le plus important article de ce cahier est celui-ci :

Féodalité.

La liberté fut dans tous les temps la base et la mesure de la prospérité

---

1. Voir plus loin, chapitre VI. Les deux congrégations de Saint-Laurent-sur-Sèvre, après avoir joué le plus grand rôle avant et pendant l'insurrection vendéenne traversèrent, sans se dissoudre, le Directoire, le Consulat et l'Empire. (Bourniseaux, *Hist. des guerres de la Vendée*, t. III, p. 321.)

2. La collection B^{III} des Archives nationales contient, reg. 124 f°s 85-156 le procès-verbal de cette assemblée de Fontenay, mais non le Cahier. Les Archives de l'Ouest ni les Archives parlementaires ne le donnent. Cependant, Benjamin Fillon a publié, en 1848, les « Cahiers de la sénéchaussée de Fontenay-le-Comte, rédigés par F.-T. Biaille-Germon. « François-Thomas Biaille de Germon, explique-t-il, remit ces Cahiers, le *26 février 1789* à Messieurs Bouron, avocat du roi, Chevallereau, lieutenant général (de la sénéchaussée) ; Majou, président de l'élection, et Debessé du Pasty, négociant, chargés d'arrêter, avec Savary de Beauregard, sénéchal, la *rédaction définitive* ».

Or, cette rédaction *première* n'avait été acceptée que par les délégués des corps, corporations et communautés, en assemblée *préliminaire de la ville de Fontenay*. Elle fut apportée, au même titre que les autres cahiers *de ville* ou de communauté, à l'assemblée du 6 mars, qui fit de tous ces Cahiers le Cahier résumé, que les électeurs portèrent à *l'assemblée générale de Poitiers* pour être fondu dans le Cahier du Tiers État du Poitou.

La part principale de la rédaction du Cahier définitif de la sénéchaussée de Fontenay appartiendrait, d'après C. Merland (*Biographies vendéennes*, t. IV, p. 329), à Séverin Pervinquière, secrétaire de la grande commission nommée par l'assemblée pour la réduction en un seul de tous les cahiers des villes et paroisses.

Il est de fait que plusieurs des articles du Cahier de la ville de Fontenay, rédigé par Biaille de Germon, passèrent dans le Cahier de la sénéchaussée, enfin dans celui de la province. Mais il est de fait aussi que c'est seulement dans le cahier de la sénéchaussée, cité par C. Merland, que se retrouve l'article sur la féodalité qui fut introduit dans le Cahier du Tiers État du Poitou après les débats les plus vifs entre les représentants du Bas-Poitou et les avocats de Poitiers.

des empires. Si pendant plusieurs siècles, la France a langui dans l'ignorance, l'anarchie et la confusion, ces siècles furent ceux du régime féodal, où les seigneurs, se jouant de l'autorité qu'ils avaient usurpée, écrasèrent, sous une égale servitude, les biens et les personnes.

Les temps odieux de la servitude personnelle sont enfin disparus, ou, si dans quelques parties du royaume, le droit de main-morte exerce encore son empire, ce droit, flétri dans l'opinion publique, et que le Roi lui-même a déjà proscrit dans ses propres domaines, ne peut manquer de bientôt disparaître à son tour.

Il reste donc à détruire la servitude foncière, moins révoltante sans doute dans l'ordre de la nature, mais peut-être aussi nuisible dans l'ordre social.

Personne n'ignore qu'à l'exemple du commerce, l'agriculture tire son principal encouragement de la franchise et de la liberté. On ne cultive qu'à regret l'héritage dont on doit partager les productions, tandis qu'on prodigue ses soins à la terre dont on est sûr de recueillir tous les fruits. L'intérêt de l'agriculture exige donc qu'on rende à la terre sa liberté ; l'ordre et la tranquillité des familles le demandent également.

Vainement chercherait-on les moyens de tarir la source des procès qu'enfante la tyrannie féodale, souvent pour l'objet le plus mince. Vainement chercherait-on à inspirer à tous les citoyens l'esprit d'union et de bonne foi que l'existence des droits altère trop souvent.

Quelle que soit l'origine de ces droits féodaux, ils existent ; les coutumes les ont consacrés, et, à ce titre, on doit les regarder comme une propriété. Si on en prive les seigneurs, ce n'est qu'à la charge d'un rachat qui les indemnise. Le rachat n'est pas une chose injuste. L'État a le droit de régler la forme des propriétés de la manière la plus avantageuse au bien commun. Longtemps on a vu les rentes sur les maisons de ville inamortissables ; le seul motif de l'embellissement des villes en a fait permettre le rachat. L'intérêt bien plus vaste et bien plus puissant de l'agriculture et de la richesse de l'État exige impérieusement une loi pareille pour les droits féodaux personnels ainsi que pour les redevances nobles et foncières. Que la maxime : *Nulle terre sans seigneur* soit abolie, ainsi que les droits de banalité qui asservissent plus les personnes que les lieux et pèsent singulièrement sur le Tiers...

Les garennes, placées au centre du champ que le cultivateur couvre de ses sueurs ; les fuies, dont les volées innombrables dévorent les semences à peine confiées à la terre, devraient être détruites, ou du moins le cultivateur autorisé, par suite du droit naturel, à repousser par la force tous les ennemis de ses moissons.

Au premier rang des impôts à abolir sont indiqués :

Le droit de centième denier en succession collatérale et surtout celui de franc-fief, qui n'est plus même soutenu par les raisons frivoles qui l'ont fait établir, puisque les nobles possédant des fiefs ne sont pas plus assujettis au service militaire que les roturiers.

Le Tiers État « n'entend point contester à la Noblesse ses privilèges, prééminences et prérogatives » purement honorifiques. Il demande pour elle :

> La liberté de se livrer, sans déroger, à tous les genres d'occupation, à toutes les professions ; qu'elle rentre en sa pureté primitive; qu'elle ne soit plus avilie et prodiguée sans distinction à la faveur et à la fortune ; qu'elle soit désormais accordée par le Roi, sur le rapport et du consentement des États généraux.

En revendiquant l'égalité de l'impôt, en exigeant le vote par tête aux États généraux, le Tiers fait appel à « la générosité de la Noblesse et à la piété du Clergé; les sentiments et les vœux connus de tous les Ordres annoncent assez, dit-il, que chacun s'honore des sacrifices que cette égalité pourra exiger et à laquelle il est impossible à la saine raison de se refuser ».

LES ÉTATS PROVINCIAUX DU BAS-POITOU

Le 9 janvier, « les Officiers de la sénéchaussée de Fontenay-le-Comte » avaient adressé au Directeur général des finances une requête à l'effet d'obtenir ce qui était accordé à la sénéchaussée de Châtellerault, au bailliage de Loudun et même au syndicat des Marches communes du Poitou et de la Bretagne : « le droit de convoquer les électeurs du Tiers Ordre pour choisir leurs députés à envoyer directement aux États généraux. » Ils avaient, le 1er mars, expédié au garde des sceaux de Barentin un Mémoire à l'appui de cette demande, qui fut définitivement rejetée.

L'Assemblée restée secondaire de la sénéchaussée n'insiste plus, dans son Cahier résumé, en faveur des États provinciaux du Poitou, précédemment réclamés par les villes. Elle se plaint de sa convocation indirecte, et elle revendique des États particuliers au Bas-Poitou, toujours sur le modèle du Dauphiné, avec « le scrutin dans toutes les élections, même de paroisse. » Car, dit-elle, « sa position au bord de la mer, ses marais mouillés et séchés, la nature des productions de son sol, la rendent absolument différente des autres sénéchaussées et surtout de celle de Poitiers. »

Les gentilshommes de la région maritime auraient volontiers appuyé ce vœu. Mais la majorité de leur Ordre, à Poitiers, le repousse ; loin d'admettre que l'antique Poitou se subdivise, elle y voudrait rattacher Loudun et Châtellerault; elle propose la reconstitution intégrale de la province; elle charge les députés « d'employer tout leur pouvoir pour faire revivre la Charte du mois d'août 1436, par laquelle Charles VII fit union des comté de Poitou, ville et cité de Poitiers, à la couronne de France. »

L'Assemblée constituante, détruisant les anciennes provinces, fit un département du Bas-Poitou. Ainsi réalisa-t-elle les désirs de ses habitants, sans distinction d'Ordre. Il ne s'éleva de réclamations que quant au choix du chef-lieu [1].

RÉCLAMATIONS EN FAVEUR DES NON-CATHOLIQUES

L'Assemblée du « bailliage de Vouvent, séant à la Châtaigneraye »[2], dont, du reste, le docteur Gallot était électeur, recueillit seule les doléances des protestants[3].

ARTICLE 18. — L'édit de 1685, en révoquant l'édit de Nantes, a dépeuplé plusieurs de nos provinces, et principalement celle du Poitou, en forçant les protestants à sortir du royaume. De là plusieurs de nos campagnes sont incultes ; telle qui occuperait sept ou huit hommes pour la cultiver, n'en a que deux ou trois. L'agriculture, cette première richesse de l'État, est négligée. L'édit de novembre 1787, en accordant un état civil aux sujets non catholiques, n'est point suffisant pour rappeler les Français fugitifs dans le sein de leur patrie. On pourrait peut-être procurer cet avantage à la nation en donnant une extension convenable à cet édit ; il serait surtout bien intéressant de rendre aux familles les biens saisis sur les religionnaires fugitifs, et en conséquence supprimer la Régie.

Dans le Cahier général du Tiers État du Poitou, on n'ose pas demander que les États généraux « renoncent à l'unité de l'Église. » Mais, au moins, grâce à Gallot, élu député, passe cet article d'une indignation contenue :

PROTESTANTS RÉFUGIÉS. — L'administration des biens des fugitifs, dont nous voudrions oublier la source, devrait cesser depuis l'édit qui a rendu à la société des hommes qu'un zèle outré en avait séparés, en envoyant nos frères, leurs héritiers, en possession des biens de leurs familles. En conséquence, les députés demanderont que les biens qui se trouvent saisis soient restitués aux héritiers ou à leurs représentants ; que la régie chargée d'en percevoir les revenus soit supprimée et que, jusqu'à la justification de la qualité d'héritiers, cette régie soit confiée aux États provinciaux.

La Noblesse ne peut renier les ancêtres de beaucoup de ses mem-

---

1. Voir plus loin chapitre IV.
2. Donné dans les *Archives parlementaires*, t. V, p. 422.
3. Voir plus haut, chapitre Ier, p. 3-5.

bres. Mais elle se borne à « demander la sanction de l'Assemblée nationale pour l'édit concernant les non-catholiques, enregistré au Parlement au mois de février 1788. » (Art. 17.) Un peu plus loin dans son Cahier (art. 21), réclamant « la liberté indéfinie de la presse », elle y met cette réserve : « Sauf à l'imprimeur ou l'auteur de répondre personnellement de tout ce que les écrits pouvaient contenir de contraire à la religion dominante. »

Quant au Clergé, il s'exprime ainsi :

ARTICLE 17. — Les députés supplieront le Roi de répondre favorablement aux remontrances de la dernière assemblée du Clergé, pour rassurer l'Église gallicane sur les inconvénients du dernier édit en faveur des non-catholiques. Ils s'opposeront à tout ce qui pourrait tendre à altérer l'unité du culte, qui est une loi fondamentale de cet empire ; mais ils applaudiront à l'abolition de toute voie de rigueur contre les hérétiques qui n'abuseront pas de la liberté qu'on leur accordera pour insulter à la religion de l'État ou troubler l'ordre public. Ils réclameront en faveur de tous les sujets du Roi les droits imprescriptibles de l'homme, du citoyen, et, pour la religion catholique, toute la protection qu'elle a droit d'attendre du premier Roi chrétien, du Fils aîné de l'Église.

LA RÉFORME DU CLERGÉ; SES BIENS; SES DÎMES.

La Sénéchaussée de Fontenay avait proposé comme moyens de combler le déficit :

L'abolition de quelques maisons royales, la démolition des fortifications trop éloignées des frontières pour être bien utiles, et la vente des terrains qu'elles occupent ;

La suppression des fermiers généraux ; l'aliénation des domaines de la Couronne, hormis les forêts qui doivent être exploitées en raison des besoins de la marine et de tout l'État ;

La cession aux mains du Roi de tous les bénéfices, à l'exception de ceux à charge d'âmes ; le versement de leurs revenus dans une caisse particulière; l'amortissement, par l'État, des rentes foncières de l'Église au denier vingt, l'État continuant à payer les rentes en employant les capitaux à l'extinction des dettes les plus onéreuses.

Les biens destinés au service des autels ont pour principe, pour unique objet l'utilité publique ; et si, sans diminuer en rien le service des autels, on peut en appliquer une partie au soulagement de l'État, n'est-ce pas l'employer à sa véritable destination ?

Dans le cas où les ressources que fourniraient ces dispositions auraient été insuffisantes, mais dans ce cas seulement, les États généraux pourraient consentir l'impôt nécessaire pour équilibrer le budget des dépenses et recettes, voire même pour donner à ces dernières l'excédent nécessaire pour établir une caisse d'amortissement ; le nouvel impôt devrait porter principalement sur les objets de luxe, sans aucun accroissement des tailles, dont le poids est déjà excessif.

Les réformes demandées à l'égard du Clergé sont on ne peut plus respectueuses quant aux évêques, et très sympathiques à l'égard des curés. On demande pour ceux-ci des honoraires fixes de 1,500 livres ; de 750 pour les vicaires, « les quêtes que ceux-ci font dans les campagnes étant une ressource humiliante et fâcheuse, qu'il faut supprimer. » C'est d'accord avec eux que l'on veut obtenir « la gratuité de toutes les fonctions du ministère » et « l'entière abolition du *boisselage* » :

> Ce droit, honteux pour celui qui le perçoit et aggravant sur les habitants des campagnes, consiste à exiger, par chaque feu ou habitation, quelles que soient les facultés de l'habitant, un ou deux boisseaux de blé ; il renferme, par conséquent, le vice radical de porter proportionnellement infiniment plus sur le pauvre que sur le riche.

L'influence des évêques de Poitiers et de Lyon, unie à celle des ordres religieux, ne peut empêcher les curés de faire insérer dans le Cahier général du Clergé de la province [1] les articles suivants :

> Les droits honorifiques que les seigneurs exigent dans les églises sont une source continuelle de difficultés entre eux et les curés ; il conviendrait de solliciter une loi qui réglât définitivement les droits des seigneurs...
> Une question infiniment intéressante pour les propriétaires du Bas-Poitou et de l'Anjou excite la plus grande fermentation. Quelques seigneurs, hauts justiciers, prétendent que les arbres croissant sur les bords des chemins dans l'étendue de leur juridiction leur appartiennent. Ils ont surpris un arrêt qui autorise cette injuste prétention. Ils ont en conséquence fait marquer et abattre des arbres, et n'ont pas même respecté les avenues des châteaux. Heureusement que le nombre des partisans d'un pareil système est peu considérable en comparaison de ceux qui le désavouent. Il est une protection que les États généraux doivent à tous les propriétaires, c'est de les défendre contre une exaction de cette nature ; l'on doit charger nos députés de la leur dénoncer ; c'en est assez pour la faire proscrire.
> Le Roi a solennellement reconnu que les alluvions des rivières appartiennent aux propriétaires riverains. Mais le principe n'a pas été également avoué pour les lais et relais de la mer ; le fisc s'est fait des titres pour les réclamer, au préjudice du droit naturel et de l'ancien droit positif, contre les

---

1. Le Cahier du clergé du Poitou a été publié pour la première fois en 1847, t. II, p. 808 de *l'Histoire du monastère et des évêques de Luçon,* par de la Fontenelle de Vaudoré.

intérêts de l'agriculture, contre ceux des provinces maritimes, exposées à voir des étrangers venir les spolier, porter le trouble, jeter l'alarme dans leur sein. Il est de la justice du Roi de rendre commun aux lais et relais de la mer la décision rendue pour les alluvions des rivières, de déclarer qu'ils appartiendront aux riverains ; alors ils pourront avec sécurité attaquer la mer ou se défendre contre elle. En travaillant pour eux, ils feront le bien de la patrie et augmenteront le gage de l'impôt. Les députés aux États généraux sont chargés de solliciter une décision aussi importante pour le Bas-Poitou...

Les dîmes, qui ont été longtemps le patrimoine le plus assuré des églises, sont devenues aujourd'hui une cause continuelle de procès et la portion la plus embarrassée des revenus. La forme de leur perception, leur quotité, les fruits qui doivent l'acquitter, sont un sujet de discussion dans tous les tribunaux, et les églises sont dépouillées de leurs plus antiques possessions. Rien de plus intéressant pour le Clergé que d'obtenir une loi qui, en fixant d'une manière claire et précise les principes sur cette matière, fasse disparaître tous sujets de contestation...

Le boisselage, qui forme la dotation d'une grande partie des cures du Bas-Poitou, et qui consiste dans un boisseau de blé que chaque feu doit à son curé, révolte par l'injustice avec laquelle il est réparti. Il pèse également et dans la même proportion sur le plus pauvre comme sur le plus riche. Ce n'est pas la propriété qui règle la dette du paroissien, c'est la seule qualité d'habitant. D'où il résulte que celui qui ne possède, qui ne récolte rien, paye autant que le plus riche propriétaire de la paroisse et que, les curés ne pouvant exiger leur droit de ceux qui sont dans l'impossibilité de payer, perdent tous plus d'un quart de leur revenu. On doit charger les députés aux États généraux de solliciter une loi qui ordonne une répartition plus juste et rende le boisselage réel et non personnel, en en fixant la proportion suivant celle des propriétés des paroissiens. Dans le cas où l'on ne pourrait exiger une plus juste répartition, l'on demanderait la suppression du boisselage et le remplacement qui sera jugé le plus convenable [1].

---

1. Le boisselage avait été quarante ans auparavant aboli par des « *Lettres patentes du Roi* concernant la perception et la dîme des curés du Poitou, données à Versailles en juillet 1769 et enregistrées au Parlement le 11 de ce mois » :

« ART. 1er. — Nous avons supprimé et nous *supprimons*, par ces présentes, dans notre province du Poitou le droit vulgairement appelé *droit de boisselage, établi au lieu de la dîme* pour la subsistance des curés. Défendons en conséquence d'en continuer la perception sous quelque prétexte que ce puisse être, à compter du premier jour de l'année prochaine.

« ART. 2. — Voulons qu'à l'avenir... il soit payé aux curés de ladite province, dans les paroisses où se percevait ledit droit de boisselage, par les propriétaires des terres privilégiées et non privilégiées, exemptes et non exemptes, un *droit de dixme à raison de la seizième gerbe*, sur toutes les terres cultivées en froment, seigle, orge, baillarge, avoine et autres menus grains... »

D'autres lettres patentes du 26 mai, registrées au Parlement le 31 mai 1770, ordonnaient de dresser dans les dix mois procès-verbal estimatif des revenus de toutes les cures.

Au mois de mai de 1771 était signé à Versailles et registré au Parlement le 15, un *Édit rétablissant le droit de boisselage en Poitou*, et encore au mois de juillet 1777, registré au Parlement le 12 août, un *Édit concernant le droit de boisselage en Poitou*, qui en réglait la perception.

Au boisselage s'ajoutaient, dans un grand nombre de bourgs et villages du Bas-Poitou, les prélèvements très méthodiquement régularisés des moines mendiants. Même dans les villes, comme les Sables-d'Olonne, la mendicité monacale s'exerça jusqu'à l'entière fermeture des couvents.

L'échevin des Sables pour la Chaume, en 1789 [1], rapporte :

Il était d'un ancien usage de vendre la pêche de chaque bateau en bloc à des marchands ou à des poissonniers. Sur la totalité des pêches on levait un plat de poisson pour le seigneur d'Olonne, un pour la famille du sieur Bouhier de l'Écluse, un pour l'hôpital, et deux pour les cordeliers d'Olonne et pour les capucins de la ville (des Sables).

Mais toutes ces vexations ont été abolies. Cela n'a pas empêché les cordeliers et les capucins, jusqu'à leur complète dissolution, d'aller chaque jour à la poissonnerie et au marché réclamer à ceux qui voulaient bien leur donner. Ils se trouvaient tout l'été à l'arrivée des chaloupes de sardines pour en demander aux pêcheurs ; ils faisaient aussi, dans les autres marchés, des quêtes de légumes, viande, beurre, fromage, coquillages, etc. ; ils allaient à tous les navires venant de Terre-Neuve pour avoir des morues, langues, etc. Après la taille de la vigne, ils demandaient des sarments ; après la toison, des laines ; à l'automne, des grains de toute espèce, du lin, de la chandelle, du bois, etc.

Ils parcouraient toutes les paroisses des campagnes. Les bonnes gens croyaient que plus ils donnaient plus ils effaçaient de péchés, et sur ce les bons pères, comme ils les appelaient, ne manquaient de les persuader.

Les cordeliers et les capucins embrassaient toutes les paroisses de la ci-devant Élection ; aussi leurs maisons étaient des magasins bien fournis. Ils avaient des personnes qui, avec des chevaux, faisaient des transports pendant la nuit, afin qu'on ne fût pas à même d'apprécier le butin. De même, lorsqu'ils en avaient trop, ils en faisaient sortir la nuit de leurs magasins, pour vendre en petite quantité à la foire.

LE TIRAGE AU SORT. — LA MILICE ET LES CANONNIERS GARDES-CÔTES.

Les électeurs de la Sénéchaussée de Fontenay-le-Comte se sont prononcés très vivement contre le tirage au sort de la milice et pour la suppression des canonniers gardes-côtes, ainsi que des canonniers auxiliaires de la marine [2].

Cette institution récente, est-il écrit dans leur cahier, cette institution,

---

[1]. Notes inédites de A. Collinet sur les Sables et la Chaume, d'après la copie que nous a communiquée M. Odin.
[2]. Voir pour l'histoire et l'organisation des *Milices gardes-côtes* la savante brochure de M. Léon Hennet, sous-directeur aux Archives administratives du ministère de la guerre (in-8° de 42 p., Paris 1886, librairie militaire de Baudoin et Cⁱᵉ).

dont le but est de compléter le nombre des matelots nécessaires à la marine royale par des hommes pris au sort dans les paroisses voisines de la mer, est une espèce de peine qui devient de plus en plus l'effroi de ces paroisses, à qui elle ravit sans retour des bras précieux à l'agriculture et aux arts. On ne fait point à volonté un matelot d'un paisible habitant ou d'un artisan; ce dur métier demande la réunion de plusieurs qualités indispensables et surtout une constitution dirigée vers cet objet par l'éducation. Mais, si des considérations politiques semblent exiger la conservation de tous les corps militaires, il faudrait au moins céder au vœu de la raison et supprimer toutes les injustes exemptions, dont l'effet est de ravir ou de faire payer un prix excessif au cultivateur quelques domestiques nécessaires et d'en procurer à bas prix une foule d'inutiles à l'ecclésiastique et au noble.

L'aversion contre le service militaire forcé, qui fut la cause prépondérante du développement de l'insurrection vendéenne lors de la levée des 300,000 hommes, au mois de mars 1793, n'est nulle part exprimée avec plus de véhémence que dans la *Supplique au Roi*, délibérée le 11 décembre 1788, par le Tiers État de la ville de Machecoul [1], alors la capitale du pays de Retz, l'une des anciennes baronnies de la province de Bretagne :

Daignez, Sire, — suppliaient tous les notables habitants à la veille de la Révolution, — daignez nous accorder la suppression des ordres pour la levée des miliciens et surtout des canonniers matelots. Cette cruelle méthode désole les familles, nuit à l'agriculture, rend désertes nos campagnes et ne procure pas à votre marine l'avantage qu'on en avait espéré.

Oh! que ne pouvons-nous, Sire, vous présenter le spectacle, dont nous avons le malheur d'être les témoins tous les ans! A peine l'ordre fatal et le jour marqué pour tirer au sort ont-ils été annoncés, la terreur se répand ; tout ce qu'il y a d'ouvriers et de garçons étrangers dans notre ville s'enfuit. Le fils seul du laboureur et de l'habitant se présente, mais tremblant, pâle, et de cet air qu'un criminel porte devant son juge ! Son père, vieillard infirme, sa mère, courbée sous le poids des ennuis et des infirmités, l'accompagnent... Il est pris... Sire, vous êtes père, que votre âme sensible se figure ce moment d'horreur ! On emmène la victime ; elle part; mais déjà la mort dans le cœur, déjà persuadée qu'elle ne reverra plus son hameau, son champ, ses chers parents laissés en proie à la faim et à la misère. Soldat sans avoir connu les armes, matelot sans avoir vu la mer, le nouveau milicien arrive. Quelle sera sa destinée? Hélas ! Sire, il périt. Son génie ne l'avait point appelé à cet état. Il faudrait de l'activité, et il est lourd. Il s'agit de charger des canons, de carguer des voiles, d'arranger des cordages, et il n'a jamais manié que sa charrue ; il jouissait chez lui d'un air doux, et celui qu'il respire le ronge et le suffoque ; il vivait des productions de la campagne, et il n'a plus qu'un pain dur et des viandes salées ; il aurait besoin de conducteurs et d'amis, il ne

---

[1]. Imprimée sans lieu ni date en 20 p. in-8°.

trouve que des hommes grossiers, dont les plaisanteries ajoutent à son infortune. Qui s'étonne qu'il succombe ?

Ce tableau, Sire, n'est malheureusement que trop vrai. De tant de jeunes gens que, depuis bien des années, nous avons vu enlever pour le service de vos vaisseaux, tous l'ont été en pure perte, tous sont morts, consumés par le chagrin peu de mois après leur arrivée dans vos ports ; et c'est ce qui comble le désespoir de ceux qui leur succèdent.

Sire, il est dans ce royaume tant de gens sans aveu, il est dans vos États tant de jeunes gens qui les surchargent ainsi que leurs familles. Incertains du parti qu'ils pourront prendre, ils s'enrôleraient volontiers pour la marine, de même qu'ils le font dans les troupes de terre. Nerveux, vifs, exercés et surtout conduits par leur volonté, ils seraient d'un tout autre service que ne peuvent l'être les enfants de nos laboureurs. Qu'il plaise donc à Votre Majesté d'ordonner que ces miliciens et canonniers gardes-côtes soient achetés désormais, ou engagés aux frais de tous vos sujets, tant Ecclésiastiques que Nobles ou Roturiers.

Veuillez considérer en même temps qu'obligés, comme nous sommes, à la fourniture des miliciens en question, et qui plus est des canonniers gardes-côtes, on nous surcharge néanmoins d'une forte portion des frais de milice et de casernement auxquels les deux autres Ordres ne participent point. Vous ne voulez point l'injustice, il suffit de vous avoir dévoilé celle que l'on nous fait pour que vous daigniez la proscrire.

LA RÉCLAMATION DE NOIRMOUTIER POUR LES ILES.

Dans le Cahier général du Tiers État du Poitou[1], adopté le 22 mars et remis aux députés élus, en même temps que ceux de la Noblesse et du Clergé, le 4 avril, en assemblée de clôture des trois Ordres, les questions intéressant les ports et le littoral du Bas-Poitou sont rangées parmi « les réclamations relatives aux besoins locaux, réservées pour le travail des États provinciaux ».

Il y est fait mention très brève de la demande des quatre îles de Noirmoutier, de la Crosnière, son annexe; de Bouin, déjà réunie au continent par le recul de l'Océan ; et de l'île d'Yeu, de cesser d'être réputées « étrangères » comme elles l'étaient, parce qu'elles n'étaient soumises à aucune des impositions royales, vu que les trois premières de ces îles avaient à faire sans cesse « des travaux immenses, souvent impuissants, contre l'impétuosité des mers » ; vu que, la quatrième « ayant un sol absolument ingrat, ses habitants tiraient toutes leurs provisions du continent et n'avaient d'autre industrie, d'autres ressources que le service de la marine ».

Noirmoutier ne se contenta pas du simple renvoi de ses plaintes

---

1. Reproduit dans les *Archives de l'Ouest,* par M. Antonin Proust, puis dans les *Archives parlementaires.*

et vœux aux États provinciaux à instituer. En son nom et au nom des trois autres îles, qui auraient pu être admises à former une circonscription électorale isolée, comme les Marches communes du Poitou, de la Bretagne et de l'Anjou, ses délégués des trois Ordres adressèrent à Necker la pétition suivante :

Au Directeur général des Finances [1].

Monseigneur,

Les membres de la municipalité de Noirmoutier ont l'honneur de vous représenter très humblement que, lors des États généraux tenus en 1614, les îles de Noirmoutier, Bouin et d'Yeu étaient sous la suzeraineté de princes et de seigneurs particuliers, qui intercédaient pour elles auprès du Souverain. Leurs exemptions, leurs franchises ont été successivement confirmées depuis plusieurs siècles, et les habitants de ces îles en ont toujours joui sans interruption tant qu'ils ont été appuyés par ces puissants protecteurs.

Ce n'est qu'en 1767 que les îles de Noirmoutier et de Bouin ont été réunies au domaine de la Couronne par la cession qui en a été faite à Sa Majesté. Ce n'est qu'en 1785 que le Roi a fait l'acquisition de l'île d'Yeu. Et, depuis le moment de ces ventes, on n'a pas cessé de porter atteinte à leurs droits.

Votre sagesse et votre bienveillance, Monseigneur, vous ont porté à leur faire connaître, le 12 février dernier, que leur sort était subordonné à la décision des prochains États généraux.

Les habitants de ces îles ont envoyé des députés à l'assemblée du bailliage de Poitiers, où ils ont été appelés. Ils ont agi et sollicité. L'Assemblée des trois Ordres a été forcée de convenir que ces îles méritaient des considérations particulières ; mais elle a en même temps fait refus d'accorder à ces îles des députés aux États généraux, sous le prétexte qu'elles avaient toujours été séparées de la province et qu'elles avaient un régime particulier.

Jetez, Monseigneur, un regard favorable sur ces malheureuses victimes; ne les abandonnez pas au désespoir. Contemplez les maux de ces insulaires, occupés sans cesse à lutter contre les flots de la mer. Considérez l'étendue et la population de ces îles, comptant environ 15,000 habitants et 16 lieues de côtes. Faites attention qu'en temps de guerre, leurs biens et leurs personnes sont les premiers exposés aux attaques de l'ennemi, qu'ils sont les premiers défenseurs de l'État.

A ces titres et par toutes ces considérations, daignez, Monseigneur, accorder aux habitants de ces îles, comme aux autres sujets du Roi, un député aux États généraux.

Signé : GUYARD, curé de Noirmoutier ; — le chevalier de TINGUY ; — JOLLY DE LA PETITE-ROCHE ; — JOLLY DE LA GABINIÈRE ; — F.-X. NAU DE MARAIS-NEUF ; — VIAUD ; — Joseph PINEAU ; — DUCHEMIN.

---

1. Archives nationales B[III] 123, f°s 470-473. La minute est dans le carton B[a] 69; nous nous en sommes servi pour rectifier les signatures.

NOMENCLATURE COMPARÉE DES PRIVILÈGES *dont jouissaient avant 1790 les habitants des îles de Noirmoutier, de Boin et d'Yeu et des devoirs seigneuriaux auxquels ils étaient assujettis* [1].

Sous Louis XIV, les privilèges de Noirmoutier consistaient en « exemption et affranchissement des tailles, subsides, impositions et autres devoirs levés sur les autres sujets de Sa Majesté, même de toute sorte de commission et garde de biens hors de l'île ».

Ceux de Bouin étaient encore plus considérables.

L'île d'Yeu jouissait de l'exemption d'impôts de toute nature.

Il y avait à Noirmoutier :

Le droit de terrage, variable, suivant les différentes cultures, du quart au dixième;

Le droit de ventes, suivant la Coutume du Poitou;

La taille de corps d'hommes, payable à la Saint-Jean et à la Saint-Michel;

La banalité des fours et moulins, qui représentait le vingt-quatrième de la pâte;

Les corvées pour les chemins;

Des *droits sur les blés, le sel*, et *la dîme sur les bêtes à laine;*

Des *droits sur les débits de boisson et tavernes*.

Il y avait une charge particulière de *guet et garde* et un *droit de quintaine*, par lequel « les nouveaux mariés étaient obligés à courir à cheval, revêtus de leurs habits nuptiaux et une lance de trois pieds et demi à la main, laquelle lance ils devaient briser en la frappant contre un écusson aux armes du seigneur, fixé sur un poteau appelé quintaine ». Pour les marins, la cérémonie avait lieu sur la mer, et l'on riait beaucoup en voyant les mariés tomber à l'eau [2].

Il y avait en outre, converti en redevance pécuniaire, sous les noms de *minage, couchage et menage*, le *droit de petite ferme*, qui rappelait le souvenir du fameux *droit du seigneur*.

---

1. Elle a été dressée par Jules Piet dans l'*Annuaire de la Société d'émulation de la Vendée*, 1865. Voir aussi : les *Recherches sur l'île de Noirmoutier*, par François Piet, 2ᵉ édition tirée à 200 ex. Nantes, 1863, in-8º de XXI-713 pages, publiée et annotée par Jules Piet, son fils; *l'île d'Yeu d'autrefois et l'île d'Yeu d'aujourd'hui*, par O.-J. Richard, *Annuaire de la Société d'émulation de la Vendée*, 1883, p. 103-420; le *Cahier de Bouin*, dans un travail de P. Gallet, *Annuaire de la Société d'émulation*, 1874, p. 77-93.

2. Ce droit de quintaine était assez répandu dans les paroisses bretonnes de la rive gauche de la Loire faisant partie de la sénéchaussée de Nantes. L'abolition en est formellement réclamée par le Tiers État de cette sénéchaussée (art. 120 du Cahier), « sans amortissement, avec celle de toutes les autres redevances emportant sujétion personnelle. » Un droit de même nature humiliante, dont on a gardé la mémoire dans le département des Deux-Sèvres avait, quelques années avant la Révolution, soulevé de si vives réclamations rurales qu'un arrêt du Parlement de Paris, en date du 10 juillet 1786, fait « défense d'exiger que les nouveaux mariés de la paroisse de Verruyes sautent le jour de la Pentecôte ou un autre jour. » (Pièce nº 69 des Anonymes de la Bibliothèque de Niort.

Enfin il était perçu certaines redevances, soit en nature, soit en argent, sur les bouchers, les pêcheurs et les preneurs d'oiseaux.

A Bouin, le seigneur avait le privilège d'imposer une fois dans sa vie, à tout habitant son sujet, certaines dîmes vertes et autres devoirs d'usage. Il percevait des taxes et amendes pour délestage, mal-mis, prise d'oisons, vente de vaisseaux, carnage de bœufs, tiercelage, herbage, moutonnage, verrage, porcelage et vente de porcs.

Dans ces îles, les droits des seigneurs, en qualité de hauts justiciers, étaient les mêmes qu'ailleurs.

En 1720, le duc de Bourbon-Condé acheta le marquisat de Noirmoutier de la princesse des Ursins, sœur d'Antoine-François de la Trémoïlle. En 1767, le prince de Condé le céda à Louis XV moyennant 1,700,000 livres. Le Roi acheta, la même année, du duc de Nivernais, la seigneurie de l'île de Bouin.

D'après Piet, les habitants n'en tirèrent aucun avantage :

« Sous la direction du roi Louis XVI, le dernier seigneur, les agents de la ferme les traitaient d'une manière fort dure ; ils les soumettaient à une foule d'impôts illégaux, les considérant, tantôt comme *citoyens français*, tantôt comme *étrangers*, selon que cette qualité était plus ou moins profitable aux perceptions, de telle sorte que les habitants de Noirmoutier payaient, comme *sujets du Roi*, toutes les impositions dues par ceux-ci sur les marchandises, et les payaient, en qualité *d'étrangers fictifs*, sur celles pour lesquelles il n'était dû que par les *citoyens* ».

Aussi, ni Noirmoutier ni Bouin ne se plaignirent des réformes de 1789, et l'île d'Yeu seule se révolta, comme on le verra[1], en faveur des droits féodaux, parce que les contributions nouvelles se trouvèrent supérieures à ce qu'on y payait, lorsqu'on était affranchi de toute imposition royale.

L'île d'Yeu, rapporte O.-J. Richard, avait bien aussi été vendue au Roi, par la famille de Mortemart-Rochechouart, mais seulement le 15 février 1785[2], et le prix n'en était pas payé au moment où éclata la Révolution. Il ne le fut même jamais, et le procès, suivi jusqu'en 1848, se termina contre les Mortemart-Rochechouart, qui furent déboutés de leurs prétentions au profit du Domaine.

Les droits seigneuriaux y étaient à peu près les mêmes qu'à Noirmoutier. En voici le détail, d'après une pancarte de 1710[3] :

Terrage, au sixième des gerbes de blé ;

---

1. V. plus loin, chap. XIX et XX.
2. L'acte de vente a été publié p. 170 de l'*Annuaire de la Société d'émulation de la Vendée*, 1872.
3. Rédigée suivant l'ordonnance de 1681 (août), dans le même *Annuaire*, p. 178.

Lods et ventes et honneurs, sur les mutations, au sixième du prix des ventes ;

Taille, cote personnelle sur les habitants, remplacée, pour les marins, par une *taille de pêcherie;* les nobles, les ecclésiastiques, les officiers et quelques particuliers en étaient exempts par privilège ;

Corvées, charrois et journées de travail, plus l'obligation de *faire la mouche*, c'est-à-dire ramasser, faire sécher et mettre en tas les herbes marines ; aussi mettre en tas les gerbes de blé ;

Fours et moulins banaux, à la vingt-quatrième partie de la pâte ;

Sur les blés : 2 sols par boisseau de blé apporté du continent ; 1 sol par boisseau de pois, fèves, orge ; franchise de 12 boisseaux par an pour chaque maître de barque et son équipage ; franchise également pour les blés que les habitants tiraient de leurs propriétés hors de l'île ; mais pour la sortie des blés, même droit qu'à l'entrée, porté au double si le propriétaire était étranger à l'île ; le blé apporté du continent ne pouvait être vendu qu'après que le seigneur avait vendu le sien ou refusé de le vendre ;

Sur le sel, 6 deniers par boisseau ; pas de marais salants à l'île d'Yeu ;

Sur les bêtes à laine, à raison du pacage, le dixième des moutons, brebis et agneaux ;

Sur les poissons, 5 sols 4 deniers par cent de congres secs ; retenues sur les poissons frais et sur les sardines, même non vendues ;

Sur les poids et mesures, vérifiés à la Saint-Georges, 5 sols 4 deniers par quintal ;

De port et d'ancrage, sur les forains et étrangers, 7 sols par bateau et 5 sols par tonneau plein ou vide ; exemption réciproque pour les habitants des îles voisines ;

De bris et naufrage[1] ; au seigneur appartenait ce qui n'avait pas été sauvé durant trois marées ; le tiers cependant était réservé aux sauveteurs ayant travaillé ;

Sur les fruits, un cent de chaque façon ou un sol par boisseau ;

Tenue de boutique ou vente en détail, 3 livres par an les habitants, et les forains 3 livres par quartier de trimestre ;

Sortie des bœufs, vaches, chevaux, ânes, 40 sols par pièce ; 10 sols par *mouton;*

Sur les nouveaux mariés : un pain de 3 livres, un gigot de mouton et un pot de vin, convertis en redevance fixe de 15 sous.

---

1. Dans sa très curieuse notice sur *Pierre Garcie Ferrande*, célèbre navigateur de Saint-Gilles-sur-Vie, auteur, en 1483, d'un *Grand routier de mer*, longtemps utilisé par les marins des côtes de France, M. Dugast-Matifeux cite un *Monitoire du 14 avril 1668*, délivré par le doyen de l'église cathédrale de Luçon, Antoine Froment, « pour obtenir les preuves et éclaircissements nécessaires à la poursuite de tous les crimes commis dans l'étendue du marquisat de la Garnache, » dont les seigneurs exigeaient le *droit de bris et de naufrage*. « Depuis vingt ans, est-il dit au *Monitoire*, dans les paroisses de Saint-Jean et de Notre-Dame de Monts, plusieurs marchands et matelots, jetés à la côte, au lieu d'y recevoir l'assistance de la charité qu'ils devaient espérer, y auraient été, les uns effectivement tués, les autres dépouillés, mis à nu, et ainsi exposés aux injures du temps ; en sorte que, par la rigueur du froid et de la faim, ils seraient morts ès dites côtes, et auraient plusieurs malfaiteurs de ces paroisses pris leurs habits, or, argent et autres ustensiles. »

L'ASSEMBLÉE GÉNÉRALE DES TROIS ORDRES A POITIERS

Les Cahiers des petites villes du Bas-Poitou, des Sables-d'Olonne, Luçon, Challans, convoquées à la sénéchaussée de Fontenay, ont disparu avec ceux des communautés rurales.

Ceux de Saint-Gilles-sur-Vie et des autres paroisses de la baronnie d'Apremont, portés directement à Poitiers, sont également perdus.

Il ne reste aucune trace des élections de 1789 dans les Archives municipales de Saint-Gilles[1]. C'est seulement au procès-verbal de l'assemblée générale du Tiers État de la sénéchaussée et comté de Poitou[2], que l'on peut constater la présence des trois représentants de cette communauté, dont l'un, l'avocat Birotheau des Burondières, fut nommé, le 24 mars, le troisième des députés de la province aux États généraux[3].

Les deux autres représentants de Saint-Gilles étaient l'officier canonnier garde-côte et chansonnier Emery Gratton et le conseiller municipal Joseph-Saturnin Benéteau, capitaine de navire. Ils entretinrent une correspondance[4] dont voici quelques extraits :

Aux Syndic et Officiers municipaux de Saint-Gilles.

Poitiers, 9 mars 1789. — ... Aujourd'hui a commencé l'assemblée pour donner acte de la comparution de MM. les députés. — On opère par ordre alphabétique. Notre paroisse se trouve classée à la lettre S, et je ne pense pas qu'elle soit appelée demain, car la besogne ne va pas vite...— Les assemblées se tiennent au lieu nommé Collège de Puygareau[5], dans une vaste église dont les décorations coûtent 10,000 livres. Cela a l'air grand, et l'ordre y règne ainsi qu'il convient. — Je crois, Messieurs, que je serai désigné pour voter à l'assemblée du 16 ; car on me fait la grâce de m'accorder quelque attention ici, et j'en suis d'autant plus flatté que cela me mettra peut-être à même de contribuer au bien général, dont je suis vivement pénétré. On parle du sénéchal du Tablier, M. Caillaud, pour les États généraux. Il est aussi question de M. Menanteau d'Olonne ; ce dernier s'est bien montré à Fontenay. Tout

---

1. Pas plus que des élections des Sables dans les Archives de la mairie ; rien dans les Archives du département de la Vendée.
2. Imprimé dans les *Archives de l'Ouest*, d'Antonin Proust, I, 147-151.
3. Pierre-Aimé-Calixte Birotheau des Burondières était né à Olonne le 11 août 1743. Il était avocat aux Sables et à Saint-Gilles, habitant Saint-Julien des Landes. Il joua un rôle des plus obscurs à la Constituante. On ne retrouve son nom que dans la liste des signataires du Serment du jeu de Paume. Il devint président du tribunal civil des Sables sous l'Empire. Il mourut sous la Restauration, le 16 mars 1829.
4. Communiquée par M. Dugast-Matifeux.
5. Cette église avait été la chapelle des jésuites. Après avoir servi à l'assemblée des trois Ordres du Poitou pour les élections aux États généraux, elle devint le siège de la Société des Amis de la Constitution, et plus tard le temple où se célébraient les fêtes décadaires.

est d'une cherté horrible dans cette ville : on paye 4 livres par repas et les chambres 3 livres par jour. Ceux qui resteront à l'assemblée du 16 courant ne quitteront Poitiers que vers la fin du mois, selon les apparences. Ici, M. Benéteau se joint à moi, et nous avons l'honneur d'être avec respect, vos très humbles et très obéissants serviteurs. — Gratton, J. Benéteau.

12 mars. — Il paraît que tous les habitants de la province, suivant l'exemple de leurs députés, sont animés du même zèle que nous pour réclamer les mêmes prétentions, suivant nos doléances, et même tous les députés du Haut-Poitou nous font un accueil particulier comme étant du Bas-Poitou en nous croyant plus résolus pour soutenir la cause commune. Je leur ai communiqué quelques brochures que j'avais apportées, qui les ont beaucoup flattés[1]. L'on dit que la Noblesse du Haut-Poitou est très disposée à consentir aux demandes du Tiers. Si les autres et le Clergé en disent autant, tout ira bien. Les avocats et procureurs, à ce que l'on dit, nous voient de mauvais œil ; ils ne croyaient pas qu'il se fût rendu tant de monde, espérant avoir les procurations qu'ils auraient bien fait payer ; car il y en a plusieurs qui les quêtaient aux députés paysans. M. l'avocat Mignot était du nombre, et on l'eût étouffé, s'il ne se fût sauvé de la salle où il s'était introduit pour en avoir. M. Gratton ayant été nommé l'un des commissaires, au nombre de cinquante et un, pour la réduction des Cahiers en un seul, ne peut venir signer ma lettre. Nous sommes logés ensemble et vivons en bonne intelligence. Après l'orage a succédé le calme. Comme vous me connaissez, vous pouvez compter sur moi. — J. Benéteau.

16 mars. — C'est pour vous informer que ce n'est que demain que les trois Ordres se réuniront dans le lieu destiné pour la grande Assemblée, qui est l'église du séminaire et qui a coûté plus de 10,000 livres en préparatifs. Tout se fait avec grande précipitation. La Noblesse est en grand nombre de membres ; il y a beaucoup de cabales dans les trois Ordres pour la nomination des députés aux États généraux. Le duc de Luxembourg est ici, avec plusieurs autres grands personnages dont je ne sais pas les noms. Le haut et le bas Clergé ne sont pas d'accord. On dit aussi que la Noblesse du Haut-Poitou et celle du Bas ne sont pas non plus d'accord, parce que la première consent de bonne volonté à supporter les charges de l'État en raison de sa fortune, ce que ne veut pas la seconde... Il fait ici de la pluie et grand froid ; le bois y est fort cher, ainsi que les autres provisions. — J. Benéteau.

19 mars. — ... Mardi dernier, l'Assemblée des trois Ordres a eu lieu, la séance s'est passée en compliments... Sitôt la besogne achevée (de la réduction des Cahiers des sénéchaussées en un seul), on procédera à la nomination des députés pour les États généraux. Il y a tout lieu de craindre que le choix sera mal fait, car il y a ici des cabales qui nuiront certainement au bien public ; c'est un grand malheur. L'Ordre du Tiers a député vers les deux autres Ordres, et ces visites d'honnêteté nous ont valu la réciproque. M. le duc de Luxembourg, à la tête de quinze gentilshommes des plus qualifiés, nous a fait un compliment on ne peut plus flatteur, et hier la Noblesse nous écrivit pour nous manifester l'intention où elle était de se joindre à nous pour travailler

---

1. Il s'agit de la *Délibération du 28 décembre 1788*, donnée plus haut, p. 20-25.

de concert; ce qui vraisemblablement ne sera pas accepté. Jusqu'ici tout se passe tranquillement, et il y a lieu d'espérer que cela continuera. Le haut Clergé est très disposé à la bataille; il y a beaucoup de tapage dans cet Ordre; les curés sont tous pour le Tiers État. Nous ne pouvons rien savoir au sujet de notre départ de cette ville. — Gratton, J. Bénéteau.

23 *mars*. — La Noblesse nous députa hier, et M. le marquis de la Roche du Maine, à la tête de plusieurs gentilshommes, fit un compliment sur l'intention de son Ordre relativement au bien général; mais on n'est pas dupe de ces belles phrases. Chaque Ordre fait sa besogne à part, et le haut Clergé cabale en diable. Les curés ont commencé à nommer les députés de leur Ordre et ont écarté les évêques, ce qui n'amuse pas Leurs Grandeurs. On parle fort de voter pour MM. des Burondières, Lacroix, Menanteau, du Paty, etc. Chacun a sa manière de voir. Il est bien à désirer que la partialité ne nous guide pas dans un chemin qu'il est si important de faire d'une manière à pouvoir assurer le bien public... — Gratton, J. Bénéteau.

Goupilleau de Villeneuve[1], avocat en Parlement et sénéchal de Rocheservière, représentait à l'Assemblée des trois Ordres du Poitou les paroisses et communautés de Notre-Dame et de Saint-Sauveur de Rocheservière. Dans son *Journal de ce qui s'est passé à Poitiers pour la rédaction des Cahiers et la nomination des Députés du Tiers aux États généraux*[2], il rapporte :

Mardi 17 mars, assemblée générale des trois États...

Mercredi 18, nomination des commissaires dans toutes les sénéchaussées pour la réduction de tous les Cahiers en un; je suis un de ceux de la sénéchaussée de Poitiers...

Jeudi 19, continuation d'assemblée du Tiers dans la salle de l'Université; on lit les cahiers de Lusignan, Fontenay, Niort... Le soir, continuation de la lecture des cahiers; on prend celui de Fontenay pour base, au grand déplaisir de Laurendeau et de ceux de Poitiers...

Le samedi 21... Je fais une motion pour revenir sur l'article de la féodalité. On va aux voix, l'article est remis en délibération; je parle contre Thibaudeau et contre ceux de Poitiers; on approuve mes paroles, je suis secondé par Bouron, Pervinquière, Fuzibay et autres; nous obtenons une majorité de vingt-huit voix; la tenue superbe... On nomme Bouron, Laurendeau, Briault et Fuzibay, rédacteurs du Cahier général...

1. Goupilleau (Philippe-Charles-Aimé), né à Montaigu, 19 novembre 1749, devint procureur-syndic du district dont sa ville natale était le chef-lieu, puis membre de l'Assemblée législative, de la Convention et du Conseil des Cinq-Cents jusqu'au coup d'État du 18 brumaire an VIII, auquel il fit une énergique opposition. Son hostilité au Consulat lui valut l'internement à l'île d'Oleron. Il est mort à Montaigu, le 1er juillet 1823.

2. Publié pour la première fois en 1850, par Dugast-Matifeux, *Bas-Poitou, Documents relatifs aux États généraux de 1789* (in-8° de 24 p., Fontenay, imp. Robuchon).

Goupilleau le constituant[1] écrivait, après la nuit du 4 août, le 27, de Versailles, à son cousin le sénéchal de Rocheservière[2] :

Je songe aux figures allongées de nos avocats de Poitiers, qui regardaient comme un sacrilège la proposition que nous leur faisions de demander dans notre Cahier général l'abolition de la féodalité, la suppression des dîmes et des justices seigneuriales. Je m'applaudis d'avoir moins d'esprit qu'eux et d'y avoir vu mieux qu'eux.

Dans la députation aux États généraux élue par l'Assemblée générale de Poitiers, le Bas-Poitou ou la Vendée comptait sept députés, sur quatorze : Bouron, Birotheau des Burondières, Biaille de Germon[3], Goupilleau et Pervinquière[4], de la sénéchaussée secondaire de Fontenay; Lofficial[5] et Gallot, du bailliage de Vouvant-la-Châteigneraie. Un huitième entra à l'Assemblée nationale : Cochon-Lapparent, conseiller en la sénéchaussée de Fontenay, suppléant, appelé à siéger en remplacement de Dabbaye, de la sénéchaussée de Niort, démission-

---

1. Goupilleau (Jean-François), était né à Apremont-sur-Vie, le 25 juillet 1753. Il était en 1789 notaire à Montaigu, après avoir fait quelques années de service dans la cavalerie : ce qui lui valut le surnom de « le Dragon » et le commandement de la garde nationale de Fontenay en 1791-1792. Sorti de la Constituante, il devint greffier du tribunal criminel de la Vendée. Élu à la Convention et siégeant à la Montagne, il remplit d'importantes missions à l'armée des Alpes, en Vendée, dans le Midi. Il était adjoint à Barras, le 13 vendémiaire an IV, dans le commandement de l'armée opposée aux sections insurgées. Il fut membre du conseil des Anciens jusqu'au 28 mai 1797. Il devint ensuite l'un des administrateurs du Mont-de-Piété. Le 15 juin 1825, le ministre de l'intérieur Carnot le nomme directeur de la maison de Charenton. Proscrit en 1816 comme régicide, il rentra et mourut à Montaigu le 11 octobre 1823. — On l'appelait Goupilleau de Fontenay pour le distinguer de son cousin.
2. Lettre de la collection Dugast-Matifeux.
3. François-Thomas Biaille de Germon, né le 28 novembre 1747, mort en sa maison de Germon, en Vendée, le 26 septembre 1814. Procureur du roi des eaux et forêts, en sortant de l'Assemblée constituante, il fut élu maire de la ville de Fontenay. C'était, dit Mercier du Rocher, son adversaire politique, « un homme de mérite et d'une grande probité... Deux jours avant sa mort, il a très mal reçu le curé de Vouvant, Guy Pineau, qui avait été pour le confesser; il n'a pas voulu de prêtre; cependant Pineau s'est rendu à Bourneau lorsqu'on le portait au cimetière et l'a conduit à l'église en cérémonie. » (Journal manuscrit de Mercier, à la date).
4. Mathieu-Joseph-Séverin Pervinquière de la Baudinière était alors avocat en parlement, sénéchal de Saint-Maixent de Beugné, et demeurait à Fontenay-le-Comte, où il était né le 11 février 1760. Il mourut le 26 janvier 1828, après avoir joué un rôle assez important, en 1791 et 1792, procureur général syndic du département de la Vendée, maire de Fontenay sous le Consulat, juge au tribunal de la Vendée en 1806, membre du Corps législatif, baron de l'Empire en 1811, rallié à la Restauration en 1814, député au Champ-de-Mars durant les Cent-Jours, brouillé avec la seconde Restauration de 1815 par l'arrestation de son beau-frère le général Belliard, enfin candidat de l'opposition libérale en 1816 et plusieurs fois après.
5. Lofficial (Louis-Prosper), né en 1747, mort en 1815, à Angers. Lieutenant général du bailliage et siège royal de Vouvant, il fut, après la Constituante, élu juge au tribunal de Parthenay. Les Deux-Sèvres le nommèrent à la Convention, où il vota la mort du roi, et, après le 9 thermidor, fut des premiers à dénoncer Carrier, Francastel et le général Turreau, pour leur conduite dans la guerre de Vendée. Il fut du conseil des Anciens; sous le Consulat et l'Empire, il était et resta jusqu'à sa mort conseiller à la cour d'Angers.

naire. Tous prêtèrent le serment du 20 juin; l'un d'eux, qui était malade, Goupilleau (de Fontenay), se fit transporter au Jeu-de-Paume dans un fauteuil; il figure au premier plan du tableau de David.

L'ASSEMBLÉE GÉNÉRALE ET LE CAHIER DE LA NOBLESSE

Les nobles qui vinrent exercer leur droit personnel de présence et de vote à l'Assemblée générale de Poitiers étaient très nombreux. Au premier scrutin pour l'élection des députés, on compta 871 votants, au dernier 528. Presque tous les petits gentilshommes et les anoblis du Bas-Poitou accoururent, malgré l'éloignement de la capitale de la province; mais beaucoup ne purent rester jusqu'à la fin, faute d'argent. Le procès-verbal de la séance du 27 mars constate que sept d'entre eux étaient en costume de paysan et sans épée; une quête fut faite pour leur procurer l'attribut essentiel de leur Ordre, solder leur dépense à l'auberge et même indemniser leurs familles de leur absence. Le capitaine de cavalerie Tusseau, retiré du service pour cause de blessures reçues dans la dernière guerre, cultivait de ses propres mains l'héritage paternel. Un autre avait ses trois filles occupées à faire le pain, soigner la basse-cour et mener paître les moutons.

Les séances, du 21 mars au 4 avril, ne furent pas aussi calmes qu'on le croirait d'après le procès-verbal officiel du procureur du Roi, Filleau[1]. Dès le début, il y eut une protestation assez vive contre la présidence réglementaire du grand sénéchal du Poitou, A.-A.-E. de Beufvier, marquis de Paligny. Celui-ci s'opposa à ce qu'il en fût fait mention; une déclaration exposant les motifs qui avaient décidé à accepter sa présidence, mais portant que « ce précédent ne lui donnait aucun droit pour l'avenir », fut signée de 150 noms et déposée dans les études de deux notaires par MM. de Châteigner, le marquis de la Roche du Maine, le duc de Luxembourg et le comte d'Orfeuille. Plusieurs auraient voulu que le comte d'Artois, frère du Roi, fût le premier élu député. Les motions dans ce but, faites par MM. de Marconnay, de Bellabie, du Vergnay, furent étouffées par l'objection que, dans le Cahier, on protestait contre l'apanage, et que l'on ne pouvait, par conséquent, nommer l'apanagiste[2]. A peine les fidèles du prince purent-ils obtenir, l'élection achevée, l'acceptation d'une lettre proposée par M. de Saint-Mathieu, afin d'expliquer à Son Altesse

---

1. M. Antonin Proust, *Archives de l'Ouest*, série A t. I, p. 73-93, a analysé le procès-verbal en l'éclairant avec les notes de M. de la Fontenelle.

2. L'article 44 du Cahier exige la stricte exécution de la Charte d'août 1436 par laquelle Charles VII unit le Poitou à la couronne de France sans qu'il puisse avoir d'autre seigneur direct que le Roi.

Royale que « son rang privait la Noblesse du Poitou de l'avantage de la placer à sa tête ».

Les trois premiers députés élus étaient Anne-Charles-Sigismond de Montmorency-Luxembourg, duc de Luxembourg, pair de France, comte d'Olonne ; Anne-Emmanuel-François-Georges de Crussol d'Uzès, marquis d'Amboise et de Fors ; Claude, vicomte de la Châtre. Des difficultés s'élevèrent en raison de l'absence de M. de Crussol d'Amboise ; quoique ses amis affirmassent qu'il avait accepté d'avance, on lui choisit un suppléant spécial, le maréchal de camp marquis de la Roche du Maine. Beaucoup s'émurent de voir les trois premières députations de la province attribuées à de hauts seigneurs qui n'y étaient pas nés et n'y paraissaient que depuis peu de temps. Il fallut une coalition avec la petite Noblesse du Haut-Poitou pour obtenir un représentant du Bas-Poitou, qui ne fut pas le marquis, mais le chevalier de la Coudraye (François-Célestin de Loynes). La liste, complétée par le comte Jouslard d'Iversay, le marquis de Villemort, le comte de Lambertie, maréchal de camp, il ne fut réservé que des suppléances au secrétaire Henri Filleau, seigneur de Groges, et au lieutenant général de la sénéchaussée, Irland de Bazoges, qui entra à l'Assemblée nationale par suite de la démission du duc de Luxembourg.

L'opposition radicale au mode de convocation des États généraux, préparée dans les assemblées factieuses de Fontenay-le-Comte, ne trouva pas occasion de se reproduire à l'Assemblée légale de Poitiers. A peine ses promoteurs réussirent-ils à faire entrer dans la commission des rédacteurs du Cahier, composée de 28 membres, le chevalier de la Coudraye, le marquis de Reignon, le baron Robert de Lézardière. Mais, lorsque furent désignés les 21 gentilshommes chargés d'entretenir la correspondance entre les députés envoyés à Versailles et les membres de l'Ordre de la Noblesse dispersés dans la province, ils réussirent à organiser d'ores et déjà les cadres de l'armée contre-révolutionnaire :

A Fontenay, Grimouard de Saint-Laurent ;
A la Châtaigneraie, Moreau-Duplessis ;
A Châtillon, le marquis de la Rochejaquelein ;
A Mortagne, Sapinaud de la Verrie ;
A Luçon, le marquis de la Coudraye ;
Aux Sables-d'Olonne, le marquis de Vaugiraud de Rosnay ;
A Montaigu, le chevalier de la Roche-Saint-André ;
A Challans, Imbert de la Ferrière.

Le Cahier de la Noblesse poitevine jouit d'un certain renom de libéralisme, dû aux « Réflexions critiques » que suggéra, en 1799, à Louis XVIII, sa publication par le principal rédacteur, le chevalier de Loynes de la Coudraye[1]. Le ci-devant Monsieur accuse les gentilshommes poitevins « d'avoir manqué de respect au Roi et d'avoir emprunté aux révolutionnaires leur langage », surtout parce que ces provinciaux, qui n'allaient guère à la cour, ont protesté contre les folles dépenses qu'elle coûtait et les faveurs qui s'y distribuaient aux moins dignes. « Ces insensés gentillâtres », s'écriait Louis XVIII, « n'ont pas vu qu'en s'élevant contre les distinctions de la cour ils encourageaient ceux qui étaient au-dessous d'eux à s'élever contre les leurs; vous avez appelé ce principe métaphysique, il a été suivi de degré en degré dans toute sa rigueur, depuis le duc d'Orléans, qui convoitait la couronne, jusqu'au paysan, qui enviait le pain un peu moins noir de son voisin. »

Sans doute la Noblesse du Poitou proclamait que la nation seule a droit de consentir l'impôt »; elle prescrivait « le retour périodique des États généraux »; elle revendiquait la liberté individuelle, la liberté de la presse, la responsabilité des ministres, l'indépendance de l'administration locale dirigée par des États provinciaux et des conseils municipaux élus. Mais, en même temps, sous l'influence d'un autre rédacteur de son Cahier, le baron Robert de Lézardière, non seulement elle imposait à ses députés « le mandat très impératif de ne voter que par Ordre »; mais encore elle se prononçait contre l'innovation « insolite, inadmissible pour l'avenir » de la représentation du Tiers en nombre double de celui accordé aux deux autres Ordres de l'État [2].

Elle « renonçait aux privilèges pécuniaires dont elle jouissait », elle consentait à « supporter les charges publiques dans une parfaite égalité, en proportion des fortunes et des propriétés, parce que ses membres avaient le même intérêt que les autres individus de la Nation au maintien de l'ordre public. » Mais, aussitôt après, elle demandait à « être maintenue et conservée dans tous ses autres droits, prééminences, prérogatives, distinctions et propriétés, tels qu'ils avaient été sanctionnés par les autres États généraux et les Ordonnances des Rois, comme étant son plus précieux patrimoine, le gage de son amour et de sa fidélité pour ses princes, et liés nécessairement à la Constitution du royaume, puisque, sans Noblesse, il ne peut y avoir de Monarchie, et que, sans prééminences et distinctions, il ne peut y avoir de Noblesse [3]. »

L'une de ses préoccupations capitales était de restaurer le prestige qu'elle avait perdu, d'éliminer les anoblis et les faux nobles [4], si

1. *Manuscrit inédit de Louis XVIII*, publié en 1839 par Martin Doisy (in-8°, Paris, Michaud éd.).
2. Voir ci-dessus, p. 38.
3. Art. 7 et 8 du Cahier de la noblesse du Poitou.
4. Art. 14 et 15.

nombreux dans un pays où l'usurpation des titres était traditionnelle, où il était passé dans les mœurs d'ajouter le nom de sa propriété à celui de sa famille.

Elle demandait qu'il ne se fit plus d'anoblissement « à prix d'argent ni par charge », et que, dans la province, « il fût établi un tribunal héraldique, composé de quatre gentilshommes et d'un généalogiste pour les preuves de noblesse »[1].

Dans la liste des députés on remarque l'absence des plus ardents agitateurs du Bas-Poitou. A peine peut-on leur attribuer le vicomte de la Châtre. Ni le marquis de la Coudraye ni le baron Robert de Lézardière n'avaient réussi à se faire élire.

Cependant les représentants de la Noblesse du Poitou aux États généraux se montrèrent, dans la Chambre de leur Ordre, les plus opposés aux essais de conciliation, et furent les derniers à subir la transformation en Assemblée nationale. Le 3 juin, ils persistaient à réputer « l'admission du Tiers État en nombre égal aux deux premiers Ordres réunis, insolite, inadmissible pour l'avenir et ne pouvant tirer à conséquence dans la circonstance actuelle ». Si, le 27, ils se rendirent dans la salle commune des États généraux, par « pure déférence aux ordres de Sa Majesté », le 30, ils signaient tous, Montmorency-Luxembourg, président de l'Ordre de la Noblesse; Crussol d'Amboise, Claude vicomte de la Châtre, le marquis de Villemort, le chevalier de la Coudraye, d'Iversay, le comte de Lamberty, auxquels se joignirent le comte de François d'Escars, député de Châtellerault, et le marquis de Ternay, député de Loudun, cette protestation suprême :

« Les députés de la Noblesse du Poitou, forcés par leurs mandats impératifs de ne jamais se départir du droit de délibérer par Ordre, déclarent qu'ils ne peuvent participer en rien aux délibérations de l'Assemblée jusqu'à ce que leurs commettants aient pris, dans leur sagesse, le parti qu'ils jugeront le plus convenable. En conséquence, et d'après l'obtention de nouvelles lettres de convocation pour assembler la Noblesse de leur sénéchaussée, ils font toutes réserves contre toutes les décisions qui pourraient être prises dans cette Assemblée et en demandent acte [2]. »

Le Règlement spécial fait par le Roi, le 27 juin, fut adressé au grand sénéchal du Poitou, le marquis de Beufvier, et son lieutenant général Irland de Bazoges convoqua les nobles de la province pour le 27 juillet. Mais la Bastille avait été prise dans l'intervalle; les auteurs et les principaux complices de la conspiration en vue d'empêcher les États généraux d'aboutir, puis de dissoudre l'Assemblée

1. Art. 20 et 33.
2. L'original de cette protestation faisait partie de la collection de Benjamin Fillon Invent. d'Étienne Charavay, n° 478.

nationale, venaient d'émigrer avec le comte d'Artois, frère du Roi [1]. L'agitation était si vive à Poitiers, que l'Assemblée des Nobles ne pouvait se tenir publiquement.

Quelques gentilshommes réunis ont rédigé en peu de mots des pouvoirs illimités, écrivait, le 29 juillet, le lieutenant général de la sénéchaussée au Ministre; ils ont été signés successivement par tous ceux qui s'étaient rendus à Poitiers. »

Le nouveau mandat était revêtu d'une centaine de signatures, parmi lesquelles on remarque l'absence de celles du baron Robert de Lézardière et de plusieurs autres nobles du Bas-Poitou, qui avaient déjà joué et devaient jouer les rôles le plus contre-révolutionnaires. Il y fut ajouté, à Bressuire, cette adhésion comprenant 18 signatures :

« La Noblesse de Poitou, voulant donner au Roi et à la Nation des preuves de son dévouement et de son amour pour la concorde ; convaincue, par la conduite que ses représentants ont tenue jusqu'à ce jour, qu'ils méritent de sa part une confiance sans réserve, déclare annuler tous les mandats impératifs de leurs Cahiers; leur donner tous pouvoirs généraux, suffisants et illimités, et les délier, en tant que besoin est ou serait, du serment par eux prêté en tout ce qu'il pouvait avoir d'impératif et de limité. ».

Il n'y avait pas lieu de réclamer contre le magnanime entraînement de la nuit du 4 août 1791. Mais, le 22 juin 1791, la Noblesse poitevine de l'Assemblée nationale se réunit en corps; Crussol d'Amboise, le chevalier de la Coudraye, du Bouex de Villemort, Irland de Bazoges, Lamberty, d'Arsac de Ternay, Jouslard d'Iversay, Claude de la Châtre, signèrent une protestation contre le décret du 19 juin, par lequel la Noblesse héréditaire était abolie [2].

Tous ou presque tous appuyèrent de leur signature les quinze déclarations et protestations collectives [3] que la minorité de l'Assemblée constituante opposa à toutes ses réformes, religieuses, judiciaires, civiles et politiques, lesquelles déclarations et protestations furent successivement adressées à Monsieur et au comte d'Artois, puis réunies, réimprimées à Provins et publiées à Paris en 1814.

1. V. les « Notes d'un agent secret du ministre des affaires étrangères », tirées des Archives de ce département, France 1408, et publiées par extraits au tome III de notre ouvrage sur *les Élections et les Cahiers de Paris en 1789*.
2. Les pièces relatives à l'action contre-révolutionnaire de la députation de la Noblesse poitevine du mois de juin au mois de juillet 1789 se trouvent dans l'ouvrage non publié de M. Ch. Dugast-Matifeux, sur *l'Origine et les débuts de l'insurrection vendéenne*, ch. III.
3. *Déclarations et protestations de MM. les députés des Trois Ordres aux États généraux de 1789 contre les décrets de l'Assemblée constituante*, in-4° de 172 pages ; Bibliothèque nationale, Le [30], 2 et 15. Le total des signatures de ces pièces est de 320, dont 40 du Tiers État.

La première, du 13 avril 1790, avait été opposée à la déclaration par laquelle la Constituante s'était refusée à reconnaître la religion catholique, apostolique et romaine seule et exclusive religion de l'État. Parmi les signataires, se retrouvent les noms de ceux dont les ancêtres calvinistes avaient combattu à Jarnac et à Moncontour pour la Réforme contre le Roi et le Pape[1].

Les protestations de la Noblesse du Poitou ne restèrent pas platoniques; ceux qui les firent ne cessèrent de se mêler de près ou de loin à tous les complots contre-révolutionnaires du comte d'Artois, avant le 14 juillet, de Favras pour Monsieur, à la fin de 1789, de Maillebois en 1790, de la Rouerie en 1791 et 1792.

L'ASSEMBLÉE DU CLERGÉ.

Les quatre curés que le Poitou envoya aux États généraux, Jallet de Chérigné[2]; Lecesve de Saint-Triaize, de Poitiers; Ballard, du Poiré-sur-Velluire; Dillon, du Vieux-Pouzauges[3], se sont immortalisés le 13 et le 14 juin 1789, en quittant les premiers la chambre de leur Ordre pour aller se réunir au Tiers, rendre possible le serment du Jeu de paume, et déterminer la formation de l'Assemblée nationale.

A ce grand acte est loin de répondre le Cahier du clergé poitevin [4]:

Comme j'ai eu l'honneur d'avoir ma voix (dans sa préparation), écrivait le 20 mars 1789, le curé de Chérigné, je puis dire que c'est un assez mauvais ouvrage. Messieurs les curés de Luçon s'étaient laissé séduire par leur évêque et l'avaient mis du bureau de rédaction. Cela nous a gênés pour mettre des articles qui nous paraissaient importants. Il est vrai que l'évêque n'a pu faire passer aucun de ceux qu'il avait à cœur; mais nous n'avons pu en insérer de nécessaires pour la réforme.

1. Comme le fait remarquer M. Dugast-Matifeux, p. 138-139 des bonnes feuilles de son ouvrage sur l'Origine et les débuts de l'insurrection vendéenne.
2. Jacques Jallet, né à la Mothe-Saint-Héray, le 14 décembre 1732, mourut subitement à Paris le 13 août 1791. Sa correspondance durant l'Assemblée électorale de Poitiers comprend deux lettres du 18 et du 20 mars 1789 à Mlle Légier, et une lettre du 8 avril suivant à Necker. Les originaux des deux premières sont à la Société de statistique des Deux-Sèvres, à Niort; copie de la troisième est dans la collection Camus, Arch. nat. B^{III} f°s 480-496.
3. Dominique Dillon, après la Constituante, rentra dans sa cure du Vieux-Pouzauges et, en 1792-1793, fut administrateur du département de la Vendée. Le 20 thermidor an II, à l'âge de 57 ans, il épousa une jeune personne de 17 ans, Eulalie Josse, fille du secrétaire du district de la Châtaigneraie, tué à la déroute du 13 mai. Il eut d'elle une fille, née à Paris en l'an VIII. Il mourut en 1806 ou 1807. (D'après le Journal mss. de Mercier du Rocher.)
4. Publié dans les Archives de l'Ouest et les Archives parlementaires.

« Ce qui vous paraîtra étonnant, Monseigneur, dénonçait le curé de Notre-Dame-l'Ancienne, Guilleminet [1], Messeigneurs les évêques de Poitiers et de Luçon se sont opposés constamment à admettre dans le procès-verbal toutes les demandes, réclamations et protestations qu'ont voulu faire Messieurs les curés. Ce Cahier n'est à proprement parler que celui de Nosseigneurs les évêques; aussi est-il sans ordre, sans énergie, sans style et sans français. »

L'Assemblée aurait dû comprendre environ 1,200 curés. Il n'en put venir plus de 200. Ceux de la région maritime étaient beaucoup trop éloignés et n'avaient pas les moyens de subvenir aux frais du voyage. La plupart n'avaient pas de vicaires pour les remplacer durant une absence assez longue. La durée des opérations électorales en dut faire partir un certain nombre avant l'adoption du Cahier. Les évêques de Luçon et de Poitiers réussirent, en rappelant les défenses royales réitérées, à empêcher les curés qui ne pouvaient s'absenter de se syndiquer entre eux, suivant l'exemple des Dauphinois. Ils s'opposèrent même à la formation de comités parmi les présents, qui ne se connaissaient pas et cherchaient à s'entendre, en menaçant, d'après un arrêt du Conseil contre les ligues et les brigues, d'exclure les meneurs du droit de voter. Ils s'étaient, d'autre part, longtemps à l'avance mis en quête des procurations des absents; ils les avaient remises en partie aux représentants des communautés religieuses, en partie à des séminaristes qui n'avaient pas l'âge électoral, vingt-cinq ans, et qu'ils avaient pourvus d'une soutane neuve pour figurer à l'Assemblée. Ces manœuvres furent dénoncées à Necker; le grand sénéchal, président des trois Ordres, se vit contraint d'expulser « ceux des séminaristes mineurs qui n'avaient pas de bénéfices [2]. »

Élus les derniers, avec un chanoine régulier de l'ordre de Saint-Augustin, prieur-curé de Plaisance, de Surade, les deux évêques exprimèrent leur très mauvaise humeur dans le discours présidentiel de clôture.

« Vous ne pouvez vous le dissimuler, s'écria Mgr de Poitiers, un œil jaloux est ouvert sur les possessions et immunités ecclésiastiques; un bruit sourd, qui depuis longtemps se faisait entendre dans le lointain, s'approche et croît en s'approchant. Nos biens, notre existence civile et politique, tout est menacé. Fasse le ciel que l'orage qui gronde sur la tête des ministres des autels respecte les autels eux-mêmes !

Les curés députés, traités de « déserteurs et transfuges » lors de

---

1. Lettre citée dans les *Archives de l'Ouest*, I, 64-66.
2. Ch.-L. Chassin, *les C i.·· des curés.*

leur réunion au Tiers État, répliquèrent publiquement aux prélats :

« Ici, Messeigneurs, nous osons dire que nous sommes vos égaux ; nous sommes citoyens comme vous... Nous ne levons pas l'étendard de la rébellion, nous ne faisons qu'user du pouvoir que nous tenons de la Nation elle-même qui nous a choisis pour la représenter. Aussi, Messeigneurs, avant de réprouver notre conduite, commencez par justifier la vôtre [1]. »

Quand le Roi ordonna lui-même la « réunion des Ordres », les deux évêques poitevins obéirent sans mot dire. Ils se turent de même quand, dans la nuit du 4 août, furent abolis le boisselage et les dîmes. Ils laissèrent même passer sans protestation bruyante les décrets contre les couvents et sur la mise à la disposition de la Nation des biens de l'Église.

C'est qu'il eût été profondément impolitique d'engager la lutte contre la Révolution sur la question des intérêts matériels du Clergé, pour la défense des richesses et des privilèges de l'aristocratie épiscopale. D'ailleurs, tous les curés étaient ravis de la dispersion des moines, leurs concurrents ; ils se sentaient grandir en influence morale sur leurs ouailles par la fin des difficultés que causait périodiquement la perception des dîmes et des boisselages. Ils avaient reçu avec joie la promesse de l'Assemblée constituante « qu'il ne pourrait être assuré à la dotation d'aucune cure moins de 1,200 livres, non compris le logement et les *jardins en dépendant.* »

Le prieur-curé de Saint-Vincent-du-Fort-du-Lay, Benjamin Gauly [2], affirmait, au commencement de l'année 1792, que l'évêque de Luçon, Mercy lui-même, hésita longtemps à se déclarer contre la Constitution civile, dont les réformes étaient agréées par la très grande majorité des curés de son diocèse, comme réalisant les vœux exprimés dans les Cahiers par le Clergé inférieur.

L'hésitation, dit-il, cessa dès qu'un malheureux et impolitique mot fut prononcé par l'Assemblée nationale : *Il n'y a pas à délibérer sur la borderie qu'on demandait pour les curés.* Une partie considérable des curés s'est alors tournée contre la patrie, et la Constitution civile du Clergé est devenue hérétique et schismatique *par le refus de cette borderie!...* Oui, c'est le refus de cette malheureuse borderie, qui a engagé à refuser le serment que l'État exigeait ; nous le savons, nous en donnerions la preuve, au moins pour le pays qui nous avoisine, et nous apprenons que partout c'est le même motif qui a conduit les prêtres désobéissants. »

1. *P.-V. de la démarche des curés qui ont passé dans la salle du Tiers le 13 juin 1789*, in-8° s. l. ni d. et le *Journal de Jallet* publié par Jules Brethé à Fontenay.
2. P. 63-63 de la *Vérité au peuple catholique* (in-8°, 1792, Fontenay). — Voir plus loin, ch. VI.

La Constituante commit une faute grave en restreignant « le jardin dépendant de la cure », qu'elle avait promis. Surtout en Vendée, le prêtre avait pour la terre et la culture le même amour que le paysan. Nombre de curés un peu à l'aise se présentèrent, en 1790, pour acquérir des parcelles des dépendances des couvents. Il ne fut suscité d'opposition à la vente des ci-devant propriétés ecclésiastiques que lors de la mise aux enchères des dépendances plus ou moins étendues des cures [1].

Une autre faute de l'Assemblée nationale fut de comprendre dans la Constitution civile du Clergé le serment civique ; il n'eût fourni aucun prétexte d'opposition s'il avait été exigé sous la même forme et en même temps de tous les fonctionnaires publics sans distinction.

La réforme de la discipline ecclésiastique, réclamée par le bas Clergé de toutes les parties de la France [2], aurait dû être opérée dès 1789 et aurait pu l'être avec son concours, comme le demandaient les curés syndiqués du Dauphiné. Une année plus tard, la « démocratie cléricale » était désorganisée par les intrigues et les menaces du haut Clergé. Quand fut imposée l'application de la Constitution civile, en 1791, l'épiscopat d'ancien régime avait, dans l'Ouest, recouvré son influence ; il s'en servait pour préparer, d'accord avec la Noblesse, au fond des campagnes les plus ignorantes, les plus faciles à fanatiser, et, par les femmes, au sein de chaque famille, des résistances acharnées, qui devaient tôt ou tard aboutir à la plus effroyable des guerres civiles contre la Révolution et contre la patrie.

1. Voir plus loin, ch. VII.
2. Voir les *Cahiers des curés*.

CHAPITRE III

LES AGITATIONS ET LES COMPLOTS DE 1789

La Vendée politique et religieuse, qui joua un rôle si considérable dans le drame de la Révolution française, ne comprend pas uniquement le département de ce nom ; elle embrasse une grande partie des départements des Deux-Sèvres, de Maine-et-Loire et de la Loire-Inférieure [1]. La Vendée maritime, que nous avons prise pour base de notre étude parce que seule elle a pu conserver tous ses papiers publics durant la période révolutionnaire, commence à la porte de Nantes, sur la rive gauche de la Loire, et les Sables-d'Olonne en sont le centre. Aucun événement important ne se produisit soit dans les cantons bretons, soit dans les cantons poitevins, sans imprimer un mouvement général à la région entière.

C'est ainsi que le contre-coup du soulèvement de Paris, au mois de juillet 1789, eut pour théâtre Machecoul, qui devait payer cette initiative des terribles massacres de mars 1793, et rester, durant toute la guerre civile, le point militaire le plus disputé et le plus saccagé de la basse Vendée.

Délibération des communes des paroisses de la Trinité et de Sainte-Croix de Machecoul pour l'élection d'un bureau municipal et l'organisation d'une garde civique [2].

L'an 1789, le dimanche 19 juillet, après midi,

Les communes des paroisses de Sainte-Croix et de la Trinité de Mache-

---

1. Voir, dans la *Revue des Deux Mondes*, 15 avril 1889, le dernier travail de l'ancien député de la Vendée, Émile Beaussire, sur *La formation spontanée d'une province à la fin du XVIII° siècle, la Vendée*.
2. Ce document, imprimé en 16 p. in-8°, est resté inconnu à l'historien royaliste du *District de Machecoul, 1788-1793* (in-18, Nantes, 1869). Nous avons eu la curiosité de

coul, assemblées au son de la cloche, à la manière accoutumée, dans l'auditoire de cette ville, lieu ordinaire de leurs assemblées générales ;

Considérant que leur confiance dans la bonté paternelle du Roi est sans bornes, et qu'elles sont prêtes à sacrifier, pour sa sacrée personne et son auguste famille, leurs fortunes et leurs vies ; jurant les communes, d'une voix unanime, de resserrer, s'il est possible, le nœud indissoluble qui lie pour toujours la France avec la Maison de Bourbon ;

Convaincues que les ordres surpris à la religion de Sa Majesté ne l'ont été que par les manœuvres et les menées les plus noires de la part des ennemis du bien public ;

Effrayées des malheurs qu'ont occasionnés, dans la capitale, les vues atroces de ceux qui s'opposent à la régénération de la France, mais rassurées en même temps par le décret authentique qu'a prononcé l'Assemblée nationale contre les Chefs tant civils que militaires, en les déclarant personnellement responsables de tous les genres de maux dans lesquels la Nation se trouve plongée, et ne pouvant prévoir jusqu'à quels excès se portera la rage de ceux qui conspirent contre le salut des citoyens et de leur auguste Monarque,

Ont arrêté, par acclamation, de prendre toutes les mesures que suggéreront à des cœurs patriotiques leur sûreté particulière et celle de leurs concitoyens.

D'abord, pour établir l'ordre et la règle qui doivent régner dans les communes, elles ont arrêté de se constituer en Bureau, dont la décision sera réputée la volonté générale, et, comme telle, exécutée rigoureusement par tous sans distinction.

Le Bureau sera composé d'un président, d'un commissaire-secrétaire et de vingt-quatre autres commissaires, choisis dans les deux paroisses.

Et, procédant ensuite à l'élection des différents membres du Bureau, les suffrages se sont réunis sur les personnes suivantes :

M. LALEU DU PAI, avocat et alloué de cette ville, a été nommé Président du Bureau et de toutes les assemblées à tenir par les commissaires ; et M. LEMEIGNEN, avocat, commissaire-secrétaire.

Les commissaires élus par la paroisse de la Trinité sont : MM. PRAUD DE LA NICOLIÈRE, JAUBERT ; GASCHIGNARD, principal du collège ; CAVEZIEL, avocat, Étienne PELLETIER, boulanger ; FERRÉ, perruquier ; VRIGNAUD, huissier royal ; FOUQUET, vitrier ; GIRAUDEAU, BERTAUD, PARÉ et RAINGEAUD, laboureurs ;

Et ceux nommés par la paroisse de Sainte-Croix : MM. PERAUD, avocat ; GRESLIER DE MONIC, GRI, aîné ; JOSNET DE LA VIOLAIS[1] ; GOYER, marchand ;

---

rechercher sur la liste, d'ailleurs fort incomplète, que M. Alfred Lallié donne des victimes si horriblement massacrées par le comité de Souchu en 1793, les noms des citoyens dénommés au cours et à la fin des délibérations des 19 et 29 juillet 1789. Nous les faisons imprimer en caractères spéciaux. On voit que les premiers chefs du grand soulèvement vendéen dirigèrent les vengeances des paysans fanatisés contre les patriotes qui avaient commencé la Révolution.

1. Ancien capitaine dans le corps des canonniers gardes-côtes, subdivision de Beauvoir, qui, après avoir été le chef de la garde nationale de Machecoul à sa formation, devait devenir en 1791 lieutenant-colonel du premier bataillon de volontaires de la Loire-Inférieure. Nous donnons ses états de service plus loin, chapitre XXV.

Pierre Bonnet, farinier; Chauvet, serrurier; Batard, marchand; Pierre Piraud, Julien Piraud, Julien Raingeau et Honoré Égoneau, laboureurs.

La nomination des président, secrétaire et commissaires du Bureau étant agréable à toute l'assemblée, les différents membres qui la composent ont promis de se soumettre aux arrêtés et décisions du Bureau, qui auront force de loi contre tous, jusqu'à ce que la paix et la tranquillité parmi les citoyens soient parfaitement rétablies.

Le Bureau emploiera tous les moyens qui sont en son pouvoir, tant pour agir conjointement avec les communes et les municipalités des autres villes, correspondre avec elles et leur procurer des secours, s'il en était besoin et requis, que pour arrêter les entreprises des malfaiteurs et perturbateurs du repos public, s'il s'en présentait au pays, et faire généralement tout ce que la prudence et le besoin du moment pourront suggérer.

Outre les assemblées fixées par la présente Délibération, à tenir de plein droit chaque dimanche, à l'issue des Vêpres de la paroisse de la Trinité, le Bureau est autorisé à en convoquer d'autres, lorsqu'il le jugera nécessaire; et, dans toutes les assemblées, le Bureau fera le rapport de son travail, et donnera connaissance de ses vues et projets, et de tout ce qui intéressera le bien des communes.

En cas d'absence ou de maladie de quelques membres du Bureau, ils seront remplacés par les personnes qui seront choisies par le Bureau, et le choix s'en fera, autant que faire se pourra, dans la paroisse dont les membres seraient absents.

Comme l'on ne peut prévoir l'instant heureux où l'Assemblée nationale aura le bonheur de dévoiler au Roi adoré de ses fidèles sujets, qui veut leur prospérité, toute l'atrocité des complots tramés secrètement contre le salut de l'État, la prudence des communes exige qu'elles avisent à la défense de leurs foyers et de leurs concitoyens ; et, pour cet effet, elles doivent s'assurer d'un nombre de citoyens prêts, s'il était besoin, à prendre les armes au premier signal qu'exigeraient les circonstances.

En conséquence, toutes les personnes de bonne volonté sont engagées de faire enregistrer leurs noms au Bureau, ci-devant établi, qui réglera l'ordre et les rangs à observer parmi les défenseurs de la cause commune, parce que, passé l'enregistrement des noms, les communes assemblées feront connaître à leurs braves concitoyens et frères les Nantais combien elles partagent avec eux les sentiments que leur inspirent les troubles qui affligent momentanément la Nation, et toutes les horreurs qui ont été commises sur des victimes innocentes; et que, comme eux, elles n'ont cessé d'avoir, jusqu'à présent, les yeux fixés sur l'Assemblée nationale, dont les décrets, dictés au coin de la justice et de la sagesse, assureront pour toujours le bonheur de la France.

Pour donner à la présente Délibération toute l'authenticité qu'elle exige, il a été arrêté qu'elle sera déposée chez un notaire, pour en être délivré toutes les expéditions nécessaires au Bureau, qui les fera passer partout où il jugera convenable.

Au surplus, MM. Jaubert et Josnet de la Violais ont été nommés pour porter aux communes de Nantes l'expression des sentiments des communes de Machecoul, et les prier d'accepter une expédition de leur Délibération, comme un gage sacré de leur reconnaissance et leur attachement.

Fait et arrêté à Machecoul, sur les signatures ci-dessous, et en présence et du consentement de plusieurs artisans et laboureurs, qui on déclaré ne savoir signer.

Avant les signatures, l'assemblée a nommé M. LEBEDESQUE capitaine de la milice de Machecoul.

Signé[1] : PLANTIER, docteur-médecin ; COSSON, BICLET fils (négociant) ; DESFIEFS, LOCAIN (trésorier en charge) ; COUEDELO (notaire royal) ; **Baré**, DUBOIS DE LA PATELIÈRE, DUBOIS fils, LERETZ, BAUDRY, docteur-médecin ; A. RÉAL, PLANTIER, officier marin ; MARCHAIS (substitut du procureur fiscal) ; RAPPIER, SEIGNEURET (avocat) ; VRIGNAUD l'aîné, René BLANCHARD, CHARRIAU, Hyacinthe MUSSET (chirurgien du roi, commissaire pour les épidémies) ; **Fleury**, avocat ; Julien **Renou**, ORCEAU, FOUQUET, S. HARDOUIN, MÉNARD, F. ROBIN fils, MINGUET, VRIGNAUD, chirurgien ; Raimbaud, J. LAHEU, Michel QUIPERON, MASSONET, HERVÉ, François PRUDHOMME, **Garreau** (lieutenant des canonniers gardes-côtes P. **Dupin**, **Charruau**, J. LAHEU fils, Prosper MUSSET, BLANDINEAU, AURAI, Jean CARÉ, P. **Daviau**, J.-H PRAUD DE LA NICOLIÈRE fils, Pierre LORTEAU, P. R. ÉGRESSET F. PETIT fils, **Gaschignard** fils, maître d'école ; P. FUTELAIS, GAILLETEAU, F. BOIVEAU, PAUMIER, CHARMAN, A. J. TARDIVEAU (officier de marine en retraite) ; G. **Fortineau**, J. PAGEOT, F. BROSSAUD, P. PIERRE, P. **Nicole**, J. HÉRI, J. GRELIER, FRESNEAU, Olivier GUÉRIN (maître perruquier) ; PIMPARÉ, A. **Cailleteau**, Cl. BONNET, A. SEIGNEURET, (avocat) ; **Chiffoleau**, N. MAULOUIN, F. DOMEC, Louis GOILOT, GIRAUDET, P. **Guilbaud**, avocat ; MOINEREAU, A. BOURDIN, CLOSTEUR, N. BONNET, **Corson de la Poupardière**, COUTANT (François, perruquier, ancien militaire) ; N. F. PELLETIER, François FERRÉ fils ; LEMEIGNEN, pour lui et pour M. BOURSIER, P. **Charriau**, Jean PASSET, Louis CHIFFONEAU, F. DUBOIS, F. OLLIVIER, MOQUARD, RANGEARD, S. **Gri**, Joseph BRET, M. PIRON (boulanger) ; François GAUTRER, Jean FLEURY, Alain PIERRE, GUINEBAUD, François SORIN, **Bethuis**, PRAUD DE LA NICOLIÈRE, VRIGNAUD, **Chauvet**, **Gogué**, Étienne PELLETIER, **Fouquet**, **Caveziel**, avocat ; Jean PERAUD, **Ferré**, **Giraudeau**, **Joubert**, faisant pour M. ROBIN, sénéchal, absent, JOSNET DE LA VIOLAIS, ancien capitaine de canonniers gardes-côtes ; **Gaschignard**, principal du collège[2]; Pierre PIRAUD, **Gui**, Jean BERTRAND, GRESLIER DE MONIC (licencié ès lois, capitaine de gardes-côtes, à la suite) ; Jean BATARD, P. BONNET, com-

---

1. Les noms des massacrés en 1793 sont en lettres égyptiennes. — Nous ajoutons, entre parenthèses, les indications de profession, qui ne se trouvent pas dans ce document et qui sont inscrites dans la *Supplique au Roi* du 11 décembre 1788.

2. Gaschignard venait de publier un Manuel d'histoire de Bretagne, tout à fait orthodoxe. « Il n'eût pas été déplacé, dit G. Le Jean, la *Bretagne, son histoire et ses historiens* (in-8°, Nantes, 1850), p. 140-142, « dans le poste de précepteur des enfants de la maison de Rohan, la plus aristocrate de France. » Il n'en fut pas moins massacré avec une partie de sa famille, dans les « chapelets de patauds. »

missaires ; — Jean-Baptiste Laheu du Pai, Président de la commune de Machecoul, et Lemeignen, avocat, commissaire et secrétaire.

Contrôlé à Machecoul, le 22 juillet 1789, par Frappier, pour la commune.

Dans l'assemblée de la commune des deux paroisses de la Trinité et de Sainte-Croix de Machecoul réunies, tenue ce jour, 22 juillet 1789, l'un des commissaires a dit :

Messieurs,

Jamais on n'a vu succéder aussi rapidement la joie à la douleur, l'allégresse à la consternation, les événements les plus consolants aux scènes les plus tragiques. Nos cœurs n'étaient pas faits à des révolutions si subites, mais nous sommes tous animés des mêmes sentiments. Les Français sont étonnés de l'énergie qu'ils montrent et dont ils ne s'étaient pas crus susceptibles. Le patriotisme s'est emparé de toutes les âmes ; c'est un feu électrique, qui se communique partout et qui embrase tout. L'Europe entière a les yeux fixés sur la conduite des communes de France, et cette conduite excite partout des sentiments d'admiration.

Vous venez de donner, Messieurs, une preuve bien éclatante de vos sentiments patriotiques. Dimanche dernier, vous prîtes une délibération, à l'effet de joindre vos efforts à ceux de vos chers compatriotes les Nantais, pour repousser les complots ourdis par les ennemis du bien public. Prêts à sacrifier vos fortunes et vos vies pour la bonne cause, vous chargeâtes M. Praud de la Nicollière, un de vos commissaires, d'aller porter aux communes de Nantes l'expression de vos sentiments et de vos vœux...

Mes pressentiments ne m'ont point trompé, Messieurs : vos vœux ont été exaucés. Deux citoyens zélés se sont transportés hier à Nantes ; dans neuf heures ils sont allés et revenus. Leur vitesse a égalé leur zèle ; l'un et l'autre étaient justifiés par les bonnes nouvelles qu'ils nous apportaient...

Ces nouvelles se sont confirmées, Messieurs ; le meilleur des Princes, dont la religion avait été trompée, a ouvert les yeux. Nouveau Henri, il a rappelé auprès de sa Personne sacré, le médecin Sully ; accompagné des représentants de la Nation, il s'est montré à son peuple, et le calme a été rétabli.

Mais ne nous laissons pas séduire, Messieurs, par ces apparences de paix et de tranquillité ; que le rétablissement momentané de l'ordre ne vous éblouisse point ! Une cabale infernale a juré la perte de la France : elle est d'autant plus dangereuse qu'elle environne même le Trône. Livrons-nous à la joie ; mais, intimement persuadés que, si nous laissons un moment triompher les ennemis du Peuple, jamais nous ne verrons s'opérer la régénération de France, soyons toujours sur nos gardes contre la triple autocratie des Ministres, de la Noblesse et du haut Clergé !

Permettez-moi, Messieurs, de vous donner lecture d'un article inséré dans le n° 14 du *Bulletin de Nantes*, que j'ai reçu hier au soir ; le voici :

« Le même jour, au matin (18 juillet), quelques membres de la Noblesse
« vinrent à l'Hôtel de Ville offrir leurs services. MM. de la Tullaye et de

« Monti, s'assurant d'avance de n'être pas démentis par la Noblesse du
« Comté Nantais, entrèrent au Comité formé pour les besoins du moment ;
« mais les communes, instruites d'une acceptation faite à leur insu, ont
« désavoué le Comité et se sont excusées de (ne pouvoir) renouer avec leurs
« concitoyens nobles ou anoblis une alliance qu'ils ont volontairement dé-
« daignée, et dont le serment fait à Rennes et la protestation souscrite à
« Saint-Brieuc les tiennent irrévocablement éloignés. Du reste, la commune
« a juré de protéger et de maintenir sous sa sauvegarde tous les membres
« de la Noblesse qui habitent cette ville. »

D'après ces considérations, je requiers, Messieurs, qu'il soit délibéré que,
ce soir, il sera fait un feu de joie sur la place de l'Auditoire ; qu'il soit
ordonné une illumination générale dans la ville et faubourgs de Machecoul ;
et, qu'en jurant de protéger et maintenir sous sa sauvegarde les membres de
la Noblesse qui habitent cette ville, la commune délibère de faire absolument
scission avec eux, jusqu'à ce qu'ils aient révoqué le serment fait à Rennes et
la protestation de Saint-Brieuc, seules sources de tous les troubles qui agitent
la Province.

Signé : Jaubert, commissaire.

Délibéré et unanimement adopté le présent Réquisitoire, et arrêté qu'il
sera joint à la Délibération du 19 de ce mois et également déposé chez un
notaire.[1]

LA PANIQUE DU 22 JUILLET ET LES DÉCRETS DU 4 AOUT

La nouvelle de la révolution du 14 juillet fut reçue avec enthousiasme par les jeunes bourgeois des petites villes du Bas-Poitou. Aux Sables-d'Olonne, ils mirent à leur chapeau la cocarde, d'abord verte, puis tricolore, et s'organisèrent tout de suite en garde civique, A Luçon, où dominait l'aristocratie, la mairie fit célébrer un service funèbre « pour les victimes » et chanter un *Te Deum* d'actions de grâces « pour le retour de la tranquillité dans la capitale »[2].

La panique des « brigands », suscitée dès le mois d'avril aux environs de Paris, afin d'expliquer les agglomérations de troupes dont les conspirateurs de la Cour avaient besoin en vue de la dissolution des États généraux et de la répression des mouvements populaires de la capitale[3], se répandit, au mois de juillet, dans les campagnes poitevines.

1. Cette seconde délibération est suivie des mêmes signatures que la première. Suit l'acte de dépôt dressé « par-devant les notaires du duché de Retz, pairie de France, résidant à Machecoul, Marchais et Gri, à la requête des président et secrétaire des communes de Machecoul » Laleu du Pai et Alexandre Lemeignen.
2. *Journal d'un Fontenaisien*, par A. Bitton, dans la *Revue du Bas-Poitou ;* — à la date du 31 juillet 1789.
3. Voir, dans notre ouvrage les *Élections et les Cahiers de Paris*, t. IV, p. 118-119, la lettre de Sainte-Suzanne à Necker, et les Notes secrètes d'un agent du ministère des affaires étrangères, t. III, p. 415, 423, 453, 460.

Mercier du Rocher [1] constate :

Le 22 juillet 1789, les habitants du Poitou se levèrent en masse pour combattre. La postérité recherchera sans doute avec soin ce qui mit à cette époque la France en mouvement.

On répandit partout, au même moment, *qu'une armée de brigands allait égorger les habitants des campagnes ;* partout on courut aux armes et, ce qu'il y a de singulier, c'est que *cette nouvelle était annoncée par les intendants des provinces.*

On a dit que ces prétendus brigands étaient annoncés par ceux qui voulaient effrayer le peuple, lui faire attribuer ses malheurs à l'Assemblée nationale, et lui faire rappeler en province les députés. Ce qui est sûr, c'est que Guillaume V avait eu recours au pillage pour détruire la liberté de la Hollande et y établir le despotisme. Peut-être que la cour voulait suivre son exemple. Paris était plein d'hommes de cette espèce, lorsque la Garde nationale se forma.

D'autres ont pensé que ces bruits de brigands venaient de l'Assemblée nationale, qui voulait savoir si le peuple était disposé à se défendre en prenant les armes comme avait fait Paris [2].

Cependant l'émotion générale ne tourna pas, dans le Bas-Poitou, comme en Bretagne, en attaques contre les châteaux. Aucun ne fut brûlé sur le territoire de la future Vendée. L'abolition des droits féodaux et des privilèges provoqua le plus vif enthousiasme dans la Plaine et particulièrement aux environs des abbayes. La municipalité de Luçon, rendue populaire, fut des premières à féliciter l'Assemblée nationale de ses décrets de la nuit du 4 août, avec le corps des officiers des gardes-côtes du Marais. Furent ensuite expédiées les adresses de la ville de Montaigu, du Tiers Ordre de Bressuire, de l'île de Bouin, de Châtillon-sur-Sèvre, des deux Pouzauges, de Mouchamp, de la Garnache, etc. [3].

L'ÉMEUTE DE FONTENAY-LE-COMTE

Les seuls troubles qui alors se produisirent et furent, d'ailleurs, étouffés par la levée spontanée des gardes nationales eurent pour cause la crainte de la famine.

---

1. Dans les premières pages de ses Mémoires inédits, écrits en l'an II.
2. Les 23 et 24 juillet 1789, cette même panique se produisit dans le Maine, et le souvenir en a été gardé sous le nom de « jeudi et vendredi fous » (p. 15 des *Premiers troubles de la Révolution dans la Mayenne* in-8°, 1880, Mamers). Les auteurs, J.-V. Duchemin et M.-R. Triger, disent : « L'esprit d'épouvante passa sur toute la surface du pays... Ce fut un véritable complot préparé d'avance avec soin et dans le secret pour ameuter le peuple et lui mettre les armes à la main sous un prétexte plausible, celui de sa défense personnelle ».
3. Procès-verbaux imp. de l'Assemblée nationale, du 7 août au 22 septembre 1789.

Déjà, au moment des élections, la population des Sables-d'Olonne s'était soulevée contre un embarquement de blé fait par un négociant de Saint-Gilles à destination de Bordeaux. Le 24 mars, la mairie avait été obligée « afin d'empêcher des difficultés plus grandes », de demander aux autorités supérieures « l'autorisation d'acheter ce chargement » [1].

A Fontenay-le-Comte, dans la nuit du 9 au 10 août, une foule d'hommes, de femmes et d'enfants se précipita dans la rue Fontaine, et saccagea la maison du sénéchal Savary de Beauregard, accusé d'accaparement. Le magistrat s'échappa par les toits. Ensuite fut attaquée la boulangerie de Reverseau, réputé son complice [2]. Le boulanger essaya de résister; il tira un coup de fusil, dont un enfant fut tué. Le peuple exaspéré allait mettre le feu aux halles quand intervinrent une compagnie du régiment de Lorraine et la maréchaussée.

Les jeunes bourgeois, parmi lesquels se fit remarquer le futur général Belliard [3], se réunirent en garde urbaine. Ils se mirent à la disposition du « Comité de pacification » qui s'était substitué provisoirement au Corps de ville. Sur le bruit qu'une troupe de brigands parcourait les campagnes voisines et que le comte d'Artois, fugitif de Paris, se trouvait dans le château d'Antoine-Anthime de Walsh, une expédition fut faite à Chassenon. On n'y trouva rien « qu'un bon repas [4]. »

Les commissaires pacificateurs calmèrent la population en taxant le pain au prix qu'elle désirait. Dès le 13, ils remirent au Corps de ville le pouvoir dont ils avaient été révolutionnairement investis. Quant à l'autorité judiciaire et militaire, elle fit arrêter, le 11, et pendre, le 12, par jugement prévôtal, un carrier, François Coirier, accusé d'avoir dirigé l'émeute; en même temps était exécuté, en effigie, le boulanger qui avait tué l'enfant. Le 14, à 5 heures du soir, fut encore pendu, dans la Plaine, un postillon, François Brodereau, l'un des meneurs de la rébellion [5].

Les bourgeois de Fontenay, d'une part, et le Corps de ville, de l'autre, adressèrent au premier député du Tiers État du Poitou le récit des événements et le procès-verbal de leurs actes. Bouron réunit chez lui ses collègues, et voici comment l'un d'eux, Ballard, curé de

---

1. 5e registre des délibérations de la mairie des Sables
2. P. 77 du curieux *Récit d'une partie des troubles de la France pendant les années 1789-1790*, in-8° de 152 p., Paris, 1790, Archives nationales AD¹92.
3. V. plus loin ch. XXI.
4. B. Fillon, *Rech. sur Fontenay*, I, p. 337-338.
5. Arch. municip. de Fontenay, reg. VI, p. 118 et 125 de la reconstitution Fillon-Bitton.

Poiré-de-Velluire, rend compte de leurs impressions (Versailles, 6 septembre [1]) :

> Nous avons tous été affligés de ces décrets qui augmentent les embarras de l'État et font encore hausser le prix des denrées, par la crainte qu'ils répandent parmi les gens de campagne possesseurs de blés ; mais j'ai été non moins affligé de la précipitation qu'on a mise à faire le procès des séditieux et à mettre à mort deux d'entre eux. J'ai été averti, le jour même de l'émeute, par une lettre de Fillon l'aîné et de Vexiau, qui ne la racontent pas comme le fait le procès-verbal. Ils disent, au contraire, que le désordre populaire est venu d'un commerce de blé, que faisaient de moitié M. de Beauregard et le sieur Reverseau... il est à craindre que Messieurs de l'Hôtel de Ville et du Siège royal se soient laissés aller à venger M. le sénéchal encore plus qu'à faire justice. Il eût mieux valu montrer de la fermeté au commencement, pour n'avoir pas à être trop rigoureux après la peur passée. Il en restera un ressouvenir à Fontenay, qui ne sera pas de sitôt effacé, à moins qu'on ne s'y applique avec soin et esprit de paix...

LE RÉGIMENT NATIONAL ET LE COMITÉ PATRIOTIQUE DE FONTENAY

La mairie de Fontenay, aussitôt rentrée en fonctions, s'empressa de régulariser la formation des milices qui s'étaient spontanément levées dans la ville et aux alentours. Les divers corps, parmi lesquels un assez nombreux de cavalerie, se constituèrent en « régiment national » et se donnèrent pour chef, sous le titre de « major général » un noble, qui n'avait pas pris part aux assemblées factieuses de gentilshommes du Bas-Poitou, mais qui devait être le promoteur de l'attaque de Châtillon et de Bressuire, en 1792, et l'un des premiers chefs de l'insurrection générale de 1793 : Baudry d'Asson [2] !

Arrêté de MM. les officiers de l'état-major du régiment national de la ville de Fontenay-le-Comte du 7 septembre 1789, portant règlement pour la discipline du corps.

Les officiers de l'état-major du régiment national de la ville de Fontenay-le-Comte, rassemblés à l'hôtel de ville, en présence des officiers muni-

---

1. Lettre de la collection de M. Dugast-Matifeux donnée p. 82-83 de son ouvrage, *Origine et débuts de l'insurrection vendéenne*.
2. Gabriel Baudry d'Asson, né en 1775, tué dans la défaite de l'armée catholique et royale à Luçon le 14 août 1793, avait été capitaine d'infanterie. « D'un caractère violent et vicieux, « dit La Fontenelle, dans la *Biographie universelle* (Michaud), il était, en 1789, mal vu de la Noblesse et, après avoir dissipé sa fortune, vivait très retiré dans sa terre de Brachain, entre la Châtaigneraie et la Forêt-sur-Sèvre ». L'ambition de jouer un rôle, que lui refusait son Ordre, le rendit un moment partisan du Tiers État. (Voir plus loin ch. XXX.)

cipaux, s'étant fait représenter par leur greffier secrétaire le contrôle général des habitants, se sont aperçus que nombre de particuliers, quoique inscrits sur icelui, ne s'étaient point représentés, lors de l'assemblée générale, pour offrir de partager avec leurs concitoyens les veilles que les circonstances et la sûreté publique exigeaient ; ce qui ne pouvait tendre qu'à refroidir le zèle de ces premiers, à augmenter le service et à occasionner des plaintes et murmures.

Ils n'ont pu aussi se dissimuler que tous les citoyens de quelque rang qu'ils fussent, devant s'honorer du titre glorieux de patriotes et de bons Français, devaient conséquemment le mériter en contribuant de leur présence ou pécuniairement aux charges dont le général des habitants était tenu.

Les susdits officiers, convaincus qu'il n'y avait pas un moment à perdre pour ramener l'égalité, faire cesser les murmures et ne pas dérober au plus simple habitant la gloire de se montrer utile à la cause commune, ont arrêté unanimement :

ARTICLE PREMIER. — Qu'il serait fait, par MM. les aides et sous-aides-majors, un rôle général et exact de tous les habitants de la ville et faubourgs, quartier par quartier, et, autant que faire se pourra, par numéro, sans aucune distinction de rang et condition, pour être classés dans les différentes compagnies, et y faire ou faire faire, à tour de rôle, le service qui leur sera prescrit par l'état-major.

II. — Que ceux qui sont domiciliés ou doivent l'être de droit en ville, quoique absents ou résidant à la campagne, se feront remplacer, lors du tour de leur service, à raison de 24 sols par nuit;

Que qui que ce soit ne pourra faire faire son service par des domestiques, et qu'à l'égard des marchands et gens tenant boutique, ils ne pourront également le faire faire par leurs commis, compagnons et apprentifs, s'ils n'ont au moins un an de domicile et ne sont d'une conduite connue;

Que les remplacements de garde personnelle se feront par les fusiliers des compagnies de ceux qui ne pourront pas monter leur garde, et au choix des officiers; on invite cependant les citoyens à le faire eux-mêmes, tant pour l'honneur du service que pour donner le bon exemple.

III. — Que les habitants notoirement infirmes ou âgés de 60 ans seront exempts de guet et garde, en rapportant toutefois au Comité de l'état-major des certificats authentiques de leur âge et infirmités, pour y faire droit et en tenir registre, et ce sous quinzaine pour tout délai ; faute de quoi on fera faire le service à leurs dépens, comme ci-dessus est dit.

IV. — Qu'il sera expressément défendu aux patrouilles d'aller écouter aux portes des citoyens, et de se faire ouvrir sans un ordre particulier, et d'en enlever qui que ce soit, si la sûreté publique ne l'exige, leur service étant de veiller sur les perturbateurs du repos public tant dans les rues que cabarets. Toutes personnes arrêtées dans ce cas seront conduites au corps de garde le plus à proximité, y seront gardées par deux fusiliers, la baïonnette au bout du fusil, jusqu'à ce que l'état-major ait décidé de leur détention, d'après le rapport qui lui sera fait par écrit par l'officier de garde et non d'autre ; et, d'après vérification faite des causes de la détention, les personnes arrêtées seront punies ou renvoyées par-devant les juges qui en devront connaître, tels que MM. les officiers de police.

Fait et arrêté d'unanime voix, au Comité de l'état-major, tenu aujourd'hui 7 septembre 1789, en présence des officiers municipaux, qui tous se sont soussignés :

> SAVARY DE CALAIS, *maire*; SAVARY DES FORGES, *lieutenant du maire*; QUENEAU, BELLIARD, *échevins*; MACAULT, *procureur du Roi à l'Hôtel de Ville*;
> DE BAUDRY D'ASSON, *major général*; BOUCARD l'aîné, *aide-major général*; VALIN, *sous-aide-major*; SAVARY DES FORGES fils, *sous-aide-major*;
> PICHARD DU VERGER, *lieutenant de roi*; JALLAYS DE LA BARRE, JALLAIS DE LA TIRANDERIE, GRIMOARD DE DISSAY, CHESNELIÈRE; FLEURY DES MARAIS; JALLAIS; HENRI DE BESSÉ; ROBERT BEAUDUSIÈRE, *capitaines de cavalerie*; ROBERT MORINIÈRE, *lieutenant*; PRIEUR, JOUSSERANT, MERSON, GIRARD, CLAVEAU, etc., *les tous officiers du Régiment national*[1].

Le 25 septembre, les officiers municipaux et les officiers de police, réunis à l'Hôtel de Ville, reconnurent la nécessité de former, « selon le vœu du général des habitants », un « *Comité patriotique* pour les aider dans les fonctions de leurs charges, assurer le maintien de l'ordre » dans la cité.

Le 1ᵉʳ octobre, se tint une « assemblée générale des habitants, convoquée par corporation, par billet, et au son de la cloche ».

Y furent nommés à la pluralité des suffrages :

Daniel Robert; *Chevallereau*, lieutenant général; *Debessé du Paty*, (26 voix);
Brisson, médecin; *Prieur*; *Fillon* l'aîné, notaire (21 voix);
Jousserant, procureur; *Audouit*, avocat (19 voix);
Ballard, chirurgien (18 voix);
Baudry d'Asson (14 voix);
Sabouraud, curé de Saint-Jean (13 voix);
Guillet l'aîné, procureur (11 voix).

Le 5 octobre, en assemblée municipale, à l'Hôtel de Ville :

Les douze commissaires nommés par la commune dans l'assemblée générale des habitants par corps, corporations et principaux notables, ont déclaré regarder leur nomination comme légale, accepter leur mission et vouloir agir concurremment soit avec MM. les officiers municipaux, soit avec ceux de la police, pour faire tous les règlements nécessaires au maintien du bon ordre, à celui de la tranquillité publique, assurer tous services à ce néces-

---

[1]. Affiche portant les armes de la ville de Fontenay-le-Comte, imp. chez Ambroise Cochon de Chambonneau, imp. du roi et de la ville, 1789. (Des papiers de M. du Garreau, capitaine au 3ᵉ cuirassiers.)

raires, en un mot tout ce que le zèle de vrais et loyaux citoyens leur inspireront pour le bien public.

La première délibération du Comité patriotique fut consacrée à un « règlement sur la police des patrouilles et l'établissement des lanternes » que signa avec lui « le lieutenant général de police, Godet de la Riboullerie [1]. »

La garde nationale du chef-lieu de département de la Vendée et du district de Fontenay fut définitivement organisée, suivant les principes établis par la loi du 6 décembre 1790, le 20 avril 1791 ; Baudry d'Asson en fut élu le colonel [2].

LA FAMINE AUX SABLES-D'OLONNE [3].

La semaine qui suivit l'arrivée de la nouvelle de la prise de la Bastille, les boulangers des Sables « annonçaient qu'ils n'avaient de blé que pour huit jours, qu'il n'y en avait plus dans la campagne et que la récolte se ferait attendre. »

La mairie se hâta d'acheter à Saint-Gilles un chargement de blé destiné pour Nantes.

Le 10 août, la milice bourgeoise de Palluau envoyait son commandant, Alaire, « offrir à la ville des Sables les services dont elle pourrait avoir besoin et solliciter ceux des Sables pour la commune de Palluau ».

Le 11, les mêmes offres de services mutuels étaient apportées par des délégués des communes de Saint-Jean-de-Monts, de Beauvoir et de Sallertaine.

Le 17, la ville de Nantes demandait qu'on lui envoyât des farines ; la ville des Sables réclama, en échange, des armes et des munitions pour sa garde nationale.

Le 26 août, deux heures après midi, se tint, « en l'hôtel du maire, à défaut d'Hôtel de Ville, une assemblée extraordinaire à laquelle avaient été invités Messieurs des Ordres du Clergé et de la Noblesse,

---

1. Affiche imp. de la collection du capitaine du Garreau. Il y est joint quelques pièces manuscrites, dont un bref mémoire contre l'institution du comité. Une note de la mairie constate que le procès-verbal n'a pas été dressé « à l'endroit même où s'était tenue l'assemblée (de commune), parce que la plupart des élus et des électeurs en étaient sortis, et qu'à leur place d'autres habitants s'y étaient mêlés sans droit ; que, d'ailleurs, quelques esprits inquiets et mécontents de n'avoir pas été nommés, avaient excité une espèce de rumeur ».

2. B. Fillon, *Rech. sur Fontenay*, t. . p. 356.

3. Analyse du 3ᵉ registre municipal des Sables.

des députés de tous les corps et les anciens officiers municipaux ». Lecture y fut faite d'une lettre du Comité des subsistances de la ville de Paris, en date du 18, et de ses proclamations des 3 et 13, concernant les subsistances. Après délibération, on arrêta cette réponse :

La ville des Sables à la ville de Paris.

Nous désirerions bien sincèrement entrer dans vos vues et contribuer à l'approvisionnement de la Capitale. Mais nous nous trouvons dans des circonstances malheureuses qui ne nous permettent pas de suivre notre inclination.

Nous manquons absolument de blé vieux, la récolte n'est pas aussi abondante qu'on l'espérait; le boisseau de froment nouveau, pesant de 60 à 70 livres, *est au prix de neuf livres*. D'ailleurs, nous avouons à regret que les chargements de blé faits dans ce port en ce moment-ci excitent de la fermentation.

Pour résister à cette « fermentation », la mairie s'occupe, le 28 août, de l'organisation de la milice bourgeoise et parvient à procurer quelques armes à la compagnie des grenadiers, qui demande « à s'uniformer ». Le 6 septembre, ces grenadiers et plusieurs autres compagnies en formation sont rassemblés sur la place Concado, et prêtent serment entre les mains du maire. En séance des officiers municipaux, le 14, sont désignés les officiers de la milice. On lui donne définitivement le titre de « garde nationale », et il est arrêté que « tous les citoyens ont le droit d'en faire partie ». Cependant la proposition du curé Boitel « d'y incorporer le clergé » est rejetée.

Le 18, les officiers désignés viennent demander « leur nomination par les habitants, dans la crainte que celle faite par le corps de ville ne soit pas valable ». La pétition n'est pas accueillie. « Les nobles ne faisant leur service qu'avec répugnance », il est décidé « qu'ils n'y seront obligés qu'après que l'Assemblée nationale aura prononcé l'abolition définitive de leurs privilèges ».

Comme la famine et le froid menacent de reprendre, la mairie arrête, le 25 octobre, de former « un grenier d'abondance, où le grain pourra être vendu amiablement à prix coûtant, ainsi que le bois à brûler ».

Ce même jour, la garde nationale se rend de l'autre côté du port, au village de la Chaume, saisit les canons qui s'y trouvent et les ramène aux Sables. Le 2 novembre, arrive du duc de Maillé, commandant du Poitou, la défense de déplacer les canons de la Chaume. La mairie fait publier, le 6 novembre, la loi martiale, datée du 21 octobre et sanctionnée par le Roi. Le 9, les officiers de la garde nationale notifient à la municipalité qu'ils gardent les canons et prendront de force les armes et munitions qu'on leur refuse. Le corps de ville adresse, le 12, une pétition à l'Assemblée nationale, afin que la milice sablaise soit pourvue des armes qui lui sont indispensables.

LA FAMINE A SAINT-GILLES ET CROIX-DE-VIE [1]

Le 7 et le 22 novembre 1789, les deux municipalités de Saint-Gilles et de Croix-de-Vie tiennent des séances communes, auxquelles sont convoqués les négociants et principaux habitants, afin de discuter les propositions du Comité de Nantes, relativement à la réception des blés à embarquer pour l'approvisionnement de cette ville et « déterminer la quantité et le prix des grains à conserver pour la subsistance des habitants du canton ». Cette « réunion extraordinaire au parquet de Saint-Gilles » prend la décision suivante :

« Considérant que les achats de grain froment multipliés, pour être expédiés par ce port tant pour le Comité de Nantes que pour ailleurs, en ont déjà porté le prix à 400 livres le tonneau, beaucoup trop cher pour le peuple, et qu'il est à craindre que la continuation des achats n'en augmente encore le prix, ce qui deviendrait inquiétant et donnerait lieu de craindre des suites fâcheuses ; que, pour les éviter, nous pensons que tout bon habitant résidant à Saint-Gilles, à Croix-de-Vie et aux environs, doit être invité à prendre l'engagement de n'acheter aucun blé froment au-dessus de 400 livres le tonneau, mesure de Saint-Gilles; que les orges, seigles et gaboreaux, les aliments de la portion du peuple la moins aisée, doivent être conservés.

« Pour quoi nous jugeons que tout bon patriote, sensible aux besoins des malheureux, ne se prêtera directement ni indirectement à des chargements de ces trois espèces de grains, y en ayant à peine pour la subsistance du peuple ; que ce sacrifice doit d'autant moins coûter que tout le monde a concouru de bonne volonté à céder aux provinces voisines le superflu des froments du pays, auquel, si ces gros grains venaient à manquer, il serait impossible de s'en procurer ailleurs.

« Si, contre toute vraisemblance, quelques personnes se prêtaient directement ou indirectement à contrevenir dans les deux cas ci-dessus, les municipalités de Saint-Gilles et Croix-de-Vie prendront des précautions légales pour en arrêter l'expédition. »

Chaque embarquement de blé cause des troubles. Le 10 décembre il est dénoncé à la municipalité de Saint-Gilles qu'un voiturier de Challans « dit hautement que les habitants de Saint-Gilles et Croix-de-Vie sont des lâches de souffrir l'enlèvement des grains ».

Les difficultés quant aux subsistances continuèrent à travers l'année 1791. La ville des Sables, réclamant des secours en blés et fro-

---

1. D'après les pièces dispersées de la mairie de Saint-Gilles.

ments, est sans cesse en instance auprès des députés et des ministres et en querelle avec la Rochelle, qu'elle accuse de retenir au passage des blés qui lui sont destinés, suivant « les dispositions générales des grandes villes contre les inférieures ».

Mémoire de la municipalité des Sables au contrôleur général des finances (M. Valdec de Lessart).
(Du 13 décembre 1790[1].)

Monsieur le Contrôleur général,

La ville des Sables-d'Olonne s'étant trouvée, au mois de mai dernier, dans une disette totale de grains, implora les secours du Gouvernement, qui eut égard à sa demande. M. de Montarant donna en conséquence des ordres à M. des Essarts, chargé des blés qu'on avait fait venir à la Rochelle pour l'approvisionnement du département de la Vendée, et ce dernier nous fit passer soixante et onze tonneaux de froment.

La récolte de cette année a été très mauvaise dans divers cantons, et la ville des Sables a vu bientôt renaître les mêmes besoins et a eu recours à la même source. M. des Essarts nous a encore renvoyé 51 tonneaux de blé. Mais le blé avait beaucoup acquis de l'odeur et perdu beaucoup de son poids ; plusieurs expériences nous l'ont prouvé, et la dernière, faite en présence de la municipalité et dont il a été dressé procès-verbal, constate que, sur notre boisseau, qui pèse 69 livres, il y a jusqu'à 6 livres de différence entre le blé du Gouvernement et celui du pays ; en sorte que, ne pouvant soutenir la concurrence avec ce dernier, on est obligé de perdre considérablement sur ce blé, ce qui tombe à la charge de cette commune, déjà épuisée pour soutenir ses malheureux habitants et dans la presque impossibilité de supporter cette perte. Nous osons donc vous supplier, Monsieur le Contrôleur général, de nous accorder une diminution sur le prix du dernier envoi de grain et nous l'attendons de votre justice.

Nous vous supplions encore, Monsieur le Contrôleur général, de nous accorder une autre grâce. Tant que la commune aura du blé, elle en fera porter à tous les marchés et, le vendant à un prix raisonnable, elle obligera par là les marchands de cette précieuse denrée à donner la leur au même prix. Elle enchaînera leur avarice et leur cupidité. Mais nos greniers seront bientôt vidés ; la récolte, qui nous a donné les plus belles espérances, est bien éloignée, et nous aurons tout le temps de voir souffrir notre pauvre peuple, de le voir peut-être même hors d'état de payer sa subsistance, si elle vient à enchérir. Nous vous demandons, Monsieur le Contrôleur général, que vous nous autorisiez à ne payer du prix des blés du Gouvernement qu'un tiers actuellement et le reste au mois d'août prochain, afin que nous puissions nous procurer les secours qui nous sont indispensables pour conserver la tranquillité dans notre ville et prévenir le désespoir de nos malheureux concitoyens.

1. Correspondance municipale des Sables, registre A.

Daignez, Monsieur le Contrôleur général, recevoir nos sincères félicitations sur le choix que notre bon Roi vient faire de vous, choix qui fait également l'éloge du monarque et du ministre.

Nous sommes avec respect, Monsieur le Contrôleur général, vos très humbles serviteurs.

Les officiers municipaux de la ville des Sables.

A Monsieur de Montarand, maître des requêtes.
(*Du 17 mars 1791.*)

Monsieur, nous avons l'honneur de vous adresser le compte des grains du gouvernement qui nous ont été envoyés par M. des Essarts pendant l'année 1790. Vous remarquerez que la totalité des grains forme un capital de 35,343 livres, mais qui se trouve réduit à celui de 33,372 l. 58 d. par la diminution qui nous a été accordée par le Ministre, ainsi que vous nous l'avez annoncé par votre lettre du 31 décembre dernier, adressée à M. Birotheau, député de l'Assemblée nationale.

Nous vous prévenons, Monsieur, qu'il n'y a en ce moment que le premier envoi de 71 tonneaux de grains de vendu; qu'en conséquence nous ne pouvons qu'en verser le produit, montant à la somme de 18,451 l 26 d, en vous assurant que nous vous ferons remettre le restant aussitôt que la vente définitive sera effectuée.

Nous vous prions de nous faire connaître à qui nous devons compter ces sommes.

Nous avons l'honneur d'être, etc....

Les officiers municipaux de la ville des Sables.

L'AFFAIRE BAUDRY DE LA RICHARDIÈRE

Le 12 novembre 1789, la mairie des Sables-d'Olonne reçoit des officiers de la milice nationale une dénonciation contre M. Baudry de la Richardière, qui a tenu, disent-ils, « des propos offensants pour la Nation, pour le général La Fayette, et forts indécents contre la cocarde nationale ».

La municipalité instruit l'affaire et se charge d'en transmettre les pièces à l'Assemblée nationale.

Le 13 novembre, les officiers de la milice, « impatients des lenteurs que nécessiterait le procès de M. Baudry de la Richardière », viennent signifier à l'assemblée municipale « qu'ils se sont emparés de sa personne et l'ont déposé en prison »[1].

---

1. Analyse des délibérations de la mairie des Sables, 3ᵉ reg. fᵒˢ 62-63.

On lit dans le rapport fait à l'Assemblée nationale[1] :

Le sieur Baudry de la Richardière entra chez le sieur Caillot, pour y acheter du tabac. Il s'y trouvait alors un sieur Debarre. On y parla des affaires du temps. Le sieur de la Richardière ne fut pas très circonspect. Le sieur Debarre le dénonça à la milice bourgeoise. La milice rendit plainte à la municipalité.

Debarre et Caillot, entendus comme témoins, déposent que le sieur de la Richardière leur a tenu les propos les plus indécents sur M. le marquis de La Fayette, commandant général de la milice parisienne... La moindre injure faite à ce commandant est l'épithète d'aristocrate... Il a dit que les gens qui avaient déserté Paris étaient seuls de braves gens, qu'il n'y restait plus que des démocrates, et que, si le prince de Lambesc avait bien fait, il aurait tué plus de monde ; qu'il méprisait le signe national et qu'il s'en torcherait le derrière ; que, si l'on envoyait des troupes dans la ville, il serait le premier à les faire tirer.

Le sieur de la Richardière, interrogé, a convenu d'avoir dit qu'il sait que le prince de Lambesc a écrit à des personnes dignes de foi que, s'il avait fait un exemple frappant aux Tuileries, il aurait dissipé l'attroupement du peuple et prévenu les désordres qui ont suivi ; qu'il est faux qu'il ait mal parlé des citoyens qui sont restés à Paris, qu'il regarde comme d'honnêtes gens ; il n'a pas dit de M. le marquis de La Fayette ce qu'on le suppose avoir dit, mais seulement que ce général jouait un vilain rôle ; à l'égard de la cocarde, il a dit que c'était le signe qui avait mis la France en feu, et qu'à la première occasion, sur la place Concardo, il en ferait l'usage qu'on lit dans les dépositions des témoins.

L'officier municipal, après quelques autres formalités remplies, admoneste le sieur de la Richardière, lui recommande d'être plus circonspect à l'avenir, le met en liberté, et ordonne cependant l'envoi des pièces au comité des recherches.

Le même jour, ou le lendemain, la garde nationale n'étant pas satisfaite de ce jugement fit arrêter le sieur de la Richardière ; il fut conduit en prison, et c'est de là qu'il a adressé sa requête à l'Assemblée nationale.

Sur cette requête, Target, au nom du Comité des recherches, proposait, le 10 décembre au soir, ce décret :

« L'Assemblée nationale décrète qu'après le jugement des officiers municipaux des Sables-d'Olonne et contre leur décision, les officiers de la garde bourgeoise de ladite ville n'auraient pas dû attenter à la liberté du sieur Baudry de la Richardière, et qu'elle doit lui être rendue ; et que le Roi sera supplié de faire mettre le décret à exécution. »

Il s'engagea une discussion assez confuse et fort vive :

Sur la réclamation d'un membre, qui a demandé lecture des pièces dont

---

[1]. Par Target au nom du Comité des recherches, le 10 décembre 1789, *Archives parlementaires*, I, p. 499-500.

il était fait mention dans le rapport, le rapporteur a lu le procès-verbal des délibérations de la municipalité des Sables-d'Olonne.

Cette pièce a donné lieu à plusieurs membres de représenter la nécessité de prendre en considération ce qui est exposé sur la condition et les intentions de M. le prince de Lambesc. Alors un d'eux a dit qu'il existait dans la pièce une indication qui laisserait croire que quelques personnes, qui semblent être connues du sieur de la Richardière, peuvent être impliquées dans le procès intenté contre le prince de Lambesc, et, en raison de cette observation, il présente un autre projet de décret.

Un autre membre[1] offrait la rédaction suivante :

« Attendu que M. de la Richardière n'a pas été emprisonné par la milice nationale d'après les ordres des officiers municipaux, M. le président se retirera devers le Roi, pour demander à Sa Majesté ses ordres pour faire élargir le sieur de la Richardière. »

L'Assemblée a décrété qu'il n'y avait pas lieu à délibérer sur cette rédaction.

La priorité a été successivement demandée pour l'avant-dernière rédaction et celle du Comité des recherches. La priorité, refusée par l'Assemblée à la rédaction du Comité, n'a plus laissé qu'un seul projet de décret, sur lequel la division a été demandée et refusée, et qui a été décrété tel qu'il avait été proposé, rédigé ainsi qu'il suit :

« L'Assemblée nationale a décrété que le président se retirera par devers
« le Roi, pour le supplier de donner des ordres pour faire mettre en liberté le
« sieur de la Richardière, et cependant que les pièces déposés au Comité des
« recherches seront remises au procureur du Roi au Châtelet, pour être sur
« icelles pris tel parti qu'il avisera en ce qui concerne l'affaire du prince de
« Lambesc et contre qui il appartiendra[2]. »

Deux jours après le vote de ce décret, et avant que n'eût pu arriver aux Sables l'ordre de mise en liberté, le 12 décembre[3], les officiers de la milice étaient venus déclarer au Corps de ville qu'ils étaient « las de

---

1. D'après le compte rendu des *Archives parlementaires*, t. X, p. 500, cet autre membre serait Lofficial; mais le résumé donné du discours de ce député du Poitou prouve que ce n'est pas cette rédaction, mais la précédente, celle qui fut adoptée, qu'il faut lui attribuer : « Lofficial observe que le sieur de la Richardière paraît mériter peu d'attention, et qu'il est parfaitement d'avis qu'il doit être élargi ; mais qu'il est important de s'attacher à la déclaration faite par ce particulier dans l'interrogatoire concernant le prince de Lambesc; qu'il dit savoir que M. le prince de Lambesc a écrit à des personnes dignes de foi qu'il avait modifié les ordres qui lui avaient été donnés, etc. M. Lofficial demande que les pièces soient remises au Châtelet, où s'instruit le procès de M. de Lambesc, pour être jointes à cette affaire. »
2. Extrait de la minute du procès-verbal de la séance du 10 décembre 1789, Archives nationales, C. 33, 1. 282.
3. Délibération de la mairie des Sables, 3ᵉ registre, p. 77-78.

payer la nourriture du prisonnier », et demander à la municipalité de s'en charger. Celle-ci refusa, et le maire signa, le 17, l'ordre d'élargir Baudry de la Richardière.

LES PREMIERS PROCÈS DE LÈSE-NATION

En vertu du décret de l'Assemblée nationale du 21 octobre 1789, sanctionné par le Roi le 25, provisoirement et jusqu'à l'établissement d'une Haute Cour spéciale, le Châtelet de Paris avait été autorisé à « juger en dernier ressort les accusés et prévenus de crime de lèse-nation. »

La première affaire qui lui fut déférée fut celle d'Eugène de Lorraine, duc d'Elbeuf, prince de Lambesc, colonel propriétaire du régiment de dragons Royal-Allemand, dénoncé le 2 septembre précédent par le procureur-syndic de la Commune, puis par l'Assemblée des représentants de la Commune de Paris, sous l'accusation « d'être entré violemment, à la tête d'une troupe armée, dans le jardin des Tuileries, le 12 juillet précédent, et de s'y être rendu coupable d'un assassinat sur la personne d'un citoyen qui s'y promenait paisiblement et sans armes. » L'information, interrompue le 13 janvier 1790, par une « assignation à cri public », fut reprise et continuée jusqu'au 28 juin. On n'y trouva rien de relatif à l'incident de Baudry de la Richardière. L'affaire se termina par un acquittement[1].

Le second procès de lèse-nation fut intenté au Suisse Besenval, lieutenant-général commandant des troupes de la généralité de Paris. En raison des deux ordres expédiés à la Bastille durant la journée du 14 juillet, il avait tout de suite été arrêté dans la banlieue parisienne; mais il avait été pris sous la sauvegarde de Necker rappelé par le Roi, et le ministre, triomphant à l'Hôtel de Ville, avait réclamé et cru obtenir une amnistie en faveur de son compatriote[2].

Cependant, quelques semaines plus tard, le Comité des recherches de la Commune de Paris avait dénoncé Besenval comme l'un des principaux fauteurs et complices du complot ourdi dans le but de dissoudre les États généraux et d'écraser le peuple parisien, par les ci-devant ministres de Barentin, de Puységur, le maréchal duc de Broglie, et le marquis d'Autichamp, son major général. Aucun des prévenus ne put être atteint; le baron de Besenval comparut seul, et la plaidoirie de l'avocat de Sèze le fit acquitter, le 1er mars 1790, comme subordonné irresponsable des ordres reçus[3].

1. Les pièces de ce procès sont données, en annexe à la séance de l'Assemblée nationale du 27 novembre 1789 dans les *Archives parlementaires*, t. X, p. 296-320.
2. *Les Élections et les Cahiers de Paris en* 1789, par Ch.-L. Chassin, t. III, p. 533, 657-661.
3. *Ibid.*, II et III *passim;* voir les « Notes d'un agent secret du ministre des affaires

L'un des accusés, le marquis d'Autichamp, était destiné à jouer par lui-même, et par son neveu, le comte Charles, le rôle le plus important dans la série ininterrompue des conspirations à la suite desquelles éclata la guerre religieuse et civile de la Vendée.

Il a signé de sa propre main, à Paris, le 28 février 1816, et présenté au Roi restauré, ainsi qu'à ses ministres, le résumé des services qu'il avait rendus contre la Révolution [1] :

... Je quittai le 17 juillet 1789, jour où le Roi ne permit plus à ses fidèles sujets de le défendre.

Je conduisis le même jour les campements à Saint-Denis où, après les avoir remis à M. le lieutenant-général de Falkenstein, qui y commandait, je rejoignis sur-le-champ Mgr le prince de Condé. Je le suivis et partis avec lui pour passer la frontière.

Pendant la durée du rassemblement de l'armée à Versailles, je fus chargé de différentes commissions assez difficiles; mon dévouement m'empêchait d'en calculer les obstacles...

Je suivis Mgr le prince de Condé à Turin; il y rejoignit Mgr le comte d'Artois au mois de décembre 1789.

J'appris que j'étais compris dans une dénonciation criminelle avec M. le maréchal de Broglie et M. le comte de Puységur. Je fus proscrit.

Cette proscription ne diminua pas mon zèle; j'en donnai des preuves à Mgr le comte d'Artois, qui daigna m'admettre dans son conseil. Je fus chargé par lui d'une grande correspondance dans l'intérieur du royaume.

Je fus envoyé, en 1790, de Turin en Suisse, par Mgr le comte d'Artois avec une mission importante. Je me transportai dans presque tous les cantons. J'avais ordre de me concerter avec M. l'Avoyer Steiger, qui s'était prononcé pour la bonne cause (J'ai toutes les pièces concernant l'objet de ma mission).

De retour de Suisse à Turin, en 1790, je fus chargé de toutes les dispositions relatives à l'organisation des émigrés qui s'y trouvaient et de faire les arrangements nécessaires pour les armer, monter et équiper.

étrangères », d'autant plus précieuses que l'information du Châtelet sur la conjuration de Broglie a disparu. Il n'en reste aux Archives nationales que la note du greffier qui l'avait écrite. Cette note indique que l'information formait 421 pages, que le conseiller Boucher d'Argis était rapporteur et que 185 témoins furent entendus.

1. États de service du marquis d'Autichamp, avec sa signature autographe, en triple exemplaire manuscrit, aux Archives administratives de la guerre.

Jean-Thérèse-Louis de Beaumont, marquis d'Autichamp, était né à Angers, le 17 mai 1738. Breveté sous-lieutenant au régiment du Roi-Infanterie en 1758, attaché au duc de Broglie en qualité d'aide de camp, il avait fait la campagne d'Allemagne depuis 1759 jusqu'à la paix de 1762. Il y avait employé un régiment de dragons qui portait son nom et qu'il avait acheté 80,000 livres. Brigadier en 1770, il avait été appelé à commander en second la gendarmerie, dont le maréchal de Castries était le chef. Chevalier de Saint-Louis depuis 1762, il avait obtenu le cordon rouge en 1779. Promu au grade de maréchal de camp en 1780, il avait, jusqu'en 1789, été membre du conseil de guerre formé par le Roi. Gouverneur de Longwy, il avait, en 1788, exercé les fonctions de maréchal des logis d'un corps de 25 à 30,000 hommes campé sous Metz. C'était des mêmes fonctions que l'avait investi le maréchal de Broglie dans le rassemblement de troupes opéré autour de Paris pour comprimer la Révolution naissante.

Il fut question de marcher sur Lyon ; je fus chargé de traiter avec M. le comte d'Hauteville, ministre du roi de Sardaigne, des moyens à prendre pour assurer cette opération.

Lorsque Mgr le comte d'Artois quitta Turin en 1791, il désira que j'eusse l'honneur de le suivre en Italie ; j'étais alors premier écuyer de Mgr le prince de Condé, qui s'y opposa. Mgr le prince de Condé, qui alors se rendait en Allemagne, me laissa en Suisse, sur la demande de Mgr le comte d'Artois, pour entretenir une correspondance avec le camp de Jalès, qui était regardé comme un point important. (J'ai une correspondance avec les principaux agents du camp de Jalès [1].)

Ma mission en Suisse étant finie, je rejoignis Mgr le comte d'Artois, en 1791, à Coblentz ; il commençait à s'y former des rassemblements par province ; je me joignis à celui de la province du Dauphiné ; il me fut proposé de le commander, ainsi que celui de la province d'Auvergne : je refusai. (J'en ai les preuves.)

Sur la demande de M. le maréchal de Broglie, Monsieur, aujourd'hui Louis XVIII, et Mgr le comte d'Artois me désignèrent pour être maréchal des logis de l'armée qui se forma à Coblentz en 1791. (Mgr le prince de Condé s'y opposa.)

Les princes ordonnèrent qu'il se formât à Coblentz différents corps à l'instar de la Maison du Roi. Je me joignis à 30 gentilshommes pour en lever un sur les bases de celui de l'ancienne gendarmerie et en faire les frais. Mgr le comte d'Artois me proposa de le commander. J'obéis à ses ordres et, conjointement avec les 30 officiers, nous rassemblâmes 600,000 francs et, dans l'espace de cinq mois, nous eûmes à cheval 550 hommes et 150 à pied, qui furent armés et équipés à nos frais. (J'ai toutes les preuves de ce que j'avance, et je suis porteur d'une lettre par laquelle les princes reconnaissaient devoir aux officiers et hommes d'armes à cheval (la gendarmerie), plus de 600,000 francs. Le Roi vient d'avoir la bonté de les faire liquider en inscriptions sur le Grand-Livre).

Le corps des hommes d'armes a fait la campagne de 1792. Il a été détaché à plusieurs reprises pendant sa durée, savoir, à l'avant-garde commandée par M. le maréchal de Castries et à celle de l'armée du roi de Prusse, qui était aux ordres du prince de Hohenlohe.

Le corps des hommes d'armes à cheval fut licencié, comme toute l'armée, à la fin de 1792.

Les princes français repassèrent le Rhin ; je me retirai dans Maëstricht au commencement de 1793. Il s'y rassembla environ 1,500 émigrés. Nous fûmes d'abord bloqués ; ensuite assiégés en règle par le général Miranda et, après dix jours de tranchée ouverte et un bombardement assez vif, les ennemis furent obligés de lever le siège à l'approche de l'armée autrichienne, commandée par le maréchal prince de Cobourg, qui nous délivra. Pendant la durée du siège, M. le comte de Damas-Crux et moi fûmes les seuls officiers qui furent admis par M. le prince de Hesse qui commandait dans la place pour faire des sorties ; il était peu sûr de la garnison. Je sortis avec 1,000 hommes, et j'en perdis 15, qui furent tués ou blessés.

---

1. Voir plus loin, ch. XXIX.

Je fus établi, en 1793, commissaire des princes pour distribuer les secours qu'ils voulaient bien accorder aux émigrés. (J'ai toutes les pièces relatives à ma comptabilité, dont je rendis compte à M. le maréchal de Broglie.)

En 1793, lorsque Mgr le comte d'Artois revint de Russie, il me fit donner l'ordre par Mgr l'évêque d'Arras d'aller le joindre en Angleterre. Je me rendis à Ostende pour m'y embarquer. Mgr le comte d'Artois n'ayant pas rempli l'objet pour lequel j'avais été appelé, je reçus contre-ordre.

En 1794, Monsieur, aujourd'hui Louis XVIII, et Mgr le comte d'Artois m'appelèrent à Ham, en Westphalie. Il était question d'envoyer un officier général dans la Vendée. Ils me désignèrent pour cette commission. Les circonstances changèrent et je ne partis pas.

Les princes ayant été informés de la position fâcheuse de la ville de Lyon, où M. de Précy commandait, ils m'envoyèrent en Suisse, pour essayer de m'y jeter. J'eus ordre d'emmener avec moi vingt à vingt-cinq officiers. Je les y conduisis et je reçus des instructions et des pleins pouvoirs de Monsieur, aujourd'hui le Roi. J'arrivai trop tard : la ville s'était rendue.

En 1794, je fus de nouveau appelé à Ham, et Mgr le comte d'Artois voulut bien m'annoncer qu'il m'avait désigné au gouvernement anglais pour lever et commander un des six régiments à cocarde blanche que l'Angleterre voulait qui fussent levés sur le continent. (Je m'occupai de cette formation et, pendant que les corps s'organisaient, ils furent réformés; on ne conserva que ceux de Mortemart et de Castries. J'ai tous les papiers concernant cette formation et le brevet de colonel, signé par le roi d'Angleterre, qui me fut accordé [1].)

Mgr le comte d'Artois se rendit en Angleterre au commencement de 1795. Il m'ordonna avant son départ de venir le joindre auprès de Brême. C'est là où il apprit que M. de Puisaye avait fait une descente dans la baie de Quiberon. Il me chargea de choisir 20 officiers de mon régiment et de les lui conduire. J'obéis. J'appris, en arrivant à Londres, que Mgr le comte d'Artois était à l'île d'Yeu, où il avait fait une campagne désagréable. Je conservai à Londres mes 20 officiers, je les y eus à mes frais plusieurs mois et, ainsi que moi, ils devinrent inutiles.

Dans l'année 1796, Mgr le comte d'Artois vint de l'Écosse mouiller dans la rade de Portsmouth sur la frégate *le Jason*. Il m'appela près de lui, et, ayant eu la bonté de me communiquer ses projets, il daigna me désigner pour y avoir part. Les circonstances ainsi que ma destination changèrent, et je revins à Londres. (J'ai toutes les pièces importantes de ce qui se passa à cette occasion.)

Ce fut au commencement de 1797 que l'Empereur de Russie, Paul Ier, ayant appris, par son ambassadeur à Londres, que j'étais en Angleterre, me fit proposer d'entrer à son service. Il m'avait connu en France, avait vu la gendarmerie, dont il m'avait fait des éloges. Devenu inutile pour le moment au service des princes, Monsieur, aujourd'hui Louis XVIII, daigna approuver que je passasse en Russie. J'y ai obtenu le grade de général de cavalerie, et j'en arrive...

---

1. Ce brevet est dans le dossier du général d'Antichamp.

J'ai, pendant l'espace de temps que j'ai servi en Russie, commandé les Chevaliers-Gardes, un régiment de cuirassiers et un de dragons. L'inspection de la cavalerie de l'Ukraine, du Niester et de la Crimée m'ont été confiées. J'ai commandé en 1799 un corps de 30,000 hommes qui devait faire partie de l'armée du maréchal Souvarow.

Telles sont les circonstances de ma vie et de mes services militaires. Je pense qu'elles attestent suffisamment que je n'ai, pendant plus de cinquante ans et depuis 1789, époque de la Révolution, négligé aucune occasion de montrer du dévouement et du zèle pour le service du Roi. Je suis de nouveau prêt à en donner des preuves...

Le Marquis d'Autichamp [1].

Le même marquis rendait compte des services rendus par son neveu, le comte Charles d'Autichamp, dans une lettre qu'il adressa au Roi Charles X, ci-devant comte d'Artois, au mois de mars 1826 :

... Le comte d'Autichamp a 56 ans et, ayant porté les armes avant l'âge prescrit par les lois, il n'a fait dater ses services que depuis l'année 1785, c'est-à-dire depuis plus de 40 ans.

Il était parvenu au grade de capitaine à l'époque de la Révolution et fut nommé, en 1792, adjudant-major de la Garde royale. Ce fut après le licenciement de ce corps qu'il se trouva à la journée du 10 août; il y fut blessé de trois coups de sabre; fait prisonnier, il n'échappa à la hache révolutionnaire qu'en se débarrassant avec force et adresse de deux hommes qui le conduisaient à l'échafaud.

La position de Louis XVI ne permettait plus, après cette époque, à ses fidèles serviteurs de continuer à lui donner des preuves de leur dévouement. Le comte d'Autichamp a cherché dans les provinces de l'Ouest les moyens d'être de nouveau utile. Il fut assez heureux d'y parvenir, et, pendant plusieurs années, il eut part à la gloire que s'y sont acquise les armées vendéennes.

Votre Majesté daignera se rappeler sans doute que ce ne fut pas sans des obstacles et des dangers que le comte d'Autichamp, n'écoutant que son zèle, arriva à l'île d'Yeu pour lui rendre compte de l'état où se trouvaient les armées vendéennes. Il mit aux pieds de Votre Majesté leurs respects, ainsi que le nouvel hommage de leur fidélité, et se chargea de leur transmettre ses ordres. Cette marque de dévouement obtint du comte d'Artois une marque bien honorable de la satisfaction de Votre Majesté. Elle lui donna un sabre qui est pour lui et sa famille un titre précieux qui y sera toujours conservé...

A l'époque où les armées royales de l'Ouest cessèrent de combattre, le comte d'Autichamp se retira dans ses foyers. Il n'y fut jamais tranquille et

---

1. Le marquis d'Autichamp, maintenu au service de France dans le grade de lieutenant-général, qu'il avait obtenu en Russie, richement pensionné et employé comme gouverneur du Louvre, fut mis hors du cadre d'activité de l'état-major général aussitôt après la Révolution de Juillet, en vertu de l'ordonnance royale du 1er septembre 1830. Il mourut à Saint-Germain-en-Laye, le 14 janvier 1831, à l'âge de 92 ans.

s'y occupa toujours de maintenir le bon esprit qui animait son pays ; il continua à avoir des rapports non seulement avec les commissaires du Roi qui étaient en France, mais aussi avec ceux qui étaient envoyés par les Princes des pays étrangers, ce qui pouvait grandement le compromettre et ne se faisait pas sans danger. On essaya plus d'une fois de tenter sa fidélité ; elle fut incorruptible. Il ne se glorifie point d'être votre serviteur fidèle, mais il ose citer que, dans le cours de sa carrière, déjà assez longue, il ne s'est jamais un instant écarté de la ligne du devoir [1]...

Le troisième procès de lèse-nation que le Châtelet eut à juger se termina par l'acquittement, le 29 mars 1790, de « l'un des fermiers généraux de Sa Majesté et secrétaire des commandements de la Reine, Augeard. » Il avait été dénoncé par le Comité des recherches de la Commune de Paris, le 29 octobre 1789, dit Agier, dans son compte rendu à l'Assemblée des représentants [2], pour un mémoire « dicté par lui et corrigé de sa main », contenant « un projet pour conduire le Roi à Metz. » Dans le mémoire même, il était avoué que le plan de fuite de la reine en Autriche « avait été communiqué à une personne de considération, avec l'itinéraire qu'on prétendait faire suivre à Sa Majesté [3] ».

1. La lettre d'où cette note est extraite n'est pas datée ; mais elle porte le timbre du ministère de la guerre, indiquant qu'elle a été reçue le 26 mars 1826.
Charles-Marie-Auguste-Joseph de Beaumont, comte d'Autichamp, né à Angers le 8 août 1770, fils du comte Antoine-Joseph-Eulalie, entra, d'après ses états de service, dans le corps de la petite gendarmerie en 1782, âgé de douze ans à peine. Dès 1784, il était sous-lieutenant de remplacement dans le régiment du Dauphin-Dragons, où il avait rang de capitaine le 26 avril 1788. Il passait à Condé-Dragons le 1er juin 1789, et devenait, le 13 novembre 1791, adjudant-major de la garde à cheval du Roi. La garde constitutionnelle ayant été licenciée le 5 juin 1792, Charles d'Autichamp continua son service aux Tuileries jusqu'à la journée du 10 août. Il se rendit ensuite dans l'Anjou et prit part, dès le début, à l'insurrection vendéenne sous les ordres de d'Elbée et de Bonchamp. Breveté maréchal de camp en 1797, il continua à prendre une part importante aux derniers soulèvements, fut un moment qualifié de général en chef des armées catholiques et royales ; des derniers il déposa les armes, lors de la pacification définitive, le 4 février 1800. La Restauration le fit lieutenant-général (ordonnance royale du 7 novembre 1814) et pair de France. Il mourut en 1832.
Des *Notes biographiques sur le général d'Autichamp* ont été récemment publiées par M. Ch. d'Availler (Niort, Clouzot, 1890, in-8° de 192 p. ; elles contiennent des détails sur la part prise par le comte d'Autichamp aux dernières tentatives vendéennes de 1815 et de 1832.
Un troisième d'Autichamp, oncle de celui-ci et frère du marquis, le comte Antoine-Joseph, né en 1744 et mort en 1822, se montra moins obstinément contre-révolutionnaire. Il s'était distingué, sous La Fayette, en Amérique. Après avoir suivi « le flot de l'émigration », et servi dans l'armée de Condé, il ne parut point en Vendée et s'empressa de rentrer en France à l'époque du Consulat.
2. Compte rendu imprimé, distribué aux membres de l'Assemblée nationale, et reproduit, en annexe, à la séance du 30 novembre 1789, dans les *Archives parlementaires*, X, p. 339-342. — Voir aussi p. 267-268, séance du 27 novembre, l'état des affaires en instruction au Châtelet à cette date.
3. Augeard, mort à Paris en 1805, a laissé des *Mémoires secrets*, publiés par Evariste Bavoux en 1866, in-8°, Paris. Il y raconte (p. 193) que, voyant la reine Marie-

Le quatrième des procès de lèse-nation, déféré au Châtelet sur dénonciation de la Commune de Paris, le 4 octobre, était une entreprise d'enrôlements, pour favoriser la même fuite du Roi à Metz et pour former, contre la garde nationale, « des gardes du Roi surnuméraires. » Celui qui recevait les déclarations était le comte d'Astorg, en fuite. Furent décrétés de prise de corps l'abbé Douglas, Ruba de Livron, une demoiselle Regnaud de Bussy, de la Grange, Canone de Calonne, Commeyras et sa femme. Cinquante pièces furent réunies dans l'instruction, qui n'aboutit pas.

La seule affaire politique importante que le Châtelet conduisit jusqu'à un arrêt de mort exécuté, fut celle de Thomas Mahy, marquis de Favras. Saisi dans la nuit du 24 au 25 décembre 1789, sur dénonciation du procureur, syndic de la Commune, il fut pendu, quoique gentilhomme, en place de Grève, le 19 février 1790. » Le *Jugement, en dernier ressort, rendu publiquement à l'audience du parc civil du Châtelet*, et placardé sur tous les murs de la capitale, est ainsi motivé :

... Ouï sur ce le procureur du Roi, ensemble les conseils et le frère dudit Thomas Mahy de Favras...

Le dit Thomas Mahy de Favras est déclaré duement atteint et convaincu d'avoir formé, communiqué à des militaires, banquiers et autres personnes, et tenté de mettre à exécution un projet de contre-révolution en France, qui devait avoir lieu en rassemblant les mécontents des différentes provinces, en donnant entrée dans le royaume à des troupes étrangères, en gagnant une partie des ci-devant gardes-françaises, en mettant la division dans la

Antoinette à Versailles, le dimanche qui suivit la prise de la Bastille, celle-ci lui dit : — « Étiez-vous à Paris ? — Oui, Madame, répondit-il, et j'ai eu le malheur de voir arriver le Roi à l'Hôtel de Ville ; j'aurais cru que Leurs Majestés auraient suivi le duc de Broglie ». — Après les journées des 5 et 6 octobre, revoyant la Reine aux Tuileries, il lui dit : « Votre Majesté est prisonnière ici ! » et il lui donna le conseil de s'enfuir avec Madame Royale et le Dauphin auprès de l'Empereur, son frère. L'idée, d'abord repoussée, fut conduite jusqu'à la préparation d'une lettre que la Reine, échappée, devait écrire au Roi, pour être publiée. Elle était ainsi rédigée : « Mon très honoré seigneur « et auguste époux, d'après les assassinats commis sur ma personne les 5 et 6 octobre, « il m'est impossible de me dissimuler que j'ai le malheur effroyable de déplaire à vos « sujets. Ils s'imaginent que je m'oppose à la Constitution nouvelle qu'ils veulent don- « ner à votre empire. Pour ôter à cet égard toute espèce de soupçon, j'aime mieux me « condamner à une retraite profonde hors de vos États, où je ne rentrerai que lorsque « la tranquillité sera rétablie et que la Constitution sera entièrement achevée. » (p. 202). Augeard prépara minutieusement l'évasion ; il s'était pourvu des cartes de Cassini pour se diriger par les routes de traverse vers le Luxembourg. Il venait de dicter un plan définitif, dont il devait remettre la copie à Mme Thibault, première femme de chambre de Sa Majesté, lorsque son domicile fut envahi et sa personne saisie, en même temps que le mémoire, par le comité des recherches de l'Hôtel de Ville, amené par son secrétaire ! Avec les protections de la cour et de l'argent, il atténua les dangers de son emprisonnement, se fit passer « pour un fort barbouilleur, dans ses loisirs, de projets en l'air », et fut acquitté comme n'ayant pas même songé à mettre en exécution un plan si ridicule. Aussitôt libéré, il se promena à travers les cours européennes, les informant des véritables pensées des « prisonniers des Tuileries », cherchant partout des ennemis à la Révolution et à la France. Il revint à Paris après le 18 Brumaire.

garde nationale, en attentant à la vie des trois principaux chefs de l'administration, en enlevant le Roi et la famille royale pour les mener à Péronne, en dissolvant l'Assemblée nationale et en marchant en force vers la ville de Paris ou en lui coupant les vivres pour la réduire[1]...

Monsieur, frère du Roi, qu'un papier répandu le lendemain de l'arrestation de Favras citait comme le chef de la conspiration découverte, alla protester en personne à l'Hôtel de Ville et à l'Assemblée nationale. Il fit une profession de foi civique, rédigée avec la collaboration de Mirabeau, et dont « la bassesse produisit une explosion d'indignation sur le comte d'Artois, les princes de Condé et tous les gentilshommes émigrés [2] ».

C'est le lieutenant civil Talon qui réussit à empêcher que le nom de Monsieur fût prononcé dans l'instruction et au cours des débats. Au moment suprême, quand la victime écrivit son « Testament de mort », c'est le prêtre qui l'assistait, le curé de Saint-Paul, qui le fit persister dans son silence.

Favras, disait Lafayette « a vécu en aventurier, il est mort en héros de fidélité et de courage. Monsieur a manqué envers lui de l'un et de l'autre [3] ».

Lorsque, le dimanche qui suivit l'exécution, la veuve de Favras alla, avec son fils en grand deuil, assister au dîner public du Roi, la Reine détourna la tête.

Cependant la Cour fit faire des démarches discrètes sur la situation de fortune des deux enfants de Favras et de leur mère [4], et enfin l'offre de 400,000 livres, que la veuve refusa.

Dans une série de notes sur divers personnages, recueillies au Ministère des affaires étrangères en 1792 [5], on lit :

Vve FAVRAS. Elle a un fils et une fille; le ci-devant Monsieur avait promis de placer la fille dans une pension, mais il n'a pas tenu parole; après la mort de son mari, elle fut chez Cormeré, son frère, où elle demeura dix jours; de là, elle fut habiter la communauté des dames de Saint-Gervais, qui lui avait été indiquée par le curé de Saint-Paul. Elle avait alors 42 ans. Sa figure était passable. Elle était toujours dans un grand costume de veuve, peignait ses sourcils et mettait du rouge. »

1. Le placard contenant le jugement de Favras est à la Bibliothèque nationale in-4° Lb^{39}2996. La Bibliothèque possède plus d'une vingtaine de brochures relatives à ce conspirateur dans cette série, des n°° 2994 à 3000, et de 8477 à 8479, y compris les 2 volumes in-8° de la *Justification de Favras* par son frère Mahy de Cormeré.
2. Lettres de Condé à Larouzière, des 6 et 7 janvier 1790, dans *Coblentz* de M. Ernest Daudet (in-8°, Paris, 1890), p. 29 en note.
3. La préface de Martin Doisy au *Manuscrit inédit de Louis XVIII*, p. 41 à 48.
4. Voir dans les pièces de l'affaire du Roi, imprimées par ordre de la Convention. (Arch. nat. AD¹ 105), 3° recueil, N°° CCV, CCVIII, CCIX.
5. Arch. des affaires étrangères; France 1408, f° 277.

Elle se réfugia à l'île de la Réunion et y vécut dans la plus profonde obscurité. Elle revint en Europe à l'époque de la Restauration, et, le 25 mai 1816, implora la protection du roi Louis XVIII, pour son fils, « descendant de celui qui périt sur un échafaud pour sauver le sang de ses maîtres. » Elle obtint une pension [1].

Le conspirateur de l'enlèvement de la Reine se trouvait à l'Abbaye en même temps que le conspirateur de l'enlèvement du Roi. Augeard sut même très ingénieusement mettre en correspondance suivie Favras et sa femme, et leur faire combiner leurs moyens de défense. Il s'attribue le principal mérite de les avoir empêchés de compromettre le frère du Roi, quoique Monsieur ne fît rien pour les sauver. D'après les renseignements qu'ils lui fournirent et ceux qu'il recueillit, en 1798, à Ratisbonne, du ministre des États-Unis Morin, ami de La Fayette, il explique comment la conspiration fut découverte. Ce n'était pas, comme le croyait Favras, par l'étourderie du jeune comte de Luxembourg, à qui l'on refusa le commandement de Paris, enlevé de vive force à La Fayette, et qui tout à coup se dégagea du complot; c'était par la faute des banquiers Chomel et Santonax, qui n'osèrent pas escompter les deux millions de billets du comte de Provence, que le conspirateur leur avait présentés, et qui allèrent prendre des renseignements auprès de La Fayette. L'attention du général fut ainsi éveillée; il fit venir les trois anciens sergents aux gardes, Morel, Turcati et Marquet, chargés des enrôlements; ceux-ci avouèrent qu'il s'agissait de réunir trois ou quatre cents hommes pour délivrer le Roi et s'assurer du maire de Paris, ainsi que du chef de la garde nationale [2].

Ce nom de comte de Luxembourg [3], fils du duc d'Olonne, le pre-

1. L'érudit L. Combes, dans son *Hist. populaire de la Révolution française*, p. 157, dit avoir pris, dans une vente d'autographes, copie de cette supplique.
Les pièces du procès Favras furent enlevées du Châtelet dès 1790; il n'en reste aux Archives nationales que l'inventaire du greffier, qu'a publié M. Tuetey, *Répertoire des sources manuscrites de l'histoire de Paris pendant la Révolution*, t. I, p. 175-177.
Le récit le plus complet du supplice de Favras se trouve dans les *Lettres du baron de Saifert*, de Paris, 15 et 20 février 1790, publiées par M. Germain Bapst, dans la *Revue de la Révolution*, avril 1886.
On crut longtemps que le complice de Monsieur, frère du Roi, n'avait pas pu être exécuté. Latouche-Cheftel, révélateur de la conspiration de La Rouerie (voir plus loin ch. XXIX, XXXV, XXXVII), au retour d'une mission secrète à travers l'émigration, affirmait avoir rencontré « dans la maison du vieux Broglie le trop fameux Favras. » Le conventionnel Basire, en une note de son rapport du 4 octobre 1793 sur « la conjuration de Bretagne » explique en détail comment la pendaison dut être fictive. (*Recueil de pièces intéressantes pour l'histoire de la Révolution*, in-12 de 144 p., Paris, Leroux, an II.)
2. *Mémoires secrets d'Augeard*, p. 215 à 228.
3. Le comte de Luxembourg, ensuite duc de Châtillon, mourut sans postérité en 1799, à l'âge de 31 ans, sur le vaisseau-amiral, qui sombra dans une traversée d'Angleterre à Hambourg.

mier élu de la Noblesse du Poitou, indique déjà que Favras, ses inspirateures et ses complices avaient des relations en Vendée. Mais on sait, d'autre part, que le véritable promoteur de ce complot et de ceux qui furent continués dans l'Ouest, avec des ramifications de plus en plus étendues, était le comte de la Châtre, député du Berri. Ce premier gentilhomme de la Chambre de Monsieur, son plus intime ami, passa, en 1791, dans les Pays-Bas et forma à Ath le premier rassemblement d'émigrés organisés militairement[1].

LES TROUBLES DE MOUILLERON-EN-PAREDS ET DE PLUSIEURS PAROISSES DES ENVIRONS DE LA CHATAIGNERAIE

A la fin de l'année 1789 et au commencement de 1790, était très répandue en Bretagne et dans le Poitou une brochure anonyme, attribuée par les uns au comte d'Agoult et par les autres au marquis de Favras. *Ouvrez donc les yeux*[2] *!*

« Ouvrez donc les yeux, Français, mes chers concitoyens! Vous êtes très malheureux, quand vous pensiez jouir de la félicité la plus parfaite ; vous déchirez en lambeaux le plus beau, le plus riche royaume de la terre, et ce royaume est à vous !... Vous étiez dans tous les temps la Nation la plus polie, la plus généreuse, la plus aimable de toutes les nations civilisées; vous êtes aujourd'hui la plus farouche !...

La journée du 14 juillet et la fuite du comte d'Artois, les journées des 5 et 6 octobre, « la captivité du Roi » à Paris, les incendies de châteaux et les prétendus accaparements de grains, étaient racontés en termes véhéments, de manière à représenter l'Assemblée nationale comme la cause de toutes les horreurs commises par la populace de Paris et de tous les maux soufferts par les populations des campagnes. Les remèdes indiqués étaient la dissolution des États généraux usurpateurs, la rentrée du Roi dans la plénitude de son autorité, la restitution à la Noblesse de tous ses droits, en un mot la restauration totale de l'ancien Régime.

Cette brochure donnait le mot d'ordre aux gentilshommes de province de surexciter les craintes de famine et de soulever les popula-

---

1. Voir dans la *Biographie universelle* de Michaud la notice très détaillée écrite par Hippolyte de Laporte sur le comte de la Châtre, né à Paris le 30 septembre 1745, mort à Meudon en juillet 1824. En 1793, le comte Claude-Louis de la Châtre passa avec son régiment « Loyal-Émigrant » au service de l'Angleterre et, deux ans après, le débarqua à Quiberon. La Restauration le fit lieutenant-général, duc et pair, premier gentilhomme de la chambre du roi, ministre d'État et membre du conseil privé.
2. In-8° de 78 pages, Biblioth. nat. Lb[39] 2728.

tions contre les décrets ordonnant la libre circulation des céréales. Elle produisit plusieurs émeutes dans la région vendéenne, à Bressuire, à Saint-Amand-sur-Sèvre, à Mouchamp [1]. La plus grave fut celle de Mouilleron-en-Pareds et d'une vingtaine de villages environnants [2].

Le lieutenant de la maréchaussée à Fontenay-le-Comte, Guerry de la Barre, écrivait à son chef, à Poitiers, le 8 janvier 1790 :

... La rébellion était prête à éclater dans plus de vingt paroisses entre Mouchamp et la Forêt-sur-Sèvre, quand la procédure de la maréchaussée de Fontenay a mis fin aux complots. Tous les environs de la Châtaigneraie étaient secrètement invités par des émissaires étrangers au pays, qui répandaient le bruit de la hausse du prix du blé, qu'on allait réquisitionner pour le port de Rochefort et pour la Touraine. Un de ces émissaires a remis au nommé Béziau, d'Antigny, bordier de M. Julliot, un ballot d'imprimés, dont la plupart ont pour titre : *Ouvrez donc les yeux !* sont injurieux pour l'Assemblée nationale et contraires à l'ordre public.

Vers le Forêt, les domestiques de M. Baudry d'Asson ont été dénoncés pour avoir dit, le dimanche d'avant la révolte de Mouilleron, au peuple assemblé aux portes des églises de Saint-Marsault et de Saint-Pierre-du-Chemin, que l'Assemblée nationale voulait faire mourir les Français de faim ; qu'il n'y avait qu'un remède au mal, c'était de taxer le blé, de faire des greniers publics, et de nommer un chef pour commander les paroisses ; leur maître était désigné par eux comme disposé à se mettre à leur tête s'il était demandé d'un consentement unanime [3].

La femme du docteur Gallot, député du Poitou à l'Assemblée nationale, avait parlé avec énergie aux révoltés de Mouilleron, qu'elle habitait ; mais ses efforts pour empêcher de saisir les blés avaient été contrariés par le prieur-curé de la paroisse, « qui disait qu'il fallait céder à la force, au lieu de calmer les peuples, comme il le pouvait d'un mot. »

J.-G. Gallot publia à Paris, le 22 janvier, et fit distribuer dans toutes les communes où l'agitation s'était produite une *Adresse* aux habitants du district de la Châtaigneraie, dont voici les principaux passages :

Mes chers concitoyens,

C'est avec la plus vive douleur que j'ai été informé des mouvements d'insurrection auxquels sont portés quelques-uns d'entre vous. Sous le prétexte

---

1. *Récit d'une partie des troubles de la France*, l. c., p. 77.
2. Une preuve de l'existence d'agents de Favras dans l'Ouest est fournie par une procédure entamée à Angers et transmise à l'Assemblée nationale avec une lettre du maire de la ville, Archives nationales Dxxix[b] 13, n° 141.
3. Cette lettre de Guerry de la Barre et l'*adresse* du député Gallot font partie de la collection Dugast-Matiféux. Elles se retrouvent dans l'ouvrage non publié sur *l'Origine et les débuts de l'insurrection vendéenne*, p. 85-93.

de diminuer le prix du blé, on a fait des visites dans les greniers ; on a enlevé les grains, on les a soumis à une taxe arbitraire... On vous a égarés, mes chers compatriotes ; ce n'est pas ainsi qu'il faut se conduire...

Considérez chez quelles personnes ont été commis ces attentats... N'est-ce pas chez celles qui ont constamment offert des secours aux malheureux, qui ont refusé de vendre leurs grains à la récolte pour le conserver sur les lieux pendant l'hiver, pour en faire les avances aux moins aisés et même pour le leur donner ?...

Ils ne s'occupent, vos représentants, que d'assurer pour vous les avantages d'une bonne et sage Constitution en vous rendant les droits de citoyens, dans quelque classe de la société que vous soyez placés.

Vous allez vous donner vous-mêmes, par un libre choix, des officiers municipaux, des administrateurs de district et de département, de nouveaux députés pour la prochaine législature ; enfin, les juges mêmes des tribunaux seront choisis par vous...

Mais, chers compatriotes, autant vous devez vous enorgueillir des droits sacrés, imprescriptibles que vous avez recouvrés, autant vous devez être soumis aux lois et aux décrets de l'Assemblée nationale, de qui vous tenez ces biens inestimables ; ce que vous prouverez par votre obéissance aux ordres du Monarque bienfaisant qui a voulu se dire le Restaurateur de la liberté française. Et pour cela il ne faut rien faire contre le bon ordre, il faut acquitter les impôts avec exactitude, et ce n'est qu'à ce prix que la classe la moins fortunée peut espérer des secours publics et particuliers.

Le prieur-curé de Mouilleron-en-Pareds, Guinefolleau, qui était en même temps maire de la commune, fut poursuivi comme l'un des chefs de l'émeute et condamné par contumace, le 22 juillet 1790, au bannissement pour trois ans[1].

On remarquera que cette condamnation d'un prêtre est antérieure aux agitations causées par la Constitution civile ; elle prouve que l'emploi de l'influence du bas Clergé sur les populations rurales entra, dès le début, dans les plans des conspirateurs de la Noblesse.

LA RÉSERVE DES SUBSISTANCES EN VUE DE L'INSURRECTION

La rebellion de Mouilleron-en-Pareds et toutes celles qui, de 1789 à 1791, se produisirent dans les districts de la Vendée, des Deux-Sèvres, de Maine-et-Loire et de la Loire-Inférieure, contre l'exportation des

---

1. M. Dugast-Matifeux possède, dans sa collection, le « *Mémoire de la sénéchaussée de Fontenay* sur l'émeute qui a eu lieu, à Mouilleron-en-Pareds, en décembre 1789, et sur le procès intenté aux auteurs et complices de cette révolte. » Le principal agent de ces premiers troubles publia un « *Mémoire justificatif pour M. Barthelémy Guinefolleau*, curé et maire de Mouilleron, électeur du département de la Vendée, décrété de prise de corps par le tribunal de la maréchaussée de Fontenay-le-Comte » (Paris, imp. de Châlon, rue du Théâtre-Français, 1790, in-4° de 29 p.), brochure devenue très rare.

grains, ne furent pas des troubles momentanés, faciles à produire après de mauvaises récoltes et quand la famine pouvait être réellement redoutée. Dès 1790, dans toute la région qui devait être le théâtre de la guerre civile et religieuse de Vendée, le mot d'ordre fut répandu dans les campagnes, et suivi jusqu'en 1793, qu'il fallait empêcher de sortir et même accumuler dans les greniers toutes les productions de la terre susceptibles de se garder.

Nous donnerons une pièce, du mois d'avril 1793, contenant un « plan d'affamer la ville des Sables » et toute la partie maritime du Bas-Poitou, fidèle à la Révolution, plan adopté au commencement de la grande guerre catholique royaliste[1].

Dans un mémoire présenté le 1er juillet 1793 au Comité du salut public par le maire de Chalonnes, district d'Angers, Jean-Antoine Vial[2], est signalée l'abondance des grains dans toute la partie du Poitou et de l'Anjou qu'occupent les insurgés catholiques royalistes : « Depuis deux ans les rebelles y mettent leurs récoltes en réserve ; il y en a même beaucoup en gerbes. »

L'un des chefs de la cavalerie vendéenne qui, après le désastre de Savenay, vient se rendre aux républicains victorieux, Jaudonel de l'Augrenière, dans une longue lettre du 7 nivôse an II — 27 décembre 1793, — où il promet « les éclaircissements » que le représentant du peuple Prieur (de la Marne) lui a demandés[3], rapporte :

... Le Conseil (supérieur) fit établir dans tous les pays conquis des comités et des conseils de paroisses qui n'agissaient que d'après ses ordres ; il établit des commissaires généraux des vivres, qui étaient le chevalier d'Armaillé, le nommé Denais, tanneur, de Chemillé et le sieur de Beaurepaire, prêtre ; dans chaque comité des villes, comme Cholet, il y avait deux commissaires pour les vivres. Toutes les espèces arrivaient en abondance, parce que tous les métayers, fermiers et propriétaires envoyaient tout ce qu'ils avaient... J'ai connaissance, seulement pour les bœufs, qu'il en a été donné plus de 1,500,000 livres payables à la paix. Il en était ainsi des tas de blés qui arrivaient en abondance, et des autres denrées telles que le vin, l'eau-de-vie et les fromages, d'autant que le Conseil supérieur avait envoyé dans toutes les paroisses des pays conquis une proclamation qui défendait à tous les particuliers, sous peine de cent écus d'amende et de confiscation de leurs marchandises pour la première fois, et de mort en cas de récidive, de vendre à d'autres qu'à ceux des pays conquis, de façon que les comités surveillaient

1. Lettre de Mme de l'Épinay de la Roche, tirée des Archives historiques du ministère de la guerre, insérée dans le tome III de notre ouvrage, vers la fin.
2. Mémoire qui se retrouve en copie dans les dossiers du tribunal révolutionnaire, Arch. nat. W69.
3. L'original de cette lettre faisait partie de la collection de Benjamin Fillon. Nous en avons trouvé une copie parmi les papiers de Mercier du Rocher, conservés par M. Ernest Brisson.

avec la plus grande exactitude et envoyaient chercher dans toutes les maisons, blé, vin, bœuf, mouton, veau, enfin tout ce qui était nécessaire à la vie animale. Ils ne payaient que par des bons que chaque particulier présentait au Conseil supérieur, pour les lui faire approuver. D'ailleurs la plus grande partie du pays conquis venait offrir ses denrées. J'ai vu cinquante métayers venir à la fois supplier de prendre leurs bœufs, dont les moindres étaient, pour lors, de 100 pistoles ou 1,200 francs; et il s'en est vendu plus de deux cents paires sur le pied de 1,580 et 1,600 francs. Le paysan était monté à un point qu'il aurait donné tout ce qu'il avait, sur les bons payables à la paix.....

Le général Turreau[1] dit :

Il y avait une prodigieuse quantité de subsistances dans la Vendée, parce que, *depuis 1790, on y retenait toutes les productions du pays.* Les gros propriétaires, dont la plupart étaient à la tête de l'insurrection, *n'exigeaient point de leurs métayers le prix des fermages et les engageaient aisément à conserver les fruits de leurs récoltes... Tout commerce extérieur a cessé dans la Vendée dès le commencement de 1791.* Je tiens ces détails et beaucoup d'autres, de plusieurs personnes qui faisaient des affaires considérables dans le Poitou, et qui furent obligées de renoncer à toutes relations commerciales avec ce pays lorsque le numéraire métallique disparut. Que devait-il résulter de cet accaparement des denrées dans les pays révoltés ? Les Vendéens étaient dans l'abondance, et leurs voisins dans la disette. Cette seule circonstance a fait un grand nombre de prosélytes au parti royaliste.

LE PREMIER APPEL A L'ÉTRANGER

On ne savait encore à quelle date l'émigration, commencée dès le lendemain de la prise de la Bastille, entama les négociations avec les puissances étrangères pour soutenir par une invasion les complots ourdis contre la Révolution française. Cette date est fixée par une correspondance de la plus haute importance, tout récemment révélée[2], entre le comte d'Artois et l'empereur d'Allemagne.

Le 12 octobre 1789, de Moncalieri, le comte d'Artois écrit à Joseph II pour lui « peindre l'état de la France, celui du Roi, son premier allié, et celui de la Reine, sœur de Sa Majesté », ramenés de force de Versailles à Paris et prisonniers de la populace dans leur capitale.

---

1. *Mémoires pour servir à l'histoire de la guerre de la Vendée*, éd. de 1824, p. 160, en note.
2. *Correspondance secrète du comte de Mercy-Argenteau*, publiée par MM. d'Arnetti et Jules Flammermont, dans la collection des Documents inédits pour servir à l'histoire de France (Imp. nat. 1891), t. II, p. 275-279.

« On veut, dit-il, détruire à jamais la plus belle monarchie du monde entier ; on veut la faire tomber dans la plus honteuse des démocraties, et, pour y parvenir, on épuise tous les crimes de la terre jusqu'à nous précipiter dans l'anarchie la plus complète..... Votre Majesté est monarque ; Elle sait apprécier les justes droits attachés à ce titre ; Votre Majesté connaît tous les devoirs d'un allié fidèle ; enfin Votre Majesté est fière, et ce sentiment gravé dans son cœur s'y confond avec celui de l'honneur..... Je la supplie de me permettre une seule réflexion : c'est que la cause du roi de France est non seulement celle de tous les souverains, et qu'ils doivent tous redouter un pareil sort, s'ils ne délivrent pas celui auquel on ne peut reprocher qu'un excès de bonté et de douceur.

« Depuis le moment où le devoir, l'honneur, le patriotisme même m'ont contraint à éviter le fer des bourreaux en m'éloignant de ma patrie, j'ai vécu dans le silence et la retraite. J'espérais sans cesse que mes aveugles concitoyens, connaissant enfin leur erreur, viendraient aux pieds de leur Roi le supplier d'oublier leurs crimes et de reprendre une autorité aussi nécessaire que légitime.....

« Mais, depuis l'affreuse journée du 6 octobre, depuis l'instant où les rebelles ont mis le dernier comble à leur atrocité, mon silence deviendrait un crime et mon abstention une lâcheté. C'est donc au nom du sentiment le plus tendre, au nom de l'honneur même, enfin, j'ose le dire, au nom du plus fort intérêt de Votre Majesté, que je lui demande avec confiance non seulement ses conseils, mais les secours les plus actifs et les plus puissants....

« Je dois ajouter à Votre Majesté que les princes du sang de France qui ont partagé mon sort partagent tous mes sentiments, et que nous verserons avec transport la dernière goutte de notre sang pour bien servir notre Roi et notre patrie.... »

L'empereur Joseph II répond, de Vienne, le 30 octobre 1789, à « Monsieur son frère » :

« ..... Il est permis à l'honneur et au sentiment outragé de s'aveugler sur les moyens que la raison réfléchie dicte ; mais il n'est point permis à l'amitié interpellée de se taire. C'est en conséquence que je prie Votre Altesse Royale de considérer que, quelque fâcheux que soient les événements qui sont nés depuis quelques mois des États généraux au sujet de la Constitution et pour arranger principalement les finances de l'État, il n'y a néanmoins aucune plainte, aucune réclamation de la part du Roi qui, s'il voulait, en aurait tant de moyens ; bien au contraire, tous les papiers publics prouvent qu'il est parfaitement d'accord avec la Nation sur tous les articles qui ont été déjà réglés et publiés. De quel droit donc un troisième pourrait-il faire la moindre démarche ou élever sa voix contre tout ce qui a été décidé et sanctionné par l'autorité la plus incontestable au monde, savoir : par le Roi réuni avec la Nation, représentée légalement par ses députés ?

« Je ne suis certainement ni démocrate ni aristocrate, je n'en ai, je crois, ni la réputation ni le jeu ; mais je ne puis m'empêcher de convenir que ces vérités sont sans réplique, et que Votre Altesse Royale, avec tous les princes qui ont cru devoir se retirer de la France, ne sont que des citoyens, à la vérité très distingués, mais qui ne font ni corps ni ont aucun autre droit de ne pas se soumettre à tout ce que le Roi avec la Nation trouvera bon de statuer. Si vous aimez le bonheur de la France, le Roi, la Reine et tout ce qui en dépend, comme j'en suis bien sûr, et que votre lettre me le prouve à l'évidence, ne manquez pas le seul moyen de leur rendre à tous tranquillité et bonheur, en vous réunissant tous pour faire cesser cette espèce de parti d'opposition qu'on appelle aristocrate, je ne sais pas pourquoi, mais qui, faible par lui-même et hors de mesure de pouvoir faire le bien qu'il entrevoit et désire, n'a encore de consistance que pour faire le mal ; c'est de cet esprit de parti, on ne peut se le cacher, que sont nés tous les inconvénients, tous les désastres qui ont accablé le royaume et les individus. Le renvoi des ministres, l'assemblée des troupes auprès de Paris ont fait imaginer les projets atroces qu'on a eu la malice d'imputer à ce parti, et dont le peuple a été et est encore effrayé et outré ; cela a fait précipiter à l'Assemblée nationale le choix des moyens dont elle reconnaît elle-même la difficulté ; cela a mis en suspens l'autorité exécutive, en tolérant la plus horrible licence. Ces démarches non préparées ont été la cause de la séduction et de la défection scandaleuse des gardes et d'une partie de la troupe ; toutes les cruautés et injustices atroces commises contre des individus seulement soupçonnés en sont nées ; les provinces ont été en partie dévastées, les revenus de l'État suspendus ; enfin cela a fait éprouver au Roi, à la Reine et à toute la famille, à différentes reprises, des situations aussi désagréables que peu méritées, et dont leur bon esprit seul les a tirés, car le bon esprit est d'avoir celui qui convient aux circonstances.

« Serait-ce dans une guerre civile de provinces contre provinces, ou de provinces contre la capitale, de troupes contre troupes, de citoyens contre citoyens, que vous imagineriez de réparer les maux de votre patrie et de soulager la situation du Roi? Quelle erreur! Vous les perdriez tous, si même le parti était sûr de réussir ; car à quel prix obtiendrait-il le bien qu'il imagine, et que peut-il espérer actuellement dans sa faiblesse? Croyez-moi, Monsieur mon frère, et écoutez la voix de votre ami, de celui du Roi et de la Nation, quelque injuste qu'elle soit à mon égard ; qu'aucune démarche ne vous coûte pour faire cesser ces maux, pour vous rapatrier avec tous les autres princes, et pour effacer de l'opinion publique toute idée de l'existence d'un patri contrrire ou soi-disant aristocratique en vous réunissant tous à concourir au bien de l'État, et en soumettant votre façon de l'envisager à celle du grand nombre, qui fait autorité. Les formes sont si peu de chose lorsqu'il s'agit du bien général, et le temps, qui éclaircit tout, et qui seul affaiblit les passions et les préjugés, remettra peu à peu tout dans l'ordre qui lui convient, quelque éloignées que vous en paraissent les apparences.

« Pardonnez la franchise et la sincérité de mon langage ; mais je ne puis rendre de service plus réel et donner une plus grande preuve de mon attachement au Roi et à ma sœur, à toute la France et à vous, mon cher frère, qu'en vous conjurant de bien peser ce que je vous marque et de vouloir agir en conséquence. Le contraire ne peut faire que beaucoup de mal à tout le monde et principalement à vous et à ceux qui vous sont attachés...... »

La lettre de Charles-Philippe et la réponse de Joseph II se sont retrouvées annexées à celle que l'Empereur écrivait à son ambassadeur à Paris, le 3 novembre 1789, et où il lui disait, à propos des journées des 5 et 6 octobre[1] :

« ... Que puis-je vous dire de ces événements ? Tous les détails en sont terribles ; les dangers que la Reine a courus et qu'elle court encore me font frémir ; et comment tout ce chaos se débrouillera-t-il ? C'est ce qu'il n'est pas facile de prévoir.....

« Pour votre information et, si vous en avez l'occasion, pour celle de la Reine, je vous joins ici la copie d'une lettre bien singulière que le comte d'Artois m'a écrite et que le baron d'Escars, qui se trouve actuellement ici, m'a remise de sa part. Je ne lui ai pas gazé dans ma réponse ma façon d'envisager les choses, et, si même ma lettre venait à être connue, je crois qu'elle ne pourrait que prouver à toute la nation française le bien que je lui veux.... »

Ces deux lettres si importantes n'avaient pas encore été publiées, du moins en entier et en français. L'accueil que la réponse impériale reçut dans le monde de l'émigration est révélé par ce passage d'un billet de M. de Vaudreuil au comte d'Artois[2] :

« Je reviens à présent à la lettre que vous avez reçue, et dont je voudrais bien avoir la copie ainsi que de la vôtre, car il m'est impossible de bien juger sans cela. Je ne suis pas du tout surpris de la réponse ; mais je suis très étonné que vous l'ayez eue par écrit. Quant aux principes qu'elle renferme, ils ne m'étonnent pas. Ce sont ceux que cette cour a adoptés pour elle-même, et elle finira par en être aussi la victime. La destruction du Clergé et l'abaissement de la Noblesse sont depuis longtemps son système comme en France ; et je suis bien convaincu que cette erreur, la plus grande que puisse adopter une monarchie, nous a été soufflée, communiquée par cette cour, et que l'affaiblissement de la monarchie française a toujours été son système suivi. »

1. *Correspondance secrète de Mercy-Argenteau*, t. II, p. 273-275.
2. *Correspondance intime du comte de Vaudreuil et du comte d'Artois pendant l'émigration* (1789-1815), éditée par M. L. Pingaud. — Paris, Plon, 1889, in-8°, t. I, p. 33.

CHAPITRE IV

FORMATION DU DÉPARTEMENT, DES DISTRICTS ET DES MUNICIPALITÉS. — LES FÉDÉRATIONS DE 1790

Par les quatre lois du 9, du 14 et du 22 décembre 1789, et du 26 février 1790, l'Assemblée constituante abolit les anciennes provinces, divisa la France en 83 départements, enfin détermina la composition du corps électoral, le mode de formation et les pouvoirs des corps administratifs chargés de l'administration départementale, de celle des districts et des municipalités.

LE DÉPARTEMENT DE LA VENDÉE ET SON CHEF-LIEU

Il avait d'abord été question de ne partager le Poitou qu'en deux départements. Bouron avait fait imprimer un *précis des motifs* qui devaient engager la députation de la province à en faire la demande. Thibaudeau excita la ville de Niort à réclamer un troisième département dont elle serait le chef-lieu, en proposant la Roche-sur-Yon pour centre de la subdivision occidentale. Contre quoi Fontenay se hâta d'agir, envoyant à Paris deux délégués de la commission intermédiaire de l'Élection, qui subsistait encore [1]. Le comité des députés de l'ancien Poitou agréa la réclamation fontenaisienne en même temps que la motion niortaise. Il proposa de créer les départements de la Vienne, des Deux-Sèvres, et celui désigné d'abord sous le nom d' « Occidental du Poitou, » puis des Deux-Lays, enfin de la Vendée.

L'indication de Fontenay-le-Comte comme chef-lieu souleva les protestations de la région maritime. La cité épiscopale de Luçon, dès le 15 décembre 1789, avait fait porter à Paris un mémoire, dans lequel elle s'offrait comme ayant des titres aussi anciens que le ci-devant

---

1. Ces deux délégués étaient l'avocat Brisson et Godet de la Riboullerie ; B. Fillon, *Rech. sur Fontenay*, t. I, p. 399-342.

siège de la Sénéchaussée, comme étant située un peu moins loin du centre de la nouvelle circonscription territoriale et surtout comme « offrant, par la pureté de son air, un séjour on ne peut plus favorable à la santé d'une administration centrale. »

Le port des Sables-d'Olonne expédia successivement trois mémoires. Voici celui qui fut communiqué à la Constituante le 4 janvier 1790 [1] :

A Nos Seigneurs de l'Assemblée nationale.

La troisième division du Poitou, appelée la division de l'Ouest, place le chef-lieu de département à Fontenay ; il choque généralement presque tous les intérêts de la province.

Du côté de Niort, Fontenay trouve à deux ou trois lieues de distance les limites de son ressort, et est éloigné de plus de trente lieues de plusieurs points de sa juridiction. L'incommodité de cette distance se fait encore mieux sentir dans un pays tel que le Bas-Poitou, où le terrain gras, coupé par des marais fréquents, se prête difficilement aux communications, et n'est traversé presque par aucune voie publique.

La seule inspection d'une carte de géographie suffit pour démontrer que Fontenay ne devait pas être le chef-lieu de ce département. C'est sacrifier trop évidemment les intérêts d'une province à ceux d'une ville. Pourquoi donc l'a-t-elle emporté ? C'est qu'elle seule a été à portée de faire valoir ses prétentions, par les députés qu'elle avait à l'Assemblée nationale, ou par ceux qu'elle a envoyés extraordinairement ; les autres villes du Bas-Poitou, ayant négligé ou n'ayant pu employer ce moyen, sont restées sans défenseurs ; leurs intérêts n'ont pas même été discutés, ce qui donne plus de force aux réclamations qu'elles pourront faire.

La ville des Sables s'est bornée à envoyer par la poste deux mémoires, où elle exposait ses prétentions et ses droits. Elle avait cru pouvoir soutenir qu'étant une place maritime, le commerce la rend plus susceptible d'accroissement et que, par l'influence de ce commerce sur le pays qui l'environne, cet accroissement paraissait intéresser davantage tout le département. Elle représentait que sa position était encore plus favorable que celle de Fontenay, se trouvant placée au centre du demi-cercle depuis Fontenay jusqu'à l'extrémité opposée de la province ; que, par conséquent, elle rapprochait davantage la justice des justiciables et les affaires du centre commun.

Du reste, elle ne prétendait préjudicier aux droits d'aucune cité. Il y a lieu de croire que, si les villes se réunissaient, elles pourraient obtenir une division plus favorable, ou du moins que, dans l'établissement de l'ordre judiciaire la Cour de département serait fixée plus à portée du plus grand nombre des justiciables, et surtout des marais du Bas-Poitou, la partie la plus riche de cette province, et celle où les voyages sont le plus pénibles. Or, il n'est pas de position qui serve mieux tous les intérêts que celle des

---

1. Mémoire imp. à la Rochelle, 8 p. in-8°. (Arch. Nat. AD XVI 80). La date du dépôt est fixée par le procès-verbal de la séance de l'Assemblée nationale.

Sables, puisqu'elle ne compte qu'une distance d'environ quinze à dix-huit lieues à toutes les extrémités du département; par sa population, elle en est incontestablement la seconde ville, et approche même assez près de celle de Fontenay; par sa situation au bord de la mer, il n'est point d'accroissement qu'elle ne puisse se promettre, pour peu que le gouvernement la seconde, et elle ne peut obtenir d'avantage qui ne reflue sur tous les pays voisins, parce que c'est l'influence naturelle du commerce, dont toutes les places commerçantes attestent l'expérience.

Il est visible que les districts de Challans, de la Roche-sur-Yon, ont un intérêt commun avec elle et raccourcissent dans ce plan d'un tiers ou d'une moitié la distance qui les sépare de leur Cour de justice et de leur département. En s'unissant avec les Sables, il est à croire qu'ils obtiendraient aisément cette grâce, qui n'est au fond qu'une justice, et cette justice est conforme à l'esprit de l'Assemblée nationale qui, en répandant les établissements publics en différents lieux, a sans doute à cœur d'en vivifier un plus grand nombre et de porter partout l'abondance et l'industrie. Fontenay concentrant en elle seule tous les établissements et devenant à la fois le siège d'un district, d'un département, d'une Cour supérieure, est une espèce de monstre en politique; cette ville ne peut grossir ainsi qu'en laissant toutes les autres parties dans le dépérissement. Cela est sensible par sa situation, rejetée à un des confins du département; et cette profusion de faveurs a de quoi étonner, quand elle s'applique à une ville dont la population n'excède pas 2,000 feux [1].

C'est en vain qu'elle réclamerait un plus grand nombre d'établissements déjà formés dans son sein; ces établissements, qui sont des moyens de prospérité, la portent avec eux; il n'est point de ville qui à cet égard ne se mette promptement au niveau de ses besoins, et les ressources dans un pays de commerce sont encore plus faciles et plus promptes.

Plusieurs villes, déjà choisies pour être chefs-lieux de département, réclament pour unir en même temps la Cour de justice; d'autres villes la demandent pour dédommagement de n'avoir pas été prises pour le chef-lieu. L'alternative a été accordée à quelques autres. C'est donc une preuve que ces deux établissements peuvent être détachés; c'est d'ailleurs l'avantage le plus général, et nous promettons de seconder de tous nos efforts les villes qui demanderont cette division.

Il importe surtout, dans la circonstance présente, de prévenir l'érection des tribunaux judiciaires, et de solliciter afin que la Cour principale de département soit placée à portée du plus grand nombre des justiciables. Cet ordre y est encore plus indispensable que celui qui concerne le département, car les affaires de l'administration ne sont traitées que par un petit nombre, mais la justice est le besoin de tous les états, son cours ne peut jamais être suspendu; c'est donc une nécessité d'établir une communication prompte et facile avec le siège d'où on doit l'attendre. Or la situation des Sables est, à cet égard, évidemment plus favorable que celle de Fontenay, et, si cette ville

---

1. Il y a dans la copie 3,000 âmes. Dans la liste des paroisses représentées le 4 mars 1789 à l'assemblée électorale de la sénéchaussée de Fontenay, cette ville est inscrite comme ayant 2,000 feux et les Sables-d'Olonne 1421.

se plaint alors d'être éloignée du 15 lieues de la Cour de justice, qu'elle juge des plaintes que doivent former les marches de Bretagne, l'île de Noirmoutier, les marais de Monts et de Challans, qui comptent pour arriver chez elle presque le double de cette distance !

Signé : C. DARDEL DE LA GESTRIE, maire; *Robert du Breuil, de la Brunière, Chauviteau*, prêtre; *Deau*, curé de la Chaume ; l'abbé GAUDIN, procureur-syndic: *Gaudin de la Fontaine, Regain, J. Moreau, de la Gautronnière, Rouillé*, secrétaire; *Garnier, Gaudin, Debard, Gobert, Bruneteau, Mercereau, Guénin, Gobert* le jeune, *Brochard, Bouron, Palvadeau, Bécherel, Rigolage, Chauveau, Gilbert, Mourain* l'aîné, *Cadou, Delange.*

Le 24 janvier 1790, les députés du Bas-Poitou avaient fait arrêter les limites et les divisions de leur département, qui devait comprendre 6 districts, 58 cantons et 317 communes. — Le 26, la question du chef-lieu était ainsi résolue [1] :

L'Assemblée nationale décrète, d'après l'avis de son Comité de constitution, que le département occidental du Poitou, *dont Fontenay est le chef-lieu*, est divisé en six districts dont les chefs-lieux sont : *Fontenay-le-Comte, la Châtaigneraie, Montaigu, Challans, les Sables-d'Olonne* et *la Roche-sur-Yon*, sauf, en faveur de la ville de *Pouzauges*, d'être le chef-lieu de la juridiction du district de la Châtaigneraie, si les électeurs jugent qu'il soit utile de l'y placer [2].

Contre ce décret protestèrent les villes des Sables et de Luçon ; elles « se coalisèrent », le 21 février pour en obtenir l'abolition quant au chef-lieu départemental. A peine formés, les quatre districts de Montaigu, Challans, la Roche-sur-Yon et les Sables, unirent leur action contre Fontenay, en faveur de la Roche-sur-Yon, dès lors reconnue comme étant la localité la plus centrale du département de la Vendée.

PREMIÈRE ASSEMBLÉE GÉNÉRALE DES ÉLECTEURS DE LA VENDÉE

Formation de l'administration départementale.

Dans le courant du mois de juin 1790, se réunirent, aux chefs-lieux de canton, les premières assemblées primaires. Elles étaient, d'après la loi des 22 décembre 1789-8 janvier 1790, composées des citoyens actifs, Français majeurs de 25 ans, domiciliés depuis un an au moins dans leur commune, payant une contribution directe de la

1. Procès-verbal imprimé de l'Assemblée constituante à cette date.
2. Le département ainsi formé avait 338 lieues carrées et 312,000 habitants ; le chef-lieu n'en comprenait que 6,500.

valeur locale de trois journées de travail et n'étant pas serviteurs à gages, ayant de plus prêté à l'administration du district le serment de « maintenir de tout leur pouvoir la Constitution du royaume, d'être fidèles à la Nation, à la Loi et au Roi, et de remplir avec zèle et courage les fonctions civiles et politiques qui leur seraient confiées »[1].

Les assemblées primaires choisirent un électeur à raison de cent citoyens actifs, présents ou non présents, parmi tous les éligibles du canton, c'est-à-dire parmi les citoyens payant une contribution de la valeur de dix journées de travail[2].

La liste authentique des électeurs du département de la Vendée, publiée aussitôt après la vérification des pouvoirs[3], comprend :

District de Fontenay	111	électeurs.
— La Châtaigneraie	85	—
— Montaigu	78	—
— Challans	57	—
— Les Sables-d'Olonne	70	—
— La Roche-sur-Yon	70	—
Total	471	électeurs.

Les électeurs choisis par les assemblées primaires du département, convoqués, soit pour former et renouveler l'administration centrale, soit pour nommer les représentants à l'Assemblée nationale, devaient se réunir alternativement aux chefs-lieux des différents districts[4].

La première assemblée générale des électeurs de la Vendée s'ouvrit à Fontenay, en l'église des Cordeliers, le 28 juin 1790, à neuf heures du matin, sous la présidence du plus âgé des membres, P.-A. Queneau, ancien avocat.

Le 29, après une messe solennelle à Notre-Dame, fut constitué le bureau définitif : le maire du chef-lieu départemental, François-Jean Pichard, président[5]; le procureur de la commune d'Angles, le notaire Cougnaud, secrétaire. Le premier avait réuni 249 voix, le second 310, sur 389 votants[6].

---

1. Sect. I de la loi, art. 1, 2, 3.
2. Id., art. 17, 18, 19.
3. A Fontenay, chez Ambroise Cochon, in-4° de 15 pages à 2 colonnes.
4. Art. 22 et 23 de la loi.
5. Le procès-verbal (*Archives de l'Ouest*, série B, t. I, p. 116-147) resterait assez peu intéressant et en quelques passages inintelligible, sans les explications fournies par les Mémoires inédits de Mercier du Rocher.
6. François-Jean Pichard, écuyer, seigneur du Page, avait été nommé maire de Fontenay-le-Comte, lors de la formation de la première municipalité élue conformément à la loi de la Constituante. Il s'acquit dans cette fonction une très grande popularité, surtout par les mesures qu'il fit prendre en vue de mettre la ville à l'abri de la disette. (B. Fillon, *Recherches sur Fontenay*, t. I, p. 342-343.) Le peuple l'appelait « son sau-

Le 30 juin, sur la proposition faite par Goupilleau (de Montaigu) de rédiger une adresse à l'Assemblée nationale et au Roi, on décida qu'il serait nommé six commissaires, un de chacun des six districts. Vigneron proposa d'appliquer le même principe à la représentation de tous les districts, à la formation de l'administration départementale, et en même temps, souleva la question du chef-lieu définitif, ne considérant la désignation de Fontenay que comme provisoire. Le président essaya d'empêcher la discussion ; mais l'appel nominal, qu'il ordonna, fournit une majorité contre son opinion.

La séance du 2 juillet fut on ne peut plus tumultueuse. Quelques nobles, des familles de Loynes de la Coudraye, de la Marzelle et autres, ne manquèrent pas de jeter de l'huile sur le feu. Il fallut que les commissaires du Roi, chargés de l'installation des administrations électives [1], intervinssent par une ordonnance portant « que les électeurs ne devaient pas s'arrêter aux pétitions susceptibles d'interrompre le cours des opérations électorales, qu'ils étaient tenus de reprendre et de continuer jusqu'à ce que qu'elles fussent terminées ». Néanmoins le scrutin ouvert sur la question du chef-lieu fut dépouillé : des 357 votants, 219 s'étaient prononcés contre Fontenay. Les districts de Fontenay et de la Châtaigneraie protestèrent. Pichard suscita une motion, qui paraissait de nature à diviser la majorité : la création d'un septième district, dont Luçon serait le chef-lieu. Mais les quatre districts opposants maintinrent leur vote et l'expédièrent à l'Assemblée nationale.

Les élections de l'administration départementale, commencées le 2 par la nomination des scrutateurs, qui prit toute la journée du 3, ne furent achevées que le 8, par le choix des suppléants, dont deux étaient des Sables, l'ancien maire Duget, et le procureur du roi au siège de l'amirauté, Basile Nicollon. Il y en avait un du district de Challans, et il n'était autre que l'un des futurs chefs de la grande in-

---

veur », et, quand il quitta la mairie pour entrer à l'administration départementale, le porta en triomphe. Dès le début de la Révolution, il s'était mis du Tiers État, mais sans se fâcher avec les nobles, dont il ne discontinua pas de suivre la société et de partager les plaisirs. Son excessive habileté et sa légèreté de mœurs lui aliénèrent tout de suite les patriotes convaincus. Mercier, dans ses Mémoires, le poursuit d'une haine implacable depuis le début de son administration jusqu'à sa condamnation par le tribunal révolutionnaire, persuadé qu'il était « l'agent des conspirateurs », et que son opposition persistante à toute répression en temps utile permit à la coalition des prêtres réfractaires avec les ci-devant nobles, durant toute l'année 1791, de « pervertir l'excellente population vendéenne », et de la précipiter dans cette terrible guerre civile qui dévasta « le bocage enchanté ».

On trouvera en entier dans notre second volume, ch. XX, la défense préparée par Pichard durant son emprisonnement à Paris.

1. Brisson, avocat de Fontenay, qui devint procureur-syndic du district ; le chevalier de Saint-Louis Moreau, qui émigra, et Desaivre des Guerches, assesseur au siège de l'ancienne sénéchaussée.

surrection vendéenne, Louis Savin, de Saint-Étienne-du-Bois[1]. Un autre insurgé célèbre, Jean-Baptiste-Joseph Joly, assistait à l'assemblée; il était l'un des six électeurs du canton de Beaulieu-sous-la-Roche.

Mercier du Rocher, en ses Mémoires inédits[2], juge déplorables ces premières élections vendéennes et apprécie ainsi ceux des élus qui formèrent le Directoire de département :

Le Maire de Fontenay, *Millouain*, avocat des villes, homme très rustre et très ignorant ; *Perreau*, ex-conseiller au siège de Fontenay, homme vain, détestant l'ancien régime[3], *Palliou*, sénéchal de Pouzauges, très délié, très fourbe, ex-agent de Mme Mesnard de Touchepré; *Guillet*, vieux procureur, qui dévorait toutes les semaines les habitants des campagnes et l'Agneau divin (il avait gagné pieusement à ce métier 15,000 livres de rentes) ; *Morisson*, espèce d'intrigant, qui avait changé vingt fois de profession, sans abandonner celle de joueur, et qui fut nommé depuis à l'Assemblée législative, ensuite à la Convention, où il se déclara le défenseur de Louis XVI dans des discours plus faits pour lui nuire que pour le sauver[4] ; *Menanteau*, homme doux et instruit, mais assez faible pour se laisser aller à qui voudrait le conduire[5]; *Thiériot* et *Luminais*[6], deux pauvres machines, qui n'étaient bonnes

---

1. Ce même Louis Savin, propriétaire, se trouve le 6ᵉ de la première liste des membres du directoire de district de Challans. Les autres étaient : Armand Badereau, agriculteur à Challans ; Louis-Pierre Duchemin, juge royal à Noirmoutier ; René Vigneron, négociant à Beauvoir-sur-Mer ; Gaspard Bourdin, avocat à la Chapelle-Palluau ; Laurent-Alexandre Luminais, de l'île de Bouin.

2. 1ᵉʳ cahier.

3. Perreau (Aimé-André), juge de paix du canton de Loge-Fougereuse en même temps qu'administrateur du département, fut élu député à l'Assemblée législative, mais ne fut pas réélu à la Convention. Les renseignements biographiques manquent sur lui.

4. Morisson (C.-F.-G.), né en 1741 dans les marches communes du Poitou et de la Bretagne, fut élu à la Législative et à la Convention. Il se distingua par les opinions qu'il émit dans le procès de Louis XVI contre le jugement du roi et par son abstention motivée dans tous les appels nominaux. (V. plus loin, chap. XXXVI.) Au Conseil des Anciens, il fit adopter le décret d'amnistie rendu en décembre 1796 en faveur des royalistes de l'Ouest. Nommé juge à la Cour d'appel de Bourges en 1797, il continua d'exercer ces fonctions jusqu'à sa mort en 1816. La collection de Benjamin Fillon (Invent. Charavay, I, n° 340), contenait une lettre du 28 octobre 1814, dans laquelle il faisait l'apologie de sa conduite pendant la Révolution et l'Empire, et demandait d'être nommé conseiller à la Cour royale de Paris ou à la Cour de cassation.

5. Pierre-Louis Menanteau, d'Olonne ; les renseignements biographiques manquent sur lui.

6. Thiériot (Alexis), jeune avocat de Montaigu, passa du département à l'Assemblée législative. Comme administrateur, dit Mercier du Rocher (4ᵉ cahier de ses Mémoires inédits), « il avait montré, non des talents, car il en avait peu, mais un amour sincère pour le bien de son pays. A l'Assemblée nationale, il se trouva entraîné par la séduction d'une femme dans le parti qui croyait que la cour voulait le maintien de la Constitution de 1791. » Non réélu pour la Convention, il obtint un siège de juge au tribunal du district de Montaigu. L'insurrection du mois de mars 1793 l'obligea à se réfugier à Nantes ; mais il revint ensuite à Montaigu et passa quelque temps dans « le pays conquis par l'armée catholique et royale sans être prisonnier. » Incriminé par Fayau, il se rendit à Fontenay pour se défendre. Nous donnerons dans la 2ᵉ partie de notre ouvrage *la Vendée patriote*, l'interrogatoire que lui fit subir Mercier.) Il fut retenu pour comparaître de-

à rien; le premier fut nommé député à l'Assemblée législative en 1791 et guillotiné à la fin de 93, pour avoir pris part à la révolte de la Vendée ; il était alors juge au tribunal du district de Montaigu.

Le Conseil de l'administration du département fut composé d'hommes faibles et très peu instruits. Ce fut lui qui, d'après la loi, choisit les membres du Directoire. Il était présidé par Badereau, ex-procureur du Roi au présidial de Nantes, qui est passé avec les brigands de la Vendée. Ce conseil voulait le bien, mais il ignorait les moyens de l'opérer. Il ne savait pas que les mesures vigoureuses font le succès des révolutions...

Quant au président Pichard, il avait réussi à se faire nommer procureur général syndic... S'il eût aimé sa patrie et voulu la servir, avec l'art de plaire qu'il possédait, il aurait rendu l'esprit public des habitants de la Vendée excellent.

La première administration départementale de la Vendée est ainsi jugée par Benjamin Fillon[1] :

Elle était malheureusement composée d'hommes sans convictions, se trouvant aux prises avec des difficultés au-dessus de leurs forces... Des changements opérés plus tard dans son personnel ne lui donnèrent pas plus d'autorité morale sur les partis en présence. Sa faiblesse eut pour effet unique de la rendre suspecte à tous, et de conduire plus tard à la mort quelques-uns de ses membres, qu'on pouvait bien plutôt accuser d'incapacité que de véritable trahison.

FORMATION DES DISTRICTS

L'élection et l'installation des six districts se firent la seconde quinzaine du mois de juillet. Le procureur général syndic put adresser, le 4 août, à l'Assemblée nationale, au complet, « l'état d'organisation du département de la Vendée »[2].

Le district de Fontenay-le-Comte fut formé du notaire Charles Vinet, « homme de bien, peu éclairé » ; de Guillet, frère de l'administrateur du département, « aussi bon procureur que lui » ; de Mallet, du Langon, « excellent patriote, peu instruit, juste, mais timide ». La place de procureur-syndic fut remplie par l'avocat Brisson,

---

vant le tribunal criminel qui le condamna à mort ; il fut exécuté sur la place de Fontenay, le 11 frimaire an II, 1ᵉʳ décembre 1793, à l'âge de trente ans.

Sur Luminais, de l'île de Bouin, les renseignements biographiques manquent, comme sur Millouain et Palliou.

1. Notice sur Fontenay dans son livre en collaboration avec M. O. de Rochebrune, *Poitou et Vendée* (in-4°, Niort), t. I, p. 83.
2. Que l'on trouve aux Archives nationales Dxxix 29, avec une lettre de Pichard, annonçant « qu'il va s'occuper sans délai » de réclamer des paroisses et de transmettre au Comité ecclésiastique les renseignements demandés pour établir « l'état des bénéfices de toute espèce qui sont dans l'enclave de chaque municipalité ».

« homme de bien, mais faible pour les prêtres, d'un scrupule outré ».

Le district de Challans eut pour procureur syndic, l'avocat Merland [1]; celui de la Roche-sur-Yon, Tireau; celui de Montaigu, Goupilleau, « qui avait quelques moyens et une mauvaise tête », qui devint membre de l'Assemblée législative et de la Convention; celui de la Châtaigneraie, Fontaine, ancien procureur du Roi à ce siège, « qui tenait trop à l'Ancien Régime pour n'être pas aristocrate, n'était pas sans mérite, avait de la justice, mais était très superstitieux ». Enfin le district des Sables eut pour procureur syndic Degounor, « homme très lettré, mais trop intimement lié avec la famille Robert de Lézardière pour aimer la Révolution » [2].

En somme, conclut Mercier du Rocher, en ses Mémoires inédits, les membres des districts étaient « en général patriotes ».

Il ne reste qu'un procès-verbal de formation de district vendéen, celui des Sables-d'Olonne [3]. Nous devons en donner brièvement l'analyse.

Élection du district des Sables-d'Olonne.

Le 20 juillet 1790, à neuf heures du matin, les électeurs (primaires) se réunirent en l'église des Capucins, ayant pour président d'âge le chirurgien-major Jacques Girard, et pour secrétaire provisoire le notaire royal Delange l'aîné.

L'appel nominal constata la présence de 61 électeurs et l'absence de 9. Nicollon fut nommé président, mais il refusa pour raison de santé; à sa place fut choisi, par 33 voix, Degounor.

Le 21, un nouvel appel nominal donna, sur 70 électeurs du district, 5 absents. Les 65 comparants prêtèrent serment.

L'électeur de Loynes [4] proposa d'adresser à l'Assemblée nationale

---

1. Charles-René-Marc Merland, né à l'île d'Olonne, le 26 avril 1756, mort à Soullans en août 1812, avait étudié le droit à Paris de 1777 à 1781 et s'y était fait recevoir avocat. Il était depuis 1783 sénéchal de Soullans. Après la Révolution, où il joua un rôle assez important comme administrateur du procureur général adjoint du district de Challans, il devint, en 1802, maire de la commune de Soullans et conserva ses fonctions jusqu'à sa mort.
Son frère, Julien Merland, sieur de la Galivière, était né aussi à l'île d'Oleron, l'avant-dernier jour de février 1759. Il fit ses études de médecine à Paris de 1777 à 1783, puis il s'installa médecin-chirurgien à Saint-Gilles-sur-Vie, où la confiance publique le força d'accepter les fonctions de procureur de la commune, puis de maire, dans la période la plus critique. Il ne quitta Saint-Gilles, où il s'était marié avec Marie-Thérèse Rafin en 1789, qu'en 1804, pour prendre sa retraite dans sa propriété de Saint-Jean-d'Orbestier, où il mourut le 5 mai 1828.
2. D'après les Mémoires inédits de Mercier du Rocher.
3. Publié dans les Archives de l'Ouest de M. Antonin Proust, série B, t. I, p. 147-163; on le trouve en double copie aux Archives nationales, F1c III — Vendée 1, où il n'y en a pas d'autre.
4. Le marquis de Loynes de la Coudraye.

une nouvelle pétition à l'effet de lui exposer que Fontenay ne pouvait « rester le chef-lieu du département, à cause de son éloignement du point central »; que le point le plus central était la Roche-sur-Yon, et que, « dans le cas où l'Assemblée nationale jugerait que ladite ville ne contient pas tous les établissements nécessaires à l'administration départementale, la ville des Sables serait proposée provisoirement »; d'autre part, que le vœu serait émis pour la formation d'un septième district, dont le chef-lieu serait la ville de Luçon.

La motion fut bien accueillie, et six commissaires furent chargés de la rédaction de l'Adresse à l'Assemblée nationale : Boitel, curé des Sables ; Degounor, Mercier, de Loynes, Gillaizeau et Gaudin.

L'assemblée des électeurs reçut des députations de la Municipalité (Dardel, maire); de la garde nationale (Duget, colonel); du clergé (Boitel, curé) ; et des capucins, dont le père-vicaire prononça un discours.

Le 22 furent proclamés administrateurs de district :

Jacques-Louis Degounor, du canton de Landevieille, qui avait obtenu 41 voix sur 63 votants;

Jérôme Rigourdin, du canton du Perreux, 56 voix sur 64 ;

Jacques Gourdon, du canton de Beaulieu, 38 voix sur 64 ;

Gabriel Chevallereau, du canton de Moutiers, 51 voix sur 63 ;

Jean-Charles-Thomas-Élie Buor l'aîné, du canton d'Angles, 53 voix sur 64 ;

Jean-Pierre Garnier, du canton de Talmond, 48 voix sur 63 ;

Jean-Jacques Gatineau, du canton de l'île d'Yeu, 39 voix sur 59 ;

André Bouhier, du canton d'Olonne, 38 voix sur 53 ;

Louis-François Duplessis, du canton de la Mothe-Achard, 34 voix sur 60 ;

Dardel, maire des Sables, 31 voix sur 61 ;

Pierre-Jean Gillaizeau, du canton de Talmond, 30 voix sur 61 ;

Baptiste-Antoine-Marie-Joseph Nicollon, du canton des Sables, 16 voix sur 30.

Il fut procédé à trois tours de scrutin pour la nomination du procureur-syndic. *Degounor*[1] passa avec 26 voix contre Gillaizeau, 25.

En remplacement de Degounor comme administrateur, fut nommé *Jacques Lansier*, qui avait eu le plus de voix après lui pour le canton de Landevieille.

---

1. Le procureur-syndic des Sables se démit de sa place après l'arrestation des Lézardière. » (V. plus loin, chap. XV.) — Le docteur Petiteau, des Sables, a fourni à M. Dugast-Matifeux (*l. c.*, p. 163) ces renseignements : « Degounor, de la Trévillière près de Bretignolles, passait pour avoir beaucoup d'esprit. Il fut ami de Voltaire, avec lequel il correspondit longtemps. Ses lettres étaient quelquefois même en vers. J'ai eu l'occasion d'en lire des fragments remarquables, portant le cachet philosophique de l'époque. Il parut peu dans la Révolution et sembla se tenir accoudé à son balcon pour voir stoïquement défiler les événements. »

Enfin fut remise par de Loynes et votée par 42 voix sur 54 votants, l'adresse à l'Assemblée nationale. Le procès-verbal fut clos, adopté et signé le 23 juillet.

Pétition du district des Sables-d'Olonne à l'Assemblée nationale [1].

Les électeurs du district des Sables, réunis pour procéder à la nomination des membres qui doivent former son administration, ont l'honneur de vous représenter, Messieurs les députés, que, dans l'Assemblée électorale de la Vendée, il a été arrêté, à une très grande majorité de suffrages, que la ville de Fontenay, étant à l'extrémité du département, l'Assemblée nationale serait suppliée de fixer (le chef-lieu) dans le lieu le plus central et le plus convenable possible.

La majorité de l'Assemblée électorale n'a pas pu s'empêcher, Messieurs, de demander ce déplacement afin de diminuer la prépondérance de la ville de Fontenay, reconnue déjà forte relativement aux autres villes du département, d'après le principe adopté par la législature actuelle, dont les bases sont prises dans la nécessité d'une répartition la plus égale possible des établissements avantageux.

D'après ces importantes considérations, si conformes aux intérêts des administrés, il a été rédigé sur-le-champ une *pétition, par laquelle la ville de la Roche-sur-Yon aurait été reconnue comme le lieu le plus central*, dans la confiance surtout qu'elle réunirait tous les établissements convenables pour l'administration du département.

Les électeurs du district des Sables, fidèles aux principes qui les ont dirigés dans la première pétition qu'ils ont signée à Fontenay, persistent à vous supplier, Messieurs, de vouloir bien *fixer l'administration du département à la Roche-sur-Yon*. Mais ce lieu, quoique placé dans l'intérieur des terres, au point le plus central, ne vous paraissant pas réunir les convenances nécessaires, soit par les abords, soit eu égard à la population, soit eu égard aux logements, nous vous prions de vouloir bien *le fixer dans la ville des Sables*, laquelle, étant rapprochée au plus près de ce même centre, réunit les trois principaux motifs de convenance qui pourraient manquer dans ce moment à la Roche-sur-Yon.

C'est dans ces motifs de convenances utiles et proportionnelles envers tous les administrés, que les électeurs des Sables pensent, Messieurs, ne pouvoir se refuser à appuyer la pétition déjà formée de l'Assemblée électorale du département, tendant à ce qu'il plût à l'Assemblée nationale de décréter qu'il serait formé un septième district en la ville de Luçon, et qu'il serait composé des paroisses excédant la proportion relative des districts de Fontenay et de la Châtaigneraie.

D'après le court exposé des demandes que les électeurs des Sables ont l'honneur de vous adresser, Messieurs, ils osent espérer que l'intérêt général

---

1. Archives nationales, F¹ᶜ III — Vendée 1.

des administrés du département, base sur laquelle ces demandes sont appuyées, attirera vos considérations, et que vous serez favorables aux vœux d'administrés qui ne réclament, soit dans l'assiette des contributions publiques, soit dans leur délimitation, qu'une répartition proportionnelle à des avantages qui doivent en dériver en faveur de ces mêmes administrés.

Cette pétition raviva l'agitation contre Fontenay. Le 27 septembre, le procureur-syndic du district de Montaigu, Goupilleau, écrivait encore au procureur-syndic du district des Sables[1] :

Messieurs, frères et amis,

Vous êtes trop bons citoyens pour perdre de vue la réclamation que nous fîmes à l'Assemblée électorale de la Vendée pour l'intérêt général de notre département, réclamation qu'un intérêt personnel et des rumeurs scandaleuses réussirent à étouffer.

Par un principe de sagesse, constamment suivi par l'Assemblée nationale, nous avons vu toujours la justice placée au centre des justiciables; par quelle fatalité faisons-nous une exception à ce principe? Pourquoi avoir mis le chef-lieu du département à Fontenay, lorsque Fontenay en est tout à l'extrémité?[2]....

Messieurs, frères et amis, le pur amour de la patrie nous anime tous; laissons l'égoïsme aux mauvais citoyens ; qu'est-ce que l'intérêt personnel où l'intérêt général domine? Unissons-nous pour renouveler à l'Assemblée nationale la pétition que nous fîmes en vain à l'Assemblée électorale. Il n'y a pas un moment à perdre pour la rédiger et la faire ensuite adopter aux administrations générales de nos districts, dont le temps des assemblées approche.

Indiquons tous de concert à l'Assemblée nationale un point central pour être le siège de notre département. Si les établissements lui manquent, il faudra lui en créer. Cette dépense momentanée, faite pour l'intérêt de tout le département, est peu de chose auprès d'une dépense journalière et éternelle de transports, de déplacements et de retardements que l'on éprouve dans la distribution de la justice[3]... »

1. Lettre extraite des Archives départementales de la Vendée, dossier isolé.
2. Goupilleau cite trois paroisses des environs de Montaigu, la Bernardière, Cugand et Saint-André, qui demandent à être rattachées à Clisson (Loire-Inférieure), afin que leurs affaires puissent être jugées en dernier ressort à Nantes, qui n'est qu'à sept lieues, tandis que Fontenay est plus éloigné.
3. La correspondance municipale des Sables, reg. A, contient, à la date du 3 juillet 1790, une lettre de félicitations aux électeurs du département à Fontenay « pour le succès remporté sur les habitants de cette ville dont l'égoïsme avait immolé l'intérêt général à leur avantage privé » ; plusieurs lettres aux députés Gaudin l'aîné, l'abbé Gaudin et Birotheau des Burondières, à Paris (de mai à juillet), pour les exciter à « rechercher l'appui de Mirabeau » et les remercier du zèle qu'ils déployaient pour faire changer la décision de l'Assemblée nationale quant au chef-lieu du département. L'abbé Gaudin se chargeant en particulier des affaires des Sables, le 31 mai 1790, la ville lui envoya 1,500 livres « pour le couvrir des dépenses que sa mission lui pouvait occasionner.

Les démarches réitérées des districts des Sables, de Challans, de Montaigu et de la Roche-sur-Yon n'aboutirent pas. L'Assemblée constituante maintint son décret du 26 janvier, exécuté le 4 mars. C'est seulement après la guerre de Vendée que fut comprise l'importance stratégique, encore plus qu'administrative, de la Roche-sur-Yon, et le chef-lieu de département, réclamé dès 1789-1790, par les patriotes vendéens, ne fut institué que le 5 prairial an XII (25 mai 1803).

Installation du district des Sables-d'Olonne.

Le 23 juillet 1790, vers cinq heures du soir, sont réunis en conseil général les douze citoyens élus administrateurs du district. Ils proclament NICOLLON *président*, et choisissent pour *secrétaire*, au second tour de scrutin, Louis-François *Delange* le jeune.

MM. *Dardel, Gillaizeau, Bouhier, Duplessis*, sont nommés d'une voix unanime *membres du Directoire*, et MM. les autres administrateurs, jaloux de contribuer, autant qu'il est en eux, au travail de l'administration, offrent de procurer tous les renseignements utiles aux expéditions des affaires et de concourir à tout ce qui pourrait faciliter les opérations du Directoire[1].

Le 6 août, le Directoire du district tient sa première séance.

Le procureur-syndic, Louis Degounor, et le secrétaire, Delange, notent qu'ils ont répondu, le 24 juillet, au procureur général syndic du département de la Vendée, pour lui accuser réception des lettres patentes du Roi, du 2 juillet, sur le vu du décret de l'Assemblée nationale, pour mettre les nouveaux corps administratifs en activité... Le procureur général syndic a prescrit de prendre le plus tôt possible les mesures les plus urgentes, afin d'exécuter ces lettres patentes... L'un des premiers objets qui doivent occuper le Directoire du district est donc de demander aux municipalités le tableau de la population entière et du nombre de citoyens actifs de chacune d'elles, ainsi que du montant de leurs impositions[2]. »

On arrête d'écrire aux municipalités du district.

Le 16 août, est lue une lettre de « l'Administration du département, se félicitant du bon choix des administrateurs du district des Sables ».

Le 18 août, par lettre datée du 2, l'un des membres du district, Jean-Joseph Gatineau, de l'île d'Yeu, annonce que, « son état étant la navigation, il ne lui est pas possible de l'abandonner pour remplir

---

1. Extrait du procès-verbal isolé.
2. Analyse du 1er registre des délibérations du district des Sables, Archives départementales de la Vendée, L 115.

la place à laquelle il a été nommé, quelque flatté qu'il soit de cet honneur et quelque déplaisir qu'il éprouve de ne pouvoir l'accepter. »

L'Assemblée rédige deux lettres circulaires aux municipalités, l'une pour leur transmettre les instructions de « M. Necker, premier ministre des finances, au sujet des lettres et paquets relatifs à l'administration confiée aux départements et aux districts; » l'autre, pour « leur demander l'état des bénéfices, prieurés, etc., dont les chefs-lieux sont dans leur paroisse[1]. »

ORGANISATION DES MUNICIPALITÉS

La loi des 14-18 décembre 1789 portait que toutes les anciennes municipalités étaient abolies et que les officiers municipaux devaient être partout élus par les citoyens actifs de chaque ville, bourg, paroisse ou communauté. Pour le maire, la pluralité absolue des voix était indispensable; pour les autres officiers municipaux, nommés au scrutin de liste, la pluralité absolue était nécessaire au premier et au second tour de scrutin; au troisième tour, la pluralité relative suffisait. Le procureur de la commune devait, comme le maire, obtenir la majorité absolue.

Le corps municipal comprenait trois membres dans les communes au-dessous de 500 âmes, et six dans celles de 500 à 3,000 âmes : c'était le cas de Saint-Gilles.

Dans les villes de 3,000 à 10,000 âmes, les officiers municipaux, y compris le maire, étaient au nombre de neuf : c'était le cas des Sables-d'Olonne.

Les citoyens actifs, en assemblée primaire, nommaient un nombre double de notables qui, avec les deux tiers des officiers municipaux formaient le conseil général de la commune, s'assemblant au moins une fois par mois.

Le tiers des officiers municipaux, y compris le maire, formait le bureau.

Les officiers municipaux et les notables étaient élus pour deux ans, renouvelables par moitié chaque année; le maire et le procureur de la commune pour deux ans, rééligibles au bout de ce délai, mais non rééligibles une seconde fois dans un intervalle de deux ans.

Les assemblées d'élections pour le renouvellement annuel des municipalités se tenaient le dimanche d'après la Saint-Martin (11 novembre).

Au cours de l'année 1790, — avant la Constitution civile du

---

1. Ibid.

Clergé[1] et dans l'entraînement général des Fédérations,—la formation des municipalités parut s'opérer assez facilement dans les campagnes de la Vendée. Les anciens seigneurs et leurs amis, ainsi que les curés, y prirent part, et s'y firent, par les suffrages des habitants, attribuer des fonctions qui leur conservaient leur ancienne influence. Mais, en 1791, quand il fallut exécuter complètement les lois du nouveau régime, le plus grand nombre des municipalités rurales se disloquèrent, et il devint de plus en plus difficile aux districts d'en obtenir la réorganisation[2].

A Saint-Gilles-sur Vie[3].

Le 8 février 1790 et jours suivants, se tient l'Assemblée des citoyens actifs, « d'abord dans l'église paroissiale, puis, pour ne pas déranger les offices, à la maison commune, afin d'élire le maire et les officiers municipaux, et de former le conseil général de la commune, conformément à la loi. »

Après trois scrutins, est élu maire, quoique absent, le négociant de Nantes *Jacques Cadou*.

Sont nommés officiers municipaux : *Cavois*, négociant; *Giron; Joubert*, marin; *Bénéteau, Rosero, Guerry*. — Est élu procureur-syndic le docteur-médecin *Merland*. — *Z. Gaborit* est maintenu secrétaire greffier.

De juillet à octobre, Cadou abandonne la mairie, étant élu administrateur du district de Challans. Merland, accusé « d'être un turbulent et de troubler la commune », à propos de la taxe des plus riches habitants pour la contribution patriotique, donne sa démission de procureur-syndic, « sous prétexte que son état de médecin l'empêche de s'occuper des affaires publiques et pour d'autres raisons qu'il déduira en tant que de besoin. » — *Henry* COLLINET est nommé maire.

Du 14 au 21 novembre, la municipalité est complètement renouvelée. Officiers municipaux : *Louis Rafin, Laurent Pontdevie, Pierre Mercier, Arrouet-Mombeau, Pierre Puteau;* — procureur-syndic, *Jacques-Salomon* BENÉTEAU.

Le 28 novembre est enfin installé le conseil général de la commune, qui prête le serment « de maintenir la Constitution, d'être fidèle à la Nation, à la Loi et au Roi. »

Les premières délibérations de la commune de Saint-Gilles-sur-Vie sont relatives à la contribution patriotique, dont, le 19 décembre,

---

1. Voir plus loin, chap. VI.
2. Voir plus loin, chap. XX.
3. Analyse des registres de Saint-Gilles-sur-Vie.

« la taxe est établie d'après les moyens connus et vérifiés des habitants. »

Ensuite est préparé un « Mémoire à opposer, devant l'Assemblée nationale, aux demandes des ports de Dunkerque, Saint-Malo et autres, pour l'introduction des sels étrangers dans le royaume, vu la ruine qui en résulterait pour les marais salants de la Vendée. »

Le 1er décembre, « suivant un ordre transmis par le Directoire du district de Challans, en exécution de l'article 13 du décret du 19 octobre, les scellés sont apposés sur les armoiries et autres objets dépendant du greffe de la ci-devant châtellenie de Saint-Gilles. »

Aux Sables-d'Olonne [1].

Les premières élections municipales, suivant la loi de décembre 1789, se firent, aux Sables, du 2 au 5 février 1790. L'ancien maire, Dardel de la Gestrie, fut conservé. Les fonctions de procureur de la commune furent déférées à un prêtre libéral, l'abbé Gaudin [2].

Du 24 juillet au 1er août, le maire Dardel et l'officier municipal

---

1. Analyse du 3e registre des délibérations de la mairie des Sables.
2. Jacques Gaudin, né aux Sables-d'Olonne en 1735, mort à la Rochelle en 1810, de la famille de Gaudin l'aîné, avec lequel les tables du *Moniteur* le confondent. Ayant étudié d'abord pour être ingénieur, il entra dans la congrégation de l'Oratoire et se voua durant plusieurs années à l'éducation de la jeunesse. Il était des seize oratoriens que la ville de Lyon appela pour remplacer dans son collège les jésuites expulsés. En 1780, il fit imprimer des *Recherches historiques sur le célibat ecclésiastique*, dans lesquelles il en prouve les inconvénients et attaque le pouvoir exorbitant des papes ; ce qui ne l'empêcha pas d'être nommé bibliothécaire de sa congrégation à Lyon, puis grand vicaire de Nebbio, en Corse. Il publia, en 1781, un *Voyage en Corse*, prose et vers, pour l'amélioration de cette île. S'il quitta ses fonctions de procureur-syndic de la commune de sa ville natale, il ne renonça pas à la défense des principes de la Révolution, qu'il avait adoptés. Il fut des premiers à prêter le serment exigé par la Constitution civile, accepta, sur la demande de la municipalité, de prononcer l'éloge de Mirabeau dans la cérémonie funèbre consacrée à la mémoire du grand orateur, Rodrigue. Élu député à l'Assemblée législative, il y rédigea un rapport sur la suppression des congrégations séculières, qu'il fit lire à cause de sa voix trop faible et de sa santé chancelante. Il ne se représenta pas aux élections de la Convention ; il vivait dans l'obscurité et la misère, lorsqu'il fut dénoncé, le 5 décembre 1792, à la Convention, parce que son nom avait été trouvé sur la liste des écrivains auxquels Mirabeau proposait de faire payer 200 livres par mois pour écrire des livres populaires. Il prouva qu'il n'était pour rien dans l'insertion de son nom sur cette liste. Arrivé, à l'âge de près de soixante ans, il se maria avec Marie-Anne Vanard, dont il eut un fils. Le ménage n'avait pour subsister que des travaux à la bibliothèque de la Rochelle, dont le ci-devant abbé Gaudin devint conservateur. Quoiqu'il fût sourd et n'eût pas fait du droit une étude spéciale, le Consulat le nomma juge au tribunal civil de la Rochelle. Déjà membre de l'Académie de Lyon et du lycée rochelais, lors de l'organisation de l'Institut, il fut désigné comme membre associé de la section de morale de la classe des sciences morales et politiques. Il a laissé un certain nombre de petits ouvrages et de mémoires dont la liste est donnée dans les deux notices, la première par M. Félix Desvernay et la seconde par feu Léopold Delayant, bibliothécaire de la ville de la Rochelle, dans *Lyon-Revue*, nos des 30 juin et 31 juillet 1886.

Regain, ayant été élus administrateurs, l'un du département et l'autre du district, l'officier municipal fut remplacé par le premier notable, Garnier; mais il fallut, selon l'article 46 de la loi, convoquer l'assemblée générale des citoyens pour l'élection d'un nouveau maire. Personne n'obtint la majorité absolue. Le second officier municipal, Gaudin de la Fontaine, qui avait obtenu le plus de voix, était néanmoins « invité à donner sa démission, afin qu'on pût avoir pour maire son neveu, Sourrouille de la Mortière. » Il refusait; la foule le huait, « les femmes lui mettaient le poing sur la figure. » Enfin il déclara donner « sa démission, forcé et contraint, pour assurer la tranquillité publique, » et Sourrouille fut élu.

Du 11 au 13 novembre, Sourrouille accepta les fonctions de juge de paix du canton; l'abbé Gaudin donna sa démission « motivée sur ses affaires et la nécessité d'un long voyage »; plusieurs autres officiers municipaux se retirèrent, s'étant mis en opposition avec la majorité du conseil, le 28 octobre, relativement à la vérification des réclamations faites par les citoyens pour la contribution patriotique.

Du 14 au 19 novembre, l'assemblée électorale compléta la municipalité, mais les opérations furent considérées comme irrégulières et annulées par arrêté du département, le 26.

Le 6 et le 7 décembre, les électeurs primaires élurent définitivement J.-M. Gaudin l'aîné maire, et Mercereau procureur de la commune. Les jours suivants, il fut procédé à la nomination des officiers municipaux et des notables.

Le 16 décembre, le conseil général de la commune des Sables tint sa première séance [1]; le 29, le tribunal civil et la justice de paix ouvrirent leurs audiences.

A la fin de l'année 1790, le conseil général de la commune des Sables-d'Olonne était ainsi composé :

J.-M. Gaudin, maire; Mercereau, procureur de la commune.

Officiers municipaux : *Deau*, curé de la Chaume; *Boulineau*, avocat; *Delange* aîné, procureur; *Rouillé*, avocat; *Debarré*, contrôleur des douanes; *Becherel*, procureur; *Duguet*, capitaine de navire.

Notables : *Palvadeau*, procureur; *Brochard*, capitaine de navire; *Guilbert*, contrôleur des aides; *Sourrouille*, juge de paix; *Dupleix*, juge de l'amirauté; *Pravacin*, pâtissier; *Marceteau* fils, maréchal ferrant; *Moreau*, capitaine de navire; *J. Rigolage*, maréchal ferrant; *Rochet*, secrétaire; *Gaudin* jeune, négociant; *L. Foucaud*, menuisier; *Corbier*, procureur, *Ferry*, receveur des aides; *Veillon* jeune, avocat, accusateur public.

---

1. Jusqu'à cette date, les registres municipaux des Sables avaient pour titre : « Délibérations de la mairie »; au n° 4, ils prennent celui de « Délibérations du Conseil général de la commune. »

LES FÉDÉRATIONS POITEVINES ET VENDÉENNES

L'immense transformation administrative, judiciaire et sociale opérée par les lois de l'Assemblée constituante de 1789 eût été impossible en 1790, sans le prodigieux élan des Fédérations. Toutes les difficultés de provinces, de localités, de personnes, d'intérêts et de mœurs furent brisées par l'incommensurable farandole qui, de Bretagne au Dauphiné, du Languedoc aux Flandres, entraîna les Français dans les bras des Français et fonda la patrie une et indivisible, égale et libre.

Le Poitou ne fut pas des derniers à se mettre en mouvement.

A Poitiers [1].

Le 21 mars 1790, le vicomte de Chasteigner, colonel général de la garde nationale de Poitiers, appela les compagnies à délibérer sur une « confédération avec toutes les gardes nationales du Poitou et des provinces circonvoisines. » Les commissaires, élus le 23, établirent, le 26, « une chaîne de correspondance », afin de réunir le plus possible d'adhésions au pacte fédératif, qui devait être formé « pour défendre l'empire naissant de la Liberté et des Lois. »

Le 11 avril, 6,000 hommes, représentant plus de 150,000 soldats-citoyens, s'assemblèrent dans la prairie du Moulin-à-Parent, sur les bords du Clain.

La cérémonie fut ouverte par un discours de l'orateur de la fédération, qui, monté sur les marches de l'autel de la Patrie, s'écria :

« ... Nos fers sont brisés, la nuit de la servitude est dissipée, le soleil de la Liberté se lève maintenant avec majesté sur la France. L'atmosphère, il est vrai, est encore tachée de quelques nuages. Soldats-citoyens ! ce titre nous commande attention et surveillance, et bientôt les nuages disparaîtront d'eux-mêmes...

« Nous allons jurer de nous unir et de rester inviolablement unis pour le maintien de notre admirable Constitution.

« Réintégrés par elle dans tous leurs droits, les Français reprennent la place que leur avait assignée la nature. Ils ne payeront désormais d'autres impôts que ceux qu'ils auront consentis. Égaux devant la loi, on ne verra plus le plus puissant l'enfreindre avec impunité, et le faible seul en être la victime. Elles sont proscrites ces distinctions humiliantes qui condamnaient

---

1. Analyse du *Procès-verbal des séances tenues pour la Confédération des Gardes nationales assemblées à Poitiers, le 11 avril* 1790, in-8° de 42 p. de l'imp. de François Barbier, 1790.

si souvent à l'obscurité le mérite et la vertu. Il ne suffira plus, pour être considéré, de naître le fils ou le petit-fils d'un grand homme, il faudra le devenir soi-même; tous sont appelés aux dignités et aux honneurs.

« O Révolution à jamais mémorable qui, d'une multitude séparée d'intérêts sous l'ancien régime, divisée par les intérêts, avilie par l'esclavage, tremblante sous mille tyrans subalternes, a fait une seule famille de frères unis et liés ensemble par les nœuds sacrés du Patriotisme et de la Liberté!...

« ... Malheur à qui oserait railler la Patrie! Si vous ne voyez pas (sur nos drapeaux) cette devise terrible : LA LIBERTÉ OU LA MORT! c'est qu'elle est gravée dans nos cœurs en traits de feu. Marchons à l'Autel! »

L'orateur, le capitaine Piorry [1], secrétaire du comité de la garde nationale de Poitiers, lut ensuite, au milieu des applaudissements, le *pacte fédératif* :

« Imitateurs sincères du zèle et des vertus de nos frères, que la Révolution vient de mettre dans leur plus beau jour; amis fidèles, hommes devenus libres sous un Roi citoyen et par les efforts soutenus des Pères de la Patrie; jaloux de voir l'auguste Paix présider aux démarches de tous les Français, et rendre à leur empire cet éclat, cette splendeur que des lois sages, une liberté bien entendue et ses forces doivent lui procurer; animés du désir de resserrer les nœuds d'une chaîne indissoluble entre tous nos frères d'armes des Gardes nationales; voulant enfin, par une union sainte et solide de tous les amis de la Constitution, *ôter jusqu'à l'idée d'un retour au despotisme et à la féodalité*, nous formons cette Confédération et nous y arrêtons unanimement :

« De soutenir jusqu'à la mort la nouvelle Constitution du royaume, à
« laquelle nous vouons respect et fidélité inaltérables ;

« De maintenir sur le trône de Henri le Roi Restaurateur de la liberté
« de son peuple, et son auguste famille ;

« De ne voir, dans chacun de nous, dans chacun de nos concitoyens,
« qu'un ami, qu'un frère ; de nous regarder tous comme une seule famille
« qui, prête à se réunir au premier signal, formera toujours un *rempart im-*
« *pénétrable aux détracteurs des grands principes de l'Assemblée nationale*
« *et aux ennemis de l'État;*

« De nous prêter, dans toutes les occasions, les secours mutuels de la
« fraternité ;

« *De maintenir dans leurs fonctions tous les tribunaux créés et auto-*
« *risés par la Loi, et de prêter main-forte à la perception des impôts léga-*
« *lement établis.* »

« Et, pour sceller ces engagements solennels, après avoir invoqué le Roi des Rois, nous allons jurer, sur son Autel, de rester inviolablement attachés à ce Pacte de Confédération, à ce Traité d'alliance et de paix. »

---

1. Jean-François Piorry, né à Poitiers en 1761, mort en 1840, fut député de la Vienne à l'Assemblée législative et à la Convention.

Après la messe et le *Te Deum*, chaque détachement vint prêter ce *serment* :

« Nous jurons à Dieu, sur l'auteur de la Patrie et de la Liberté, par
« l'honneur, par ce que nous devons tant à nous qu'aux générations fu-
« tures, de respecter à jamais les nœuds que nous formons, de combattre les
« ennemis de la régénération, et de plutôt mourir que de reprendre les fers
« que nous avons rompus.

Le pacte fédératif de Poitiers réunit cent trois adhésions de villes et de communautés rurales; il y avait quatre-vingt-deux députations présentes, dont les plus importantes du Bas-Poitou étaient celles de Fontenay-le-Comte, de Challans, des Sables-d'Olonne, de Saint-Gilles-sur-Vie. Ce fut même le délégué de ce dernier petit port, le joyeux et brave chansonnier Émery Gratton, qui, avec le secrétaire de la garde nationale de Poitiers, le capitaine Piorry, rédigea l'adresse, expédiée le 30 avril a « Nos Seigneurs de l'Assemblée nationale », pour leur exposer que la plupart des gardes nationales du Poitou « étaient sans armes » et qu'elles en avaient « inutilement demandé au commandant de la province, quoique celles qui lui appartenaient fussent maintenant dans les arsenaux de la Rochelle ».

Guidés, ajoutaient « les citoyens militaires » des gardes nationales poitevines, « par le patriotisme le plus pur, nous vous prions, Nos Seigneurs, d'ordonner que des soldats, glorieux de porter ce nom et entièrement dévoués au maintien de la Révolution française, soient mis dans le cas de pouvoir la défendre ».

A Challans[1].

A peine de retour de cette belle fête de Poitiers et tout enivrés de l'enthousiasme qu'ils y avaient éprouvé, les délégués de Challans proposent de former une confédération particulière avec les gardes nationales des Sables-d'Olonne, en Poitou, de Machecoul et de Nantes, en Bretagne.

Des réunions préliminaires sont tenues, le 3 et le 5 mai, sous la présidence du colonel de la garde nationale de Challans, Imbert de la Terrière. Le 5, une circulaire, rédigée par le lieutenant-colonel Cotherel, est expédiée aux gardes nationales constituées ou en formation de toute la région qui s'étend le long de la mer entre les Sables et Nantes.

1. Analyse du *Procès-verbal de la Confédération des Gardes nationales du district de Challans et de celles des villes de Nantes, Machecoul et les Sables-d'Olonne*, in-8° de 48 p. sans l. n. d.

La veille du jour fixé pour la réunion, se produit un incident. Le curé de la ville annonce que les grands vicaires de l'évêque de Luçon lui refusent l'autorisation de célébrer la messe sur l'autel de la Patrie. On décide que la messe sera dite en l'église paroissiale, et qu'ensuite le curé se rendra processionnellement à l'autel de la Patrie pour y chanter le *Te Deum*.

Le 13 mai, dans la matinée, arrivent successivement les gardes nationales des communes adhérentes, et les délégués font vérifier leurs pouvoirs.

Au nombre de 600 hommes, lisons-nous dans le procès-verbal, les gardes nationales, en représentant plus de 40,000, se rendent, tambours battants, drapeaux déployés, au bruit de l'artillerie, à l'église où le drapeau de la Fédération est présenté à la bénédiction. La messe est entendue « avec recueillement par ces jeunes citoyens armés qui, fidèles au culte de leurs pères, joignent à l'amour de la liberté le respect dû à la religion. »

On se rend dans le même ordre à l'autel de la Patrie, dressé hors la ville, près la chapelle Saint-Symphorien. « Le clergé fermait la marche et accompagnait processionnellement... Un peuple nombreux annonçait d'une manière non équivoque combien la cause de la liberté était chère à leurs cœurs. »

L'autel de la Liberté, « ornementé d'une couronne de fleurs, ouvrage d'une mère citoyenne », portait les inscriptions déjà employées par les Dauphinois, qui avaient inauguré, le 29 novembre 1789, sur les bords du Rhône, le mouvement populaire des Fédérations, inscriptions parfaitement conformes aux sentiments de leurs frères poitevins-bretons :

> *La souveraineté réside dans la Nation, la Loi et le Roi;*
> *Les hommes sont égaux en droits;*
> *L'amour de la Liberté les rassemble;*
> *L'union les rend invincibles.*

Après le maire et le curé de Challans, l'aide-major de la garde nationale de Nantes prononce un discours, dans lequel il célèbre « l'établissement des gardes nationales, qui a sauvé l'empire en terrassant le despotisme... et cimente une masse de forces et d'opinions capables d'effrayer les ennemis agonisants de notre glorieuse Révolution ».

Le commandant en chef des volontaires de Saint-Gilles, Gratton, parle ensuite en ces termes :

« Réunis sous le drapeau de la Liberté dont le nom est dans toutes les bouches, l'amour dans tous les cœurs, rangés près de cet autel auguste, sur lequel nous allons jurer, en face du ciel, de sacrifier nos vies pour la prospérité et la gloire de l'empire français, quel est celui de nous, chers compagnons d'armes, qui ne se croie transporté aux plus beaux jours de Rome et d'Athènes, où on n'obéissait qu'aux lois, où les lois seules étaient plus puissantes que les hommes ?...

« De tous les coins de la France, on bénit l'heureuse Révolution qui, par les efforts soutenus des Pères de la Patrie, et sous un roi-citoyen, nous régénère à la liberté et au bonheur. C'est pour la consolider, c'est pour la maintenir, cette Révolution salutaire, que nos mains sont armées, et l'appareil de la guerre, dont nous sommes environnés, n'a d'autres motifs que l'amour du bien public, la cause de l'humanité.

« En paix avec nos voisins, nous n'avons à combattre ni pour l'agrandissement de l'empire, ni pour la défense de nos possessions ; sans désir d'envahir, sans crainte d'être envahi, le peuple français ne compose en ce moment l'armée formidable qui couvre le royaume que pour ramener dans son sein l'égalité, la liberté, la paix et l'abondance.

« Ah ! puissent des motifs aussi saints, aussi justes, aussi louables, dessiller enfin les yeux des ennemis de la Révolution ! Si l'erreur dont ils sont environnés les fait s'obstiner encore à traverser ces projets avoués par l'équité, par la raison, qu'ils tremblent ! Le génie de la France l'emporte, et leurs lâches complots ne serviront qu'à les couvrir d'une honte ineffaçable...

« Généreux citoyens, vous brûlez de le prononcer, ce serment solennel ! Vous brûlez de vous unir par les liens de la plus étroite fraternité ! Marchons, et qu'il n'y ait parmi nous qu'une voix qui s'écrie : « La Liberté ou « la Mort ! » »

Au bruit d'une salve d'artillerie et au milieu des acclamations est lu le *pacte fédératif* :

« Zélés citoyens, ennemis de l'oppression, remplis de l'amour du bien public, justement indignés contre les perturbateurs de la tranquillité du royaume ;

« Nous, Français, composant les gardes nationales du district de Challans et des villes des Sables-d'Olonne, aussi du Poitou, de Nantes et de Machecoul, de la Bretagne, rassemblés tant en corps qu'en députations dans la ville de Challans, pour y former un pacte d'union,

« Arrêtons unanimement :

« De respecter les décrets de l'Assemblée nationale acceptés et sanc« tionnés par le Roi, et d'en surveiller l'exécution de tout notre pouvoir ;

« De maintenir, au péril de notre vie, la nouvelle Constitution du royaume, « à laquelle nous vouons une fidélité inviolable ;

« De protéger et faciliter, autant qu'il sera en nous, la perception des « impôts légalement établis et la libre circulation des subsistances autorisée « par la loi ;

« De regarder tous les citoyens français comme ne formant qu'une même « famille ; de nous prêter des secours mutuels dans toutes les occasions, et « d'agir de concert avec les municipalités et autres tribunaux, en tout ce « qui concernera l'avantage commun, la tranquillité publique et le maintien « de l'ordre. »

Les députations de Nantes, de Machecoul, des Sables-d'Olonne, de Beauvoir-sur-Mer, de Saint-Gervais, de Commequiers, Soullans, la Garnache, la Chapelle-Palluau, l'île de Bouin, Saint-Étienne-du-Bois, puis les détachements de Saint-Gilles-sur-Vie, Croix-de-Vie, Palluau, Sallertaine, Apremont, le Fenouiller, Saint-Christophe-du-Ligneron, défilent devant l'autel et prêtent *le serment* :

« Français, hommes libres,

« Nous jurons à la face du ciel, sur l'autel de la Patrie, par ce qu'il y a de plus saint, de plus auguste, de déployer toutes nos forces pour le maintien de la Révolution de l'État, de combattre en tous lieux les ennemis de notre heureuse régénération, de soutenir jusqu'à la mort la nouvelle Constitution du royaume.

« Nous jurons de ne nous départir jamais de l'engagement solennel que nous formons de rester unis par les liens de la plus étroite fraternité, et de donner aux générations futures l'exemple de l'amour pour la Patrie et de la haine invincible pour la tyrannie et l'esclavage. »

Le clergé chante un *Te Deum*, et processionnellement est porté à l'église, pour y rester déposé, le drapeau fédératif. Il était en taffetas blanc, les armes de France peintes des deux côtés avec cette devise : *La Liberté ou la Mort, L'an premier de la Constitution française.*

Dans une enceinte spacieuse, « la troupe citoyenne fait un repas frugal ; plusieurs santés précieuses sont portées, des couplets analogues à la fête chantés, et le plaisir de la danse met le comble à l'allégresse commune. » Sur les cinq heures du soir, chaque détachement se retire au bruit des tambours, « dans le meilleur ordre possible. »

Le lendemain, 14 mai, les députés et chefs de corps des villes et paroisses confédérées se réunissent dans la chapelle de Saint-Symphorien. Leurs séances s'y prolongent jusqu'à la fin du mois. Ils y arrêtent le procès-verbal de la Confédération et rédigent deux adresses au Roi et à l'Assemblée nationale.

Par la première, ils « assurent de leur fidélité inviolable et de la sincérité de leur amour… le Père d'un peuple chéri, le Restaurateur de la Liberté française ». Mais ils ne manquent pas de s'écrier : « Malheur à qui nous présenterait les fers de l'esclavage ! Un peuple qui sent tout le prix de la liberté ne sait plus les reprendre. »

Dans la seconde, ils écrivent

A Nos Seigneurs de l'Assemblée nationale.

Le régime arbitraire anéanti, l'homme devenu plus libre et n'obéissant qu'aux lois ; les droits de la naissance pesés à leur juste valeur ; les places ouvertes au mérite et données du consentement du peuple ; les droits onéreux allégés et remplacés par une juste répartition de l'impôt ; enfin, un peuple de frères sous un roi-citoyen : que de titres à notre reconnaissance !

Nous n'oublierons jamais, Nos Seigneurs, ce que vous avez fait pour nous, ni les dangers que vous avez courus. Nous n'oublierons jamais les sourdes menées des ennemis du bien public, et leurs noms passeront à la postérité couverts d'opprobre et en horreur à l'univers entier. Si quelque espoir leur restait encore de nous replonger dans les fers que nous venons de briser, qu'ils tremblent !... Nous venons de jurer à tous les traîtres une haine éternelle et invincible; qu'un repentir salutaire les ramène à la Patrie, et qu'en nos mains le fer de la Liberté ne devienne jamais celui de la vengeance !...

Conviés à la grande Fédération qui devait avoir lieu le 30 mai à Lyon, les confédérés de Challans répondent à leurs « chers camarades » de la seconde ville de France : « Dans l'impossibilité de nous rendre auprès de vous au jour indiqué, c'est avec plaisir, et sous la foi du serment, que nous adhérons au pacte d'union et d'amitié qui sera formé dans votre ville. »

Au Fougeré[1].

Le jour même de la Fédération lyonnaise, se tenait une troisième Fédération poitevine, celle-ci exclusivement rurale, au Fougeré, sur la grande route de Nantes à la Rochelle. Dix-huit paroisses y envoyèrent des délégations de la garde nationale de Chantonnay, qui élurent pour commandant général le colonel de Lespinay.

Ici, comme à Poitiers, les plus vives réclamations furent présentées à l'Assemblée nationale et au « héros-législateur » La Fayette, afin d'obtenir des armes : « elles manquaient absolument à ces campagnes éloignées des villes ».

Sur ce sujet, les confédérés de Challans n'expédièrent pas moins de quatre lettres à l'Assemblée, au général La Fayette, aux députés du Poitou et au Comité nantais à Paris. Ils dénonçaient les chefs militaires d'ancien régime qui, dès les premières agitations de l'année précédente, avaient fait transporter dans les ports de Rochefort et de la Rochelle les fusils appartenant à la province de Poitou pour l'armement des milices et canonniers gardes-côtes.

PERMANENCE DE LA CONFÉDÉRATION DE CHALLANS

Le commandant en second de la garde nationale de Saint-Gilles-sur-Vie, Rafin de Bois-Séjour, proposa de grouper sous un état-major

---

[1]. D'après le *Procès-verbal*, imp. in-8° de 22 pages.

unique les diverses gardes nationales du district de Challans. La motion n'obtint pas la majorité des délégués ; mais on décida de former, « pour tenir la correspondance et au besoin convoquer » toute la force civique du district, une commission qui fut ainsi composée :

Pour Challans, la Garnache, Soullans, Sallertaine, le lieutenant-colonel de Challans, *Cotherel;* le major *Saurin*, secrétaire ;

Pour Saint-Gilles, Croix-de-Vie, le Fenouiller, le commandant en chef de Saint-Gilles, *Gratton;* le porte-drapeau *Gaborit*, secrétaire ;

Pour Palluau, Saint-Christophe-du-Ligneron, la Chapelle-Palluau, Saint-Étienne-du-Bois, le capitaine de la première compagnie de Palluau, *Gilardeau de la Roulière;* le major *Rouillé*, secrétaire ;

Pour Beauvoir-sur-Mer, l'île de Bouin, Saint-Gervais, le commandant de Beauvoir, *Vigneron de la Jousselandière; Dupleix*, secrétaire ;

Pour Apremont, Commequiers, le major d'Apremont, *Vogien;* le lieutenant en second *Groleau*, secrétaire.

Cette organisation permanente et les relations fraternelles établies avec les gardes nationales des districts de la Loire-Inférieure et de la ville de Nantes, ne servirent pas peu, comme on le verra, pour étouffer les premiers troubles suscités par la perpétuelle conspiration de la Noblesse et du Clergé, de 1790 à 1792.

Des Fédérations poitevines et vendéennes sortit le premier noyau d'un corps portant déjà le titre de *volontaires nationaux*, et c'est dans le petit port de Saint-Gilles-sur-Vie que l'initiative en fut prise par Jacques-Antoine-Aimé-Émery Gratton, le 24 avril 1790.

En la maison de ce citoyen, est-il dit au procès-verbal de la municipalité, le 10 mai, se forme, sous son commandement en chef, le cadre de la première compagnie : Jean Rafin, commandant en second ; François-René Lévêque, capitaine ; Émery Gratton (fils) et Charles Chaniseau, lieutenants ; Jean-Baptiste Gaborit, porte-drapeau [1].

LA FÉDÉRATION GÉNÉRALE DU 14 JUILLET 1790

Toutes les petites villes patriotes du Bas-Poitou participèrent, en 1790, à la « Fédération de tous les Français au Champ-de-Mars » de Paris, le 14 juillet, par leurs délégués.

Le 20 juin, sur la nouvelle de la démission du populaire commandant général de la garde nationale de Paris, la ville des Sables écrivait :

1. Reg des délibérations de la mairie de Saint-Gilles.

A Monsieur de La Fayette [1].

C'est sans doute au moment où tous les citoyens d'un vaste empire sont armés pour protéger leur Constitution, qu'un général sage et expérimenté leur devient plus nécessaire; et qui, autant que vous, Monsieur, pouvait avoir plus de droits à leur confiance? Défenseur de la liberté américaine, vous avez encore affermi celle de votre patrie. Cette double couronne, déposée dans le temple de la Gloire, immortalisera votre nom et forcera nos descendants de rendre à votre mémoire un tribut de reconnaissance et d'admiration. La France entière vous avait proclamé le chef de son armée nationale. La France entière va donc vous exprimer les regrets que votre démission lui donne. Nous osons vous assurer, Monsieur, que personne ne les ressent plus vivement que nous.

Nous sommes, Monsieur, etc.

Les Officiers municipaux de la ville des Sables-d'Olonne.

Le 5 juillet, la « Commune de la ville des Sables » expédiait cette adresse :

A la Commune de Paris [2].

Messieurs,

Il manquait à toutes les Fédérations particulières du royaume un centre commun qui pût les réunir, et c'est vous, Messieurs, qui avez conçu l'idée de donner à l'univers entier un spectacle nouveau et imposant tout à la fois, en réunissant dans vos murs les représentants de vingt-quatre millions d'hommes libres.

Les députés des milices nationales de nos contrées, que nous nous sommes empressés de réunir, voleront vers vous, animés du patriotisme le plus pur, et brûlant de s'unir de sentiment, de volonté et d'affection à tous les bons citoyens.

La grande solennité qui les rassemble, le pacte auguste qu'ils vont former et l'exemple que vous leur donnerez, Messieurs, tout leur imprimera un respect religieux pour la Constitution, dont ils sont déjà les défenseurs, et rien n'égalera leur zèle pour la chose publique, si ce n'est la reconnaissance et l'attachement inviolable avec lesquels nous avons l'honneur d'être,

Les Officiers municipaux de la ville des Sables-d'Olonne.

Le 14 juillet, à la même heure qu'au Champ-de-Mars de Paris, sur la place principale des Sables-d'Olonne, ci-devant place Carcado, et dès lors surnommée place de la Liberté, il y avait messe à l'autel

---

1. Correspondance municipale des Sables, reg. A.
2. Ibid.

de la Patrie, et prestation du serment civique par la garde nationale, par toutes les autorités et par les citoyens. Le soir, la ville était illuminée, et au milieu des plus joyeuses danses publiques, s'élevait « le cri général de : Vive la Nation! Vive la Loi! Vive le Roi! Vive la Liberté » [1]!

Saint-Gilles envoyait à l'Assemblée nationale une adresse, qui lui méritait d'être inscrite au procès-verbal[2] parmi les communes « ayant manifesté les sentiments du patriotisme le plus vrai, de l'union la plus étroite, en prononçant avec transport le serment fédératif du Champ-de-Mars. »

Le retour des « députés extraordinaires » envoyés pour représenter la Vendée dans la Fédération nationale fut l'occasion d'une grande fête à Fontenay, le 28 juillet. L'administration départementale alla au-devant d'eux, suivie des autres corps constitués, de la garde nationale, de la garnison. Le président du département, Badereau, reçut de leurs mains, au milieu des acclamations populaires, le drapeau que leur avait remis la ville de Paris[3].

LES DÉBUTS DE L'ADMINISTRATION DÉPARTEMENTALE

Les commissions intermédiaires de l'Assemblée provinciale de 1787 et des Assemblées secondaires formées en 1788 avaient subsisté jusqu'à la constitution du Directoire de département. Elles avaient même été chargées par l'Assemblée nationale d'aviser aux moyens d'effectuer la rentrée des impôts de l'année 1790. Elles s'acquittèrent de ce devoir on ne peut plus mal. Le bureau de la commission de Poitiers, où dominait le baron Robert de Lézardière, procureur-syndic, répondait publiquement aux plaintes du comité des finances[4] :

---

1. D'après le procès-verbal municipal des Sables.
2. Procès-verbal imp. de la Constituante, séance du 3 août 1790.
3. Mercier du Rocher était l'un de ces « députés extraordinaires » à la Fédération u Champ de Mars. C'est à ce titre qu'il recevait d'un patriote campagnard des environs de Châtillon, une lettre datée du 6 juillet, le renseignant sur la formation des districts, opérée assez tranquillement dans la région vendéenne. Cette lettre, conservée dans ses papiers, reg. I, n° 5, se termine par une indication importante à retenir sur les bruits, dès cette époque répandus, pour empêcher l'organisation de la garde nationale régulière :

« Je vous dirai aussi que je n'ai pas réussi à faire former une garde nationale chez moi ; cela me fait honte, mais ce n'est pas ma faute ; ce sont deux aristocrates qui ont détourné les habitants en leur *persuadant que, lorsqu'ils seraient constitués en garde nationale, on les ferait voyager comme les troupes*. Je ne puis être à la Fédération du 14 juillet, mais j'y serai dans mon district.....

« Bien du plaisir..... Bien des respects, s'il vous plaît, à messieurs Lofficial et Gallot..... « BUJAULT. »

4. Réponse citée dans les *Assemblées provinciales*, par Léonce de Lavergne, p. 197.

Quand tous les pouvoirs sont confondus, anéantis, quand la force publique est nulle, quand tous les liens sont rompus, quand tout individu se croit affranchi de toute espèce de devoirs, quand l'autorité n'ose plus se montrer et que c'est un crime d'en avoir été revêtu, quel effet peut-on attendre de nos efforts pour rétablir l'ordre ? Comme les États ne sont riches que des dons des sujets, les États seront sans force pour soutenir la puissance publique, qui seule peut les protéger et les défendre, *si les sujets refusent les dons qui lui communiquent le mouvement et l'action.*

N'était-ce pas prêcher le refus de l'impôt ? C'était, au moins, mettre les populations en défiance contre le régime nouveau et répandre le découragement parmi les autorités appelées à remplacer le fisc royal. Le résultat fut que les contributions de l'année courante rentrèrent très difficilement, et qu'il devint impossible, durant les deux années qui précédèrent la guerre civile, d'obtenir des municipalités, sans cesse désorganisées par l'opposition aristocratique et cléricale, la confection des rôles dans plus de la moitié des communes de la Vendée[1].

Le Conseil général de département tint sa première session aux mois de novembre et de décembre 1791. Les arrêtés qu'il prit[2] indiquent combien l'administration élue eût été favorable au relèvement matériel et intellectuel de la Vendée, si l'agitation religieuse et les complots contre-révolutionnaires n'avaient tout entravé et bouleversé.

Le premier de ces arrêtés, du 9 novembre, est relatif à l'établissement d'une bergerie à Péault, suivant le mémoire présenté par le curé Cavoleau. Un autre, l'administration des haras étant supprimée, règle la distribution des étalons du dépôt de Fontenay entre les districts. Il est mis à l'étude, pour la session suivante, divers plans relatifs à l'amélioration des races de chevaux et du bétail du pays, ainsi que plusieurs projets sur les moyens de propager les bonnes méthodes de culture.

En attendant les lois de l'Assemblée nationale, « considérant que l'éducation de la jeunesse doit être pour l'administration un des objets de sa plus tendre sollicitude », on autorise « la réunion du prieuré de Saint-Grégoire au domaine de la communauté de l'Union chrétienne de Luçon », afin de « favoriser le succès du pensionnat » qu'elle a fondé.

---

1. Voir plus loin, chap. XX et XXII.
2. *Arrêtés du Conseil général du département de la Vendée pris dans sa première session tenue en* 1790, in-4° de 31 pages, Fontenay, Ambroise Cochon, 1792. Nous nous servons de l'exemplaire relié avec le *Compte* de 1791, pour servir à la défense de Pichard devant le tribunal révolutionnaire et conservé dans son dossier, Archives nationales. W 334.

Par un arrêté du 30 novembre :

Toutes les municipalités du département, dans lesquelles les revenus des fabriques excèdent la dépense nécessaire au service du culte, sont autorisées à présenter leurs vues pour que cet excédent tourne au profit des pauvres de la paroisse; le Directoire du département décidera, d'après l'avis des districts, sur la demande de la municipalité à cet égard.

Suivant un relevé de la population, fait entre les deux sessions de 1790 et de 1791, pour servir au « répartement de la contribution foncière » et à l'établissement du budget des « secours publics », la Vendée, peuplée de 304,843 habitants, en comptait 9,997 ne payant aucune taxe et 15,141 ne payant que la valeur d'une ou deux journées de travail. Il n'y avait pas moins de 39,000 individus, « ayant besoin d'assistance », dont : un peu plus de 20,000 « enfants de pauvres hors d'état de gagner leur vie »; plus de 4,600 « vieillards hors d'état de travailler »; près de 4,000 infirmes; près de 8,000 « pauvres malades, année commune »; et enfin 1,855 mendiants et vagabonds. Les fonds de charité des paroisses s'élevaient à 17,746 livres; ceux des « Hôtels-Dieu et autres » à 24,195[1].

Un arrêté du 2 décembre, en deux titres et dix-sept articles, institue au chef-lieu un cours d'accouchements et une école de sages-femmes. Un autre arrêté, du 30 novembre, prescrit dans ces termes la conservation des « enfants bâtards » :

Considérant que les malheurs dont les enfants naturels sont trop fréquemment victimes réclament des administrateurs toute leur sollicitude; que les causes de ces malheurs tenaient à un préjugé également condamné par la saine raison et par les principes d'humanité sur lesquels l'administration doit être établie,

Art. 1er. — Les municipalités seront invitées à prendre toutes les précautions nécessaires pour assurer la subsistance des enfants bâtards nouveaunés, elles les mettront provisoirement aux nourrices, et en donneront avis aux Directoires des districts, qui en instruiront le Directoire de département, à l'effet d'être pourvu au payement de la dépense de trois mois en trois mois, ou plus souvent si le besoin l'exige, sur les fonds du département.

Art. 2. — Toute exposition d'enfant mettant ses jours en danger, cet usage ne peut être continué parmi un peuple libre, dont les mœurs sont douces et humaines; en conséquence, les enfants naturels pourront être présentés par quelques personnes que ce soit à la municipalité, qui les placera aux nourrices.

Le 6 décembre sont déposés des projets d'organisation départementale du service des postes et de celui de messageries régulières.

1. Cet état a été reproduit au *Moniteur*, 5 octobre 1791, n° 279.

Un arrêté du 26 novembre interrompt les travaux dispendieux et inutiles ordonnés par la précédente administration dans le port des Sables et en fait préparer de plus efficaces.

En vertu d'autres arrêtés, le Lay est nettoyé des ruines du pont de la Rouxière, qui y interrompent la circulation; des réparations sont faites aux divers passages de rivières et à la canalisation des marais.

Les rapports et études des commissions de l'Assemblée provinciale sur les voies de communication, dont nul pays n'était plus dépourvu que le Bas-Poitou, sont repris et très activement conduits au point d'exécution. Le 9 novembre, dès l'ouverture de la session, il avait été décidé :

Art. 1er. — Les propriétaires riverains des chemins vicinaux du département seront tenus d'émonder leurs arbres à la hauteur de 10 pieds, et d'élaguer leurs haies dans tous les endroits où elles gênent le passage public, et notamment sur la route des courriers; et sur leur refus, les municipalités, après les avoir mis en demeure par une invitation, feront émonder lesdits arbres et élaguer lesdites haies aux frais desdits propriétaires, dans tous les lieux où des commissaires, que lesdites municipalités nommeront à cet effet, auront jugé cette opération indispensable.

Art. 2. — Les propriétaires des terres adjacentes auxdits chemins vicinaux seront tenus de laisser passer par leurs champs dans les endroits où les chemins seront absolument mauvais.

Et en cas de refus de leur part, les municipalités feront ouvrir celui des champs riverains où le passage fera le moins de dommage, après néanmoins en avoir prévenu le propriétaire ou le colon.

Le modèle de cet arrêté avait été fourni par une délibération du district de Montaigu, en date du 25 octobre précédent, et dont le promoteur était le futur conventionnel Philippe-Charles-Aimé Goupilleau, alors procureur-syndic de ce district. Si les arbres avaient été émondés, les haies élaguées et la circulation ouverte à travers le Bocage, la guerre civile aurait perdu ses moyens naturels d'attaque invisible et de défense impénétrable.

CHAPITRE V

LES BIENS DU CLERGÉ. — DÉCLARATIONS, ADJUDICATIONS DE BAUX ET PREMIÈRES VENTES

La loi des 2-3 novembre 1789 avait mis tous « les biens ecclésiastiques à la disposition de la Nation, à la charge de pourvoir d'une manière convenable aux frais du culte, à l'entretien de ses ministres et au soulagement des pauvres, sous la surveillance et d'après les instructions des provinces ». La loi ajoutait que, « dans les dispositions à faire pour subvenir à l'entretien des ministres de la religion, il ne pourrait être assuré à la dotation d'aucune cure moins de douze cents livres par année, non compris le logement et les jardins en dépendant » [1].

Le 13 novembre, l'Assemblée nationale décréta que tous les titulaires de bénéfices et les supérieurs des maisons et établissements ecclésiastiques, sans aucune exception, seraient tenus de faire sans frais, dans les deux mois, par devant les juges royaux ou officiers municipaux, « une déclaration détaillée de tous les biens mobiliers et immobiliers dépendant desdits bénéfices, maisons et établissements, ainsi que de leurs revenus, et de fournir dans le même délai un état détaillé des charges dont lesdits biens pourraient être grevés ; lesquels déclarations et états devaient être affirmés véritables, publiés et affichés à la porte principale de l'église de chaque paroisse où les biens étaient situés, et envoyés à l'Assemblée nationale par lesdits juges ou officiers municipaux ». Ceux qui auraient fait des déclarations frauduleuses devaient être traduits en justice, et déchus de tous droits à tout bénéfice ou pension ecclésiastique.

Le 14, Camus fit ajouter au précédent décret que « tous les monastères et chapitres où il existait des bibliothèques et archives, seraient tenus de déposer aux greffes des sièges royaux et des muni-

---

[1]. Aux Arch. nat. C^{32}, l. 275, se trouve, de la main du « comte de Mirabeau », avec sa signature, le texte de la proposition qui devint exactement cette loi.

cipalités les plus voisines, des états et catalogues, d'y désigner particulièrement les manuscrits, et de se constituer gardiens des livres et manuscrits compris auxdits états, enfin d'affirmer qu'ils n'avaient point soustrait et qu'ils n'avaient point connaissance qu'il eût été soustrait aucun des livres et des manuscrits qui étaient dans lesdites bibliothèques et archives ».

DÉCLARATIONS INDIVIDUELLES

Les déclarations des titulaires de bénéfices en Vendée, qui habitaient Paris, furent reçues par le lieutenant du maire au département des domaines de la ville, B.-J.-L. Lecoulteux de la Noraye. On n'en retrouve que cinq, datées du 10 février au 11 mars 1790 :

De Ch.-A. *Barbaux*, clerc tonsuré du diocèse de Nantes, pour le prieuré de Notre-Dame-de-Reclusage, dans l'île de Noirmoutier, etc.;

De Ch.-F.-H. *de Loynes de la Coudraye*, vicaire général du diocèse de Toulouse, pour les chapelles Condrine et Delagord de Luçon, etc.;

De Ch. *Viriot*, vicaire général du diocèse de Pamiers, pour le prieuré de Sainte-Marie-Madeleine de la Pezauche, à Legé, diocèse de Luçon, etc.

D'A.-P.-F. *de Béjarry,* clerc au séminaire de Saint-Sulpice, pour les chapelles de la Métrelle, à Curson, et des Rois, à Pouzauges;

De P.-A *de Gaudin*, vicaire général de Pamiers, prédicateur du roi, pour la chapelle de Sainte-Marie-Madeleine de la Flachaussière.

DÉCLARATIONS DE SUPÉRIEURS D'ABBAYES ET DE CHAPELLES

Les déclarations suivantes ont été faites aussitôt la loi promulguée et sans aucune contrainte :

6 janvier 1790. — Déclaration du sous-prieur de l'abbaye de Trizay (ordre de Cîteaux, filiation de Pontigny), réduite à cinq religieux; inventaire des revenus et dépenses, avec catalogue de la bibliothèque [1];

22 janvier. — Compte des biens de la maison de Notre-Dame de la Blanche (ordre de Cîteaux, filiation de Clairvaux), en l'île de Noirmoutier, présenté par le prieur Graux, vicaire général; et, d'autre part, état du personnel, réduit à six religieux [2];

13 février. — Déclaration de l'abbaye de Moreilles (ordre de Cîteaux), en la paroisse de Sainte-Radegonde-des-Noyers, avec le bail

---

1. Arch. nat., F^{17} 1179^2.
2. Arch. nat., F^{17} 1179^2 et S 7485.

de son revenu de 21,150 livres, affermé sur la caution du directeur général des fermes [1] ;

26 *février*. — Déclaration des jacobins de Fontenay.

Cependant, pour ces derniers, le 8 avril, intervint un arrêté municipal leur interdisant de « démolir, soustraire ou détourner les meubles et objets mobiliers de ce couvent ».

Le 29 avril, le maire et deux officiers municipaux allèrent dresser inventaire des meubles et effets mobiliers des divers établissements religieux de Fontenay-le-Comte [2].

Déclaration et pétition du prieur de l'abbaye des Fontenelles en Saint-André-d'Ornay, près la Roche-sur-Yon [3].

Le soussigné, prieur des chanoines réguliers de la Congrégation de France de l'Abbaye royale des Fontenelles, afin de satisfaire aux décrets durs et impérieux des États généraux des 7 et 13 novembre 1789, et en conformité de l'instruction à lui adressée par ses supérieurs, laquelle est dite semblable à celle présentée par la Congrégation de Saint-Maur, et approuvée verbalement par le Comité des affaires ecclésiastiques, le 27 desdits mois et an,

Déclare qu'après avoir servi l'Église en son corps pendant quarante années, avec la confiance la moins interrompue de sa part, et qu'après en avoir passé plus de trente à réparer, malgré les plus grandes difficultés, l'abbaye des Fontenelles et l'avoir gérée en bon père de famille, sans nuire à qui que ce soit, il affirme, avec la même vérité et la même probité qui l'ont guidé jusqu'à présent, que les choses ci-après déclarées sont vraies et sincères et telles qu'il les connaît.

L'abbaye des Fontenelles, au diocèse de Luçon, Bas-Poitou, près la Roche-sur-Yon, en la paroisse de Saint-André d'Ornay, remonte son origine jusqu'au XIIe siècle. Une de ses chartes fait mention du premier abbé en 1243; quinze chanoines réguliers de l'ordre de Chancelade [4] l'ont desservie jusqu'en 1468, époque funeste de l'introduction du premier abbé commendataire. Ce nouvel ordre de choses les réduisit insensiblement à un moindre nombre, qui fut enfin fixé à cinq en 1612, malgré les efforts contraires de l'abbé de ce temps, qui fut condamné à leur payer pension par arrêt du Conseil. Bientôt ces pensions furent mal acquittées, et, dès 1647, les chanoines obtinrent un nouvel arrêt qui leur adjugea un tiers des biens. M. d'Argentré, rapporteur et commissaire, présida au partage, qui fut à leur désavantage, tant parce qu'il ne leur échut que des biens éloignés que parce que plusieurs terres, alors vagues, dont les abbés se sont emparés depuis, restèrent indivisées, et que, ces mêmes abbés étant restés dépositaires du tiers affecté aux charges, n'ont jamais acquitté celles de leurs copartageants en entier. Les chance-

---

1. Arch. nat., F17 1179² et Arch. du départ. de la Vendée H.
2. *Journal d'un Fontenaisien*, par A. Bitton, dans la *Revue du Bas-Poitou*, aux dates.
3. Arch. nat., F17 1179².
4. *Cancellata*, en Périgord, abbaye d'augustins, chef d'ordre, fondée au XIIe siècle.

ladins se virent donc contraints de se contenter d'une des portions des biens qui étaient le moins à leur portée, et de se voir séquestrés et resserrés dans leur local par les terres de leur abbé, entre lesquelles on leur laissa à peine de quoi nourrir un cheval et quelques vaches.

Depuis le partage fait en 1648, les choses subsistèrent entre les chanceladins, au moyen du partage qu'ils firent entre eux de leur tiers, jusqu'à l'introduction des chanoines réguliers de la Congrégation de France, qui fut faite en 1669. Il était enjoint, par l'arrêt ci-dessus, à l'abbé de mettre la réforme dans son abbaye; ce fut pour y obéir que M. des Nouches, successeur de M. de la Cour, s'adressa à l'abbé de Sainte-Geneviève, au nom duquel Louis XIV donna à la Congrégation de France la propriété du temporel des Fontenelles, en la portion des biens dépendants du tiers affecté au chapitre, et Mgr l'évêque de Luçon consentit à cette union. Cet arrêt condamnait en outre l'abbé à toutes les réparations. L'église, les lieux réguliers, étaient dans le plus triste état. M. des Nouches, pour se débarrasser de ce fardeau, fit un traité avec les génovéfains, qui l'en déchargèrent au moyen de 3,000 livres une fois données, et, en outre, une autre somme de 500 livres annuelles pour l'entretien de ces objets. Il serait facile aux chanoines réguliers de démontrer combien ces sommes ont été inférieures et insuffisantes pour porter les choses au point où elles sont aujourd'hui, pour lesquelles ils ont dépensé, en augmentation et amélioration tant des domaines que de l'église et des lieux réguliers, pour plus de 100,000 livres. Les métairies étaient sans bestiaux pour les faire valoir; la maison était sans meubles et n'avait que la moitié des bâtiments qu'elle a maintenant; l'église n'avait ni autels, ni argenterie, ni ornements décents. MM. les abbés ne se souciaient guère de fournir à aucun nécessaire, et les voix plaintives de leurs inférieurs les touchaient peu. Les chanoines réguliers de la Congrégation de France eurent bientôt rendu la décence à l'église, la commodité aux bâtiments réguliers et aux domaines, la facilité aux colons de les habiter. Ces réparations ont à peu près duré cent ans. Le soussigné, depuis les vingt ans derniers, a fait les derniers efforts pour remettre les choses en leur premier état; la modicité du revenu, qui jusqu'alors n'avait jamais pu atteindre 3,000 livres, n'avait point empêché le régime de la Congrégation de tenir toujours le nombre prescrit de cinq chanoines pour la desserte de cette abbaye; cela avait forcé les administrateurs à se consacrer tout entiers à les nourrir et les entretenir, en sorte que les choses tombèrent dans une telle dégradation, qu'à cette époque il ne restait ni portes ni fenêtres à la maison, et les bâtiments des métairies étaient en ruine. Il leur avait même fallu emprunter à constitut, en sorte que les arrérages et les dettes criardes compris, le soussigné en a acquitté pour 10,000 francs; il a de plus encore été obligé de verser dans son corps plus de 15,000 livres pour des raisons (spéciales) et, de 30,000 livres, à quoi il avait estimé que devaient monter les réparations; il en a fait et payé pour plus de 20,000 livres. Il a fallu, comme il est aisé de le prouver, les derniers efforts pour parvenir à ces fins.

Suit : la description de l'église, « une des plus belles et des plus anciennes du pays; de l'abbaye, intérieur et extérieur; des serres attenantes à la maison; l'énumération des menues rentes perçues en argent ou en nature, sur les moulins, en cire, froment, seigle et avoine; l'inventaire du bétail, de la valeur de 6,188 livres; enfin le catalogue de la bibliothèque, 72 volumes in-f°, 960 in-12, dont plus de 50 dépareillés, 50 et quelques in-4°.

Le tableau des revenus et des charges dépendant de la mense capitulaire se résume en ceci :

Total des revenus.	5,181 livres	10 sols	
Total des charges.	3,369	8	6 deniers.
Reste quitte...	1,812	1	9

A Nos Seigneurs des États généraux.

Les chanoines réguliers de l'abbaye des Fontenelles, voulant donner des preuves de leur patriotisme, vous supplient de prendre en considération qu'ils voient avec douleur la ruine prochaine d'une maison qu'ils chérissent, que le public regrette et dont les avantages que l'État compte en retirer n'équivaudront jamais à la perte que toutes les paroisses circonvoisines vont en ressentir. Sa position avantageuse a conservé jusqu'ici au service de son église une affluence de peuple assez considérable pour prouver la nécessité de le continuer. Une solitude agréable, un air doux et bienfaisant, des habitants tranquilles, laborieux et attachés à la religion ; un ruisseau, des fontaines et surtout une eau minérale très salutaire et fort fréquentée ; une belle église, une maison presque entièrement réparée, d'un bon goût, et susceptible de la forme la plus convenable pour y fixer un établissement public : que de pertes d'avantages précieux dont il est si difficile de rassembler toutes les parties, quand on veut faire le bien en faveur d'un canton ! Le local est tellement situé qu'en cas qu'il soit vendu, cette église et les bâtiments, dont les matériaux seraient d'un grand prix près d'une ville, vont tomber en non-valeur. La démolition et les déblais de l'église seule seraient immenses pour un acquéreur. Quel avantage aurait-il à la conserver? L'entretien lui tomberait en dépenses inutiles.

Messieurs les députés des provinces, avec la meilleure volonté du monde, ne connaissent point assez particulièrement tous les endroits de leurs cantons pour y opérer tout le bien possible. Ils ont besoin d'être éclairés par quelqu'un sur les lieux qui, réfléchissant profondément sur les objets qui sont sous ses yeux, les mettrait à même de proposer à la bienfaisance des États les établissements les plus intéressants à faire. Il en est un, dans le moment présent où les districts se fixent, qui paraît digne de la plus avantageuse considération pour la partie du Bas-Poitou qui avoisine la Roche-sur-Yon, où sans doute il va s'en former un. La plupart des endroits où les États en ont établi ont quelque établissement populaire, soit atelier de charité, soit hôpital. Quel canton que celui des environs de la Roche-sur-Yon, a plus besoin de ce dernier? A en juger seulement par le nombre des malades pauvres qui viennent journellement chercher du soulagement à l'abbaye des Fontenelles, il n'y a personne qui ne convienne que le meilleur usage à faire des biens de cette abbaye et de ses bâtiments est de les consacrer à cette pieuse régénération. Ce sont les seigneurs de la Roche-sur-Yon qui l'ont fondée, elle en est dans un tel éloignement que, sans avoir l'incommodité de trop de voisinage, elle y pourrait aisément faire descendre les malades. Les administrateurs, qui feraient leur séjour à la ville ou aux environs, n'auraient pas loin à s'y rendre pour y conférer en bureau. Les terres donneraient du blé, du vin, des bois suffisamment ; les chanoines réguliers continueraient de servir l'autel et les pauvres, et partageraient, avec tout le canton, le bienfait incomparable de cet établissement, dont l'époque serait à jamais gravée dans les cœurs.

MORNAC, *prieur*[1].

LES RELIGIEUSES DU DIOCÈSE DE LUÇON

L'évêché de Luçon ne fournit que cette note au Comité ecclésiastique de l'Assemblée constituante, au commencement de 1790 [2] :

Les *Ursulines*, 32 choristes, 5 converses, non compris 2 religieuses non professes ; pensionnat et instruction gratuite pour la moitié des enfants de la ville ;

L'*Union chrétienne*, 26 choristes, s'occupe aussi de l'instruction gratuite.

Pour la conservation de ces sœurs fut rédigée une pétition à l'Assemblée nationale, au bas de laquelle le maire Collinet et les officiers municipaux expriment le désir que l'établissement des Dames de l'Union chrétienne « soit conservé, affermi, augmenté même, afin que toutes les classes de citoyens indistinctement, conformément à l'esprit des décrets nationaux, y trouvent de l'instruction et des secours gratuits »[3].

VISITES MUNICIPALES

Le 27 février 1790, le bureau intermédiaire du département de Fontenay, sous l'autorité de l'Assemblée provinciale du Poitou, qui subsistait encore, composé de MM. Guillet, Grimouard de Saint-Laurent, de la Coudraye et Brisson, avait, conformément aux ordres du pouvoir exécutif, invité les municipalités à dresser le devis ap-

---

1. Cette déclaration est contresignée et adressée à l'Assemblée nationale par le maire de Saint-André d'Ornay, Grelier; le procureur de la commune, Baritaud, curé, et le greffier, Joseph Renaudin, à la date du 21 février 1790.
2. Arch. nat., Dxix 6, n° 91, sans date.
3. D'après les visites faites par la Commission dite des Réguliers en 1766-1767 (Arch. nat. S 7485), les communautés des filles du diocèse de Luçon comprenaient, en outre de ces « Filles séculières de l'Union chrétienne » et des « Ursulines de Luçon » : les religieuses de Cérisier, 29, avec 2 pensionnaires; celles de Saint-Sauveur de Montaigu, 48, avec 16 pensionnaires; celles de Sainte-Croix des Sables-d'Olonne (ordre de Saint-Benoît), 15, avec 8 pensionnaires.

proximatif des domaines ecclésiastiques situés dans chaque commune [1].

Dès lors les municipalités purent faire, au nom de la loi, la visite des maisons religieuses qui d'elles-mêmes n'avaient pas fourni de déclaration.

Les Archives nationales [2] n'ont conservé que trois des procès-verbaux de visite des maisons religieuses de la Vendée par les autorités civiles; encore n'en est-il qu'un qui ait été dressé par une municipalité. La visite du couvent des cordeliers des Robinières fut faite par le président du district de la Châtaigneraie; celle du chapitre de l'église collégiale de Montaigu par le trésorier du district, en qualité de commissaire du département.

Visite faite chez les Trinitaires de Beauvoir-sur-Mer.

Extrait du procès-verbal.

Aujourd'hui vingt-huit mai mil sept cent quatre-vingt-dix, sur les neuf heures du matin,

Nous Jacques Coindet, sieur Degoronière, maire, et Jacques Maublanc, Philbert Raguenier, François Billon, composant la majeure partie de la municipalité de la ville et paroisse de Beauvoir-sur-Mer, district de Challans, département de la Vendée, en l'absence, pour cause de maladie, du sieur Bret, avocat, procureur de la commune, et celle du sieur Piberne, qui, assemblé avec nous ce matin au lieu ordinaire de la municipalité, a refusé de nous accompagner, quoique requis et prévenu d'avance en conséquence de notre délibération du vingt-cinq de ce mois;

En vertu des décrets de l'Assemblée nationale, des vingt février, dix-neuf et vingt mars, à nous adressés, sanctionnés par le Roi, par des Lettres patentes du vingt-six dudit mois de mars, à nous adressées officiellement et reçues le quinze de ce mois, lues au prône de la messe paroissiale, publiées et affichées à la porte de l'église le 16 suivant;

Nous sommes transportés dans la maison des religieux de la Sainte-Trinité, Rédemption des captifs, située en cette ville et paroisse, où étant dans la salle principale de l'appartement connue sous le nom d'abbatiale, ont comparu personnellement Messires Alexandre Martin, prêtre, supérieur de ladite maison, Charles Jagueneau, Vidal Le Large, Jean-Louis Reignier, composant les religieux de ladite maison, auxquels avons déclaré que notre transport était pour remplir l'esprit des décrets de ladite Assemblée nationale; qu'en conséquence nous les engagions à s'y conformer, comme aussi de nous assister au procès-verbal d'inventaire ordonné être fait, comme de nous faire les représentations de tout ce dont il s'agit;

A quoi ils ont répondu, après que lecture leur a été donnée desdites

---

1. Fait relevé à sa date dans le *Journal d'un Fontenaisien*, par M. A. Bitton.
2. F[17] 1179[2].

Lettres patentes, qu'ils étaient prêts à s'y conformer, sans exception, comme aux différents décrets que l'Assemblée nationale pourrait rendre.

Les maire et officiers municipaux, montés dans l'appartement du prieur, ont reçu de lui les registres de comptes, et ont reconnu que, depuis la dernière vérification « du visiteur de la province, M. de Houssaye, le 24 avril 1787, la recette n'avait monté qu'à 33,989 livres 17 sols 3 deniers; que la dépense s'était élevée à 34,510 livres 19 sols 6 deniers; qu'il en résultait un déficit de 521 livres 2 sols 3 deniers, dont les religieux se trouvaient en avance sur la confiance de leurs fournisseurs ». Ils ont constaté, sur l'état des fermes et les divers titres produits, que le revenu net de la maison était de 8,672 livres et qu'elle avait « continué de donner chaque année en aumônes la somme de 6 à 700 livres »[1].

Dans une seconde visite, le lendemain 29 mai, les maire et officiers municipaux procédaient, en présence des religieux, à l'inventaire de l'argenterie. État « des titres, papiers et renseignements concernant les biens de la maison depuis le recouvrement après les guerres du XVIᵉ siècle, dans lesquelles leur maison fut pillée, dévastée et brûlée », était remis par les religieux, qui s'engageaient « à les représenter au besoin ».

A l'instant M. Martin, ministre et supérieur de la maison de la Trinité de Beauvoir, nous a dit être âgé de cinquante ans passés du mois de mars, qu'il était de la Congrégation des réformés de Provence, qu'à l'époque de sa profession on ne possédait point de maison dans ladite congrégation, qu'il avait été nommé en novembre 1773 pour venir gouverner celle-ci, qu'il l'avait trouvée dans le plus triste état, toute délabrée, condamnée dans toutes ses parties, et qu'on devait pour la rebâtir faire un emprunt considérable; qu'il était parvenu par le fruit de son économie et à l'aide de son propre pécule à la relever, ce qui l'avait tenu jusqu'à présent dans la plus grande détresse; que son attachement pour la paroisse de Beauvoir, et notamment pour une maison qu'il croyait devoir lui servir de tombeau, lui ferait regretter d'en sortir; que néanmoins il se résigne entièrement à la volonté du Seigneur; et il a ajouté que son intention était de demeurer dans cette maison jusqu'à ce que l'Assemblée nationale, dont il respecte les volontés, en dispose autrement, et a signé : MARTIN, *ministre et supérieur*.

---

1. L'ordre des religieux de la Sainte-Trinité de la Rédemption des captifs avait été institué en 1198, et le but de sa création était le rachat des chrétiens tombés aux mains des infidèles. L'abbaye de Beauvoir-sur-Mer avait été restaurée de 1603 à 1605. Elle formait, sous le titre de Sainte-Catherine, avec le prieuré de Saint-Thomas de la Garnache, une « ministrie » dépendante des Chanoines réguliers trinitaires de Luçon, comme il est expliqué dans le *Mémoire chronologique*, adressé en 1767 à la commission des réguliers (Arch. nat., S 7485). Le revenu avoué dans ce mémoire est de moitié inférieur à celui constaté au procès-verbal de 1790 : 4,355 livres, 12 sous, 9 deniers, provenant de fermes exploitées à moitié fruits, suivant la coutume du pays; les religieux étaient au nombre de 3 et dépensaient tout.

De suite a comparu M. Charles Jagueneau, profès de cette maison, âgé de vingt-huit ans et prêtre depuis un an, qui nous a dit et déclaré vouloir user de la liberté accordée par l'Assemblée nationale aux corps religieux, néanmoins rester dans la maison jusqu'à ce qu'elle ait prononcé plus particulièrement sur leur sort et la manière dont les pensions pourront leur être payées ; a signé : JAGUENEAU, *prêtre*.

Des déclarations semblables ont été reçues du sous-diacre Vital Le Large, âgé de 29 ans, profès ; et de Jean-Louis Reignier, chanoine régulier, mineur et profès de la maison de Verberge, âgé de 32 ans.

Avant de se retirer, les représentants de la municipalité ont constaté que la maison pouvait contenir neuf religieux et que son enclos était d'environ trois arpents.

Avec « le ministre » et les trois religieux ont signé le maire, les officiers municipaux et le greffier.

L'ABBAYE DE SAINT-MICHEL-EN-L'HERM

L'Abbaye de Saint-Michel-en-l'Herm, *S. Michael in eremo*, de l'ordre de Saint-Benoît, fut fondée, d'après la *Gallia Christiana*, vers l'an 830, par Ansoald, évêque de Poitiers. Détruite, en 877, par les Normands, suivant la chronique de Maillezais, elle fut restaurée par Ébule, évêque de Limoges, qui voulut y être inhumé. Le père du prélat, Guillaume Tête-d'Étoupe, duc d'Aquitaine et comte de Poitiers, lui conféra des biens importants, en 961. Son église fut dédiée en l'an 1047. Durant les guerres religieuses du XVIe siècle, elle fut deux fois assiégée, enfin prise et saccagée par les protestants en 1569[1]. Elle s'était restaurée et enrichie, lorsque le cardinal-ministre Mazarin en devint abbé commendataire et, à sa mort, en légua les provenances abbatiales à sa fondation du collège des Quatre-Nations, auxquelles elles furent définitivement unies, par une bulle de Clément X, du mois d'août 1671.

Les biens de Saint-Michel, pour le quart situés sur le continent, et les trois quarts dans l'île de Ré, affermés du vivant de Mazarin, rendaient de 28 à 29,000 livres ; en vertu d'un arrêt du Parlement de 1642, les 16 moines qui l'habitaient recevaient de l'abbé 200 livres de pension chacun. Ces moines, très processifs contre le cardinal, le furent encore plus contre le collège Mazarin. Un mémoire adressé à la reine Anne d'Autriche, le 8 novembre 1652, engage à répondre à leurs attaques civiles par des actions criminelles, car « ce sont moines de fort mauvaise vie, et contre lesquels il y a des informations

---

1. Les Archives nationales S 3232 possèdent une curieuse *Enquête*, manuscrite, *du pillage et de la destruction de l'Abbaye*.

faites pour homicides, ports d'armes, concubinage public et autres actions d'une vie fort désordonnée [1]. » Depuis l'arrêt du grand Conseil, du 9 septembre 1661, qui commandait le partage des revenus entre l'abbé et les religieux, jusqu'au concordat de 1669, qui régla le partage entre les moines et le collège Mazarin, et depuis 1756, où ce concordat fut de nouveau attaqué, jusqu'à la veille de la Révolution, les procès ne discontinuèrent pas [2].

D'après un mémoire manuscrit [3], produit en 1756 au Parlement de Paris, les biens de l'Abbaye, étendus dans les localités de Saint-Michel, Grues, la Jonchère, Saint-Denis, Charron, Lairoux, le Langon, Chaupagné, Sainte-Radegonde, Luçon, Curzon, l'Aiguillon, l'île de Ré, Saint-Benoît, Longeville (Prieuré) et Notre-Dame-de-Riez (Prieuré), donnaient, vérification faite, 27,150 livres au collège Mazarin, et le produit total était de 54,650 livres, dont 15,550 en domaines affermés et 39,100, en domaines à moitié par estimation [4].

La déclaration ou le procès-verbal municipal de 1790 manque pour l'abbaye de Saint-Michel-en-l'Herm. Mais on peut y suppléer à l'aide de deux documents authentiques : la *Visite des monastères de la congrégation de Saint-Maur*, 1775-1780 [5], et les *Comptes du principal du collège Mazarin pour les années* 1789 et 1790 [6]. En voici le résumé :

Le personnel se composait de sept prêtres, un diacre et un sous-diacre.
Le temporel comprenait :

Le revenu en argent de	67,996 livres	17 sols
Le revenu en espèces : froment, orge, fèves, avoine, baillarge, sel, vin, foin, paille, fagots, évalué à	41,045	10
Total du revenu quelconque .	109,041 livres	27 sols

1. *Lettres, instructions et mémoires de Colbert*, publiés par Pierre Clément à l'Imprimerie impériale, 1861, t. II, p. 162-163.
2. Ces procès forment des dossiers considérables aux Archives nationales S 3227 à 3232, et aux Archives de Poitiers (manuscrits de dom Fonteneau).
3. Archives nationales, S 3231.
4. Dans le *Rapport au Roi concernant la province de Poitou*, par Ch. Colbert de Croissy, commissaire départi dans cette généralité en 1664, publié dans l'*État du Poitou sous Louis XIV* par Charles Dugast-Matifeux (in-8°, Fontenay, 1865), est donné p. 16 à 21, le tableau détaillé des revenus du Clergé du Poitou, montant au total de 1,763,400 livres. Celui du revenu de l'évêché de Luçon, en particulier, était de 336,800 livres, pour 11 abbayes, 7 prieurés, 250 cures, 300 petits prieurés, chapelles, aumôneries, etc. Il y avait une abbaye de l'ordre de Cîteaux, Bois-Grolland, 6,000 livres; une abbaye de l'ordre de Saint-Augustin, les Fontenelles, 6,000 livres; une abbaye de l'ordre de Prémontré, Jard, 30,000 livres; et huit abbayes de l'ordre de Saint-Benoît : Saint-Jean d'Angles, 3,000 livres; l'Ile-Chauvet, 4,000; Breuil-Herbaut, 4,000; la Grainetière, 6,000; Saint-Jean d'Orbestier, 7,000; Talmond, 8,000; Trizay, 10,000, et Saint-Michel-en-l'Herm, 46,000 livres.
5. Registre appartenant à M. Georges Musset, bibliothécaire de la ville de la Rochelle, qui a eu l'obligeance de nous le communiquer lors de notre voyage du 15 octobre 1888.
6. Archives nationales, H 2841 et 2842.

Les charges perpétuelles des menses et offices claustraux montaient à 30,357 livres 11 sols. L'abbaye avait en charge rachetable une rente viagère à payer à Mme La Lande, de Paris, 3,600 livres. Ce qui réduisait le total du revenu à 75,054 livres 5 sols. Ce qu'elle payait à la congrégation de Saint-Maur, au régime 1,500 livres, à la caisse économique 2,176 livres, aux historiens 120 livres, et autres menus payements, mettait son revenu, quitte de toutes charges, à 69,693 livres 5 sols, 9 deniers.

Il lui restait en caisse, au 1er janvier 1780, 28,397 livres 5 sols 3 deniers. Il lui était dû par différents fermiers, rentiers et autres, 20,009 livres 4 sols.

Elle n'avait point de dettes passives. Elle possédait dans ses greniers une assez grande quantité de froment et autres grains; dans ses caves, 85 tierçons de vin de Bordeaux et 147 tierçons de vin de pays.

Si l'on entre dans le détail de ce compte, on voit que les plus fortes dépenses, 16,900 livres, s'appliquaient aux réparations des lieux réguliers, et à l'entretien des digues, portereaux et cabanes des marais desséchés, et que, pour une part de 900 livres, le couvent contribuait au dessèchement de la Claye.

Les allocations de bienfaisance, en nature et en argent, à l'hôpital de Fontenay, montaient à 4,210 livres.

Les aumônes manuelles ne s'élevaient pas à plus de 642 livres, tandis que le service du vestiaire prenait 3,219 livres, et « l'article de la bouche » 6,890 livres.

D'après le compte de 1785, le revenu net obtenu par le collège Mazarin de la mense abbatiale léguée par Mazarin, était de 46,200 livres. Par bail passé le 10 janvier 1787, à Tourtelle, entrepreneur de l'illumination de Paris, sous la caution solidaire de l'agent général des Pêches du royaume, Le Moine, bail devant finir au 31 décembre 1795, le collège était assuré de 42,000 livres en temps de paix et de 37,000 en temps de guerre.

C'est seulement en 1791 que, suivant les ordres réitérés du Comité de l'instruction publique de l'Assemblée nationale, fut faite la visite et dressé l'inventaire de la bibliothèque de l'Abbaye de Saint-Michel-en-l'Herm.

Mais, rapporte M. Ch. Dugast-Matifeux [1], qui en a dans sa collection le procès-verbal, on ne trouva rien de bien précieux, à travers un grenier perdu de toiles d'araignées et de nids de rats... Les seuls volumes usuels avaient été descendus au réfectoire. Ils étaient au nombre de neuf : sept traités de cuisine et les *Contes* moraux de La Fontaine [2].

Jusqu'à la fin de l'Ancien Régime, les moines de Saint-Michel ont mené la vie joyeuse que décrivait, en 1621, l'abbé don Balthazar Poictevin à l'évêque d'Angers, « avec les huîtres de la Dive, les cailles

---

1. *État du Poitou*, p. 86.
2. Les manuscrits et livres importants avaient été enlevés par Mazarin et par Colbert, et ils ont formé le premier fonds de la Bibliothèque Mazarine.

de Saint-Denis et les vins blancs de Grues. » Une éminence, que l'on aperçoit dans la plaine avant d'arriver de Luçon à Saint-Michel, est faite, d'après une tradition locale, des écailles des huîtres mangées par les révérends pères.

Lorsque, pour la première fois, le 7 février 1790, les citoyens actifs du gros bourg formé autour de l'abbaye, furent appelés à élire un maire, un procureur-syndic et un conseil général de la commune, le prieur Pupier de Brioude[1] et le procureur père Mornac réclamèrent en vain l'admission des moines à l'assemblée primaire, en s'appuyant sur l'exemple de la Rochelle. Leur protestation reçue, et en présence du curé de la paroisse, Pierre Millouain, et même du prieur qui s'obstina à rester comme président honoraire de l'ancienne municipalité, fut élu maire un métayer, Jean Chantreau; conseillers municipaux et notables, des laboureurs, ouvriers et petits bourgeois, à l'exclusion complète des moines et de leurs employés[2].

Ce dont les moines, jouissant, d'après la loi, jusqu'à la fin de l'année de 1790, de leurs rentes et droits, essayèrent de se venger en prétendant obtenir judiciairement, à la rigueur, tout ce qui pouvait leur être dû.

Six des exploits d'huissier expédiés dans ce but ont été conservés aux Archives du département de la Vendée[3]. Il suffit d'en produire un.

Pour Messieurs les religieux de Saint-Michel-en-l'Herm contre le nommé Germain Bougit, bordier, défendeur.

Exploit du 11 mai 1790.

« L'an dix-sept cent quatre-vingt-dix, le onze mai, à la requête de Messieurs les bénédictins de Saint-Michel-en-l'Herm, congrégation de Saint-Maur, demeurant à l'abbaye dudit lieu et y élisant domicile, poursuite et diligence du procureur d'icelle, constitué pour leur procureur en l'assignation ci-après, en élisant pour autre domicile la personne et maison de M° Augustin Salliard, procureur en cour royale de Fontenay-le-Comte, y demeurant, Je, Jacques Dillon, premier huissier audiencier du siège royal de la police de la ville et faubourg de Fontenay-le-Comte, y reçu et immatriculé par devant le lieutenant-général dudit siège, résidant audit Fontenay, paroisse de Notre-Dame, exploitant par tout le royaume, soussigné, ai, à Germain Bougit, bordier, demeurant au village de Crenou, paroisse de Saint-Michel, en son

---

1. Dom Antoine-Joseph Pupier de Brioude, né à Saint-Férréol, diocèse du Puy, âgé de 41 ans, profès de Saint-Allyre de Clermont, le 11 mai 1768, avait récemment succédé au prieur Contamin.
2. Le procès-verbal des curieuses élections municipales de Saint-Michel-en-l'Herm, conservé aux Arch. nat., F¹ᶜ III — Vendée 1, a été imprimé dans la seconde série des *Archives de l'Ouest*, de M. Antonin Proust.
3. Série H, liasse de Saint-Michel-en-l'Herm.

domicile et parlant à sa personne, donné jour et assignation d'être et comparaître dans les délais de l'Ordonnance, par devant Messieurs les officiers du siège royal de Fontenay-le-Comte, heure de cour, leur audience tenante, au palais royal dudit lieu, pour se voir condamné solidairement tant pour lui que pour ses consorts de Sailler, à payer aux sieurs requérants en deniers ou quittances valables, 29 années, échues de la Saint-Michel dernière, de la rente de blé directe et foncière de 14 boisseaux de blé froment mesure dudit Saint-Michel, due sur le tènement communément appelé *les Égaux*, situé près le village dudit Crenou, la dernière année en espèces et les autres suivant l'évaluation du greffier audit siège, y offrant accepter lesdits requérants, en outre, 4 livres dix sous de rente seconde et foncière arréragée de 29 ans à Noël dernier, etc.

« *Signé* : Jacques Dillon. »

La disparition des moines de l'abbaye de Saint-Michel-en-l'Herm ne causa que de la joie dans toute la région, où depuis des siècles ils régnaient en maîtres. Les décrets de la nuit du 4 août 1789 avaient été accueillis avec le plus vif enthousiasme dans le Marais situé entre Luçon, l'Aiguillon et les Sables. Ses habitants restèrent attachés à la Révolution et la défendirent vaillamment, de 1793 à 1800, contre les insurgés du Bocage et du Marais de Challans.

SOUMISSIONS MUNICIPALES EN VUE D'ACQUÉRIR DES BIENS CI-DEVANT ECCLÉSIASTIQUES

Le corps municipal des Sables-d'Olonne était depuis longtemps obligé de tenir ses séances « en l'hôtel du maire, à défaut d'Hôtel de Ville ». Aussitôt après l'évacuation par les derniers moines, il s'installa provisoirement au couvent des capucins, le 22 mai 1790 [1].

Le mois suivant, cette pétition était adressée

A Nos Seigneurs de l'Assemblée nationale [2].

L'Assemblée nationale ayant décrété le 17 mai que les 400 millions de biens domaniaux et ecclésiastiques dont elle avait précédemment ordonné la vente seraient vendus à la municipalité de Paris et à celles du royaume auxquelles ils pourraient convenir,

Le conseil général de la commune des Sables-d'Olonne représente à l'auguste Assemblée que dans son enceinte se trouve un couvent de capucins, autrefois habité par dix à douze moines, mais depuis plusieurs années réduit à deux ou trois, qui ne rendent presque aucun service au culte, et que les capucins eux-mêmes étaient sur le point d'abandonner. Il représente que cet

---

1. D'après les *Notes manuscrites de Collinet* sur les Sables de la Chaume.
2. Archives nationales, Q² 180.

emplacement est à peu près le seul dont il pourrait disposer pour former les établissements que la nouvelle Constitution lui rend nécessaires, tels qu'une maison de ville, un lieu destiné pour un tribunal ou pour le directoire d'un district ou d'un département ; qu'au moyen des édifices de ce couvent, aujourd'hui parfaitement inutiles, ces établissements peuvent s'exécuter à peu de frais. Il propose donc d'en faire l'acquisition suivant l'estimation qui en sera faite, et aux conditions qui seront imposées aux autres municipalité, et profite avec empressement de cette occasion pour renouveler sa reconnaissance et sa parfaite adhésion à tout les décrets de l'auguste Assemblée.

Arrêté dans le conseil général de la commune des Sables-d'Olonne, le 15 avril 1789.

Signé par les officiers municipaux, le maire DARDEL DE LA GESTRIE et ROUILLÉ, secrétaire.

Quelques jours après, les 27 et 29 avril, la ville des Sables, « suivant l'exemple donné par la ville d'Angers, qui a soummissionné pour dix millions de biens domaniaux et ecclésiastiques, décide d'en soumissionner pour huit cent mille livres[1]. »

Conformément à cette délibération est expédiée cette adresse [2] :

A Nos Seigneurs de l'Assemblée nationale.

Les maire, officiers municipaux et notables de la ville des Sables-d'Olonne, ne pouvant trouver une occasion plus favorable de témoigner à l'auguste Assemblée le patriotisme et le zèle qui les animent, et voulant concourir de tout leur pouvoir à la prospérité publique, s'empressent de vous offrir leur soumission pour se rendre adjudicataires de biens ecclésiastiques pour la somme de huit cent mille livres. Veuillez, Nos Seigneurs, nous autoriser à faire, de concert avec des commissaires que vous nommerez, une estimation desdits biens situés dans notre ville et dans nos environs pour remplir cette somme, car il ne peut exister d'agents intermédiaires plus zélés et qui inspirent plus de confiance que les municipalités pour transmettre aux particuliers la propriété des biens dont vous avez décrété la vente.

Nous espérons, Nos Seigneurs, que les avantages que vous avez accordés à la commune de Paris seront les mêmes pour nous. Le produit nous donnerait la douce satisfaction de procurer à nos concitoyens l'avantage inappréciable d'une maison d'éducation, qui nous serait si nécessaire.

Permettez-nous, Nos Seigneurs, de vous observer que les biens situés dans les provinces étant plus divisés et beaucoup moins faciles à vendre que

---

1. 3° Registre des délibérations de la mairie des Sables, à la date.
2. Archives nationales, Q² 180. Une copie de cette délibération fut adressée avec lettre de recommandation aux deux « Gaudin, députés à Paris. » (Corresp. municip. des Sables, reg. A.) Le 6 mai, aux mêmes, la ville écrivait : « Nous voyons avec plaisir que plusieurs particuliers convoitent les biens ecclésiastiques de notre canton, et probablement nous ne serons point embarrassés de trouver la défaite de ceux que l'Assemblée nationale pourra nous confier. »

dans les grandes villes, nous croyons qu'il est de votre justice de reculer à vingt ans la rentrée totale des 800,000 livres au Trésor national, et de décréter l'exemption des contrôles, insinuations, amortissements et tous autres droits fiscaux, pour trois ventes et revendications successives, ainsi que des lods et ventes, rachats et autres droits seigneuriaux, à perpétuité; nous osons vous en assurer, c'est le moyen de donner plus de valeur aux objets et d'augmenter la concurrence des acheteurs en proportionnant la division des objets à leurs facultés.

Il est encore un moyen de faciliter ces ventes, ce serait d'accorder que tout créancier de l'État, dont la créance serait reconnue légitime, pourrait faire recevoir pour moitié du prix de chaque acquisition ses titres de créances, sous la réserve de faire et servir la rente du surplus jusqu'aux époques de chacun des remboursements qui seraient convenus.

Pourriez-vous, Nos Seigneurs, ne pas voir d'un œil favorable une soumission dictée par le plus pur patriotisme? Vous pèserez dans votre sagesse le désir ardent qui nous anime pour le succès de vos glorieux travaux; plus nos ennemis vous entourent et vous harcèlent, plus votre courage se relève en dépit des méchants. Vous achèverez la grande œuvre de notre régénération, et jouirez enfin dans le calme de l'admiration si méritée de l'univers entier.

Arrêté dans l'assemblée du Conseil général de la commune de la ville des Sables, le 29 avril 1790.

MERCEREAU, MARIN l'aîné, DELANGE, BOURDON, CHAUVET, BROCHART, CADOU, GUÉNIER, GOBERT l'aîné, GOBERT jeune, GARNIER, REGAIN, ROBERT DU BREUIL, DE LA BRUNIÈRE, J. MOREAU, CHAUVITEAU, *procureur de la Commune*, DEAU, *curé de la Chaume*, DARDEL DE LA GESTRIE, *maire*.

Le 15 août, l'Assemblée nationale, « voulant accélérer les travaux pour l'aliénation des domaines nationaux et simplifier ceux des directoires de département et de district, décréta que « les municipalités et les particuliers qui feraient à l'avenir des soumissions, seraient tenus d'en envoyer trois copies, une au Comité d'aliénation à Paris, une au directoire du département et une au directoire du district. »

Les municipalités reçurent une circulaire, datée du 18 août, par laquelle elles étaient invitées à expédier en triple « une nouvelle soumission spéciale et *détaillée* »[1].

La première que l'on trouve au dossier de la Vendée est celle de « la municipalité de la paroisse de Notre-Dame-d'Olonne », en date du 5 septembre 1790, pour des biens domaniaux ci-devant ecclésiastiques, estimés, en revenu annuel, à 5,116 livres 14 sols, et en capital, à 110,964 livres.

En voici le détail résumé :

---

1. La circulaire avec le décret annexé, est signée du commissaire et secrétaire Pierre de Delay, Arch. nat., *ibid*.

1° Les biens de la cure du lieu, y compris le terrage d'un petit fief au 6ᵉ des fruits, donnant de revenu annuel 144 livres ;

2° Le commun des Clercs, avec terrage au 6ᵉ sur le petit fief de la Dame, 607 l. 4 s. ;

3° Le bénéfice de Saint-Jean, avec une part de marais salants, 133 liv. ;

4° Le couvent des cordeliers, son enclos et les petites rentes dues, 800 livres ;

5° Le prieuré de Sainte-Croix, avec son four banal, 600 livres ;

6° La chapellenie de Saint-Sixte, affermée par le grand vicaire de l'évêque de Luçon, 115 livres ;

7° Le bénéfice de Sainte-Catherine, en marais salants principalement, 48 livres ;

8° La chapelle de Laurièze, en terrages, 140 livres ;

9° Le bénéfice de Pont-l'Ane, terres labourables, vignes et marais salants, 150 livres ;

10° Le bénéfice des Prêtres, 112 livres ;

11° Le prieuré de l'aumônerie séculière, borderie, marais salants et terrage sur différents fiefs, 562 livres ;

12° La portion de l'abbaye d'Orbestier située sur la paroisse, 190 livres ;

13° Le prieuré de Saint-Nicolas-de-la-Chaume, marais salants, rivières à poisson, vignes, 104 livres ;

14° La maison ci-devant noble de la Trésorerie, dépendant du chapitre de Luçon, 480 livres ;

15° Le prieuré de Vendôme, avec terrages sur quatre petits fiefs, 356 livres ;

16° Biens dépendants de la cure de Saint-Martin-de-Brem, marais à poisson et terres labourables, 250 livres ;

17° Biens des bénédictines des Sables, terres et marais, 328 livres ;

18° Portion de l'annexe du grand prieuré de Baudeville, 60 livres ;

19° Petite portion de l'abbaye de Bois-Grolland, marais salants, terrages et rentes en nature, 33 livres.

La soumission de la ville des Sables ne put être faite en la forme prescrite que le 24 décembre. Le retard est expliqué par la lettre d'envoi des officiers municipaux à l'Assemblée nationale :

.... Depuis ce temps, une partie des membres de la municipalité ayant donné leur démission pour occuper diverses places de l'administration, le reste a négligé de vous désigner les domaines qu'elle désirerait acquérir. La nouvelle municipalité, qui a souffert deux élections et n'a été organisée que le 8 de ce mois, n'a pu plus tôt remédier à ces inconvénients. Elle s'empresse de renouveler la soumission du 29 avril et de vous désigner les objets qu'elle se propose d'acheter, conformément au décret du 14 mai dernier. Elle ose espérer que vous aurez égard aux circonstances qui ont retardé cette opération, et vous assurer de sa soumission aux décrets de l'Assemblée nationale, et de sa reconnaissance pour les bienfaits de la nouvelle Constitution.

Soumission de la ville des Sables-d'Olonne[1].

Nous, officiers municipaux de la ville des Sables, en exécution des délibérations prises par le Conseil général de la commune, les 29 avril dernier et 23 de ce mois, et, conformément à l'autorisation qui nous y est donnée, réitérant notre soumission déjà faite pour l'acquisition de biens nationaux, déclarons être dans l'intention de faire, au nom de la commune de cette ville, l'acquisition des domaines nationaux dont la désignation suit :

L'abbaye royale de Saint-Jean-d'Orbestier et dépendances, situées paroisses du Château-d'Olonne, de Vairé et de l'Ile-d'Olonne ;

Le couvent des révérends pères capucins, situé en cette ville ;

La grande métairie faisant partie des revenus du ci-devant chapitre de Luçon, située paroisse de Saint-Hilaire-de-la-Forêt ;

Les domaines du prieuré de Saint-Nicolas-de-la-Chaume, situés paroisses de la Chaume, de l'Ile et du Château-d'Olonne.

Le prieuré de la Melleraye, situé paroisse du Château-d'Olonne ;

Les menses abbatiales et monacales de Bois-Grolland, situées paroisses du Poiroux et Saint-Cyr ;

Le bénéfice de Sainte-Croix dépendant encore du ci-devant chapitre de Luçon, situé paroisse de Notre-Dame-d'Olonne ;

Le prieuré de Saint-Martin-de-Brem, situé en ladite paroisse ;

Les domaines des dames religieuses bénédictines de cette ville des Sables, consistant en deux borderies, l'une dans cette paroisse des Sables, et l'autre au village de la Jarillière, paroisse du Château-d'Olonne ;

Les domaines de la cure de Saint-Georges-de-Pointindoux ;

L'abbaye de Saint-Grégoire, paroisse de l'Aiguillon ;

Les biens des cordeliers, situés paroisse de Notre-Dame-d'Olonne ;

Ceux de la Trésorerie dépendant encore du ci-devant chapitre de Luçon, situés dite paroisse de Notre-Dame-d'Olonne ;

Le prieuré de Landevieille, situé en la paroisse du même nom ;

Les domaines de la cure de la Jonchère ;

Ceux de la cure de Bretignolles ;

Ceux de la cure de Saint-Vincent-sur-Jard ;

Les domaines de l'abbaye d'Orouet, situés paroisse de Saint-Jean-de-Mont et Saint-Hilaire-de-Riez ;

Enfin, l'abbaye de Talmond, située en la paroisse du même nom, celles de Saint-Hilaire-de-Talmond et Saint-Hilaire-de-la-Forêt ;

Partie desquels biens sont affermés, mais nous ignorons si les baux sont authentiques, leurs dates, leur durée et les revenus desdits domaines :

Pour parvenir à leur acquisition, nous nous soumettons à en payer le prix de la manière déterminée par les dispositions du décret de l'Assemblée nationale ;

Et quant à ceux des biens ci-dessus qui ne sont point affermés, et dont le décret ordonne que le produit annuel sera évalué par des experts pour en fixer le prix capital, nous consentons à le payer également conformément à l'évaluation qui en sera faite par experts ; à l'effet de laquelle estimation nous

---

1. Avec la lettre d'envoi, Archives nationales, Q² 180.

déclarons choisir pour notre expert la personne du sieur Jaunâtre, agriculteur, demeurant au bourg de Saint-Hilaire-de-la-Forêt, que nous autorisons à y procéder conjointement avec l'expert qui sera nommé par le Directoire du district; consentons à en passer par l'estimation du tiers expert, qui, en cas de partage, sera nommé par le département ou son Directoire.

En conséquence, nous nous soumettons à déposer, dans la Caisse de l'Extraordinaire, la concurrence des trois quarts du prix qui sera fixé, quinze obligations payables en quinze années, et portant intérêt à cinq pour cent, comme aussi à nous conformer d'ailleurs très exactement, et pour le payement de nos obligations, et pour notre jouissance jusqu'à l'époque des recettes, à toutes les dispositions du décret et de l'instruction de l'Assemblée nationale.

Aux Sables, ce 23 décembre 1790.

GAUDIN, *maire*; MERCEREAU, *procureur de la Commune*; DELANGE, DUGET, DEBARD; ROUILLÉ, *secrétaire greffier*.

Le chef-lieu du département, Fontenay-le-Comte, en vertu d'un décret du 8 février 1791, acheta, moyennant 2,708,819 livres 6 sous 3 deniers, le couvent, le château, les douves et fortifications de la ville, avec faculté de revendre. Une grande partie de ces acquisitions furent revendues et l'opération fut très avantageuse pour la commune[1].

TRAITEMENTS ET PENSIONS ECCLÉSIASTIQUES

Le Directoire du département de la Vendée dressa, en exécution de l'article 1er de la loi du 5 décembre et de l'article 4 du titre Ier et l'article 1er du titre III de la loi du 15 décembre 1790, cet [2]

ÉTAT COMPARATIF du montant des fermages et loyers des biens nationaux ci-devant ecclésiastiques perçus et disponibles au 1er janvier 1791 avec le montant par aperçu des traitements ou pensions payables à la même époque.

DÉSIGNATION des DISTRICTS.	MONTANT par aperçu DES TRAITEMENTS ou pensions payables au 1er janvier 1791.	MONTANT DES LOYERS et fermages disponibles au 1er janvier 1791.	INSUFFISANCE de FONDS.	EXCÉDENT de FONDS.
	l. s. d.	l. s. d.	l. s. d.	
Fontenay	86.650 » »	40.968 8 1	45.681 11 11	»
La Roche-sur-Yon	120.000 » »	26.605 10 10	93.394 9 2	»
Montaigu	140.000 » »	14.868 16 9	125.131 3 3	»
Challans	118.954 » »	46.986 4 7	71.967 15 5	»
La Châtaigneraie	58.000 » »	12.723 5 »	45.276 15 »	»
Les Sables	30.000 » »	11.497 10 6	18.502 15 »	»
TOTAUX	553.604 » »	153.649 15 9	399.954 4 3	»

---
1. B. Fillon, *Recherches sur Fontenay*, t. I, p. 342.
2. Archives nationales, D XIX, 19.

Nota. — Il faut observer que le district de Fontenay n'a porté en dépense que les payements à faire aux ecclésiastiques pour le premier quartier de 1791, sans avoir égard aux suppléments dus auxdits ecclésiastiques pour le complément de leur traitement de 1790, payables à l'instant même, ce qui peut former un objet de 100,000 francs ou environ. Ceux de la Roche, de Challans et surtout de Montaigu l'élèvent sûrement au-dessus de la dépense que leur indique le nombre des ecclésiastiques de leur arrondissement. Les fonds disponibles des caisses des receveurs de districts et même ceux de 80,000 francs, annoncés et envoyés en partie, sont donc évidemment insuffisants et déjà à la veille d'être absorbés.

Les délibérations du Directoire du district des Sables d'Olonne [1], au cours de toute l'année 1791 et de la moitié de l'année 1792, prouvent avec quelle régularité, on pourrait ajouter avec quelle générosité, quand la guerre civile et religieuse était déjà très manifestement engagée, furent reconnues et servies les pensions légales des moines sortis des couvents, et liquidés les comptes souvent compliqués des anciens curés. Cette double opération paraît avoir été achevée aux mois de mars et d'avril 1791. Dès le 29 janvier, par exemple, sur la première réclamation du curé des Sables, le sieur Ocher, receveur du district, recevait du Directoire l'ordre de « payer au sieur Boitel la somme de 2,257 livres 15 sols, pour, avec celle de |324 livres 5 sols, former le traitement requis. » Le 1er février, le curé de la paroisse du faubourg de la ville, Saint-Nicolas-de-la-Chaume, qui n'avait reçu que 605 livres 3 sols à compte, était autorisé à toucher ce qui lui restait dû pour parfaire le minimum de 1,200 livres fixé par la loi. Ces deux prêtres se déclaraient en ce moment même contre la Constitution civile; aucune objection cependant ne fut opposée à leurs « réquisitions » pécuniaires, et il en fut de même pour tous les autres ecclésiastiques qui refusèrent le serment. La pension légale fut soldée à tous les religieux, religieuses, curés et vicaires qui la réclamèrent [2].

Il n'y eut de difficultés que sur deux points : les réparations d'église ou de presbytère; la perception des revenus des biens mis sous séquestre en attendant la vente.

Le 30 août 1790.... le procureur-syndic lit une requête du curé de Beaulieu-sous-la-Roche, par laquelle ledit curé demande qu'il lui soit permis de faire appeler par-devant le Directoire les habitants de ladite commune pour être condamnés à lui fournir un logement convenable.

Le Directoire, attendu que l'instruction qui lui a été adressée par l'ordre du Roi, porte, article 111, que les Directoires de district s'abstiendront de

---

1. Les seules, on se le rappelle, conservées au complet dans les Archives du département de la Vendée.
2. Délibérations des 21 janvier, 1er, 21 et 28 février, 14, 17, 22, 29 mars, 13 avril, etc.

proposer aucune dépense pour reconstruction ou grosses réparations d'églises ou de presbytères pendant l'année 1790, rejette la demande.

. . . .

Le 21 janvier 1791, sur la requête du sieur abbé de Rozan, tendant à obtenir que les revenus de la mense conventuelle de l'abbaye de Talmond soient versés, comme par le passé, entre les mains du syndic de la chambre ecclésiastique de Luçon,

Le Directoire, considérant que l'État est chargé du traitement des prêtres infirmes, auxquels les revenus sus-mentionnés étaient employés, et que le receveur des domaines des Sables a déjà commencé à donner des acomptes auxdits prêtres, que ledit sieur abbé lui a renvoyés, est d'avis que les revenus de la mense conventuelle de l'abbaye de Talmond doivent être versés entre les mains du receveur de ce district[1].

ADJUDICATIONS DE BAUX
ET ESTIMATIONS DE BIENS DOMANIAUX ET ECCLÉSIASTIQUES [2]

Le district des Sables commence, le 13 octobre 1790, « la mise aux enchères des baux des biens ci-devant ecclésiastiques repris par la Nation. »

Ce jour sont adjugés les baux des domaines dépendants des cures de la Jonchère, 700 livres, et de Champ-Saint-Père, 600 livres.

Le 18 octobre, à la requête du curé de Bretignolles, appuyée par plusieurs habitants, le Directoire du district distrait du bail mis en adjudication la grange, la cour, le petit pré et une vigne, comme faisant partie inhérente du presbytère, et adjuge le reste des domaines de la cure, pour cinq ans, moyennant 930 livres, au curé.

Le 20 octobre, pour 1,000 livres, est adjugé au sieur Jaunâtre le bail à ferme de la grande métairie de la Forêt, domaine national dépendant ci-devant de l'abbaye de Talmond.

Les 9, 17 et 29 décembre sont adjugés les baux à ferme des dépendances de plusieurs cures ; pour celles de Saint-Julien-des-Landes, l'adjudicataire est le curé.

Le 6 janvier 1791, après l'adjudication de divers baux, est dressé le tableau des biens ecclésiastiques dont l'aliénation a été décrétée.

Le 7, sont examinés de nombreux procès-verbaux d'estimation, notamment celui relatif à l'abbaye d'Angles, présenté par les sieurs Jaunâtre et Duroussy, experts nommés le 9 décembre précédent ; le revenu de cette abbaye est évalué à 4,409 livres 14 sous 6 deniers.

---

1. Un conflit s'éleva à ce sujet entre le district des Sables et la municipalité de Luçon. Celle-ci prétendait « avoir été autorisée par le département à former un bureau pour administrer les biens confiés ci-devant à la Chambre diocésaine de Luçon » et produisait « la liste des biens dont les revenus devaient être comptés au trésorier nommé par elle. » Le 14 février 1791, le Directoire du district des Sables déclare qu'il ne pouvait donner l'ordre aux fermiers de verser au bureau municipal de Luçon, « n'ayant reçu ni ordre ni instruction à cet égard. »
2. Analyse du 1er registre des délibérations du district des Sables, aux Archives du département de la Vendée.

Les estimations de biens ecclésiastiques paraissent avoir été terminées au mois de mars 1791.

VENTE DES BIENS ECCLÉSIASTIQUES [1]

Les opérations pour la mise en vente des biens ci-devant ecclésiastiques furent réglées par le Directoire du district des Sables-d'Olonne dans sa séance du 9 février 1791. Les affiches indiquant les premières enchères des différents domaines nationaux à aliéner achevèrent d'être expédiées dans les cantons avant le 14 de ce mois.

L'abbaye d'Angles fut vendue le 12, ainsi que les dépendances de l'abbaye de Talmond, des prieurés-cures d'Avrillé, des Moutiers et de Beaulieu-sous-la-Roche.

Le 16, l'enclos de l'abbaye de Talmond et plusieurs de ses domaines, situés sur le territoire de la commune de Saint-Hilaire, étaient adjugés, le premier lot, pour 3,400 livres, à Charles-Henry Duroussy, et le second, pour 7,125 livres, à Louis-Jacques Duroussy, cultivateurs, très ardents patriotes, dont l'un était administrateur du district.

Le président du district, Dardel, l'administrateur, Mercereau, et l'officier municipal des Sables, Rafin, prenaient part aux adjudications du 22.

Le 23, le Directoire dut adjuger à bail un certain nombre d'immeubles qui ne trouvaient pas acquéreurs à cause de leur étendue. Il décida de multiplier les affiches annonçant la mise aux enchères, et, le 28, nomma de nouveaux commissaires pour les estimations. La division des domaines trop considérables fut faite et les adjudications reprirent vivement.

Les 9 et 12 mars, les Duroussy continuèrent leurs achats de biens de l'abbaye de Talmond, dont d'autres furent acquis, les 15, 16 et 19, par les sieurs Bertrand, Giraudin, etc. Les plus fortes ventes alors effectuées étaient de la valeur de 22,000 livres, deux métairies de l'abbaye Talmond, et une autre de 16,000 ; 14,800, les dépendances du prieuré des Eaux ; 14,400 livres, le domaine du Petit-Jard ; 12,100, les dépendances du prieuré-cure d'Avrillé, etc.

Du 1er au 6 avril, il n'était adjugé qu'un assez gros domaine, celui de la cure de Saint-Sornin, 21,700 livres ; la terre de la Melleraye, 55,100, et beaucoup de très petits lots, dont le prix s'abaissait, pour la vigne de la cure de Saint-Hilaire-la-Forêt, à 115 livres 10 sols.

En mai, en juin — au moment de l'insurrection de Saint-Christo-

---

1. Analyse des 1er et 2e registres des délibérations du district des Sables, aux Archives du département de la Vendée.

phe-du-Ligneron et de l'expédition de la Proutière[1],—les ventes ne se ralentissent pas ; mais il faut encore mettre à bail les trop grands domaines indivisés. Cependant celui dit la Grange de Jard peut être adjugé 97,000 livres le 20 août. Le 30 décembre, le couvent des cordeliers d'Olonne est acheté 15,000 livres ; les meubles avaient été vendus au mois d'août.

Par la loi du 23 octobre 1790 et l'instruction des comités de l'Assemblée nationale du 15 septembre 1791, les corps administratifs avaient été obligés de faire dresser des états sommaires du mobilier des maisons religieuses supprimées, puis en estimer la valeur par experts, et enfin le partager en quatre classes : la première comprenant les effets inutiles à conserver ; la seconde, les ornements sans utilité pour le culte ; la troisième, l'argenterie à porter aux hôtels des monnaies ; la quatrième, les manuscrits, les livres, les antiquités, les tableaux et objets d'art. Un arrêté fut pris, en conséquence, le 14 avril 1792, par le district des Sables, pour la liquidation du mobilier du couvent des capucins d'Olonne, de la collégiale de Bois-Grolland, et des objets réservés de la maison des cordeliers d'Olonne. L'un des administrateurs, Mercereau, fut chargé de présider aux expertises ; deux femmes, Mmes Gobert et veuve Mourailleau, reçurent la mission d'estimer les effets et ornements. Dans le courant du mois de mai, la vente était effectuée aux Sables ; à la monnaie de Nantes étaient expédiées toutes les matières d'or et d'argent provenant des établissements religieux du district. Les matières de cloches y avaient été envoyées précédemment, aussitôt après l'évacuation des couvents.

Un peu ralenties durant l'hiver, les ventes d'immeubles, malgré la déclaration de guerre, reprennent au printemps de 1792. Un grand nombre de terres de diverses valeurs trouvent acquéreurs, comme celles dépendant de la cure de la Chaise, à 17,900 livres, et celles du vicariat de Coëx, qu'un fermier de la localité, Berthonneau, achète 625 livres.

Du 17 au 21 juin, l'adjudicataire des biens de la ci-devant abbaye de Saint-Jean-d'Orbestier, le sieur Richard, n'ayant pu faire le premier versement dans le délai de deux mois, est sommé de se libérer, et, comme il s'en trouve incapable, de nouvelles affiches, conformément aux lois des 17 mai et 17 novembre 1790, sont apposées pour annoncer que la vente aura lieu de nouveau par folle enchère.

Le 27 juin sont achetées les terres dépendant du prieuré de la Jonchère, 22,300 livres ; du prieuré de Fontaine, 1,100 livres ; de la cure de Longeville, 8,200 ; du prieuré de Saint-Antoine-des-Aires, 1,677 ; des cures de Saint-Jean-Avaugour, 2,525 ; de Rosnay, 905 livres ; du Tablier, 255.

1. Voir plus loin, ch. XV.

Mercier du Rocher[1] accuse les premiers administrateurs du département de la Vendée d'avoir mis beaucoup de lenteur dans l'exécution des lois relatives à l'aliénation des biens ecclésiastiques. Longtemps et sous divers prétextes, ils retardèrent les estimations, et quand elles furent faites, le procureur général syndic, à la requête duquel la mise aux enchères devait s'opérer, ne se pressa pas de composer les affiches nécessaires et de les distribuer aux districts. L'un de ceux-ci, celui de la Châtaigneraie, s'impatienta et, de sa propre initiative, annonça sur les murailles le commencement des ventes. Il en résulta avec le département un conflit qui fut déféré au Comité d'aliénation de l'Assemblée nationale.

Le contrôleur général des finances fut obligé d'adresser une semonce au Directoire vendéen, qui lui répondit[2] :

A M. de Lessart.

Fontenay-le-Comte, 23 décembre 1790.

Monsieur,

Nous sentons vivement combien il importe à la chose publique que les domaines nationaux soient soumis dans le plus bref délai aux adjudications publiques qui doivent en faire le patrimoine du plus grand nombre des citoyens, en même temps que la première ressource de l'État. Nous avons tout lieu de croire que les ventes vont se faire désormais avec activité. Les derniers décrets qui en ont simplifié les formes faciliteront infiniment ces opérations, et déjà quelques districts ont fait des adjudications ; mais il est hors de doute qu'elles vont se multiplier avec célérité, et il ne tiendra pas à nous que les districts n'y appliquent tous les efforts de leur zèle ; nous aurons cette attention constante et soutenue d'aiguillonner leur activité.

Nous sommes avec respect, Monsieur, etc.

Les Administrateurs composant le Directoire du département de la Vendée :

GUILLET, MORISSON, MILLOUAIN, MENANTEAU, THIÉRJOT ;
PICHARD, procureur général-syndic ;
J.-M. COUGNAUD, secrétaire général.

Pichard du Page et Cougnaud étaient convaincus, affirme Mercier du Rocher, qu'en un pays aussi catholique les gens superstitieux n'oseraient pas acheter. Ils furent très étonnés de voir les habitants des campagnes porter des enchères à l'envi les uns des autres.

1. Dans ses Mémoires inédits, 1er cahier.
2. Cette réponse est la seule pièce qui ait été conservée, croyons-nous, sur cette intéressante affaire. Nous l'avons trouvée isolée dans la liasse Vendée des mélanges relatifs aux biens nationaux, Archives nationales, Q²196.

Le succès fut tel que leur produit s'est élevé, jusqu'au mois de novembre 1791, à près de 28 millions. Les assignats n'avaient été créés que pour acquitter les dettes de l'État et accélérer la vente des biens du clergé. Les habitants des campagnes vendéennes n'attendirent pas le papier-monnaie pour acheter ; « ils effectuèrent leurs premiers payements en espèces sonnantes, et ne manquèrent jamais de confiance pour le papier. Les manœuvres des prêtres ne purent le leur arracher. Le succès des assignats a surpassé les espérances de leurs créateurs [1]. »

Il est de fait que les administrateurs départementaux mirent une plus grande hésitation que ceux des districts à établir leurs bureaux dans les locaux d'une ancienne communauté religieuse. La ville de Fontenay ayant décidé, les 3 mai et 9 juin 1790, d'acquérir des biens nationaux pour la somme de 1,500,000 livres [2], et les trois anciens couvents des dominicains, des capucins et des cordeliers étant compris dans cette soumission, le Directoire du département n'arrêta que le 2 octobre suivant qu'il s'établirait dans la maison des capucins. Il fit faire par deux entrepreneurs de bâtiments, Jacques Amiot et François Roudard, la visite de cette maison, puis de celles des autres communautés supprimées. Ces entrepreneurs présentèrent un rapport, d'après lequel une dépense de 30,000 livres était indispensable pour installer les administrations dans ces bâtiments dégradés. Sur quoi le Directoire prit deux arrêtés successifs le 27 et le 28 octobre, en vue d'abord de louer la maison de Chevallereau, qui venait d'être élu juge au tribunal du district des Sables ; puis, le propriétaire ne voulant pas louer, mais vendre, pour l'acquérir au prix de 21,000 livres. La demande d'approbation de cet achat fut adressée au ministre [3]. L'administration départementale s'installa le 3 novembre dans la maison Garos, rue du Puy-Saint-Martin [4]. C'est seulement le 20 octobre 1792 que les administrateurs s'installèrent dans l'ancien couvent de l'Union chrétienne [5].

Il est de fait aussi que l'aliénation définitive des biens ecclésiastiques ne fut pas régularisée tout de suite par la remise des titres de propriété aux acquéreurs. Ainsi, le 29 floréal an X (21 mai 1801) C. Coppat était obligé de faire le voyage de Paris pour réclamer les titres de l'abbaye de Jard, dont son père, médecin aux Sables-d'Olonne, s'était

---

1. M. Dugast-Matifeux annotant ce passage des *Mémoires de Mercier du Rocher*, écrit : « Oui, mais les assignats, qui étaient restés au pair jusqu'au 9 thermidor, commencèrent à perdre immédiatement après. A partir de cette journée néfaste, où Mercier du Rocher laissa tomber sa plume, l'immense crédit de la Révolution ébranlée et compromise décroît incessamment, et le papier-monnaie finit par rester en pure perte à ses détenteurs. »
2. B. Fillon, *Recherches sur Fontenay*, I, 342.
3. Les pièces de cette négociation sont aux Archives nationales, F^{17}9481^4.
4. B. Fillon, l. c. p. 344.
5. *Ibid.*, p. 372.

rendu adjudicataire au mois de mai 1971, et rien n'indique que les papiers aient pu être retrouvés[1].

Deux des conventionnels de la Vendée, appelés à témoigner contre Pichard du Page devant le tribunal révolutionnaire, au mois d'avril 1794[2], citaient, parmi les preuves de l'incivisme de l'ancien procureur général syndic, le retard de la mise en vente des biens nationaux et les faveurs accordées aux adjudicataires nobles.

Ph.-Ch.-Ai. Goupilleau déclare :

« En sa qualité de procureur-syndic (du district de Montaigu), il a toujours éprouvé au sujet de la vente des domaines nationaux la plus grande résistance de la part du département, et surtout de Pichard ; le retard qu'il y a occasionné a causé les plus grands préjudices à la nation. »

Morisson rapporte :

« Le directeur du district de la Roche-sur-Yon avait fait une vente de biens nationaux, d'abord avec des réserves, et ensuite avec la déclaration que les autres objets qui faisaient antérieurement partie de l'objet vendu n'étaient pas compris dans la vente. Lorsque l'adjudication fut faite, l'adjudicataire, qui était noble, prétendit qu'il était adjudicataire, non seulement de l'objet qui lui avait été effectivement vendu, mais encore de ceux qui avaient été déclarés ne pas faire partie de la vente. Comme cet adjudicataire était noble, il trouva dans la personne du citoyen Pichard un protecteur zélé, qui blâma avec insolence le Directoire du district et finit par obtenir à son protégé tout ce que ce dernier avait demandé. »

Cette déposition prouve au moins qu'en Vendée, comme en Anjou[3], la Noblesse ne se fit pas faute de profiter du dépouillement de l'Ordre du Clergé. Du reste, on le sait, l'aliénation générale des biens d'Église, après les exemples d'aliénations partielles, sans cesse donnés par l'Ancien Régime, ne put être, au moment où elle se produisit, condamnée comme un sacrilège, comme un attentat à la religion[4].

Pichard, dans la défense qu'il écrivit pour présenter au Tribunal révolutionnaire[5], répond au reproche d'avoir retardé et entravé la vente des biens nationaux :

1. Arch. nat., $Q^2 196$.
2. Arch. nat., W 354.
3. Voir *La Vendée angevine* de M. Célestin Port, t. I, p. 108-111. Parmi les acquisitions citées on trouve celles faites par Bonchamp, le 12 octobre 1790, par d'Elbée, le 30 août 1790, et, à l'exemple de ces généraux de l'insurrection catholique et royale, par un grand nombre de ci-devant nobles.
4. Voir, sur la question de l'aliénation des *biens du Clergé* par l'Assemblée constituante, une étude très remarquable de M. Edme Champion dans la *Revue bleue* du 26 juillet 1890.
5. Et dont la minute est dans le dossier de son affaire, W 354.

... Je conviens d'abord qu'en dépit des compagnies d'acheteurs qui, voulant tout accaparer à bon marché, désiraient faire vendre par grandes masses, et de quelques administrateurs de district qui protégeaient vivement ce système, j'ai toujours insisté pour que les adjudications se fissent par fermes ou corps d'exploitation séparés; et en cela j'ai suivi l'intention de tous les législateurs, dont le but a constamment été de donner des facilités pour acquérir aux citoyens moins fortunés. J'ai d'ailleurs été, sans doute, moins négligent à acheter qu'à faire vendre; car, avant la fin d'octobre 1791, je m'en étais fait adjuger pour 80,000 livres, et j'avais payé près de 60,000 livres comptant. Cette prétendue négligence n'a d'ailleurs pas eu de suites bien sensibles; car, à cette même époque du mois d'octobre 1791, il y avait eu dans ce département pour plus de 20 millions d'adjudications. Le tableau inséré dans le Compte du Directoire, que j'ai à la main, en offre la preuve. Je voudrais bien qu'on citât le département dans lequel les ventes étaient alors plus avancées...

DÉPARTEMENT DE LA VENDÉE

ÉTAT du montant des adjudications des biens nationaux aliénés d'après les États de vente produits par les directoires de districts, jusqu'au 14 novembre 1791.

NOM des DISTRICTS.	DATE des ADJUDICATIONS.	MONTANT des ESTIMATIONS.	MONTANT des ADJUDICATIONS.	EXCÉDENT des ADJUDICATIONS sur les estimations.
		l. s. d.	l. s. d.	l. s. d.
Fontenay...	Du 29 janvier 1791, jusqu'au 29 octobre suivant...	5.417.427 18 »	7.817.746 » »	2.400.318 2 »
La Châtaigneraye..	Du 23 décemb. 1790, jusqu'au 31 octobre 1791......	1.648.783 15 »	2.608.523 5 »	959.736 10 »
Montaigu...	Du 3 décembre 1790. jusqu'au 30 septembre 1791.....	1.745.871 » »	2.403.493 » »	657.622 » »
Challans...	Du 25 janvier 1791, jusqu'au 31 août suivant.........	3.352.693 » »	4.427.445 6 »	1.074.752 6 »
Les Sables.	Du 9 février 1791, jusqu'au 31 octobre suivant....	1.036.936 14 6	1.387.268 4 »	350.331 10 6
La Roche-sur-Yon..	Du 10 janvier 1791, jusqu'au 30 septembre suivant..	998.652 9 »	1.389.138 » »	390.485 11 »
	Totaux.....	14.200.369 16 6	20.033.615 15 »	5.833.245 19 6

CHAPITRE VI

LA CONSTITUTION CIVILE. — LES RÉFRACTAIRES ET LES INTRUS

Dès le mois d'octobre 1789, le premier signal de la guerre religieuse et civile avait été donné par l'évêque de Tréguier. On sait que le célèbre mandement de M. Le Mintier fut dénoncé à l'Assemblée nationale par les municipalités bretonnes, et, sur le rapport d'Alquier, déféré au tribunal du Châtelet comme crime de lèse-nation[1]. Le prélat factieux se déroba aux poursuites par l'émigration. Il laissait derrière lui un plan du soulèvement des campagnes par l'union du Clergé avec la Noblesse, qui devait se réaliser complètement en Vendée.

L'évêque de Luçon, de Mercy[2], non moins fanatique que son confrère, ne se compromit pas dans une aventure prématurée. Son chapitre ne commença à s'émouvoir qu'en recevant les lettres-patentes du Roi qui sanctionnaient le décret du 24 décembre 1789, par lequel les non-catholiques étaient reconnus admissibles à tous les emplois civils et militaires. Il ne se décida à faire acte d'opposition qu'après avoir vu l'Assemblée constituante rejeter plusieurs des motions présentées, au mépris de la Déclaration des droits de l'homme et du citoyen, afin d'obtenir le maintien de la religion catholique comme seule et exclusive Religion de l'État. Il délibéra et signa une protestation, dont voici quelques extraits importants[3] :

---

1. L'instruction, commencée le 21 janvier 1790, se poursuivit jusqu'au 23 octobre. Les pièces du Châtelet, énumérées dans l'inventaire du greffier auquel elles furent remises (Arch. nat., Y 10569), n'ont pas été toutes perdues. On en retrouve quelques-unes dans les papiers des Comités des rapports et des recherches, et aussi dans ceux du Comité ecclésiastique de l'Assemblée constituante.

2. De Mercy (Marie-Charles-Isidore), né le 3 février 1736, à Maubec, d'une ancienne famille du Dauphiné, occupait le siège épiscopal à Luçon depuis 1776. Après la session de la Constituante, il émigra en Allemagne, puis en Angleterre, prenant toujours de loin une part active aux complots royalistes et à la guerre de Vendée. Ayant adhéré des premiers au Concordat de Bonaparte, il fut promu à l'archevêché de Bourges, 1802-1811.

3. Cette adresse à l'Assemblée nationale forme une feuille en double in-4°, sans lieu

A l'Assemblée nationale.

Le Clergé de France a été dépouillé de tous les biens qu'il possédait ; nous nous sommes interdit la plainte ; nous nous sommes tus... Mais de plus grands intérêts nous forcent aujourd'hui de parler. La Religion, tremblante, éplorée, nous ordonne de mettre sous les yeux de l'Assemblée nationale ses inquiétudes, ses alarmes...

La religion catholique fut toujours celle de ce royaume ; jamais le gouvernement n'en a reconnu d'autre. Elle régnait dans les Gaules avant que les Francs en eussent fait la conquête. Elle accueillit et reçut dans son sein les vainqueurs de Soissons et de Tolbiac. Clovis et son armée crurent lui devoir la victoire ; ils s'instruisirent de ses dogmes, abjurèrent leurs erreurs, et leur front se courba sous le joug de la foi. La religion catholique conserva tous ses droits ; elle devint pour les Francs ce qu'elle avait été pour les Gaulois, la religion dominante ; elle fut la seule religion de l'État. Plus de quinze siècles se sont écoulés, plus de soixante rois se sont succédé, et l'empire de la foi est resté immuable au milieu de ces vicissitudes...

Tous nos rois, en recevant l'onction sainte, firent le serment à Dieu et à leurs peuples de maintenir la religion de Clovis, de Charlemagne, de saint Louis, de lui conserver son culte, la splendeur et l'hommage solennel et exclusif de l'empire français. Notre gouvernement est donc également catholique et monarchique : nous ne devons reconnaître qu'une foi, qu'un roi. Telles sont les maximes antiques, fondamentales et inéluctables de cet empire...

Nous en sommes persuadés et, nous nous empressons de le dire, jamais l'intention des représentants de la Nation n'a pu être de refuser à la religion catholique, à l'unique religion de l'empire français, le tribut d'hommages que, depuis quinze siècles, lui ont payé avec reconnaissance toutes les assemblées nationales qui les ont précédés. La reconnaître pour la seule religion de l'État, interdire tout autre culte public et solennel, était un devoir prescrit par tous les mandats des provinces...

Cependant des écrits périodiques, répandus avec profusion, se sont empressés de publier que la motion faite dans l'Assemblée de reconnaître la religion catholique pour la religion de l'État, et de lui assurer un culte solennel, exclusif, avait été repoussée. Les termes du décret rendu sur cet objet ont pu laisser des doutes. Un mot aurait pu fixer toutes les incertitudes, et ce mot n'a point été dit...

mi date, de la collection de M. Dugast-Matifeux, qui ne connaît que son exemplaire, et qui l'a insérée dans son étude sur l'*Origine et les débuts de l'insurrection vendéenne*. L'érudit Vendéen, ne l'ayant pas trouvée indiquée dans la table imprimée des procès-verbaux de l'Assemblée nationale, croit que le rejet de la motion de dom Gerle, le 13 avril 1790, en rendit l'expédition inutile. Il estime qu'elle fut écrite par le sous-chantre de Rozan, dernier abbé de Trizay, « de naissance équivoque et d'esprit rabelaisien », dont il cite des couplets égrillards en patois.

L'abbé de Rozan, rapporte La Fontenelle de Vaudoré (*Hist. du monastère et des évêques de Luçon*, II, 895), était, croyait-on, « fils naturel d'une grande maison ». C'était celui de ses chanoines en qui l'évêque de Mercy avait le plus de confiance, et, à son retour de l'émigration, devenu archevêque de Bourges, il le prit pour premier vicaire épiscopal. De Rozan mourut à Bourges en 1806.

Nos craintes doivent paraître bien légitimes. Habitants d'une province qui fut, pendant plus d'un siècle, le théâtre des querelles et des dissensions religieuses, qui plus que nous a droit d'en redouter les tristes effets? Quelle province du royaume a eu davantage à gémir sur les suites terribles de la diversité des cultes publics? Ce pays fut déchiré plus qu'aucun autre, plus longtemps que tout autre, par des guerres cruelles et atroces, et l'on ne peut encore y faire un pas sans rencontrer les traces des crimes, il faut le dire, des crimes de tous les partis. Tout en rappelle les souvenirs déchirants, et il n'est parmi nous presque aucune famille qui n'ait des pleurs domestiques à donner à ces temps malheureux. La paix, la concorde, un jour plus pur, ont succédé à ces temps funestes, à ces siècles d'horreur. Puisse cette tranquillité, cette union n'être jamais troublée par une diversité de culte que nos maux passés ne nous permettent pas d'envisager sans terreur!...

Ah! loin que nos désirs appellent la punition sur la tête de nos frères errants, nous voudrions, s'ils étaient menacés, nous placer entre eux et les peines qu'on voudrait leur infliger...

Nous applaudissons, et nous aimons à le publier, nous applaudissons à tout ce qui a été décrété pour assurer leur état civil, leur liberté de croire et de penser. Que les consciences soient libres; nous détestons toute violence qui aurait la croyance pour objet; notre religion dédaigne les hommages forcés; celui d'un cœur libre et persuadé est le seul dont elle s'honore.

Mais, en demandant que personne ne soit traîné malgré lui aux pieds de nos autels, nous demandons avec non moins d'instance, comme citoyens et comme catholiques, qu'il ne soit pas élevé autel contre autel, et qu'en laissant à tout particulier la liberté du culte privé ou domestique, l'Assemblée nationale déclare la Religion catholique la seule religion de l'État et défende expressément tout autre culte public ou solennel.

Fait à l'assemblée capitulaire de Luçon.

De Fresne, doyen de l'église de Luçon; *Brumauld,* chantre chanoine; *de la Colinière,* archidiacre; *de Fontaine,* prévôt, chanoine; *de Beauregard*[1], chancelier; *Gandillon,* sous-doyen; *Rozan,* sous-

---

1. Les deux chanoines qui ont signé cette pièce, l'un *Brumauld* et l'autre *Beauregard,* étaient les deux frères. Ils furent ensemble nommés grands vicaires de l'évêque de Mercy et, durant son séjour à Paris, comme membre de l'Assemblée nationale, puis son émigration, investis de ses pleins pouvoirs dans le diocèse de Luçon. C'est à ce titre qu'ils furent les organisateurs de la lutte contre la Constitution civile, les préparateurs de la guerre religieuse et civile.

André-Georges Brumauld de Beauregard, qui signait le plus souvent du second de ses noms, était l'aîné. Il était né, en 1744, à Poitiers, où leur père était subdélégué général de l'intendance. Il alla à Paris, au commencement de l'année 1792, pour agir en faveur des « non conformistes » du Poitou. (V. plus loin ch. XXVII). Retourné dans sa famille, en Poitou, il fut arrêté, traduit au tribunal révolutionnaire et compris dans la dernière fournée de 25 condamnés, qui, le 9 thermidor an II (27 juillet 1794), précéda l'exécution de Robespierre.

Dans l'acte d'accusation dressé par Fouquier-Tinville (Arch. nat., W 433, d. 974) on lit:

« 21°, Brumauld-Beauregard, ex-grand-vicaire de l'ex-évêque de Luçon et chanoine théologal, âgé de 49 ans..., a été l'un des conspirateurs les plus audacieux et les plus fanatiques; prêtre réfractaire, ayant refusé de prêter le serment de liberté et d'égalité,

chantre en dignité, chanoine; *Chevallereau*, chanoine; *Paillou*, chanoine; *Bouhyer*, chanoine, *Irland*, chanoine; *Jourdain*, chanoine; *Rodier*, chanoine; *Belluard*, chanoine; *Serin*, chanoine; *Villsing*, chanoine; *Chevreux*, chanoine; *Buor de la Mulnière*, chanoine; *Voissang*, chanoine; *Babaud de Chaumont*, chanoine; *de Rieussec*, chanoine; *de Lauderneau*, chanoine; *Chabot*, chanoine; *Perrin*, chanoine; *de Beaumarchais*, chanoine; *de Fontaine*, ancien prévot, chanoine honoraire; *Baudouin*, curé de Luçon; *Le Brasse*, secrétaire.

ses lettres et celles qui lui ont été adressées prouvent qu'il ne s'est occupé qu'à répandre et propager son système liberticide de résistance et de rébellion à la loi. Il est constant que c'est lui qui a été le principal agent, dans le département de la Vienne, des ouvrages incendiaires et fanatiques fabriqués par les ci-devant évêques et autres contre-révolutionnaires, et destinés, en égarant les citoyens, à allumer le feu de la guerre civile dans ce département et ceux environnants. Arrêté et conduit au Comité de sûreté générale de la Convention et condamné à la déportation, il s'est soustrait à l'exécution de ce jugement et n'a fait usage de sa liberté que pour se rendre dans les départements de la Vendée et des Deux-Sèvres pour y fomenter la guerre civile qui y a éclaté. Les réponses de ce conspirateur lors de son arrestation ne font qu'ajouter à la nécessité de faire subir à ce scélérat la peine de ses forfaits. »

En même temps qu'André-Georges de Beauregard furent exécutés Guyot-Durigeoust, sous-chantre du chapitre de l'église de Poitiers, et Bernard, curé de Berthegon (Vienne) dont les dossiers, volumineux, sont remplis de lettres et circulaires importantes pour l'histoire des agitations contre la Constitution civile dans tout l'Ouest de la France.

Jean Brumauld de Beauregard, né à Poitiers le 1er décembre 1749, y est mort le 26 novembre 1841, retraité chanoine de Saint-Denis, après avoir été, sous l'Empire, évêque de Montauban, et ensuite, de 1823 à 1839, évêque d'Orléans. Il avait commencé ses études chez les jésuites, dont l'expulsion lui causa le plus vif chagrin. Il les acheva au séminaire de Saint-Sulpice, avec son frère André et son autre frère Thomas, qui devint garde du corps. Chantre en dignité dans le même chapitre de Luçon, dont son frère aîné était le théologal, il participa à tous ses actes et fut exposé aux mêmes rigueurs. Interné au chef-lieu avec les autres prêtres réfractaires durant trois mois, il fut simplement expulsé de la Vendée comme n'y étant pas né, tandis que les autres étaient déportés hors du territoire, en Espagne. Il se retira dans sa famille, à Moulinet, près de Poitiers. Le 1er janvier 1793, l'administration du département de la Vienne les y découvrit; André, malade, y fut laissé prisonnier; Jean reçut l'injonction de se soumettre à la loi de déportation du 26 août 1792 ; il s'exila en Angleterre. Au commencement de l'an II, M. de Mercy lui renouvela ses pouvoirs de vicaire général dans son diocèse de Luçon, en le chargeant de porter aux chefs de l'armée catholique royale le bref du Pape destiné à « confondre l'intrus se disant évêque d'Agra, et à faire cesser ses sacrilèges » (p. 80 de la *Vie de Mgr d'Orléans*, qui précède les *Mémoires de Jean Brumauld*). Il était l'aumônier de l'état-major du corps expéditionnaire débarqué à Quiberon, où périt son frère Thomas. (*Ibid.*, p. 83.) En 1795, il exerçait les fonctions de vicaire général dans l'armée de Charette et rejoignait, au centre insurrectionnel catholique royaliste, Saint-Laurent-sur-Sèvre, l'ancien évêque de la Rochelle, de Coucy. Après le 18 fructidor, il fut pris et déporté à la Guyane, d'où il fut rapatrié en 1801. Il avait écrit des *Mémoires*, dont la majeure partie a été brûlée par lui-même; il en reste quelques morceaux manuscrits à Poitiers; deux chapitres, *Mon exil en Angleterre et mon séjour en Vendée*, 1793-1797, *Déportation à la Guyane*, 1797-1801, précédés de sa biographie (2 vol. in-18), ont été publiés, à Poitiers, en 1843.

Les deux Brumauld de Beauregard ont joué dans les affaires vendéennes un rôle aussi important que le curé angevin Bernier.

La Constitution civile du Clergé, décrétée le 12 juillet 1790 par l'Assemblée nationale, promulguée avec la sanction du Roi le 24 août, ne commença à être mise en vigueur que six mois plus tard.

La loi interprétative du 24 juillet, sanctionnée en même temps, déclarait que les évêques, curés et vicaires, qui consentiraient à prêter le serment civique, imposé au Clergé renouvelé, conserveraient les fonctions dont ils se trouvaient investis.

C'est seulement le 26 décembre, en vertu du décret voté le 27 novembre, que les ecclésiastiques fonctionnaires — et non les autres — furent mis en demeure d'abandonner leurs fonctions dans un délai déterminé, s'ils refusaient le serment.

Un autre décret des 4-9 janvier 1791, exige le serment « sans préambule, explication ni restriction ».

Le 7 et le 9 du même mois, furent fixées les conditions à remplir pour être éligibles aux évêchés et aux cures. Les 13-19, furent déterminées les formalités des élections ecclésiastiques, à faire au chef-lieu de département pour les évêques, et au chef-lieu de district pour les curés, par les mêmes électeurs que les élections politiques, administratives et judiciaires.

Enfin, les 21-26 janvier 1791 fut définitivement adoptée l'instruction de l'Assemblée nationale pour l'exécution complète de la Constitution civile du Clergé.

LE SERMENT IMPOSÉ

On sait à quelles manifestations bruyantes, prolongées durant plusieurs séances, donna lieu l'insigne maladresse commise par la Constituante d'appeler ses membres ecclésiastiques à jurer les premiers « de veiller sur les fidèles du diocèse (ou de la cure) qui leur « était confiée, d'être fidèles à la Nation, à la Loi et au Roi, et de « maintenir de tout leur pouvoir la Constitution décrétée par l'As- « semblée nationale et acceptée par le Roi. » Les plus ardents à rejeter ce serment civique comme un attentat à leur conscience et une négation de leur foi religieuse, devaient être les premiers à accepter, dix ans plus tard, la formule d'asservissement, imposée par le général Bonaparte, avec l'agrément du pape Pie VII : « Je jure et promets « à Dieu, sur les saints Évangiles, de garder obéissance et fidélité au « gouvernement établi par la Constitution de la République; je pro- « mets aussi de n'avoir aucune intelligence, de n'assister à aucun « conseil, de n'entretenir aucune ligue, soit au dedans, soit au dehors, « qui soient contraires à la tranquillité publique; et si, dans mon

« diocèse ou ailleurs, j'apprends qu'il se trame quelque chose au
« préjudice de l'État, je le ferai savoir au gouvernement. »

Cette formule n'était, d'ailleurs, que la reproduction de celle du serment que les évêques de l'ancien régime prêtaient au Roi :

« Je jure le très saint et très sacré nom de Dieu, Sire, et je pro-
« mets à Votre Majesté que je lui serai fidèle sujet et serviteur ; que
« je procurerai son service et le bien de son État de tout mon pou-
« voir; que je ne travaillerai en aucun conseil, dessein ni entre-
« prise au préjudice d'iceux et, s'il en vient quelque chose à ma con-
« naissance, je le ferai savoir à Votre Majesté [1]. »

De fait, tous les prélats députés refusèrent de jurer, à l'exception de deux, l'évêque d'Autun, Talleyrand, et l'évêque *in partibus* de Lydda, Gobel. Hors de l'Assemblée, il n'y en eut que trois qui prêtèrent le serment : l'archevêque de Sens, Loménie de Brienne; l'évêque d'Orléans, Jarente, et l'évêque de Viviers, Lafont-Savine [2]. Leur maintien en fonctions rendit possible l'ordination des nouveaux évêques élus, dont tous les départements se trouvèrent pourvus, le 1er mai 1791, la Vendée exceptée.

Le premier évêque constitutionnel institué, dès le 28 novembre 1790, avait été celui des Deux-Sèvres, le vaillant curé de Chérigné, Jallet. Son influence patriotique sur le clergé pastoral de toute l'ancienne province du Poitou ne put pas s'exercer longtemps. Le 13 août 1791, il fut emporté par une attaque d'apoplexie [3].

Ce fut naturellement à Fontenay-le-Comte que le serment fut d'abord requis des ecclésiastiques fonctionnaires de la Vendée. Le 21 janvier 1791, les prêtres de la ville déposèrent à la mairie un cahier contenant leurs déclarations différemment motivées, mais toutes se résumant en cette même formule : « Je jure d'accepter la Constitution, excepté dans les choses qui dépendent de l'autorité spirituelle. » La

---

1. Billard de Vaux, « ancien chef de division à l'armée catholique et royale de la Normandie », dans les mémoires qu'il publia à Paris, de 1838 à 1840, sous le titre de *Bréviaire du Vendéen à l'usage des habitants de l'Ouest* (3 vol. in-8°), t. I, p. 16, dit : « Parfaitement étranger à la théologie, je ne comprends pas encore aujourd'hui comment la Cour de Rome défendit au clergé français de prêter un serment sanctionné par le roi, et qu'elle l'autorisa plus tard à prêter au premier consul. »

2. V. le Mémoire de J.-J. Brethé, qui accompagne le *Journal inédit de Jallet*, publié en 1871, à Fontenay-le-Comte, in-8°, de 166 pages.

3. Des quatre évêques qui, sur les 138 prélats en exercice, prêtèrent le serment, deux, Talleyrand et Jarente, abandonnèrent dès lors la vie ecclésiastique. Brienne, arrêté en 1793, s'empoisonna dans sa prison. Lafont-Savine, seul, conserva les fonctions épiscopales jusqu'à l'époque de la conversion des églises en temples de la Raison et de l'Être suprême ; profitant de la liberté des cultes proclamée à la fin de la Convention et pratiquée sous le Directoire, il fut de ceux qui essayèrent, avec Grégoire, de concilier le Catholicisme avec la Révolution. L'histoire des « scandales » causés à l'orthodoxie contre-révolutionnaire par l'évêque de Viviers a été racontée par M. Simon Brugal, *Revue de la Révolution*, avril 1889, *Le schisme constitutionnel dans l'Ardèche*.

municipalité aurait volontiers accepté ce serment sous réserve, si l'Assemblée nationale ne l'avait exigé « sans préambule, explication ni restriction. » Il fallut donc enjoindre aux signataires de ce Cahier de prêter le serment pur et simple, le dimanche 30 janvier. Un seul des trois curés, celui de la paroisse Saint-Nicolas, se soumit. Le doyen de Notre-Dame, Bridault, le curé de Saint-Jean, Sabouraud, leurs vicaires et les professeurs du collège refusèrent[1]. Leur refus fut même accompagné de prédications véhémentes excitant les fidèles au mépris de la loi. Ni la municipalité, ni le district, ni le département ne songèrent à réprimer cette première manifestation.

Bien plus, les curés non assermentés, auxquels la loi avait retiré le droit de prêcher, firent venir de Niort, un prêtre inconnu, qui, durant le carême, prêcha à leur place. Aucune poursuite ne fut exercée contre lui.

En signalant cette première faiblesse de l'autorité départementale, qui devint systématique et eut les conséquences les plus graves, Mercier du Rocher[2] déclare que le serment imposé aux ecclésiastiques fut on ne peut plus « impolitique. » Il considère comme des fautes capitales « les idées de la Constituante de faire revivre l'ancienne discipline de l'Église, dans un temps où les mœurs du Clergé étaient corrompues » ; de rétablir les élections ecclésiastiques, « quand le peuple commençait à se passer des prêtres et à les mépriser », et d'essayer de « fonder une religion constitutionnelle, après avoir reconnu la liberté des cultes dans la Déclaration des droits de l'homme ».

L'Assemblée nationale, dit-il, n'eut pas la sagesse d'imiter la conduite des philosophes révolutionnaires de l'Amérique septentrionale en dépouillant le Clergé des propriétés qu'il avait extorquées à l'aveugle piété de nos pères, en lui enlevant la puissance civile qu'il avait usurpée sur tous les actes du gouvernement, et en déclarant ne pouvoir légiférer sur aucune matière ecclésiastique ou religieuse.

La Constitution civile, œuvre du janséniste Camus qui, s'il n'eût été un cagot, aurait été plus sage que Caton, fut réellement, comme disait l'abbé Maury en présence du patriote van Meen, *une mèche allumée sur un baril de poudre.*

Les premières fautes de la Constituante en entraînèrent d'autres de plus en plus graves. Toute loi qui ne porte pas avec elle la peine de son infraction est une loi illusoire. L'Assemblée ne comprit pas cette vérité… Au lieu de prononcer tout de suite la déportation des réfractaires, elle se contenta d'ordonner leur remplacement ; elle les laissa tranquillement exercer leurs fonctions jusqu'à ce que les assemblées électorales leur eussent donné des successeurs ; elle eut même la faiblesse d'accorder des pensions de 300 livres aux

---

1. Benjamin Fillon, *Recherches sur Fontenay*, t. I. p. 348.
2. En ses Mémoires inédits, 1er cahier, écrit de 1792 à 1794.

curés, et de 10,000 aux évêques ; c'était bien récompenser la désobéissance en raison du mal qu'elle opérait. Du moment qu'on avait fait et qu'on maintenait la Constitution civile, il était d'une nécessité absolue de déporter tous les prêtres qui refusaient de la reconnaître.

ORGANISATION DE LA LUTTE CONTRE LA CONSTITUTION CIVILE

L'absence de moyens légaux de répression durant une année entière permit au haut clergé de publier ses mandements, de lancer ses foudres spirituelles, et, par une correspondance intime, d'inspirer aux « pauvres curés de campagne la crainte d'un Roi irrité qui, avec l'aide des puissances étrangères, des Nobles et des mécontents de l'intérieur, ne tarderait pas à reprendre l'autorité dont l'Assemblée nationale l'avait dépouillé. » Ces curés qui, à l'assemblée électorale de 1789, s'étaient montrés hostiles à l'épiscopat et avaient fait cause commune avec le Tiers, qui, depuis lors avaient été on ne peut plus mal vus des anciens seigneurs et de leur clientèle, se trouvèrent subitement en butte aux séductions des dames de l'aristocratie, et, s'ils y résistaient, à leurs menaces. On verra, allaient-elles criant à tous les curés, « on verra si les prêtres seront assez impies pour renoncer à la cause de Dieu ! » Les églises, presque vides naguère, « se remplissaient à tous les offices », écrit Mercier du Rocher, « de ci-devant Nobles, qui avaient passé leur vie dans la débauche la plus effrénée, s'approchant souvent des sacrements, eux qui avaient dans tous les temps traité ces cérémonies de farces ridicules[1] ». Au premier moment, explique ce témoin très attentif et très clairvoyant, les patriotes, qui savaient l'histoire du XVIe siècle et « avaient en horreur les querelles théologiques », se laissaient emmener par leurs familles « à toutes les messes indistinctement ». Mais, quand ils virent « l'union de la Noblesse avec les réfractaires, ils s'attachèrent aux prêtres constitutionnels ». Prendre parti pour ceux-ci contre les autres, ce n'était plus, en effet, affaire de conscience et de religion ; c'était affaire politique au suprême degré : il s'agissait de défendre la Loi sous toutes ses formes contre la conspiration manifeste de tous les partisans de l'Ancien Régime.

Les évêques de Poitiers et de Lyon, membres de l'Assemblée nationale, avaient signé toutes les déclarations contre-révolutionnaires, la *Protestation en faveur des biens du Clergé* comme *l'Exposition sur la Constitution civile du Clergé*, revêtue de l'adhésion de cent quatre évêques. Cependant ils s'étaient abstenus de venir, dans leurs diocèses,

---

[1]. Ce miracle de la conversion subite de la noblesse au respect et à l'amour de ce bon clergé, « qu'elle dédaignait et foulait au pieds deux ans auparavant », est constaté dans la brochure de Cavoleau, *Lettre à un bon ami*, dont nous donnons des extraits plus loin, p. 85, comme dans les Mémoires inédits de Mercier du Rocher.

présider en personne à l'organisation de la résistance, à la préparation de la guerre civile. Ce fut le nouvel évêque de la Rochelle, de Coucy [1], chapelain de la reine, non encore pourvu des bulles pontificales, qui agit à leur place pour les objets pressants et fonda la caisse de la propagande en obtenant l'avance d'une soixantaine de mille livres sur les revenus de son évêché. Les familles nobles lui prêtèrent leur concours pour conserver en fonctions, avec salaire complet, les insermentés remplacés. Ayant sous sa dépendance directe les Missionnaires et les Sœurs de la Sagesse de Saint-Laurent-sur-Sèvre [1], il fit, par ces infatigables quêteurs et quêteuses, ramasser les sous des fidèles et établir sur divers points des caisses de secours et de propagande, tenues par des dames zélées [2].

L'acte public, par lequel les évêques de Luçon et de la Rochelle donnèrent le signal de la lutte en Vendée est le Mandement, daté de Paris, le 23 novembre 1789, et contenant *l'Instruction pastorale de M. l'évêque de Boulogne, sur l'autorité spirituelle de l'Église* [3]. Cette même *Instruction* avait déjà été insérée dans le Mandement de Pierre-Louis La Rochefoucault-Bayers, ci-devant évêque de Saintes, auquel, pour cette publication, venait d'être intenté un procès devant le Parlement de Toulouse [4].

Conclusion de l'Instruction pastorale de Jean-René, évêque de Boulogne [5].

..... Soyez donc soumis à l'autorité spirituelle, en tout ce qui est de son ressort... Et pour donner maintenant à cette autorité sainte, dont Jésus-Christ

1. Coucy (Jean-Charles, comte de), de la très illustre famille de ce nom, était né le 23 septembre 1745, au château d'Escordal, dans le Rethélois. Chanoine de l'église cathédrale de Reims et vicaire général en 1773, il devint, en 1776, aumônier de la reine, fut pourvu de la riche abbaye d'Issigny en 1777, et sacré évêque de la Rochelle le 3 janvier 1790. Il resta le plus longtemps possible dans son diocèse, malgré son refus de serment, et y dirigea l'agitation religieuse jusqu'au moment de la déportation des prêtres réfractaires, à la fin de 1792. Il s'exila en Espagne, d'où il revint, entre les deux guerres de la Vendée, à Saint-Laurent-sur-Sèvre. Profitant de la liberté des cultes, sous le Directoire, il fut, contre le clergé constitutionnel et aussi les transigeants de l'ancien clergé, Bernier et Brumauld de Beauregard, l'un des fondateurs de cette « Petite-Église », qui refusa le Concordat et se perpétua en dehors de l'Église officielle jusque sous le second Empire. La Restauration le fit archevêque de Reims et pair de France. Il mourut le 10 mars 1824.
2. Comme Mme veuve de Boislambert à Fontenay, dit Mercier du Rocher dans ses Mémoires inédits.
3. Imp. Paris, in-4°, 36 p., 1790.
4. Ce mandement de l'évêque de Saintes est exactement de la même impression que celui de l'évêque de Luçon. On le trouve, avec des pièces intéressantes sur le procès de M. de la Rochefoucauld, dans les papiers du Comité ecclésiastique de l'Assemblée constituante, aux Archives nationales, D XXIX, 43 et 44, *où il n'y a rien sur la Vendée.*
5. Jean-René Asseline, né à Paris en 1742, mort à Hartewell le 10 avril 1813. Il n'était évêque de Boulogne que depuis 1789. Confesseur de Monsieur, comte de Provence, il suivit le frère du Roi dans l'émigration.

est le principe, la preuve de soumission qu'elle a droit d'attendre de vous, ne coopérez à aucun changement, dans l'ordre spirituel, avant qu'elle ait parlé.

Demeurez inviolablement attachés à la Chaire de saint Pierre, à la sainte Église romaine, mère et maîtresse de toutes les Églises, centre de l'Unité catholique. Ne perdez jamais de vue cette vérité qui vous a été enseignée dès l'enfance, que Notre Saint Père le Pape est le Vicaire de Jésus-Christ sur la terre, le Chef visible de l'Église universelle, le Père commun de tous les fidèles, et rendez-lui toujours le respect et l'obéissance qui lui sont dus à ces titres.

Demeurez-nous attachés comme à votre seul véritable Évêque ; car, de même qu'il n'y a qu'une seule chaire de Notre Seigneur, un seul autel, un seul calice, aussi n'y a-t-il qu'un seul Évêque dans chaque église ; et ceux qui ne sont pas envoyés par la puissance ecclésiastique et canonique, mais viennent d'ailleurs, ne sont pas ministres légitimes de la parole et des sacrements. Vous ne pouvez donc reconnaître aucun autre évêque que nous, jusqu'à ce qu'il ait plu à Dieu de nous appeler à lui, ou que l'Autorité spirituelle ait délié le nœud sacré qui nous unit à vous.

Ah ! sans doute, quelque désir que nous ayons de vous servir jusqu'à la mort, si cette Autorité prononce que les circonstances exigent que nous remettions en d'autres mains le soin de vos âmes, nous sommes prêt d'acquiescer à cette décision ; nous répéterons ce que saint Grégoire de Nazianze disait au Concile de Constantinople : « Si je vous suis une occasion de trouble, je « serai Jonas : jetez-moi dans la mer, pour apaiser la tempête, quoique je « ne l'aie pas excitée ». Non, jamais, avec la grâce de Dieu, aucun sacrifice ne nous coûtera pour contribuer à la paix de l'Église et éviter les horreurs du schisme. Mais, tant que cette Autorité n'aura point parlé, il ne nous est pas permis d'abandonner le poste où il a plu à la divine Providence de nous placer ; Dieu nous défend de vous laisser comme des brebis qui n'ont point de Pasteur. Que si, pour remplir ce devoir, il fallait que nous fussions exposé à quelques tribulations, nous supplierions le Père des miséricordes de nous élever à ces dispositions sublimes où était l'Apôtre saint Paul, quand il écrivait aux Colossiens : *Je me réjouis de souffrir pour vous !...*

Demeurez aussi inviolablement attachés à vos Pasteurs actuels, qui veillent, sous notre conduite, pour le bien de vos âmes : vous ne pouvez en reconnaître d'autres, à moins qu'ils n'aient reçu la mission canonique de nous, ou de nos Successeurs légitimes, ou de nos Supérieurs dans l'ordre de la hiérarchie.

Et vous, nos chers coopérateurs, conservez toujours les sentiments dont vous avez été pénétrés jusqu'ici pour l'Épiscopat. Ayez toujours devant les yeux ce que l'illustre martyr saint Ignace, évêque d'Antioche, cet homme qui avait vu les Apôtres, écrivait aux fidèles de son siècle : « Vous êtes sou- « mis à votre Évêque comme à Jésus-Christ, et, c'est ce qui fait que je vous « regarde comme vivant, non selon les maximes des hommes, mais selon « celles de Jésus-Christ, qui est mort pour vous... Il est nécessaire, en effet, « de ne rien faire sans l'Évêque... Il faut le révérer comme celui qui est « l'image du Père... Suivez tous l'Évêque, comme Jésus-Christ a suivi son

« Père ; que personne ne fasse rien sans l'Évêque, dans toutes les choses
« qui appartiennent à l'Église... Il n'est permis ni de baptiser ni de tenir
« des assemblées sans l'Évêque ; mais tout ce qu'il approuvera ne peut man-
« quer d'être agréable à Dieu. »

Aux exemplaires du *Mandement* et de *l'Instruction pastorale*, adressés par M. de Mercy, dans le courant du mois de janvier 1791, à tous les curés et desservants du diocèse de Luçon, était joint, pour chacun d'eux, une lettre confidentielle, les adjurant de ne pas adhérer à la Constitution civile, s'ils voulaient rester catholiques, et leur ordonnant de ne pas répondre aux injonctions qui leur seraient faites de prêter le serment, sans toutefois abandonner leurs cures.

DÉFENSE DE LA CONSTITUTION CIVILE

Il se produisit aussitôt des agitations qui inquiétèrent les municipalités patriotes d'autant plus qu'elles avaient tout récemment reçu la dénonciation d'un vaste complot ourdi par les nobles [1].

Délibérations de la ville des Sables d'Olonne [2].

Le 10 janvier 1791, le procureur de la commune (Mercereau) expose qu'il a été informé qu'au mépris de l'article 1er de la Déclaration des droits de l'homme et du citoyen, les administrateurs de la fabrique de la paroisse de la ville continuent à établir entre les habitants des distinctions ; qu'au lieu de l'égalité entre tous, ils maintiennent des distinctions qui doivent être supprimées ; il faut aux funérailles le même son de cloche et un égal luminaire. En conséquence, il requiert un règlement uniforme et la gratuité des baptêmes, mariages et enterrements [3].

Le Conseil général de la commune arrête :

« Que les marguillers, tant des Sables que de la Chaume, restitueront aux familles les cierges qu'elles auraient payés pour les funérailles ; que la location du drap mortuaire sera fixée uniformément pour tous à trente sous ; que les autres droits ci-devant perçus à l'église demeureront supprimés à partir du 1er du mois courant, à moins que les intéressés n'aient consenti formellement à lui en faire l'abandon. »

Le 17, le Conseil, inquiet de l'agitation qui se produit, surtout

---

1. Voir le chapitre suivant.
2. Registres du Conseil de la commune des Sables, aux dates.
3. Le décret rendu par l'Assemblée législative les 7-14 septembre 1792 porte :
« Les ecclésiastiques salariés par l'État qui recevront un casuel, sous quelque dénomination que ce soit, seront condamnés par les tribunaux du district à perdre leur place et leur traitement ».

parmi les femmes, cite à sa barre et condamne à vingt-quatre heures de prison la femme Papin, blanchisseuse, qui a tenu des propos calomnieux contre plusieurs citoyens.

Le 21, il ouvre une information afin de se procurer la lettre confidentielle par laquelle l'évêque de Luçon engage le Clergé à ne pas prêter le serment constitutionnel.

Le 27, « considérant que quelques écrits de l'évêque de Luçon aux fidèles de son diocèse étaient dangereux, pouvaient soulever les habitants de la ville et ceux du diocèse, il décide de faire imprimer et afficher une adresse proposée par le maire (J.-M. Gaudin), afin d'éclairer et de retenir, s'il est possible, les citoyens sur lesquels lesdits écrits auraient pu faire impression. »

La municipalité des Sables-d'Olonne à ses concitoyens.

Citoyens,

La municipalité est instruite qu'il circule dans cette ville une Lettre de l'évêque de Luçon aux curés de son diocèse, ainsi qu'un Mandement de cet évêque, portant adhésion à une instruction pastorale de celui de Boulogne : écrits très dangereux.

Effrayée de l'impression que pourraient faire sur vous de tels écrits, elle s'empresse de vous avertir du poison dont on voudrait vous enivrer. Son devoir est de veiller à votre repos; elle serait coupable de garder le silence lorsqu'on cherche à le troubler.

De quoi s'agit-il, et qui peut exciter les injustes réclamations des prélats qui accusent l'Assemblée nationale ? Le voici :

Quelques évêchés étaient trop petits, d'autres trop étendus ; l'Assemblée nationale a décrété qu'ils seraient à peu près tous égaux, et, pour faire marcher de front l'administration ecclésiastique et l'administration civile, que chaque département aurait le sien (Décret du 12 juillet sur la Constitution civile du Clergé).

Elle a décrété que les administrateurs des départements, de concert avec leur évêque, supprimeraient les cures trop près les unes des autres, et en répartiraient les fidèles dans les paroisses circonvoisines.

Elle a décrété que les ministres du culte, placés par les cabales de la Cour ou le caprice des évêques, seraient désormais élus par le peuple, comme ils l'étaient autrefois.

Citoyens, trouvez-vous là quelque chose contre la religion? Trouvez-vous là rien qui touche le spirituel de cette religion, ou que les évêques de France ne puissent accepter?

C'est cependant pour cela que plusieurs prélats résistent à la volonté du Souverain, et qu'un grand nombre d'ecclésiastiques, victimes de la mauvaise foi de leurs pasteurs, refusent de faire serment de bien remplir leur ministère et de maintenir la Constitution du royaume (Décret du 27 novembre 1790).

Croyez que vos sages Représentants et votre bon Roi ne veulent point renverser la religion de vos pères ; ils n'y ont aucun intérêt, mais les évêques en ont beaucoup à perpétuer les usurpations et les abus qui, dans des siècles d'ignorance, les avaient rendus si riches et si puissants. Soyez en garde contre eux !

On vous a travaillés, échauffés avec des papiers incendiaires, tels que le prétendu *Ami du Roi*. Aujourd'hui, c'est avec des mandements et des instructions pastorales que l'on veut porter les derniers coups ; et ce qui devrait servir à vous éclairer et vous conduire, n'est qu'une lueur trompeuse que l'on vous présente pour vous égarer. Car, qu'attend-on de ces écrits ? Quel est le but des évêques qui en sont les auteurs ?

Il faut le dire, à la honte de cette religion sainte dont ils sont les ministres, il faut soulever le voile qui masque leurs coupables projets.

En criant qu'on attaque la religion, ils comptent armer le fanatisme, ils comptent que vous serez les vils instruments de leur vengeance et de leur ambition ; ils espèrent allumer parmi vous une guerre civile, qui renversera la Constitution avant que vous ayez pu en recueillir les fruits et en apprécier les avantages ; ils cherchent surtout à arrêter la vente des biens du Clergé, ces chers objets de leur sollicitude, mais qui ne sauraient être mieux employés qu'à acquitter les dettes de l'État et prévenir une banqueroute aussi ruineuse que déshonorante pour vous.

Instruits des amorces que l'on vous tend, citoyens, ne donnez pas dans le piège ; montrez-vous dignes de la liberté et tranquilles spectateurs des manœuvres sacerdotales ; ne prenez pour elles ni contre elles aucun parti que la loi ne vous l'ordonne ; reposez-vous sur des magistrats que vous avez choisis, qui n'abuseront jamais de votre confiance et que votre intérêt seul anime en ce moment.

Fait à l'Hôtel de Ville, le 27 janvier 1791.

Le 6 février 1791, est publiée la loi des 27 novembre-26 décembre 1790, ordonnant aux fonctionnaires ecclésiastiques de prêter le serment requis et aux corps électoraux de procéder au remplacement de ceux qui l'auraient refusé.

Le 7, les affiches ayant été déchirées, la municipalité fait ouvrir une information.

Le 20, elle réclame du Directoire du district « 100 hommes de troupes de ligne pour maintenir la sûreté publique et empêcher le désordre dont la ville est menacée par les manœuvres et les propos qui se répandent à l'occasion du refus fait de la part des ecclésiastiques de prêter le serment exigé, et de l'assemblée électorale qui doit avoir lieu pour les remplacer. »

Le Directoire constate « qu'il s'élève des murmures, au moins indiscrets dans les circonstances présentes, qui, s'ils n'étaient réprimés, pourraient occasionner une fermentation dangereuse, surtout d'après le refus qu'ont fait les ecclésiastiques de cette ville, fonctionnaires publics, de prêter le serment requis dans la forme prescrite par le décret du 27 novembre ».

Prévoyant en outre que « la cabale qui pourrait se former ne manquera pas de se raidir et peut-être de susciter des troubles alarmants lors de l'assemblée électorale qui doit procéder au remplacement » des réfractaires, il approuve les précautions militaires prises par la municipalité. Mais il croit devoir retarder les élections de curés constitutionnels jusqu'après l'installation de l'évêque départemental.

En attendant, les curés inassermentés des deux paroisses des Sables et de la Chaume continuent à exercer publiquement leurs fonctions et prêchent en chaire, au prône, le refus du serment.

Le 10 mars 1791, la municipalité adresse cette lettre

A Monsieur le curé des Sables [1].

Monsieur, plusieurs personnes ont été scandalisées du début de votre Instruction du 9 mars 1791. On a remarqué cette phrase, qu'on nous a dénoncée dans le Conseil général de la commune tenu aujourd'hui, où, faisant allusion au Pape Benoist XII, dont vous citez une réponse (vous dites) : « Si j'avais deux âmes, je ferais ce serment que vous me demandez ; mais je n'en ai qu'une. Je ne veux pas la perdre, et je ne le ferai pas. »

Quoi ! Monsieur, lorsque la grande majorité des ecclésiastiques de France a fait ce serment civique, êtes-vous assez sûr de votre système pour l'annoncer comme la seule voie qui conduit au salut ? Ne tremblez-vous pas d'exalter l'esprit du peuple qui, incapable d'avoir une opinion, croit aveuglément tout ce qui sort de la bouche de son pasteur ? En avez-vous calculé les conséquences ? Si vous vous étiez trompé dans le parti que vous avez embrassé !

La municipalité vous déclare donc qu'elle ne souffrira point que vous égariez le troupeau qui lui est confié ainsi qu'à vous, et le Conseil général de la commune vous prie de vous borner dans vos instructions à instruire le peuple de sa religion et de ses devoirs, sans y mêler rien qui ait trait aux affaires du temps. Respectez l'opinion d'autrui, si vous voulez qu'on respecte la vôtre dans une matière aussi délicate. D'après le grand nombre d'ecclésiastiques qui font le serment civique, elle est plus que douteuse. Un honnête homme doit garder son opinion pour lui en pareil cas.

Nous avons l'honneur d'être vos très humbles et très obéissants serviteurs,

Les membres composant le Conseil général de la commune de la ville des Sables.

Les électeurs ne purent être réunis que le 22 mai[2], pour choisir les curés des 26 paroisses du district des Sables, dont les pasteurs avaient

---

1. Correspondance municipale, reg. A.
2. Voir plus loin, chap. XII.

refusé le serment. Dans 24 paroisses les desservants avaient accepté la constitution civile et conservé leurs fonctions. De ce nombre était le curé de l'île d'Yeu, Amable Cadou. Les prêtres des deux paroisses de Noirmoutier, district de Challans, s'étaient également assermentés [1].

ÉLECTION DE L'ÉVÊQUE CONSTITUTIONNEL DE LA VENDÉE

Le 9 février 1791, le Directoire de département expédia les lettres de convocation des électeurs pour venir, le dimanche 27, au chef-lieu, « procéder à la nomination de l'évêque qui devait remplacer Marie-Charles-Isidore de Mercy, dont le refus du serment requis par la loi du 26 décembre précédent avait rendu le siège vacant. »

Des 471 électeurs, choisis par les Assemblées primaires des six districts au mois de juin 1790 [2], 173 seulement répondirent à l'appel nominal fait dans la première séance de l'Assemblée ouverte « le dimanche 27 février, onze heures du matin, dans l'église principale de Fontenay-le-Comte, en exécution du titre II de la Proclamation du Roi du 24 août 1790, contenant la Constitution civile du Clergé [3]. »

Les électeurs, « après avoir entendu la messe paroissiale », s'étaient « réunis en Assemblée dans le chœur ». Sous la présidence provisoire de leur doyen d'âge « Pierre-Auguste Queneau, homme de loi et défenseur officieux près le tribunal du district de Fontenay », avec J^n-M^{as}-M. Cougnaud, secrétaire général du département, pour secrétaire provisoire, ils avaient procédé à la vérification des pouvoirs, et ouvert le scrutin pour l'élection du président définitif.

Après les vêpres, à trois heures de relevée, le scrutin fut dépouillé. Il dut être réouvert, personne n'ayant obtenu la majorité absolue. Un second tour ne donna pas de résultat. Au troisième tour, Goupilleau, procureur syndic du district de Montaigu, en ballottage avec Queneau, fut élu président, par 80 voix sur 118 votants.

La séance reprise le 28 à sept heures du matin, le secrétaire provisoire déposa sur le bureau deux paquets, qu'une enquête avait révélé avoir été, le premier, expédié de Luçon au doyen de Fontenay « par le sieur Brumauld-Beauregard l'aîné, ci-devant chanoine », et transmis par le doyen Bridault, qui y avait ajouté le second, émanant du ci-devant évêque de la Rochelle, l'un et l'autre adressés cachetés :

---

1. Ils ne se rétractèrent qu'au mois de mars 1793, quand cette île fut prise par Guerry de la Fortinière. Ceux de Barbâtre se mêlèrent aux insurgés ; ceux du chef-lieu s'exilèrent en Espagne. (Fr. Piet, *Recherches sur Noirmoutier*, 2ᵉ édit., p. 539.)

2. Voir précédemment chap. IV, p. 109.

3. Le procès-verbal de l'élection épiscopale manque dans les Archives départementales et dans les collections vendéennes. Il est en double aux Archives nationales F^{19} 481[1].

« A Messieurs les électeurs du département de la Vendée. » L'Assemblée décida qu'ils ne seraient pas ouverts.

Jacques-Charles Guichet, l'un des administrateurs du district de la Châtaigneraie, fut élu secrétaire au premier tour de scrutin, par 121 voix.

Ensuite, le président et le secrétaire prêtèrent le serment « de maintenir de tout leur pouvoir la Constitution du royaume, d'être fidèles à la Nation, à la Loi et au Roi, de choisir en leur âme et conscience le plus digne de la confiance publique. » Tous les membres de l'Assemblée, nominalement appelés, répétèrent : « Je le jure ! »

Au scrutin de liste simple furent élus trois scrutateurs : au premier tour, Pierre-Simon-Célestin Regain (67 voix) ; au second, Jean-Joseph-Daniel Majou (102 voix) et Jean-Baptiste Caillaud (106).

Extrait du procès-verbal.

Après quoi, M. le président a prononcé le discours suivant :

« Messieurs, s'il ne s'agissait dans ce moment que de vous témoigner ma reconnaissance, je n'oserais l'entreprendre ; ma faible voix ne pourrait rendre l'expression de mon cœur ; j'étais bien éloigné, Messieurs, de prétendre à l'honneur de vous présider ; quelle que soit mon insuffisance, vous me l'ordonnez : c'est pour moi un devoir d'obéir.

« Mais, dans une assemblée aussi solennelle, où il s'agit d'exercer pour le peuple l'un des droits qui lui avaient été usurpés, où il s'agit de nommer un chef à l'Église de votre diocèse, permettez-moi, Messieurs, de vous rappeler combien vous souffriez des abus des anciennes nominations, pour mieux vous faire sentir l'avantage de celle qui vous occupe.

« La pureté des principes de la primitive Église était méconnue, depuis longtemps ce n'étaient plus les éminentes vertus qui en caractérisaient les pasteurs que le peuple se choisissait lui-même et qui ont attaché à leurs noms comme à leur mémoire une gloire immortelle ; depuis l'époque où il en a perdu le droit, où la volonté d'un seul succéda au choix libre de tous, les faveurs de l'intrigue prirent souvent la place du vrai mérite ; des hommes ne semblaient attendre leurs promotions à ces places importantes que pour donner l'essor à leurs passions et se jouer de leurs devoirs les plus saints ; obligés à la résidence, ce n'était point au milieu du troupeau dont le soin leur était confié qu'il fallait espérer de les trouver, ils l'abandonnaient sans honte pour aller passer leur vie dans la mollesse et dans la fange des cours.

« Nous ne les verrons plus reparaître, Messieurs, ces abus révoltants. Le patriotisme le plus pur, le désintéressement, l'aménité, la simplicité évangélique, une résidence continuelle, seront désormais le partage de nos pasteurs ; et ces salutaires réformes vont nous ramener à ces temps heureux et édifiants de la primitive Église.

« Vous donc qui, servilement attachés à d'antiques préjugés, n'avez pas la force, peut-être le courage de vous élever à la hauteur de notre sage Constitution ; qui, dans vos complots ténébreux, vous repaissez encore du criminel espoir de sacrifier la patrie, aux risques de vous ensevelir sous ses ruines ; vous qui avez cru séduire le peuple, le faire servir à votre cupidité, sous le masque de la religion, voyez ce que vous ont valu les écrits incendiaires, dites-nous combien se sont faits de prosélytes les apôtres de votre pernicieuse et sophistique morale. Ah ! abjurez vos coupables erreurs, songez que les prestiges disparaissent, que la religion reste toujours la même et en triomphe, comme de celles dont, dans tous les temps, on a vainement cherché à l'envelopper ; ne voyez-vous pas que notre Révolution est soutenue par la Providence, guidée par la main même de l'Éternel ?

« Citoyens, nos droits sont rétablis dans toute leur plénitude. Vous allez en exercer un des plus précieux, celui de choisir vous-mêmes le chef ecclésiastique de votre diocèse ; mais si la liberté préside à ce choix, ne perdez pas de vue que la justice ne peut pas plus s'en écarter ; déjà nous avons appris que, dans plusieurs endroits du royaume, les sièges épiscopaux étaient renouvelés, et la France entière a applaudi aux choix des autres électeurs ; comme eux, justifiez l'honorable pouvoir que vous en avez, faites que les torches de la discorde et du fanatisme s'éteignent au seul aspect de l'homme vénérable que votre confiance va vous prescrire de nommer pour votre évêque. »

A l'instant M. Regain, l'un des électeurs, a fait une motion tendant à ce que les paquets dont M. le secrétaire provisoire a fait le rapport à l'ouverture de la séance fussent adressés à l'Assemblée nationale par M. le président, sans être ouverts, et à ce que M. le président fût chargé par l'Assemblée de les accompagner d'une lettre à M. le président de l'Assemblée nationale.

Cette motion, appuyée par la très grande majorité des électeurs, a été adoptée.

M. Giraudeau, professeur d'éloquence au collège de cette ville, a demandé à être introduit, et l'ayant été, il a invité l'Assemblée à assister à un discours qu'il veut prononcer sur la liberté, dans l'église du collège, à deux heures après midi. M. le président lui a répondu et l'assemblée a arrêté qu'elle y assisterait, et M. Giraudeau a été admis aux honneurs de la séance...

Et advenant deux heures de relevée dudit jour, l'assemblée s'est réunie et est partie en ordre accompagnée d'une garde d'honneur de la garde nationale pour se rendre à l'église du collège de cette ville, y entendre le discours de M. Giraudeau, qu'elle a entendu avec satisfaction et lui a voté des remerciements ; ensuite elle s'est rendue dans le même ordre à l'église de Notre-Dame pour y continuer les séances.

Après lecture faite du procès-verbal de la séance de ce matin, M. le président a annoncé qu'on allait procéder à l'élection d'un évêque pour le département de la Vendée et a prononcé la formule du serment en ces termes :

« Vous jurez et promettez de ne nommer que celui que vous aurez choisi en âme et conscience, comme le plus digne de la confiance publique, sans y avoir été déterminé par don, promesse, sollicitation ou menace. »

Et ladite formule a été écrite en gros caractères et placée devant le vase posé sur le bureau pour recevoir le bulletin de chaque électeur, lesquels, appelés un à un, sont venus écrire sur le bureau leur billet et le déposer dans ledit vase en levant la main et répondant à la formule du serment : « Je le jure ! »

L'appel nominal fini, les billets ont été tirés dudit vase et comptés, il s'en est trouvé cent cinquante et un ; le dépouillement fait par les scrutateurs, il en est résulté que personne n'a obtenu la pluralité absolue.

Ce qui fait qu'on a passé à un autre scrutin dans la même forme que dessus. Les billets tirés du vase et comptés, il s'en est trouvé cent quarante cinq. Dépouillement fait, il s'est trouvé cinq billets blancs, ce qui réduit la majorité à soixante et onze. Dépouillement fait dudit scrutin, il en est résulté que M. Jean Servant, supérieur de l'Oratoire de Notre-Dame de Saumur, a réuni soixante-dix-huit voix ; au moyen de quoi il s'est trouvé élu évêque du département de la Vendée.

M. le président a annoncé le résultat du scrutin et a demandé à quelle heure l'Assemblée désirait que la messe, avant laquelle doit se faire la proclamation de l'élu, se dît.

L'Assemblée a arrêté que la messe se dirait demain, huit heures précises, et qu'il serait fait une députation à M. le curé de cette ville pour le prier de la dire et à tous MM. les ecclésiastiques de cette ville, aux corps administratifs, de justice, garde nationale et troupes de ligne, pour les prier d'y assister...

Advenant ledit jour 1er mars 1791, huit heures du matin, l'Assemblée, en conséquence de l'arrêté d'hier, s'est rendue dans l'église du collège de cette ville, d'où elle est partie en ordre, accompagnée de la garde nationale, pour se rendre à l'église de Notre-Dame, où étant, M. le président a, à haute et intelligible voix, proclamé *M. Jean Servant, prêtre de l'Oratoire, demeurant à Saumur, évêque du département de la Vendée.* En suite de quoi il a été célébré une grand'messe par M. Nœau, l'un des électeurs, à laquelle les électeurs ont assisté ainsi que MM. les ecclésiastiques, les corps administratifs de justice, la garde nationale et les troupes de ligne qui avaient été invités. A la fin de laquelle, lecture a été faite du procès-verbal de la séance d'hier au soir ; un des membres, ayant demandé la parole, a prononcé un discours et voté des remerciements à M. le président, qui ont été applaudis.

L'objet de la présente assemblée étant terminé, M. le président a levé la séance, et, les électeurs, président, secrétaire et scrutateurs ont signé.

Le 3 mars, de Saumur, Servant répondit à la notification de son élection [1] :

« ... Vous m'invitez, Monsieur (le président), dans les termes les plus affectueux et les plus pressants, au nom de MM. les électeurs et au vôtre, à me rendre incessamment au vœu du département de la Vendée. Si je ne consultais que l'impression que fait sur mon cœur un langage si touchant, je volerais dans les bras de mes chers compatriotes. Mais de fortes réflexions m'ont fait sentir que je devais réprimer et contenir ce premier mouvement. J'ai aperçu de précieux avantages, tant pour le bien de la religion que pour

---

1. Cette lettre à Goupilleau (de Montaigu) se trouve tout entière dans le très rare volume des pièces justificatives des *Recherches sur Fontenay*, de B. Fillon, II, 311-313.

celui de la paix et de la tranquilité publiques, dans un plan dont je vous prie de permettre que je ne m'écarte pas.

« Il ne sera point nécessaire, Monsieur, de convoquer de nouveau le corps électoral. Si ce n'est pas M. de Mercy, je ne le prononce qu'en tremblant, ce sera moi; quoiqu'il soit dans mes principes que je pourrais accepter purement et simplement sans compromettre ma conscience, vous m'approuverez, je l'espère, de placer M. de Mercy entre ma nomination et mon acceptation. S'il finit par se soumettre à la loi, il sera en droit de conserver son siège, parce qu'alors, au moyen de ma non-acceptation, il n'y aura eu aucune espèce de remplacement.....

« Dès aujourd'hui, j'ai l'honneur d'écrire à M. de Mercy... Dans le cas où mon procédé serait mis en oubli, ou si je reçois une réponse non conforme à mes vœux, après un délai de quinze jours environ, dont j'ai besoin pour mes derniers arrangements dans cette maison, je me ferai un sensible plaisir de rendre mes frères et respectables amis de la Vendée arbitres de mon sort. Le 28 février, j'ai accepté seulement, après des instances réitérées, qui avaient pour cause une juste défiance de moi-même, la place de premier vicaire de l'église cathédrale d'Angers. Je ne pourrais me dispenser de m'y fixer si M. de Mercy fait le serment... »

L'évêque « non assermenté de Luçon, Marie-Charles-Isidore de Mercy » considéra la démarche de Servant comme une injure, et, de Paris 10 mars, lui adressa une lettre imprimée, aussitôt répandue en Vendée[1]:

... « L'Église m'avoue, elle me retient; elle vous méconnaît, elle vous repousse... Ah ! c'est à mon tour de vous conjurer de ne pas provoquer tous ses anathèmes !... Vous m'épargnerez la douleur de m'armer contre vous de toute la sévérité de l'Église pour punir un attentat, auquel elle m'ordonne, autant pour sa gloire que pour le salut de mon troupeau, de résister avec toute la force de l'autorité qu'elle m'a confiée. »

Conformément à la décision de l'Assemblée électorale, le président Goupilleau, après avoir reçu l'acceptation de l'élu, écrivit la lettre suivante, datée du 6 mars et lue à la séance du 14:

Au Président de l'Assemblée nationale[2].

« Monsieur le Président,

« J'ai l'honneur de vous adresser la copie du procès-verbal de l'assemblée des électeurs du département de la Vendée, pour la nomination de l'évêque constitutionnel de leur diocèse. Vous y verrez, Monsieur le Prési-

---

1. In-8 de 4 pages dans la collection Dugast-Matifeux.
2. Arch. nat. F^{19} 481^4.

dent, qu'au dépouillement du second scrutin, la majorité absolue des suffrages s'est déclarée en faveur de M. Jean Servant, supérieur de l'Oratoire à Saumur. J'ai vu avec bien de la satisfaction que le matin, à la proclamation que j'en ai faite, conformément à la loi, ce choix a paru faire le plus grand plaisir au peuple et au clergé.

« Notre assemblée, quoique nombreuse, a été paisible ; le patriotisme et la concorde animaient tous les électeurs. Elle n'a eu d'autres interruptions que celle d'une heure qu'elle a employée à l'audition d'un discours sur la liberté, à laquelle elle avait été invitée par le professeur d'éloquence du collège de Fontenay. Au nom de la patrie et de la liberté, les Français ne peuvent plus être insensibles, et c'est toujours avec empressement qu'ils s'attachent à ses vrais amis, et avec un saint enthousiasme qu'ils en entendent les orateurs.

« J'ai aussi l'honneur, Monsieur le Président, de vous adresser deux paquets qui ont été remis aux électeurs assemblés et dont il a été fait mention au procès-verbal. Il a été découvert qu'ils venaient l'un de la part de M. de Coucy, ci-devant évêque de la Rochelle ; l'autre de M. Brumaud-Beauregard, grand vicaire de M. de Mercy, ci-devant évêque de Luçon. L'assemblée électorale a jugé que son unique objet étant de procéder à la nomination d'un évêque constitutionnel, elle devait écarter tous les objets qui lui étaient étrangers ; les sources d'où lui viennent ces paquets lui ont paru suspectes ; instruite par l'exemple de quelques autres assemblées électorales qui se sont repenties d'en avoir ouvert dans des circonstances semblables, n'ayant aucune correspondance avec MM. de Mercy et de Coucy ; pleine de confiance dans votre sagesse ; elle a décidé à la très grande majorité que ces paquets vous seraient adressés intacts et tels qu'ils lui sont parvenus ; elle vous prie, Monsieur le président, d'en faire vous-même l'ouverture, et elle s'en rapporte absolument à la prudence de l'Assemblée nationale sur le parti qu'il faut prendre à l'égard de cet envoi, quel qu'en puisse être l'objet.

« Permettez, Monsieur le Président, que je profite de cette circonstance pour vous offrir et à l'Assemblée nationale, au nom du corps électoral du département de la Vendée, l'hommage de son respect, de sa reconnaissance et de son dévouement ; je regarderai comme un des plus beaux jours de ma vie celui où il m'a choisi pour le présider dans une circonstance aussi importante ; la confiance dont il m'a honoré est la plus précieuse faveur que puisse recevoir un bon citoyen, c'est y ajouter un grand prix que de me charger d'être auprès de l'Assemblée nationale l'interprète de ses sentiments.

« Je suis avec un profond respect, Monsieur le Président, votre très humble et très obéissant serviteur. »

Ph.-Ch.-Ai. Goupilleau, *procureur-syndic du district de Montaigu.*

Les deux paquets transmis au président de l'Assemblée nationale contenaient les protestations véhémentes des deux évêques d'ancien Régime, dont les diocèses s'étendaient sur le nouveau territoire du département de la Vendée. Ces documents furent renvoyés au Comité ecclésiastique, et mention honorable fut faite du procès-verbal de la lettre du président de l'Assemblée des électeurs de la Vendée.

Goupilleau, le même jour, 6 mars, adressa de Montaigu une seconde copie du procès-verbal de l'assemblée qu'il avait présidée, avec cette lettre :

Au Roi [1].

« Sire,

« Les électeurs du département de la Vendée viennent de nommer pour leur évêque M. Jean Servant, prêtre de l'Oratoire, supérieur de la maison de Saumur.

« En adressant à Votre Majesté, conformément à la loi, le procès-verbal de l'assemblée que j'ai eu l'honneur de présider, permettez-moi, Sire, de vous offrir, au nom de tous les électeurs, l'hommage de leur respect, de leur reconnaissance et de leur fidélité inviolable.

« Je suis avec un très profond respect, Sire, de Votre Majesté, le très humble, très obéissant et très fidèle sujet et serviteur,

« Ph.-Ch.-Al. Goupilleau. »

Le ministre répondit :

« J'ai mis sous les yeux du Roi, Monsieur, le procès-verbal de la nomination de M. Servant à l'évêché de la Vendée. Sa Majesté en a lu les détails avec intérêt. Elle compte trop sur le patriotisme et la sagesse de l'assemblée électorale pour ne pas être persuadée qu'elle a fait un bon choix, et Elle m'a chargé de l'assurer de Sa bienveillance. »

Servant se rendit à Paris, où il était obligé d'aller chercher la consécration canonique d'un des anciens évêques demeurés en fonctions comme assermentés [2]. Il y fut circonvenu par les prélats réfractaires, prit peur de l'opposition qui l'attendait dans son diocèse et adressa sa démission aux administrateurs de la Vendée. Il la motivait sur ce qu'il avait « senti son insuffisance pour remplir des fonctions aussi importantes que celles d'évêque ». Il déclarait d'ailleurs « rester soumis aux décrets de l'Assemblée nationale et à la Constitution civile [3] ». Il renvoya, le 15 avril, ses titres d'élection, et le 16, les électeurs furent de nouveau convoqués pour le 1er mai.

EXCITATIONS A LA RÉSISTANCE

Dans l'intervalle, l'agitation anticonstitutionnelle, surexcitée par la démission du premier évêque élu, redoubla d'ardeur ; tout fut mis

---

1. Arch. nat., F19 481¹..
2. Comme il était très pauvre, Pichard du Page, procureur général syndic du département, lui offrit les fonds nécessaires à ses dépenses dans la capitale. (Voir plus loin page 210.)
3. Lettre de la collection Dugast-Matifeux, donnée p. 221-222 de son ouvrage non publié, *Origine et débuts de l'insurrection vendéenne*.

en œuvre pour rendre impossible une élection nouvelle, tout, jusqu'à des attentats contre les prêtres assermentés et à des soulèvements ruraux, que les conspirateurs nobles auraient fait tourner en insurrection générale, si la fuite du Roi avait réussi le 20 juin.

Le 27 mars, l'évêque de Mercy écrivait, par la poste, sous le timbre « Assemblée nationale »[1] :

A Monsieur Noirot,
curé de Sallertaine, par Challans (Bas-Poitou).

« J'ai baigné de mes larmes, mon cher Curé, votre lettre et la déclaration qu'elle contenait ; j'en ai répandu de joie sur ceux de vos confrères que j'ai vus soussignés, et de douleur sur ceux qui se sont séparés de vous. Espérons que bientôt ils reconnaîtront leur erreur et que nous les verrons revenir à l'unité ! Si le flambeau de la foi n'est pas éteint pour eux, peuvent-ils méconnaître l'autorité qui doit les rallier ? Non, je ne me persuaderai jamais que des ministres de la Religion qui avaient fait jusqu'à présent la gloire de l'Église et ma consolation, puissent aujourd'hui devenir ses ennemis, et l'objet de mon éternelle douleur. Ils se souviendront du serment qui les lie à leur évêque légitime ; ils ne l'abandonneront pas pour se livrer à un intrus qui ne peut être pour eux et pour leur troupeau qu'un ministre de mort ; ils ne préféreront pas l'envoyé des hommes à celui de Dieu ; ils ne déchireront pas le sein de la plus tendre mère, ils ne diviseront pas la tunique de Jésus-Christ.

« Votre courage, mes dignes frères, confondra leur faiblesse ; bientôt ils reconnaîtront qu'ils se sont trompés sur leurs véritables intérêts, leurs revers les ramèneront. Nous devons employer tous les efforts du zèle, toutes les ressources de la charité pour les gagner, pour les défendre contre leur propre faiblesse. Et, s'ils étaient assez abandonnés de Dieu pour oser consommer le schisme, alors, forcés de nous éloigner d'eux parce qu'ils se seraient séparés de nous, qui restons attachés au centre de l'unité, notre douleur leur apprendra que nous eussions voulu payer de notre vie leur fidélité ; mais ils verront que nous serons plus heureux au milieu des sacrifices que nous aurons faits à nos devoirs qu'ils ne le seront par les jouissances que leur infidélité leur aura conservées. Sans doute les hommes pervers les caresseront et nous persécuteront ; ils pourront être dans l'abondance pendant que nous souffrirons les rigueurs de la pauvreté ; mais jamais ils n'auront droit aux consolations, aux récompenses qui nous sont promises par Celui qui ne trompe jamais.

« Je ne reviens pas de la désertion de tous les prêtres de l'île de Noirmoutier. Jamais ma confiance ne fut plus cruellement trompée. Ah! s'ils pouvaient lire dans mon cœur, ils ne supporteraient pas le spectacle de la douleur qu'ils me causent, ils se reprocheraient d'affliger aussi sensiblement un père qui les a si tendrement aimés. Mais il s'en faut que je les regarde comme perdus pour moi et pour l'Église ; ils nous reviendront, j'en suis sûr, je le demande avec de trop vives instances au Père des miséricordes ; ils verront et vous verrez avec eux le Bref que le Pape vient d'adresser à Monsieur l'ar-

---

1. Cette lettre, autographe, se trouve aux Archives nationales, D xxix 15, n° 125.

chevêque de Sens, et ils ne douteront plus de la façon de penser du chef de l'Église ; ils se convaincront qu'il est uni de sentiments avec les évêques de France et que la doctrine que nous avons annoncée et défendue est véritablement celle de l'Église. Le Pape a enfin répondu au Roi et aux évêques de l'Assemblée qui ont signé l'Exposition des principes, et jamais notre doctrine ne fut plus solennellement canonisée. Mais le Bref, extrêmement volumineux, renferme des dispositions qui, dans les circonstances, pourraient avoir des inconvénients ; d'ailleurs, il a été fait dans un moment où les choses étaient bien différentes de ce qu'elles sont aujourd'hui, et peut-être que par prudence, nous ne le publierons pas avant d'avoir proposé au chef de l'Église nos observations et qu'il se soit expliqué sur les circonstances du moment. Mais ce qu'il écrit à Monsieur l'archevêque de Sens suffit pour ôter tout prétexte à ceux qui voulaient justifier leur conduite par son silence.

« Je présume que Monsieur Servant ne se présentera pas avant Pâques pour consommer son usurpation ; on n'établira pas de nouveaux curés avant que le faux évêque, installé lui-même, puisse les établir, et jusque-là vous pouvez et devez continuer toutes vos fonctions. Cependant, si vous craignez des troubles, je vous autorise, mes chers frères et dignes amis, à devancer les pâques dans vos paroisses autant que vous le jugerez convenable, et je vous donne pour le tribunal de la pénitence la plénitude de mes pouvoirs. Quand la liberté vous sera ôtée d'exercer vos fonctions publiquement, sans doute vous devrez les exercer en secret ; vous resterez toujours pasteurs et seuls légitimes ; toutes vos obligations à l'égard de votre troupeau vous resteront, mais vous ne les remplirez que de la manière que Dieu vous rendra possible, et il est juste que je vous adresse toutes les facilités qui dépendront de moi. Sûrement tous les secours qui vous seront nécessaires, je les rapprocherai de vous, ils vous seront communiqués ; bientôt vous aurez un plan de conduite et d'instructions convenables. Je ne perds pas de vue votre position, vos besoins et ceux de mon diocèse, objets de ma tendresse ; sur vous s'étend ma sollicitude, vos peines sont les miennes et c'est de vous que me viennent toutes mes consolations.

« Rien n'est plus faux que ce qu'on vous a dit de Monsieur l'évêque de Poitiers ; c'es un prelat digne sous tous les rapports de toute votre vénération, c'est un généreux défenseur de la foi de Jésus-Christ. Je bénis Dieu, mes dignes frères, de ce qu'il vous associe à sa gloire ; je lui demande, pour vous et pour moi, la grâce de la persévérance ; je vous garantis celle de mon admiration, de mon estime et de ma tendresse. Que la charité de Notre-Seigneur Jésus-Christ habite toujours parmi nous !

« † M. C. J. L. »

Cette lettre tout à fait importante fut ramassée le 25 juillet 1791, à Challans, par Jacques Maurice, sergent du 7ᵉ régiment d'artillerie, et par Chartier, garde national, qui s'empressèrent d'aller la porter au directoire du district, « afin, disaient-ils en l'acte de dépôt, qu'ils signaient, que l'Administration prît, dans sa sagesse, des mesures pour arrêter des correspondances aussi dangereuses, et qui sans doute sont cause des troubles que nous éprouvons et du grand nombre de rebelles à la loi sur la Constitution civile du Clergé ».

Le district de Challans expédia aussitôt l'original de la lettre épiscopale à l'Assemblée nationale, une copie au département, et réclama des mesures de surveillance et de rigueur contre les prêtres réfractaires [1].

Lettre d'un curé constitutionnel à un « bon ami » qui l'engage à retirer son serment civique.

Les curés qui s'étaient soumis à la loi reçurent, aux mois de mars et d'avril 1791, une brochure intitulée *Il en est encore temps!* et accompagnée d'une lettre, « affectant l'intimité, quoique anonyme. »

L'un des plus distingués parmi les prêtres constitutionnels de la Vendée, Cavoleau, curé de Péault (canton de Mareuil), y répondit par une *Lettre à un bon ami* [2], signée et imprimée, qui est un chef-d'œuvre de clarté, de logique, de modération et d'esprit. Nulle part la mauvaise conduite de l'Ordre du Clergé, depuis le commencement de la Révolution, n'est mieux exposée, le droit de la société civile mieux démontré, les réformes ecclésiastiques de la Constituante mieux dé-

---

1. Nous donnons plus loin, à sa date, cet arrêté important.
2. *Lettre à un bon ami qui m'engage à retirer mon serment civique, par Cavoleau, curé de Péault, diocèse de la Vendée*, Fontenay, Testard et Goichot, 1791, in-8° de 36 p. Cavoleau (Jean-Alexandre), né à Legé (Loire-Inférieure) le 3 avril 1754, mort à Fontenay-le-Comte le 1er avril 1839. Au sortir du séminaire de Luçon, il fut placé dans la cure de Péault, où, possesseur d'une métairie assez étendue, il se distingua par des essais qui lui acquirent une réputation d'agronome avant la Révolution. Vers la fin de 1789, il fut délégué par la ville de Luçon pour soutenir auprès de l'Assemblée nationale ses prétentions à devenir le chef-lieu de la Vendée. Mais bientôt il se remit à ses travaux habituels et, aussitôt l'administration départementale organisée, il lui fit adopter un plan de bergerie-modèle, dont il fut nommé le directeur en 1790. Il se prononça pour la Constitution civile, mais sans passion et, comme on le verra au cours de ce travail, essaya d'apaiser les colères que soulevèrent parmi les patriotes les agissements des prêtres réfractaires. L'évêque constitutionnel Rodrigue le nomma son grand-vicaire. Il fut élu administrateur du département en 1792, et dernier président du directoire en 1793. Dans plusieurs circonstances critiques, il se distingua par son courage en même temps que par sa modération. Sous le Directoire, il fut l'un des organisateurs de l'école centrale établie à Luçon, et il y prit la chaire d'histoire naturelle. Il était sorti de l'Église et s'était marié. En raison des aptitudes administratives très connues, il devint, le 15 floréal an VIII, secrétaire général de la préfecture de la Vendée, poste qu'il garda durant tout l'Empire. Quoiqu'il eût beaucoup aidé à la rentrée des émigrés vendéens, il fut horriblement persécuté à l'époque de la Restauration. Un peu plus tard, le préfet de Barante lui procura une petite place au contentieux des contributions indirectes; cette place supprimée, il vécut durant ses derniers jours des libéralités de son ami Cougnaud, l'ancien secrétaire général du département sous la République. (Voir la notice de B.-F., Benjamin Fillon, dans la *Biographie bretonne*, de P. Levot.) Son principal ouvrage est une *Statistique du département de la Vendée*, rééditée en 1844 (gros vol. in-8°) et restée classique.

fendues au point de vue religieux. En voici les passages essentiels :

« ... Pour savoir qui de nous deux a tort, discutons un peu les motifs qui m'ont déterminé à faire ce serment, qui donne à votre tendre amitié de si vives alarmes pour mon salut. Vous en trouverez une partie dans la misérable conduite qu'a tenue le Clergé à l'Assemblée nationale.

« Voyez d'abord les efforts qu'il a faits dès l'ouverture des États généraux pour s'opposer à la réunion des Ordres... L'opinion publique était depuis longtemps formée à ce sujet, et cette opinion était fondée sur la base immuable de la justice. L'orgueil et l'intérêt pouvaient seuls lutter contre elle... Était-ce aux ministres d'un Dieu qui n'a jamais prêché que l'abnégation de soi-même et le mépris des choses de la terre, à réclamer la prétention de donner des lois à un empire dont ils ne supportaient pas les charges ? Si, dès le commencement, ils eussent fait une démarche que toutes les considérations divines et humaines leur commandaient, la Noblesse eût été forcée de suivre aussitôt leur exemple ; la séance royale n'eût point été exécutée ; le blocus de Paris et l'enlèvement du Roi n'eussent point été projetés ; le Clergé eût sauvé la France des malheurs qui ont été la suite inévitable de ces deux époques désastreuses. Il ne l'a pas fait ; il a donc été bien aveugle ou bien coupable.

« S'il a combattu avec tant d'acharnement pour soutenir les prétentions de son amour-propre, on juge bien que ses efforts ne se sont pas relâchés lorsqu'il a été question des intérêts de sa fortune. Aussi quels cris n'a-t-il pas poussés, lorsqu'il fut question de détruire ses privilèges pécuniaires !... Vous me direz peut-être que le Clergé lui-même avait offert le sacrifice de ses privilèges, lorsqu'il était encore séparé en Ordre, et que cette offre avait été devancée par le vœu de tous les ecclésiastiques dans les bailliages ; mais à qui persuaderez-vous que cette offre a été sincère? Tout le monde ne sait-il pas que, si ce vœu a été exprimé dans les Cahiers, c'est aux curés qu'on le doit, et que les évêques s'y sont opposés de toutes leurs forces ? Tout le monde ne les a-t-il pas entendus, dans les conversations particulières, repousser avec dédain ce vœu de la Nation ? Toute la France n'a-t-elle pas lu avec scandale l'adresse qu'ils ont présentée au Roi dans leur dernière Assemblée, pour le maintien de leurs privilèges qu'ils osaient qualifier de propriété sacrée ? Mais ils en ont fait le sacrifice. Oui, comme la Noblesse, en enrageant contre la nécessité qui les y forçait, et parce qu'ils espéraient, en jetant ce gâteau dans la gueule du Tiers État, se ménager d'autres jouissances plus chères à leur vanité...

« La suppression de la Dîme leur fit une plaie plus profonde. Vainement on leur représentait que, de tous les impôts établis sur la terre, celui-ci était le plus injuste, parce qu'il était le plus inégal ; vainement on leur offrait un remplacement : les foudres du ciel étaient invoquées pour écraser les impies qui osaient porter une main sacrilège sur l'arche sainte... Lorsque l'Assemblée nationale osa mettre les fonds ecclésiastiques à la disposition de la Nation, ce fut alors surtout qu'on vit le Clergé invoquer, avec les accents de la rage, l'autorité du ciel à l'appui des possessions qu'on lui ravissait. Ce fut alors qu'on le vit lier très scandaleusement la cause de Dieu avec celle de

Mammon, et crier que la Religion était perdue parce qu'il n'y aurait plus d'évêchés de cent mille livres de rentes !... Est-ce bien sérieusement que j'ai ouï dire à M. l'abbé de Montesquiou qu'il fallait un Clergé opulent pour faire respecter la Religion, et qu'elle serait avilie dès qu'elle tomberait dans la médiocrité ?...

« Mais, me direz-vous, si ce n'est pas une impiété, c'est au moins une injustice d'avoir ravi au Clergé la propriété de ses biens. Et sur quels titres fondait-il donc cette étrange propriété? Le possesseur d'un bénéfice en était-il propriétaire? Il ne pouvait pas seulement vendre un arbre sans la permission du Gouvernement. A sa mort, y avait-il un seul individu dans le corps ecclésiastique qui eût droit à lui succéder et qui pût se plaindre qu'on lui fît une injustice en ne lui donnant pas le bénéfice? Si le Clergé n'avait pas la propriété de ses biens, ils appartenaient donc à la Nation, qui s'en servait pour solder le travail qu'il faisait, ou devait faire, à son profit. Elle a donc pu les lui retirer sans injustice, et convertir en argent le salaire qu'elle lui doit.

« Nous, des fonctionnaires publics et salariés! s'écrie douloureusement notre auteur... Quoi ! un honnête homme, né sans fortune, qui a sacrifié sa jeunesse à l'étude des sciences divines; qui, parvenu au sacerdoce, emploie son temps et ses veilles à instruire, édifier et consoler une partie de la société, sera avili en recevant un faible salaire en récompense de ses soins! Mais, pendant que je me livre aux fonctions du ministère, je ne puis exercer un métier, ni labourer la terre, et cependant il faut que je vive; et je serai déshonoré parce que je recevrai de la société au profit de qui je travaille la subsistance que mes mains ne peuvent me procurer! Eh! qu'était ci-devant la prébende d'un chanoine, sinon un salaire de la fatigue qu'il essuyait en chantant à l'office? Qu'était la mense d'un abbé, sinon un salaire de la peine qu'il prenait à prier Dieu et à gouverner ses moines? Qu'était le revenu d'un évêque, sinon un salaire de ses fonctions? Et croyez-vous que les apôtres eux-mêmes, vivant dans la pauvreté et l'humiliation, ne recevaient aucun salaire pour prêcher l'Évangile? Ils le trouvaient dans les aumônes que les fidèles versaient dans leur sein; car, sans cela, comment auraient-ils pu vivre, à moins d'un miracle perpétuel qui les aurait fait vivre sans manger?...

« Si (le Clergé) a lancé des anathèmes, lorsqu'on a touché à ses possessions temporelles, on n'a pas dû être surpris de la proscription à laquelle il a voué la nouvelle Constitution qu'on a voulu lui donner. Chaque article de cette Constitution choque les prétentions de son amour-propre... Aussi eût-elle été apportée par un ange au Comité ecclésiastique, j'aurais parié d'avance qu'elle eût été regardée comme hérétique...

« Le premier reproche que l'on fait à la nouvelle Constitution est l'incompétence de l'Assemblée nationale. Celle-ci, toute politique, ne doit s'occuper que d'objets temporels... Oui, Monsieur, la religion est toute spirituelle; sous ce rapport, elle est indépendante de l'autorité civile. Tout le monde en convient, et l'Assemblée nationale a rendu un hommage solennel à cette vérité. Mais cette religion est enseignée par des hommes, elle est placée au milieu des hommes pour leur bonheur. Elle touche par tous les points aux diverses institutions sociales; elle doit donc être organisée pour le plus grand bien possible de la société ; il faut donc qu'elle puisse se prêter à toutes ses institutions sans en déranger aucune...

« Dans les régions chaudes et fertiles de l'Italie et de l'Espagne, où l'homme consomme peu, où le travail d'une journée suffit pour le nourrir une semaine entière, où, dans l'impuissance physique de soutenir des occupations longues et pénibles, l'oisiveté est pour lui le souverain bien, la religion peut et doit offrir un aliment à son imagination par la pompe de ses cérémonies ; les fêtes peuvent être nombreuses sans qu'il en résulte aucun inconvénient. Mais, dans un climat froid et stérile, où il ne peut arracher sa subsistance à la terre que par des travaux longs et pénibles, si les fêtes sont trop multipliées, si elles sont placées dans la saison des travaux les plus nécessaires, pour servir Dieu les hommes sont exposés à mourir de faim. La société n'aurait-elle donc pas le droit, malgré le Clergé, de réduire le nombre de ces fêtes, ou de les placer à des époques où elles seraient moins nuisibles ?...

« Il importe souverainement à la société que toutes les parties de son territoire rendent le plus grand produit possible pour favoriser la population en fournissant abondamment à la subsistance de ses membres. Il lui importe que les terres soient divisées dans le plus grand nombre de mains possible, afin d'intéresser un plus grand nombre d'hommes au maintien de l'ordre. Ce double but était mal rempli par la manière dont les possessions du Clergé étaient placées et administrées ; l'Assemblée nationale avait donc le droit d'en faire une application différente.

« Il importe à la société que tous ses membres travaillent à son profit ; il lui importe que nul n'obtienne une récompense sans avoir bien mérité d'elle ; on a donc pu, on a donc dû détruire tous les titres sans fonctions qui offraient un appât séduisant à l'oisiveté puissante, détournaient une foule d'individus des emplois utiles où ils auraient pu rendre des services réels à la patrie.

« Il importe à la société que la solde de tous les emplois semblables soit égale et proportionnée à leur importance. L'Assemblée a donc dû détruire l'inégalité choquante qui régnait ci-devant dans la fortune des ecclésiastiques qui exerçaient les mêmes emplois. Elle a dû appliquer à leurs fonctions un salaire suffisant pour les faire vivre avec décence, mais elle a dû en même temps les mettre dans l'heureuse nécessité de ne pas souiller la dignité de leur ministère par l'appareil des pompes mondaines.

« Il importe à la société, qui doit payer les frais du culte d'une religion établie pour son avantage, d'en régler la somme en raison des besoins de ce culte ; elle a donc le droit de régler le nombre des ministres à l'entretien desquels elle peut fournir ; elle a donc le droit de fixer l'arrondissement du territoire dans lequel ils doivent exercer leurs fonctions.

« Il importe à la société, dont tous les membres supportent également les charges, qu'ils participent également à tous les avantages tant spirituels que temporels ; elle a donc le droit d'établir cette égalité où elle n'existait pas. Si, dans une paroisse ou un diocèse trop étendu, la circulation des secours spirituels est trop lente aux extrémités, elle a donc le droit de détacher ces extrémités du centre, qui ne leur fournissait pas une vie assez active, pour les unir à un autre plus voisin.

« Enfin, il importe à la société que tous ceux qui exercent dans son sein quelque fonction publique, fassent respecter et chérir les lois sur lesquelles elle a posé le fondement de son bonheur et de sa prospérité : elle a donc le droit de s'assurer du patriotisme des ministres de la religion. Si ces ministres, loin d'être soumis aux lois de leur patrie, profitent de l'empire que la religion leur donne sur des consciences faibles pour semer l'esprit d'insubordination et de révolte, la société doit les repousser de son sein ; elle doit en établir à leur place qui, connaissant mieux l'esprit de la religion qu'ils sont chargés d'enseigner, n'en feront pas un instrument funeste pour anéantir l'autorité légitime et renverser la base sur laquelle Dieu lui-même a planté les fondements de l'ordre social.

« Voilà ce qu'a pu faire et ce qu'a fait l'Assemblée nationale : en mettant dans la circulation les biens du Clergé ; en fixant le nombre des ministres de la religion ; en déterminant le salaire de chaque grade ; en formant une circonscription nouvelle des diocèses et des paroisses, plus commode que l'ancienne et mieux adaptée aux besoins des peuples ; enfin en exigeant de tous les fonctionnaires ecclésiastiques le serment d'être fidèles aux lois de la société qui les paye.

« Je ne vois dans tout ceci que des modifications extérieures, étrangères à l'essence de la religion. Je ne vois pas qu'il y ait rien de changé dans le dogme, l'instruction, les rites, les cérémonies, l'administration des sacrements, enfin tout ce qui constitue véritablement la religion... Je soutiendrai toujours qu'une société peut négliger l'exercice de ses droits, mais qu'elle ne peut jamais les résigner d'une manière irrévocable et qu'elle peut toujours les réclamer quand elle le veut...

« Vous ne pouvez adhérer au nouvel évêque et rejeter l'ancien, sans
« reconnaître dans l'Assemblée le pouvoir d'instituer et de destituer les
« évêques, sans reconnaître l'amovibilité des évêques au gré de la puissance
« temporelle ».

« Non, Monsieur, l'Assemblée n'institue ni ne destitue les évêques, puisqu'elle ne donne ni n'ôte l'ordination par qui seule ils sont évêques. Elle les empêche d'exercer les fonctions de l'épiscopat, par le même droit qu'elle aurait de les faire pendre s'ils étaient des meurtriers et des empoisonneurs...

« Ce n'est pas au XVIIIe siècle qu'il faut venir nous dire qu'une société doit souffrir dans son sein une classe d'hommes indépendante des lois. Ouvrez l'histoire, et vous verrez que ce privilège que les évêques s'étaient arrogé, d'être indépendants des tribunaux civils et de se juger eux-mêmes, n'était qu'un brevet d'impunité pour les plus grands crimes et les plus grands scandales. Vous y verrez des souverains tremblants sous la menace d'une excommunication, forcés de laisser impunis, chez des prêtres, des crimes qui dans un laïque auraient mérité la roue...

« De quel droit le peuple dirait-il à un ministre : Vous ne parlerez pas
« au nom de Dieu, lorsque Dieu lui ordonne de parler ? Si Dieu inspirait de
« nos jours, comme autrefois, des prophètes, s'il envoyait des anges, ils ne
« pourraient donc plus parler sans se rendre coupables de crime de lèse-
« nation !... Si l'accomplissement du mystère de l'Incarnation avait été ré-
« servé à notre siècle, si Jésus-Christ se présentait en France, il faudrait,

« pour exercer son ministère, qu'il eût l'attache des directoires et des muni-
« cipalités !... On le déclarerait perturbateur du repos public, il serait persé-
« cuté, il serait crucifié à Paris comme à Jérusalem ! »

« Ma main se refuse à transcrire ces horreurs ; mais, puisque c'est avec de pareilles armes qu'on nous attaque, il faut bien dénoncer la folie de ces énergumènes à tous ceux en qui la passion n'a pas étouffé le peu de bon sens que la nature leur a départi...

« En vous rétractant, vous partagez le sort de ceux qui ont refusé dès le
« commencement ; vous partagez encore la juste gloire dont ils se sont cou-
« verts aux yeux des âmes honnêtes et vertueuses. L'Assemblée s'est relâchée
« de sa première sévérité en leur accordant un secours qui les met au-dessus
« des premiers besoins. »

« Il faut être bien lâche pour offrir l'appât d'une malheureuse pension de cinq cents francs à un homme d'honneur, afin de l'engager à revenir sur une démarche qu'il n'a pu faire qu'en consultant son devoir et sa conscience. Et que ne me parlez-vous aussi des aumônes de la Noblesse, de cette Noblesse devenue tout à coup si religieuse, et qui tend aujourd'hui une main si caressante à ces mêmes curés qu'elle dédaignait et foulait aux pieds il y a deux ans ?... »

Le même Cavoleau écrivait, après la Révolution, dans sa *Statistique de la Vendée* [1] :

En 1790... l'Assemblée nationale obligea les prêtres catholiques à un serment qui a fait plus de mal à la France que les échafauds de Robespierre et les armées de l'Europe coalisées contre elle. Quelques-uns ne virent dans les objections que l'on opposait à la Constitution civile du Clergé que des subtilités scolastiques qui ne pouvaient les dispenser de la soumission qu'ils devaient à l'autorité légitime ; le plus grand nombre vit, dans cette Constitution même, le renversement d'un dogme fondamental de la religion catholique, et, pour ne pas se prêter à un acte qui répugnait à leur conscience, ils préférèrent l'exil et la prison.

Cette division d'opinions ne produisit pas le même effet dans toutes les parties du département. Dans le Bocage et le Marais de la côte occidentale, les prêtres constitutionnels ne furent accueillis que par un petit nombre d'hommes prononcés pour la Révolution ; les paysans refusèrent constamment de les reconnaître. Au contraire, dans la Plaine et les marais de l'arrondissement de Fontenay, leurs églises furent à peu près aussi fréquentées qu'avant la Révolution. Ce n'est pas que les habitants de ces contrées fussent beaucoup plus éclairés que ceux du Bocage, mais ils ne crurent pas la Religion renversée, lorsque son culte était servi par les mêmes ministres, et lorsqu'ils ne virent aucun changement dans les cérémonies. Leur caractère, plus froid que dans le Bocage, n'était pas susceptible de la même exaltation. Incapables d'approuver par conviction, ils étaient seulement plus résignés. Ils se prêtèrent à ce changement, comme à tous les autres que la Révolution avait

---

1. Édition de 1844, p. 817-818.

introduits, plutôt par indifférence que par attachement aux principes qui ont amené cette même Révolution [1].

La vérité sur le catéchisme anticonstitutionnel.

Quand Pie VI eut, par sa bulle du 13 avril 1791, accusé faussement[2] l'Assemblée constituante d'avoir voulu « détruire la religion », et qualifié la Constitution civile « d'hérétique et schismatique », les missionnaires de Saint-Laurent-sur-Sèvre s'empressèrent de mettre en circulation un *Catéchisme à l'usage des fidèles dans les circonstances actuelles*. La réfutation en fut faite par le curé de Saint-Vincent-du-Fort-du-Lay, Benjamin Gauly[2], sous le titre de : *La vérité au peuple catholique de France sur les fourberies découvertes dans un prétendu catéchisme*[3], et adressée aux représentants de la Nation avec une lettre d'envoi [4], dans laquelle on lit :

.... Les ennemis de la tranquillité et du bonheur de ma patrie font distribuer gratuitement et par douzaines dans toutes les paroisses une misérable brochure qu'ils n'ont pas honte d'intituler *Catéchisme*... C'est l'esprit malin et fourbe de ce libelle qui dirige tous les prédicateurs contre-révolutionnaires, c'est son même esprit qui a enfanté tous les troubles religieux qu'on éprouve partout... Jugez de l'intrigue infernale de nos ennemis, puisque le nom de *patrie* et de *patriote* est devenu odieux, que le nom de *citoyen* est une injure et un titre à la haine implacable de ceux que le fanatisme a égarés au nom du ciel. Hâtons-nous donc d'instruire un peuple bon mais trompé; bientôt il ne voudrait peut-être plus nous entendre...

A la première page est insérée cette note :

On n'accusera au moins pas M. Gauly d'être *intrus*. Il y a sept ans qu'il a obtenu sa cure en cour de Rome, à la sollicitation de son évêque. Il a compté

---

1. Cavoleau ajoutait : « Le Concordat n'a que des partisans en Vendée. » Son éditeur et commentateur de la Fontenelle de Vaudoré fait remarquer que ce dernier point n'est pas d'une parfaite exactitude. Sous Louis-Philippe, en effet, il subsistait une *Petite-Église*, qui ne se recommandait pas du Concordat et niait absolument tout ce qui était fait depuis 1789. Cette Église comptait d'assez nombreux fidèles dans les environs de Fontenay-le-Comte et de la Châtaigneraie, sur les rives de la Sèvre nantaise, dans la Loire-Inférieure et principalement dans le canton de Cerizay, Deux-Sèvres.
Nous avons connu, à Nantes, jusqu'au commencement du second Empire, des familles de la Petite-Église, qui s'épuisaient, ne voulant se marier qu'entre elles, pas à l'état civil, avec la seule consécration des prêtres ordonnés par d'autres évêques que les concordataires.
2. Comme dit F.-A. Faustin Hélie, dans son commentaire de la loi du 12 juillet 1791, *Les Constitutions de la France*, p. 138.
3. In-8° de 102 p., imp. chez Testard et Goichot, à Fontenay, 1792.
4. Lettre publiée par M. Ch.-J. Guillaume dans le recueil des *Procès-verbaux du Comité d'instruction publique et de législation* (Imp. nat., 1889), p. 439-440.

au Pape ou à ses agents 250 livres pour ses provisions, et c'est M. de Mercy qui lui a donné l'institution [1].

Le curé de Saint-Vincent, répondant à chacune des questions posées et résolues par le « Catéchisme imposteur », prouve d'abord que la définition de « l'intrus » par le pape Boniface VIII ne saurait s'appliquer aux prêtres constitutionnels élus et consacrés sans cabale ni simonie. Il s'élève contre l'épithète de « jureurs », par laquelle on voudrait faire croire au peuple « que ceux qui ont fait le serment sont des jureurs comme les charretiers embourbés ou les portefaix ». Il rappelle aux évêques d'ancien Régime qu'ils juraient eux-mêmes, « par le très saint et très sacré nom de Dieu, de bien espionner le peuple, d'éterniser le despotisme des rois et des ministres »; sans quoi, « eussent-ils payé et reçu les bulles de Rome, eussent-ils pris possession de leur évêché, la puissance civile les en aurait chassés pour avoir refusé le serment. »

Il conteste l'authenticité de la Bulle contre la Constitution de France et produit une Constitution civile du clergé de Russie, dont, en 1782, le pape Pie VI a remercié l'impératrice Catherine II comme « d'une faveur singulière et d'une protection auguste de la religion catholique ».

Le ministre de l'intérieur, Cahier de Gerville, dans une pièce officielle, déclarait que « l'œil le plus attentif ne pouvait apercevoir de différence dans l'exercice de la religion catholique pratiquée par des assermentés ou des non assermentés ». Bénjamin Gauly soutient cette affirmation :

> Les prêtres fidèles à leur serment enseignent la même foi, la même loi, administrent les mêmes sacrements qu'on a toujours eus dans l'Église catholique, apostolique et romaine; ils n'y ont rien changé, et jamais ils n'y changeront rien... Le Catéchisme imposteur, en parlant de nouveau culte, culte faux, destructeur du vrai culte, ne semble-t-il pas nous faire entendre que c'étaient les prêtres que nous adorions, au lieu de la Divinité? Car, en vérité, nous ne voyons de changement parmi nous que dans les personnages; c'est

---

1. Benjamin Gauly était né le 31 décembre 1734, dans sa maison patrimoniale de la Touche, paroisse de la Réorthe, où il mourut le 31 décembre 1839. Il était prieur-curé de Saint-Vincent-du-Fort-du-Lay depuis 1789. Sa famille, calviniste, avait été convertie de force à la Révocation de l'édit de Nantes, sauf un membre, qui alla mourir à l'étranger. En 1793, il était administrateur du département de la Vendée, et l'on retrouve son nom, avec ceux de ses deux collègues Birotheau et Charles Vinet, au bas du procès-verbal dressé le 31 mai à Niort, de la vérification des caisses publiques, sauvées, lors de la prise de Fontenay, par le payeur-général Varaichon, lesquelles contenaient 1,568.431 liv. 181.60. (Arch. hist. de la guerre, armée de la Rochelle, à la date du 31 mai.) Il renonça à l'état ecclésiastique en 1794 et rentra à la Touche, où il se livra jusqu'à une extrême vieillesse à des expériences agricoles, qui furent fécondes pour ses concitoyens et lui valurent une persévérante popularité.

Grégoire au lieu d'Anastase.... On n'a pas retranché un seul *amen*.... Hérétiques, schismatiques! ceux qui ont prêté le serment civique, ceux qui ont juré de maintenir une Constitution qui plante l'étendard de la croix de Jésus-Christ à la tête de tous les départements du royaume!.... Si le souverain Pontife actuel refusait sa communion aux pasteurs de France qui ont absolument la même foi que l'Église, ce serait lui qui aurait tort; il se comporterait comme ce père qui, par caprice et parce que de mauvaises langues l'auraient gagné et indisposé contre des enfants dignes de sa tendresse, les en priverait et refuserait de les reconnaître.... Alors Jésus-Christ leur tient lieu de père....

Le Catéchisme imposteur prétend que les prêtres qui persistent dans leur serment après qu'a prononcé le souverain Pontife font bande à part, une secte, une Église nouvelle, qui ne peut être celle de Jésus-Christ?... A qui peut-on mieux appliquer ce reproche qu'à ces prêtres qui fuient les églises paroissiales, qui préfèrent dire la messe dans les chambres et dans les granges; à ces pauvres gens qu'on a trompés, qui abandonnent leurs paroisses, les fonts baptismaux, où eux et leurs enfants ont été régénérés en Jésus-Christ, où ils ont été tant de fois réconciliés avec Dieu; qui fuient la Table sainte où ils ont été nourris de la chair adorable de notre divin Sauveur? Ceux-là sont une secte et une Église nouvelle, qui prêchent de manquer la messe les dimanches et fêtes, et qui la manquent en effet quand ils n'ont pas un prêtre de leur goût. C'est bien sûrement là cette Église nouvelle qui ne peut être celle de Jésus-Christ.....

Voulez-vous connaître une des raisons qui éloignent les fidèles des offices des prêtres assermentés?

Demandez à ce domestique, à ce journalier, à ce métayer, à cet artisan, pourquoi ils n'assistent pas à la messe, pourquoi ils ne s'adressent pas pour la confession à leur prêtre qui a fait serment, ils vous répondront ingénument : « Je n'y avais pas d'éloignement, je n'en ai pas même à présent; je ne voudrais pas que cela fût redit: si je n'y vais pas, c'est que j'ai besoin de gagner ma vie. Celui chez qui je suis, celui dont je fais valoir les domaines, celui qui me fait travailler, est ennemi de la Révolution, parce qu'il y perd, et je sais de bonne part, il me l'a dit à moi-même, que, si j'allais à l'office d'un prêtre assermenté, il me mettrait dehors, ou que je ne travaillerais jamais pour lui!... »

Et pourquoi toute communication avec les prêtres constitutionnels est-elle interdite?

L'essentiel pour les menteurs, c'est qu'on ne puisse découvrir leurs fourberies..... Il est essentiel à la cause des rebelles que leurs partisans restent dans l'ignorance, qu'ils ne lisent, qu'ils ne sachent et qu'ils n'écoutent rien que ce qu'on voudra leur faire lire et apprendre....

Pauvres égarés, décidez vous-mêmes qui sont ceux qui prêchent une religion nouvelle, ou des prêtres qui ont fait le serment, ou de ceux qui l'ont refusé !… Il y a deux ans, vos pasteurs vous disaient-ils qu'il faut faire baptiser vos enfants par un laïque, hors le danger de mort? Vous disaient-ils qu'il vaut mieux qu'ils soient exposés à n'avoir aucune preuve de la légitimité de leur naissance, et par conséquent aucun état civil, plutôt que de les faire baptiser à votre paroisse, parce que le prêtre qui la sert est sermenté? Vous disaient-ils qu'un prêtre, venu au milieu de vous pour paître les brebis, pour distribuer le pain de la parole de Dieu et administrer les sacrements, selon le caractère sacré et ineffaçable qu'il a reçu de l'ordination, parce qu'il y venait de la même manière que les pasteurs les plus saints de l'antiquité, donnerait à vos mariages des bénédictions nulles et sacrilèges? Aviez-vous entendu dire que, quand vous assisteriez aux enterrements de vos pères et mères, de vos frères et sœurs, de vos parents et amis, il ne fallait pas entrer dans nos églises pour prier pour eux, mais rester à la porte, ou, si vous y entriez par un respect tout humain, tourner le dos au Saint-Sacrement qui réside sur nos autels, comme on a fait en plusieurs endroits, et commettre d'autres indécences envers Jésus-Christ qui, du haut du tabernacle, vous appelle et vous tend les bras !.....

C'est l'esprit des ténèbres qui enfante ces nouveaux stratagèmes pour perdre plus sûrement les âmes, pour souffler le feu d'une guerre civile et religieuse.

Benjamin Gauly insiste sur la question des biens que les riches évêques voudraient recouvrer, et sur ce « refus de la borderie »[1], qui a déterminé un très grand nombre de ses confrères à rétracter le serment qu'ils s'étaient empressés de prêter. Puis il s'écrie :

Au nom du Dieu de paix, vous allumez la guerre dans le sein des familles, vous mettez aux prises l'épouse avec l'époux, le fils avec la mère, le frère avec la sœur.... Cruels! vous ne vous contentez pas de déchirer le sein de l'Église, vous déchirez celui de votre patrie, pour ce peu de bien dont vous ne deviez prendre qu'une portion nécessaire à une honnête subsistance, que la patrie paye si généreusement! Pensez-y, l'avarice a fait plus d'un Judas…. Ne dites pas que vous êtes indifférents pour vos biens temporels; *le crime le plus impardonnable à vos yeux est de les avoir achetés.* Pourquoi prenez-vous tant d'intérêt à ces *Nobles émigrés?* Pourquoi, comme on l'assure, vous êtes-vous cotisés pour leur envoyer des soldats et de l'argent? Pourquoi voit-on des évêques, un cardinal (Rohan surtout), à la tête de quelques troupes, prêts à fondre sur leur patrie? Pourquoi vos vœux pour le succès de leurs armes? Oseriez-vous en trouver la justice dans votre amour pour la Religion? Non, non, vous ne nous tromperez plus. C'est l'assurance que vous avez qu'ils vous rétabliront dans vos biens.... Ces Nobles vous bercent, il est vrai, de cette illusion; ils sentent le besoin qu'ils ont de vous pour séduire un peuple ignorant, auprès duquel vous êtes leur unique appui. Mais, si une fois leur triomphe était assuré, si une fois ils étaient rentrés dans leurs droits absurdes et dans leurs injustes privilèges, bien loin de vous rendre un seul pouce de

---

1. Voir ci-dessus p. 69 et 70.

terre, ils regretteraient que l'Église ne fût plus assez riche pour lui prendre de quoi s'indemniser des frais de leur campagne. Que le passé vous soit garant de l'avenir! Avez-vous oublié que les immenses richesses du haut Clergé offusquaient depuis longtemps cette fière Noblesse, et qu'elle ne les lui pardonnait que parce qu'elles étaient devenues son partage? Et vous, pasteurs des campagnes, avez-vous oublié le mépris qu'elle faisait de vous? Avez-vous oublié qu'en 1789, tous leurs Cahiers demandaient que le Clergé seul payât la dette de l'État; qu'au mois de novembre de la même année, un grand nombre de cette caste privilégiée opina pour qu'on s'emparât des biens ecclésiastiques? D'après cela, jugez de ce que vous avez à en attendre!.... N'est-il pas visible que ces hérésies, ce schisme ne sont que dans le mécontentement des Nobles, des évêques, et que tout sera pur, si on leur rend leurs titres! C'est prendre le peuple pour bien bête!...

L'un des articles du Catéchisme des réfractaires qui indigne le plus Benjamin Gauly est celui-ci :

« Tous les moyens violents et les persécutions employés envers les prê-
« tres et les fidèles, pour les forcer à ce nouveau culte, prouvent évidem-
« ment que c'est un culte faux, un culte destructeur du vrai culte, parce que,
« pour établir une vraie religion, on n'employa jamais que la douceur et
« la persuasion.... »

Le curé constitutionnel répond :

Comment peut-on avancer que les persécutions qu'on exercerait au nom d'une religion seraient une preuve évidente de la fausseté de son culte! Eh! où en serait la religion chrétienne elle-même? Pendant plus de deux siècles, au nom de cette religion divine, on a emprisonné, dépouillé, persécuté, tourmenté, égorgé, brûlé des milliers de protestants; on enlevait de la manière la plus inhumaine leurs enfants, sous le prétexte de les élever dans le culte catholique; ces faits sont encore récents, et l'Assemblée nationale en a réparé l'injustice, autant qu'il était en elle, en les admettant au rang de citoyens français, et en leur restituant les biens qu'on leur avait injustement ravis.... C'est écrit en caractères ineffaçables dans la Déclaration des droits de l'homme « que personne ne peut être inquiété pour ses opinions, même religieuses, pourvu qu'elles ne troublent pas l'ordre public ». Les détracteurs de notre Constitution se plaignaient d'abord de ce qu'elle était si tolérante; à les en croire, c'était l'abomination de la désolation, la Religion était perdue parce qu'on refusait de la déclarer Nationale. Autre temps, autre langage. On taxe de persécuteurs ceux dont la tolérance allait tout perdre il y a un an....

Mais enfin de quelle persécution se plaint-on? On a fermé des églises qui n'étaient pas paroissiales. Mais tous n'étaient-ils pas libres d'entendre, dans les églises conservées, *la messe du prêtre, sermenté ou non, qu'ils auraient voulu choisir?*.... Quelques-uns d'eux ont voulu dire qu'ils ne pouvaient pas y entrer; ailleurs, d'autres n'en ont fait aucune difficulté : qu'ils disent donc, ces nouveaux saints, dont la sainteté ne date peut-être que du jour de leur désobéissance, s'ils sont plus pieux que les prêtres catholiques d'Alsace et de beaucoup d'autres endroits? Depuis bien des années, leurs prédécesseurs et eux disent la messe, célèbrent les offices dans la même église ; à l'instant avant ou après les ministres protestants s'acquittent de leurs fonctions....

On a interdit, il est vrai, l'exercice public du ministère à ceux qui n'étaient même plus citoyens actifs, mais leurs menées n'ont déjà que trop justifié la nécessité de cette précaution. Leurs plaintes sont un témoignage certain du regret qu'ils éprouvent de ne pouvoir plus faire le mal qu'ils méditaient; voilà toute la persécution, à moins qu'ils n'aient troublé l'ordre public: dans ce cas, Dieu lui-même ordonne de réprimer les perturbateurs.

LES PRIÈRES INSURRECTIONNELLES

Les brochures de Gauly et de Cavoleau ne pénétrèrent pas dans le Bocage. Le clergé réfractaire s'en était rendu maître par une propagande effrénée où se déployait, avec un succès inouï, l'art des jésuites à surexciter la dévotion des femmes et à exploiter les plus païennes des superstitions populaires.

Par milliers se multipliaient les traités mystiques à allusions politiques[1]; les récits légendaires suivant le cours des événements[2]; les sermons confectionnés pour les « bons prêtres » contre les « intrus »; les oraisons à dire en commun pour « s'unir d'intention aux prêtres qui, dans la chrétienté et principalement à Rome, centre de l'unité, disaient à la même heure une messe pour tous les catholiques français qui étaient dans l'impossibilité de l'entendre[3] ».

Dans les pèlerinages au fond des bois, devant le vieux chêne druidique, se répétait sans cesse la *Prière d'une âme dévote au Cœur de Jésus*[4] :

O Cœur de Jésus! ma confiance en vous ne connaît pas de bornes!.... Que ne puis-je, en m'offrant victime, satisfaire à votre justice irritée et attirer sur la France entière vos divines miséricordes!

Il est donc vrai que la malice des hommes est montée à son comble. Hélas! l'impiété vous insulte jusque sur votre trône, et voudrait vous ravir nos adorations. L'Église, votre épouse, est l'objet de ses persécutions, et, si vous ne venez à notre secours, presque tous les temples deviendront des cavernes de voleurs; vos autels seront souillés, vos tabernacles renversés, et les chaires de vérité seront bientôt des chaires de pestilence. On ne respectera plus les asiles sacrés de l'innocence et de la piété, et on les déshonorera par des attentats et des sacrilèges....

---

1. Comme la *Compassion de la Vierge pour la France*, « qui rendait les femmes folles », dit Michelet, *Hist. de la Rév.*, I, 409.
2. Comme *La captivité* et la *Passion de Louis XVI*, dès 1790.
3. *Prière pour les Vendéens*, Collection Dugast-Matifeux.
4. Dans la même collection.

O Cœur de Jésus, veillez sur votre héritage ; dissipez les ennemis de votre sainte Église ; qu'elle triomphe de tous leurs efforts !...

Malgré les efforts de l'impiété, je n'oublierai jamais les engagements que j'ai contractés envers vous.... O Jésus ! en vous consacrant mon cœur, placez-le dans le vôtre. C'est dans votre Cœur que je veux vivre, inconnue du monde et connue de lui seul. C'est dans ce Cœur que je puiserai les ardeurs de l'amour qui doit me consumer.

La *Prière de Louis XVI* [1], répandue au milieu de l'année 1791, contient le programme de la Contre-Révolution :

Vous voyez, mon Dieu, toutes les plaies qui déchirent mon cœur et la profondeur de l'abîme dans lequel je suis plongé.... Vous avez pardonné au roi David, au roi Manassès.... Seriez-vous inexorable aujourd'hui pour ce fils de saint Louis, qui prend ces vrais pénitents pour modèles et qui, à leur exemple, désire réparer ses fautes et devenir un roi selon votre cœur ?

Si, par un effet de la bonté infinie de Dieu, je recouvre ma liberté, ma couronne et ma puissance royale, je promets solennellement :

1° De rétablir sans délai tous les pasteurs légitimes et tous les bénéficiers institués par l'Église dans les bénéfices, dont ils ont été injustement dépouillés par les décrets d'une puissance incompétente, sauf à prendre les moyens canoniques pour supprimer les titres à bénéfices qui seront jugés moins nécessaires, pour en appliquer les biens et revenus aux besoins de l'État ;

2° De révoquer le plus tôt que faire se pourra, toutes les lois qui me seront indiquées soit par le Pape, soit par un Concile, soit par quatre évêques choisis parmi les plus éclairés et les plus vertueux de mon royaume, comme contraires à la pureté et à l'intégrité de la foi, à la juridiction de la sainte Église catholique, apostolique et romaine, et notamment la Constitution civile du Clergé ;

3° De prendre, dans l'intervalle d'une année, tant auprès du Pape qu'auprès des évêques de mon royaume, toutes les mesures nécessaires pour établir en forme canonique une *fête solennelle en l'honneur du Sacré Cœur de Jésus*, laquelle sera établie et célébrée à perpétuité dans toute la France, le premier vendredi après l'octave du Saint-Sacrement, et toujours suivie d'une procession générale en réparation des outrages et des profanations commises par les hérétiques, les schismatiques et les mauvais chrétiens ;

4° D'aller en personne, sous trois mois, à dater du jour de ma délivrance, dans l'église de Notre-Dame de Paris, ou dans toute autre église principale du lieu où je me trouverai, et d'y prononcer, un jour de dimanche ou fête, au pied du maître-autel, après l'offertoire, et entre les mains du célébrant, *un acte solennel de consécration de ma personne, de ma famille, de mon royaume, au Sacré Cœur de Jésus*, avec promesse de donner à tous mes sujets l'exemple du culte et de la dévotion qui sont dus à ce Cœur adorable ;

5° *D'ériger et décorer à mes frais*, dans l'église que je choisirai pour

---

1. Réimp. dans les *Pièces contre-révolutionnaire*, recueillies par Benjamin Fillon (88 p. in-8, Fontenay, 1847).

cela, dans le cours d'une année, à compter du jour de ma délivrance, *une chapelle ou un autel consacré au Sacré Cœur de Jésus*.....

6° De renouveler tous les ans, au lieu où je me trouverai le jour que l'on célébrera la fête du Sacré-Cœur, l'acte de consécration exprimé dans l'article 4, et d'assister à la procession générale qui suivra la grand'messe de ce jour.

Je ne puis prononcer aujourd'hui qu'en secret ce saint engagement; mais je le signerais de mon sang s'il le fallait, et le plus beau jour de ma vie sera celui où je pourrai le publier à haute voix et dans le temple....

Les derniers vrais chrétiens, les jansénistes, réprouvaient comme « une espèce d'idolâtrie, du paganisme le plus baroque », l'adoration du cœur sanglant, touché et baisé par une visionnaire hystérique, Marie Alacoque. Les jésuites, on le sait, l'avaient inventée quand, par Mme de Maintenon, ils gouvernaient Louis XIV et dirigeaient les conversions forcées qui suivirent la Révocation de l'Édit de Nantes[1]. Quoique toute-puissante alors, la Société de Jésus n'avait pas obtenu l'adoption du Sacré Cœur par l'Église de France. Interdite par l'édit de novembre 1764, dissoute par la bulle du 21 juin 1773, elle se survivait dans une secte dite des *Cordicoles*. En 1775, celle-ci réclama de nouveau, mais en vain, à l'Assemblée du Clergé l'institution d'une fête générale en l'honneur du Sacré Cœur de Jésus[2].

C'est seulement après 1789 et contre la Révolution que la dévotion au Sacré Cœur de Jésus fut propagée par les évêques mêmes qui l'avaient réprouvée. Dès le début des mouvements insurrectionnels et jusqu'à la fin de la guerre catholique et royale, les Vendéens et les chouans portaient la cocarde blanche au chapeau, et à la boutonnière ou cousu à la veste, un morceau d'étoffe noire ou verte, sur lequel était brodé un cœur rouge, surmonté d'une croix, et quelquefois entouré de palmes[3].

---

1. *Hist. de France* de J. Michelet, *Louis XIV et la révocation de l'Édit de Nantes*, ch. XV.
2. *Mémoires secrets de la République des lettres*, à la date du 22 octobre 1775.
3. Il a fallu les désastres nationaux de 1870-1871 et la réaction cléricale qui les suivit pour rendre le Sacré Cœur des jésuites acceptable à la majorité des catholiques de France. L'Assemblée nationale, qui siégeait à Versailles, a fait ce que n'aurait pas osé la « Chambre introuvable » de la Restauration. Elle a longuement délibéré sur la proposition de consacrer le pays de Voltaire au Sacré Cœur de Jésus. Finalement, par 393 voix contre 164, elle a adopté l'article 1er de la loi du 24 juillet 1873 promulguée le 31, en vertu de laquelle a été « déclarée d'utilité publique la construction, sur la colline de Montmartre », d'une église, ouvertement dédiée au Sacré Cœur sur les premières listes de souscription, et destinée à faire « éclater, dominant Paris, la preuve en pierre indestructible du triomphe de l'Église sur la Révolution ». La basilique votive de Montmartre a été ouverte au culte, le 5 juin 1891, par une fête solennelle, que présidait le cardinal-archevêque de Paris, en présence du cardinal pro-nonce du pape : *Sanctissimo Cordi Jesu-Christi Gallia pœnitens et devota*.

LES MULOTINS ET LES FILLES DE LA SAGESSE
A SAINT-LAURENT-SUR-SÈVRE

Le centre de la propagande contre-révolutionnaire était, à Saint-Laurent-sur-Sèvre, district de Montaigu, la maison des missionnaires du Saint-Esprit, avec sa succursale féminine, le couvent des filles de la Sagesse. Ces sœurs grises, non seulement en Vendée, mais dans cinq ou six des départements voisins, allaient et venaient sans cesse, pour le service des pauvres, en particulier des hôpitaux ; elles formaient « un moyen très actif de correspondance générale[1] »; elles colportaient les journaux et les brochures, et de vive voix faisaient passer les mots d'ordre. Ceux qui les dirigeaient n'étaient point des moines relevant d'un ordre quelconque ; c'étaient, depuis environ soixante ans, « des prêtres séculiers, vivant d'aumônes », et qui s'adonnaient à la prédication ambulante[2]. L'évêque de la Rochelle, considéré comme leur supérieur, couvrait leur parfaite indépendance. On les appelait « mulotins », plus souvent que « montfortistes » du nom du meneur de Grignon de Montfort, le père Mulot. Ils étaient très aimés des femmes, auxquelles ils donnaient des chapelets et des médailles ; des enfants, qu'ils comblaient d'images et de friandises ; ils exerçaient une influence énorme sur les paysans, auxquels, après des sermons appropriés à leur intelligence et à leurs passions, ils faisaient les plus larges distributions d'indulgences.

Ils excellaient dans l'art, si bien cultivé par la Société de Jésus, de jouer des comédies et des féeries, qui tantôt faisaient rire et tantôt épouvantaient ou ravissaient en extase leurs ouailles naïves. Ainsi, à Châtillon-sur-Sèvre, ils suscitèrent l'idée d'enfermer un chat noir dans le tabernacle ; au moment où le prêtre assermenté l'ouvrait pour officier, le chat furieux bondissait, et toute l'assistance, rendue plus nombreuse ce jour-là que d'habitude, évacuait l'église en criant : « C'est le diable qui a fait pacte avec le prêtre jureur ! » Dans un champ près du bourg des Épesses, raconte encore Mercier du Rocher[1], des processions étaient amenées de plusieurs lieues à la ronde pour « voir les anges et les saints descendre du ciel », et les dévots les voyaient, en effet, « grâce aux lanternes magiques de l'invention du jésuite Quichet ».

Quelques gardes nationaux d'Angers, se trouvant à Cholet, firent, le 1er et le 2 juin 1791, sans ordre, une course vers « l'arsenal de la

---

1. Disent Gallois et Gensonné dans leur rapport à l'Assemblée législative d'octobre 1791.
2 Voir ci-dessus, chap. II, p. 43.
1. Mémoires inédits, 1er cahier.

contre-révolution », et une descente chez les Missionnaires de Saint-Laurent-sur-Sèvre. Ils en ramenèrent deux, avec un gros paquet de brochures et de manuscrits inachevés, qui furent dépouillés par le Directoire du département de Maine-et-Loire [1]. Les manuscrits n'étaient pas sans importance, et l'un des prêtres arrêtés, Duguet, s'en reconnut l'auteur. C'était, entre autres projets presque achevés, un *Catéchisme sur l'Église et la Constitution civile*, probablement celui que réfuta Benjamin Gauly. C'était aussi une *Instruction sur les Intrus en forme d'entretien entre un prêtre et un simple fidèle de campagne*, où étaient accommodées pour l'usage des plus simples les instructions épiscopales afin d'éviter toute intervention des curés assermentés dans les baptêmes, les mariages et les enterrements.

Sur les plaintes qui lui furent adressées, le 2 juin, et par les missionnaires du Saint-Esprit et par les sœurs de la Sagesse [2], appuyées par trente-quatre habitants de Saint-Laurent-sur-Sèvre, le Directoire du département de la Vendée se hâta, le 3, de réclamer la mise en liberté des deux prêtres emprisonnés au château d'Angers. Il demandait en outre « une enquête et, au cas de délit réel, la juste punition de ceux qui, oubliant les principes, s'étaient permis de les violer avec audace, non sans doute avec impunité ». Les Administrateurs de Maine-et-Loire firent reconduire à Montaigu, chef-lieu du district auquel ils appartenaient, les deux prisonniers, Dauche et Duguet. Ils écrivaient en même temps, pour excuser les patriotes angevins de s'être laissé entraîner par « un zèle trop bouillant ». Si, ajoutaient-il, « les gardes nationales de la Vendée avaient découvert dans quelques maisons religieuses des preuves aussi certaines de la conduite des ennemis du bien public, nous leur voterions des remerciements ».

Les administrateurs de la Vendée, par arrêté du 14, ordonnèrent de mettre immédiatement en liberté les deux « mulotins », que le district de Montaigu prétendait « retenir sous bonne et sûre garde », jusqu'à la décision de l'Assemblée nationale, à laquelle les pièces saisies à Saint-Laurent avaient été envoyées d'Angers.

A la réception de l'arrêté départemental, le district de Montaigu obéit, mais en adressant à l'Assemblée nationale une protestation, que le département, par un nouvel arrêté du 21, condamna et fit rayer de ses registres.

1. Voir l'extrait du rapport du procureur général syndic, donné p. 384-388, t. II de *La Vendée angevine*, par M. Célestin Port.
2. *Ibid.*, p. 382 et 383-384.

Délibérations du Directoire du district de Montaigu.
(*Extrait du registre, séance du 15 juin 1791.*).

Séance présidée par Jacques Moisgas, vice-président ; assistaient François Couane, Jacques-Bien-Aimé Thiériot, Jean-Baptiste-Olivier-Joseph Fayau ; présent, Philippe-Charles-Aimé Goupilleau, procureur-syndic.

Le Procureur-syndic a dit :

« Qu'il n'a pu voir qu'avec une douloureuse surprise deux départements en opposition sur un point de fait grave et qui intéresse essentiellement la Constitution, dont les principes invariables doivent être généralement connus et uniformément suivis. D'un côté, et dans la rigueur de ces principes, on pouvait accuser d'irrégularité la démarche des gardes nationales, soit en faisant sans l'autorité des corps administratifs une incursion sur un territoire qui leur était étranger, soit dans la manière d'arrêter les sieurs Dauche et Duguet ; mais, d'un autre côté, cette démarche trouve bien son excuse dans la réalité et la gravité du fait qui a servi de motif à cette arrestation. Le salut du peuple devant être la loi suprême, ce ne pouvait être le cas de faire revivre en faveur de gens qui non seulement s'avouent coupables, mais même qui s'honorent de l'être, les principes de l'ancien régime en vertu desquels il était reçu que les formes l'emportaient sur le fond le plus juste. Toute idée de nullité et d'irrégularité de la part des gardes nationales doit disparaître, parce que si, d'après la loi, nul homme ne peut être accusé, arrêté ni détenu que dans les cas déterminés par la loi et les formes qu'elle a prescrites, le flagrant délit est un de ces cas. Il est donc bien naturel, bien louable, de la part de gardes nationaux, armés pour le maintien de cette loi, et qui ont fait le serment de vivre et mourir pour le soutien de la Constitution, d'arrêter des gens qu'ils trouvent occupés du dessein de l'anéantir, les mains pleines d'écrits incendiaires et en composant d'autres propres à propager les principes dont ils se font un criminel honneur.

« L'on n'a jamais fait de crime à ceux qui ont arrêté des voleurs et des assassins qu'ils prenaient sur le fait ; l'on ne devait pas s'attendre qu'on en fît jamais, dans une circonstance comme celle-ci, où il s'agit des plus grands intérêts de la patrie. Le corps de délit existant et avoué de ceux-là mêmes qui en sont les auteurs, il eût été à désirer que le département de la Vendée, en adoptant les motifs déduits par celui de Maine-et-Loire, instruit par lui-même que l'Assemblée nationale en est informée, eût pu, pour la sûreté et la tranquillité publiques, comme pour l'intérêt de la Constitution, différer, jusqu'à la réception des ordres de l'Assemblée nationale à ce sujet, d'accorder la liberté aux sieurs Dauche et Duguet, qui s'en déclarent les ennemis et qui sont d'autant plus dangereux qu'ils ont des relations intimes dans tout le royaume, qu'il est impossible de les surveiller dans leurs démarches ténébreuses, et qui, fiers de l'impunité, s'enhardissent encore à de nouveaux forfaits. »

Le Directoire, ouï le procureur-syndic, respectant la loi, et ne s'écartant jamais de la fidélité qu'il lui a jurée, doit souscrire à l'arrêté du département auquel il est subordonné dans l'ordre de la Constitution ; mais, en rendant la liberté aux sieurs Dauche et Duguet, il est unanimement d'avis que copie du présent arrêté sera adressée tant à l'Assemblée nationale qu'au département de la Vendée, celui de Maine-et-Loire et au district de Cholet.

Fait en Directoire à Montaigu les jour et an; signé : Moisgas, vice-président; F. Couane, J.-B. Fayau, Thiériot, Ph.-Ch.-Ai. Goupilleau, procureur-syndic, A. Faverot, secrétaire.

Arrêté du Directoire du département de la Vendée.

Le Directoire, ouï le procureur général syndic,

Considérant que le réquisitoire du procureur-syndic du district de Montaigu, qui précède l'arrêté du district est tout à la fois injurieux pour l'Administration supérieure, dont il se permet de blâmer l'arrêté, et attentatoire à tous les principes de la Constitution, en confondant avec une intention coupable le flagrant délit prévu par les lois et une arrestation arbitraire de plusieurs citoyens enlevés dans leur maison, que réprouvent ces mêmes lois,

Arrête que le présent réquisitoire sera rayé et biffé; nomme MM. Saurin et Pichard, administrateurs du département, pour, en qualité de commissaires délégués à cet effet, assister à la radiation qui sera faite sur les registres du district de tout le contenu de ce réquisitoire, ce dont il sera dressé procès-verbal et fait note en marge des registres; ordonne au procureur-syndic d'être plus circonspect à l'avenir, et quant à l'arrêté lui-même, le Directoire, interprétant de la manière la plus favorable le dernier article du présent arrêté qui en ordonne la communication à l'Assemblée nationale, au département de Maine-et-Loire et au district de Cholet, ne veut voir, dans la première de ces dispositions que le désir de s'affermir de plus en plus dans l'obéissance aux principes de la législation par le suffrage de l'Assemblée nationale, et, dans les suivantes, que l'intention d'instruire les corps administratifs voisins du résultat d'une affaire à laquelle avaient participé quelques citoyens de leur territoire, invite néanmoins les administrateurs du district à ne plus tolérer, par un silence au moins suspect, les principes que le procureur-syndic n'a pas craint de soumettre à leur délibération, et arrête qu'expédition du présent arrêté sera envoyée au ministre de l'intérieur, au Directoire du district de Montaigu, et à MM. Saurin et Pichard, commissaires nommés pour la radiation du réquisitoire injurieux inscrit sur les registres de l'Administration de Montaigu.

Fait en Directoire, à Fontenay-le-Comte, le 21 juin 1791.

Guillet, vice-président, Jn.-Mas. Cougnaud, secrétaire général.

La copie du double document qui précède fut déposée, avec le parafe de Goupilleau (de Montaigu), le 17 avril 1794 [1], après la déposition de ce Conventionnel appelé comme témoin dans le procès de Pichard du Page devant le tribunal révolutionnaire de Paris. On lit dans la déposition :

---

1. Archives nationales, W 354.

... De manière qu'un administrateur de district fut censuré par le département pour avoir rempli ses devoirs les plus sacrés, et que les deux moines, les plus grands contre-révolutionnaires qui aient jamais existé, eurent la liberté d'aller propager leurs principes et leur catéchisme, et qu'il est bien démontré que ce sont eux qui, grâce à l'indulgence du département de la Vendée, ont soufflé le feu de la malheureuse guerre de la Vendée.

LES DEUX CLERGÉS VENDÉENS A LA FIN DE L'ANNÉE 1791

Le Comité ecclésiastique de l'Assemblée nationale, par circulaire du 17 mars 1791, avait réclamé de tous les directoires de département le double recensement des curés et vicaires qui s'étaient soumis à la Constitution civile ou qui avaient refusé le serment.

On ne trouve pas, parmi les dossiers expédiés à Paris en réponse à cette circulaire [1], la statistique vendéenne, mais elle est donnée dans l'un des chapitres et tableaux du Compte du Directoire au Conseil général du département, rendu à la session des mois de novembre et décembre 1791 [2].

Avant de produire ce document, faisons remarquer la forme étrange dans laquelle il a été rédigé. Les « non assermentés » y sont qualifiés « fonctionnaires publics », comme les « assermentés ». On y donne « le montant par trimestre du traitement des fonctionnaires publics ecclésiastiques et des pensionnaires », en faisant remarquer — après les troubles graves produits aux mois d'avril et mai précédents par les prêtres réfractaires — « qu'il ne paraîtra peut-être pas indifférent de connaître ainsi l'augmentation de charges à laquelle donnera lieu le remplacement des curés non assermentés ».

La proportion, quant aux curés, ne répond nullement aux assertions des écrivains royalistes et cléricaux, puisque l'on en voit 149 dans la colonne des assermentés, et *sept seulement de plus*, 156, dans celle des réfractaires. Pour les vicaires, il n'en est indiqué que 14 comme soumis à la loi; 84 sont portés comme ayant refusé le serment [3].

La situation était beaucoup plus inconstitutionnelle dans la

---

1. Archives nationales, D XXIX 21 et suivants. Il y a dans ces cartons de nombreuses pièces relatives aux troubles suscités par les prêtres réfractaires; mais aucune ne concerne la Vendée. Nous avons prié l'administration des Archives de vérifier si le dossier du clergé vendéen ne s'était pas égaré ailleurs. Elle nous a répondu : « On ne le retrouve pas. »
2. Archives nationales, F1c III — Vendée 4.
3. Nous ne savons où M. Merland a pris les chiffres qu'il donne dans sa vie de Séverin Pervinquière, t. IV, p. 348, des *Biographies vendéennes* : 282 prêtres assermentés, 386 prêtres inassermentés.

DÉPARTEMENT DE LA VENDÉE

BORDEREAU du montant des traitements fixés d'après la loi du 24 novembre 1791 et payables à tous les fonctionnaires publics ecclésiastiques en fonctions à ladite époque, séculiers supprimés, bénéficiers, religieux, religieuses, curés remplacés et ci-devant employés ecclésiastiques ou laïques, faisant les fonctions relatives au service divin dans les églises des ci-devant chapitres séculiers ou réguliers du département de la Vendée, formé sur les états dressés d'après les délibérations portant fixation des traitements, soit provisoires, soit définitifs, de tous les individus y dénommés, et des sommes réputées nécessaires, par excédent sur les précédentes, pour l'acquit des nouveaux traitements à fixer aux curés qui seront remplacés par la suite.

NOMS des DISTRICTS.	NOMBRE DES FONCTIONNAIRES dont les traitements sont fixés d'après la loi				NOMBRE DES FONCTIONNAIRES sont également fixés d'après la loi	MONTANT DES TRAITEMENTS fixés jusqu'à l'époque du 24 novembre 1791.					TOTAUX des TRAITEMENTS ci-contre.	SOMMES PAYABLES pendant le trimestre d'octobre.	MONTANT des PENSIONS auxquelles auront droit les curés non assermentés à raison de 500 l. chacun d'après leur remplacement, plus ou moins rapproché.
	FONCTIONNAIRES PUBLICS					AUX FONCTIONNAIRES PUBLICS				Aux ci-devant religieux, bénéficiers, etc., faisant fonctions relatives au service divin, dans les églises des ci-devant chapitres, etc.			
	assermentés.		non assermentés.			assermentés.		non assermentés.					
	Curés.	Vicaires ou desservants	Curés.	Vicaires ou desservants		Curés. l. s. d.	Vicaires ou desservants l. s.	Curés. l. s. d.	Vicaires ou desservants l. s.	l. s. d.	l. s. d.	l. s. d.	l.
Fontenay........	33	9	22	11	161	92.738 12 »	16.600 »	30.189 8 2	7.700 »	155.682 9 4	302.710 10 4	75.677 12 6	11.000
La Chataigneraie.	34	»	26	11	16	49.984 2 8	»	35.971 10 1	8.164 »	11.261 16 6	105.381 8 9	26.345 7 2	13.000
Montaigu	7	3	38	27	48	10.500 » »	2.100 »	53.808 » »	19.785 »	91.726 6 4	117.919 6 4	29.479 16 17	19.000
Challans........	12	2	21	17	28	19.462 » »	7.137 7	36.437 » »	12.586 10	31.694 9 »	101.383 » 2	25.396 5 6	10.500
Les Sables	24	»	23	7	28	32.320 » »	»	29.312 17 3	4.900 »	14.861 16 »	81.394 13 3	20.348 13 3	11.500
La Roche-sur-Yon.	19	»	26	11	28	26.319 1 4	»	37.262 » 5	8.204 2	23.856 11 8	95.642 » »	23.910 10 »	13.000
TOTAUX.....	149 (14)	156	84		309	231.123 16 7	20.437 7	7.222.981 » »	61.339 12 6	268.730 8 »	804.633 » 5	201.158 5 »	78.000

Loire-Inférieure, où l'on compte au total : 116 assermentés seulement contre 319 [1].

On voit, d'après le tableau qui précède, que les traitements des curés et vicaires non remplacés ont été, par l'Administration départementale, intégralement maintenus durant toute l'année 1791, et leurs pensions de 500 francs assurées au fur et à mesure de leur remplacement par des curés et vicaires constitutionnels. La situation pécuniaire des prêtres réfractaires ne changea qu'au milieu de l'année 1792, après la déclaration de la Patrie en danger, après la Révolution du dix août. Comme les fonctionnaires et pensionnaires ecclésiastiques étaient payés par trimestre et d'avance, les inassermentés de la Vendée furent entretenus aux frais de l'État jusqu'au mois d'octobre 1792, après l'application des décrets de l'Assemblée législative qui ordonnèrent leur expulsion des paroisses et leur exil en Espagne [2].

L'argent leur arrivait même avec plus de régularité qu'aux assermentés, s'il faut en croire la dénonciation publique du « premier curé constitutionnel placé dans le district de Challans et peut-être dans le département de la Vendée. » Massé, curé de Saint-Christophe-du-Ligneron, écrivait « au rédacteur » du *Moniteur universel*[3], qui insérait sa lettre le 20 septembre 1791 :

> Permettez-moi, Monsieur, de me servir de votre journal pour dénoncer à toute la France l'incivisme et la haine pour notre auguste Constitution des administrateurs du Directoire du département de la Vendée.
>
> Dans tous les autres départements, les prêtres soumis à nos sages lois sont protégés, soutenus et payés avec la plus grande exactitude ; ici, au contraire, les conformistes sont en quelque sorte proscrits. En vain me suis-je mis en règle au commencement du mois de janvier, en vain ai-je relevé ma pétition au commencement d'avril, pour mes deux premiers quartiers, en ma qualité de vicaire de Saint-Étienne-du-Bois ; en vain, lors de mon installation à la cure de Saint-Christophe-du-Ligneron, leur ai-je envoyé le procès-verbal, avec ma réclamation pour mon traitement de 1790 et des premiers mois de 1791 ; en vain les administrateurs du Directoire du district de Challans ont-ils appuyé mes diverses pétitions : je n'ai reçu aucune réponse, et, quoique au mois de septembre, je n'ai encore que mon premier quartier en qualité de curé.

---

1. Il serait très faux de croire, comme aiment à le répéter les écrivains ultramontains, que la presque totalité des curés refusèrent partout d'adhérer à la Constitution civile, qui réalisait la majeure partie des vœux exprimés dans les Cahiers ecclésiastiques, dont la rédaction put être soustraite à l'influence épiscopale. M. Victor Jeanvrot, conseiller à la Cour d'Angers, a retrouvé, dans les Archives d'Indre-et-Loire, l'*état des ecclésiastiques fonctionnaires publics en* 1792-1793, et cet état prouve que 259 des 282 paroisses de ce département avaient des curés constitutionnels. (*Le Clergé national sous la Révolution ; Pierre Suzor, évêque de Tours*, in-8° de 78 pages, Paris, 1887, Charavay frères, éditeurs.)
2. Voir plus loin, chap. XXXII.
3. N° 263, aux *Mélanges*.

Mon amour pour notre Constitution, mon zèle pour la propager, ont sans doute été des motifs plus que suffisants de la part d'administrateurs indignes de la confiance publique, et qui exposent leurs concitoyens à tous dangers les plus grands, en protégeant spécialement les prêtres expulsés pour leur fanatisme du département de la Loire-Inférieure.

Tels sont, Monsieur, les griefs que j'ai à dénoncer contre des administrateurs qui tendent par leur conduite à attirer sur nos têtes tous les maux pour la garantie desquels ils sont payés, et que je vous prie de rendre publique.

Votre abonné, frère et ami,

Massé, *curé de Saint-Christophe-du-Ligneron.*

Les administrateurs de la Vendée firent publier dans le même *Moniteur*[1], le 2 novembre 1791, leur *défense* présentée par un prêtre constitutionnel des plus distingués, celui-là même qui avait écrit la première brochure en faveur du serment civique, Cavoleau, curé de Péault :

M. le curé de Saint-Christophe-du-Ligneron est, sans doute, un homme assez important pour que l'Europe entière, qui lit votre feuille, s'intéresse à son sort. Il n'est cependant pas bien clair que le département de la Vendée soit l'ennemi de la Constitution parce que M. Massé a quelque argent à lui demander. Si ce département eût affecté de retarder le payement des prêtres assermentés et d'avancer celui des autres, sans doute cette partialité suffirait pour faire suspecter son civisme. Mais j'affirme qu'il a suivi une marche absolument contraire. J'affirme que, depuis le premier jour, tous les curés assermentés ont régulièrement touché leur traitement au commencement de chaque quartier, lorsqu'ils l'ont voulu, tandis que les curés non assermentés ne l'ont touché qu'à la fin. J'affirme que les premiers, dont le traitement n'était pas au-dessus du *minimum* fixé par la loi, ont touché très promptement leur traitement de 1790. Quant à ceux qui demandaient un traitement *au-dessus du minimum*, je sais que quelques-uns se sont plaints d'un peu de lenteur. J'ai fait à ce sujet des observations à quelques membres du département; mais ils m'ont plus d'une fois démontré que l'unique cause de retard venait de ce que les plaignants n'avaient pas rempli les formes établies par la loi, et ne présentaient pas les *motifs* sur lesquels leurs demandes étaient fondées ; et c'est ce que l'on appelle proscrire les *patriotes* et protéger les *réfractaires !*

Si je voulais raisonner à la manière de M. Massé, je pourrais lui dire : Et moi aussi, Monsieur, je suis un curé assermenté ; les preuves de mon patriotisme valent peut-être les vôtres ; cependant je vais jusqu'à me louer du Directoire du département de la Vendée, qui m'a très bien et très exactement payé. Je connais un grand nombre de prêtres assermentés qui ne s'en plaignent pas plus que moi. Il est très vrai qu'il n'a pas cru qu'une preuve de son patriotisme dût être de laisser mourir de faim les curés non asser-

---

1. N° 306, aux *Mélanges*.

mentés. Il a vu en eux des hommes, des fonctionnaires publics, tant qu'ils n'ont pas été remplacés selon la loi : mais il n'a point *spécialement* protégé, il était impossible même qu'il protégeât les prêtres expulsés, selon vous, pour leur fanatisme, du département de la Loire-Inférieure. Il est vrai qu'il n'a pas fait courir sur eux comme sur des bêtes féroces ; il est vrai qu'en voyant le Corps législatif n'oser rien décider sur l'éloignement des prêtres non assermentés, il n'a pas cru qu'une simple administration eût le droit de les enlever et emprisonner sans observer les formes légales. Il est vrai qu'il a fait rendre au tribunal dont ils étaient justiciables des prêtres qui avaient été enlevés sur son territoire par une administration voisine à laquelle ils étaient étrangers. Il est vrai qu'il a fait rentrer dans le devoir une administration subalterne dont les membres se sont permis de lancer des décrets de prises de corps et de la faire exécuter en personne sans le concours des tribunaux[1]. Il a vu la loi, mais il n'a vu qu'elle. Il l'a fait exécuter par tous les moyens qu'elle a mis en sa puissance ; mais, quand elle se taisait, il n'a pas cru devoir mettre à sa place des passions individuelles. Si, pour se montrer patriote, il eût approuvé, il eût autorisé des actes dignes du Divan de Constinople, peut-être eût-il obtenu votre suffrage, Monsieur le curé ; mais enfin il est en France d'autres patriotes dont il désirait peut-être aussi l'obtenir.

Les administrateurs du département de la Vendée ont vu dans les prêtres non assermentés des hommes égarés ou séduits. Ils ont plaint ceux qui se trompaient de bonne foi, et j'ai souvent été témoin des efforts qu'ils ont faits pour les ramener. Ils ont fait observer de près ceux dont les intentions pouvaient être suspectes. Mais enfin ils n'ont pas cru que l'intention suffît pour soumettre un homme à la punition de la loi, lorsqu'il ne s'était rendu coupable d'aucun acte matériel. S'il faut punir les perturbateurs de l'ordre, ils savent aussi que la douceur et la persuasion valent mieux que les bayonnettes pour convertir à la Constitution les esprits prévenus, qui ne la voient encore qu'à travers les nuages de la Révolution. Ils ont lu l'histoire de toutes les guerres religieuses, depuis la guerre Sacrée jusqu'aux ridicules querelles du jansénisme. Pour ne pas voir répéter sous leurs yeux les terribles scènes qui ont ensanglanté les siècles passés, ils ont cru qu'il fallait laisser à chacun la liberté de manifester ses opinions, quelque ridicules qu'elles fussent, ou qu'il fallait arracher à la Constitution la belle page de la Déclaration des Droits de l'homme. C'est cette modération, c'est cette philosophie, qui leur ont mérité la haine de quelques hommes qui ne sont ni modérés ni philosophes.

A cette défense du département par celui qui devait être, sous le Consulat, le secrétaire général du premier préfet de la Vendée, le curé de Saint-Christophe-du-Ligneron ne répliqua pas ; mais il persista dans son hostilité contre les administrateurs. La lettre suivante prouve, que, s'il manquait de modération en 1791, il était encore « philosophe » au commencement de 1793 :

1. Ces deux allusions se rapportent à l'affaire des deux missionnaires de Saint-Laurent-sur-Sèvre.

Au Ministre de l'Intérieur[1].

Saint-Christophe-du-Ligneron, ce 19 janvier 1793.

Citoyen Ministre,

J'ai le malheur d'habiter un pays extrêmement ennemi de notre Révolution, qui plusieurs fois a donné le plus funeste exemple. Mais, m'étant appliqué à connaître le caractère du peuple, j'ai vu avec plaisir qu'il était naturellement bon et qu'il n'était qu'égaré ; que, si on parvenait à l'instruire, il reviendrait facilement de ses erreurs et serait en peu de temps aussi ami de la liberté qu'il l'est du fanatisme.

Mais le moyen de lui dessiller les yeux dans un pays isolé? Je n'en connais point d'autre que l'instruction. Il est curieux, mais il n'est pas riche. Si vous pouviez me faire passer quelques instructions à sa portée, je suis persuadé qu'il les lirait avec avidité, et vous rendriez un grand service à cette partie de la République, qui compte tout au plus dix citoyens par commune.

Les prêtres et les nobles ont fait les plus grands ravages dans ces contrées ; ces deux pestes en sont à peu près bannies ; leur contre-poison ne pourrait donc venir plus à propos.

Une autre cause de leur haine pour la Révolution c'est l'inertie de nos administrateurs, qui, n'étant presque jamais à leur poste, ne mettent les contributions en recouvrement que lorsqu'ils sont pressés. De sorte qu'il faut que ces malheureux qui pour la plupart n'ont pas le moyen de mettre en réserve, payent toutes leurs contributions dans le même temps, ce qui les fait crier. Au lieu que, si nous étions au courant, ils payeraient aisément par quartier. Oui, je vous le répète, citoyen Ministre, nous sommes en 1793, et les contributions de 1791 ne sont pas encore toutes en recouvrement. Les matrices des rôles de la contribution mobilière ne sont pas même toutes faites.

Si donc vous pouviez me faire passer les bulletins de la Convention et quelque autre instruction à leur portée, vous me feriez plaisir. Mon adresse est à votre concitoyen Jean-Baptiste Massé, curé et procureur de la commune de Saint-Christophe-du-Ligneron, près et par Challans, département de la Vendée. — C. républicain.

Mercier du Rocher revenant de Paris dans « sa solitude délicieuse de Vouvant » au commencement de l'année 1791, vit avec effroi « les efforts que faisait le fanatisme pour embraser ces belles campagnes de la Vendée ; il suivit le Conseil d'administration du département et », affirme-t-il à plusieurs reprises dans ses Mémoires, il y reconnut « une malveillance qui le fit frémir » ; il ne tarda pas à connaître que le procureur général syndic, Pichard, « favorisait les réfractaires [2]. »

1. Archives nationales, F¹ᶜ III. — Vendée 7.
2. Mémoires inédits de Mercier du Rocher, 1ᵉʳ cahier.

Ce fait est de nouveau relevé dans les dépositions des députés de la Vendée, Goupilleau (de Montaigu), Morisson, Maignen et Musset, appelés comme témoins dans le procès de Pichard devant le tribunal révolutionnaire, au mois d'avril 1794 [1].

Goupilleau déclare que la conduite de Pichard et du directoire du département, quand la majorité adoptait ses réquisitoires, « est une des principales causes de la guerre de la Vendée. » Il cite à l'appui « la négligence affectée de ne payer qu'avec les plus grandes difficultés les prêtres sermentés, et l'empressement généralement connu à payer ceux qui étaient réfractaires. »

L'ancien administrateur départemental Morisson affirme :

(Pichard) traitait avec la plus grande faveur tous les prêtres non assermentés, tandis qu'il traitait avec la plus grande sévérité tous ceux qui s'étaient conformés à la loi. La preuve de cette vérité est consignée dans les registres du département, où tous les prêtres réfractaires avaient un traitement très prompt et très avantageux, tandis que ceux qui s'étaient conformés à la loi n'avaient pas encore obtenu le payement de leur traitement.

J'ai eu connaissance que plusieurs prêtres réfractaires avaient tenu publiquement des discours contre-révolutionnaires et publié des mandements ou lettres pastorales anticiviques, sans qu'il ait fait aucune espèce de démarches pour les faire punir et empêcher l'effet de leurs manœuvres.

Maignen, ancien administrateur du district de la Châtaigneraie et du département, dit :

Pichard a été le protecteur des prêtres réfractaires du pays, qui prêchaient soit en secret, soit ouvertement, la guerre civile. Ses liaisons avec eux, surtout avec les chanoines de Luçon, un abbé Paillou, un abbé Rozan, un abbé Irland, ont donné cette certitude au déclarant. Un fait remarquable à cet égard, c'est son indulgence pour ces grands coupables; tous étaient régulièrement payés de leur traitement, tandis qu'il renvoyait tous les prêtres sermentés sous le prétexte qu'il n'y avait pas de fonds. L'administration du district de la Châtaigneraie, dont le déclarant était membre alors, indignée de cette conduite, prit sur elle de délivrer des mandats aux prêtres sermentés de son arrondissement, qui furent acquittés par le receveur du district, auquel on fit enfin passer des fonds en remplacement de ceux employés pour cela.

Enfin Musset, curé de Falleron, déclare :

Procureur général syndic du département, Pichard n'a cessé de favoriser les ennemis déclarés de la Révolution ; loin de prendre contre eux les mesures de précaution que le bien de la patrie exigeait, il a saisi toutes les occa-

1. Archives nationales, W 354.

sions d'encourager les fanatiques ; il a souffert que, sous ses yeux, les lettres dites pastorales de Mercy, ci-devant évêque de Luçon, aient été lues au prône dans différentes églises de Fontenay ; que le Chapitre dudit Luçon ait insolemment exercé ses fonctions contre la loi ; il a laissé fixer les honoraires des membres gangrenés de ce Chapitre, de préférence à ceux des ecclésiastiques qui s'étaient soumis au serment prescrit par la loi. On ne sera pas étonné que, d'après une pareille conduite du procureur général du département de la Vendée, les nobles et les fanatiques se soient réunis pour anéantir la liberté dans ce malheureux pays...

Pichard sait que les réfractaires sont les principales causes de tous les troubles qui agitent ce malheureux pays, et il ne provoque aucune mesure pour arrêter leurs projets liberticides. La guerre civile a éclaté, des milliers de patriotes ont été égorgés, les caisses de la République ont été pillées. Pichard est responsable à la Patrie de ces malheurs, qu'il aurait pu empêcher, s'il eût usé de l'influence qu'il avait sur le département et s'il n'eût favorisé, comme il a toujours fait, tous les ennemis de la liberté.

Pichard du Page, dans la très habile défense qu'il prépara[1], niait avoir jamais été « dévot ou fanatique », ni eu « de liaison avec aucun prêtre, de quelque couleur qu'il fût », si ce n'est avec un vicaire de l'évêque Rodrigue, Baron, « qui, après avoir prêté serment, d'après ses conseils, reçut la mort de la main des brigands ». Il affirmait avoir soutenu les prêtres se soumettant à la loi, « sans les investir de trop de confiance, parce qu'ils étaient toujours des prêtres ». Il présentait la statistique du clergé vendéen en 1791[2], et y faisait remarquer « que, dans les deux districts de Fontenay et la Châtaigneraie, qui touchent le chef-lieu départemental, 122 prêtres se conformèrent à la loi, tandis que, dans celui de Montaigu, où le procureur-syndic Goupilleau donnait une grande importance à cette misérable querelle religieuse, 10 seulement prêtèrent le serment exigé par les décrets. »

Il insiste sur l'intérêt qu'il prit à l'élection du premier évêque de la Vendée et présente une lettre de Cochon-Lapparent[3], par lequel, ainsi que par son collègue Biaille de Germon, il mettait à la disposition de l'évêque élu, Servant[5], sur les fonds qu'il avait déposés dans la capitale, tout ce que le séjour à Paris pour sa consécration pourrait exiger de frais. Après avoir démontré que la Constitution de 1791 le forçait d'agir comme il le fit dans l'affaire des missionnaires de Saint-Laurent-sur-Sèvre[4], il prétend que cet événement n'eut

1. Nous l'avons trouvée avec les dépositions précédentes aux Archives nationales, W 354, et nous la donnons plus loin en entier.
2. Tableau donné plus haut, p. 204.
3. Jointe aux pièces de son procès devant le tribunal révolutionnaire.
4. Voir plus haut, p. 182.
5. Voir plus haut, p. 199-203.

aucune inflence sur ce qui arriva plus tard. Une fois les troubles de mai et de juin 1791 calmés, explique-t-il, tout le temps qu'il resta procureur-syndic, il n'y eut « pas un soupçon de révolte » ; durant toute l'année 1792, « on n'eut à combattre que l'apathie habituelle des habitants, à surveiller que leurs préjugés religieux » ; et c'est seulement au mois de mars 1793, « que des prêtres se sont emparés de ces esprits faibles et les ont entraînés dans une sédition affreuse, qui venait de prendre naissance dans deux départements voisins. »

Cela est inexact, et la preuve incontestable de la protection accordée par Pichard du Page aux chefs mêmes de l'agitation anticonstitutionnelle, c'est que c'est lui qui les empêcha d'être arrêtés lors du procès entamé contre eux aux mois de juillet et d'août 1791 [1].

1. *Vie et Mémoires de Mgr J. Brumauld de Beauregard, évêque d'Orléans*, Poitiers. t. I, p. 45.

CHAPITRE VII

LES AGITATIONS ET LES COMPLOTS DE 1790-1791
LA SOCIÉTÉ AMBULANTE DES AMIS DE LA CONSTITUTION

Le comte de Mercy-Argenteau[1] transmettait, le 15 mai 1790 au soir, cette *Note pour la Reine :*

Les projets de Turin font frémir par la légèreté avec laquelle on risque de compromettre le sort de l'État et, il faut trancher le mot, même l'existence personnelle des souverains, sans autres mesures ni plans que des suppositions, des conjectures démenties par le bon sens, et par une marche dans laquelle on serait arrêté dès le premier pas par la cruelle catastrophe qui serait de voir toute la famille royale saisie et à la merci d'une populace furieuse, dont on ne peut calculer les atrocités.

Mais ce qui est vraiment aussi inouï que criminel, c'est l'idée d'enlever le Roi de force, parce que, indépendamment du danger extrême et certain qu'entraînerait cette démarche, elle aurait de plus des aspects sur lesquels on s'abstient de s'expliquer, parce que l'on conçoit sans commentaire tout ce que de pareils aspects auraient d'offensant pour le Roi. Il est impossible que M. le comte d'Artois soit l'auteur de ce projet; il est même assez facile de reconnaître que les lettres ne sont point de lui, et on n'hésite pas à dire que ceux qui ont la coupable pensée de l'enlèvement forcé du Roi et qui auraient la témérité de le tenter, mériteraient d'en être punis d'une peine capitale. Ce serait une grande faute de s'expliquer avec trop de ménagement sur ce point; il est à espérer et à désirer que la Reine fasse à cet égard quelque violence à la bonté naturelle du Roi, et qu'elle l'engage à blâmer ce projet d'une manière sèche et précise...

Cette Note avait été écrite à la suite de la réception, par Marie-Antoinette, de trois lettres du « Comité de Turin », en date du 28 avril,

---

[1]. *Correspondance secrète avec Joseph II et le prince de Kaunitz,* publiée par MM. d'Arneth et Jules Flammermont (Collect. des Doc. inédits pour servir à l'histoire de France) t. II, p. 303-305.

des 1er et 5 mai, dans lesquelles, après avoir exposé le plan d'enlèvement, on affirmait, au nom du comte d'Artois :

> Je puis répondre que l'Angleterre ne s'opposera à rien ; les dispositions de la Suisse sont bonnes, les chefs des cantons vont s'assembler ; si le Roi est sorti de Paris et si je puis parler en son nom, je réponds d'un grand succès. La Sardaigne sera aussitôt prête que l'Espagne.

Dans des « Observations sur le contenu de ces lettres »[1], l'ambassadeur impérial réfutait vivement les promesses illusoires du frère du Roi :

> ... L'Espagne n'a rien dit.... Quant à la Sardaigne, sa circonspection connue et son dénuement de moyens d'agir au dehors ne permettent guère de compter sur une coopération bien active de sa part. Les dispositions de la Suisse seront excellentes envers ceux qui la payeront bien ; attendre d'elle des secours gratuits serait une erreur : *point d'argent, point de Suisses*.... Il n'existe pas une puissance en Allemagne qui soit en état de faire des avances d'argent.

Quant aux « moyens intérieurs » pour faire réussir les projets de Turin, Mercy-Argenteau en démontrait ainsi la nullité :

> Le Trésor royal est épuisé, nulle possibilité de recourir aux emprunts.... Il n'y a pas un régiment sur lequel on puisse compter en toute sécurité.... Défaut absolu d'approvisionnements, d'armes, de munitions, enfin de tout ce qui est indispensable à l'armement d'une troupe quelconque, aux moyens de la rendre mobile et de la faire subsister en campagne, ne fût-ce que pendant huit jours...
> Ce tableau, aussi triste que véridique, doit être mis en opposition avec celui de trois ou quatre cent mille hommes de milices nationales plus ou moins bien disciplinées, mais bien armées et encore plus exaltées par les principes et par le délire qu'on leur a inspiré ; cette milice, répandue dans toutes les villes, bourgs et villages du royaume, en intercepte jusqu'aux moindres avenues, particulièrement celles de la capitale, à plus de quarante lieues à la ronde. Comment, dans cet état de choses, *pourrait-on croire à la possibilité de l'enlèvement du Roi et de la famille royale ? Comment pourrait-on supporter l'idée du danger que courraient le Monarque et son auguste épouse, s'ils étaient arrêtés en route, et ils le seraient bien certainement avant de pouvoir atteindre une place de sûreté. La plume tombe des mains quand on se représente les suites incalculables d'une pareille catastrophe...*

Le clairvoyant conseiller préposé à la garde de la Reine par sa famille autrichienne quitta l'ambassade de Paris au mois d'octobre

---

1. *Ibid.*, p. 306-308.

1790; les influences contre lesquelles il luttait prévalurent à la cour, et Louis XVI fut entraîné vers la catastrophe prévue.

La conscience troublée par les opposants à la Constitution civile du Clergé, qu'il avait sanctionnée, le Roi devint lui-même le complice de toutes les trames contre-révolutionnaires; il en arriva à « solliciter[1] » le démembrement de la France pour prix de la restauration des Ordres privilégiés et de son pouvoir absolu.

A cette époque, il n'était pas d'usage de faire la guerre pour un principe, pour une idée, sans chercher à en tirer un bénéfice immédiat, un avantage solide. La cour de Vienne, en prenant les armes pour rétablir Louis XVI, et plus tard son fils dans la plénitude de l'autorité royale, espérait y trouver une occasion de s'agrandir aux dépens de la France. M. de Breteuil connaissait trop les idées qui régnaient dans toutes les chancelleries pour espérer obtenir le concours des puissances sans leur promettre des cessions de territoire, et *il avait fini par déterminer Marie-Antoinette et Louis XVI à se résigner à ce sacrifice*. Toute la question était de savoir quelle serait l'étendue des provinces à céder aux alliés. M. de Breteuil, en septembre 1793, paraissait fait à l'idée de la *perte des Pays-Bas français, Artois, Flandres, Hainaut et Cambrésis;* mais il espérait encore que l'empereur s'en contenterait et ne porterait pas ses vues sur la Picardie. Qu'aurait-il dit s'il eût connu exactement les projets que formaient M. de Mercy et les serviteurs de la maison de Habsbourg?

A cette époque, l'ancien ambassadeur impérial près la cour de Versailles était exaspéré contre la France, qu'il rêvait de réduire à l'impuissance pour le reste des siècles. Il ne s'agissait de rien moins que *d'étendre les Pays-Bas autrichiens jusqu'à la Somme; des sources de cette rivière la frontière devait aller rejoindre la Meuse vers Sedan ou Mézières. La Lorraine et l'Alsace devaient être aussi enlevées à la France et être échangées contre la Bavière, qui serait réunie à l'Autriche*[2].

Voilà ce que prouvent de la manière la plus incontestable les dernières découvertes de la science historique et ce qu'il ne faut pas oublier lorsque l'on étudie la Contre-Révolution en général et, en particulier, la guerre religieuse et civile de la Vendée.

LES ÉMEUTES DE SAINT-ÉTIENNE-DU-BOIS CONTRE LA GARDE NATIONALE

Le 6 septembre 1790, à Angers, dans une émeute causée par la disette, des bandes de femmes demandaient « le *désarmement des pa-*

---

1. Voir t. I, livre II, « Louis XVI et l'émigration », du grand ouvrage de M. Albert Sorel, *L'Europe et la Révolution française*.
2. Introduction à la *Correspondance secrète du comte de Mercy, Argenteau*, p. LXVIII-LXII, d'après le *Journal du comte de Fersen*, à la date du 7 septembre 1793, et la *Lettre de M. de Mercy*, du 15 juin 1793.

triotes, la dissolution du département, des districts et de la municipalité. »

Parmi les individus arrêtés se trouvaient un sieur Laffineur et sa femme, dont les interrogatoires, du 21 et du 22 septembre, furent adressés au Comité des recherches de l'Assemblée nationale, avec une lettre de la mairie de la ville, où nous lisons :

> Aucune preuve suffisante n'a pu être tirée de leurs projets. Mais, comme ils ont paru, dans leurs interrogatoires, avoir des relations avec un certain Desseigne, agent de Favras, nous avons cru devoir les retenir, vous suppliant de nous marquer le plus vite possible s'ils sont connus comme agents antirévolutionnaires, afin de les faire relâcher s'ils sont reconnus n'avoir pas participé, ayant trois enfants et la femme grosse.

D'après son interrogatoire, Jacques-Louis Laffineur, natif de Morlaix, ancien capitaine de cavalerie, employé dans les devoirs de Bretagne pour la perception des droits sur les boissons, ensuite commis à la Monnaie de Paris, reconnaissait avoir « reçu les bienfaits de ses parents et alliés », l'abbé de la Galaizière et l'intendant de Paris Bertier, ainsi que du premier écuyer du prince de Condé, d'Autichamp. Mais, ajoutait-il, « je n'ai eu aucune relation avec eux depuis la Révolution. » Il ne niait pas qu'il lui eût été « donné des ouvertures par un nommé Desseigne qu'il allait se former un grand parti contre la Révolution, et que ceux qui voudraient y prendre part et qui auraient des talents, seraient bien payés et bien récompensés. » Ces ouvertures, « il les avait rejetées comme très contraires à ses désirs »; il avait su depuis que « la même personne avait fait des propositions à d'autres, au Palais-Royal, et qu'aussitôt l'arrestation du marquis de Favras, (cette personne) avait disparu [1].

Le dimanche 12 septembre, à la Croix-de-la-Viollière, dépendance du bourg de Saint-Étienne-du-Bois, district de Challans, une foule d'habitants des paroisses de Beaufou, des Lucs, du Poiré, district de la Roche-sur-Yon, venus à une « assemblée », qui se tenait auprès d'une chapelle, s'ameuta à la sortie des offices et, précisément comme à Angers, se prit à réclamer *le désarmement des patriotes*, essaya même d'y procéder. Cela prouve que, dès cette époque, un

---

[1]. Par l'interrogatoire de la dame Jacquinet, femme Laffineur, il est constaté qu'au sortir de son emploi à la Monnaie de Paris, son mari s'était retiré à Saint-Brieuc, où elle était née, mais où elle ne se plaisait pas; qu'ils sont allés à Nantes et de là sont venus depuis deux mois à Angers, parce que, dit-elle, « les vivres y sont à meilleur marché. » Elle reconnaît que son mari s'est fait inscrire à l'Hôtel de Ville pour la garde nationale sous le nom de Lofficieux, et a fait des billets sur lesquels on lit : « L'Officieux, capitaine. » Si on l'a vu, le jour de l'émeute, une épée à la main, c'est qu'il avait été appelé par d'autres citoyens pour maintenir l'ordre. — Les interrogatoires et la lettre du maire d'Angers sont aux Archives nationales, Dxxix^b 13, n° 141.

mot d'ordre courait à travers les départements de l'Ouest, y provoquant des troubles dans le but identique d'empêcher les autorités élues de s'établir et pour soutenir la Noblesse et le Clergé.

L'émeute « des gens de Beaufou et autres lieux, préméditée par voie indirecte »[1] est rapportée en termes systématiquement mesurés dans le *Relevé des délibérations de la municipalité* :

> Ces gens se faisant fort de se soulever contre la garde nationale de Saint-Étienne, ladite milice nationale a pris les armes. En conséquence, à l'issue des vêpres, sans aucun prétexte, une multitude de peuple se serait soulevée, et la maréchaussée de la résidence de Palluau aurait fait ce qu'elle a pu pour la dissiper. Lesdits attroupés auraient eu à réclamer que le sieur Rivière, volontaire de la garde nationale, était armé de pistolets, et voulaient que ledit Rivière les eût quittés ; le sieur Augeron, cavalier de maréchaussée, voulant mettre la tranquillité, a conseillé de remettre les pistolets, que ledit volontaire avait chez lui... Néanmoins le peuple s'est gendarmé et rendu auprès de la garde nationale armé de bâtons... Le sieur Augeron et le sieur Bouvier, colonel de la garde nationale, se seraient retirés par devers les maires et officiers municipaux pour obtenir réquisition afin que main-forte reste à justice... En vertu d'une réquisition, signée du maire, ils ont arrêté les sieurs Renaudeau et Cornevin[2].

Sans qu'il soit fait mention d'aucune délibération avec les officiers municipaux, suit au registre cette note, sans doute déposée au moment de la remise des prisonniers :

> Nous, soussignés, requérons que les deux particuliers arrêtés et désignés ci-dessus soient poursuivis, à la requête du procureur de la commune, comme perturbateurs du repos public, saisis en provoquant et soutenant l'émeute ci-dessus mentionnée.
>
> Charles-François SAVIN, lieutenant ; Marc-Antoine SAVIN, lieutenant[3] ; Marc GROLLEAU, secrétaire.

Les prisonniers n'ayant pas été retenus, et la municipalité paraissant n'entreprendre aucune poursuite, la compagnie de garde nationale se réunit chez son commandant en second, Charles Savin, le 17,

---

1. Les pièces sur cette émeute forment le premier dossier des affaires de Vendée de 1790 à 1792, aux Archives nationales, Dxxix 13.

2. Ce Cornevin était probablement le même que Joseph Cornevin, farinier du moulin de la Motte-Fouesnant, qui se distingua, au mois de mars 1793, par ses excitations au massacre des patriotes faits prisonniers à Challans. (V. son interrogatoire et les dépositions du maire de Soulans, Guesneau, du notaire de Challans, Henri-Charles Degounor, dans le recueil de M. le vicomte d'Agours sur *les soulèvements de* 1793, in-8° de 212 p., Saint-Nazaire, 1883.

3. Ces Savin patriotes se retrouvent, en mars 1793, défendant les Sables, tandis que deux autres Savin, également de Saint-Étienne-du-Bois, l'assiègent avec Joly, de la Chapelle-Hermier.

et décida de présenter aux officiers municipaux une nouvelle « réquisition » motivée.

Procès-verbal de réquisition de poursuite.

Justement indignés contre les ennemis de la Constitution qui, pour parvenir à l'exécution de leurs lâches projets, sont sans doute les promoteurs et instigateurs des différentes émeutes arrivées depuis quelque temps dans les environs, et notamment de celle arrivée dimanche dernier, 12 du présent, dans le quartier de la Croix de la Viollière, où une troupe considérable de gens des paroisses de Beaufou, les Lucs, le Poiré et autres, armés de bâtons, ont, sans aucun prétexte et malgré les efforts pacificateurs de la maréchaussée, fondu avec impétuosité sur les gardes nationaux dudit lieu de Saint-Étienne-du-Bois, disant *qu'ils n'avaient aucun droit de porter l'uniforme national ni les armes, qu'ils entendaient dans le moment les en dépouiller, qu'ils épousaient la cause du Clergé et de la Noblesse et voulaient anéantir les bourgeois, qui,* disaient-ils, *ôtaient le pain aux Prêtres et aux Nobles;* lesdits gardes nationaux, ne voyant dans ces propos séditieux que l'explosion des menées des ennemis de la Constitution, dont les effets se font ressentir dans plusieurs parties du royaume dans le moment actuel, et regardant qu'il est absolument urgent et nécessaire d'arrêter dans son principe cette insurrection en sévissant contre ceux qui en sont les fauteurs et instigateurs,

Requièrent de la municipalité de Saint-Étienne-du-Bois que poursuite soit faite, à la diligence du procureur de la commune et devant le tribunal qu'il appartiendra, des deux particuliers arrêtés dans l'émeute de dimanche dernier ci-dessus référée et chargés par le procès-verbal dudit jour établi sur le registre de la municipalité ;

De plus, dénoncent les susdits gardes nationaux à Messieurs les maire et officiers municipaux de Saint-Étienne-du-Bois le projet des mêmes, pour dimanche prochain, 19 du présent, de venir en force attaquer les habitants de Saint-Étienne-du-Bois et nommément les bourgeois, les gardes nationaux et autres particuliers qu'ils ont dénommés ;

Le nombre des témoins étant très considérable, les susdits gardes nationaux se contentent de désigner à Messieurs les maire et officiers municipaux plusieurs d'entre ces témoins qu'ils savent avoir une connaissance plus particulière des propos tenus et menaces faites et qui sont : Massé, vicaire; Marie-Anne Menardeau, veuve Babinot, du bourg; Jeanne Babinot, veuve Renaud, du bourg; Pierre Chabot, métayer à la Boutière; veuve Raynard, de la Viollière ; Chabot, de la Viollière ; Jacques Gourmaud, de la Boutière ; Moinard, de Villeneuve; Morilleau, du Chiroi ; Traîneau et sa femme, aubergistes aux Émerillières; les demoiselles Guyet, à la Poissonnière ; les Messieurs et demoiselle Savin, du Calvaire, et presque tous les aubergistes du bourg;

Requièrent de plus les gardes nationaux que Messieurs les officiers municipaux avisent au moyen de se munir d'une force suffisante pour repousser l'effort des mauvais citoyens et des séditieux qui ne tendent qu'à s'opposer à l'établissement de la nouvelle Constitution française, et suscitent des émeutes en attaquant lesdites gardes nationales qui s'en sont déclarées par serment l'appui et le soutien, et disent qu'étant en nombre infiniment petit, non seulement ils ne peuvent porter aucun secours au cas que la chose publique fût en danger et s'opposer aux efforts des mauvais citoyens, mais qu'eux-mêmes se trouvent, si la municipalité n'obtempère à leur réquisition, dans la nécessité de se tenir chez eux, ne pouvant pas même vaquer à leurs affaires particulières sans courir les plus grands dangers; en conséquence, prient lesdits gardes nationaux Messieurs les officiers municipaux de ce lieu de vouloir bien leur donner connaissance, dès le soir, de leur arrêté afin qu'en se conformant toujours à leurs ordres, autant que possible, ils puissent concerter entre eux des mesures à prendre et une conduite à tenir.

Signé : L.-J. SAURIN, lieutenant-commandant; Michel SAVIN, BOUVIER, lieutenant; Joseph SAVIN, RIVIÈRE, René RIVIÈRE, Marc GROLLEAU.

La municipalité continuant à se tenir immobile et muette, la compagnie de garde nationale expédie, le 25, son procès-verbal du 17 au directoire du district de Challans. Elle lui fait demander, par son secrétaire Grolleau, « quelle conduite elle doit tenir » pour remplir « le devoir qu'elle s'est imposé par serment d'employer tous ses efforts pour l'établissement et le maintien de la nouvelle Constitution française », contre laquelle « le protée antirévolutionnaire s'agite dans différentes parties de cet empire. »

La seconde émeute se produit; le district est averti le 27 :

Hier, après mes paquets faits, il s'est fait dans le bourg de Saint-Étienne un attroupement de gens de Beaufou, à la tête desquels était encore ledit Cornevin, arrêté dans l'émeute du 12. La garde nationale, qui n'a pas été requise, s'est tenue sur la défensive ; mais aucun de ses membres n'a osé se permettre de sortir individuellement pour vaquer à ses propres affaires dans la crainte d'être assailli, et, ne pouvant sortir en corps sans réquisition de la municipalité, nous avons été contraints de nous tenir toute l'après-midi assemblés. Nous nous sommes permis le soir cependant de reconduire chez eux quelques gardes nationaux. Voilà un fait dont je vous atteste la véracité, ainsi que de différents propos séditieux qu'ils ont tenus, et sur lesquels la municipalité croit sans doute devoir fermer les yeux.

Ch.-F. SAVIN, commandant en second.

Le directoire du district de Challans s'empresse de répondre à la garde nationale « qu'il a pris sa dénonciation en grande considération », et qu'il va agir et faire agir suivant la loi. Il lui recommande « la plus grande prudence et circonspection dans toutes ses démarches, tant en fonctions qu'ailleurs, afin d'éviter jusqu'à l'ombre de reproches. »

En même temps, le 28, il prie le directoire du district de la

Roche-sur-Yon de prendre avec lui « toutes les mesures pour dissiper dans les deux districts jusqu'à l'ombre de la sédition et ramener la tranquillité, le plus grand bien qu'une sage administration puisse procurer aux habitants de son ressort. »

Par le même courrier est expédiée cette injonction :

Le directoire du district de Challans aux officiers municipaux de Saint-Étienne-du-Bois.

Messieurs,

La garde nationale de votre paroisse nous mande aujourd'hui que, le 12 de ce mois, il s'est fait une émeute par les habitants des paroisses des Lucs, Beaufou et le Poiré, dont les suites nous ont paru mériter de votre part beaucoup de considération ; le procès-verbal de la garde nationale est même très alarmant, en ce qu'il prouve que la sédition n'est point apaisée, et qu'au contraire les attroupements se sont répétés depuis, avec menaces très vives à la tranquillité et sûreté publiques. Il est de notre devoir de vous mettre sous les yeux les dispositions du décret du 21 octobre dernier, concernant les attroupements. Par l'article 1er dudit décret, vous verrez que toutes les fois que la tranquillité publique sera menacée, les officiers municipaux devront faire déployer la force publique, à peine d'être responsables des suites de leur négligence ; l'article 11 vous indiquera que les officiers municipaux doivent dresser procès-verbal qui contiendra le récit exact des faits ; vous pouvez d'ailleurs, en cas de besoin, avoir recours au dispositif du décret en général.

D'après cela, Messieurs, vous devez mettre en activité toute l'autorité qui vous est confiée pour disperser et anéantir les attroupements séditieux qui paraissent troubler la tranquillité de votre paroisse ; il est même à propos que vous fassiez l'information exacte des faits qui ont eu lieu depuis le 12 de ce mois et jours subséquents, et qu'en conséquence vous entendiez tous les témoins qui peuvent donner des renseignements sur cette affaire.

Nous allons donner avis au district de la Roche-sur-Yon que les habitants des paroisses des Lucs, Beaufou et le Poiré, qui sont de son ressort, se sont permis par des attroupements séditieux de troubler votre tranquillité, et en même temps de prendre les mesures nécessaires pour les empêcher.

Nous avons l'honneur d'être, etc.

Signé : Mourain, vice-président ; L'Épinay, Merland, Jousson ; Boursier, procureur-syndic, et Ganachaud, secrétaire.

P. S. Le décret du 16 août 1790, article 3 du titre II, vous prouvera que cette affaire est absolument de votre compétence.

C'est seulement une douzaine de jours plus tard que, sur l'insistance du district, l'action légale est commencée par le procureur de la commune de Saint-Étienne-du-Bois.

Réquisitoire de MM. les maire et officiers municipaux de la paroisse.

Ce jour, onze octobre dix-sept cent quatre-vingt-dix, vous remontre René-Honoré Tardy, procureur de la commune, disant que les habitants de la commune de Saint-Étienne-du-Bois ont toujours été tranquilles; on ne trouverait point d'exemple qu'ils aient causé le moindre trouble à leurs voisins, chez eux ou ailleurs; mais il n'est prouvé que trop que les habitants des paroisses circonvoisines ne sont pas doués de la même docilité à suivre et remplir les décrets qui leur sont dictés par l'auguste Assemblée nationale, dont nous devons suivre les lois; plus les habitants de Saint-Étienne s'attachent à pratiquer et chercher la paix, plus ceux de quelques paroisses voisines méditent et saisissent les occasions et les jours qu'ils croient devoir leur être favorables pour les troubler, en se rendant avec attroupement chez eux y troubler la tranquillité publique avec menaces et violences.

Le dimanche 12 octobre dernier, jour d'assemblée à la chapelle du lieu dit chapelle de Belle-Croix, une troupe considérable de personnes des paroisses de Beaufou, les Lucs, le Poiré et autres, armées de bâtons, se rendirent en ce bourg, et de là ils se transportèrent après vêpres à la Viollière, dans laquelle, près le bourg, est située cette chapelle, où ce jour se célèbrent et se chantent la messe paroissiale et les vêpres; et là, les étrangers, voyant les gardes nationaux du lieu munis de leurs habits et armes ordinaires et propres à leur état, s'avancèrent vers eux en leur disant *qu'ils n'avaient aucun droit de porter l'uniforme national, qu'ils entendaient dans le moment les en dépouiller; qu'ils épousaient la cause du Clergé et de la Noblesse et voulaient anéantir les bourgeois qui*, disaient-ils, *ôtaient le pain aux Prêtres et aux Nobles;* et en cet instant ils foncèrent avec leurs bâtons sur cette garde et sur les cavaliers de la maréchaussée de Palluau, qui avaient été appelés, et, malgré toutes leurs démarches de pacification, ils causèrent un trouble et une sédition considérables.

Les habitants des paroisses dont on vient de parler, non contents de ce premier attroupement, revinrent encore en troupe quinze jours après, armés de chacun un gros bâton; mais, soit par crainte ou autrement, ils n'osèrent attaquer personne; mais leurs menaces réitérées mettent les habitants de Saint-Étienne-du-Bois dans la crainte d'une sédition de leur part; et, comme les attroupements, émeutes et séditions sont absolument défendus par les décrets de nos seigneurs de l'Assemblée nationale, et notamment par celui du 21 octobre dernier, il a à réclamer la justice qui est due aux habitants de Saint-Étienne; et c'est en conséquence qu'il requiert que, ce considéré, Messieurs, il vous plaise donner acte au sieur remontrant de la plainte qu'il déclare former contre certains quidams ou quidanes inconnus qui se sont transportés en attroupement audit bourg de Saint-Étienne-du-Bois au Cairuy de la chapelle de Belle-Croix dudit lieu et y ont causé l'émeute et sédition dont on vient de parler et qu'on vient de rapporter; permettre au sieur remontrant de faire informer des faits consignés en sa présente plainte, circonstances et dépendances, par devant vous, pour, l'information faite, le tout renvoyer par devant juges compétents, être par eux prononcés tels délits qu'il appartiendra, sans préjudice de tous autres droits et actions, de prendre de nouvelles conclusions, même de ratifier celle ci-dessus, et en prendre pour tous les dépens, dommages et intérêts qui lui sont dus, ainsi qu'il avisera, et ferez bien.

Signé : Tardy.

En conformité de l'article quatre du décret de nos seigneurs de l'Asemblée nationale des huit et neuf octobre mil sept cent quatre-vingt-neuf, je soussigné René-Honoré Tardif, procureur de la commune de la paroisse de Saint-Étienne-du-Bois, déclare, en vertu de la plainte par moi en madite qualité présentée contre certains quidams ou quidanes des paroisses de Beaufou, les Lucs, le Poiré et autres, iceux à moi inconnus, que j'ai pour dénonciateurs des faits portés dans ladite plainte, par moi présentée à MM. les maire et officiers municipaux de cette paroisse, les sieurs Louis-Augustin Bouvier, bourgeois, demeurant à la Pécoultière ; Charles Savin, chirurgien, demeurant à la Mercerie ; Michel Savin, bourgeois, demeurant à la Poissonnière ; Joseph Savin, bourgeois, demeurant aussi à la Poissonnière ; le sieur Rivière, bourgeois, demeurant au Rivaud ; le sieur René Rivière, bourgeois, demeurant audit lieu du Rivaud, et le sieur Marc Grolleau, bourgeois, demeurant au bourg, et tous paroisse dudit Saint-Étienne-du-Bois, commandant, lieutenant et gardes nationaux de cette paroisse, qui, par deux procès-verbaux du 17 septembre dernier, nous ont dénoncé tant les faits portés dans ladite plainte que les noms des témoins assignés.

En foi de quoi nous nous sommes soussigné, audit Saint-Étienne-du-Bois, le treize octobre mil sept cent quatre-vingt-dix.

Signé : Tardy.

Au lieu de prendre un arrêté conforme à ce réquisitoire, le maire, M. Thomas, et la plupart des officiers municipaux de Saint-Étienne-du-Bois donnèrent leur démission, en la motivant sur ce qu'ils avaient été « menacés par le procureur-syndic du district. »

Le directoire du district mande, le 21 octobre, au procureur de la commune que, si la démission est maintenue, il y a lieu de convoquer les électeurs primaires pour choisir un nouveau maire, et que les notables qui ont obtenu le plus de voix doivent prendre la place des officiers municipaux qui se retirent, en attendant la Saint-Martin prochaine.

Il écrit, d'autre part, au maire, afin que ses amis et lui retirent leur démission, expliquant qu'un rappel de la loi n'est point une « attaque ».

D'ailleurs, ajoute-t-il, l'information qui a été ouverte par la municipalité prouve que l'affaire « ne doit pas avoir de conséquences aussi fâcheuses qu'on avait d'abord craint. »

DÉNONCIATION DE LA CONSPIRATION DES GENTILSHOMMES DU BAS-POITOU

Le 28 novembre 1790, le procureur général-syndic du directoire du département de la Vendée (Pichard du Page), envoie au directoire du district des Sables copie d'une lettre anonyme, qu'il dit avoir reçue le matin, et il ajoute :

> Messieurs du Conseil, à qui j'en ai donné lecture, savent, comme moi, combien ces sortes d'écrits méritent peu de confiance ; mais nous devons, en qualité d'administrateurs, éviter jusqu'au soupçon de négligence ; et la prudence, la circonspection qui vous caractérisent ne nous laissent aucune inquiétude sur la sagesse des mesures que vous croirez devoir employer dans la vérification des faits que dénonce l'anonyme. Vous sentez, comme nous, Messieurs, que le moins de publicité possible à des dénonciations que rien n'annonce être fondées, est le plus sûr moyen d'entretenir la paix au milieu de nous...
>
> PICHARD [1].

La lettre anonyme n'avait pas été transmise seulement au département de la Vendée, mais en même temps aux départements de Maine-et-Loire et de la Loire-Inférieure, par le procureur-syndic du district de Montaigu, Goupilleau. C'était à lui qu'elle avait été adressée, en date d'Angers, le 19 novembre, par une mère, qui entendait faire de ses fils de « bons citoyens », et voulait « contribuer à sauver la France des horreurs d'une guerre civile, qui s'annonçait sourdement [2]. »

> *M. de Lézardière*, ci-devant gentilhomme poitevin, y lisait-on, entretient depuis longtemps une *correspondance secrète avec le comte d'Artois*. Il a eu chez lui, pendant plusieurs mois, et il a peut-être encore des secrétaires qui servent à cette correspondance.
>
> *Ses fils et d'autres émissaires de son parti ont parcouru toutes les maisons nobles des environs et même des départements voisins.* On sonde les esprits et les dispositions des individus ; et, lorsqu'on croit s'en être assuré, on exige le serment d'honneur de ne point révéler le secret.....
>
> Tous les jeunes gens nobles et les pères de famille qui se sont engagés dans cette conspiration doivent *se tenir prêts à marcher au premier ordre et à se rendre dans un lieu qui leur sera indiqué.*
>
> Le moment approche où cet ordre détestable doit être donné. Les fils de M. de Lézardière doivent être partis eux-mêmes pour *s'aboucher avec les chefs des autres provinces*, afin de réunir toutes leurs forces à la fois et de

---

[1]. L'original de cette lettre est dans la collection Dugast-Matifeux.
[2]. M. Célestin Port, qui a eu, comme nous, communication des bonnes feuilles de *L'Origine et les débuts de l'insurrection vendéenne*, en reproduit le texte complet, t. I, p. 377-378 de *la Vendée angevine*.

lever l'étendard de la révolte au même instant dans toutes les parties de la France.

Il paraît que le Clergé joue un grand rôle dans ce projet. On a fait voir à plusieurs gentilshommes des lettres de députés même de l'Assemblée qui annoncent que *le moment de l'attaque n'est pas éloigné*....

Je crois que le plus grand secret peut conduire à la découverte de ce complot....

Le secret fut si peu gardé que, dès le 26 novembre, dans les *Affiches d'Angers*, on en parlait, et l'on réclamait, de la correspondante de Goupilleau, des confidences complémentaires, qu'elle s'abstint de fournir [1].

Très vite avertis par cette publicité et par celle des journaux de Nantes, les conspirateurs eurent le temps de faire disparaître les papiers et les armes que la garde nationale des Sables aurait pu trouver dans les châteaux voisins de la Proutière, de Garnaud, de la Marzelle et de la Guignadière, qu'habitaient les Robert de Lézardière et de la Salle les de Loynes et les du Chaffault.

Le district des Sables, qui avait pour procureur-syndic Degounor, ami personnel de la famille de Lézardière, ne fit absolument rien. On ne trouve, dans ses procès-verbaux, que ceci, à la date du 9 décembre [2] :

L'Assemblée s'est aussi occupée de la rédaction d'une lettre à Messieurs du département pour leur donner communication d'une nouvelle dénonciation, que fait M. le suppléant du procureur-syndic de Nantes, d'une lettre anonyme qui lui a été écrite d'Angers, et qui inculpe quelques particuliers de ce district d'un projet de contre-révolution ; on a aussi observé, dans ladite lettre, que les bruits qui se sont répandus à cet égard, au point que les papiers publics en font mention, portent un préjudice aux baux à ferme et ventes de biens nationaux.

Goupilleau (de Montaigu), convaincu de l'importance de la dénonciation qu'il avait reçue, persista à en susciter d'autres, mais ne les communiqua plus qu'au Comité des recherches de l'Assemblée nationale. Celui-ci l'y encouragea, « le priant de surveiller avec une extrême attention les démarches de tous ceux qui paraissaient vouloir troubler de quelque manière que ce fût la tranquillité publique, et de l'en instruire sur-le-champ . » Le 30 novembre, transmettant des renseignements fournis par le maire de Saint-Philbert-de-Bouaine

---

1. C. Port, l. c., p. 101.
2. Reg. des délib., du district des Sables, aux Archives de la Vendée.
3. Lettre signée du vice-président Charles Voidel et du secrétaire Charles Cochon, dans la collection Dugast-Matifeux.

sur « la grande quantité de fusils » qui avait été dirigée vers Avrillé, chez M. du Chaffault ; sur « les rassemblements d'un très grand nombre de ci-devant nobles dans la maison des Gâts-en-Dompierre, sous le prétexte de la chasse, avec un tout autre but que celui qu'on suppose », Goupilleau exposait la situation dans son district et dans la Vendée en général :

> Ici, une ligue sourde semble nous menacer ; les nobles se réunissent aux prêtres pour tâcher de persuader au peuple que, par le décret du 27 novembre, la religion est perdue. *Tout annonce une grande machination*, et nous n'avons rien pour nous défendre. Notre garde nationale refuse de faire le service parce qu'elle n'a ni armes ni fusils....

Sur quoi, le procureur-syndic de Montaigu réclame à Paris, comme à Fontenay, 600 fusils et des cartouches en nombre proportionné. N'en recevant pas, le 24 décembre il prie instamment le commandant de la garde nationale de Nantes, Coustard, de lui prêter 100 ou 200 fusils.

Goupilleau (de Fontenay), membre de l'Assemblée constituante, estime bien, comme son « cher cousin », Goupilleau (de Montaigu), auquel il écrit, le 4 décembre 1790, qu'il y a à surveiller les ennemis de la Révolution, mais il ne croit pas, comme lui, une contre-révolution possible :

> Nos évêques, dit-il, voudraient susciter, s'il était possible, une guerre de religion ; mais les hommes du dix-huitième siècle sont trop éclairés pour ne pas sentir que la morale évangélique ne doit pas reposer sur l'abus des richesses, et qu'en donnant à un évêque cent paroisses de plus ou de moins dans son diocèse, ce n'est point attaquer les dogmes de notre religion. Je présume que le département vous aura mis à même d'accélérer les ventes des domaines nationaux qui se trouvent dans votre district ; il est bien important que l'on n'éprouve aucun retard sur ce point[1].

La dénonciation du 19 novembre 1790, comme le prouvent les événements qui se produisirent du mois d'avril au mois de juin 1791, était très sérieuse. Les gentilshommes du Bas-Poitou n'avaient pas cessé de se tenir en relations les uns avec les autres depuis leurs réunions factieuses de janvier et février 1789[2]. Le baron Robert de Lézardière, un de leurs chefs dès la première heure, n'avait pas discontinué de leur offrir en sa maison de la Proutière, loin des routes, dans les bois, une hospitalité presque clandestine.

---

1. D'après la correspondance de Goupilleau, conservée dans la collection de M. Dugast-Matifeux, et que celui-ci a utilisée p. 170-176 de son ouvrage *Origine et débuts de l'insurrection vendéenne*.
2. Voir plus haut, p. 33-40.

M. de Lézardière et ses fils paraissent, dit Benjamin Fillon[1], être entrés d'abord, par l'entremise de La Châtre, dans les projets contre-révolutionnaires de Maillebois[2]. Ces projets ayant été découverts — au mois de juillet 1790[3], — le plan des opérations dans l'Ouest fut changé; les Lézardière entrèrent en relations directes avec le frère du Roi, le comte d'Artois, alors établi à Turin, et s'associèrent étroitement avec les gentilshommes de l'Anjou et du Poitou.

FAUSSE ALARME AU MOIS DE JANVIER 1791

Dans un réquisitoire adressé aux juges du tribunal du district de Challans, on lit :

Expose Jean-Aimé-Augustin Rouvière, faisant provisoirement les fonctions d'accusateur public près de ce tribunal, que le nommé Jacques Archambaud, journalier, de la paroisse de Bois-de-Céné, a fait une dénonciation au greffe de la municipalité de ladite commune de Bois-de-Céné, le 25 du mois de janvier dernier, par laquelle il déclare qu'allant mendier son pain, il rencontra, les 4, 21 et 24 janvier, différents particuliers, qu'il a dit ne pas connaître, dans les paroisses de (Paulx) et de la Garnache, qui lui annoncèrent que leur intention était de mettre le feu dans plusieurs maisons du pays, lui demandèrent s'il voulait être du complot; que le jour fixé pour l'exécution était le 26 dudit mois de janvier, à 10 heures du soir; que les particuliers qu'il rencontra le 24 le chargèrent, en se séparant, de leur chercher des partisans dans les paroisses voisines.

---

1. Notice sur le Poiroux, dans l'ouvrage illustré *Poitou et Vendée*, fait en collaboration avec M. de Rochebrune.
2. Le lieutenant-général, Yves-Marie Desmaretz, comte de Maillebois, né en août 1715, s'était acquis une célébrité du plus mauvais aloi par un Mémoire contre le maréchal d'Estrées, qui lui mérita d'être disgracié comme calomniateur et emprisonné dans la citadelle de Doullens. Très hostile à la Révolution, il se mêla aux diverses conspirations ourdies à Versailles et à Paris depuis la réunion des États généraux. Il fut dénoncé, le 10 juillet 1790, par le comité des recherches de l'Hôtel de Ville de Paris, comme l'organisateur d'un nouveau complot contre-révolutionnaire, dont les premiers indices avaient été découverts en Dauphiné. Allié à la famille poitevine des Lecamus, il étendit naturellement ses relations dans la région vendéenne.
Le procès qui lui fut intenté, ainsi qu'à l'ancien ministre Guignard de Saint-Priest et à Bonne-Savardin, fut compliqué, après deux informations, suivies à Paris et à Grenoble, par l'évasion du dernier de ces prévenus, seul détenu à l'Abbaye. L'accusation enveloppa alors le sieur Genty, le sieur et la dame de Lécuse, le sieur Eggs et le lecteur de la Reine, l'abbé Perrotin de Barmond, député du clergé de la capitale. Rien n'était terminé, lorsque fut supprimé le tribunal du Châtelet. Le 20 août 1791, sur le rapport de son Comité des recherches, l'Assemblée nationale décréta que la procédure serait « envoyée à la Haute-Cour nationale pour y être l'information continuée et le procès jugé définitivement, et qu'à cet effet, sous le plus bref délai, le sieur Bonne-Savardin serait transféré dans les prisons d'Orléans. » L'amnistie par laquelle la Constituante termina ses travaux rendit la liberté au principal complice de Maillebois. Celui-ci avait émigré; il mourut à Liège le 14 décembre 1791.
3. Et non d'avril, comme il est dit dans la Notice sur le Poiroux.

Dans une ordonnance des juges Duchemin, Renaudet et Voyneau, pour le maintien en état d'arrestation du dénonciateur, il est dit :

> La dénonciation de Jacques Archambaud ne paraît pas véridique ; les faits par lui articulés annoncent une imposture de sa part, d'autant mieux qu'il n'est arrivé aucun des malheurs qu'il avait prédits ; ce n'est qu'une fausse alarme par lui répandue, malgré les défenses faites à ce sujet par l'Assemblée nationale. Au surplus, il paraît, par le procès-verbal de capture, que plusieurs des principaux habitants de Bois-de-Céné ont dit aux cavaliers de la maréchaussée que ledit Archambaud était un drôle, un coquin, qu'il avait dit qu'il fallait mettre le feu chez le curé, chez le fabriqueur, parce qu'ils ne faisaient pas l'aumône, et qu'il fallait les brûler comme des cochons ; que ledit Archambaud avait menacé sa femme de lui couper le col ; que ce même particulier, ayant été trouvé nanti de six grosses balles, qu'on a prises dans ses poches, cette circonstance annonce de sa part de mauvaises intentions [1].

LA RÉBELLION D'AVRILLÉ

Sylvestre-François Du Chaffault, ci-devant seigneur d'Avrillé par sa femme, dame de la Guignardière, dont il avait neuf enfants, était le plus fanatique des gentilshommes des environs des Sables-d'Olonne [2]. La mise en vente des dépendances du prieuré-cure de son bourg, dont l'un des conseillers municipaux, Royer, avait osé se porter acquéreur aux enchères publiques, l'exaspéra au suprême degré. Il rassembla la majorité des membres de la municipalité et des notables, et leur dicta une délibération absolument négative des lois sur les biens du Clergé et la Constitution civile. Bien plus, en personne, accompagné de l'un de ses fils, suivi d'un grand nombre de ses anciens vassaux, il alla notifier l'arrêté d'Avrillé au Directoire du district des Sables.

District des Sables.

Séance du Directoire. — 25 février 1791 [3].

... Est entré dans la salle des séances le sieur Du Chaffault, demeurant à la Guignardière [3], paroisse d'Avrillé, assisté du sieur Du Chaffault, son fils, chevalier de Malte, des nommés Mazaud et Bouroux, habitants de ladite paroisse, et autres probablement habitants du même lieu, lequel a annoncé que, par la délibération prise de la part de la commune d'Avrillé, le jour

---

1. Il y eut une *information*, dont copie fut adressée à l'Assemblée nationale par le juge Duchemin, et qui se trouve dans les papiers du Comité des recherches, *Archives nationales*, Dxxix 15 l. 25.
2. 2ᵉ registre des délibérations, aux Arch. du département de la Vendée, Lᵇ 116, à la date.
3. Du Chaffault de la Guignardière était le neveu de l'illustre lieutenant-général des armées navales Du Chaffault de Besné. Disparu après la rébellion dont nous parlons ici,

d'hier, il avait été (élu) commissaire, avec deux autres individus qu'il a nommés à l'instant, à l'effet de représenter à l'Administration les intentions de la commune d'Avrillé, et lui a donné lecture de ladite délibération qu'il avait à la main.

Il en résulte que le sieur Du Chaffault et le général des habitants de la paroisse, au nombre de soixante et quelques, ont déclaré vouloir toujours être liés à l'Église catholique, apostolique et romaine ; à cet effet ne vouloir connaître d'autre évêque que l'évêque actuel, et conserver pour leur curé le sieur Massonet; ne vouloir en aucune façon adhérer à la Constitution civile du Clergé, qu'ils regardent comme schismatique ; qu'ils s'opposaient et s'opposeraient constamment avec force, ainsi que tous ceux au nom desquels le sieur Du Chaffault portait la parole, à la vente des biens de la cure d'Avrillé ; qu'ils maintiendraient ledit sieur curé avec force dans sa cure, et s'opposeraient à la jouissance de tous acquéreurs de biens dépendants de ladite cure ; qu'ils ne souffriraient jamais que l'on changeât les limites de la paroisse, soit par réunion, soit par démembrement; que nulle puissance, jusqu'à ce jour, n'avait pu s'arroger de pareils droits; qu'ils ont regardé le sieur Royer, officier municipal, comme indigne de cette qualité pour avoir eu l'audace d'afficher à la porte de leur église le placard séditieux et incendiaire tendant à l'aliénation de portion du domaine de ladite cure; en conséquence, qu'ils l'ont destitué et ont nommé un autre officier municipal à sa place; qu'ils ont aussi nommé d'autres officiers municipaux ; que luidit sieur Du Chaffault, comme porteur de ladite délibération, s'était chargé d'en faire lecture au district, à l'effet de faire connaître les protestations de la commune d'Avrillé, qui regarde comme schismatique le serment exigé des ecclésiastiques, fonctionnaires publics; que ce serment, ainsi que le décret sur la Constitution civile du clergé, tendent à la subversion de la religion et de tous les pouvoirs qui en dérivent; et enfin qu'ils prenaient sous leur protection le sieur Massonet, leur curé[1], et qu'ils le maintiendraient dans sa cure.

il alla à l'armée des Princes avec deux de ses fils aînés ; les autres se cachèrent et prirent part au soulèvement de mars 1793. Sa femme, l'une de ses filles, M°ᵉ de Chevigné, avec ses enfants, et deux autres de ses fils, périrent dans la déroute du Mans. M. H. Chardon (*Les Vendéens dans la Sarthe*, t. II, p. 319-320), cite parmi les victimes de ce désastre huit membres de la famille Du Chaffault. Deux des fils, échappés à l'écrasement de Savenay, furent, d'après les *Mémoires de Mᵐᵉ de la Rochejaquelein* (ch. XXI), fusillés aux avant-postes de Charette, pris pour des espions. Resté veuf et n'ayant plus qu'un fils, Du Chaffault père se fit ordonner prêtre en 1803 ; en 1808, il occupait la cure de la Guionnière, près de Montaigu, où il était né le 5 décembre 1734. Il mourut chanoine honoraire de la cathédrale de Nantes en 1822. Tandis qu'il était curé, nous a raconté notre très érudit ami Dugast-Matifeux, il maria lui-même son fils survivant, Jacques-Gabriel, avec la nièce de celui-ci, sa propre petite-fille. Le dernier Du Chaffault reprit les armes pour le roi contre l'empereur en 1815; mais, après la mort de son père, il se brouilla avec « ceux qui n'avaient rien oublié ni rien appris, » et devint député libéral de son pays. Il a signé le fameux arrêté des 221 et pleinement adhéré à la Révolution de 1830; on l'a surnommé le « La Fayette de la Vendée. »

1. François Massonet, dit M. Dugast-Matifeux, fils d'un boulanger de la Basse-Indre (Loire-Inférieure), ancien précepteur des enfants Du Chaffault, devenu prieur-curé d'Avrillé. Il refusa le serment, s'expatria en Espagne; après le Concordat, desservit la cure de Machecoul; curé de première classe en 1808; mort en 1817 à 78 ans. Deux de ses frères, également prêtres, prirent part à l'insurrection de la Vendée.

Le sieur Du Chaffault, requis de déposer sa protestation, s'y est refusé, la délibération étant d'ailleurs inscrite sur le registre de la municipalité. Il a lui-même invité les habitants d'Avrillé à se retirer.

A l'instant, le sieur Louis Royer, officier municipal d'Avrillé, a déclaré être venu exprès pour donner avis au Directoire que, depuis environ deux mois, les sieurs Du Chaffault, Massonet, curé, et Bareil, maire, se sont mis à la tête de la paroisse d'Avrillé, en s'opposant de toutes leurs forces à la publication des lois adressées à la municipalité; qu'ils molestent autant qu'ils le peuvent le petit nombre des citoyens patriotes de cette paroisse, et surtout lui Royer particulièrement, depuis qu'il a fait une soumission pour acquérir une portion des biens nationaux dépendants ci-devant de la cure; qu'hier, les domestiques du sieur Du Chaffault se rendirent à l'église paroissiale et y battirent le tocsin depuis 6 heures du matin jusqu'à 9; ce qui rassembla la presque totalité des habitants de la paroisse, qui se retrouvèrent réunis, vers les 10 heures, dans la cuisine de la cure, où luidit Royer s'était rendu sur l'invitation par écrit du maire, et que, dans cette assemblée, il fut insulté en propos et menacé à ce point que le nommé Boisard, ancien domestique du sieur Du Chaffault, ainsi que Pierre et Louis Arnaud, maçons, s'avançaient pour le saisir au collet; ce qui obligea ledit Royer de se retirer; et, en sortant, il entendit ledit sieur Du Chaffault engager les habitants à se rendre avec lui à l'église, où ils se rendirent, en effet, et n'en sortirent qu'environ une heure après; qu'il ignore ce qui s'y passa; déclare, au surplus, qu'il a été averti par plusieurs personnes de se tenir sur ses gardes; au moyen de quoi il ne se croit pas en sûreté et fait la présente déclaration pour valoir ce qu'il appartiendra; et *a signé* ROYER.

Le procureur-syndic a requis expédition de tout ce qui venait d'être dit et déclaré, pour l'envoyer au Directoire du département, afin qu'il soit pris des mesures pour apaiser les désordres de la paroisse d'Avrillé, qui peuvent enhardir d'autres communes voisines, chez lesquelles on aperçoit aussi de la fermentation, notamment la paroisse du Poiroux, comme il apparaît par une lettre du juge de paix du canton dudit Poiroux; au surplus, il importe de rappeler au département la nécessité de faire venir des troupes de ligne le plus promptement possible, sans le secours desquelles il y aurait tout à craindre des ennemis de la Constitution, qui se couvrent du voile de la religion pour égarer et soulever le peuple.

Dès la veille, 24 février, par délibération du Conseil général de la commune, la ville des Sables avait pris « sous sa sauvegarde le sieur Royer, officier municipal d'Avrillé, dont la vie était menacée par les Du Chaffault et autres habitants, en raison de ce qu'il avait souscrit pour l'acquisition d'une borderie dépendante du ci-devant prieuré d'Avrillé. »

Le 25, la municipalité des Sables écrit au ministre de la guerre pour l'informer de « l'état alarmant des villages des environs, que les menées de la Noblesse et du Clergé excitent à la guerre civile. » Elle demande le secours d'une garnison de troupes de ligne.

Au ministre de la guerre[1].

Nous vous envoyons copie de deux délibérations prises par la municipalité des Sables : par la première, elle a arrêté que l'Administration sera suppliée de requérir pour cette ville un secours de 200 hommes de troupes de ligne, secours indispensable dans la circonstance alarmante où elle se trouve. Par la seconde, qui est précédée d'une plainte d'un officier municipal de la paroisse d'Avrillé, qui s'est mis sous la sauvegarde de cette municipalité, laquelle plainte ne prouve que trop combien notre demande est fondée.

Vous verrez par toutes ces pièces, Monsieur, quel est l'état alarmant où se trouvent non seulement notre ville, mais tout notre district. On y souffle partout le feu du fanatisme et de la guerre civile ; on y menace les officiers municipaux et les électeurs ; un très petit nombre d'ecclésiastiques, fonctionnaires publics, ont fait le serment civique et paraissent se coaliser avec la ci-devant noblesse. En un mot, tout annonce que le sang va couler. Votre patriotisme, Monsieur, est trop connu pour que nous hésitions à vous donner connaissance de tous ces faits. Vous les mettrez sous les yeux de notre bon Roi, que nous aimons et qui nous aime ; il donnera des ordres pour prévenir les malheurs qui nous menacent. Nous nous sommes d'abord adressés à l'Administration du département, mais cette marche est lente et nos besoins pressants. Vous pouvez, Monsieur, par un envoi de troupes de ligne prévenir bien des maux ; vous ne manquerez pas cette occasion de donner encore à la France une preuve de votre civisme.

Quant à nous autres, Monsieur, si rien ne peut ajouter à l'estime et à la haute opinion que nous avons de vous, nous vous aurons une éternelle obligation d'avoir sauvé notre pays.

Nous sommes, etc.

Les officiers municipaux de la ville des Sables.

Le même jour, l'exposé de la situation est fait

Au Comité des recherches de l'Assemblée nationale[2].

Messieurs, nous vous envoyons copie d'un arrêté de la municipalité à l'occasion d'une plainte faite par le sieur Roger, officier municipal de la paroisse d'Avrillé qui, persécuté chez lui, s'est réfugié dans cette ville, et s'est mis sous la sauvegarde de la municipalité. Vous verrez, par l'extrait de cette plainte qui précède nos délibérations, quelle est la nature des délits qu'articule le sieur Royer. Ils paraissent effectivement de la plus grande authenticité, du moins quant aux arrêtés pris par la municipalité d'Avrillé, que le sieur du Chaffault a eu l'imprudence de venir lui-même lire au Directoire de notre district, en présence de plus de trente personnes, du

---

1. Reg. A de la Corresp. de la mairie des Sables.
2. *Ibid.*

nombre desquelles était notre procureur de la commune. Vous recevrez sans doute, par l'Administration du département de la Vendée, un arrêté que le district a pris à ce sujet; mais nous sommes dans une circonstance si critique que nous nous empressons de prendre les devants, afin de vous préparer, et que l'Assemblée nationale puisse mettre la plus grande célérité dans les ordres qu'elle donnera pour punir les coupables et prévenir les malheurs qui nous menacent.

En effet, notre situation est des plus alarmantes : point de force publique; nos gardes nationales, égarées par des papiers tels que l'*Ami du Roi* et autres, qu'on fait circuler à grands flots, ainsi que par le fanatisme religieux, sont divisées de parti et d'opinion, et nous ne savons quel est le plus fort. Des placards, chaque jour affichés, menacent la municipalité et les électeurs qui vont partir pour élire l'évêque de Luçon. Les lois que nous faisons afficher sont insultées et déchirées. En un mot, tout annonce une insurrection prochaine.

Nous vous avons fait un tableau de la ville des Sables. L'état des paroisses qui nous environnent n'est pas moins alarmant : trois foyers d'aristocratie sèment des troubles, forment des projets criminels; deux sont du moins très connus, M. Robert, ci-devant seigneur du Poiroux a déjà été dénoncé, et le sieur Du Chaffault, ci-devant seigneur d'Avrillé, vient de se faire connaître. Il est temps de frapper, Messieurs; ce n'est qu'en punissant ces chefs de parti, ce n'est qu'en faisant tomber les têtes coupables, que l'on peut épargner le sang innocent, que l'on peut arrêter une populace aveugle, qu'ils entraînent, qu'ils excitent à égorger leurs frères et à devenir elle-même leur victime.

La ville des Sables renferme encore un grand nombre de patriotes; ils défendront la Constitution, ainsi que nous, jusqu'à leur dernier soupir; mais si, faute d'exemples et de secours, ils viennent à succomber, nous osons le dire, c'est autant d'hommes précieux perdus pour la patrie.

Nous sommes avec respect, etc.
Les officiers municipaux de la ville des Sables.

Le 26, est dénoncé au district, au département, puis à la députation de la Vendée, « le sieur Du Chaffault, ci-devant seigneur d'Avrillé, qui vient de faire éclater sa rage frénétique et son mépris des lois émanant de l'Assemblée nationale, et qui fait une propagande en vue de la guerre civile. »

En même temps est expédiée cette adresse :

Aux amis de la Constitution du Club des Jacobins, à Paris [1].

Nous nous hâtons de vous faire part de notre affligeante position. L'étendard de la rébellion est prêt à se déployer, le flambeau d'une guerre intestine à s'allumer. L'orage gronde et nous ne prévoyons pas pouvoir en

---

[1]. Reg. A de la Corresp. de la mairie des Sables.

éviter les éclats; en un mot, nous voyons avec douleur que le nombre de nos bons citoyens, quoique déterminés à verser jusqu'à la dernière goutte de leur sang, est incapable d'opposer une résistance proportionnée au triple foyer d'aristocratie au milieu duquel nous sommes. Les mécontentements ne sont plus secrets, les machinations se font ouvertement; nos prêtres fonctionnaires publics inondent et la ville et les campagnes d'écrits incendiaires; la chaire de vérité ne parle plus que le langage du trouble et de la sédition; les lois que nous faisons afficher, au lieu d'être respectées, sont journellement insultées et déchirées, notamment celles relatives à la prestation du serment ordonné aux ecclésiastiques fonctionnaires publics; des placards attentatoires à la sûreté de la municipalité et des électeurs fourmillent; enfin, le fanatisme est à son comble et malheureusement ne se propage que trop dans nos entours.

Vous verrez, par l'extrait de la délibération du Conseil municipal de cette ville que nous joignons ici, jusqu'à quel point un nommé Du Chaffault, ci-devant seigneur de la paroisse d'Avrillé, petite paroisse qui nous avoisine, vient de faire éclater sa rage frénétique, son mépris pour les lois qui émanent de l'Assemblée nationale.

Nous vous le dénonçons comme traître à la Loi et comme coupable de lèse-nation.

Nous saisissons l'occasion de ce courrier pour adresser, tant au Comité des recherches qu'au Ministre de la guerre, nos doléances sur l'état alarmant où nous nous trouvons; nous les supplions de faire parvenir avec le plus de célérité possible des secours pour prévenir les malheurs qui nous menacent.

Constamment occupés, frères et amis, de ce qui concerne l'intérêt public et persuadés que vous ne verrez pas d'un œil sec un coin de la France en danger, des citoyens sur le point de s'entre-égorger, nous nous adressons à vous avec confiance et vous prions de faire auprès du Comité des recherches et du Ministre de la guerre, les démarches que doit vous inspirer notre malheureuse situation.

Les officiers municipaux de la ville des Sables.

Le 3 mars, le département accuse réception des pièces concernant l'affaire d'Avrillé; il abolit la destitution de Royer; il ajourne à statuer sur Du Chaffault et ses partisans jusqu'à ce qu'il ait entendu le procureur-syndic Degounor.

Le 17, comme « la fermentation s'accroît au Poiroux », le district des Sables presse le département de faire expédier les secours militaires réclamés.

Le 28, le département retourne au district la copie de la délibération de la municipalité d'Avrillé en date du 22 février, qui lui avait été enfin transmise le 22 mars. Le Directoire du district constate « qu'il ne peut douter que cette délibération n'est pas conforme à celle qui a été lue dans la salle de l'administration, le 23 février[1]. »

---

1. Extraits des délibérations du district, aux Arch. du départ. de la Vendée.

Le même jour, le Conseil général de la commune des Sables prend un nouvel arrêté, à transmettre par le district au département, sur l'extrême urgence de fournir à la ville une garnison de troupes de ligne :

Les ci-devant nobles, dit-il, s'assemblent, font des recrues; les prêtres réfractaires travaillent le peuple; une explosion prochaine est à craindre.

Des lettres pressantes sont expédiées à la députation de la Vendée et à celui de ses membres qui représente en particulier la Vendée maritime :

Aux députés du département de la Vendée à l'Assemblée nationale[1].

Messieurs, nous avons l'honneur de vous remercier des soins que vous vous êtes donnés pour nous procurer des secours dans les circonstances critiques où se trouve notre ville, et de vous prier en même temps de nous les continuer. Il est fâcheux d'avoir à joindre des plaintes aux expressions de notre reconnaissance; mais nous sommes également amis de la Constitution et magistrats du peuple, et nous croyons devoir éviter tout ce que nous voyons contraire aux intérêts de l'un et nuisible à la tranquillité de l'autre. Vous vous êtes si bien montrés à notre égard que nous avons choisi votre organe pour porter, soit au Ministre de la guerre, soit au Corps législatif, nos réclamations, après avoir pesé dans votre sagesse si elles sont justes et si nous ne nous sommes point laissé entraîner par trop de zèle et d'impatience. Nous allons vous mettre à même d'en juger, et nous ne doutons pas que vous voudrez encore vous employer pour vos concitoyens sur le point d'éprouver peut-être de grands malheurs.

Nous accusons d'abord M. de Roussy, commandant pour le Roi à la Rochelle. Sur l'exposition de notre position justement alarmante, le Directoire du département requit de ce commandant un secours provisoire pour la ville des Sables; nous ne savons pas quelle fut sa réponse au département, mais nous savons qu'il ne fit point droit au réquisitoire. En vain il aura allégué la faiblesse de sa garnison, qui n'est composée que d'un bataillon de la Sarre. On lui répondra que la Rochelle est aussi tranquille qu'éloignée de l'ennemi, et qu'il compte sans doute pour rien plus de mille hommes des meilleures gardes nationales de France, qui ne diffèrent de la troupe réglée que par le dévouement et l'obéissance de leurs officiers à la loi. Mais il paraît que M. le commandant de la Rochelle fait plus de cas de l'ancien régime que des réquisitoires des corps administratifs.

Voyons actuellement comme on obéit aux ordres du Ministre. Malgré une lettre de nous aussi honnête que pressante à M. du Portail et restée sans réponse, sans vous, Messieurs, nous serions encore à savoir avec quelque certitude que l'on doit nous secourir. Il paraît cependant que le régiment du

---

1. Reg. A de la Corresp. de la mairie des Sables.

Perche a reçu l'ordre de nous faire passer cent hommes. Le capitaine d'un navire entré dans notre port nous a appris qu'on l'avait retenu trois jours à l'île de Ré pour faire le simulacre de faire embarquer à son bord ce détachement; mais point de nouvelles officielles de sa marche ni de l'époque de son arrivée aux Sables; ce qui nous est cependant indispensable pour pourvoir à la subsistance et au logement des soldats qu'on nous envoie.

Nous allons actuellement nous permettre quelques réflexions sur les faits que nous venons de vous exposer. Il nous semble que nos ci-devant nobles et les commandants militaires qui nous avoisinent s'entendent pour retarder le secours qui nous est promis, et voici les motifs qui peuvent les y engager. Le procès du sieur Du Chaffault, sur le point d'être décrété, et le remplacement de nos curés, c'est le moment de crise, et nous y touchons; ils voudraient bien qu'elle eût lieu avant l'arrivée du détachement du Perche. Quelque faible que soit cette troupe, ils la craignent; ils voient, d'ailleurs, que le fanatisme va toujours croissant dans ce temps de carême si propre à faire fermenter les esprits; ils croient à chaque instant que notre ville sera le théâtre des horreurs qui viennent de se passer à Douai et que nous empêcherions certainement, si nous avions une force publique suffisante. Cependant notre procureur-syndic n'ose convoquer les électeurs, et nos juges n'oseront mettre à exécution le décret du sieur Du Chaffault s'il a lieu avant l'arrivée du détachement du Perche. Tous les pouvoirs demeureront suspendus et nos ennemis feront la loi. C'est vous en dire assez pour compter sur un prompt remède aux maux qui nous menacent.

Les officiers municipaux de la ville des Sables.

A M. Birotheau des Burondières, à Paris[1].

Monsieur, nous avons reçu, avec votre lettre, celle du Ministre à Messieurs les députés de la Vendée. Mais depuis ce temps, plus de nouvelles du secours qu'il nous a promis. Cependant les ci-devant nobles s'assemblent et font des arrêtés. Nos prêtres sont réfractaires à la Loi, travaillent le peuple, et tout nous annonce une explosion prochaine. Nous avons jugé qu'il était inutile de s'adresser à d'autres qu'à nos députés pour hâter la marche du détachement du régiment du Perche, et vous trouverez ci-joint une lettre que nous leur adressons; nous vous prions de la leur présenter et d'employer pour nous vos bons offices.

... Monsieur, le détachement du régiment du Perche est enfin arrivé mardi 23, au moment que nous ne comptions plus sur lui, aussi nous a-t-il très embarrassés. Nous avons appris de lui ce qui a retardé sa marche, c'est que, pensant que nos troubles étaient finis, on a envoyé au Directoire du département pour savoir si ce détachement nous était encore nécessaire et que, sur sa réponse affirmative, on s'est alors décidé à envoyer en cette ville le secours qu'elle réclame avec tant d'instance. On vous laisse à penser, Monsieur, quel eût été notre sort, si, tandis qu'on marchandait avec un ordre du Ministre et ce réquisitoire d'un corps administratif, l'orage qui

1. Reg. A de la corresp. de la mairie des Sables.

gronde autour de nous eût éclaté. Enfin nous avons actuellement 100 hommes qui paraissent pleins de bonne volonté. Ils suffiront à la sûreté de la ville, mais on ne pourra guère en détacher dans les paroisses voisines, où les curés et les ci-devant nobles mettent tout en usage pour soulever les paysans.

Daignez communiquer à Messieurs vos collègues, les députés du département de la Vendée, notre lettre afin qu'ils puissent agir en conséquence.

Nous sommes avec respect, etc.

Les officiers municipaux de la ville des Sables.

Le lendemain, 29 mars, cent hommes du régiment de Perche-Infanterie, obtenus du général de division de Verteuil, commandant la 12ᵉ division militaire, à la Rochelle, viennent prendre garnison aux Sables-d'Olonne.

Le 14 avril, la municipalité adresse au district et au département une plainte « contre le mauvais esprit des officiers, qui prétendent ne devoir le service qu'à l'intérieur de la ville, et se refusent aux réquisitions qui leur sont faites pour le dehors. »

Elle écrit à ce sujet :

A M. Birotheau des Burondières[1].

Monsieur, les officiers du détachement du régiment du Perche qui sont ici nous ont déclaré qu'ils croyaient que leur mission était bornée en dedans nos murs, et qu'on ne pouvait les requérir pour aller dans les paroisses voisines de notre ville. Leur commandant a dû écrire à M. du Portail à ce sujet. Il paraît que c'est un système généralement reçu parmi ces messieurs, de n'obéir qu'à ce ministre, comme dans l'ancien Régime. Nous savons aussi qu'ils comptent demander leur retour à l'île de Ré, sous prétexte qu'étant tranquilles ici, nous n'avons plus besoin de leur secours. Nous vous prions, Monsieur, de voir le Ministre de la guerre et de l'engager à écrire au commandant du détachement qu'il nous a envoyé, d'obéir à la loi toutes les fois qu'il sera légalement requis de secourir les divers endroits de ce district qui auront besoin de secours, et en même temps de laisser ce détachement aux Sables jusqu'à ce que la municipalité reconnaisse n'en n'avoir plus besoin et consente à son départ.

Nous sommes, etc.

Le 18, le détachement est retiré, mais sans être remplacé. La municipalité dénonce aux députés de la Vendée à l'Assemblée nationale les autorités supérieures, qui laissent la ville et le pays sans défense, dans un moment où « l'esprit public est si mauvais, où le fanatisme est à son comble et donne les plus vives appréhensions. »

---

1. Reg. A de la Corresp. de la mairie des Sables.

Le 25 arrive un détachement du 16° régiment de cavalerie, ci-devant Royal-Lorraine[1].

En ce moment éclataient les troubles les plus graves dans le district voisin de Challans.

Quant à l'affaire d'Avrillé, l'information, retardée plus de six semaines par le Directoire du département, avait été faite par les juges du tribunal des Sables; mais « le sieur Du Chaffault, décrété de prise de corps, s'était soustrait par la fuite aux poursuites dirigées contre lui. »

C'est tout ce qui put être annoncé sur la répression de cette grave rébellion des 22-25 février 1791, dans le rapport fait à l'Assemblée nationale, le 16 juillet, au nom des comités des rapports et des recherches, par Cochon-Lapparent[2].

A l'exemple du seigneur d'Avrillé, plusieurs autres ci-devant, rapporte Mercier du Rocher[3], eurent l'insolence de se rendre dans quelques districts pour protester contre les adjudications. *Ces délits restèrent impunis.* Il est vrai qu'à cette époque, il n'y avait point de lois contre les attentats de cette nature, et que les administrateurs n'avaient aucun moyen de réprimer l'insolence des rebelles. Les lois ne portaient que des peines très douces contre ceux qui les enfreignaient, ou même n'en portaient pas du tout.

LA SOCIÉTÉ AMBULANTE DES AMIS DE LA CONSTITUTION DU DÉPARTEMENT DE LA VENDÉE

Au commencement de l'année 1791, « un petit groupe de patriotes vendéens[3] » entreprit d'opposer à la propagande cléricale une propagande politique, et d'organiser à travers les régions les plus ignorantes et les plus travaillées par la contre-révolution l'enseignement populaire des lois nouvelles et la prédication de la Constitution.

La Société ambulante des amis de la Constitution de la Vendée tint sa première séance le 19 février au château de l'Oie, qui devait être aussi, deux ans plus tard, le siège du premier Comité catholique-royaliste. Son acte de fondation est ainsi formulé dans un procès-verbal imprimé[4] :

---

1. Extraits des délibérations et de la Correspondance de la commune des Sables, à la mairie.
2. Imp. par ordre de l'Assemblée à l'Imp. nationale, in-8°.
3. Mémoires inédits de Mercier du Rocher, 1ᵉʳ cahier.
4. Chez Ferré, aux Sables. Les n°ˢ 1 et 2 forment une brochure d'une feuille. M. Dugast-Matifeux n'a que celle-là dans sa collection, et croit que la suite des livraisons annoncées comme devant paraître périodiquement n'existe pas. M. Paul Merland, des Sables, juge à Bressuire, nous a communiqué le n° 17, qu'il a retrouvé dans ses papiers de famille. Nous n'avons pu découvrir, en outre, à la bibliothèque de Niort, qu'un imprimé provenant de la Société, en 1792.

Des patriotes de la Vendée, réunis à l'Oye (ci-devant Fougerais) persuadés que les sociétés des Amis de la Constitution ne peuvent trop se multiplier, et désirant marcher sur les traces des généreux citoyens qui ont donné à la France un exemple d'association si propre à ramener les ennemis du bien public aux vrais principes de notre heureuse régénération, ont résolu de former une société d'Amis de la Constitution.

La séance était présidée par le doyen d'âge des assistants, Girard de Villars, ancien avocat du Roi au présidial de la Rochelle [1]. Les secrétaires désignés par acclamation étaient J.-L. Dedalouespe [2], riche propriétaire; Ch.-T.-E. Moulins [3], croix de Saint-Louis, et l'avocat J.-D.-M. Fayau [4], colonel de la garde nationale de Rocheservière;

1. Girard de Villars (Charles-Jacques-Étienne), président de l'administration départementale de la Vendée, membre de la Convention nationale, puis du Conseil des anciens jusqu'en mai 1797, mourut à Fontenay-le-Peuple, dans les premiers jours de nivôse an VIII, dit Mercier du Rocher, à la fin du 2ᵉ cahier de son Journal manuscrit.
2. Deladouespe (Jacques-Louis), né en 1744, devint administrateur du département de la Vendée de 1792 à 1795. Il mourut de la goutte, le 18 novembre 1810, en son Grand-Logis de Mouchamps. « A son égoïsme près, dit Mercier (journal mss. 4ᵉ cahier), c'était un excellent homme... Pendant la Terreur, je lui demandai, étant avec Gallet, un de nos collègues : « Si le Représentant du peuple vous ordonnait de nous guillotiner, que feriez-vous ? — Eh ! monsieur, réplique-t-il, il faudrait bien le faire ! » Il eut encore, ajoute Mercier du Rocher, la faiblesse d'applaudir à la théorie de l'extermination, présentée par le poète Simon, de Troyes, secrétaire du représentant en mission Fayau, quoiqu'il fût si riche que trente-six fiefs lui rapportaient, bon an, mal an, 200 barriques de vin. Durant la Terreur, il abrégea son nom et signa Ladouespe jusqu'en 1806. — Deux de ses parents ont péri durant la Révolution : J.-A. Deladouespe de la Biffardière guillotiné à Fontenay, le 17 décembre 1793, et D.-F. Deladouespe du Fougerais, fusillé à Angers, le 6 janvier 1794.
3. Moulins, lui aussi administrateur du département de la Vendée au plus fort de la crise révolutionnaire, était un ancien militaire du corps royal de l'artillerie, raconte Mercier dans ses Mémoires inédits. Avant 1789, il se qualifiait comte de Rochefort; il avait fait plus de huit cent lieues pour dresser l'ordre de sa généalogie et prouver ses alliances avec les plus grandes maisons de France. Cependant la noblesse du pays se moquait de ses prétentions, qu'elle affirmait mal fondées, et il s'en vengeait en obligeant ses vassaux de la Vineuse près Sainte-Hermine, à se tenir tête nue quand il passait; il fit un procès à une dame qui avait omis de le saluer. Dès le commencement de la Révolution il se mit du côté du peuple, supprima son nom de comte de Rochefort et ne signa plus que Charles-Isidore-Elie Moulins, cultivateur. Il fit démolir son château, dont les murs étaient excellents, et bâtir sur son emplacement une maison bourgeoise, sur les murs de laquelle il fit peindre en noir toute la Constitution. « Il se montra très révolutionnaire, mais aussi très ambitieux des honneurs et des applaudissements populaires. Il avait la manie des discussions, finissant souvent par réfuter lui-même ce qu'il avait dit en commençant. » Au reste, ajoute Mercier, il était « très humain, très homme de bien, mais inconstant dans ses liaisons, et dévot. »
4. Fayau (Joseph-Pierre-Marie), né à Rocheservière, en 1766, mort le 8 germinal an VII, 28 mars 1799 (d'après Mercier du Rocher, Journal manuscrit, à la date). Entré au directoire du département de la Vendée en novembre 1791, il prit, avec Mercier du Rocher, l'initiative des mesures énergiques contre les ennemis de la Révolution, et fut élu à la Convention, où il siégea parmi les montagnards les plus ardents. Il s'éleva des premiers, rapporte la *Biographie moderne* (dite *de Leipzig*), contre la réaction thermidorienne et défendit les sociétés populaires. En 1795, dans une vive sortie contre le modérantisme, exposant les persécutions auxquelles les meilleurs patriotes étaient exposés, il évoqua l'âme de Marat. En prairial an III, il se trouva compromis dans le soulèvement des faubourgs

Ch.-P.-M. Rouillé[1] jeune fut institué secrétaire général archiviste.

Les premiers affiliés furent les officiers municipaux de Sainte-Florence, invités par les fondateurs parce que la séance se tenait sur le territoire de leur commune. Après la lecture de plusieurs lettres d'adhésion, entre autres celles de Guyard, juge de paix du canton des Herbiers, de Goupilleau, procureur-syndic du district de Montaigu, il fut décidé « d'envoyer à toutes les municipalités copie du procès-verbal avec une lettre d'invitation à assister, par députation, à la séance, fixée au 21 mars. »

Ce jour, au même lieu, avec le même bureau, la Société se déclara constituée, « toujours fidèle à ses principes, fondée sur le maintien de la loi et d'une sage liberté inhérente à l'existence de l'homme et devenue plus précieuse que la vie à tous les véritables Français. »

Communication fut donnée des nombreuses adhésions recueillies, notamment celles de trois députés de la Vendée à l'Assemblée nationale, Bouron, Goupilleau (de Fontenay), et l'abbé Ballard; des municipalités de Luçon, de la Roche-sur-Yon, de Saint-Michel-en-l'Herm, du Vieux-Pouzauges, des Sables[2], de Montaigu, de Réaumur, de la Vineuse, du Langon, des Essarts, de la Châtaigneraie, d'Angles, de la Ferrière; des officiers de dragons de la compagnie des volontaires à cheval de Luçon ; des gardes nationales de la même ville et de celles du Langon, de Rochetrejoux, de Saint-Prouant et du Boupère ; du curé de cette dernière localité, d'un autre curé de la Ferrière, etc.

La Société ambulante vendéenne s'étant, dès sa naissance, affiliée à la Société mère des Jacobins de Paris[3], sa première œuvre de propagande dut être de mettre en circulation *l'adresse* suivante, imprimée dans la capitale[4] :

de Paris, et fut décrété d'accusation avec Bourbotte, Romme, Soubrany, etc. (Arch. nat., F 4585[1]). Amnistié, non réélu dans les Conseils qui succédèrent à la Convention, il devint chef de bureau au ministère de la justice, puis commissaire près le tribunal de police correctionnelle de Montaigu. La *Biographie moderne* et la *Petite biographie contemporaine* de Rabbe confondent avec lui un de ses parents qui, après sa mort et jusqu'à la Restauration, était procureur impérial à Napoléon-Vendée.

1. Rouillé était alors secrétaire-greffier de la commune des Sables; il devint en 1792 administrateur du département de la Vendée.
2. L'adhésion de la ville des Sables se trouve dans le registre B de la Correspondance municipale à la date du 17 mars 1791.
3. Elle est inscrite sur les deux listes reproduites dans l'introduction de M. A. Aulard au recueil sur la *Société des Jacobins* (in-8°, 1789, collection municipale de documents relatifs à l'histoire de Paris pendant la Révolution française); seulement une faute d'impression défigure son nom sur la deuxième de ces listes, où on lit *Loing* au lieu de *l'Oie.*
4. In-8° de 8 p. de l'imp. de Gorsas, *Courrier de Paris dans les 83 départements*. (Arch. nationales, Collect. Rondonneau, ADxvi 79.) C'est le premier acte politique de Mercier du Rocher en Vendée.

André-Charles-François Mercier, membre de la Société des Amis de la Constitution de Paris, aux habitants des campagnes du département de la Vendée.

Citoyens, on vous trompe, on vous égare, on vous alarme sur le sort de la Religion et de l'Empire. On présente sans cesse des tableaux effrayants à votre bonne foi. Occupés à des travaux utiles, vous n'avez que peu de temps à donner à la lecture des ouvrages qui pourraient vous rassurer. Je n'abuserai pas de vos moments; ils sont trop précieux à l'agriculture, à l'industrie, aux arts, à la chose publique.

J'ai vécu près d'un an au milieu de vos législateurs; j'ai l'honneur d'être membre de cette Société célèbre des Jacobins, qui a déjoué mille fois, et qui déjoue chaque jour les manœuvres perfides de nos ennemis. Cette Société, tant calomniée, renferme dans son sein les députés les plus patriotes, les hommes les plus éclairés de la capitale, de la France et de l'Europe entière, et les prêtres les plus instruits, les plus religieux, les meilleurs citoyens. Je connais leurs sentiments; ils n'en n'ont point d'autres que ceux de la religion et du bonheur de cet Empire.

Ce sont les curés de l'Assemblée nationale [1] qui ont tracé eux-mêmes le plan de la Constitution civile du Clergé, décrétée par elle et acceptée par le Roi. Ils n'ont rien innové; ils n'ont fait que détruire les abus qui avaient anéanti la discipline des premiers siècles de l'Église. Ils l'ont rétablie, cette discipline, dans toute sa pureté, telle que Jésus-Christ et ses apôtres l'avaient instituée.

Citoyens, l'Église est l'Assemblée des fidèles; vous le savez; c'est un des articles de votre catéchisme; nous sommes donc l'Église. Quand l'Assemblée nationale a décrété que le peuple, par l'organe de ses électeurs, nommera ses magistrats dans l'ordre de la religion, elle n'a fait que rendre à l'Église un droit dont elle avait été injustement dépouillée. Le premier qui fut évêque, saint Jacques le Juste, fut élevé à cette dignité de l'Église de Jérusalem par les suffrages du peuple, environ cinquante ans après la mort de Jésus-Christ. Saint Fabien, l'an 250, fut porté à la chaire de saint Pierre, qui s'appelait alors l'évêché de Rome, par les mêmes suffrages; ainsi le fut saint Ambroise au siège de Milan, le 7 décembre de l'année 374. Observez que les ariens, qui étaient les hérétiques de ces temps, concoururent à l'élection de ce dernier.

Ces évêques, qui n'affichaient ni le faste ni l'insolence de ceux qui furent depuis introduits dans le bercail du Seigneur par les maîtresses et les flatteurs de nos Rois, ces évêques qui distribuaient le pain de la parole et celui de la charité, qui édifiaient les infidèles mêmes par la puissante leçon de leurs vertus; ces évêques qui plus d'une fois ont arrosé de leur sang les palmes triomphales de notre sainte religion, ces hommes vénérables, ces

---

1. Et vous n'aurez pas oublié que ce sont trois curés de la ci-devant province de Poitou, MM. Jallet, Le Cesve et Ballard, qui ont eu les premiers le courage de passer de la Chambre du Clergé aux Communes, le 13 juin 1789, et qui par là, peut-être, ont décidé la Révolution.

pasteurs pieux, qui étaient choisis par le peuple, avaient-ils besoin, pour remplir leurs devoirs, d'être canoniquement institués par l'évêque de Rome ? Non, citoyens. Avant qu'il existât des métropolitains, ils recevaient cette institution des deux évêques les plus voisins de leur siège. Jésus a conféré à tous ses apôtres les mêmes pouvoirs : ceux-ci les ont transmis à leurs successeurs tels qu'ils les avaient reçus. Saint Pierre était le chef de l'Église, mais il ne tenait pas de notre divin Maître des pouvoirs supérieurs à ceux des autres apôtres. Les princes des peuples, leur disait-il, peu avant sa passion, exercent leur domination sur ceux qui leur sont soumis ; mais il n'en sera pas de même entre vous (Saint Mathieu, chap. xx, versets 25 et 26).

Le Pape, successeur de saint Pierre, est le père commun des fidèles ; il est le centre de l'unité de l'Église. La Constitution civile du clergé n'a point rompu cette unité. Elle désire que les évêques, aussitôt après leur élection, écrivent au Saint Père, et déposent à ses pieds leur profession de foi. En effet, qu'est-ce qui constitue l'unité de l'Église ? c'est la même croyance, la même doctrine, les mêmes dogmes, la même communion. Voilà l'unité ; voilà l'arbre sacré de la Religion, tel que Jésus-Christ l'a planté. L'Assemblée nationale n'y a point touché ; elle n'a détruit que ce qui était l'ouvrage des hommes. Tout ce qu'ils ont fait est soumis à leur puissance, et peut être changé ou modifié selon les temps, selon les lieux, selon les circonstances. La puissance temporelle, dit saint Grégoire de Nazianze, peut anéantir les églises, les monastères, les diocèses, mais elle ne peut effacer une seule ligne de l'Évangile.

Jugez, d'après cet exposé fidèle, si la foi de nos pères est en danger ! Des pasteurs choisis parmi les prêtres les plus vertueux, des pasteurs qui recevront un traitement honorable, vont faire renaître ces beaux siècles, vont rappeler ces mœurs évangéliques qui firent aimer une religion qui est toute amour, qui fait la consolation des maux de cette vie, et nous en promet une plus heureuse...

Ils sont donc bien coupables, les hommes qui refusent de se conformer aux décrets de l'Assemblée nationale ! les hommes qui, par des insinuations hypocrites, cherchent à vous soulever contre les lois de votre patrie ! Ils ne sont pas les ministres d'un Dieu de paix, ceux qui, abusant de la chaire de la vérité ou du tribunal de la pénitence, voudraient vous rendre les complices de leur rébellion, en vous portant à devenir leur appui.

S'ils tentent de vous intéresser à leur sort, citoyens, croyez-en un ami de la Constitution, ils sont vos ennemis. Ils vous excitent à la guerre civile ; ils veulent du sang ; ils veulent vous faire égorger ; ils veulent renouveler les horribles massacres de la Saint-Barthélemy. S'ils tentent de vous intéresser à leur sort, ils veulent rentrer dans la possession de ces biens, dont la vente peut seule combler le précipice qu'avaient creusé sous nos pas les brigands de la Cour ; ils veulent rétablir les dîmes, le casuel, les annates, la féodalité, les aides, les gabelles, les entrées des villes, ces nuées d'employés, de gardes, de commis, ces sangsues de la finance, ces vampires de la chicane et ces vautours de toute espèce, qui s'engraissaient de votre substance ; ils veulent enfin que ceux qui échapperont à la rage des combats soient à jamais abandonnés à l'oppression des ci-devant nobles, des prêtres et des hommes pervers qui trompaient notre bon Roi avant la Révolution.

Citoyens, l'obéissance aux lois assurera votre félicité. La révolte vous plongerait dans un abîme de maux. Ayez confiance en l'Assemblée nationale. Vous êtes les objets de sa plus tendre sollicitude; des malveillants se plaisent à vous dire qu'elle n'a rien fait pour les pauvres !... Elle n'a rien fait pour les pauvres ! On ose tenir ce langage, quand son humanité a décrété, le 16 décembre dernier, qu'il serait remis à chaque département une somme de 80,000 livres, pour établir des ateliers de charité; que cette somme leur serait comptée en trois termes, savoir, 40,000 livres le 10 janvier; 20,000 livres le 10 de février et 20,000 livres le 10 mars de cette année. On ose reprocher à l'Assemblée nationale son insouciance pour les malheureux, quand elle n'attend que l'avis des départements pour faire distribuer encore 8 millions de secours ! La négligence des administrateurs est-elle donc l'ouvrage des représentants de la nation ?... Citoyens, l'exécution des lois est le gage de la liberté, du bonheur des hommes et du salut des empires.

Vouvant, 20 mars 1791.

La Société ambulante des Amis de la Constitution du département de la Vendée[1] ne tarda pas, rapporte Mercier du Rocher[2], à comprendre « tous les citoyens amis de la Révolution », quoiqu'elle fût comparée au « Camp de Jalès », par le procureur général-syndic Pichard du Page, jaloux de son influence. Dans les diverses villes et bourgs où elle tenait séance solennelle, « elle établissait des sections qui se réunissaient deux fois par semaine pour lire les journaux patriotiques et correspondre avec elle... Des membres des diverses sections se rendaient au lieu où la Société tenait séance et lui faisaient part des progrès de l'esprit public dans leur arrondissement respectif. »

Le 1ᵉʳ mai, la Société ambulante tenait séance à Fontenay ; le 13 juin, à Luçon; le 3 novembre, aux Herbiers, où elle élisait secrétaire Goupilleau (de Montaigu); le 17 novembre, à Pouzauges-la-Ville, où l'ex-député Goupilleau (de Fontenay) était nommé président; un troisième Goupilleau proposait que la Société des Jacobins de Paris organisât par tout le royaume des conférences, « à l'exemple des missionnaires d'autrefois[3]. »

Au mois d'octobre 1791, la *Société ambulante*, profitant du désarroi du parti aristocratique et clérical par suite de la sanction royale de la Constitution, pour faire comprendre aux paysans vendéens les avantages du nouveau régime, faciliter les premiers engagements

---

1. Dont l'organisation fut imitée, aux mois de janvier-février 1792, dans le département de Maine-et-Loire, par l'initiative de Villiers et La Revellière-Lépeaux, *le Club ambulant des Mauges* (voir la *Vendée angevine* de M. Célestin Port, t. I, p. 312-337).
2. En ses Mémoires inédits.
3. Lettre de Jean-Victor Goupilleau, citée p. 187-188 de l'ouvrage non publié de Dugast-Matifeux.

volontaires et assurer la rentrée des contributions. L'appel qu'elle fit aux officiers municipaux des communes rurales est particulièrement intéressant en ce qu'il prouve que les grandes lois de la Constituante étaient restées sans effet dans la majeure partie de la Vendée.

Adresse aux municipalités de la Vendée [1].

Frères et amis, chargés par vos concitoyens de l'administration de la chose publique, vous avez juré de répondre à la confiance du peuple ; vous avez promis de lui conserver des droits que les despotes lui avaient ravis, mais qu'il a su, par une espèce de prodige, conquérir sur ses tyrans...

Mais, tandis que vos travaux, que la sagesse d'une administration douce et populaire, justifiaient le bon choix de vos commettants, l'aristocratie aux abois se repliait sous mille formes pour rompre vos mesures, en égarant les bons et vertueux habitants des campagnes, dont la Constitution avait gagné les cœurs.

Nos ennemis n'ont rien épargné pour atteindre leur but criminel : fausse interprétation des décrets de l'Assemblée nationale, calomnies atroces, insinuations perfides, manœuvres sourdes, conspirations ouvertes contre l'État, tout leur a paru légitime ; et ce n'est que par un bienfait du ciel, protecteur de la justice, que la cause du peuple a triomphé jusqu'ici de leurs efforts.

Leur peu de succès ne les a pas encore rendus plus sages ; chaque jour ils méditent de nouveaux projets d'attaque. Sûrs d'échouer contre nos phalanges réunies pour le maintien de la liberté, ils cherchent à y semer la division pour s'assurer notre défaite.

Craignons, chers concitoyens, que cette dernière ressource ne leur réussisse ! demeurons unis par les liens de la plus étroite fraternité...

C'est pour prévenir de funestes divisions que l'Assemblée nationale, par son décret du 21 juin 1790, a ordonné l'incorporation de tous les corps militaires dans celui de la garde nationale; empressez-vous d'obéir à la sagesse de cette loi; et, s'il restait encore quelque idée de préséance, quelque esprit de parti, rappelez cet instant mémorable où tous les Français confondus avec leurs représentants et leur Roi, jurèrent de ne plus faire à l'avenir qu'une seule famille.

Nous savons que nos ennemis calomnient cette réunion même qu'ils redoutent. Effrayés du zèle que le peuple annonce pour s'incorporer dans les troupes auxiliaires, ils cherchent à lui persuader que c'est *le rétablissement de la milice* produite sous une autre forme. Ils crient bien haut que la liberté n'existe plus, puisqu'on sera forcé d'abandonner ses foyers pour aller combattre sur une terre étrangère.

Que vos écrits, frères et amis, préviennent ces insinuations perfides ! Instruisez les bons habitants des campagnes ; dites-leur que *nous avons pour jamais renoncé aux conquêtes, que nos armes ne sont destinées qu'à défendre notre propre liberté, qu'à repousser la tyrannie.*

1. Imp. de 8 p. in-8°, Fontenay, 1791, reproduit dans l'ouvrage de M. Dugast-Matifeux, p. 138 à 194. Nous en extrayons les passages essentiels.

Pour leur faire sentir les bienfaits de la Constitution, dites-leur que les dîmes sont abolies; que le boisselage ne se payera plus ; que le fauve ne dévastera plus les possessions ; que la mort d'un pigeon ne conduira plus aux galères; que la justice sera rendue gratuitement...

Apprenez à tous les Français que *ceux de leurs enfants qui voudront rester auprès d'eux pour cultiver leurs champs, soigner leur vieillesse, sont aussi chers à la Patrie que ceux qui veilleront à la défense commune...*

La première base de la Constitution est que tous les hommes naissent et demeurent *égaux en droits*. Songez qu'il est temps de faire une juste application de ce principe. Que nulle considération particulière n'arrête la marche de la Constitution à cet égard !...

Faites que l'encens ne brûle plus que pour la divinité, qu'il ne soit plus prostitué à de vaines idoles; qu'on ne voie plus ces livrées dégradantes pour celui qui les portait ; ces armoiries sur les portes et les carrosses; ces titres funèbres dans nos temples ; ces bancs, ci-devant seigneuriaux placés dans le premier rang; ces fourches patibulaires, ces pals publics, restes d'un régime arbitraire [1].

Condamnez à l'oubli ces dénominations de duc, marquis, comte, baron, abbé, prieur; que toutes ces qualités enfantines ne reprochent plus à l'homme pauvre l'infériorité où l'a placé la fortune.

Mandataires du peuple, obéissez à la loi, faites-la respecter, soyez forts par elle... Voulez-vous prouver au peuple que vous vous occupez de lui ? Faites renfermer ces pigeons qui ruinent les travaux du laboureur; commandez la destruction des garennes ouvertes qui sont le fléau des moissons; protégez le voisin des forêts, qu'il puisse repousser le fauve de ses champs et faire voler la mort après lui.

Voulez-vous détruire les assertions mensongères des malveillants qui représentent l'impôt prêt à écraser le peuple : citoyens, hommes publics, ouvrez aux yeux (du peuple) le livre des décrets, lisez :

La taille et la corvée abolies ; les impositions, devenues si onéreuses à ceux qui n'avaient point de protection auprès des intendants, fondues dans l'imposition territoriale ; les francs-fiefs, que les sangsues financières avaient su monter au triple du revenu; le tabac, la gabelle, les traites, les droits de transport d'une province à l'autre, les privilèges exclusifs, les maîtrises et les jurandes qui entravaient le génie, les octrois et entrées des villes, les droits d'aides, dons gratuits, inspection des boucheries : toutes ces inventions du fisc ont disparu ; et ce n'est pas encore tout ce que nous avons gagné...

Il est démontré que le sixième des propriétés était jadis entre les mains du Clergé; que les ci-devant Nobles et privilégiés possédaient à peu près deux autres sixièmes. Or, dans ce cas, quelque considérable que pourraient paraî-

---

1. *L'Annuaire de la Société d'émulation de la Vendée*, 1889, contient, p. 109-218, un important travail sur *Les juridictions bas-poitevines*. M. A. Bitton y donne non seulement le tableau des fiefs et arrière-fiefs, mais encore la nomenclature par ordre alphabétique des droits féodaux qui subsistèrent, comme ailleurs, jusqu'à la nuit du 4 août 1789. Cette liste ne comprend pas moins de 120 articles ; elle permet, dit l'auteur, de « se rendre compte de la situation malheureuse et de l'état d'abrutissement dans lesquels se trouvait plongé le peuple lors de la Révolution. »

tre les impôts directs et indirects qui vont remplacer ceux de l'ancien Régime, nous gagnerons au moins moitié, puisque ne devant pas excéder le sixième du revenu net, ils seront également supportés par ceux qui jouissaient des bienfaits du gouvernement sans en partager les charges.

D'ailleurs, les longueurs de la chicane n'enchaîneront plus la justice ; le peuple aura facilement accès auprès des juges qu'il aura nommés ; tout homme lésé pourra faire entendre ses réclamations...

Cependant nous savons que plusieurs municipalités du département de la Vendée sont entravées par les manœuvres de quelques membres tenant encore aux anciens principes. Il en est qui sont sans chefs ; des communes même sont sans officiers municipaux, il en est plusieurs où la crainte empêche de faire le bien, où les meilleurs principes règnent, mais ne peuvent se développer qu'au milieu des plus grands dangers pour ceux qui les professent...

Parlez, et vos frères voleront à votre secours !... La Société des Amis de la Constitution de la Vendée prend l'engagement de sacrifier tous ses moments pour faciliter l'exécution des lois sur l'impôt. Elle offre aux municipalités du département tous les éclaircissements dont elles pourraient avoir besoin. Sur leur moindre réquisition elle nommera des commissaires qui se feront un devoir d'aider leurs frères dans leurs pénibles opérations. Toujours guidée par le plus pur patriotisme, la Société n'a qu'une seule envie, celle d'apprendre que tous les citoyens du département jouissent de la plus parfaite tranquillité ; qu'un but, celui d'y contribuer de tout son pouvoir ; qu'une ambition, celle d'établir partout les bons principes, le respect des lois, le règne de la liberté...

Il manquait aux Amis de la Constitution de la Vendée un instrument essentiel, un journal selon l'esprit et les mœurs des populations. Ils essayèrent en vain d'en fonder un à Fontenay-le-Comte, puis aux Sables, où à grand'peine le patriote Ferré[1] établit une imprimerie, qui devint tout à fait importante en 1793, quand les communications se trouvèrent interrompues avec le chef-lieu départemental et avec la ville de Nantes.

1. Mort septuagénaire à la Roche-sur-Yon, fidèle à ses opinions républicaines.

CHAPITRE VIII

LES SOULÈVEMENTS DE SAINT-JEAN-DE-MONTS ET D'APREMONT

Du mois d'avril au mois de juin 1791 éclatèrent, dans les districts de Challans, de la Roche-sur-Yon et des Sables, des mouvements populaires du caractère le plus grave. Les femmes ne se contentèrent plus d'aller en processions gémissantes chercher au loin, à travers champs, la messe des « bons prêtres ». Les hommes se mirent à maltraiter les « intrus », même à tirer sur eux et à envahir les églises, précédemment désertées, pour y casser et brûler les bancs des « patriotes » qui suivaient les offices constitutionnels. Des cris injurieux aux autorités légales les populations fanatisées passèrent aux attaques à main armée. Il se produisit de véritables émeutes où le sang coula. Des bandes formées de plusieurs villages marchèrent avec des faux et des fusils à l'appui les unes des autres, sur le commandement d'anciens seigneurs disposés à entamer la lutte contre-révolutionnaire si les attroupements se multipliaient et duraient. Plusieurs des nobles qui avaient émigré revinrent; ceux qui étaient restés se mirent en relations à travers la Bretagne, l'Anjou et le Poitou, cherchant un lieu de rendez-vous général. Si le grand complot de la fuite du Roi avait réussi, l'insurrection catholique royale aurait commencé en Vendée deux ans plus tôt. Mais elle eût été en 1791 plus facile à écraser qu'en 1793. Malgré l'insuffisance des troupes, malgré la lenteur de l'Administration départementale à agir, l'union des patriotes de Challans et des Sables avec ceux de Nantes, scellée à la Fédération de 1790, suffit pour étouffer le premier foyer de la guerre civile.

Le 9 avril, dans la soirée, l'abbé Pierre-Louis Laroche, vicaire assermenté de la paroisse de Saint-Jean-de-Monts, fut blessé d'un coup de fusil tiré du milieu d'un rassemblement de paysans où l'on parlait d'en finir avec « les bourgeois » prochainement, « quand les gentilshommes seraient arrivés ». Le 10, le procès-verbal « de l'accident », dressé par la municipalité du bourg, était expédié au Directoire du district de Challans. Celui-ci le déférait, le 11, à l'accusateur public ; des copies en étaient transmises au département et au Comité des recherches de l'Assemblée nationale, « aux fins d'aviser aux moyens de faire cesser de tels forfaits ». On réclamait avec insistance l'envoi immédiat d'un petit détachement de troupes de ligne ou de cavalerie.

Arrêté du district de Challans [1].

Considérant que les alarmes qu'il avait conçues relativement aux troubles qui commençaient à se manifester à l'occasion du serment exigé des prêtres fonctionnaires publics n'étaient que trop bien fondées, et que l'on ne peut méconnaître dans l'attentat commis sur la personne du sieur Laroche, vicaire de Saint-Jean-de-Monts, un coup porté par le fanatisme religieux ; ce prêtre patriote a, sans doute, encouru la haine publique de sa paroisse, parce que, fidèle à la loi, il a prêté son serment, et que le peuple, animé contre lui sans doute par des insinuations qu'il n'est pas téméraire de soupçonner, le souffre avec impatience, ne croyant voir en lui qu'un hérétique, séparé de la communion de son curé, qui n'a pas prêté le serment ;

Considérant encore que, si le département ne se décide pas enfin à envoyer des troupes pour faire respecter les lois par des citoyens qui, abusés par les propos et les insinuations les plus incendiaires, n'en connaîtront bientôt aucune, les plus grands malheurs semblent de plus en plus menacer la société ;

Considérant enfin que les forfaits les plus atroces viennent de se commettre dans ce district et que *deux personnes ont été assassinées à Beauvoir-sur-Mer*, sans doute parce que les méchants s'imaginent que les lois sont sans force, n'en voyant aucune (force) auprès d'eux ;

Par toutes ces considérations, persistant dans ses arrêtés des 28 février et 7 mars derniers tendant à obtenir une compagnie de soldats ou même 25 cavaliers ou dragons,

Le Directoire croit devoir insister sur la nécessité de cet envoi de troupes comme l'unique moyen de prévenir les plus grands malheurs....

Assistaient à la séance :

Mourain, président ; — Merland et Jousson, administrateurs ; — Boursier, procureur-syndic ; — Ganachaud, secrétaire [2].

1. Du 11 avril 1791, Archives nationales, Dxxix 15.
2. Mourain (Joseph-Louis-Félix) du Pâty, né à Saint-Jean-de-Monts en 1732, mort à Sallertaine en 1815, président du district de Challans, dit Filleau (*Dict. des familles de l'ancien Poitou*) « traversa honorablement cette difficile épreuve ». Continuateur des travaux de dessèchement des marais de Challans et de Beauvoir, entrepris par son beau-père, Mercier, du Perrier, il reconstitua après la guerre civile, à ses propres frais, les

Les poursuites judiciaires, entamées immédiatement, ne firent aucune impression. Les fanatiques s'attroupèrent de nouveau quinze jours plus tard et se montrèrent des plus zélés à commencer une révolte qu'ils croyaient devoir devenir tout de suite générale.

De l'information judiciaire sur l'ensemble des troubles du district de Challans[1] nous tirons les dépositions qui contiennent les faits les plus intéressants relatifs à Saint-Jean-de-Monts.

Dépositions.

La dame Geneviève BRET, *veuve*, André MOURAIN, bourgeois, 52 ans, de Saint-Jean-de-Monts, n'a eu connaissance du projet formé par plusieurs habitants de la paroisse de casser les bancs qui étaient dans l'église que le samedi, dernier jour du mois d'avril; elle n'a point su, par les personnes qui ont cassé les bancs, que tel était leur dessein, elle l'a appris par d'autres personnes, qui le lui ont dit par forme de conversation; on lui annonça à la tête de cette entreprise le nommé Dupont, mais la déposante ne sait point qui les a cassés; elle n'était point à l'église dans le temps où ils l'ont été.

Elle n'a point ouï dire que personne ait sollicité les paysans de cette paroisse à se réunir pour soutenir la religion, mais elle a ouï dire au sieur Morand, curé, « que la religion était réellement en danger, qu'il ne fallait pas se confesser aux prêtres qui feraient le serment prescrit par la loi, que ces confessions seraient des sacrilèges, et qu'on ferait aussi bien de demeurer chez soi que d'entendre les messes dites par ces prêtres assermentés ».

Ledit Dupont lui dit un jour de la semaine (précédente) « que *le moment était enfin arrivé,* que *les gentilshommes attaquaient Saint-Gilles*, que *bientôt ils attaqueraient partout tous les ci-devant bourgeois*, ainsi qu'il l'avait dit plusieurs fois; que lui-même pouvait *disposer de trois mille hommes*, qu'il n'avait qu'à sonner le tocsin, qu'*avant le terme de Saint-Michel prochain, il n'y aurait pas un seul bourgeois dans l'univers*, que *le mot d'ordre était donné*, qu'on tuerait de même toutes les vieilles femmes, réservant les jeunes pour que la race humaine ne se perdît pas ». Il dit à la déposante « qu'il n'avait jamais été si content qu'il le serait dans ce temps-là, qu'il se donnerait bien de garde de porter du secours à la paroisse de Saint-Gilles, qu'*ils feraient le pillage et mettraient le feu partout* ».

Marie-Élisabeth MOURAIN, veuve du sieur Jacques-Marie MOURAIN DU JARTOIS, propriétaire, 35 ans, demeurant à Saint-Jean-de-Monts.... a su

---

herbages, ainsi que les souches de bétail et de chevaux, qui faisaient la richesse du pays.

Boursier vécut jusqu'en l'an XIII. D'après le Bouvier-Demortiers (*Vie de Charette*, 2 vol. in-8°, Paris 1809, p. 63), il échappa aux massacres de Machecoul, en mars-avril 1793, grâce à Charette, qui le cacha dans sa propre maison de Fonte-Clause.

1. Archives nationales, Dxxix 15. — *L'information du tribunal du district de Challans sur les troubles et insurrection des mois d'avril et mai* 1791, faite par le juge Renaud, du 10 au 26 mai, fut copiée pour le Comité des recherches de l'Assemblée constituante en un cahier de 110 pages de papier grand format, contenant 102 dépositions.

« qu'*André Dupont disait qu'il avait à sa mandée trois mille hommes*, prêts au premier coup de cloche à exécuter ses ordres, qu'*ils tueraient, mettraient le feu et détruiraient tous les corps municipaux, administratifs et le district de Challans;* pour récompense, qu'il aurait la plus belle maison de Saint-Jean-de-Monts, dix mille livres de rente et la croix de Saint-Louis ».

Elle a vu ledit Dupont enlever et casser les bancs qui étaient dans l'église et s'opposer à ce que le métayer du sieur Guerry du Cloudy enlevât le banc de son maître, auquel il ne fut fait aucun dommage.

Le sieur Morand, curé, chez elle, lui a dit « que la religion était maintenant renversée par la nouvelle Constitution, qui ne pourrait se soutenir ». La déposante lui répondit « qu'elle ne croyait pas qu'on touchât à la religion pour demander aux prêtres qu'ils promissent avec serment d'exécuter la Constitution civile du clergé. — Irez-vous, dit le sieur curé, à confesse aux prêtres qui auront fait le serment? — Oui, dit la déposante, comme aux autres prêtres qui les ont précédés. — Ils n'auront aucun pouvoir, dit le curé, ils seront excommuniés. Et d'où les auraient-ils tirés, ces pouvoirs? — De l'évêque, dit la déposante. — Et celui-ci, dit le curé, de qui les aurait-il tirés? — Des autres évêques qui l'ont consacré, dit la déposante. — Non, dit le curé, ils n'en ont pas le pouvoir. » La déposante insistant lui dit que, s'il ne voulait pas se soumettre à cette loi du serment, rien ne l'y forçait ; mais qu'il restât tranquille, sans aller de maison en maison soulever le peuple; qu'il occasionnerait un très grand mal et porterait peut-être ce peuple à l'égorger elle et bien d'autres. — « C'est égal, dit le curé, je dois éclairer et instruire mon peuple; jamais je ne quitterai la cure de Saint-Jean-de-Monts que pieds et mains liés; il faudra être martyr ! »

A encore appris la déposante du nommé Jacques Arnaud, demeurant à la Motte, paroisse de Saint-Jean-de-Monts, que ledit sieur Morand, curé, avait dit chez lui à l'occasion de l'Évangile qui prêchait la charité, « que l'Évangile n'était qu'une écriture qui avait besoin d'être de nouveau retracée ».

Jacques Arnaud, laboureur, 46 ans ou environ, a su d'un nommé Picorit, qu'il croit demeurer à Commequiers, le dimanche 1er de ce mois, que plusieurs habitants de Saint-Christophe et des paroisses voisines, au nombre desquelles était celle de Soullans, avaient formé le projet de se réunir pour casser les bancs qui étaient dans leurs églises. Il a aussi su d'André Dupont, le même jour, à Saint-Jean-de-Monts, lieu où Picorit lui avait fait la première confidence, qu'on en ferait autant audit lieu de Saint-Jean-de-Monts, ce qui s'effectua le lendemain. Il a aussi entendu dire au sieur Morand, curé de Saint-Jean-de-Monts, « que tous les prêtres qui s'étaient soumis à la loi du serment étaient hors de l'Église; qu'ils n'avaient plus le pouvoir de consacrer ; que, pour lui, il ne quitterait la cure de Saint-Jean-de-Monts que par la force des armes; que, s'il était contraint de la quitter, il irait de bourine en bourine chercher du soutien ». Ajoute qu'il demanda au déposant « si, dans l'Évangile, il avait vu quelque chose de relatif à ce qui se passait » ; le déposant lui dit « qu'il avait entendu dire que l'Évangile disait qu'il fallait rendre à Dieu ce qui était à Dieu, et à César ce qui était à César. — C'est la vraie loi, dit le curé; pourquoi ne l'exécute-t-on pas, en nous laissant nos biens? » — Le déposant continua et dit « qu'il croyait que les biens, maintenant possédés par les couvents et monastères, étaient le patrimoine de leurs ancêtres, dont les descendants souffraient beaucoup de leur privation. — C'est la loi de l'Église, dit le curé, il fallait des monastères. »

Le déposant dit (au curé) « que le sieur Laroche aurait quitté Saint-Jean-de-Monts huit jours plus tôt, s'il eût pu croire qu'on en fût venu à cet excès à son égard, et si les Pâques ne l'eussent retenu. — Où aurait-il été? dit le curé. — Dans un autre vicariat ou une cure. — Il ne peut être ni curé ni vicaire, dit le curé: il s'est soumis à la loi du serment. »

Pierre-Louis La Roche, prêtre, *vicaire de Saint-Jean-de-Monts*, 35 ans, a connaissance que les nommés Mathieu Rousseau, Pierre Pineau, Bernard, André Dupont et Clochard étaient chefs d'émeute et ont occasionné des troubles dans la paroisse de Saint-Jean-de-Monts; il sait qu'André Dupont a dit « qu'il fallait *massacrer tous les bourgeois et partager leurs biens, tous les citoyens étant désormais égaux* »; ledit Dupont, à la tête de plus de deux cents personnes, leur disait de le suivre; il voulait *faire brûler le district de Challans et les drapeaux de la garde nationale de Saint-Jean-de-Monts*; ces propos répandus ont forcé le sieur Rousseau de s'armer et de veiller à la garde du drapeau; il disait encore « qu'il fallait aller chez le fabriqueur prendre l'argent qui y était et le partager entre eux »; ils y allèrent, en effet, le 2 du présent mois, autant que peut se rappeler le déposant; ils ne trouvèrent point le fabriqueur et ne se portèrent à aucun excès.

Le dimanche 1ᵉʳ de ce mois, ledit Dupont, avec sa troupe, avait formé le projet de casser les bancs qui étaient dans l'église de Saint-Jean-de-Monts; il l'exécuta le lendemain, à l'issue de la procession; il excepta les bancs du sieur Guerry du Cloudy et du sieur curé de Saint-Jean-de-Monts, auxquels il ne fut pas touché. Cette expédition faite, ledit Dupont, à la tête des gens qui le suivaient, se transporta chez le déposant, dans l'intention de le mettre dehors de sa vicairerie; le déposant tâcha de l'apaiser; par là il évita tous mauvais traitements, et Dupont le laissa sans lui faire insulte, lui conseillant de *se guérir promptement pour s'en aller de Saint-Jean-de-Monts*. Le même Dupont disait publiquement « *avoir chez lui le même fusil qui avait tiré sur le déposant, et que ce fusil était maintenant chargé à huit balles* ». Ajoute le déposant avoir ouï dire au régent de Saint-Jean-de-Monts qu'il ne se soumettrait jamais à la loi qui prescrivait le serment; il ne lui a pas entendu tenir aucun autre propos séditieux; il n'a pas non plus entendu tenir aucun propos tendant à troubler le peuple par le sieur curé de Saint-Jean-de-Monts; ce curé a seulement dit devant lui qu'il se croyait obligé d'instruire son peuple.

Interrogatoire du curé de Saint-Jean-de-Monts.

Le 27 juin 1791, le tribunal de Challans fit arrêter le curé insermenté de Saint-Jean-de-Monts, qui, dans son interrogatoire du 30, répondit:

Qu'il s'appelait Pierre-Victor Morand, et qu'il était âgé de 34 ans....

Qu'il avait ouï dire que quelques habitants de sa paroisse voulaient casser les bancs de son église, sans savoir quand ils se disposaient à le faire....

Qu'il ne connaissait point les chefs de la troupe séditieuse, mais qu'il avait ouï dire que le nommé Dupont en était...

Qu'il croyait avoir dit à quelqu'un, sans se rappeler qui, qu'il ne ferait pas son serment....

Qu'il n'avait parlé de la bulle du Pape concernant la nouvelle constitution civile qu'en manière de conversation, disant cependant qu'il fallait s'y conformer comme loi de l'Église....

Qu'il avait pu dire que ceux qui iraient à confesse aux assermentés seraient des sacrilèges, et que l'on ferait mieux de rester chez soi que d'aller à leur messe....

Qu'il ne savait point qui avait tiré le coup de fusil sur le sieur Laroche, son vicaire....

Qu'il avait ouï parler, mais très vaguement, sans savoir par qui, de ce que les gens malintentionnés de sa paroisse attendaient les gentilshommes, et que, quand ils seraient arrivés, ils tueraient tous les bourgeois, leurs femmes et leurs enfants, et mettraient le feu à l'édifice où se tenaient les administrateurs du district....

Qu'il ne se rappelait pas avoir couché hors de sa cure, dans différentes maisons du Marais, depuis le 21 du mois dernier et les troubles de sa paroisse[1].

LE SOULÈVEMENT D'APREMONT

Le 24 avril, sur l'initiative de l'un des membres du district de Challans, et avec le concours du vicaire assermenté et du juge de paix, les patriotes d'Apremont, ancienne baronnie devenue chef-lieu de canton, arrêtaient, d'après les instructions de la Société ambulante des Amis de la Constitution de la Vendée, de fonder un *Club des vrais Amis de la Constitution*. L'appel aux adhérents était fait, le lendemain dimanche, à la messe célébrée par le prêtre constitutionnel ; il servit de prétexte à une émeute très violente.

Arrêté des juge de paix, vicaire, gardes nationaux d'Apremont et citoyens de la même ville[2].

Nous, *René Merlet*, juge de paix du canton d'Apremont ; *René-Claude-Michel Miracle*, vicaire de cette paroisse ; *Jean Guyet*, greffier du juge de paix ; *René Merlet* fils, commandant de la garde nationale de cette paroisse[3] ;

---

1. D'après M. E. Gallet, *Etudes adm. et histor. sur le pays de Monts* (Ann. de la Société d'émulation de la Vendée 1868-1869) p. 90, le curé Morand et son frère, premier vicaire, s'exilèrent l'un en Hollande, l'autre en Espagne. Le curé revint au pays en 1800. Quant au second vicaire, Laroche, il mourut des suites de ses blessures.
2. Archives nationales, F7 3274.
3. La famille Merlet est restée fidèle à la cause démocratique. Des descendants des Merlet de 1791, l'un, Henri, est fermier du château d'Apremont ; l'autre, Auguste, juge de paix à Palluau.

Joseph Vogien, major; *Fumolleau*, second capitaine; *Jacques Giraudeau*, premier lieutenant; *Joseph Grolleau fils*, second lieutenant; *René Vogien*, sous-lieutenant; *Pierre Jousson*, porte-drapeau; *Pierre Jousson*, administrateur (du district de Challans); *Joseph Grolleau* père, notaire, tous demeurant en cettedite ville d'Apremont,

Assemblés paisiblement et sans armes dans la maison dudit Jousson, l'un de nous, située en ladite ville d'Apremont, après avoir donné avis de notre réunion à la municipalité dudit lieu, conformément à l'article 62 des Lettres patentes du Roi du mois de décembre 1789 sur la constitution des municipalités ;

Informés que ce n'est que par le défaut d'instruction du peuple, que les malveillants et les ennemis de la Constitution et du bien public parviennent à retarder l'exécution des décrets de l'Assemblée nationale ;

Désirant employer tous les moyens pour éclairer le peuple sur les biens qu'il reçoit de cette même Constitution et déjouer, autant qu'il sera en nous, les manœuvres des gens qui, par intérêt ou par esprit de parti, répandent les semences de la division et de la révolte ; nous avons unanimement arrêté de former en ce lieu un *club* ou *société* qui portera le nom *des vrais Amis de la Constitution*, et, à cet effet, nous avons reconnu pour président provisoire : René Merlet père, juge de paix et le plus ancien d'âge; et, sur l'invitation de l'assemblée, le sieur Grolleau fils a fait provisoirement les fonctions de secrétaire.

Délibérant sur-le-champ sur le moyen d'affilier à notre Société tous les bons patriotes de la paroisse, nous avons arrêté que le sieur Miracle serait prié d'annoncer demain à la grand'messe le présent arrêté en invitant les vrais amis de la Constitution de se réunir à nous pour la formation de ladite Société, et surtout les gens de la campagne, afin de participer aux instructions qui y seront faites sur les décrets de l'Assemblée nationale.

La Société tiendra ses séances régulièrement les dimanches et fêtes, au parquet, à l'issue des vêpres.

Fait et arrêté à Apremont, le 24 avril 1791.

(Signé au registre par les assistants, plus *Charles Vogien*, qui a adhéré.)

Procès-verbal adressé au district de Challans par le commandant et les officiers de la garde nationale d'Apremont[1].

Aujourd'hui, l'an mil sept cent quatre-vingt-onze et le vingt-cinquième jour du mois d'avril, nous, commandant et officiers de la garde nationale d'Apremont, pénétrés de la plus vive douleur d'avoir vu, à l'issue de la messe paroissiale et principalement des vêpres, un gros nombre de leurs propres concitoyens chercher, non seulement à attenter à leurs jours, mais encore à ceux de leurs parents et amis ; indécis et ballottés par la plus grande inquié-

---

1. Archives nationales, F⁷3274. Copie authentique, contresignée comme la précédente, par les membres du district de Challans et le secrétaire général du département Jⁿ M^{as} Cougnaud.

tude de savoir si leurs vies sont dorénavant en sûreté dans leurs propres maisons ; se voient dans ce moment dans la dure nécessité de se mettre sous la sauvegarde de la loi et de rapporter les faits ci-après, aussi alarmants qu'incompréhensibles, circonstances et dépendances, pour y avoir en temps et lieu tels égards que de raison.

Le jour d'hier, plusieurs citoyens, du nombre desquels se trouvent les soussignés, avertis qu'*un bruit sourd courait dans le public que quatre d'entre eux avaient proposé au nommé Riout, prêtre, curé réfractaire de ce lieu, d'aller se promener avec eux sur le bord de la rivière pour l'y jeter et le noyer;* avertis pareillement que ce bruit, aussi faux que mensonger et inventé à plaisir par des êtres aussi vils que méprisables, courait depuis quelque temps en ce lieu, et que ce bruit semblait avoir été publié par différentes personnes qui se plaisaient à l'accréditer de plus en plus, pour attiser la haine et faire immoler au peuple ces quatre victimes innocentes ; avertis enfin par tous ces faux bruits que des ennemis du bien public cherchaient à employer journellement tous les moyens qu'un esprit infernal pouvait leur suggérer pour troubler la paix la plus harmonieuse qui régnait depuis longtemps dans nos foyers, et pour faire à plaisir ruisseler le sang de quelques braves citoyens qui soutiennent la cause commune, s'assemblèrent paisiblement sans armes, et après avoir donné avis de leur réunion en la personne du maire à leur municipalité, dans la maison du sieur Jousson-Delahaye, où ils arrêtèrent que, persuadés que ce n'était que par le défaut d'instruction que le peuple méconnaissait les opérations bienfaisantes de l'Assemblée nationale, que les malveillants profitaient de son ignorance pour l'égarer, ils allaient former un *club* ou *société*, qui porterait le nom *des vrais Amis de la Constitution*, et où on lirait aux habitants de la campagne les décrets rendus par nos représentants, pour les mettre en garde contre les mauvais conseils que ces vermines dangereuses leur donnaient continuellement, et qu'en conséquence ils tiendraient leurs séances tous les dimanches et fêtes à l'issue des vêpres ; ils arrêtèrent, en outre, que l'institution patriotique qu'ils voulaient former serait annoncée au prône de l'église par le sieur Miracle, prêtre vicaire constitutionnel de cette paroisse.

Cette annonce a été effectivement faite pendant la grand'messe par l'abbé Miracle, qui l'a accompagnée d'une exhortation pieuse, tendante à la paix et à la confraternité.

A l'issue de la messe, le sieur *Merlet père a voulu inviter plusieurs métayers de ce lieu à assister à notre première séance, que l'on comptait tenir aussitôt après les vêpres*, dans la bonne intention de leur donner les instructions dont ils pourraient avoir besoin.

Aussitôt un groupe de monde l'a entouré, et on a vu à l'instant le signe de la révolte commencer. Le sieur Merlet fils, voyant son père embarrassé et pressé de tous côtés, a fendu la presse et est parvenu jusqu'à lui ; le sieur Jousson-Delahaye, craignant aussi qu'il n'eût arrivé quelques malheurs, s'est mis dans la foule ; plusieurs autres bons citoyens l'ont suivi ; on a employé tous les moyens possibles pour apaiser tous les gens qui cherchaient à commencer l'émeute déjà projetée depuis plusieurs jours, comme on va le voir dans un moment.

Tous les discours que l'on tenait à ces esprits égarés ne servaient encore qu'à les échauffer. Les sieurs Merlet père et fils se sont vus pressés à plusieurs reprises; alors un brave citoyen cultivateur, voyant l'embarras où ils se trouvaient et craignant qu'il ne leur fût arrivé quelque accident, est parvenu à venir jusqu'à eux, il leur a dit : *Ne craignez rien, je m'opposerai tant que je pourrai au mal que l'on voudrait vous faire; vous voulez notre bien et on ne le connaît point!*

L'assurance avec laquelle cet honnête homme s'est montré a calmé un peu les esprits les plus tumultueux. On a voulu saisir cet instant pour leur faire sentir les bienfaits de l'Assemblée nationale; mais dans ce moment on a entendu plusieurs voix s'écrier : *Pourquoi voulez-vous chasser notre curé? Nous savons que vous voulez l'envoyer; s'il vient à sortir de la paroisse, que les bourgeois de la garde nationale prennent garde à eux!* Une autre voix s'est fait entendre : *Notre curé a pleuré toute la matinée dans son confessionnal!* Une autre enfin, animée d'un esprit fanatique, a dit hautement *que nous avions changé de bon Dieu*, et que c'était par cette raison que nous voulions chasser le sieur Riout, curé de cette paroisse[1].

A l'instant même plusieurs femmes, dont les yeux étincelaient de colère, sont venues se mettre de la partie, elles ont accablé d'injures l'abbé Miracle et le sieur Merlet fils; on assure qu'une de ces femmes forcenées sortait de communier.

Les esprits s'échauffaient de plus en plus. Un cultivateur, citoyen paisible, a dit tout haut en sanglotant aux sieurs Merlet père et fils : *Allez-vous-en, mes bons amis; ce n'est point l'heure ici de vous expliquer; retirez-vous dans vos maisons, il vous arriverait du malheur!* Il a même ajouté *que, le samedi précédent, on avait envoyé chez eux des émissaires*.

Jusque-là les esprits, quoique montés, ne cherchaient encore à commettre aucune scène sanglante; on a laissé retirer chez eux les officiers de la garde nationale présents à cette scène, et les autres citoyens qui étaient avec eux; le peuple, animé par cette horde de femmes, s'est seulement contenté de les huer.

On espérait que la réflexion viendrait à ce peuple, échauffé par les impul-

---

1. Dans l'information faite par les juges du tribunal de Challans (Archives nationales Dxxix 13), Pierre Jousson, administrateur du district, âgé de 28 ans, demeurant à Apremont déposait, le 18 mai :

« Le lundi, sortant d'ouïr la grand'messe, il aperçut plusieurs paysans rassemblés autour du sieur Merlet père, juge de paix du canton d'Apremont; il entendit une voix qui criait : *Frappez!* Il ne sait point quel est celui qui a dit ainsi qu'il fallait frapper; cependant il se retourna, se rendit auprès du sieur Merlet savoir le sujet de cet attroupement, le dissoudre s'il lui était possible. De fait, plusieurs de ces gens l'entourèrent; il leur parla de manière à leur faire entendre que ce rassemblement était illégal, alors ils menacèrent le sieur Merlet et ils répondirent : *Vous voulez chasser notre curé, c'est un brave homme, nous ne voulons pas qu'il s'en aille; toute la matinée, dans son confessionnal, il a pleuré!* Le déposant leur représenta *qu'ils n'avaient aucune intention d'enlever ni de chasser leur curé; qu'ils n'étaient que pour faire exécuter la loi, à laquelle tout citoyen devait être soumis; que, si cette loi prononçait (le) déplacement du curé; ce n'était point à eux qu'il fallait s'en prendre, mais à cette même loi à laquelle ils étaient obligés eux-mêmes d'obéir.* Les attroupés parurent se calmer; ils dirent qu'ils ne voulaient faire aucun mal... »

sions étrangères qu'il avait vraisemblablement reçues ; on est allé à vêpres dans l'espoir de voir tous les esprits calmés, et dans l'intention de prêcher la paix et la tranquillité. Pour montrer plus de confiance à ce peuple égaré, on a tous assisté à vêpres sans aucune arme quelconque ; *on a vu, pendant vêpres, un groupe de quatre à cinq particuliers de la campagne qui causaient ensemble et semblaient méditer un complot ; un particulier de la campagne, armé d'un gros bâton, a dit à l'un de nous pendant ces mêmes vêpres :* « *Mon maître, ne vous mêlez toujours pas de cela tantôt!* » *et il faisait voir en même temps son gros bâton.*

À l'issue et au sortir des vêpres, le sieur Grolleau fils, entouré d'un certain nombre de particuliers, commençait déjà à être poussé ; les sieurs Vogien et Merlet fils ont voulu fendre la presse, et chercher à débarrasser leur camarade qui se trouvait ainsi entouré, en butte à tout ce qu'ils auraient voulu lui faire [1].

Dans l'instant le sieur Vogien fils s'est trouvé vivement poussé par quatre ou cinq malheureux ; un entre autres avait un gros bâton levé sur lui pour le frapper.

Le sieur Merlet, voyant le danger de son ami et de son concitoyen, s'est écrié : « Malheureux, ne frappe pas ; que t'a-t-il fait pour l'assommer? » Il a arrêté le bras qui était levé pour frapper le sieur Vogien ; dans l'instant un autre homme l'a attrapé par les cheveux, il cherchait probablement à le faire tomber dans la foule.

Le sieur Merlet fils s'est alors vu aussi de son côté poussé et foulé par tous ces gens-là ; voyant des bâtons levés sur lui, il leur a dit : « Tenez, voilà mon bâton ! S'il vous plaît de m'assommer, je suis entre vos mains, faites-le donc promptement ! »

La mère du sieur Merlet est accourue pour débarrasser son fils des mains

1. L'administrateur Jousson, dans sa déposition du 18 mai dit :
« Lui et plusieurs habitants d'Apremont, officiers de la garde nationale, juge de paix et autres, tous sans armes et sans uniforme, assistèrent tranquillement aux vêpres, pendant lesquels il vit cinq à six paysans, parmi lesquels il ne reconnut que François Cantin, de la Parentière, qui causaient ensemble et semblaient former quelques projets ; ce qui s'effectua à la sortie des vêpres. Étant sorti un des premiers, il vit le peuple ému s'assembler tumultueusement et entendit *sonner le tocsin ;* surpris de cette alarme, il demanda à Louis Boureau, officier municipal, si c'était lui qui avait donné des ordres pour qu'on sonnât cette cloche ; il répondit que non ; alors le peuple se porta sur plusieurs habitants ; le déposant entendit crier que *le sieur Merlet était mort ;* il courut à son secours, détourna par ses discours sept à huit de ces gens, qui pressaient le sieur Merlet ; il tâcha de les apaiser et parvint à *leur faire dire qu'ils ne voulaient point lui faire du mal.* Cependant ils se poussaient sur lui déposant, et François Cantin, du lieu de la Parentière, disait toujours *qu'il n'avait rien à craindre,* qu'on ne lui ferait point de mal. La dame Merlet avait été alors *renversée par terre et foulée ;* le sieur Merlet fils fut *pris au collet,* le sieur Vogien *tiré par les cheveux,* et tous ces gens, ainsi irrités, se récriaient : *qu'on voulait changer leur curé, qu'ils ne le souffriraient jamais!* Les plus acharnés étaient les nommés Touzeau, de la Mongie, cheveux et barbe rouges ; Guibert, son domestique ; Jacques Guillonneau fils, de la Roussière ; la nommée Friconneau, femme d'un tailleur d'habits ; le nommé Simonneau, domestique de Guérineau, demeurant à la Nouë ; le nommé Cantin fils, de la Rastière, et les deux enfants du nommé Tesson, de la Bénetière, tous de la paroisse d'Apremont. Le déposant, ayant été plusieurs fois engagé de se retirer, tant par le dit François Cantin que par le sieur Lansier et la demoiselle Grolleau, sa belle-sœur, se retira sans qu'on lui fît aucun mal. »

de ces bourreaux; mais, peu touchés de la situation de cette bonne mère, ces malheureux l'ont elle-même entourée et foulée.

A l'instant le sieur Grolleau fils a reçu dans le dos une grosse pierre.

Le sieur Merlet fils, n'envisageant que le danger où il voyait sa mère, est parvenu à la débarrasser de cette horde forcenée; et alors, voyant des bâtons levés de tous côtés sur lui, il s'est écrié : « Si vous en voulez au fils, au moins épargnez la mère ! » Il leur a dit : « Si vous voulez du sang, frappez et faites-en couler ! » Cette troupe, peu accoutumée au crime, s'est vue tout à coup désarmée en voyant leur propre concitoyen se livrer à eux et leur offrir sa vie, puisque c'était lui à qui ils semblaient en vouloir le plus.

D'un autre côté se passait une scène non moins affligeante; plusieurs autres bons citoyens étaient poursuivis et se sont vus forcés de se cacher dans les maisons voisines.

Il est bon d'observer que, pendant que l'on poursuivait ainsi tous les vrais patriotes de ce lieu, la cloche ne cessait de sonner. Ce son de cloche annonçait bien le dessein prémédité de commettre toutes sortes d'horreurs.

Ces gens mal intentionnés, voyant que leur proie leur avait échappé, et désirant plus amplement assouvir leur rage, sont entrés de suite dans le temple de Dieu, d'où ils ne faisaient que de sortir il y avait peu d'instants; et là, armés de toutes sortes de bâtons et de pelles, ils ont cassé, brisé tous les bancs, excepté ceux, au nombre de quatre, appartenant aux ci-devant privilégiés. Pendant cette opération, ils étaient pires que des bêtes féroces; il n'y avait point de jurement qu'ils ne prononçassent. Comme ils finissaient de casser et de briser tous ces bancs, sans en excepter une balustrade d'un autel qui, malheureusement, s'est trouvée dans leur chemin, on est venu faussement leur annoncer que la garde nationale armée venait fondre sur eux. Alors une rage nouvelle s'est emparée de ces esprits; ils sont sortis de l'église; quelques-uns d'entre eux ont couru dans les maisons voisines pour s'armer de leviers, de haches et de faux. Quand ils ont vu qu'on les avait trompés, et que la garde nationale, alors sans forces et sans armes, ne venait point à eux, ils sont rentrés de nouveau et ont achevé de casser et briser les bancs qui avaient encore quelques morceaux. Ils se sont ensuite répandus dans les différentes auberges de ce lieu, et, craignant ensuite qu'on leur eût enlevé leur prêtre réfractaire, ils se sont décidés un certain nombre d'entre eux à faire la garde toute la nuit autour de sa cure.

Nous devons observer que *l'on a fait courir à Coëx les bruits que les sieurs Jousson-Delahaye et Merlet fils devaient aujourd'hui chasser le curé de sa cure;* nous devons aussi observer que l'on rapporte que *des femmes forcenées, en voyant leurs propres concitoyens en danger, se répandaient en propos tous plus incendiaires les uns que les autres.*

Nous devons pareillement observer *que le sieur Guyet, greffier de la municipalité et bon citoyen, a pris la liste des principaux chefs de cette sédition et révolte.*

L'on nous a assuré que, demain vingt-six de ce mois, la même troupe devait se rassembler à l'issue des vêpres pour faire un feu de joie de tous les bancs cassés.

Il est essentiel de chercher à connaître les principaux fauteurs de ces troubles qui ont été sur le point de faire commettre les plus horribles assassinats; mais il paraît certain que ce complot était formé depuis plusieurs jours; que *presque tous les métayers d'un ci-devant privilégié de cette paroisse étaient les plus acharnés à cette cruelle scène.*

De tout quoi nous avons dressé procès-verbal, et nous avons arrêté unanimement que, nos vies et celles de plusieurs de nos concitoyens étant en danger, nous enverrions, savoir :

1° Une copie du présent procès-verbal à MM. du Directoire du district de Challans, pour, après avoir pris les mesures convenables et pesé dans leur prudence le parti le plus prompt à prendre pour mettre nos vies en sûreté, ils aviseraient entre eux tels moyens qu'ils jugeraient à propos;

Secondement, que nous enverrions pareillement une copie de notre présent procès-verbal à nos frères et amis composant la *Société des Amis de la Constitution du département de la Vendée,* à l'assemblée qu'ils doivent tenir *aux Sables, le trois mai prochain,* et que nous enverrions l'un d'entre nous le porter et nous associer à eux.

Fait et arrêté à Apremont, les jour et an que dessus, ayant tenu secrètement notre assemblée chez l'un de nous, ne pouvant la tenir au lieu ordinaire par la crainte que nous avions d'être assassinés, nous voyant sans force et sans armes.

Signé : MERLET fils, commandant; VOGIEN, major; René VOGIEN, premier sous-lieutenant; GIRAUDEAU fils, premier lieutenant; GROLLEAU fils, lieutenant et secrétaire[1].

Aujourd'hui, vingt-six dudit mois d'avril, nous, commandant syndic, assurons que les perturbateurs du repos public, qui ont causé les scènes alarmantes du jour d'hier, sont encore revenus tant à la première qu'à la grand'messe, également à vêpres; ils ont ajouté avec eux, pour augmenter leurs forces, plusieurs habitants de la paroisse de Coëx, avec lesquels ils paraissent se coaliser. Comme ils n'ont trouvé à vêpres aucun des ci-devant bourgeois et gardes nationaux à qui ils en voulaient, ils se sont contentés de faire publiquement beaucoup de menaces contre eux, et, à l'issue des vêpres, ils ont rassemblé tous les débris des bancs qu'ils avaient brisés hier et qui étaient répandus par toute l'église, sur la petite place à côté du cimetière, et ils ont fait et fait faire un feu de joie par leurs enfants ou leurs domestiques. Il est à observer que ces bancs produisaient un revenu annuel à l'église de deux cents livres ou environ, et que la façon et nature des bancs pouvait avoir coûté au moins douze cents livres. Il est pareillement à observer que,

---

1. Les faits consignés dans ce procès-verbal sont confirmés dans *l'information* des juges de Challans : d'abord par les dépositions des signataires; puis par celles d'Adélaïde-Rosalie Merlet, fille du juge de paix; de la veuve Fousson, de Marguerite Guyet et de J.-Fr. Guyet, notaire et greffier du juge de paix. Les dépositions des laboureurs J. Guilloton et Jean Challous, du journalier Devineau, du sabotier Jean Talonneau, du tisserand Jean Guyon, des marchands J. Tarraud et Chepeau ; du perruquier Crété; du boulanger Jean Savin, du boucher J. Averti, de l'aubergiste Pierre Tanard, des propriétaires Pierre Chartier et Jean Chartier, n'ajoutent rien d'important.

pendant ces deux jours de trouble et de sédition, ni les officiers municipaux ni le procureur de la commune n'ont cherché à apaiser ce peuple effréné, et que le procureur de la commune a fait publier sa démission par le curé de cette paroisse réfractaire, pendant les vêpres. On assure à l'instant que la plupart des officiers municipaux ont porté ce soir leur démission chez le greffier; d'après cela il paraît impossible que les jours des bons citoyens soient en sûreté.

Fait à Apremont, cedit jour, à neuf heures du soir.

Signé : Merlet fils, commandant.

Dépositions.

L'incident le plus caractéristique de la seconde journée de l'émeute d'Apremont manque dans ce procès-verbal. Nous en tirons le récit des dépositions du notaire Grolleau et du vicaire constitutionnel Miracle [1].

Joseph-Gilbert Grolleau, 56 ans, notaire à Apremont, dépose :

Le mardi 26 mai, il alla à la première messe; il resta à la porte de l'église sans oser y entrer, crainte d'être maltraité. Retourné chez lui, il vit le peuple de la campagne et du bourg avec plusieurs femmes, apportant les débris des bancs qu'ils avaient cassés la veille dans l'église, dans une petite place à côté du cimetière; ils les y firent brûler.

Le dimanche premier mai, les révoltés conduisirent à l'issue des vêpres le sieur Miracle, vicaire assermenté de la paroisse (lequel vicaire ils avaient été chercher chez lui et forcé de sortir), jusqu'à la cure ; ils étaient tous armés de fusils et de fourches de fer; lequel vicaire était revêtu de son surplis, de son étole et de son bonnet carré; lui déposant a appris, dudit sieur Miracle et de plusieurs autres personnes, qu'aux environs moitié chemin de chez lui à la cure, on avait voulu lui ôter son étole de force, qu'au même instant ledit sieur Miracle la prit et la noua autour de son cou, en disant que c'était Dieu qui l'avait placée et qu'elle ne lui serait ôtée qu'avec la vie; que pendant ce temps le curé, qui avait, conformément à la loi, prêté le serment et qui s'était rétracté, voyait ou devait voir, étant dans son jardin, tous les outrages qu'on faisait essuyer audit sieur Miracle ; ce curé ne parut pas s'y opposer, et à l'instant où ledit sieur vicaire fut près d'entrer à la cure, accompagné de la troupe qui le forçait d'y aller, le curé sortit d'un autre côté. Mais il ne sait point ce qui s'est passé à ladite cure...

René-Claude-Michel Miracle, prêtre, vicaire d'Apremont, 32 ans ou environ, dépose :

N'a point connaissance que les paysans de la paroisse d'Apremont se soient coalisés avec ceux des paroisses voisines pour se porter aux excès

---

1. Extraits de l'information du 10 au 26 mai, Arch. nationales Dxxix 15.

auxquels ils se sont livrés le lundi 25 du mois dernier à Apremont, il n'a point su non plus qu'ils dussent s'attrouper pour s'opposer au déplacement du sieur curé d'Apremont; le curé n'en avait jamais parlé au déposant. Le dimanche, jour de Pâques, le déposant trouva sur le calice, au moment où il allait dire la première messe, un petit billet écrit de la main du curé, par lequel ce curé lui annonçait que, désormais, « il était décidé, autant qu'il demeurerait à Apremont, à dire la grand'messe les dimanches et fêtes »; le déposant ne répondit point à ce billet.

Associé avec tous les habitants d'Apremont, juge de paix, gardes nationaux et administrateur du district et ce qu'il y avait de membres dans la municipalité, il avait souscrit un club dans lequel les bons citoyens devaient expliquer le sens des décrets émanés de l'Assemblée nationale, en faire part au peuple qui ne l'entendait pas et qui pouvait être égaré; il lut ce projet le lundi, au prône qu'il fit pendant la grand'messe. Il fut fort étonné, au sortir de cette messe, de voir que ce qu'il avait fait pour la tranquillité des habitants de la campagne était pour eux un sujet de discorde; que la paix, qu'il leur avait recommandée, et la fraternité qui devait régner entre des concitoyens, étaient rompues par cela même qui devait les resserrer. Ces gens de la campagne, ayant mal entendu, s'animèrent contre les ci-devant bourgeois, leur dirent beaucoup d'injures, entre autres « qu'ils voulaient changer la religion, même le bon Dieu, » tinrent le même langage au déposant, le menacèrent de le chasser de la paroisse s'il ne se rétractait pas du serment qu'il avait prêté en conformité des décrets; et, de fait, ils allèrent chez lui, le 1er mai présent mois; ils lui dirent plusieurs injures, le forcèrent de venir chez le curé faire une rétractation; ils alléguaient pour raison que le curé en avait fait autant; d'autres disaient que le curé n'avait jamais fait de serment conformément aux décrets. Ils contraignirent ainsi le déposant, revêtu d'une étole et d'un surplis, de traverser tout le bourg d'Apremont au milieu d'eux armés de fourches, de fusils et de bâtons et autres armes offensives; ils voulurent chemin faisant lui ôter l'étole qu'il portait; il fut forcé de la nouer autour de son col, de leur dire « qu'il la tenait de Dieu, qu'elle ne lui serait ôtée qu'avec la vie; il se « rendit ainsi chez le sieur curé d'Apremont. Il vit, en arrivant au cimetière, une autre troupe d'hommes armés qui l'attendaient et une troisième troupe, aussi armée, dans le premier jardin de la cure [1]. Il entra ainsi au presbytère; le curé ne s'y trouva point ou ne parut pas; le déposant, surpris de ne l'y pas trouver, demanda à la troupe qui le conduisait si le curé était prévenu de leur démarche; on lui répondit : « Oui, il en est prévenu, il faut le chercher! » Un nommé Grit, charpentier, après avoir cherché, dit : « Il a dit qu'on n'avait qu'à écrire. » Le déposant, ainsi forcé, n'ayant point de papier, dit : « Que voulez-vous que j'écrive ? — Votre rétractation, » lui répondit-on,

---

1. On lit dans la déposition du sergent royal Goupilleau :
« Ajoute le déposant que le sieur Goupilleau, son frère, lui a dit que, le mardi de Pâques, jour qu'on conduisit le vicaire pour le faire rétracter du serment qu'il avait fait, étant dans le cimetière, proche de l'église, le nommé Bigeaud, jardinier à l'Audardière, le coucha en joue, lui disant : « De quel parti es-tu? » Il lui répondit « qu'il n'était d'aucun parti, qu'il ne disait rien à personne. — Bien t'en prend, repartit Bigeard, le tenant toujours en joue, si tu étais du parti de ces bourgeois, tu n'irais pas plus loin! »

« sans quoi nous allons vous chasser de la paroisse. » — Le déposant leur représenta « qu'ils exigeaient de lui un parjure, qu'il avait fait le serment prescrit, après y avoir bien réfléchi et en toute sûreté de conscience ; qu'il ne pouvait sans crime se rétracter ! » Ils crièrent de nouveau qu'il fallait qu'il le fît ; sans liberté, le déposant écrivit sur un morceau de papier qu'on alla lui acheter : « *Qu'il comptait vivre et mourir dans la religion catholique, apostolique et romaine sans manquer à l'obéissance qu'il devait à la loi.* » Les paysans, ignorant ce qu'il avait écrit, invitèrent un nommé Guillonneau de le lire ; satisfaits ensuite, ils s'offrirent de le reconduire chez lui, lui promettant tout secours contre les bourgeois qui voulaient, disaient-ils toujours, « enlever leur curé. » Parmi les plus séditieux, le déposant reconnut le nommé Guillonneau, de la Roussière ; le nommé Simonneau, domestique à la Nouë de la Roussière ; le nommé Maurice, journalier à Coëx, qu'il vit avec un fusil ; le nommé Bigeard, jardinier à la maison de l'Audardière [1]...

Ajoute le déposant : Le sieur curé d'Apremont se faisait garder par une troupe de paysans qui prenaient le clocher et la chambre de la municipalité pour corps de garde ; ces paysans tiraient des coups de fusil dans la nuit ; le sieur curé, ayant rencontré le sieur Guillet, ci-devant maire, qui venait de Challans, lui demanda « si on était tranquille à Challans, et s'il y avait bien du monde » ; ledit Guillet lui répondit que « tout y était tranquille, qu'il y avait bien des gens capables d'y mettre la paix » ; ledit Guillet s'étant permis de reprocher au curé son insouciance sur le son d'une cloche qui avait donné l'alarme à toute la paroisse, ce curé répondit que « cela ne le regardait pas, que ceux qui avaient droit de s'y opposer devaient le faire. » Le nommé Guyet, demeurant à la Motte-Grenet, paroisse d'Apremont, dans l'émeute du lundi 25 du mois dernier, dit au déposant qu'il était venu des émissaires dans le village annoncer qu'on voulait enlever le curé. Au nombre des furieux de cette journée du lundi, il vit un nommé Touzeau, cheveux rouges, demeurant à la Mongie, paroisse dudit Apremont, qui poussait le sieur Vogien l'aîné et qui disait au déposant : « Allez-vous-en donc ! » et le poussa.

Un renseignement précis sur la garde du curé d'Apremont fut fourni à la municipalité de Saint-Gilles-sur-Vie.

JEAN TALLONNEAU, sabotier à la Parentière [2] :

Le 28 avril, un meunier de Gourgeau, moulin à blé et à drap, est venu me chercher de la part du curé pour le garder la nuit, parce qu'il avait la crainte qu'on vînt l'ôter de sa cure. La garde était composée de cinquante-cinq hommes, qui burent et mangèrent chez le curé et jurèrent entre eux d'empêcher au péril de leur vie que le curé fût changé, de *le défendre contre une armée*, parce qu'il leur avait dit qu'*on voulait changer la religion*. Cette garde a duré environ neuf ou dix jours.

---

1. Nous passons ce qui se rapporte aux événements du 3 mai, relatés plus loin.
2. Registre des délibérations de la mairie de Saint-Gilles, du 4 au 10 mai.

La déposition suivante, la dernière reçue dans l'information, sert à éclairer une partie intéressante de l'interrogatoire du principal accusé des affaires d'Apremont, le curé Riout.

Thérèse Guyet, épouse du sieur Félix Goupilleau, sergent royal à Apremont, 30 ans, dépose :

Le sieur Riout, curé d'Apremont, dans le temps de Pâques et pendant que la paroisse était agitée par les plus grands troubles, a dit à la déposante « qu'il ne voulait point sortir de cette paroisse d'Apremont; que, si les officiers d'Apremont voulaient le contraindre d'en sortir, *il y aurait bien du sang répandu*, ayant à sa mandée et à sa première réquisition *sept à huit paroisses prêtes et disposées à s'opposer à son déplacement, à le secourir et à lui donner main-forte;* que le prêtre qui se présenterait pour le remplacer ne ferait pas profession de la bonne religion, que ce ne pourrait être qu'un mauvais sujet, dont il ne faudrait pas croire les discours; que, quoiqu'on aurait écrit au district pour son changement, ce serait inutile, qu'*il ne s'en irait pas, dût-on le couper par morceaux;* que quand bien même il quitterait pour un instant, il reviendrait et se maintiendrait à sa place. » Il observa à la déposante « qu'elle se donnât de garde de parler en aucune manière de toutes ces choses; elle ne serait pas plus respectée que les autres et serait également sacrifiée. — Ce serait bien malheureux, dit la déposante, que ceux qui se tiendront tranquilles fussent aussi exposés que les autres. — Non, dit le curé, si vous ne dites rien, vous ne serez pas maltraitée. — A la bonne heure, dit la déposante... de ceux qui nous connaissent; mais ceux qui viendront à votre secours, qui ne nous connaissent pas, pourront nous envelopper et nous confondre avec les autres? — *Je ne puis pas, dit le curé, répondre des étrangers*, mais je sais que ceux de notre paroisse ne vous veulent, ni à votre mari, aucun mal. »

Dans l'église, le lundi 25 avril, la déposante entend Madeleine Vilnot, femme Rafin, qui, vomissant plusieurs imprécations contre tous les officiers municipaux et gardes nationaux de la paroisse d'Apremont, disait *qu'il fallait tous les tuer sans en laisser aucun*. Ces imprécations étaient une suite des discours qu'elle avait précédemment tenus lorsqu'elle disait que « si des paysans faisaient bien, il se révolteraient et empêcheraient bien qu'on changeât le curé ». La déposante se permit de lui faire quelques observations dans l'église; elles ne furent point écoutées. Ayant été menacée d'être mise en prison, elle dit à la déposante « qu'il n'y avait personne pour l'y faire mettre, qu'elle serait en prison par les rues, que si elle était un homme, comme elle était une femme, qu'elle fût seulement, quoique femme, secondée par quatre ou cinq autres comme elle, elles *mettraient toute la paroisse en déroute et conserveraient bien leur curé* ». Elle a aussi entendu Louise Pateau, femme Ganachaud, du bourg d'Apremont, qui disait, le matin 3 mai, pendant qu'on sonnait le tocsin audit lieu d'Apremont, « qu'il fallait *tuer d'abord tous les bourgeois* », et, faisant signe au mari de la déposante qui était à la fenêtre, elle lui annonçait « qu'il y passerait le premier »; ledit Ganachaud ayant chargé son fusil, s'arrêta devant la fenêtre de la déposante, lui parla, demanda où était son mari, ajoutant « qu'il fallait absolument qu'il allât avec eux à Saint-Christophe; que s'il s'y refusait, qu'il n'y allât pas, qu'on ne l'épargnerait point ». La déposante dit que son mari était absent et sans armes, et, de fait, son mari resta caché presque la journée entière pour ne pas être exposé à la brutalité de ces séditieux. Marie Guillet, femme de Jean Guillonneau, farinier, s'était assemblée avec d'autres femmes qui disaient qu'il venait de la troupe à Apremont; elles se lamentaient dans la crainte que cette troupe ne leur fît du mal. « Ne craignez rien, leur dit la déposante, cette troupe vient pour rétablir le bon ordre. — A la bonne heure, dit la Guillet, mais si on voulait me croire, en l'attendant, *on tuerait tous les bourgeois et officiers et gardes nationaux.* »

Extraits des interrogatoires de François Cantin, l'un des principaux accusés [1].

Du 29 juillet 1791.

A dit s'appeler François Quantin, âgé de 35 ans ou environ, laboureur, demeurant à Parentière, paroisse d'Apremont...

A dit que les troubles sont arrivés parce que leur curé s'était rétracté de son serment et que, le regardant comme un homme d'esprit, ils voulaient le soutenir et ne pas le laisser sortir de leur paroisse...

A dit qu'on ne maltraita pas les bourgeois, mais que seulement on se poussa sur eux...

Quant à lui, il ne les a pas maltraités ni excité à les maltraiter; il a seulement dit à ces messieurs de céder parce qu'ils voulaient garder leur curé...

Il reconnaît que les bancs ont été mis hors de l'église; mais il nie y avoir prêté les mains; au contraire, il a dit à plusieurs de les laisser; il ne sait point la raison pourquoi on les mettait dehors...

Si l'on s'opposait au remplacement du curé, c'est que les autres prêtres, qui avaient fait le serment, ne valaient rien...

Ce n'est personne en particulier, c'est le peuple qui le disait...

Il reconnaît que c'est le curé qui lui a dit de tenir pour lui, de ne point le laisser sortir de la paroisse, pour qu'il n'arrivât pas de mal à la paroisse.

Il nie avoir tenu des propos contre les prêtres assermentés...

Il reconnaît que le curé s'est fait garder deux ou trois soirs par des hommes armés, et qu'il a été, une nuit, un de ses gardiens, parce qu'il y avait des gens qui voulaient lui méfaire...

Il nie avoir été de ceux qui, au nombre d'une vingtaine, le mardi de Pâques, se rendirent à l'appel que quelques-uns de Saint-Christophe leur apportèrent; ceux-ci réclamaient des secours contre les bourgeois et les gendarmes, qui avaient tiré sur eux, disant que, s'ils ne venaient pas, tout serait perdu...

1. Dont copie fut adressée au Comité des recherches de l'Assemblée nationale, Arch. nat. DxxIx 15, liasse 125.

Du 31 juillet 1791.

A dit que c'est le sieur curé qui a occasionné tous les troubles qui sont arrivés à Apremont le 25 avril, en le trompant et l'égarant par ses discours relativement à la religion, qu'il lui annonçait comme perdue si on remplaçait les prêtres par des assermentés... Le 25, *jour des troubles*, il lui a dit, et à bien d'autres attroupés pour le tumulte, de piquer les bourgeois d'Apremont et, s'ils leur disaient quelque chose, de se défendre, en ajoutant de leur parler dur pour les épouvanter et par là le conserver dans sa cure.

Il leur disait de le secourir et de ne pas l'abandonner; que, pour lui, il ne les abandonnerait jamais; et qu'il voyait que la religion se perdait. Il tenait ces propos à la cure, à tous ceux qui y allaient successivement et dont le nombre peut se monter à environ trente ou quarante. Ajoute le répondant: Ce sont ces discours qui les ont portés aux troubles et maltraitements envers les bourgeois d'Apremont.

Interrogé si c'est aussi par l'ordre dudit curé qu'ils ont mis les bancs dehors,

A dit que ce n'est point par son ordre, mais qu'il ne s'y opposa pas et, au contraire, quand ils les eurent mis dehors, il les approuva et leur dit qu'ils avaient bien fait.

Interrogé si ledit sieur curé ne les avait pas engagés aussi à forcer le sieur Miracle, leur vicaire, de se rétracter de son serment.

A dit que non, mais que ledit sieur Riout, leur curé, lui avait dit à lui répondant et quelques autres, notamment à Jacques Guillonneau le jeune, de la Roussière, de la paroisse d'Apremont, qu'ils eussent à chasser le sieur Miracle, vicaire de la paroisse, parce que, tant qu'il y serait, il y aurait toujours des troubles; que même, le 26 dudit mois d'avril les nommés Pierre Fradet, l'un des accusés, et Pierre Guibert, domestique du répondant, lui ont dit que ledit sieur curé leur avait dit, lorsqu'ils étaient à le garder, la veille ou du moins le lendemain que les bancs furent cassés, qu'ils eussent à aller prendre le vicaire à la sacristie et l'amener devant lui...

Interrogé si ledit sieur curé ne les a point engagés à aller à Saint-Christophe le dimanche 1er mai et s'il ne leur a pas dit que, si les bourgeois résistaient, il ne fallait pas en laisser un,

A dit qu'il ne le lui a pas dit à lui-même, mais qu'il croit qu'il l'a dit à d'autres...

Interrogé s'il ne lui a pas dit aussi qu'il y avait onze cents ans que pareille chose était arrivée, et qu'il n'était pas resté un bourgeois, qu'il n'y en avait pas plus que de merles blancs,

A dit qu'il a bien entendu ces propos de quelqu'un de la troupe, mais qu'il ne peut assurer que ce soit du curé.

Interrogé s'il ne lui a pas dit aussi qu'il fallait le soutenir contre les messieurs qui voulaient le chasser de sa cure et s'armer pour la défense de la religion,

A dit que oui et qu'il leur ajouta qu'il les soutiendrait aussi lui au péril de sa vie et qu'il ne les abandonnerait jamais, qu'on lui ôterait plutôt le cou de dessus les épaules que de refaire son serment.

Interrogé s'il ne lui a pas dit également qu'il avait sous ses ordres huit paroisses prêtes à le secourir au premier mot qu'il leur dirait,

A dit qu'il lui a dit seulement que, si les bourgeois avaient le dessus, il avait plusieurs paroisses qui se rendraient pour le secourir.

Interrogé s'il sait pourquoi ledit sieur curé s'est fait garder pendant huit à dix nuits,

A dit que c'est parce qu'il craignait que les cavaliers ou les bourgeois ne l'eussent chassé de sa cure.

Interrogé si, chacun des soirs qu'on l'a gardé, il ne leur avait pas dit de tirer sept coups de fusil, cinq d'une volée et deux de l'autre, et si on ne le faisait pas,

A dit que le soir qu'il l'a gardé avec d'autres il fut tiré un coup de fusil et que le soir précédent il en fut tiré sept ou huit, mais qu'il ne sait point si c'est par l'ordre du curé.

Interrogé si, quelques jours après les troubles arrivés audit Apremont, le sieur curé ne fit pas monter plusieurs personnes au clocher pour sonner le tocsin en cas que quelques messieurs du bourg ne fussent venus à la cure pour l'enlever,

A dit que oui ; que le nommé Chaurvis lui dit le soir qu'il était lui et d'autres à garder ledit curé, qu'il y avait du monde dans le clocher pour sonner le tocsin et rassembler du monde pour s'opposer à ce qu'il fût enlevé ; comme aussi que ledit curé l'avait envoyé chercher le même soir avec bien d'autres pour le garder avec les armes qu'ils auraient.

Interrogé si ledit sieur curé ne leur disait rien la nuit qu'ils le gardaient,

A dit qu'il ne leur dit rien le soir qu'il était de garde, parce que ledit curé était caché cette nuit-là.

Interrogatoire de Riout, ci-devant curé d'Apremont

Du 1ᵉʳ août 1791 [1].

Interrogé de ses nom, surnom, âge, qualité et demeure,

A dit s'appeler François Riout, prêtre, âgé de 40 ans, demeurant en la ville de Nantes, paroisse de Sainte-Croix.

Interrogé si les habitants d'Apremont ou du moins la majeure partie des paysans de cette paroisse, dans les derniers temps qu'il a été leur curé, lui étaient attachés, s'ils avaient confiance en lui et beaucoup de déférence et de soumission pour ce qu'il leur disait,

A dit qu'il le croit.

Interrogé s'il a eu connaissance des troubles arrivés audit Apremont le

---

1. Dont copie fut adressée au Comité des recherches de l'Assemblée nationale, Arch. nat., Dxxix 15. Nous donnons cet interrogatoire *in extenso*.

Le curé Riout se tint caché lorsque, par arrêté du département, les prêtres réfractaires furent internés au chef-lieu ; il ne s'embarqua pas pour l'Espagne, en exécution de la loi du 26 août 1792 ; on le retrouve l'un des plus actifs parmi les promoteurs du soulèvement général de mars 1793, et, parmi les sonneurs de tocsin et les courriers de l'insurrection, réapparaissent deux des Cantin compromis dans les troubles d'avril-mai 1791.

vingt-cinq avril dernier et à Saint-Christophe les premier et deux mai aussi dernier,

A dit qu'il a eu assez de connaissance de ceux arrivés à Apremont ledit jour 25 avril dernier comme étant assez publics, et qu'il n'a eu connaissance de ceux arrivés à Saint-Christophe que par ouï-dire.

Interrogé s'il sait qui a occasionné les troubles,

A dit que c'est parce que les habitants dudit Apremont, du moins les paysans, croyaient que les bourgeois dudit lieu avaient fait une dénonciation contre lui répondant, aux fins de le faire sortir de sa cure, et que le vingt-cinq dudit mois d'avril ayant lu une lettre, à la grand'messe, sur un projet de formation d'un club, et lesdits paysans croyant que c'était cette dénonciation qu'on venait de lire, s'attroupèrent à l'issue de la messe aux fins de s'opposer à cette dénonciation et de conserver ledit répondant pour leur curé ; c'est ce qui occasionna les troubles dudit jour.

Interrogé s'il n'a point lui-même contribué à exciter les troubles à Apremont en annonçant et répétant à plusieurs habitants de la paroisse que la religion s'anéantissait et se perdait par le remplacement des prêtres,

A dit qu'il ne le croit pas, à moins que la modification qu'il avait mise à son serment et par laquelle il faisait réserve de la religion et des objets spirituels, voulant, d'ailleurs, être soumis à la puissance temporelle quant aux objets civils et politiques, dont il avait donné lecture peu de temps auparavant, n'eût induit les paysans en erreur ; mais qu'en cela il n'a suivi que l'impulsion de sa conscience et a agi en conformité de ses principes dans les fonctions de son ministère, excepté dans la prédication.

Interrogé si, dans le temps que les officiers de la municipalité d'Apremont donnèrent leur démission il n'est pas allé chez le greffier de cette municipalité pour vérifier si réellement ils avaient donné leur démission,

A dit que oui.

Interrogé si, après que le greffier eut répondu affirmativement, il ne dit pas que, cette municipalité étant détruite, on ne pouvait rester longtemps de la sorte, en ajoutant qu'il ne sortirait que forcément d'Apremont, et qu'il avait appris que les messieurs du lieu avaient envoyé à l'Assemblée nationale le détail de ce qui s'était passé, mais que, si cela était réel, cela mettrait tout en confusion et occasionnerait les plus grands troubles,

A dit qu'il croit effectivement avoir dit que si cette municipalité était détruite, ce serait pour rester longtemps de la sorte, comme prévoyant que c'était l'effet des troubles arrivés à Apremont et auxquels il était lui-même sensible ; qu'il croit aussi avoir dit que la modification qu'il avait mise à son serment ne lui paraissait pas emporter de plein droit l'obligation de sortir de sa cure, et enfin que, si les messieurs d'Apremont avaient envoyé à l'Assemblée nationale le détail de ce qui s'était passé, cela occasionnerait des troubles à cause du développement qui résulterait de certains faits qui étaient cachés et de conséquence.

Interrogé quels étaient les faits cachés et de conséquence,

A dit que c'étaient des faits attentatoires à sa vie.

Interrogé quels étaient ceux qui attentaient à sa vie,

A dit qu'il croit que ce sont les notables de la paroisse d'Apremont pour avoir appris de quelqu'un de ses habitants qu'ils avaient projeté de l'engager à une partie de pêche et ensuite de le jeter à la rivière ; que le vingt-cinq avril dernier, jour qu'on cassait les bancs de l'église audit Apremont, certains notables l'avertirent que d'autres notables devaient venir le même jour entre la messe et les vêpres à sa cure l'assassiner, et que ces mêmes notables qui l'avaient averti vinrent même dans l'instant pour sa sûreté ; que le même bruit s'étant répandu après vêpres dans l'église, où les paysans étaient à casser les bancs, les gens s'armèrent de suite pour sa défense en formant le projet de le garder pendant plusieurs nuits.

Interrogé s'il sait pourquoi les bourgeois en voulaient à sa vie,

A dit qu'il n'en sait rien, mais qu'il présume que c'est à cause de l'empressement qu'ils avaient de le faire sortir de sa cure pour la modification qu'il avait mise à son serment.

Interrogé sur quoi il se fondait pour dire que la municipalité d'Apremont serait détruite pour longtemps, si c'était sur l'espérance prochaine d'une contre-révolution, ou par la connaissance qu'il avait que les paysans de sa paroisse ne souffriraient pas qu'elle se formât, et enfin en excitant toujours des troubles dans cette paroisse,

A dit que c'est à cause des troubles qui avaient eu lieu.

Interrogé s'il n'était pas dans son jardin à Apremont, lorsque l'on amenait de force le sieur Miracle à sa cure pour le contraindre de se rétracter de son serment et s'il ne s'enfuit pas pour lors,

A dit que oui, en se retirant d'horreur.

Interrogé pourquoi il ne s'opposait pas à ces violences exercées sur son vicaire, en ayant tout le pouvoir par la confiance que les habitants avaient en lui et la soumission qu'ils lui témoignaient,

A dit qu'il a pour principe de fuir toujours les troubles, et que malgré la confiance qu'on peut avoir en lui, il ne se croit point en sûreté de s'y exposer.

Interrogé si d'après les troubles arrivés à Apremont ledit jour vingt-cinq avril, il ne s'est pas fait garder la nuit par plusieurs hommes armés et pendant plusieurs nuits,

A dit qu'il ne s'est point fait garder, mais qu'on est venu le garder.

Interrogé pourquoi on le gardait,

A dit que c'est à cause des dangers dont il a déjà parlé et des menaces de l'enlever, qu'on répétait journellement.

Interrogé s'il ne se faisait point plutôt garder pour empêcher son remplacement,

A dit que ce n'était pas la crainte de son déplacement, puisque les élections des curés n'étaient pas pour lors faites ; que, d'ailleurs, il ne se faisait pas garder, comme il l'a déjà dit.

Interrogé si, abusant de l'attachement des habitants, il ne leur a pas dit que, s'ils ne venaient pas toutes les nuits, il serait obligé de s'en aller,

A dit que non.

A lui représenté qu'en souffrant qu'on l'eût gardé il cherchait encore à exciter de nouveaux troubles dans sa paroisse, ce qui était contraire à sa qualité de ministre de paix,

A dit qu'il souffrait cette garde pour le danger imminent qu'il croyait apercevoir, et qu'il avait dit à ces gens de se retirer, à la réserve de deux ou trois ; qu'au surplus il comptait si peu sur cette garde qu'il crut être obligé d'aller coucher ailleurs pendant trois ou quatre nuits.

Interrogé pourquoi il s'est enfui de sa cure nuitamment après avoir soulevé une partie de ses habitants, ou du moins après les avoir vus divisés de sentiments et prêts à en venir aux mains,

A dit qu'il n'est point sorti nuitamment, mais, au contraire, en plein jour, et que, s'il s'est enfui, c'est parce qu'un nommé Viaud, homme d'affaires du sieur Le Roux, lui avait dit le matin du même jour qu'on se compliquait dans les affaires d'Apremont et qu'on avait tellement indisposé la troupe, qui devait arriver le même jour à Apremont, que le projet était formé de lui trancher la tête en arrivant et de l'emporter en triomphe à Challans ; qu'au surplus il n'a point soulevé le peuple les uns contre les autres.

Interrogé s'il n'a point dit à quelqu'un de tenir pour lui et de ne point le laisser sortir de la paroisse,

A dit qu'il ne se rappelle pas.

Interrogé si, le vingt-huit avril dernier, il n'a pas dit à deux ci-devant cavaliers de la maréchaussée de Palluau, en dînant chez lui, qu'il était gardé toutes les nuits par une soixantaine de paysans au moins qui entouraient sa maison, et qu'il s'en tenait toujours au moins quatre dans le clocher, qu'il était surpris que ces paysans eussent tant d'affection pour lui,

A dit que oui, que cela leur était arrivé une fois où l'on annonçait qu'on devait l'enlever.

Interrogé si c'était par son ordre que quatre de ces paysans étaient montés dans le clocher et à quelles fins ils y étaient montés, si c'était pour sonner le tocsin au cas qu'on vînt l'enlever,

A dit que cela n'est point par son ordre, mais que sans doute on avait monté dans le clocher pour sonner le tocsin ou pour observer ce qui pouvait venir.

Interrogé si, le trois mai dernier, jour que plusieurs habitants de Coëx et de Saint-Révérend s'assemblaient à Apremont, et pendant que le tocsin sonnait audit Apremont, il n'a pas donné un fusil au nommé Praud fils,

A dit qu'il ne le lui avait pas donné, que même il n'était pas à sa cure ce jour-là, qu'il avait couché chez le nommé Rousseau, que sans doute cet homme l'aura pris (le fusil) dans son absence ; que ce même jour, trois mai, sur les six heures du matin, étant encore au lit, il entendit sonner le tocsin ; qu'à l'instant il envoya des personnes pour le faire cesser, ce qui ne fut pas exécuté ; qu'étant levé, il se transporta à la Tudairière et de là à la Boislivière, d'où il ne revint que l'après-midi ; que peu de temps après son retour il partit pour Maché, mais que n'étant encore qu'en l'extrémité du bourg, il entendit sonner le tocsin, qu'il envoya des personnes pour le faire cesser et savoir la cause pourquoi on le sonnait, qu'on interrompit effectivement de le sonner pendant quelque temps, et qu'on lui répondit que c'était à l'occasion de deux gentilshommes arrivés du côté de Coëx avec quelques paysans armés ; que ces deux gentilshommes étaient allés à la Boislivière, qu'après leur départ quelqu'un de ces paysans s'était détaché de la troupe pour faire sonner le tocsin.

Interrogé s'il sait à quelle intention étaient venus à la tête de gens armés le sieur Guerry et le sieur de Rorthais,

A dit qu'il n'en sait rien.

Interrogé si, le vingt-cinq avril dernier ou aux environs de cette époque il n'a pas engagé plusieurs des paysans d'Apremont à le soutenir dans sa cure contre les bourgeois qui voulaient l'en chasser, en faisant entendre à ces paysans que la religion était perdue s'il sortait de la paroisse et était remplacé par un prêtre assermenté,

A dit que non.

Interrogé s'il n'a pas dit à plusieurs de ces habitants que les messes que célébraient les prêtres assermentés ne valaient rien, ainsi que les sacrements qu'ils administraient,

A dit que non.

Interrogé s'il ne leur a pas aussi conseillé de piquer les bourgeois et de leur parler dur, et, s'ils résistaient, de n'en pas laisser un,

A dit que non.

Interrogé s'il ne leur a pas dit aussi de ne rien craindre, que si les bourgeois avaient le dessus, il avait plusieurs paroisses qui viendraient le secourir,

A dit que non; qu'il en a bien entendu parler, mais qu'il ne l'a pas dit.

Interrogé si, pour mettre les paysans dans son parti et les engager à le soutenir contre les bourgeois, il ne leur a pas dit qu'il ne les abandonnerait jamais, qu'il se ferait plutôt couper le cou que de changer ses principes et ne quitterait la paroisse que forcément,

A dit qu'il est vrai qu'il a dit à plusieurs personnes qu'il se ferait plutôt couper le cou que d'abandonner ses principes et qu'il ne quitterait sa paroisse que forcément, mais que son intention n'était point de soulever la paroisse; au surplus, il croit ne pas avoir dit qu'il ne les abandonnerait jamais.

Interrogé s'il n'a pas dit également à ces paysans qu'il fallait s'armer pour la défense de la religion, qu'on voulait anéantir,

A dit qu'il ne se le rappelle pas.

Interrogé si, après que les bancs furent mis hors de l'église d'Apremont et brûlés, il n'a pas approuvé cette action et dit qu'on avait bien fait,

A dit que non.

Interrogé s'il n'a pas dit à plusieurs habitants d'Apremont qu'il fallait chasser le sieur Miracle de sa paroisse, parce que tant qu'il y serait il y aurait toujours des troubles à Apremont,

A dit qu'il est vrai que, lui ayant été rapporté qu'on avait dit au public que c'était le sieur Miracle qui occasionnait les troubles et non les bourgeois, et voyant l'aversion du peuple contre lui, il dit pour lors qu'il ferait bien de sortir de la paroisse; que, pour lui en pareille circonstance il en aurait fait autant; lesquels propos il a tenu deux fois.

Interrogé s'il sait la cause de cette aversion du peuple contre le sieur Miracle et s'il n'a point contribué à l'exciter,

A dit que c'est parce qu'il était assermenté, qu'au reste il ne l'a point excité à cela.

Interrogé s'il n'a point dit à quelqu'un, le vingt-six du mois d'avril, d'aller prendre ledit sieur Miracle à la sacristie et de l'amener devant lui de bonne volonté ou forcément,

A dit que non.

Interrogé si, consulté le premier mai par plusieurs de ces habitants s'ils iraient à Saint-Christophe porter des secours, il ne leur a pas dit d'y aller, en ajoutant que si les bourgeois résistaient de ne pas en laisser un ; que pareille chose était arrivée il y avait onze cents ans, qu'il n'en était pas resté un, pas plus qu'il n'y avait de merles blancs,

A dit qu'il ne fut point consulté à cette occasion ; qu'il est vrai que ledit jour, premier mai, sur la fin de sa grand'messe, le nommé Ferré, l'un des sacristains, lui annonça que quelqu'un de Saint-Christophe était venu réclamer des secours et lui avait proposé de l'annoncer au peuple, mais qu'il n'en voulut rien faire ; qu'après la messe finie et rentré dans la sacristie il avait réprimandé ce sacristain, en lui demandant s'il voulait lui faire mettre la corde au cou et à lui aussi en lui proposant une pareille annonce.

Interrogé si, le vingt-cinq avril au matin, pendant que l'attroupement se faisait à la porte de l'église et qu'on insultait et menaçait les bourgeois, il n'était pas dans l'église à confesser,

A dit qu'il était à faire son action de grâces, qu'il entendit bien un certain bruit, mais qu'il ignorait ce qui en était la cause ; que le soir, après vêpres, lorsque l'attroupement recommença, il était dans son confessionnal, où il resta jusqu'au moment où l'on vint casser les bancs ; qu'alors il sortit par une petite porte de l'église et s'en alla avec son surplis dans le jardin de la cure.

Interrogé pourquoi il ne sortit pas pour lors de l'église pour dissiper cet attroupement et mettre la paix en conciliant les esprits,

A dit qu'il a déjà dit qu'il n'aimait pas s'exposer dans de pareils troubles.

A lui représenté qu'en ne faisant aucune démarche pour empêcher le désordre et apaiser les esprits irrités de ces paysans contre les bourgeois, il semblait approuver leur querelle et leurs menaces,

A dit qu'il n'approuvait point ce qui se faisait ; mais, comme il l'a déjà dit, il ne se jetait point dans de pareils troubles.

Interrogé si, le trois mai dernier ou la veille, il n'a point dit à quelqu'un d'aller faire sonner le tocsin à Coëx et à Saint-Révérend afin de rassembler le monde qu'on pourrait pour porter du secours à Saint-Christophe,

A dit que non.

Interrogé s'il n'a point dit à quelques personnes d'Apremont que le prêtre qui se présenterait pour le remplacer ne ferait pas profession de la bonne religion, que cela ne pourrait être qu'un mauvais sujet dont il ne faudrait pas croire les discours,

A dit qu'il ignore ce qu'il peut avoir dit au tribunal de la pénitence, mais qu'il ne croit pas avoir été assez imprudent pour s'expliquer ainsi hors du tribunal de pénitence.

Interrogé s'il ne dit pas encore à cette personne que, quoiqu'on eût écrit au district pour son changement, ce serait inutile, qu'il ne s'en irait point, dût-on le couper par morceaux; que, quand même il quitterait pour un instant, il reviendrait et se maintiendrait à sa place, en faisant observer à cette même personne qu'elle se donnât bien de garde de parler en aucune manière de toutes ces choses si elle ne voulait pas être sacrifiée,

A dit qu'il ignore ce qu'il peut avoir dit au tribunal de la pénitence, mais qu'il ne croit pas l'avoir dit.

Interrogé si, sur l'observation que cette même personne lui fit qu'il serait bien douloureux pour ceux qui se tiendraient tranquilles d'être aussi exposés que les autres, il ne lui répondit pas pour lors que non, que si elle ne disait rien elle ne serait point maltraitée,

A dit que non.

Lecture à lui faite, etc.

Pour extrait conforme à l'original, MALESCOT, *greffier du tribunal du district de Challons.*

CHAPITRE IX

L'INSURRECTION DE SAINT-CHRISTOPHE-DU-LIGNERON

Le 28 avril, à la réception du « procès-verbal de MM. de la garde nationale d'Apremont », le Directoire du district de Challans charge l'un de ses membres, Jousson, d'aller au plus vite à Fontenay, informer l'Administration départementale des dangers que courent « la vie et les biens des bons citoyens et des vrais amis de la Constitution »; presser l'envoi d'un détachement « de troupe de ligne, cavaliers ou dragons », qu'il lui soit permis de « répandre dans les endroits où le bon ordre l'exigera ».

Au cours de la même séance, le procureur-syndic, Boursier, rapporte :

> Les craintes de la propagation des troubles, insurrections et attroupements séditieux sont fondées ; je suis instruit que dimanche prochain, 1er mai, le général de la paroisse de Saint-Christophe-du-Ligneron doit s'assembler pour nommer un maire[1], et que plusieurs malintentionnés et soufflés de l'esprit malin ont projeté de troubler l'assemblée et faire leur possible pour la dissoudre.
>
> Il est instant que la municipalité de Saint-Christophe soit organisée, étant à l'approche de l'assiette de l'impôt foncier. On ne peut prévenir de tels désordres, encourager et soutenir le zèle de vrais citoyens, qui brûlent d'envie de maintenir la Constitution, qu'en leur procurant une force publique qui toujours impose à ceux qui ont l'aveuglement de s'écarter de leur devoir et d'abandonner leur propre intérêt pour encenser en quelque sorte la folle prétention de personnages qu'on appelle *ci-devant*; je requiers, en con-

---

1. En remplacement de Bouvier, élu administrateur du district de Challans.

séquence, que l'une des brigades, soit de Palluau, soit de Challans, soit invitée de se transporter au lieu de Saint-Christophe, pour donner main-forte à la municipalité, afin que la commune n'éprouve aucun trouble dans l'exécution du projet d'assemblée, qui est celui des décrets; en un mot, que force soit donnée à la loi.

Réquisition de la gendarmerie.

Le Directoire, plongé dans la plus grande et plus profonde douleur, à la vue des événements dont est menacé le plus grand nombre des paroisses de son arrondissement, et voulant prévenir autant qu'il est en lui le désordre que présage la représentation du procureur-syndic, et voulant concourir à l'exécution de l'assemblée dont est question,

Arrête que la brigade de Challans ou celle de Palluau se transporteront le 1er mai prochain à Saint-Christophe avant l'heure de la messe paroissiale, pour y maintenir le bon ordre et seconder les vues patriotiques de la municipalité, suivant les décrets, et qu'extrait du présent délibéré sera adressé à M. de Saint-Étienne, lieutenant de la gendarmerie nationale à la résidence de Palluau, pour lui servir de réquisitoire; ce qui a été fait.

Signé : Mourain, Merland, Jousson; Boursier, procureur-syndic, et Ganachaud, secrétaire[1].

LA RÉVOLTE ARMÉE DE SAINT-CHRISTOPHE-DU-LIGNERON

Les gendarmes requis ne purent arriver à temps. Le curé étant malade, la messe paroissiale, à la suite de laquelle se devait faire l'élection du maire et d'un membre de la fabrique, ne se célébra pas à l'heure habituelle. Il n'en fut dit qu'une, dès six heures du matin, par le vicaire Regain, qui prêcha la résistance à la Constitution civile et excita les fidèles à prendre la défense des prêtres, qu'on voulait, disait-il, leur enlever de force, parce qu'ils avaient refusé le serment.

A la sortie de l'office, les « messieurs de la garde nationale et de l'administration » furent entourés, insultés, maltraités, par des femmes exaltées et par une foule sans cesse grossissante de paysans. A l'appel du tocsin survinrent bientôt, des paroisses voisines, Froidfond, Saint-Paul-Mont-Penit, Apremont, Coëx, des hommes armés de faux et même de fusils.

Les « bourgeois » se réfugièrent dans la maison de l'un d'eux, Bouvier, administrateur du district. Lorsque se présentèrent les deux brigades de gendarmerie de Challans et de Palluau, l'émeute, loin de

---

1. Extr. des procès-verbaux du district de Challans, Arch. nat. Dxxix 15.

se dissiper, s'exaspéra; elle contraignit la force publique à s'enfermer avec les autorités. D'autres gendarmes, expédiés de la Roche-sur-Yon dans l'après-midi, éprouvèrent le même sort.

Procès-verbal de la garde nationale de Saint-Christophe-du-Ligneron [1].

Nous, Aimé-Marie Guyet, commandant; André-Alexandre Bouvier, Charles Bouvier, Louis Sauvaget, Charles Dodin fils, Riant fils, Pierre Bouquard, Grégoire Viot, Pierre Rousseau, André Pineau, Joseph Charron, Pierre Goureau, Jacques Grollier, Joseph et René Chastaur, Gaston [2], Pierre Sire, officiers, tambour et gardes nationaux de Saint-Christophe-du-Ligneron, rapportons que ce jourd'hui premier mai 1791, à l'issue de la messe paroissiale dite et célébrée par le sieur Regain, vicaire, sur les six heures du matin, la majeure partie des habitants de la paroisse de Saint-Christophe-du-Ligneron, réunis avec plusieurs habitants des paroisses d'Apremont et Froidfond, s'est ameutée avec triques et bâtons [3];

Au nombre desquels on a remarqué les personnes de Jacques Rocquand et ses quatre enfants, métayers à la Fourogerie; le nommé Cailleteau, domestique à la Coutuëre; les Praud, métayers à la Neuville; Bouteiller, à Villeneuve; Groizeleau, journalier à la Tonalière; Dariaud le jeune, à la Poulière, paroisse de Froidfond; Gauvrit, Groizard, à la Chambaudière, même paroisse; Charles Clautour, journalier à Saint-Christophe; Brenon, Paulleau, de la Grostière, surtout le jeune et son frère; Jean Morisson, à la Marselière; René Lelégats et son fils, à la Thibaudière; Mathurin Rabillier et Mériau, son beau-frère, même village; Louis Genaudeau, boucher au bourg; la Bouteiller, femme Sire; Morisset, domestique au Ligneron; Caireau, au Châtellier; Bougis et Pelletier, au Châtellier; Jean Barreau, journalier à la Roirie; Pierre Bouron, journalier à la Brosse; Rafin, à la métairie de la Motte; Rose Bessaud, femme Amairaud; Bouteillier, à la Cannière, et plusieurs autres que nous n'avons pu distinguer vu l'affluence, parmi lesquels plusieurs avaient communié à la messe;

Nous, étant sortis sans armes de l'église, et voulant rester comme à l'ordinaire à la porte de l'église, dans le petit cimetière, et étant dans l'intention, pour la plupart de nous, de rentrer dans l'église, au premier appel de la

---

1. Arch. nat. F 7 3274.
2. N'est-ce pas le perruquier de Saint-Christophe-du-Ligneron, qui devait être en 1793, l'un des premiers chefs des premières bandes de la grande insurrection, tué, au mois d'avril, à la bataille de Saint-Gervais, et, durant sa courte existence militaire, passer aux yeux de l'Europe entière, pour le général en chef de la Vendée royaliste?
3. Le commandant de la garde nationale, A.-M. Guyet, dans sa déposition du 11 mai (Information du juge de Challans, Arch. nat. Dxxix 15), « croit que ce rassemblement était occasionné par les discours du sieur Regain, vicaire, qui, devant lui, à la prière, avait dit *que bientôt ses paroissiens auraient à choisir entre une bonne et une mauvaise religion, entre un bon pasteur et un mauvais, et qu'il invoquait le ciel pour leur inspirer un bon choix.* »

cloche, pour procéder à la nomination d'un maire et d'un fabriqueur, les places étant vacantes par démission, et conformément à la convocation faite le dimanche précédent, le nommé Cailleteau, domestique, comme dit être, se présenta à nous avec un bâton et dit : « qu'il n'avait que d'une mort à mourir, qu'il fallait savoir ce que nous voulions faire des prêtres de la paroisse, et qu'il fallait absolument garder le vicaire; que nous voulions changer la religion, et mettre pour curé de Saint-Christophe le curé des Habites. » Nous répondîmes « qu'il n'était point en notre pouvoir d'ôter ni de laisser le vicaire de la paroisse ».

Peu à peu les mutins s'approchaient de nous pour nous frapper, et Jacques Rocquand[1] poussa sur nous le domestique de l'un de nous, et à l'instant la Bouteiller, femme Sire, et Rose Besseau, femme Amairaud, et plusieurs autres que nous ne pouvons dénommer se présentèrent, et, voulant ôter les épées des sieurs Bouvier et Davy, le premier commandant de la garde nationale de Saint-Étienne-du-Bois, il donna un coup de poing au sieur Davy père; Jacques Rocquand père cria alors : « Frappez, les femmes, et ne craignez rien! » Pour lors, les bâtons des ameutés étant levés, sont arrivés deux gendarmes de la brigade de Challans, Jean Geay, brigadier, et Le Beau, gendarme, auxquels quelques habitants honnêtes en petit nombre crièrent : « Messieurs, approchez promptement; sans quoi, les paysans assassinent ces messieurs! » Au même instant, lesdits gendarmes ont approché pour tâcher d'apaiser les mutins; ce qu'ils n'ont pu faire à la douceur; au contraire, les ameutés, sans vouloir les écouter, ont frappé à coups de bâton sur eux et sur nous, et lesdits gendarmes, se voyant si maltraités, ainsi que nous, se retirèrent; les ameutés les poursuivirent; ce qui nous donna lieu de nous sauver en recevant de grands coups de bâton et pic de pierrière, dont les gendarmes, ainsi que nous, avons été très dangereusement blessés, après nous avoir chassés en criant : « Tuons, tuons ces bougres-là! »

Chacun s'est sauvé de son côté. Les ameutés, nous voyant retirés, sont rentrés dans l'église et ont cassé les bancs, sortis dehors de ladite église, et fait brûler, excepté les bancs des ci-devant nobles et celui du sieur Vrignaud, chirurgien et ancien maire; et, pendant cette expédition, le tocsin sonnait. Nous remarquerons ici que, lorsque nous nous fûmes retirés comme dit est, ils conduisirent le sieur Regain, vicaire, de l'église à la cure.

La gendarmerie de Palluau, s'étant réunie à celle de Challans à environ les huit heures, serait rentrée dans le bourg et lesdits rebelles, les ayant aperçus, se sont tous sauvés; d'après quoi la gendarmerie se serait retranchée avec nous chez le sieur Bouvier, administrateur du district de Challans, qui était le plus menacé à cause de sadite qualité, qu'on voulait absolument tuer et incendier sa maison, où, les portes bien fermées et barricadées, avons resté assez tranquilles jusqu'à environ deux heures de l'après-midi, à laquelle heure la cloche a encore été sonnée.

Il s'est présenté, devant le portail et autour de la maison dudit sieur Bouvier, un nombre d'environ cent à cent cinquante hommes, tant de ladite

1. Jacques Rocquand, laboureur à la métairie de la Fourogerie, devint l'un des chefs du grand soulèvement de mars 1793 et fut condamné à mort par la commission militaire des Sables, le 20 mai 1793.

paroisse de Saint-Christophe que de celles de Froidfond, Saint-Paul-Mont-Penit, Apremont et Soullans; au nombre desquels avons remarqué, avec les ci-dessus dénommés, les nommés Chauroy, de la paroisse d'Apremont, et Germain Guillot, originaire de la paroisse de Saint-Christophe et demeurant aux Sables; lesquels, accompagnés des ci-dessus et des nommés Cantin, de la Parentière, paroisse d'Apremont, se seraient tous présentés pour entrer armés de fusils, faux à rebours, fourches de fer, piques et autres instruments de cette nature; mais, trouvant le portail fermé, auraient tiré, dans ledit portail et par-dessus la maison, plusieurs coups de fusil. Plusieurs d'entre eux, se détachant de la troupe, furent chez le tambour de la garde nationale, lui percèrent sa caisse avec une fourche, déchirèrent et mirent en pièces son uniforme, et celui qui déchira son uniforme lui mit le pistolet à la gorge.

A l'instant, la gendarmerie de la Roche-sur-Yon, avec un gendarme de celle de Palluau, serait arrivée[1]; à laquelle nous aurions ouvert le portail et serait entrée avec nous, et aurions de suite refermé le portail pour délibérer entre nous quel parti nous devions prendre. La troupe ameutée nous voyant arriver ce secours, nous croyions qu'elle se serait retirée; ce que, loin de faire, elle aurait au contraire crié sur nous et engagé de sortir. Plusieurs de la gendarmerie étant montés pour voir par-dessus les murs de la cour, Louis Genaudeau les aurait ratés par trois fois[2]; enfin, la gendarmerie se voyant ainsi attaquée, nous nous serions décidés d'ouvrir le portail et de nous présenter à eux[3], soit pour les repousser ou les engager à la paix; à quoi ils parurent se décider en effet. Nous leur demandâmes pourquoi ils s'attroupaient ainsi et à qui ils en voulaient; à quoi ils répondirent « qu'ils ne voulaient point nous faire de mal, mais qu'ils voulaient garder leur vicaire »; nous leur dîmes que nous ne voulions point le leur ôter et qu'ils n'avaient qu'à se retirer; ce qu'ils firent. Nous rentrâmes ensuite chez ledit sieur Bouvier qui, sur les différentes menaces ci-dessus établies, s'est déterminé à quitter sa maison pour s'établir à Challans[4].

De tout quoi nous avons dressé le procès-verbal environ les six heures du soir, à Saint-Christophe-du-Ligneron, ce 1er mai 1791.

Signé : André RIAUD, DODIN fils, André PINSON, P. BOUCQUARD, BOUVIER le jeune; GUYET, commandant, et BOUVIER, secrétaire[5].

---

1. Le commandant Aimé-Marie Guyet dit dans sa déposition que les gendarmes de la Roche avaient été « forcés de se faire un passage à travers la foule le sabre à la main. »
2. Guyet dit que « ce Genaudeau est le seul dont il ait vu le fusil rater; les autres, portant également des fusils, n'ont pas paru en faire usage dans ce moment »; qu'il fut tiré « trois coups de fusil dans le portail de la maison par les assaillants au nombre de 80. »
3. Guyet dit que les assaillants ne cessaient de crier d'un ton menaçant : « Sortez, sortez donc ! »
4. *Ibid.* Guyet, dans sa déposition ajoute : « Quelqu'un ou plusieurs de la troupe demandèrent de l'argent au sieur Bouvier pour boire; Bouvier leur donna un écu de six livres et les pria de se retirer, ce qu'ils firent dans le moment. »
5. La minute de cette pièce importante se trouve, avec les signatures autographes, dans les papiers de Mercier du Rocher, appartenant à M. Ernest Brisson, juge à Fontenay-le-Comte.

Extraits de dépositions[1].

Alexandre-Thomas Bouvier[2], administrateur du district de Challans, 47 ans, dépose :

Il n'a point eu connaissance de ce qui a précédé le trouble arrivé le 25 (avril) à Apremont ; il n'a pas su si les attroupés de cette paroisse d'Apremont, dans l'intervalle qui s'est passé depuis le 25 avril jusqu'au 1er mai, s'étaient réunis avec les paysans de Saint-Christophe, pour ensemble exercer à Saint-Christophe les mêmes fureurs qu'ils avaient exercées à Apremont ; vaguement il avait entendu dire, mais il ne peut point assurer que cette coalition ait été réellement formée. Le dimanche 1er mai, à la porte de l'église de Saint-Christophe, un nommé Cailleteau, domestique de Caffin, métayer à la Cotuère, le premier porta la parole au déposant, disant « qu'il n'avait qu'une mort à mourir », et lui demandant ce « qu'il voulait faire des prêtres » ; le déposant répondit que les prêtres n'étaient point à sa disposition ; ce particulier insista et dit « qu'il ne voulait pas absolument qu'on eût changé leur vicaire, que c'était un bon prêtre et qu'on voulait leur en donner de mauvais. » A cette conversation, les autres paysans qui étaient auprès de lui s'approchèrent de plus près, pressant et serrant le déposant avec deux de ses enfants, son frère, le sieur Davy et plusieurs autres ; ils levèrent leurs bâtons avec un air animé, disant cependant qu'ils ne voulaient pas faire de mal ; il y avait alors rassemblées peut-être deux cents personnes, qui toutes faisaient beaucoup de bruit. La gendarmerie nationale, arrivant dans cet instant, sans mettre pied à terre, voyant ce tumulte, s'avança pour l'apaiser ; elle tira le sabre, et le posant sur les têtes des ameutés, leur criait : « Mes amis, que faites-vous ? Soyez tranquilles et vous retirez. » Pour réponse, les gendarmes furent accostés d'une grêle de coups de bâton, qui les força pour leur défense de se servir de leurs armes, que le déposant entendit tirer. Ne pouvant résister à un aussi grand nombre, ces gendarmes furent forcés de se retirer ; ils furent poursuivis dans leur fuite ; le déposant, profitant de ce moment, tâcha de se sauver chez lui et ne sut point comment les gendarmes s'étaient sauvés de la fureur des attroupés ; le déposant fut frappé d'un coup de bâton par le nommé Rocquand père, demeurant à la Férogerie ; le même Rocquand avait poussé son domestique sur lui ; il vit aussi la Bouteiller, femme Sire, et la Besseau, femme Amairaud, extrêmement animées, voulant défendre la religion et se mettant en devoir d'ôter les épées des sieurs Bouvier, de ses enfants et de son frère, revêtus de l'uniforme des gardes nationales. Ce même Rocquand disait à sa femme d'approcher et de ne rien craindre. Les gendarmes nationaux de Challans, ayant rencontré les gendarmes nationaux de Palluau, revinrent à Saint-Christophe, entrèrent chez le déposant, y restèrent toute la journée. Sur la soirée, plusieurs personnes de Saint-Christophe, auxquelles

---

1. Tirées de l'information du juge de Challans, Arch. nat. Dxxix 15.
2. Bouvier avait acheté les livres de la famille de Mauclerc. Après la Révolution il les lui rendit contre le remboursement, sans intérêts, des 75,000 livres qu'ils lui avaient coûté. Il mourut fidèle à ses opinions républicaines.

s'étaient réunis un nombre considérable de gens d'Apremont, formant tous ensemble à peu près 80 ou 100 personnes armées, vinrent, devant le portail dudit déposant, faisant beaucoup de bruit, tirant même des coups de fusil; les gendarmes de la Roche-sur-Yon et un de ceux de Palluau se rendirent joindre leurs camarades; alors les attroupés crièrent qu'ils eussent à sortir sans armes; les gendarmes délibérèrent sur cette proposition, ils se décidèrent à y accéder et sortirent; ce peuple leur dit, en présence du déposant, qu'il voulait la paix ; les gendarmes répondirent que personne ne leur voulait aucun mal; tout le peuple criait alors que « la religion était renversée, que le sieur Bouvier la faisait perdre et qu'ils voulaient la sauver », et il se retira sans que le déposant s'aperçût qu'ils fissent d'autre dommage.

Ajoute le déposant qu'il a dit au sieur Regain, vicaire, que, « s'il débitait en chaire quelques propos incendiaires, luidit déposant saurait bien les ramasser ». Ce même vicaire disait, dans le commencement des Pâques, en chaire, qu'il fallait prier pour les évêques ; il ajoutait : « mais pour les évêques catholiques »; que M. le curé donnait permission de se confesser où bon semblerait aux habitants, « pourvu que ce fût à de bons prêtres[1]. »

Jacques GROLLIER, domestique, 25 ans, dépose :

.... Le nommé Cailleteau, domestique à la Cotuère, métairie appartenant au sieur de Marconnay, commença et dit : « C'est donc vrai, Messieurs les bougres, que vous voulez nous ôter notre vicaire et faire payer dix écus de taille aux domestiques? » Ces messieurs répondirent « qu'il n'était point en leur pouvoir de chasser le vicaire ni d'en donner un autre; quant à la taille des domestiques, ils étaient mal informés; le projet était de faire payer seulement les maîtres qui auraient des domestiques et non les domestiques eux-mêmes. » Cette réponse, qui aurait dû apaiser ledit Cailleteau et ceux qui étaient associés avec lui, ne fit qu'augmenter leur fureur; il s'avança sur ces messieurs avec les autres, et ils les entourèrent de façon que, pressés dans un recoin, il leur était impossible de se retirer que de leur consentement; là, ils les frappèrent, les accablèrent d'injures, s'encourageant en disant : « Frappons tous ces bougres !.... » Au moment où les femmes sortaient de l'église, ils ouvrirent un peu leur cercle, appelèrent ces femmes, leur disant : « Venez, mes bonnes; prenez ces bougres à la tête ! » Quelques-unes d'entre elles se disposaient à exécuter cette commission; même le déposant croit qu'il y en eut une qui réellement l'exécuta, prit un de ces messieurs aux cheveux, et cette femme est celle du nommé Amairaud, de la Tenaillère, paroisse de Saint-Christophe. Alors se montrèrent MM. de la gendarmerie nationale qui, témoins du tumulte qui se faisait à cette porte d'église, se précipitèrent sans descendre de cheval pour l'apaiser. Les esprits trop échauffés n'écoutèrent point leurs représentations, ce qui les força de tirer leur sabre; en le présentant de plat sur les têtes de ces gens trop animés, ils leur di-

1. A.-Th. Bouvier, à la fin de sa déposition, cite, comme ayant pris part à l'émeute, armés de fusils, Ch. Morisset, L. Guillot, Jacques Bougit, le boucher Genaudeau et autres ; il ajoute « que le nommé Pelletier est allé faire sonner le tocsin à Soullans, et que, parmi les plus agissants, il y avait « beaucoup de Cantin, d'Apremont. »

saient: « Mes amis, que faites-vous? Songez à vous retirer! » Cette troupe, plus irritée encore qu'elle ne l'avait été, donna un instant trêve aux messieurs qu'elle tenait pressés dans ce coin, pour tourner sa fureur sur MM. de la gendarmerie nationale, sur les chevaux desquels et sur qui il tombait à la fois plus de vingt coups de bâton. Ces gendarmes si maltraités furent forcés de tirer leurs armes; mais, ménageant encore ceux qui les excédaient de coups, ils tirèrent pour les épouvanter sans leur faire aucun mal. Alors ils tournèrent la bride de leurs chevaux et s'en allèrent, poursuivis à outrance par cette troupe irritée, qui toujours criait : *Courons! Rembarrons-les et les arrêtons!* Forcés encore de se défendre, ces gendarmes tirèrent une seconde fois sur deux hommes, qu'ils blessèrent. Pendant cette action, partie de la troupe furieuse assommait à coups de bâton les messieurs, qu'ils avaient resserrés dans le coin, lesquels cherchaient partout à s'évader, sans trouver d'asile assuré, pas même dans l'église, où ils se réfugièrent, et jusque dans le clocher ils furent poursuivis; la porte du clocher, fermée sur l'un d'eux, fut ouverte et enfoncée avec un levier par cette troupe acharnée, qui contraignit le sieur Viollière, qui s'était renfermé dans ce clocher, d'en sortir et de s'enfuir au plus vite, assailli dans l'église à coups de bâton, ainsi que le sieur Davy fils, auquel on déchira les habits; parvenu enfin au travers des coups à sortir de cette église, il fut également poursuivi dans la rue, jusque chez le nommé Mercier, cordonnier, qui, entendant crier le sieur Viollière : « Sauvez-moi, mes amis; je suis perdu! » lui ouvrit la porte et le renferma. Alors, ne voyant plus sur qui frapper, tous ces messieurs s'étant retirés, la troupe rentra dans l'église, ôta les bancs, les brisa tous, les fit brûler, réservant ceux des ci-devant privilégiés et celui du seigneur du fief. Cette expédition faite, il était neuf heures et plus, partie de cette troupe se détacha pour se rendre à Apremont faire part aux confédérés de l'exécution du projet qu'ils avaient formé la veille....

Extraits d'interrogatoires [1].

Jacques ROCQUAND, laboureur, 60 ans, de Saint-Christophe-du-Ligneron, interrogé le 27 juillet,

A dit avoir été à la première messe, le 1er mai, à Saint-Christophe; qu'au sortir de la messe, ils étaient tous pêle-mêle pour menacer les bourgeois; arrivèrent les gendarmes, qui tirèrent des coups de fusil, dont il fut atteint par une balle au téton droit, qui le renversa par terre; relevé, il frappa de son bâton les gendarmes qui avaient tiré sur lui...

Si l'on maltraitait les bourgeois, c'est qu'on disait qu'ils voulaient faire changer la religion...

A déclaré que c'est le sieur Regain, vicaire de la paroisse, qui lui a dit à lui en particulier que la religion d'à présent n'était pas bonne, qu'il ne fallait pas aller à la messe des prêtres assermentés, parce qu'elle n'était pas bonne...

1. Transmis au Comité des recherches de l'Assemblée constituante, Arch. nat. Dxxix 15 l. 125.

Marie-Anne BOUTEILLER, *femme de Louis Sire*, métayer, âgée d'environ 33 ans, demeurant au village de Bresse, paroisse de Saint-Christophe-du-Ligneron, a subi son premier interrogatoire à Challans, le 3 mai,

Interrogée si elle sait pourquoi elle a été arrêtée la veille par les gardes nationaux,

A dit qu'elle a été mal conseillée et qu'elle avait pris seulement par l'épaule M. Davy des Naurois, le dimanche (précédent), à la porte de l'église de Saint-Christophe, après la première messe, qui fut la seule dite ce jour-là ; elle était transportée, elle ne savait ce qu'elle faisait.

Interrogée qui lui avait donné de mauvais conseils,

A répondu que c'étaient deux femmes qui étaient cause de son malheur ; elles lui avaient dit de se révolter, comme la paroisse d'Apremont ; l'une de ces femmes est mariée avec le nommé Cassin, laboureur à la Couëtère, paroisse de Saint-Christophe ; une autre est mariée avec le nommé Amairaud, sabotier, demeurant au village de la Tenaillère près la forêt, susdite paroisse de Saint-Christophe ; elles lui avaient donné conseil d'attaquer les messieurs de la paroisse... C'était parce qu'on avait dit « qu'on voulait faire changer de foi et que tous les enfants qui naîtraient ne seraient pas bien baptisés ; qu'on deviendrait tous huguenots » ; on lui avait dit aussi que M. Bouvier père, administrateur du district, voulait faire changer le vicaire de la paroisse...

Interrogée sur ce que lui a dit le vicaire,

A dit qu'étant allée à confesse le carnaval dernier, il lui a dit, en confession, *qu'il fallait tenir pour lui et l'empêcher de s'en aller...*

Dans son second interrogatoire, du 4 août, la femme Sire :

Reconnaît qu'elle a porté la main sur l'épaule du sieur Davy, en lui demandant « s'il voulait ôter la religion »... Elle eût trouvé tout autre que le sieur Davy, elle lui en aurait dit autant...

Elle nie avoir cherché à ôter les épées aux sieurs Bouvier ni à aucun autre et déclare qu'elle s'en alla chez elle, avec son mari, presque aussitôt après...

Elle a été excitée ; mais le vicaire a pu en exciter d'autres ; elle l'a entendu dire.

Rose BESSEAU, *femme de Pierre Amairaud*, jardinier, âgée de 35 ans, demeurant à la Tenaillère, paroisse de Saint-Christophe-du-Ligneron ; interrogée le 4 août,

A été à la première messe, dite par le vicaire, le 1er mai...

Elle n'avait point eu connaissance du trouble qui devait se faire à l'issue de cette messe ; mais la veille, foire de Saint-Paul, elle avait entendu quatre marchands se disant entre eux que *la religion était changée, perdue ; qu'il n'y aurait plus ni messe, ni confession, ni baptême...*

Elle n'a point consulté le vicaire là-dessus ; elle ne lui a jamais parlé et il n'était point son confesseur.

Interrogée pourquoi, sortant de la messe, elle prit le sieur Davy au collet, et pourquoi elle fut lui reprocher le changement de loi et de religion,

A dit qu'elle n'avait point pris le sieur Davy au collet, mais que, s'étant adressée à lui, elle lui avait témoigné sa peine de ce que *la religion était changée...*

Elle a nié avoir été appelée avec Marie-Anne Bouteiller pour frapper sur les gardes nationaux et officiers municipaux et y avoir été encouragée par quelques habitants de Saint-Christophe...

Elle a nié avoir pris part à la bataille qui se donna à la porte de l'église entre les gendarmes nationaux et les habitants... Elle n'a eu d'autre connaissance de ce qui se passa que ce qu'elle dit au sieur Davy, s'étant retirée aussitôt pour se rendre chez elle.

RÉQUISITION DES GARDES NATIONALES DU DISTRICT DE CHALLANS ET APPEL DE SECOURS AUX DISTRICTS VOISINS.

Aussitôt avertis de ce qui s'est passé dans la matinée à Saint-Christophe-du-Ligneron, les deux seuls administrateurs du district de Challans présents, Mourain et Merland, se réunissent en directoire, avec le procureur-syndic Boursier et le secrétaire Ganachaud.

Le procureur-syndic représente que les craintes exprimées dans la séance du 28 se sont réalisées :

Il vient d'être informé qu'une multitude de citoyens de différentes paroisses et principalement de celle de Saint-Christophe, sans doute trompés par des ennemis de la Constitution et sous le spécieux prétexte que la Religion était anéantie par la loi constitutionnelle du clergé, se seraient attroupés et ameutés, à l'issue de la messe du matin audit lieu de Saint-Christophe, et auraient sonné le tocsin en signal de la sédition et auraient entré comme des furieux dans l'église, cassé les bancs, emportés sur la place et incendiés ;

Que, dans cette émeute, les brigades de la gendarmerie nationale de Challans et de Palluau, qui s'étaient transportées audit lieu de Saint-Christophe, en vertu de l'arrêté du 28 avril et des ordres donnés par M. de Saint-Étienne, sous-lieutenant, et la garde nationale dudit lieu de Saint-Christophe, auraient épuisé en vain les invitations, les exhortations et menaces ; tout serait devenu inutile, puisqu'ils ont été obligés de quitter le champ de la sédition et de se renfermer avec la garde nationale chez M. Bouvier, administrateur, pour mettre leur vie en sûreté ; que même plusieurs d'eux sont blessés à mort ; les séditieux non contents les ont suivis jusqu'à leur retraite et les ont menacés d'y mettre le feu, ainsi que dans toute maison patriote.

Le directoire,

Vu la représentation ci-dessus et son arrêté du 28 du mois dernier,

Arrête que ladite municipalité de Challans invitera les municipalités voisines à requérir leurs gardes nationales, et celle de Machecoul à requérir également sa garde nationale et le détachement des dragons-Conti, qui est en garnison en sa ville, pour prêter main forte et mettre la tranquillité dans cette paroisse ;

Arrête au surplus que lesdites gardes réunies se transporteront d'instant à autre audit bourg de Saint-Christophe, afin d'arrêter la sédition, et les autorise à arrêter les factieux et les amener en lieu de sûreté ;

Et, attendu que la municipalité de Saint-Christophe est en déroute et qu'il n'y a aucun officier, depuis les nouvelles des séditions,

Arrête également que M. le procureur-syndic se transportera avec les troupes réunies audit lieu, pour tâcher, par des représentations amicales, de ramener les séditieux à leur devoir, et faire au surplus exécuter les décrets rendus en pareil cas ;

Et, qu'expédition du présent arrêté sera remise à la municipalité de Challans pour lui servir d'autorisation, et qu'également de pareilles expéditions seront remises à tout commandant desdites forces tant en général qu'en particulier.

Ce qui a été fait.

La nuit survenue, le directoire a renvoyé sa séance à demain, et cependant, pour le bien public et la conservation de ses chers frères et patriotes de Saint-Christophe, sentiment dont il sera toujours animé, il déclare qu'il ouvrira sa séance au premier courrier expéditionnaire des nouvelles de leur position, n'ayant rien tant à cœur que de leur prouver comme elle le touche.

Dans la journée même du 1er mai, il ne put arriver à Saint-Christophe-du-Ligneron que la brigade de maréchaussée de la Roche-sur-Yon, requise le 30 avril par le lieutenant en résidence à Palluau, d'abord pour agir contre une insurrection qu'on disait avoir éclaté au Poiré. De cette localité, où son apparition maintint l'ordre, la brigade de la Roche avait été expédiée en toute hâte au secours des brigades de Palluau et de Challans, réfugiées chez l'ancien maire Bouvier. Ce n'est que dans la nuit et le 2 mai au matin, qu'arrivèrent à Challans, avec les gardes nationales de Machecoul et de Bourgneuf, de la Loire-Inférieure, plusieurs des gardes nationales du district même, celles de la Garnache, de Sallertaine, de Saint-Gervais, de Beauvoir-sur-Mer, de Croix-de-Vie et de Saint-Gilles, plus un détachement de dragons-Conti, en garnison à Machecoul, et enfin un demi-escadron du Royal-Lorraine-Cavalerie, en garnison aux Sables-d'Olonne. Ces troupes se mirent en route vers midi, accompagnées du commissaire procureur-syndic.

Déclarations à la commune de Saint-Gilles-sur-Vie.

Au reçu d'une lettre de la municipalité de Challans, le 1er mai à onze heures du soir, le maire de Saint-Gilles-sur-Vie, Henri Collinet, avait assemblé extraordinairement les officiers municipaux Louis Robin, Pierre Mercier, Arrouet-Mombeau, Laurent Pontdevie. Ils avaient décidé d'avertir au plus vite les communes voisines du soulèvement de Saint-Christophe, « afin d'aviser aux moyens d'apporter les plus prompts secours dans une circonstance aussi alarmante. » Ils avaient réuni la garde nationale, dont une partie avait été envoyée au district, et l'autre réservée au service de la commune. Ils avaient aussi, par un courrier, prévenu « leurs frères des Sables et de Nantes d'un événement dont les suites leur faisaient craindre les plus funestes effets. »

Le 2 mai, le Conseil général de la commune de Saint-Gilles prenait les arrêtés suivants :

1° A compter de ce soir, il est établi une garde de police et de sûreté, de douze hommes au moins, aux ordres de la municipalité;

2° Il est défendu à tout domicilié de s'absenter, jusqu'à nouvel ordre, sans en prévenir la municipalité et donner le motif de son absence;

3° Il est ordonné à tous aubergistes, hôteliers et autres habitants de ce lieu de ne recevoir et loger aucuns voyageurs sans en prévenir la municipalité et apporter leurs noms, qualités et demeures;

4° Les habitants des campagnes de cette paroisse seront prévenus de l'alarme résultant de l'insurrection arrivée à Saint-Christophe-du-Ligneron, afin de les mettre en garde contre les suggestions des ennemis de la Constitution qui cherchent à les égarer; que les voies de la persuasion et de la douceur soient d'abord employées et, en cas de nécessité, la force de la loi.

Au cours de la séance, un sieur François Bréant, entrepreneur des ponts et chaussées, dénonce le vicaire Moiseau, qui a dit sur le quai :

Qu'à propos du serment des prêtres, ils allaient avoir chaud; que l'affaire n'était pas si bonne pour les patriotes, qu'elle allait de manière qu'ils n'auraient pas toujours raison, que le peuple voulait conserver ses prêtres, et que ceux qui s'y opposeraient verraient beau jeu!

Le 2 et le 3, dans l'ignorance de ce qui se passait à Saint-Christophe, Saint-Gilles était dans la crainte d'une attaque; on y apprenait que le tocsin sonnait à Saint-Révérend et à Coëx, et que de ci-devant nobles très connus se mettaient à la tête des paysans armés [1].

DÉLIBÉRATIONS AUX SABLES-D'OLONNE

Aux Sables-d'Olonne, la nouvelle de l'insurrection de Saint-Christophe-du-Ligneron, « où plusieurs personnes emprisonnées risquaient de perdre la vie », avait été apportée, le 2, par un envoyé de la garde nationale de Saint-Gilles. Le Conseil général de la com-

---

1. Analyse du registre de la mairie de Saint-Gilles-sur-Vie.

mune avait aussitôt décidé une démarche auprès du district, afin qu'il autorisât l'envoi de 25 cavaliers de la garnison, avec un détachement de garde nationale [1].

Arrêté du district [2].

Considérant que le soulèvement de plusieurs paroisses réunies à Saint-Christophe-du-Ligneron, lesquelles se sont portées aux excès les plus répréhensibles, en emprisonnant plusieurs personnes, tant de la gendarmerie nationale que citoyens dudit lieu où est le foyer de l'insurrection, après avoir cassé le bras d'un cavalier de la gendarmerie et l'avoir jeté au feu, s'il en faut croire le rapport public;

Le directoire du district, ouï le procureur-syndic,

Considérant que, quoiqu'il n'ait reçu aucune instruction ni réquisition quelconque de la part du district de Challans concernant un fait aussi grave, dont la connaissance n'est parvenue au Directoire que par la communication qui lui a été faite des lettres adressées à la municipalité des Sables, et voulant montrer ses principes de fraternité et de surveillance de la conservation de la paix, en concourant autant qu'il est en lui à la maintenir où elle règne et à la rappeler dans les lieux où elle est troublée,

Arrête que M. le commandant des cavaliers du 16e régiment ci-devant Royal-Lorraine, maintenant en garnison dans cette ville, est requis d'expédier sur-le-champ un secours de 25 hommes de sa troupe pour se rendre à Challans avec les gardes nationales de cette ville et agir de concert ensemble au maintien de la paix et au rappel de l'ordre, d'après la réquisition qui leur en sera faite par messieurs les administrateurs du district de Challans.

Ce secours des Sables est le premier qui parvint à Challans, comme l'indique la délibération du district, invitant, le 2 mai de très bon matin, la municipalité à faire loger « chez les habitants les plus aisés, les 24 cavaliers du 6e régiment, arrivés avec un maréchal des logis faisant les fonctions de sous-lieutenant, d'après le réquisitoire qui leur a été donné par le directoire du district des Sables, ainsi que l'a rapporté l'un desdits cavaliers, ici présent [3]. »

Délibération du district.

Le sieur FRUCHARD se présente et déclare:

Dans la paroisse de Landevieille, dont il est maire, règne depuis longtemps une dangereuse fermentation; hier au soir et ce matin, il a été averti

---

1. Analyse des registres de la commune des Sables, à la date.
2. Analyse des registres du district des Sables, aux Archives du département de la Vendée.
3. Suite des procès-verbaux du district de Challans, Arch. nat. Dxxix 15.

de ne pas se transporter à la foire de la Mothe-Achard, qui se tient aujourd'hui (2 mai), qu'il y avait du danger pour lui ; cet avertissement lui a été donné par le nommé Richard, journalier, qui demeure au Blanchot, paroisse de Landevieille, qui a dit le tenir du sieur La Rochette ; pareil avertissement lui a été donné par Mme Duranteau, qui dit en avoir été instruite à la Chapelle-Hermier, par la dame Fruchard, veuve Bazaud, demeurant à la Chapelle-Hermier.

Jacques GRONDIN, maire de Coëx, se présente et déclare :

Hier, avant et après vêpres, il a été insulté et pris au collet par le nommé Chesne, de la paroisse de Coëx, et métayer du sieur Joly[1], de la Chapelle-Hermier, avec injonction violente de se transporter à Apremont, afin de coopérer aux excès qui y ont été commis ; cette sommation lui a été faite en présence du sieur Boulay, capitaine de la garde, dit Maubouneau, et de Favalier, aubergiste. Ledit Grondin a ajouté que la cloche a été tirée et a sonné le tocsin d'alarme.

M. l'abbé Gaudin, vicaire de la paroisse de Coëx, et M. Riou, procureur de la commune, ont dit avoir entendu sonner le tocsin, sans connaître ceux qui l'ont sonné.

Le Directoire, sur ce ouï le procureur-syndic,

Considérant qu'il est de la plus grande importance qu'on ne se permette pas d'injures et surtout de voies de fait contre des officiers municipaux, et qu'on ne tente pas de les entraîner dans des insurrections, comme il paraît qu'on a voulu le faire à l'égard du maire de Coëx,

Arrête que copie des deux dénonciations ci-dessus seront envoyées au Directoire du département en le priant d'indiquer les moyens de prévenir et de réprimer de pareilles voies de fait[2].

LES TROUBLES DE COËX LE 1er MAI

Extraits de dépositions[3].

Jacques CLAUTOUR, *maçon*, 35 ans, demeurant à Coëx, dépose :

Le dimanche 1er mai, quatre ou cinq personnes d'Apremont vinrent à Coëx... Ces gens d'Apremont excitaient les habitants de Coëx à se rendre avec eux, les secourir et les défendre, disant que leurs gens étaient allés à Saint-Christophe...

Pierre BABIN, *curé de Coëx*, 65 ans, dépose :

Le dimanche 1er de ce mois plusieurs particuliers de la paroisse cassèrent les bancs qui étaient dans l'église ; il était à sa cure ; en ayant été informé, il n'osa pas se présenter devant ces particuliers ivres ; il leur fit dire de se retirer et leur annonça que le lendemain, fête de saint Marc, il ne

---

1. Alors procureur de cette commune, l'un des premiers chefs de la grande insurrection de mars 1793.
2. Reg. 2 du district des Sables, Arch. du département de la Vendée.
3. Information du tribunal de Challans de 10 au 25 mai, Arch. nat. Dxxix 15.

leur dirait pas la messe ni ne leur ferait de procession, pour les punir de l'excès auquel ils s'étaient portés en souillant ainsi l'église...

Joseph-Gilbert GROLLEAU, notaire à Apremont, dit dans sa déposition :

Le 1er mai, il vit venir soixante ou quatre-vingts personnes de Coëx, armées de fourches de fer, de fusils et de bâtons, faisant grand bruit, tirant des coups de fusil et s'appelant les unes les autres, pour compléter l'attroupement qu'elles semblaient avoir projeté à la sollicitation de quelques-uns d'Apremont, pour requérir leur secours, tandis que ceux d'Apremont, en partie, étaient allés à Saint-Christophe.

A LA FOIRE DE LA MOTHE-ACHARD, LE 1er MAI

Extrait de déposition [1].

Félix GOUPILLEAU, *sergent royal*, 33 ans, demeurant à Apremont, dépose :

Il n'a aucune connaissance que les troubles et émeutes arrivés à Apremont et à Saint-Christophe eussent été projetés avant leur événement. Le lundi 2 mai, étant à la foire de la Mothe-Achard, il rencontra le nommé François Cantin, demeurant à la Parentière, paroisse d'Apremont, lequel Cantin l'engagea à boire un coup avec lui ; il y accéda, et en buvant ensemble, ledit Cantin lui raconta :

« Tout ce qu'ils faisaient, lui et ses officiers, se faisait par son ordre et celui du curé (d'Apremont) ; le sieur curé étant homme d'esprit et bien capable de les conduire, il suivrait tous les principes que ce curé lui donnerait. Ce curé leur avait prescrit le lundi 25 avril « de piquer les « bourgeois d'Apremont ; s'ils résistaient, il fallait n'en pas laisser un ; « mais, s'ils ne disaient rien, il ne fallait pas leur faire de mal ». Lorsqu'ils étaient allés à Saint-Christophe, Cantin et les autres habitants d'Apremont, il était allé consulter ledit sieur curé d'Apremont, savoir de lui s'ils iraient à Saint-Christophe ou s'ils n'iraient pas ; ce curé lui dit « qu'il fallait porter « du secours aux habitants de Saint-Christophe, puisque ces habitants « étaient des leurs et prenaient leur parti ; qu'ils allassent tous à Saint-Chris-« tophe, et si les bourgeois résistaient, qu'il n'en fallait pas laisser un ; s'ils « ne disaient rien, ne pas leur faire de mal ; il y avait onze cents ans que « pareille chose était arrivée, il n'y était pas resté un bourgeois ; il n'y en « avait pas plus que de merles blancs ; il fallait le soutenir, luidit sieur « curé, contre les messieurs qui le voulaient chasser de sa cure, et s'armer « pour la défense de la religion ; il les soutiendrait au péril de sa vie, il ne « les abandonnerait jamais, il fallait qu'ils en fissent autant pour lui ; il ne « lui cachait pas à luidit Cantin, que luidit sieur curé d'Apremont, avait

---

1. *Ibid.*

« sous ses ordres huit paroisses prêtes à le secourir au premier mot qu'il leur
« dirait ».

« Ils gardaient toutes les nuits ledit sieur curé, lequel les faisait boire
et manger, de manière qu'il ne leur manquait rien ; il leur avait dit de
tirer tous les soirs sept coups de fusil, cinq d'une volée et deux de l'autre ;
ils s'exécutaient tous les soirs, se rendaient à dix heures suivant l'ordre qu'il
en avait remis. »

Ce Cantin est celui qui est allé à Coëx faire sonner le tocsin. Le même
Cantin dit encore au déposant qu'il avait ordonné de crever la caisse de
Saint-Christophe, parce qu'on s'en servait pour rassembler la garde nationale ; qu'il vit le nommé Guillot, qui rata trois fois le sieur Mignonneau,
gendarme national ; qu'il vit aussi le nommé Perrocheau, domestique du
nommé Bonard, farinier à Gourgeaud, paroisse d'Apremont, brûler deux
fois l'amorce sur ledit sieur Mignonneau. Se vantait encore ledit Cantin
d'avoir fait demander la paix aux gendarmes nationaux, qu'il embrassa ledit
sieur Mignonneau le premier et ordonna à sa troupe de lui accorder la paix,
puisqu'il la demandait ; qu'ils reçurent dix francs pour boire ; qu'ayant
su qu'un domestique de la Bonnière n'avait pas voulu avancer et s'en était
allé, il dit que « s'il l'avait vu fuir, il lui aurait cassé la tête avec trois
balles qu'il avait dans son fusil »...

RÉPRESSION DE L'INSURRECTION DE SAINT-CHRISTOPHE-DU-LIGNERON

Si les insurgés de Saint-Christophe étaient restés un jour de plus
les maîtres, le mouvement aurait pu prendre une importance considérable. Quoique sans secours ni ordres de l'administration départementale, le très modéré directoire du district de Challans déploya
l'énergie nécessaire dans la journée du 2 mai. Les quelques dragons-
Conti, prêtés par le district de Machecoul, n'auraient pas suffi à
dégager les trois brigades de gendarmerie prisonnières. L'envoi des
gardes nationales des communes patriotes rendit possibles et la
reprise du bourg et l'arrestation dans la campagne de plusieurs des
insurgés. Mais l'ordre ne fut pas rétabli sans mort d'hommes. Quatre
ou cinq paysans furent tués dans la seule décharge que les gendarmes et les dragons firent pour se dégager d'une foule qui avait
répondu par des coups de fusil et de faux aux appels à la paix et
aux sommations légales.

Procès-verbal de la maréchaussée [1].

L'an 1789 et le 1ᵉʳ mai, nous, brigadier et cavaliers de maréchaussée,
compagnie de Poitou, lieutenance de Montaigu, brigade et résidence de la
Roche-sur-Yon, soussignés,

Certifions qu'en vertu d'un ordre à nous adressé par M. de Saint-

---

1. Arch. nat. F⁷ 3274.

Étienne, sous-lieutenant du même corps à la résidence de Palluau, contenu dans lettre missive du 30 avril dernier, nous nous sommes transportés dans la paroisse du Poiré sous la Roche-sur-Yon. Étant arrivés sur les dix heures du matin à l'effet de ce que dessus, et après avoir mis pied à terre, nous avons parcouru à différentes fois ledit bourg du Poiré sans y apercevoir avant la messe dudit lieu aucun trouble, ni autre chose contraire au bon ordre ; sommes de suite entrés à l'église messe sonnante, pour y faire une apparition à l'effet d'y contenir les séditieux ; et y étant restés jusqu'à la fin de la messe, sommes sortis de l'église, avons de suite fait de nouvelles apparitions dans ledit bourg du Poiré jusqu'à quatre heures après midi ou environ, sans y apercevoir de désordre ;

Qu'à la même heure de quatre heures il nous serait intervenu un ordre émané du même officier à l'effet de nous transporter sous le plus bref délai au bourg et paroisse de Saint-Christophe, où allant et passant par Palluau, ledit sieur de Saint-Étienne nous aurait verbalement réitéré ledit ordre ; qu'étant arrivés, en conséquence, audit bourg de Saint-Christophe, nous y avons rencontré un homme à nous inconnu, qui nous aurait dit : « Messieurs, n'avancez pas plus loin, car si vous passez devant l'église, il y va de votre vie ; n'avancez pas ! » Malgré l'avis de cet inconnu, animés du plus pur patriotisme et sans avoir égard à ce qu'il nous a dit, sommes passés outre, et étant vis-à-vis de l'église du même bourg, nous y avons aperçu une troupe de gens d'environ deux cents hommes, ameutés et armés, les uns de fusils, les autres de faux, pics et bâtons, dont un d'entre eux nous a couchés en joue sans cependant coup férir, pendant que les autres frappaient sur leurs faux pour animer le groupe, en criant et faisant plusieurs huées et haros sur nous ; et, sans nous arrêter à ce que dessus, nous avons dirigé nos pas chez le sieur Bouvier, bourgeois et ancien maire dudit lieu, où étant, nous nous sommes ralliés aux brigades de Palluau et Challans, qui s'y étaient rendues dès le matin à l'effet d'y connaître les principaux moteurs de l'insurrection ;

A l'instant le sieur Grillet, brigadier de Palluau, comme premier brigadier et chargé du commandement des trois brigades, nous aurait informés de ce qui se serait passé audit bourg de Saint-Christophe. Sur son récit et l'information qu'il nous aurait faite que le sieur Gay, brigadier de Challans, aurait été maltraité, que ledit sieur Bouvier aurait été menacé à la porte de l'église par cette troupe séditieuse pendant qu'on brûlait les bancs de ladite église, et qu'on lui aurait dit : « Tu périras, et nous porterons ta tête au bout d'une pique ! » Pendant le même instant, on aurait maltraité à coups de bâton le frère dudit sieur Bouvier. Ce que voyant, nous sommes sortis en corps de chez ledit sieur Bouvier à l'effet de contenir les séditieux rassemblés devant la porte dudit sieur Bouvier. A notre aspect, les uns nous ont dit avec arrogance : « Nous ne demandons que la paix, Messieurs ; et si vous nous parlez trop haut, nous sommes gens à vous répondre ! » Sans nous arrêter à leurs menaces, nous les avons exhortés à la paix ; à quoi ils ont acquiescé et se sont retirés pour la majeure partie. Ne prévoyant plus que notre ministère fût d'aucune utilité pour l'instant, nous sommes rentrés chez ledit sieur Bouvier et nous y avons passé la nuit sur la prière qu'il nous en a faite, à l'effet de conserver ses jours et prévenir l'incendie de sa maison, dont il avait été menacé plusieurs fois ;

Que le lendemain matin, environ sur les dix heures, il serait intervenu un commissaire qui nous aurait appris le départ de vingt-cinq hommes de dragons et d'environ deux cents gardes nationaux partis de Machecoul pour se rendre audit bourg de Saint-Christophe et se rallier avec nous à l'effet d'arrêter le cours de l'insurrection dont ils avaient déjà été informés, à la tête desquels marchait M. le procureur-syndic du directoire du district de Challans, lesquels, arrivés audit lieu de Saint-Christophe, et étant en ordre de bataille, mondit sieur le procureur-syndic aurait fait déployer le drapeau rouge et proclamé à l'instant la loi martiale à l'effet d'imposer aux séditieux. Ce fait, ledit sieur procureur-syndic aurait pris connaissance de tout ce que dessus ; de quoi étant informé, et particulièrement par ledit sieur Bouvier, à qui il a demandé les noms des principaux moteurs de l'insurrection, qu'on lui a à l'instant nommés et désignés, il a de suite, conjointement avec les différents corps de troupes, pris les mesures nécessaires pour arrêter les auteurs de la révolte ; ce qui a été exécuté en procédant à la recherche de leurs personnes dans les différents hameaux et écarts de ladite paroisse de Saint-Christophe ; du nombre desquels il en a été arrêté douze ; que pendant cet intervalle le nombre des séditieux, au nombre d'environ soixante, tous armés de fusils, auraient fait plusieurs décharges sur nous en tirant les premiers, sans cependant coup férir, à l'exception d'un dragon à qui on aurait porté un coup de fourche de fer qui l'aurait grièvement blessé au côté, et que plusieurs chevaux desdits dragons auraient également été blessés. Ce que voyant, tous ensemble nous sommes mis en défense en tirant sur les rebelles à corps défendant, desquels il en serait demeuré quatre sur la place, sans compter le nombre des blessés.

Le groupe des séditieux s'étant enfin dispersé, nous nous sommes retirés chez ledit sieur Bouvier, où nous avons encore passé la nuit à sa prière, à l'exception du détachement de dragons et de la garde nationale, qui se sont retirés pour se rendre à Challans, dans l'impossibilité de pouvoir se loger tous à Saint-Christophe. Ledit sieur Bouvier, craignant pour sa vie et désirant s'expatrier de Saint-Christophe, nous a requis dès le lendemain à trois heures du matin à l'effet de nous transporter avec lui audit lieu de Challans pour requérir le même détachement de dragons, où étant arrivés, nous aurions appris qu'un demi-escadron du régiment de Royal-Lorraine-Cavalerie y était également arrivé pour le même sujet, et que, par ordre du district dudit lieu de Challans, ledit demi-escadron aurait été enjoint, ainsi que huit desdits dragons, de nous accompagner audit lieu de Saint-Christophe pour y faciliter le déménagement et l'évasion dudit sieur Bouvier ; ce qui a été effectivement exécuté en notre présence ; et dans l'intervalle du démeublement il a été fait plusieurs patrouilles, tant dans ledit bourg de Saint-Christophe qu'aux environs. Ce fait, et voyant que l'insurrection était entièrement calmée, nous nous sommes retirés les uns et les autres à nos résidences respectives, à l'exception dudit escadron de Lorraine, qui est resté audit Saint-Christophe.

De tout quoi nous, brigadier et cavaliers susdits, avons fait et rédigé le présent procès-verbal, pour les faits seulement ci-dessus énoncés, l'acte d'écrou desdits douze prisonniers ayant été fait par les gardes nationaux dudit Machecoul, qui s'en sont chargés.

A Saint-Christophe-du-Ligneron, le trois mai audit an mil sept cent quatre-vingt-onze, pour servir et valoir ce qu'il appartiendra.

Signé : DESNIER, brigadier de la maréchaussée; BIER, DUBAIL et BOURON.

Rapport des officiers de la force armée expédiée à Saint-Christophe [1].

L'an mil sept cent quatre-vingt-onze et le deuxième jour du mois de mai,

Nous, soussignés, commandant et officiers des gardes nationales de Challans, la Garnache, Sallertaine, Saint-Gervais, Beauvoir-sur-Mer, Saint-Gilles-sur-Vie et Croix-de-Vie, district de Challans, département de la Vendée, et de celles de Machecoul et de Bourgneuf, district de Machecoul, département de la Loire-Inférieure, et nous, commandant d'un détachement des dragons du quatrième régiment ci-devant Conti,

Rapportons que sur le réquisitoire donné à nos municipalités par le directoire du district de Challans, contenant que cejourd'hui premier de ce mois il y a eu une émeute considérable au bourg de Saint-Christophe-du-Ligneron, dans laquelle une foule de gens de campagne s'est portée aux excès les plus condamnables, tant envers des cavaliers de la gendarmerie nationale qu'envers plusieurs des habitants du bourg de Saint-Christophe et les a excédés de coups de bâton; qu'il y avait aujourd'hui une foire au même bourg et que la troupe ameutée pourrait se porter à de nouveaux désordres; d'après lequel exposé, messieurs les administrateurs du district de Challans requéraient nosdites municipalités de prêter main-forte à la loi, non seulement pour arrêter les chefs des séditieux, mais encore pour prévenir tout excès,

Et sur la réquisition à nous faite par lesdites municipalités de nous rendre pour cet objet au bourg de Challans, point de réunion, nous nous sommes transportés audit bourg, où, nous étant tous réunis vers midi, le directoire du district nous a intimé l'ordre de nous rendre audit bourg de Saint-Christophe, et nous sommes partis à une heure avec M. le procureur-syndic du district de Challans et accompagnés du drapeau rouge, attendu que les séditieux avaient forcé les officiers municipaux du bourg de Saint-Christophe de se démettre de leurs charges.

Nous sommes arrivés au bourg de Saint-Christophe à trois heures du soir, et tout paraissait absolument tranquille; les gens assemblés pour la foire étaient retirés.

Trois brigades de la gendarmerie nationale, qui se trouvaient sur les lieux, nous ont communiqué, ainsi qu'au procureur-syndic, leur procès-verbal sur l'émeute de la veille, servant à constater les excès auxquels les séditieux s'étaient portés.

---

[1]. Dont copie se retrouve aux Archives de la Loire-Inférieure, pièces isolées du dossier Vendée, et aux Arch. nat. F⁷ 3274.

Sur quoi le procureur-syndic donna lecture au peuple et à la troupe réunis sur la place, des arrêtés du directoire du district relatifs à cette émeute et des réquisitoires qu'il avait faits auprès de nos municipalités respectives ; en annonçant l'objet de notre mission, il a prêché la concorde, la paix et l'obéissance à la loi.

Les cavaliers de la gendarmerie nationale indiquèrent au procureur-syndic les principaux chefs de l'émeute, parmi lesquels se trouvait une femme ; il nous en donna la liste, et, d'après la résolution prise de les arrêter, nous chargeâmes de son exécution quelques détachements. Lesquels arrêtés, la femme et cinq autres séditieux, un troisième détachement, composé de sept soldats, dont trois gardes nationaux, trois dragons et un indicateur déguisé en gendarme national, se porta à une des métairies du sieur Marconnay, ci-devant seigneur de Saint-Christophe, et dont les métayers avaient paru à la tête des séditieux. L'objet de sa mission était d'en capturer quelques-uns. Trois métairies dudit sieur Marconnay, visitées avec la plus scrupuleuse attention, n'offrirent absolument personne. A la troisième de ces métairies, le détachement aperçut trois hommes qui fuyaient dans la campagne. Il les poursuivit, et au moment de les atteindre il fut accueilli par plusieurs coups de fusil, dont heureusement aucun ne porta, encore que le sifflement des balles s'était fait entendre très distinctement.

Ce détachement ne se voyant pas en force contre une troupe qui paraissait être de soixante à quatre-vingts personnes, à en juger et par la quantité des coups de fusil et par le nombre des individus qu'on apercevait au travers des broussailles, crut devoir se replier sur le bourg, afin d'y aller chercher main-forte. Il prenait la route qu'il avait suivie en allant ; mais la troupe des séditieux venant à sa rencontre, le détachement, ayant un contour à faire pour parvenir au bourg, jugea qu'elle lui couperait le chemin ; ce que voulant éviter, il prit le parti de faire un plus grand contour et revint à toute bride rendre compte de ce qui se passait.

Sur cette nouvelle, et d'après les renseignements que nous donnèrent quelques dragons qui conduisaient un séditieux, que l'attroupement se portait sur le bourg, nous nous décidâmes à marcher à sa rencontre ayant avec nous le drapeau rouge, porté par un officier municipal de Challans, et quelques cavaliers de la gendarmerie nationale qui s'étaient réunis à nous. Nous avions laissé une partie de la troupe dans le bourg, tant pour garder les prisonniers déjà arrêtés que pour garantir les avenues dudit bourg et mettre les habitants en sûreté. Le reste de la troupe s'avança par un chemin bas vers les séditieux, et, comme il était parvenu au débouché du chemin, la troupe mutinée commença par faire feu. On riposta. Elle fut bientôt dissipée ; mais malheureusement *il en périt quatre* sur la place. Nous n'avons perdu personne ; deux dragons seulement ont été blessés. Les dragons en poursuivant les fuyards en ont arrêté six, dont *un dangereusement blessé* ; le reste a disparu [1].

---

1. Le commandant de la garde nationale de Saint-Christophe, Aimé-Marie-Guyet, dit dans sa déposition du 11 mai, « que le mardi, jour de foire, la majeure partie des habitants s'y rendit avec des armes, mais il ne sait point si ces habitants étaient informés des démarches faites à Challans pour obtenir des secours. » Il ajoute que « ceux qui

L'émeute dissipée et la nuit approchant, nous sommes rentrés en ordre dans le bourg de Saint-Christophe, où, voyant que la troupe ne pourrait pas être logée, voulant, d'ailleurs, mettre les prisonniers en lieu de sûreté, il a été arrêté de se rendre le soir même à Challans, où nous sommes arrivés vers les dix heures et demie ; et, après avoir déposé les prisonniers dans les prisons de Challans sous bonne et sûre garde, nous avons dressé le présent procès-verbal, que nous attestons sincère et véritable sous nos signatures.

A notre arrivée, on nous a appris qu'un détachement de cavalerie de Royal-Lorraine, en garnison aux Sables-d'Olonne, était venu se joindre à nous.

Signé : IMBERT, *commandant de la garde nationale de Challans;* REBEILLÉ, *commandant le détachement de dragons;* VIGNERON, *commandant de Beauvoir;* GRELLIER, *commandant de Croix-de-Vie;* FLEURY, *commandant en second de Machecoul;* FOUQUET, *procureur de Machecoul;* BROSSEAU, *capitaine de Saint-Gervais;* BRISSON, *capitaine, commandant la garde nationale de Bourgneuf;* GRATTON, *capitaine de la garde nationale de Saint-Gilles.*

Pour copie conforme à l'original,
Signé : HIMÈNE, maire de Bourgneuf.

Extraits de l'information[1].

Deux dépositions du maire et du commandant en second de la garde nationale de Saint-Gilles complètent les rapports précédents et donnent une indication très précise sur l'état d'esprit des paysans vendéens au milieu de l'année 1791.

Henri COLLINET, *maire de Saint-Gilles-sur-Vie*, 33 ans, dépose, le 25 mai :

Se rendant, le lundi 2 mai, sur la réquisition des corps administratifs de Challans, avec les détachements des gardes nationales de Saint-Gilles et

étaient dans la maison du sieur Bouvier nommèrent ceux qui les avaient attaqués la veille, entre autres la Bouteiller, femme Siro ; Guillot, Genaudeau, les Rocquand », etc. Il termine ainsi : « Plusieurs cavaliers, faisant la recherche des personnes dénommées et rôdant autour du bourg, un dragon, tout couvert de boue, revint au grand galop criant : Aux armes ! Un nombre de 60 à 80 paysans et peut-être bien davantage étaient rassemblés et s'avançaient dans le bourg avec des armes de toute espèce ; ils avaient fait feu sur ledit dragon et sur les autres qui l'accompagnaient ; à l'instant, la troupe de ligne et les gardes nationaux se réunirent, marchèrent tous ensemble, le drapeau rouge déployé, pour s'opposer aux violences qu'on voulait exercer sur eux ; les paysans, étonnés de voir un si grand nombre de personnes réunies contre eux, firent volte-face et voulurent s'enfuir, excepté quelques-uns des plus mutins qui voulurent résister et furent victimes de leur résistance, quatre d'entre eux étant restés sur le champ de bataille et un grièvement blessé, qui a été pris et amené à Challans ; parmi les fuyards, aucun ne se présenta pour demander la paix. »

1. Arch. nat. Dxxix 13.

Croix-de-Vie, il fit halte ainsi que la troupe au Gué-au-Roux, où se rencontra le nommé Gaillard, jardinier, à qui l'interrogeant demanda « où il allait ainsi avec une troupe de gens armés. — A Challans, dit le déposant, tâcher avec les troupes de cette ville de porter la paix et la tranquillité dans la parroisse de Saint-Christophe, dont le peuple est égaré. — C'est vous, dit Gaillard, qui occasionnez et fomentez le désordre, mais vous ne serez pas toujours les plus forts; *vous voulez changer la religion, il n'en sera certainement rien, autrement il se versera bien du sang;* nous avons un très bon prêtre, dont nous sommes contents; nous le garderons aux dépens de notre vie. — C'est bien, dit le déposant, de protéger les bons prêtres, mais il faut se soumettre à la loi, elle est notre maîtresse, et nous ne sommes libres qu'en l'exécutant. » Il insista plusieurs fois, disant que ces messieurs n'avaient point droit de changer les prêtres, que s'ils entreprenaient ce changement, ils n'en viendraient point à bout, et *qu'il se verserait beaucoup de sang*, dernier terme qu'il répéta plusieurs fois toujours en colère avec un air menaçant. Le déposant lui représenta qu'il était dans l'erreur, qu'il devait se calmer et rester tranquille. Ce fut inutilement; la troupe partit, le déposant resta le dernier avec le sieur Gratton le jeune pour empêcher que la troupe, irritée des propos séditieux dudit Gaillard, ne sévît contre lui [1].

Jean-Marie-Jacques-Pierre RAFIN, *commandant en second de la garde nationale de Saint-Gilles-sur-Vie,* 26 ans, dépose :

Le lundi 2 mai, se rendant à Challans avec le détachement des gardes nationales de Saint-Gilles et de Croix-de-Vie, arrêté un instant au Gué-au-Roux en la paroisse de Soullans, le nommé Gaillard, jardinier, demeurant audit lieu du Gué-au-Roux, causant avec un air animé avec le sieur Collinet et autres, dit : « Messieurs, il faut absolument des supérieurs! — Il y en a, Monsieur, dit Collinet ; moi-même, décoré de la qualité de maire, je suis en quelque sorte supérieur et autorisé à faire exécuter la loi, qui seule doit être maîtresse. — A la bonne heure, dit Gaillard, mais nos prêtres nous sont donnés par Dieu, *laissez-les mourir dans leurs places; après cela nous verrons ce que nous aurons à faire, et pourrons même souffrir leurs successeurs; mais, si vous les ôtez, il y aura du sang répandu, et nous les défendrons jusqu'à la mort.* » Prononçant ces derniers mots, il avait l'air enflammé et annonçait de la colère.

CHAPITRE X

APPARITION DES NOBLES DANS LES ATTROUPEMENTS RURAUX

Le 3 mai, la municipalité de Saint-Gilles apprend que le tocsin sonne dans les bourgs de son voisignage, à Coëx, Saint-Révérend, l'Aiguillon et Saint-Maixent-sur-Vie. Il lui est rapporté :

Un grand nombre d'individus se sont réunis, ayant à leur tête les ci-devant nobles Guerry, Boisjolly, Rorthais l'aîné; ils se sont mis en marche vers Apremont, pour se rendre de là à Saint-Christophe-du-Ligneron, disant : *Allons! mes amis; nous allons soutenir la religion!* Guerry a reçu du sieur de Marconnay un cheval chargé de munitions.

Dans la commune même de Saint-Gilles se manifeste de l'agitation. On y arrête un laboureur, BERTHOMÉ, qui, conduit devant les officiers municipaux, déclare :

Dans sa simplicité, il lui est échappé des paroles dont il ne connaissait pas la portée; il y avait été déterminé par le sieur Jacques Moiseau, vicaire de cette paroisse, qui lui avait dit : *De quelle loi veux-tu être?* A quoi il avait répondu qu'il n'entendait rien à cela, *qu'il ne voulait être ni de celle des bourgeois ni de celle des prêtres.* Ledit Moiseau lui avait répliqué : *Si tu suis la loi nouvelle, tu es damné; ainsi, crois-moi, tourne-toi de notre côté!* Il ajoute que, sortant de cet entretien, il ne pouvait se contenir.

Un sabotier de Saint-Révérend, Louis BRAUD, raconte ce qui s'est passé le matin sous ses yeux :

Le sacristain Jean Cougnaud et les Guilbaud, de la Baitière, vinrent le chercher pour aller chez ceux-ci, où Cougnaud déclara que *ceux qui ne se rendraient pas sur-le-champ à la Vergne,* demeure du sieur Guerry, *seraient tués.* S'y étant rendus, il y trouvèrent Guerry aîné, qui leur dit qu'il fallait partir pour Apremont, les fit boire, distribua des munitions à ceux qui avaient des armes. Ils partirent vers midi au nombre d'environ 60, ayant à leur tête Guerry et Rorthais aîné...

Le même, ramené quelques jours après, devant le conseil de la commune de Saint-Gilles, ajoute :

Un homme, les uns disent d'Apremont, les autres de Saint-Christophe, s'écria en sa présence : « Prêtez-nous secours ! nous sommes tous perdus ! Une multitude parcourt les paroisses ; ils saccagent, tuent et brûlent tout, ils approchent d'Apremont ; s'ils le passent, vous êtes égorgés, votre château brûlé ; toutes les paroisses s'assemblent, il faut venir sans délai à notre secours !... » Rorthais ayant demandé *s'il y avait des messieurs*, l'homme répondit : « Oui, Monsieur, *tous, petits et grands s'assemblent, pauvres et riches se rendent :* M. Marconnay, M. Barbelais, M. de la Rochefoucauld, de la Boislivière ; tout le Marais, le Poiré et les autres paroisses se rendent. *Ceux qui ne viendront pas seront punis.* J'ai passé à la Vergne, chez M. Guerry aîné ; à Coëx ; je vais à l'Aiguillon et dans les autres paroisses. » C'est cet homme qui alla à la cure de Saint-Révérend et fit sonner le tocsin. Plus de quarante personnes étant réunies, Guerry aîné leur dit : « Mes amis, si je savais que vous ne vous comportiez pas comme il faut, je n'irais pas avec vous ; n'insultez personne ; nulle part ne faites rien que par mes ordres ; allons voir ce que c'est ! Si ce sont des brigands, je leur demanderai la paix ; s'ils veulent du sang, je leur donnerai ma vie pour vous laisser tranquilles ; mais, s'il veulent combattre, je leur dirai : Prêtez-moi des armes ! car je n'en ai aucune. » Guerry, en effet, partit à cheval et sans armes, mais Rorthais, qui se mit en tête avec lui, aussi à cheval, avait son fusil.

Un autre sabotier, Jacques CHAILLOU, de la Sciaudière, près de Saint-Révérend, rapporte que le messager d'Apremont disait :

Si l'on ne se réunit pas, il viendra des gens, de paroisse en paroisse, mettre l'incendie.

Le laboureur Praud et le farinier Verronneau, de Saint-Révérend, nomment comme ayant sonné le tocsin le métayer Cantin et le fils du sacristain Baraud.

Ces informations municipales de Saint-Gilles[1] sont complétées par l'information judiciaire de Challans du 10 au 26 mai[2].

Extraits de dépositions.

Pierre BABIN, *curé* de Coëx, 65 ans, dépose :

... Le 3 mai, fête de Sainte-Croix, solennité dans cette paroisse, il

---
1. Tirées des registres des délibérations de la mairie de Saint-Gilles.
2. Archives nationales, DXXIX 13.

avait chez lui quelqu'un de ses confrères et avait invité le sieur Lansier de se joindre à eux. Il lui fut rapporté qu'il y avait eu du trouble à l'occasion dudit sieur Lansier; mais le déposant n'en a point été témoin, il a su que le tocsin avait été sonné le dimanche, par des gens d'Apremont, à ce qu'on lui a dit; de même il sonna le mardi; on était venu lui en demander permission, il refusa constamment, mais, au mépris de son refus, le tocsin n'en fut pas moins sonné; le déposant, à vêpres, en fit des reproches publics à toute sa paroisse, mais il ne sait point par qui le tocsin fut sonné.

Jacques CLAUTOUR, *maçon*, 35 ans, demeurant à Coëx, dépose :

... Le mardi 3, au sortir de la première messe de Coëx, jour de fête de cette paroisse, un particulier d'Apremont, nommé Cantin, se rendit à cheval solliciter encore les habitants de Coëx à se réunir avec ceux d'Apremont; pour les encourager, il disait « que la troupe tirait à bout touchant, mais que les balles ne portaient point »; il demanda qu'on fît sonner le tocsin; le curé s'y opposa... Le déposant ne sait point encore qui le sonna. Ce Cantin, sans descendre de dessus son cheval, harangua le peuple à la porte de l'église pour l'inciter à la révolte, et dut de là aller à Saint-Révérend solliciter de même le peuple de cette paroisse pour porter secours à Apremont. Le tocsin sonné à Coëx, plusieurs habitants se réunirent, s'armèrent de fusils et autres armes, allèrent du côté d'Apremont; il ne sait point s'ils allèrent jusqu'audit lieu, parce qu'il n'était point avec eux, ni ce qu'ils y firent. De retour à Coëx, ils firent ôter les bancs qui étaient dans l'église, excepté celui du sieur Servanteau, ci-devant seigneur de ladite paroisse; le sieur curé, informé qu'ils se portaient à cet excès, vint à l'église et s'opposa de toutes ses forces à ce qu'ils fissent aucun dommage et les contraignit de sortir ; il entendit encore, lui déposant, quelqu'un au coin des halles de Coëx qui dit, voyant passer le sieur Lansier qui se rendait à la cure : « Pourquoi n'avez-vous pas arrêté le sieur Lansier? nous l'aurions mené avec nous à Apremont; M. de Saint-Révérend y sera à la tête de la troupe, il m'a donné du plomb et de la poudre. »

Jacques LANSIER, *administrateur du district des Sables-d'Olonne*, 34 ans, demeurant à Coëx, dépose :

... Étant allé à Apremont le lundi 25 (avril), après la scène tragique, il entendit sur le pont un nommé Cantin qui dit : « Ces gens-là ! nous les avons bien matés !..... »

Étant sur la place à Coëx, le mardi 3 mai, ayant entendu sonner le tocsin à la sollicitation de ce nommé Cantin, lui déposant parla à une trentaine de personnes qui étaient rassemblées, leur représentant combien il était dangereux pour eux d'aller avec les habitants d'Apremont s'exposer à un danger évident; il leur dit qu'ils feraient bien de rester tous tranquilles. Alors survint une troupe d'habitants de la paroisse de Coëx, tous armés, à la tête desquels était un nommé Rapitaud, métayer du sieur Masson, fermier du sieur de Rorthais; ledit Rapitaud, voyant ces gens rassemblés, les engagea à l'accompagner avec les autres qui étaient avec lui, pour tous ensemble réunir leurs forces et se défendre contre ceux qui les attaqueraient. Sur ce que les gens que ledit déposant avait harangués se refusaient à cette réunion, ledit Rapitaud, en jurant, leur dit, voyant le déposant aller à la cure : « Est-ce ce monsieur-là qui vous en empêche ? Comment, vous écoutez un pareil homme ? Il faut que je lui foute un coup de fusil ! » Et en même temps il le coucha en joue. Le déposant, se retirant derrière l'église, entra à la cure, et on lui rapporta que Rapitaud avait dit : « Allons, mes amis, nous aurons à notre tête MM. de Saint-Révérend et Guerry ; le seigneur de Saint-Révérend, mon maître, m'a donné de la munition ! » Le soir, le déposant vit revenir partie de ces gens-là, avec Rapitaud à leur tête ; il avait entendu tirer quelques coups de fusil lorsqu'ils arrivèrent ; mais, passant dans le bourg, ils ne lui dirent rien et le saluèrent.

Jacques PETIOT, *curé de Saint-Révérend*, 47 ans environ, dépose :

Les troubles d'Apremont, Saint-Christophe et Saint-Jean-de-Monts lui étaient absolument inconnus avant qu'ils arrivassent. Le mardi 3 mai, étant dans son église à confesser, vint un particulier, qu'on lui a nommé Cantin, l'air menaçant et en colère, disant qu'il fallait sonner le tocsin, qu'on le sonnait à Coëx et qu'il voulait aller à l'Aiguillon le faire sonner ; le déposant demanda pourquoi ; ce particulier, toujours en colère et d'un air fort arrogant, lui repartit que c'était pour la religion qu'il fallait aller à Saint-Christophe, l'entourer et le bloquer ; il disait que, si on n'y allait pas, les paroisses qui n'iraient pas seraient massacrées ; le déposant voulut empêcher de sonner, mais il n'en fut pas le maître et fut obligé de se retirer ; le peuple de sa paroisse, extrêmement inquiet et embarrassé, se rendit à ce son de cloche ; dans sa peine, il disait : « Allons trouver MM. Guerry et de Rorthais ; nous les prierons de venir avec nous. » Le déposant ne sait point quel accueil favorable firent les sieurs Guerry et de Rorthais ; il ignore ce qui se passa dans cette entrevue, mais on lui a rapporté que le sieur Guerry s'était fait garder la nuit du 3 au 4 (mai) à son retour d'Apremont.

Pierre RABEAU, *officier municipal de Challans et arquebusier*, dépose le 24 mai :

Le mercredi 27 du mois dernier, le sieur Guerry du Cloudy lui remit pour raccommoder quatre paires de pistolets, dont il avait besoin pour se défendre, dit-il, des brigands dont il était menacé, comme il l'avait éprouvé quelques jours auparavant, dans la personne d'un soi-disant mendiant qui avait forcé sa dame de lui faire la charité. Le déposant ayant raccommodé ces pistolets, le sieur du Cloudy lui-même les vint chercher le mardi (3 mai), au matin, sur les huit heures.

Louis GRAUD, *laboureur*, 40 ans, à la métairie de la Baginière, paroisse de Saint-Révérend, dépose :

... Le mardi 3, il a entendu sonner le tocsin ; quoiqu'il fût éloigné du bourg de près d'une demi-lieue, il s'y rendit pour savoir ce que le son de cette cloche annonçait. Arrivé audit bourg sur les onze heures du matin, il rencontra quatre habitants proche la cure ; il leur demanda pourquoi on avait sonné. Ils lui dirent *qu'il fallait qu'un d'eux de chaque maison se rendît à Apremont;* on ne lui dit point ce que c'était pour faire, mais que les sieurs Guerry et Rorthais aîné étaient avec eux. *Il croit que si ces messieurs n'y avaient point été, les autres de la paroisse n'y fussent pas allés....* Il s'en retourna chez lui, continua son ouvrage, et personne de sa maison n'alla à Apremont.

Jean GUILLAUD, *laboureur,* 45 ans, demeurant à la Briollière, paroisse de Saint-Révérend, dépose :

... Le lundi il n'eut point connaissance de la bataille qui se donna à Saint-Christophe, mais lui ayant été rapporté que les troupes des Sables-d'Olonne se rendaient vers Challans, il en fut étonné et saisi... Le mardi 3, il entendit sonner le tocsin [1] et se rendit au bourg de Saint-Révérend, où il trouva quelques personnes rassemblées devant la cure, avec le nommé Cantin, demeurant à la Raslière, paroisse d'Apremont, qui était venu dès le matin pour les inciter à se réunir et à se révolter, sans savoir contre qui il fallait se révolter ; ledit Cantin jurait extraordinairement, disant que « sans leur réunion tout était perdu, et que s'ils ne se rendaient pas pour porter secours à Saint-Christophe, ils seraient tous écrasés. » Lui déposant demanda au sieur Petiot, curé, qui était présent, ce qu'il pensait de tout cela ; ledit sieur curé lui dit qu'il n'en savait rien, rentra en pleurant dans sa chambre. Alors quelqu'un de la troupe se rendit à la Vergne demander au sieur Guerry quel parti, dans la circonstance, ils pouvaient prendre ; ledit sieur Guerry répondit « qu'il n'en savait rien, mais qu'ils eussent tous à se trouver de suite à la Vergne, et qu'ils aviseraient ensemble aux moyens plus propres à les délivrer des fléaux dont ils étaient menacés. » Ces députés de retour dirent qu'il fallait tous se rendre à la Vergne ; ce qu'ils effectuèrent sur-le-champ, portant chacun les armes qu'ils avaient, mais la majeure partie des fusils, pour satisfaire à l'empressement de Cantin, qui leur avait recommandé de s'armer de toutes pièces. (Lui, il avait un fauchet.) Arrivés à la Vergne, les sieurs Guerry et de Rorthais leur dirent : « Mes amis, allons jusqu'à Apremont, là nous saurons si nous devons aller jusqu'à Saint-Christophe, ou s'il nous faudra retourner ; si la paix est rétablie à Saint-Christophe, nous retournerons ; dans le cas contraire, nous nous rendrons à Saint-Christophe demander cette paix ; si on nous la refuse, nous ferons de notre mieux pour nous défendre. » Il n'y avait que les sieurs de Rorthais et Guerry l'aîné à la Vergne ; après leurs discours, ils se mirent en route, lesdits sieurs de Rorthais et Guerry l'aîné à leur tête. Le long du chemin, se rendant à Apremont, lesdits sieurs Guerry l'aîné et de Rorthais leur disaient : « Allons le plus tranquillement possible, ne faisons

1. Le tocsin, dit-il à la fin de sa déposition, fut sonné par le fils du sacristain, âgé de dix à douze ans, sur l'ordre de Cantin. Plusieurs Cantin furent arrêtés, François, de la Parentière, dont nous avons donné les interrogatoires plus haut, p. 260-262, et René Cantin, qui, répondant au juge, indiqua Jean Cantin fils, laboureur aux Rallières, contre lequel le 9 août, fut lancé un décret de prise de corps, comme ayant fait sonner le tocsin à Coëx et à Saint-Révérend le 3 mai.

insulte à personne. » Ils arrivèrent à Apremont, pleins de ces sentiments de tranquillité et de paix.

Jean GAUTREAU, *sabotier*, 38 ans, demeurant au bourg de Saint-Révérend, dépose :

... Il n'a été instruit du tumulte et de la bataille donnée à Saint-Christophe que le mardi 3 mai, par le son de la cloche de Saint-Révérend, qui annonça l'alarme, laquelle cloche fut sonnée à la sollicitation du nommé Cantin, demeurant à la Raslière, paroisse d'Apremont, venu à cheval en toute diligence pour rassembler les habitants de la paroisse de Saint-Révérend et les porter à la révolte, leur disant que ceux qui ne se rendraient pas à Apremont seraient tous massacrés. La femme du déposant, ayant été au bourg de Saint-Révérend, revint le trouver et l'engagea à se réunir aux autres habitants de la paroisse, pour avec eux se rendre à Apremont. Il dirigea ses pas au logis de la Vergne, demeure du sieur Guerry l'aîné ; les autres habitants de ladite paroisse de Saint-Révérend se rendirent de même chez le sieur Guerry, mais il ne sait point si le sieur Guerry leur avait dit de se rendre chez lui ; quant à lui, le sieur Guerry ne lui en avait rien dit. Lui déposant porta un fusil ; il n'avait point de munitions, le sieur Guerry lui donna un peu de plomb et le sieur de Rorthais de la poudre. Lorsqu'ils furent rassemblés audit lieu de la Vergne, le sieur Guerry leur parla et leur représenta « qu'il fallait aller pour mettre la paix sans faire injure à personne ». Le long du chemin, se rendant à Apremont, ledit sieur Guerry s'arrêta deux ou trois fois et leur répéta le même langage, ajoutant que, « s'il savait que quelqu'un d'entre eux s'écartât de la prudence et de la modération et fût assez malheureux pour faire dommage à quelqu'un, il les laisserait là et s'en retournerait chez lui. » Les habitants de Saint-Révérend lui promirent de ne faire insulte à personne ; c'est sur ces promesses que ledit sieur Guerry et ledit sieur de Rorthais continuèrent leur route jusqu'au bourg d'Apremont. Ils étaient de cette paroisse de Saint-Révérend environ trente ou quarante personnes ; ils furent joints en chemin par quelques habitants de la paroisse de Coëx, qui les suivirent jusqu'audit bourg d'Apremont ; ledit sieur Guerry avait dit en chemin « qu'ils pourraient être dans le cas, avec leur troupe, de désarmer les bourgeois d'Apremont, mais qu'il ne fallait leur faire aucune insulte... »

RENVOI DE FORCE ARMÉE A SAINT-CHRISTOPHE

La municipalité de Saint-Gilles avait averti en même temps les autorités des Sables et celles de Challans.

Aux Sables, la garde nationale avait alors pour colonel Servanteau, ci-devant seigneur de Coëx[1], qui, ne voulant pas marcher

---

1. Servanteau de la Brunière, ancien officier au régiment de Royal-Dragons, inscrit sur la liste des émigrés de la Vendée comme habitant d'ordinaire les Sables et propriétaire dans cinq communes du district.

contre ses anciens vassaux, engagés dans le mouvement insurrectionnel, donna sa démission avec ses deux lieutenants-colonels. Ces officiers avaient, quelques jours auparavant, manifesté leurs sentiments centre-révolutionnaires en s'abstenant de donner des ordres pour que les soldats-citoyens assistassent en corps au service funèbre célébré en l'honneur de Mirabeau. Le maire patriote, Gaudin aîné, et le district n'en firent pas moins partir pour Saint-Christophe un détachement commandé par le major Gaudin jeune et l'administrateur Sourrouille.

La ville était très inquiète de l'agitation qui persistait dans les villages environnant le Poiroux et Avrillé, ainsi qu'à la Motte-Achard et au Poiré. Elle reçut une dénonciation, d'après laquelle l'insurrection avait été annoncée plusieurs jours à l'avance par Mlle de Hauteporte[1], et que le plan des meneurs, s'ils réunissaient assez de monde, était de l'attaquer. Elle se mit en état de défense ; les marins se présentèrent spontanément comme artilleurs ; les gardes nationales des communes patriotes, Olonne, Château-d'Olonne, Saint-Martin-de-Brem, se mirent à la disposition de la municipalité sablaise[2].

L'administration départementale de la Vendée n'avait pas encore répondu aux demandes de secours militaires qui lui avaient été si vivement reitérées depuis le commencement des troubles. Les gardes nationales requises étaient très mal armées et les munitions manquaient.

Le 3 mai, la municipalité de Challans décida d'envoyer au plus vite à Machecoul, chef-lieu de district de la Loire-Inférieure, acheter de la poudre et des balles. Ce que le district approuva aussitôt, mais en spécifiant « que le coût serait aux frais des administrés et le tout payé suivant les mémoires. » L'arrêté approbatif était motivé sur « la nécessité où se trouvait l'Administration de se munir de forces afin de repousser les projets qu'avaient conçus *la plus grande partie des paroisses d'incendier le Directoire et d'enlever la caisse pour s'en approprier le montant et le distribuer aux prêtres réfractaires*[3]. »

L'incendie des districts et la saisie des caisses publiques furent, on le sait, les deux premiers actes de la grande insurrection de 1793.

Mourain et Merland, les deux seuls administrateurs siégeant au directoire de Challans le 3 mai, leurs collègues étant en mission ou empêchés, étaient des hommes qui se montrèrent, à travers toute la Révolution, très modérés ; mais c'étaient aussi d'excellents patriotes,

---

1. De la famille Hacquet de Hauteporte, propriétaire à Saint-Jean-de-Monts, inscrite sur la liste des émigrés.
2. Analyse des délibérations de la commune des Sables du 4 au 6 mai.
3. Délibération du district de Challans, Archives nationales, Dxxxi 15.

qui voyaient juste aux moments critiques et ne perdaient pas la tête.

Dès le matin, après avoir reçu le rapport du brigadier de gendarmerie de la Roche-sur-Yon, et au moment où arrivait le premier avis de Saint-Gilles, ils avaient adressé aux vingt-cinq cavaliers du 16e régiment prêtés par les Sables-d'Olonne et aux huit ou dix dragons du régiment de Conti, rentrés la nuit, la réquisition suivante :

... Se porter à Saint-Christophe et veiller à ce qu'aucuns des révoltés ne se réunissent de nouveau en armes ou sans armes et, dans ledit cas d'assemblement, les inviter à la paix et à se retirer tranquillement dans leurs domiciles respectifs ; et, s'ils persistaient dans leur sédition et attroupement, les dissiper par tous les moyens prononcés par la loi ;

Les commandants requis sont invités à mettre la plus grande prudence dans leurs expéditions et à n'employer la force que dans l'extrême et dernière nécessité.

La présence de cette trentaine de cavaliers suffit pour empêcher de recommencer la sédition de Saint-Christophe, et pour faire avorter l'expédition des gentilshommes de Saint-Révérend.

Extraits de dépositions [1].

René-Claude-Michel MIRACLE, *vicaire d'Apremont*, dépose :

... Le mardi 3, il vit plusieurs habitants des paroisses d'Apremont et de Coëx, rassemblés dès le matin au son du tocsin, répandus en différents endroits du bourg d'Apremont, surtout auprès de l'église. Lassés sans doute d'attendre du renfort, quelques-uns même d'entre eux, prêchés par un repasseur de rasoirs qui leur représentait leur égarement et le peu de raison qu'ils avaient de s'armer contre leurs frères, leurs voisins et leurs amis, se retirèrent. Il vit aussi, le matin du même jour, le nommé Gateau, garçon charpentier, demeurant chez Chauvet, paroisse d'Apremont, armé d'un fusil, faisant des gestes menaçants ; il avait encore une espèce de grand couteau dont on se sert pour les sabots. Il vit aussi, dans la soirée du même jour, par une des fenêtres de la maison du sieur Merlet, un grand nombre d'hommes paraissant armés de fusils, fourches, bâtons, faux, venant du côté de Saint-Révérend, ayant à leur tête deux messieurs à cheval avec un domestique aussi à cheval, qu'on lui a dit être les sieurs Guerry l'aîné et Rorthais l'aîné ; ces Messieurs firent faire halte à la troupe, qui les suivait un peu au-dessus du ruisseau de Corbeil ; cette troupe y resta un peu, s'ajusta en reprenant ses habits. Ces Messieurs s'avancèrent quelques pas, firent ensuite signe à la troupe de les suivre ; tous ensemble montèrent jusqu'à la maison du sieur Merlet, firent demeurer la troupe dans l'emplacement qui est entre

---

1. Information du 10 au 26 mai, Arch. nat. Dxxix 15.

le portail du sieur Merlet et celui du sieur Grolleau. Le déposant ne sait point à quoi cette troupe s'occupa ; elle parut tranquille, et, les sieurs Guerry et de Rorthais partis pour la Boislivière, on sonna le tocsin à Apremont. Les nommés Riant fils, sabotier ; Chauvet, charpentier ; Biron, charpentier ; Guillet fils, marchand ; Renée Soret fille, s'approchèrent d'eux et leur parlèrent ; ensuite la troupe se retira, prenant en partie le chemin de la Boislivière. Sur le soir, le nommé Soret père, maréchal, trouva, revenant des environs de la Tudairière, ces deux messieurs qui lui demandèrent « s'il était d'Apremont » ; il leur répondit : « Oui, j'en suis. — Eh bien, mon ami, il faut se soutenir », et ils passèrent leur chemin.

Jean-Gilbert GROLLEAU, *notaire à Apremont*, explique dans sa déposition :

Le mardi 3 mai, il entendit sonner le tocsin à Apremont dès cinq à six heures du matin. Il se rassembla beaucoup de monde tant de cette paroisse que de celle de Coëx. Sur les quatre à cinq heures du soir, il vit au travers des vitres, parce qu'il était renfermé chez lui, à une distance d'environ deux cents pas de sa maison, un nombre de personnes d'environ quarante ou cinquante, armées pour la plupart de fusils ; à leur tête, il distingua trois personnes à cheval, qu'il ne put reconnaître ; ces trois personnes s'arrêtèrent un peu à causer entre elles et avec la troupe ; ils continuèrent ensuite leur route jusqu'à l'entrée du bourg d'Apremont, passèrent auprès des murs du jardin du déposant et s'arrêtèrent dans l'emplacement qui est entre le portail du sieur Merlet et celui du déposant. Deux personnes de la troupe entrèrent chez le déposant par son jardin, demandèrent paisiblement à boire au domestique qui était dans la cuisine ; on leur donna à boire ; ils sortirent et rejoignirent leur troupe. Ils restèrent tous assemblés dans cet emplacement sans faire beaucoup de bruit, et sans faire dommage à personne, du moins à sa connaissance, parce qu'il se tint toujours renfermé chez lui. Il apprit dans ce même moment, par le bruit qui se répandit dans le bourg d'Apremont, que les sieurs Guerry l'aîné et de Rorthais l'aîné, avec un domestique, étaient à la tête de la troupe, qu'ils s'en étaient détachés pour aller à la Boislivière chez le sieur de la Rochefoucauld, où on disait qu'il y avait beaucoup de ci-devant nobles rassemblés. Cette troupe abandonnée par les sieurs Guerry et Rorthais, lassée de les attendre, s'achemina vers la maison dudit sieur de la Rochefoucauld, à une demi-lieue d'Apremont, où partie des habitants de la paroisse de la Chapelle-Hermier devaient être, parce qu'elle était sur le chemin à peu près. Ajoute le déposant qu'il fut rapporté à Apremont et chez lui que le sieur de la Rochefoucauld avait blâmé la démarche des sieurs de Guerry et de Rorthais, ainsi que celle de la troupe qui les avait suivis, qu'il dit aux uns et aux autres qu'ils auraient mieux fait de rester chacun chez eux, et qu'ils eussent à s'en retourner [1].

---

1. La fille du notaire, demoiselle Rosalie Grolleau, confirme avec beaucoup de discrétion la déposition de son père. Elle constate que, le 3, le tocsin a été sonné à Apremont, de très grand matin, puis à 10 heures, et dans l'après-midi, vers 4 ou 5 heures.

Félix Goupilleau, *sergent royal*, termine ainsi sa déposition :

Le mardi 3, François Ganachaud, aubergiste, et Louise Pateau, son épouse, à la porte même du déposant, lui disaient que, comme il savait le service, il fallait l'emmener à leur tête à Saint-Christophe, que « s'il ne voulait pas y aller, » chargeant alors son fusil, « il n'y avait qu'à le tuer le premier » ; la femme Ganachaud animait son mari ; ce qui força le déposant à se renfermer chez lui. Il a su du fils de Fillâtre, maçon, qu'il y avait, entre le portail du sieur Merlet et celui du sieur Grolleau, les sieurs Guerry, de la Vergne, et Rorthais, de Saint-Révérend, avec quatre-vingt-dix hommes, que cet enfant avait bien comptés, tous armés de fusils, fourches, faux et autres instruments offensifs.

Louis Braud, *sabotier à Saint-Révérend*, dans les renseignements qu'il fournit à la municipalité de Saint-Gilles, conclut[1] :

A l'entrée d'Apremont, Guerry dit aux attroupés : « Restez ici, n'insultez « rien ; je vais à la Boislivière, chez M. de la Rochefoucauld, et je revien- « drai sous peu..... » Ennuyés de ce que MM. Guerry et de Rorthais ne revenaient pas, quelques-uns se détachèrent pour aller savoir le motif du retardement. Suivant le rapport de ceux qui entrèrent chez le sieur Rochefoucauld, on leur déclara *qu'ils eussent à s'en retourner chez eux jusqu'à nouvel ordre*..... Le domestique de Guerry, Jean Besseau, environ une heure après, vint annoncer de sa part : « Les ennemis qu'on avait dit vouloir leur faire du mal ne leur en feraient point ; qu'ils s'en retournent chez eux ; s'ils sont tranquilles, personne ne les inquiétera ; et l'on s'en est retourné chacun chez soi. »

Jean Gautreau, *autre sabotier de Saint-Révérend*, dans sa déposition devant les juges de Challans, ajoute[2] :

La troupe remporta les fusils comme elle les avait apportés, sans faire tort à personne, et il était à peu près soleil couché lorsque lui déposant fut rentré chez lui.

ARRESTATION ET INTERROGATOIRE DES GUERRY ET DE RORTHAIS [3]

Le soir du 3 mai, à huit heures, les dragons-Conti revinrent à Challans et exposèrent aux administrateurs qu'ils devaient rentrer le

1. Extrait des registres de Saint-Gilles-sur-Vie.
2. Extrait de l'information, Arch. nat. DxxIx 15.
3. Ces Rorthais et ces Guerry étaient d'aussi mince noblesse qu'innombrables. D'après un mot populaire, « on ne pouvait taper sur un buisson du Bas-Poitou sans en faire sortir un lièvre ou un Rorthais ! » Dans la « Liste générale par ordre alphabétique des émigrés de la Vendée », on trouve douze fois le nom de Guerry, dont :
Guerry de la Vergne, habitant d'ordinaire Saint-Gilles, propriétaire dans cinq communes du district de Challans ;

lendemain dans leur garnison de Machecoul, « où l'on n'était pas sans inquiétude sur la tranquillité » de la ville. Congé leur fut donné pour le surlendemain, avec le témoignage de la reconnaissance qui leur était due.

Réquisition était faite en même temps au détachement du 16e régiment de cavalerie de rester à Saint-Christophe jusqu'au 4 à midi, puis de revenir au chef-lieu afin de « se porter dans les endroits où les circonstances pourraient l'exiger. »

Le procureur-syndic Boursier présente ce réquisitoire :

Plusieurs des attroupés, dont les noms lui sont inconnus, sont restés sur le champ de bataille ; l'humanité et la religion exigent qu'il leur soit donné la sépulture ecclésiastique ; le sieur Regain, vicaire, a quitté son poste lors du décès du sieur Foucher, curé, sans lui avoir rendu les honneurs des obsèques, et à ce moment le corps n'est pas même inhumé. A quoi il serait instant de pourvoir, vu le laps de temps qu'il est décédé[1].

Le Directoire arrête[2] :

M. le curé (de Challans) sera prié d'envoyer un de ses vicaires d'instant

Guerry de Cloudy, habitant Saint-Jean-de-Monts, propriétaire dans deux communes du même district ;
Guerry de Boisjoly, propriétaire à Saint-Gervais, etc.
Leurs trois noms se retrouvent parmi ceux des premiers chefs dans l'insurrection générale de mars 1793, avec celui de Guerry de la Fortinière, qui surprit l'île de Noirmoutier ; c'était le frère des autres Guerry compromis au mois de mai 1791.
Dans le recueil de M. A. Des Noues : *Généraux et chefs de la Vendée militaire*, sont inscrits, sans détails : trois Guerry, colonels en 1796 ; un autre, officier des armées de La Rochejaquelein ; Guerry du Cloudy, chef de division de Charette, tué en 1794.
De Rorthais est, dans le même recueil, cité simplement : « Capitaine de Charette et de Suzannet, 1792-1800. »
La « Liste générale des émigrés » contient neuf fois ce nom :
Rorthais de la Rochette, habitant Beaulieu, propriétaire à Saint-Révérend, à Coëx et à l'île de Bouin, et dans deux autres communes faisant partie du district de Montaigu ;
Rorthais-Marmande, habitant Luçon, propriétaire dans sept paroisses des districts de la Roche, de Challans et des Sables ;
Rorthais-Montbail (dame), aussi de Luçon, propriétaire dans quatre communes des districts de Fontenay et de la Roche ;
Rorthais, sans lieu de domicile habituel, propriétaire dans tous les districts de la Vendée, moins un, celui de Montaigu ;
Rorthais-Festelière, de Landevieille, etc. ;
Enfin Rorthais, ex-chevalier, domicilié d'ordinaire à Saint-Révérend, propriétaire à Cugand. C'est sans doute de ce dernier qu'il s'agit ici.
La commission militaire des Sables-d'Olonne condamna à mort, comme un des chefs des rebelles, pris au combat de Beaulieu, Rorthais de la Savonnière, âgé de 74 ans, 2 mai 1793.
Le nom de ce « vieux Rorthais », de Beaulieu, et celui de Guerry du Cloudy, se rencontrent fréquemment dans les procès-verbaux concernant l'insurrection générale de mars 1793.
1. Le curé, alité avant les événements, était mort, le 1er mai, au moment où l'émeute commençait. — « De peur, » dit A. Collinet dans ses Notes inédites sur les Sables et la Chaume ; « ce curé et gentilhomme valétudinaire avait eu beaucoup de part à cette révolte. »
2. Procès-verbaux du district de Challans, Archives nationales, DXXIX 15.

à autre à Saint-Christophe, pour inhumer les cadavres tant du sieur curé que de ceux qui sont restés sur le carreau dans la journée du 2.

Les cavaliers du 16ᵉ régiment assistèrent à la cérémonie funèbre et procédèrent à quelques arrestations. Ils ramenèrent les deux messieurs de Guerry et de Rorthais. Ceux-ci ne furent pas confondus avec les autres prisonniers, mais gardés dans des chambres de la principale hôtellerie de Challans. Le tribunal fit procéder à leur interrogatoire le jour même de leur arrivée, 4 mai.

Premier interrogatoire de Guerry de la Vergne[1].

Interrogé de ses nom, surnoms, âge, qualité et demeure,

A dit s'appeler Gabriel-Marie-François Guerry, ci-devant gentilhomme et actuellement citoyen, âgé d'environ 45 ans, demeurant à sa maison de la Vergne, paroisse de Saint-Révérend.

Interrogé s'il a eu connaissance, hier, d'un attroupement d'hommes qui se fit aux environs de sa paroisse de Saint-Révérend, de celles de Coëx, L'Aiguillon et Saint-Maixent,

A dit que, le tocsin ayant sonné à Apremont, à ce qu'on lui a dit, à Coëx où il l'avait entendu, ainsi qu'à Saint-Révérend, environ une trentaine d'hommes, armés les uns de fourches de fer et les autres de fusils, se rassemblèrent et allèrent chez lui; que là ils lui dirent qu'à Apremont on était aux armes et qu'on se battait, et l'engagèrent à se mettre à leur tête, ainsi que le sieur de Rorthais, qui était avec lui, pour marcher vers ledit lieu d'Apremont pour ramener la paix; que, lui répondant, leur ayant fait plusieurs remontrances et exhortations pour les détourner d'une pareille démarche, ils furent sourds à ses représentations en persistant à l'engager de se mettre à leur tête; ce qui détermina lui répondant, ainsi que ledit sieur de Rorthais, de se rendre à leurs sollicitations pour ne pas rompre entièrement avec eux et conserver leur confiance, afin de les ramener plus facilement à la paix et prévenir les excès auxquels ils auraient pu se porter; que, mû par ces considérations et par le triste exemple de ce qui était arrivé à Saint-Christophe la veille et qu'il avait appris le matin, et encore par la promesse et l'engagement qu'il prit de ces particuliers de se laisser conduire aveuglément par lui et par ledit sieur de Rorthais, et sous les menaces par eux faites à ces particuliers de les abandonner en cas d'insubordination, et enfin pour le bien de la paix, il se décida, avec ledit sieur de Rorthais, après s'être concertés ensemble, à se mettre à la tête de ces particuliers et à les accompagner au bourg d'Apremont, où ils avaient dessein d'aller d'abord; que, rendus à Apremont, ils passèrent la rivière et s'arrêtèrent à l'entrée du bourg où, voyant tout tranquille, il fut proposé par le répondant de retourner chez eux; que cette troupe, ne se trouvant pas satisfaite par la crainte que le calme ne fût qu'apparent, lui répondant, pour les rassurer davantage et prendre un

---

1. Pièces adressées au département et à l'Assemblée nationale, Arch. nat. Dxxix. 15.

état certain des choses, se sépara un moment d'eux pour (s'informer)[1], et ensuite leur fit dire par quelqu'un que, toutes les choses étant tranquilles, il n'était pas besoin d'aller plus loin et qu'il leur fit dire de se retirer ; ce qu'ils firent effectivement. Ajoute le répondant que tous ces hommes qui vinrent chez lui étaient de la paroisse de Saint-Révérend, et qu'ils furent joints en route par soixante ou quatre-vingts hommes de la paroisse de Coëx, qui étaient également armés de fouches et de fusils, et que, dans toute la route, il ne fut question entre eux que de paix et de conciliation.

Interrogé quel entretien et quels propos il y eut entre eux lorsque les habitants de Coëx se réunirent à eux,

A dit qu'il leur avait répété les mêmes conventions qui avaient été faites avec les gens de Saint-Révérend et qu'ils y avaient adhéré de la même manière.

Interrogé quel était son motif et ses vues en se mettant à la tête de tous ces particuliers,

A dit qu'il les avait déjà déduits en disant que c'était pour la paix et pour éviter un carnage semblable à celui de Saint-Christophe.

Interrogé à quelle personne il s'adressa à Apremont pour avoir les éclaircissements qu'il cherchait sur l'état des choses dans ce pays,

A dit qu'il s'adressa au sieur de la Rochefoucauld, de Boislivière, qui lui dit que tout était tranquille et qu'il ne voyait point d'apparence d'aucun mouvement.

Interrogé s'il resta le soir chez ledit sieur de la Rochefoucauld,

A dit que non, qu'il s'en était allé avec quelques gens de sa paroisse.

Interrogé s'il ne trouva aucun étranger chez M. de la Rochefoucauld,

A dit qu'il n'en vit point.

Interrogé s'il connaît les particuliers qui l'avaient prié de se mettre à leur tête, ainsi que ceux qui les avaient joints en route et quels sont leurs noms,

N'a pas voulu répondre à cette interrogation.

Interrogé s'il pouvait bien répondre des gens à la tête desquels il se mettait pour entreprendre de les conduire ainsi dans les endroits où ils voulaient aller,

A dit qu'il se promettait d'en répondre autant qu'on peut répondre des hommes.

Interrogé s'il sait quel motif conduisait cette troupe d'hommes à parcourir ainsi le pays en allant à Apremont,

A dit qu'il ne leur a connu d'autre motif que le désir de la paix.

Interrogé si, en se mettant ainsi à la tête de ces attroupés, il ne leur avait pas proféré ces paroles : « Allons, mes amis, allons soutenir la religion ! »

A dit que non, qu'il sait que les gens sont assez attachés à leurs principes, qu'ils portent même quelquefois au fanatisme, sans (qu'on ait à) chercher encore à les exciter sous le prétexte de la religion.

1. Il y a dans la copie authentique : « Pour prendre ses connaissances. »

Interrogé si ces jours derniers, il ne lui a pas été envoyé un cheval chargé de munitions,

A dit que non.

Interrogé si le sieur de Marconnay ne lui a pas envoyé un cheval chargé depuis peu de jours,

A dit que non, que le sieur de Marconnay ne lui a envoyé aucun cheval chargé ni autrement.

Interrogé s'il était armé, lorsqu'il se mit à la tête de ces particuliers et les accompagna à Apremont,

A dit que non, qu'il n'avait qu'une canne et un couteau de chasse.

Interrogé si, lors de la réunion des gens de Coëx à ceux qu'il conduisait, ces particuliers venaient de chez eux ou d'ailleurs,

A dit qu'il n'en sait rien, mais qu'il présume qu'ils venaient de chez eux.

Premier interrogatoire de Josse de Rorthais.

Interrogé de ses nom, surnom, âge, qualité et demeure,

A dit s'appeler Josse de Rorthais, officier canonnier de l'île de Noirmoutier, âgé de 32 ans, demeurant en l'île de Noirmoutier.

Interrogé s'il n'était pas, hier, 3 mai, chez le sieur Guerry, à la Vergne, paroisse de Saint-Révérend, et s'il y avait longtemps qu'il y était,

A dit qu'il y était allé dîner.

Interrogé sur quels motifs le conduisaient chez le sieur Guerry,

A dit qu'il y alla par hasard parce qu'il le rencontra auprès de chez lui.

Interrogé ce qui l'engageait d'aller dans cette paroisse,

A dit qu'il demeure parfois dans une maison près le bourg de Saint-Révérend, et qu'il avait rencontré ledit sieur Guerry en voulant sortir de la paroisse pour éviter les maltraitements que plusieurs habitants de cette paroisse l'avaient menacé de lui faire essuyer.

Interrogé de quelle manière il avait encouru la disgrâce de ces gens,

A dit que c'est parce qu'il en avait menacé quelqu'uns de les désarmer et qu'il en avait effectivement désarmé deux; a dit de lui-même que le sieur Masson, de Saint-Gilles, son fermier, lui avait prêté un fusil à deux coups, et qu'il l'envoya chercher lundi dernier par son domestique, à qui il le remit.

Interrogé si ledit jour d'hier il n'entendit point le tocsin sonner en les paroisses de Saint-Révérend, Coëx et l'Aiguillon,

A dit que oui, qu'il l'avait entendu sonner à Coëx et à Saint-Révérend; seulement qu'auparavant il avait vu un particulier à cheval qui criait en galopant : « Alerte, mes amis ! nous sommes tous perdus ! »

Interrogé s'il connaît cet homme,

A dit que non, mais qu'il était monté sur une petite jument jaune.

Interrogé si, lorsqu'il était chez le sieur Guerry, il ne se forma pas un rassemblement d'hommes chez ledit sieur Guerry,

A dit que oui.

Interrogé s'il sait le motif de cet attroupement,

A dit que non, mais qu'il présume que c'est l'alerte que cet homme avait répandue.

Interrogé si ces gens étaient armés et quelles espèces d'armes ils avaient,

A dit que oui, qu'une partie avait des bâtons, l'autre des fourches de fer, et l'autre des fusils.

Interrogé s'ils ne proposèrent pas au sieur Guerry et à lui répondant de se mettre à leur tête pour aller à Apremont et ailleurs s'il était besoin,

A dit qu'effectivement ces gens leur firent cette proposition, et qu'ils y accédèrent pour le bien de la paix et pour opérer la tranquillité.

Interrogé si, en se rendant à Apremont, ils étaient armés et s'ils ne furent point joints par plusieurs autres particuliers,

A dit qu'il n'avait pour toute arme que son couteau de chasse qu'il porte ordinairement, et qu'il ne sait pas si d'autres se réunirent à eux en route.

Interrogé s'il connaît les particuliers à la tête desquels ils étaient,

A dit qu'il en connaît plusieurs, mais qu'il ne se rappelle pas leurs noms.

Interrogé de quelle manière ils se proposaient de rétablir la paix dans les endroits où elle serait troublée,

A dit que c'était en se présentant à eux en leur demandant la paix et se réunissant à leur parti.

A lui représenté que, de cette manière, il n'était pas nécessaire de faire cette démarche,

A persisté à dire que c'était en leur demandant la paix qu'ils croyaient réussir à rétablir la tranquillité.

Interrogé si quelques autres que ces gens ne l'avaient point sollicité de se mettre à leur tête,

A dit que non.

Interrogé sur ce qu'ils firent lorsqu'ils furent à Apremont, et s'ils avaient dessein d'aller plus loin,

A dit qu'après qu'ils furent rendus et eurent appris que le calme était rétabli en cette paroisse, ils firent dire à leur troupe de se retirer.

Interrogé si, au lieu d'aller à Apremont pour rétablir la paix, ils n'avaient point plutôt le dessein de trouver plusieurs mécontents pour se joindre à eux et charger les bons patriotes,

A dit qu'ils avaient en vue seulement la tranquillité.

Interrogé s'il parla à quelqu'un à Apremont et à qui,

A dit qu'ils trouvèrent le sieur de la Rochefoucauld dans un champ près sa maison, lorsqu'ils allèrent à la rencontre d'autres personnes qui étaient près le bois de la Tudairière pour leur dire de se retirer.

Interrogé quels étaient ces gens et s'il sait quels motifs les attiraient,

A dit qu'il ne les connaît point, sinon qu'ils leur dirent *qu'ils étaient de Saint-Julien-des-Landes et de la Chapelle-Hermier*, et qu'ils s'étaient assemblés au bruit du tocsin.

Interrogé s'il alla chez le sieur de la Rochefoucauld à la Boislivière,

A dit qu'il l'avait engagé, avec le sieur Guerry, d'aller boire un coup chez lui et qu'ils l'acceptèrent.

Interrogé si lui ou le sieur Guerry ou tous les deux, en se mettant à la tête des particuliers qu'ils conduisaient à Apremont, ou en se rendant audit lieu d'Apremont, ils n'avaient pas dit à ces gens : « Allons, mes amis, allons soutenir la religion ! »

A dit que non, qu'ils n'ont point tenu ces propos.

Interrogé si autrement ils ne les ont point excités à la révolte et à l'insurrection, a dit que non.

Interrogé s'il n'a point connaissance que le sieur de Marconnay ait envoyé au sieur Guerry, à la Vergne, un cheval chargé de munitions, a dit non [1].

Chez Guerry de la Vergne avait été arrêté son frère, Guerry de Boisjolly, qui fut interrogé trois jours après.

Interrogatoire de Guerry de Boisjolly.

Interrogé de ses nom, surnom, âge, qualité et demeure,

A dit s'appeler Jacques-Antoine-Gabriel Guerry de Boisjolly, âgé de trente-trois ans, citoyen actif, et demeurer à la Vergne, paroisse de Saint-Révérend.

Interrogé si, mardi dernier, 3 de ce mois, il ne dîna pas chez le sieur Guerry, son frère, à la Vergne, paroisse de Saint-Révérend,

A dit que non ; qu'il dîna à Commequiers, chez M. de la Roche, où se trouvèrent MM. de Lespinay du Clouzeau, de Lespinay du Paillé, ci-devant baron, et le fils de ce dernier ; le sieur Roy, vicaire de Commequiers ; Mme du Cloudy et autres, dont il ne se rappelle pas les noms pour le moment. Cependant, il se rappelle que la demoiselle de la Rochefoucauld de la Froncinière y était.

Interrogé quel jour il était parti de la maison de la Vergne,

A dit qu'il en était parti ledit jour, 3, entre sept et huit heures du matin et qu'il revint à ladite maison de la Vergne sur les cinq heures du soir.

Interrogé si, lorsqu'il partit de la Vergne, il se rendit de suite à Commequiers,

A dit que oui, et qu'il ne s'arrêta que pour demander un passeur pour passer la rivière de Vie, vis-à-vis Saint-Maixent.

Interrogé si, avant de partir pour Commequiers, il n'apprit point qu'il devait y avoir un rassemblement d'hommes dans ladite paroisse de Saint-Révérend,

A dit que non, qu'il ne l'apprit qu'en revenant dudit Commequiers, près de la rivière de Vie, par un nommé Praud, journalier à Saint-Maixent ; que Mme Guerry, sa belle-sœur, envoyait à Commequiers pour le prévenir du tumulte qui était arrivé depuis son départ et le prier de venir auprès d'elle ; que, rendu à la Vergne, Mme Guerry lui dit que son mari et le sieur de Rorthais étaient allés avec les habitants de Saint-Révérend, qui étaient venus

---

[1]. Marconnay, seigneur de Saint-Christophe-du-Ligneron, était de la famille Mauclerc et descendait de protestants convertis à la révocation de l'édit de Nantes. (V. Dugast-Matifeux, *Etat du Poitou sous Louis XIV*, p. 114). Deux Marconnay émigrèrent en 1791 et firent la campagne de 1792 dans l'armée des princes. L'un d'eux, Louis-Isaac-Auguste, né en 1755, page du duc d'Orléans, puis sous-lieutenant au régiment d'Orléans-Cavalerie, fut tué parmi les chouans en 1796. (Dict. Beauchet-Filleau.)

en troupe chez elle, sur les sollicitations qu'ils firent à son mari et audit sieur de Rorthais, au lieu d'Apremont, où le tocsin sonnait depuis longtemps, afin de repousser des vagabonds qu'on leur avait dit venir dévaster les campagnes ; ce qu'ils avaient lieu de croire, d'après les propos incendiaires qui avaient été tenus par un homme qui avait été arrêté et conduit en cette ville, le jour de Pâques dernier, par le sieur Guerry du Cloudy, lesquels propos il avait tenus à Commequiers dans le bourg et chez du Cloudy la veille de Pâques.

Interrogé s'il n'a point connaissance qu'il ait été fourni des munitions auxdits habitants attroupés,

A dit que le sieur Guerry, son frère, donna cinq ou six de ces gens un peu de plomb, que lui interrogé avait sur sa table ; ce qui pouvait faire environ six coups, autant qu'il peut en juger par ce qui est resté dans le sac ; que cependant il ne peut savoir si c'est son frère qui en donna à ces gens, ou si c'est eux-mêmes qui le prirent, n'étant pas alors à la maison.

Interrogé s'il ne connaît point ceux qui composaient la troupe,

A dit qu'il en connaît plusieurs, que presque tous les hommes de la paroisse de Saint-Révérend, à ce qu'il a appris, y étaient, mais qu'il ne veut en nommer aucun.

Interrogé en quel endroit il a été arrêté,

A dit qu'il a été arrêté à la Vergne ce jourd'hui, environ midi, par MM. de la garde nationale et quelques dragons.

Interrogé à quoi il employa la soirée du 3, après son arrivée à la Vergne,

A dit qu'il n'en sortit point de toute la soirée.

Interrogé si, avant de partir pour Commequiers, il n'était point instruit que le sieur Guerry son frère et le sieur de Rorthais devaient se rendre à Apremont dans la journée avec les habitants de leur paroisse,

A dit que non, qu'il n'en avait eu aucune connaissance et qu'il ne l'apprit qu'en revenant de Commequiers.

Déposition de M. de la Rochefoucauld.
(*Du 20 mai 1791.*)

Jacques-Louis DE LA ROCHEFOUCAULD, *propriétaire*, 67 ans, demeurant en sa maison de la Boislivière[1], paroisse d'Apremont, témoin

---

1. J.-L. de la Rochefoucauld-Bayers, mêlé à toutes les conspirations, devint, au mois de mai 1793, doyen du Conseil supérieur établi par l'insurrection royaliste à Châtillon-sur-Sèvre.

Sa femme, née Suzanne Poictevin, comme ayant commandé en personne l'un des premiers rassemblements armés de la grande insurrection, formé à la Boislivière, fut condamnée à mort le 17 mai 1793 par la commission militaire des Sables. — Son fils, né en 1757, mort en 1834, faisait partie de l'armée de Condé ; persécuté sous l'empire, il fut, à la Restauration, créé pair de France et lieutenant général.

A la même famille appartenait Adélaïde de la Touche, femme du comte de la Rochefoucauld, capitaine de vaisseau, l'une des plus belles amazones de l'état-major de Charette, et qui, à l'âge de 30 ans, le 24 janvier 1794, fut fusillée aux Sables, avec son fidèle fermier Thoumazeau.

Dans la « Liste générale des émigrés de la Vendée », le nom de la Rochefoucauld ne revient pas moins de sept fois ; ceux d'Apremont, ceux de la Garnache, ceux de Beaulieu, ceux de Puyrousseau, etc.

assigné à la requête de l'accusateur public près le tribunal de Challans, dépose le 20 mai :

Il n'a aucune connaissance des faits portés par la plainte, relatifs aux troubles arrivés à Apremont et à Saint-Christophe le 25 avril et le 1er mai.

Le 3, sur les trois ou quatre heures après midi, sorti pour se promener, il entendit quelqu'un demander à une femme s'il était à la maison ; s'entendant nommer par son nom, il alla au-devant de ceux qui semblaient lui vouloir parler ; il trouva les sieurs Guerry l'aîné et Rorthais l'aîné, avec un domestique ; ils étaient à cheval ; le sieur Guerry n'avait qu'un couteau de chasse et le sieur de Rorthais un fusil. Ils témoignèrent au déposant leur surprise sur la nouvelle qui leur avait été annoncée qu'une troupe de brigands s'avançait dans le pays pour piller, dévaster et incendier les maisons de la noblesse ; qu'ils se portaient sur Apremont, qu'avec les gens de leur paroisse ils étaient venus savoir précisément ce qu'il en était ; mais qu'avant d'aller plus loin, ils voulaient prier le déposant de leur dire précisément ce qui en était et ce qu'ils avaient à faire.

Le déposant leur dit « que cette nouvelle était fausse, que le pays n'était point menacé par des brigands, qu'au contraire la troupe qui paraissait dans le pays était une troupe de ligne et de garde nationale ; les uns et les autres y étaient pour rétablir la paix qui avait paru troublée dans quelques paroisses ; qu'il fallait renvoyer leur domestique à Apremont, dire aux gens qui les avaient suivis de s'en retourner tranquillement comme ils étaient venus, qu'ils n'avaient rien à craindre. »

Le domestique partit sur-le-champ pour exécuter cet ordre, mais les gens qui étaient à Apremont, sans attendre cet ordre, se rendaient à la Boislivière savoir la vérité de la nouvelle qui leur avait été annoncée ; ayant trouvé le domestique en chemin, quelques-uns se rendirent jusqu'à la Boislivière. Le déposant, ainsi que les sieurs Guerry et de Rorthais les rassurèrent, leur dirent « qu'ils n'avaient rien à craindre, qu'ils pouvaient s'en retourner tranquillement chez eux, que ce n'était point des brigands qui étaient dans le pays, mais des troupes de ligne venues pour y rétablir l'ordre et la paix, qu'ils eussent à se confier en elles. »

Ces paysans s'en allèrent chacun de leur côté, et les sieurs Guerry et de Rorthais s'en allèrent aussi chacun chez eux. Qui est tout ce qu'il dit savoir.

Second interrogatoire de Guerry de la Vergne et Josse de Rorthais.

(*Du 3 août 1791.*)

GUERRY DE LA VERGNE, de nouveau interrogé, déclara « ne point connaître Cantin, d'Apremont, n'avoir pas reçu de député des habitants de Saint-Révérend, attroupés le 3 mai, » et n'avoir pas convoqué ces habitants « pour se rendre à la Vergne, chacun avec ses armes. »

Il ne s'était, affirma-t-il, mis à leur tête que pour chasser les brigands, s'ils étaient à Apremont, ou pour faire recevoir des idées de conciliation, si au lieu de brigands, il se fût trouvé de la troupe...

Interrogé pourquoi il a donné du plomb à plusieurs des habitants de la paroisse de Saint-Révérend pour charger leurs fusils avant de partir,

A dit qu'il était naturel de charger des fusils pour repousser les brigands, s'il y en avait eu, et qu'il avait seulement donné un coup ou deux à tirer à quelques-uns.

Interrogé pourquoi il disait à la troupe, en se rendant à Apremont, qu'ils pourraient être dans le cas de désarmer les bourgeois d'Apremont,

A dit que c'était par plaisanterie qu'il avait tenu ce discours, et que la preuve que ce n'était pas son dessein, c'est qu'ils n'ont fait de mal à personne.

Interrogé s'il n'est pas vrai, qu'arrivé à Apremont quelqu'un de la troupe demanda si les bourgeois avaient fait quelque insulte aux autres habitants d'Apremont, qu'on était là pour les défendre, que trente à quarante gentilshommes qui étaient à la Boislivière devaient se mettre à la tête des paroisses révoltées, que le Bas-Marais s'y joindrait et que, lorsque la troupe paraîtrait, ils iraient à leur tête demander s'ils voulaient la paix ou la guerre,

A dit qu'il n'en a pas été question.

Interrogé s'il n'est pas vrai qu'étant à Apremont il dit à cinq personnes dudit bourg rassemblées : « Eh bien, mes amis, vous n'êtes pas tranquilles ici, n'est-ce pas ? » et, sur ce que l'un d'eux lui répondit qu'ils étaient tranquilles, mais qu'on parlait beaucoup d'alertes, lui interrogé ne dit pas : « Nous sommes venus pour vous secourir, nous avons ici des gens qui ne vous abandonneront pas »,

A dit qu'il n'a point connaissance d'avoir parlé à cinq personnes de ladite paroisse d'Apremont, réunies, mais qu'il se rappelle seulement avoir dit à une femme, qu'il crut voir seule et qui avait le visage altéré : « Vous avez l'air inquiète », et que, cette femme lui ayant dit que l'on craignait des alertes, lui interrogé l'avait rassurée en disant que « cette troupe ne devait point l'alarmer, qu'elle était venue au contraire les délivrer des bandits dont ils les croyaient assaillis »...

Il apprit seulement, le 3 mai au matin et avant de partir pour Apremont, qu'il avait été tué sept à huit personnes à Saint-Christophe par les gardes nationales et les troupes de ligne.

Interrogé pourquoi il ne s'adressa pas aux municipalités de Saint-Révérend et d'Apremont avant de prendre les armes et de se mettre à la tête des habitants de sa paroisse,

A dit que cela ne lui vint pas dans l'idée, mais qu'ayant entendu sonner le tocsin dès le matin, et les clameurs des habitants de Saint-Révérend concourant à l'impression que le tocsin avait dû laisser, tous ces motifs le déterminèrent rapidement à partir pour Apremont, sur les une heure environ après midi, et qu'il ne se permit pas d'autres réflexions.

Interrogé pourquoi il se fit garder, la nuit du 3 au 4 mai, par la troupe qui l'avait accompagné à Apremont, et pourquoi il envoya quérir nuitamment le sieur Rorthais pour venir chez lui à la Vergne,

A dit qu'il est vrai que trois ou quatre personnes restèrent à la Vergne la nuit du 3 au 4 mai, mais qu'elles se couchèrent ; que cependant elles n'y étaient restées que pour parer aux menaces qui lui avaient été faites de la part de la paroisse de Saint-Gilles, et qu'il envoya chercher, sur les 7 à 8 heures du soir, le sieur Rorthais pour lui dire qu'il était urgent de se rendre au district de Challans, pour y rendre compte de la démarche qu'ils avaient faite et des motifs qui les avaient guidés, parce que lui interrogé avait appris le même soir qu'ils étaient inculpés.

Interrogé quelles menaces lui avaient été faites de la part de la paroisse de Saint-Gilles et par qui elles avaient été faites,

A dit qu'il lui avait été rapporté à différentes fois que l'on devait incendier sa maison de la Vergne, supposant que sa maison était suspecte et que l'on prétendait qu'il s'y tenait des conciliabules, et que l'on ne désignait point les personnes qui avaient fait les menaces, que l'on disait seulement que c'était la paroisse de Saint-Gilles.

Josse de Rorthais, après avoir nié « s'être concerté avec Guerry de la Vergne, vivant avec lui assez indifféremment », raconta :

Un particulier, se disant venir d'Apremont, passa à ma maison de la Roche, me dit qu'il y avait un tumulte affreux dans la paroisse d'Apremont, qu'on y brûlait et saccageait tout, qu'il était venu réclamer des secours pour s'opposer au mal que l'on commettait. Je demandai à ce particulier quel ordre il avait pour aller ainsi dans les paroisses réclamer des secours ; ce particulier ne me répondit point ; de suite il retourna son cheval, se rendit au bourg de Saint-Révérend, où il fit sonner le tocsin. Ayant entendu cette alarme, étonné de la nouvelle que je venais d'apprendre, je crus que je devais aller chez le sieur Guerry, mon voisin, délibérer avec lui sur les moyens que nous avions de nous opposer aux menaces qui étaient faites par la voix de ce particulier qu'on lui dit être Cantin...

Rorthais déclara qu'il n'y avait personne quand il arriva à la maison de la Vergne ; que les paysans n'y vinrent qu'après avoir entendu sonner le tocsin à Saint-Révérend ; qu'ils dirent à M. Guerry et à lui « qu'il fallait se réunir pour s'opposer aux menaces qui leur étaient faites », et qu'ils les priaient « d'aller avec eux, ce qu'ils acceptèrent, sous la condition qu'ils iraient tranquillement et ne commettraient aucune violence, à moins que ce ne fût contre des brigands ou aventuriers, mais non contre aucun corps. »

Interrogé s'il n'avait pas fourni des munitions de plomb et de poudre à quelqu'un de ces paysans,

A dit qu'ayant une petite boîte à poudre et un petit sac à plomb qu'on porte ordinairement à la chasse, il leur donna de la poudre, mais il ne se rappelle pas s'il leur donna du plomb ; il n'avait point de balles ni pour lui ni pour d'autres.

Interrogé quelle était son intention en leur donnant quelques coups de poudre à tirer,

A dit que c'était pour satisfaire à leur demande ; qu'en la leur donnant, il leur recommanda même de ne pas charger leurs fusils, pour qu'ils ne se fissent point de mal à eux-mêmes et qu'ils n'en fissent pas un mauvais usage.

Interrogé s'il n'a point donné du plomb et de la poudre au nommé Rapitaud, son métayer, et s'il ne lui a pas dit d'engager les habitants de Coëx à la révolte, les assurant que lui interrogé serait à leur tête,

A dit que, plusieurs jours avant la journée du 3 mai, il pouvait avoir donné du plomb et de la poudre à ses métayers pour aller à la chasse, sans aucunes vues hostiles ; mais que jamais il n'avait dit à Rapitaud d'engager personne à être révolté ni qu'il se mettrait à la tête des révoltés, ce dont il n'avait point conçu le projet.

Interrogé si, allant à Apremont, il n'était pas armé d'un fusil,

A dit que oui, qu'il avait son fusil.

Interrogé si, allant à Apremont, il n'avait pas intention de commettre quelques hostilités contre les gardes nationales du lieu et autres corps administratifs,

A dit que non seulement il n'avait pas cette intention, qu'au contraire il était parti de la Vergne dans l'idée de les secourir au cas qu'ils fussent attaqués, comme ce particulier Cantin l'avait annoncé, par des brigands ou gens sans aveu ; ayant appris, avant son arrivée à Apremont, qu'on y était tranquille, il dit, en présence d'un homme qui se dit être métayer à la Dame du Pas-Opton, à tous les gens qui l'accompagnaient, qu'il fallait s'en retourner, leur présence étant désormais inutile à Apremont ; comme ils étaient proches de ce bourg, ces gens dirent qu'il fallait y aller pour savoir précisément comment les choses s'y étaient passées ; que ce n'est que par déférence pour eux qu'il se rendit jusqu'au bourg, en leur représentant toujours qu'il ne fallait faire insulte ni mal à personne, qu'il fit la même représentation à des gens de la Chapelle-Hermier et de Coëx, qui les joignirent en chemin.

A la fin de son interrogatoire, Josse de Rorthais attesta qu'il n'était allé à la Boislivière que « pour apprendre positivement du sieur de la Rochefoucauld le vrai état des choses », et qu'il « ne comptait pas y trouver un rassemblement de gentilshommes, ne s'étant presque jamais lié avec eux. » Son intention, dit-il, « n'a jamais été d'aller à Saint-Christophe », il n'en a eu qu'une, « celle de se défendre contre des brigands et des aventuriers, s'il s'en était présenté devant lui. »

CHAPITRE XI

LE CAMP DE CHALLANS

Dans la journée du 3 mai, les gardes nationales auxiliaires de Machecoul et de Bourgneuf, comme les dragons du 4° régiment ci-devant de Conti, étaient venus demander congé au district de Challans, « leurs propres foyers pouvant être menacés. » Le directoire avait exprimé à ces « braves camarades combien il était satisfait de la conduite qu'ils avaient tenue en une circonstance aussi critique, et combien il était pénétré de reconnaissance pour eux. »

APPEL A LA VILLE DE NANTES

Avant de partir, le commandant de la garde nationale de Machecoul, Grellier, s'était joint à Gratton, Cormier, René Vigneron, Charles Dorion, Jacques Ganachaud, Pierre-Claude Fleury et Bouvier, chef des gardes nationales de Saint-Gilles, de Sallertaine, de Beauvoir-sur-Mer et de Croix-de-Vie, pour exposer au directoire du district « que, d'après l'action de la veille, où cinq séditieux étaient restés sur le champ de bataille, il était à craindre que les paroisses révoltées ne se présentassent en forces supérieures à celles dont ils disposaient (environ cinq cents hommes). Craignant d'être accablés par le nombre, ils invitaient les administrateurs à s'adresser à la municipalité de Nantes et aux autres corps administratifs de ladite ville pour en obtenir un secours de gardes nationales et de troupes de ligne qui se transporteraient sur-le-champ à Challans. » Le directoire, délibérant immédiatement, chargea deux des officiers, Cormier et Ganachaud, auxquels offrirent de s'adjoindre Rafin, commandant en second de la garde nationale de Saint-Gilles, et Mourain, maire de Beauvoir, d'aller demander à Nantes « un renfort d'environ 300 hommes pourvus de munitions de guerre, Challans en étant absolument dépourvu. »

Les Nantais arrivèrent dès le lendemain, sous les ordres de Mellinet père, que les chefs de tous les détachements s'empressèrent d'élire commandant général.

Délibération du district de Challans[1].

Le sieur Mellinet, s'étant présenté au directoire, a remis sur le bureau un arrêté pris entre tous les commandants des détachements, tant des troupes de ligne que des gardes nationales des différentes villes et bourgs voisins, qui se trouvent actuellement réunis en cette ville et qui sont accourus au secours de leurs frères, les patriotes et bons citoyens de ce district, dont la tranquillité a été troublée par des factieux poussés par le fanatisme religieux, que des prêtres réfractaires à la loi n'ont pas rougi de leur inspirer, par lequel il paraît que lesdits sieurs commandants se sont réunis, pour se choisir, par la voie du scrutin, M. MELLINET père, garde national de Nantes, pour leur *commandant général*, ledit état signé d'eux et daté de ce jour;

Par lequel il paraît encore que le sieur Mellinet s'est choisi ses aides de camp;

Le Conseil,

Approuvant ces dispositions, qu'il regarde comme très avantageuses pour le bien du service et l'expédition générale, relativement au plan des marches qu'il sera utile de faire faire auxdites troupes, a pensé en même temps que, pour lier les différents corps de plus en plus par les liens de la fraternité et pour les assujettir à l'obéissance qu'ils doivent à leurs chefs respectifs, qui doivent les commander d'après les lois de la discipline militaire, en conséquence des ordres du Conseil qui leur seront transmis par l'intermédiaire dudit commandant général, et pour s'assurer de l'obéissance que ledit commandant général doit lui-même à la loi,

A arrêté qu'en présence des officiers municipaux de cette ville et dudit conseil général d'administration, ledit commandant général prêterait entre les mains de son président, à la tête desdites troupes, le serment d'être fidèle à la Nation, à la Loi et au Roi, de maintenir de tout son pouvoir la Constitution de l'État et de n'agir que d'après les réquisitoires administratifs.

Le Conseil général s'étant transporté sur la place publique de cette ville, où lesdites troupes étaient rangées en bataille, ayant à leur tête leurs commandants respectifs; ledit commandant général a prêté ledit serment et a reçu celui desdites troupes.

Le district de Paimbœuf, par un arrêté du 3 mai, avait mis ses gardes nationales à la disposition des patriotes vendéens, si ceux-ci en avaient besoin. Le district de Challans répondit, le 5 mai :

1. Arch. nat., D_{XXIX} 15.

Aux administrateurs du district de Paimbœuf[1].

Messieurs et chers confrères,

Qu'il est doux pour nous, dans nos malheurs, de trouver en vous des frères prêts à voler à notre secours et à verser leur sang pour notre salut ! Il a coulé ce sang de nos frères, de nos concitoyens ; et des prêtres sanguinaires en sont les auteurs ! Les scélérats sont parvenus, dans le tribunal de la confession à l'époque des Pâques dernières, à persuader au peuple que *la religion était détruite, qu'on allait lui donner des prêtres dont la croyance n'était pas la sienne*. Il n'en a pas fallu davantage ; les bons citoyens, les patriotes qui tenaient à la Constitution par quelques emplois et fonctions publiques lui sont devenus suspects. Alors, égaré par des insinuations perfides, il les a regardés comme des ennemis. La perte de tout ce qu'on appelait ci-devant *bourgeois* dans nos campagnes a été concertée. On a commencé par détruire les bancs des églises qui leur appartenaient ; ceux des ci-devant ont été conservés. On s'est ensuite jeté sur ces mêmes bourgeois, et plusieurs ont été excédés de coups et menacés d'être assassinés, s'ils ne quittaient pas les places qu'ils tenaient dans les municipalités. Les membres du district ont été publiquement menacés par ces séditieux qui se promettaient de venir nous attaquer jusque dans le lieu de notre administration. Enfin, contre tous ces excès il a fallu prendre des précautions. Nous avons requis les gardes nationales voisines et un détachement des dragons qui sont en garnison à Machecoul.

Cette petite armée se mit en marche le 2 de ce mois, arriva à Saint-Christophe, où, la veille, la sédition avait éclaté, et, comme quelques détachements étaient chargés d'arrêter les factieux de ce même jour, ils se trouvèrent assaillis par une troupe de soixante de ces forcenés qui firent sur eux une décharge de coups de fusils. Alors les détachements se replièrent sur le gros de la petite armée, qui, composée d'environ deux cent quarante (hommes) marchant en corps, ayant le drapeau rouge à sa tête, se dirigea sur les factieux. Le plus grand nombre est effrayé, prend la fuite ; quelques-uns cependant tirent quelques coups de fusils, six ou sept seuls ont le courage ou la fureur de tenir contre l'armée, et, après des efforts inouïs, restent sur le champ de bataille percés de plusieurs coups. On assure que l'un d'eux, en expirant, disait *qu'il mourait en défendant la religion catholique* [2].

1. Lettre extraite des Archives du département de la Loire-Inférieure, dossier isolé Vendée.
2. Mercier du Rocher, dans ses Mémoires inédits, 1ᵉʳ cahier, dit : « On affirme qu'un d'entre eux s'attaqua seul à deux cavaliers avec une fourche d'écurie. En vain les cavaliers le prièrent-ils de mettre bas son arme, il se défendit toujours en disant : « *Rends-moi mon Dieu que l'on m'enlève !* »
Ce mot, reproduit dans les *Mémoires de Mᵐᵉ de la Rochejaquelein*, « explique ce qu'un célèbre conventionnel appelait « l'inexplicable Vendée », s'écriait le 28 février 1857, l'évêque de Poitiers, Pie, prononçant l'oraison funèbre de la marquise ; « il est le résumé le plus pathétique de sept ans de guerre, de deux cents prises et reprises de villes, de dix-sept grandes batailles rangées, enfin de tous ces exploits éclatants qui égalent les plus hauts faits de l'antiquité. »
Le mot ne se trouve pas dans les rapports administratifs, ni dans les dépositions, ni dans les interrogatoires que nous avons produits.

A ces traits vous reconnaîtrez le fanatisme ; ces malheureuses victimes étaient de la paroisse de Soullans, distante de deux lieues de l'endroit du combat. Deux dragons ont été blessés, l'un assez grièvement par un coup de fourche reçu dans le dos et sept chevaux ont reçu des blessures.

Tel est le récit de nos malheurs. Nous ne sommes pas encore sans inquiétudes ; cependant il nous arrive des secours de toutes parts. La garde nationale de Fontenay arrive demain ; le procureur général de notre département l'accompagne, ainsi qu'un autre commissaire envoyé par notre département. Nous nous flattons, en nous tenant sur nos gardes, de ne pas avoir besoin de verser d'autre sang, et il est probable que quelques actes sévères de justice rétabliront parfaitement la paix. Les braves Nantais se sont distingués ; il nous en est arrivé quarante, hier et aujourd'hui, nous en attendons environ trois cents.

Deux ci-devant, le sieur Guerry aîné et Rorthais, accusés d'avoir été vus à la tête d'une autre troupe de factieux, sont actuellement dans nos prisons, et leur procès s'instruit.

Nous croyons donc, nos chers frères, n'avoir pas besoin de vos bras. Si cependant nos espérances étaient trompées, nous recourrions à vous avec confiance. Comptez de même sur vos concitoyens, si jamais votre tranquillité venait à être troublée. Il nous reste, Messieurs, à vous prier de faire part de tout ceci à MM. vos officiers municipaux qui ont bien voulu partager vos alarmes, et soyez tous persuadés de l'attachement fraternel avec lequel nous sommes,

  Les Administrateurs du district de Challans,
    Mourain, président; Cadou, Merland;
    Boursier, procureur syndic.

RECHERCHE DU VICAIRE DE SAINT-CHRISTOPHE-DU-LIGNERON

Dans sa séance du 6 mai, le district de Challans prit l'arrêté suivant, aussitôt expédié aux districts voisins [1] :

Instruit que le fanatisme des prêtres est la seule cause des malheurs qui affligent actuellement le district de Challans, et que le seul moyen d'y couper court est de s'emparer de toutes les personnes qui auraient pu en former l'infâme projet, en provoquer, solliciter et soutenir l'exécution ; instruit pareillement que *le sieur Regain, vicaire de Saint-Christophe, est véhémentement soupçonné d'avoir porté, par ses avis, conseils et sollicitations, plusieurs habitants dudit Saint-Christophe, qui avaient confiance en lui, à prendre part à l'attroupement séditieux* qui a eu lieu le 1ᵉʳ de ce mois dans ce bourg; que son évasion, à l'issue de cette révolte et au décès de son curé, ne laisse aucun doute de la réalité des soupçons que le général des patriotes de cette paroisse a conçus sur son compte,

Le Directoire,

Après avoir ouï le procureur syndic, arrête :

---

1. Registres du district des Sables, Arch. du départ. de la Vendée.

Que ledit sieur *Regain sera mis en état d'arrestation* partout où il se trouvera ; et, à cet effet, nos frères des gardes nationales sont invités et autorisés à se saisir de sa personne et à donner connaissance à ce directoire de son arrestation, pour qu'il puisse prendre les mesures convenables à le faire punir, s'il est coupable.....

Le 7 mai, le directoire du district des Sables délibère :

Est d'avis que, vu la nécessité du rappel de la paix publique et de la punition exemplaire de ceux qui l'ont troublée, communication soit faite sur-le-champ à la municipalité des Sables tant de l'arrêté de MM. du district de Challans que de la lettre en date du 6 de ce mois signée des administrateurs qui le composent ; qu'en conséquence, elle donne sans délai tous ses soins pour que la perquisition la plus exacte soit faite dans son enceinte de la personne du sieur *Regain, prêtre, vicaire de Saint-Christophe*, afin de le mettre, au cas où il serait découvert, en état d'arrestation, pour être transféré près le tribunal du district de Challans ;

Considérant néanmoins que, dans un moment où les citoyens sont dans des alarmes inquiétantes, nulles démarches ne doivent être prises qui puissent les augmenter, le directoire invite les municipalités à user de toutes les précautions et de toute la prudence possibles pour que ces perquisitions s'exécutent sans donner aucun motif de plaintes ou d'alarmes.

L'abbé Regain ne se trouvait pas aux Sables, qu'habitait son père, orfèvre. Le 8, le district de Challans est informé qu'il avait dû se réfugier dans la paroisse de Saint-Hilaire-de-Loulay, près de Montaigu, ou à Hasson, paroisse de la Verrie, près de Mortagne. Aussitôt le district de Montaigu était invité à « détacher douze cavaliers pour appuyer l'expédition à la recherche de Regain ».

Le 20, sur l'un des prisonniers amenés à Challans, était trouvée une lettre adressée à « Maurice Regain, marchand orfèvre aux Sables » ; les administrateurs la faisaient remettre « à l'accusateur public pour être ouverte, le tribunal assemblé, afin que le Conseil général (du district) avisât aux moyens que pouvait fournir ladite lettre d'appréhender le sieur Regain [1]. »

Le vicaire de Saint-Christophe-du-Ligneron demeura introuvable. Il ne se présenta pas sur le décret d'ajournement personnel décerné contre lui le 22 juillet, et le tribunal de Challans lança en vain contre lui, le 11 août, un décret de prise de corps [2].

EXPÉDITIONS ET ARRESTATIONS

Le 6 mai, de l'avis du commandant Mellinet, les administrateurs

---

1. Extrait des procès-verbaux de Challans, Arch. nat. Dxxix 15.
2. L'abbé Regain avait émigré. Durant le gouvernement révolutionnaire, le Comité de surveillance des Sables maintint en arrestation, comme suspects, son père, son frère et l'une de ses sœurs.

de Challans mettaient en réquisition 150 hommes pour se rendre à Saint-Étienne-du-Bois, menacé par les habitants du Poiré, ainsi que plusieurs autres paroisses voisines, parce qu'elles « avaient refusé de tremper dans le projet infâme et tout à la fois inconstitutionnel ». Le commandant général était le même jour invité à envoyer une force suffisante à Saint-Jean-de-Monts pour opérer l'arrestation des nommés Mathieu Rousseau, Pierre Pineau, Bernard, André Dupont et Clochard.

D'une lettre écrite le 4 au procureur syndic par les sieurs Mourain, Bonnain, Rousseau, fonctionnaires publics, et Laroche, vicaire de ce bourg, il résulte que ces individus étaient les chefs de l'insurrection du 2 mai, qui avait continué par des menaces et par les imprécations les plus horribles.... Ces factieux ont annoncé hautement l'intention d'égorger tous les bourgeois et leurs femmes, d'incendier toutes les maisons des patriotes, d'aller chez le fabriqueur prendre l'argent qu'il a, de partager les biens et les terres.... Le sieur Dupont a déclaré publiquement que le fusil qui avait servi à (tirer sur) M. Laroche était chargé à huit balles, et que son dessein était de mettre le feu au directoire ; lorsqu'il a appris la capture des sieurs Rorthais et Guerry, il a dit que ce n'étaient point ses hommes et qu'il voulait mettre tout à feu et à sang... Le sieur curé de Saint-Jean-de-Monts a donné aux chefs de l'insurrection autant de laitues qu'ils voulaient pour se rafraîchir de leur orgie[1]...

LES COMMISSAIRES DU DÉPARTEMENT DE LA VENDÉE

C'est seulement le 7 mai que le district de Challans reçut le procureur général syndic Pichard du Page et l'administrateur Majou des Grois, chargés par le directoire du département de la Vendée de conduire dans la région troublée 130 hommes de la garde nationale de Fontenay-le-Comte, avec 25 cavaliers du régiment en garnison dans cette ville, et munis de pouvoirs « pour rétablir la tranquillité publique et assurer l'exécution des lois ».

L'arrêté nommant les deux commissaires avait été pris dans une séance extraordinaire des directoires du département et du district, tenue de sept heures du soir à minuit, le 2, sur la très vive insistance des patriotes, qui se trouvaient ce jour-là en nombre au chef-lieu.

Les électeurs du second degré étaient réunis pour nommer un évêque en remplacement de Servant, démissionnaire. Cette circonstance avait décidé la Société ambulante des Amis de la Constitution à se convoquer au chef-lieu. C'était un électeur, membre de la Société, Rouillé, des Sables, qui, arrivant de Palluau, avait apporté, avec des détails effrayants, la nouvelle de l'insurrection de Saint-Christophe-

---

1. Délibérations du district de Challans, séances des 6 et 7 mai, Arch. nat. Dxxix 15.

du-Ligneron. Les électeurs, qui étaient au spectacle, « apprenant que tout était à feu et à sang dans le district de Challans », avaient aussitôt couru à l'Administration départementale « la presser d'envoyer des secours[1]. »

La Société des Amis de la Constitution s'était immédiatement assemblée et avait décidé de déléguer « six de ses membres dans les pays révoltés pour y ramener le peuple à la paix, y prêcher l'amour de la Révolution, l'obéissance à la loi, et faire pour le rétablissement de l'ordre tout ce que leur inspirerait leur zèle pour la chose publique [2] ». Une députation avait été choisie pour communiquer cette décision aux administrateurs ; ceux-ci, en séance, avaient tardé à la recevoir, « la laissant se morfondre dans la rue [3] ». Enfin admise et assez bien accueillie d'abord, elle avait entendu le procureur général syndic Pichard combattre l'envoi des commissaires de la Société et décider la majorité des administrateurs à déclarer que, « si ces commissaires partaient, ceux du département ne seraient pas envoyés et qu'on retiendrait les détachements dont le départ venait d'être ordonné [4] ».

Le 4, Goupilleau (de Montaigu) avait écrit à Goupilleau (de Fontenay), membre de l'Assemblée nationale :

Nous n'avons encore ici que des relations confuses sur ces terribles événements. Je ne puis rien vous dire de positif, si ce n'est que vous n'avez pas d'idée de l'ardeur des gardes nationales et des troupes de ligne pour se rendre au secours des bons citoyens du district (de Challans), qui ont couru les plus grands dangers... Voilà ce que c'est que de ne pas nous envoyer des armes. On nous assure que, *si la garde nationale de Saint-Christophe avait été armée*, les paysans ameutés par les prêtres et par les nobles n'auraient pas osé se soulever. Ils s'enhardissent parce qu'ils voient bien qu'on ne peut leur opposer de résistance.... Nous craignons que cette crise ne gagne de proche en proche, et *nous sommes surtout menacés lors du remplacement des réfractaires*.... Vous pourriez assurer que *le département n'a publié aucune proclamation contre les mandements incendiaires qui ont inondé toutes les parties de la Vendée*... Il menace de se démettre. Nous craignons

---

1. D'après une lettre de Goupilleau (de Montaigu), citée dans le livre de M. Dugast-Matifeux, *Origine et débuts de l'insurrection vendéenne*, p. 230-231.

2. D'après une lettre de Massé, accusateur public près le tribunal de Fontenay, à l'accusateur public près le tribunal révolutionnaire de Paris, du 28 germinal, an II, 17 avril 1794, Arch. nat. W 354.

3. D'après les Mémoires inédits de Mercier du Rocher, cah. 1. Mercier dit que Pichard du Page s'éleva avec violence contre la Société ambulante, la compara au camp de Jalès, et, « par la malveillance la plus adroite », l'accusa de semer elle-même dans le pays les troubles qui éclataient.

4. D'après la lettre de Massé, ainsi terminée : « J'étais alors secrétaire de la Société et j'ai une entière connaissance de ce fait ; il ne doit pas être échappé au représentant Fayau. »

qu'il n'en fasse rien. Tenons ferme jusqu'à la fin. Véritables amis du peuple et de la Constitution, il faut que nous nous liguions pour en déjouer et terrasser les ennemis.

Goupilleau (de Fontenay) avait fait insérer, dans la Correspondance de l'Assemblée nationale, les dénonciations de son cousin contre le procureur général syndic Pichard et contre les administrateurs Paillou, Menanteau, Millouain, Perreau, Guillet. Cela causa un « scandale épouvantable[1] ».

En réponse aux accusations de négligence et de lenteur, le directoire du département répondit[2] :

Alarmés d'une fermentation qui présageait des suites funestes, nous redoublâmes d'efforts auprès du ministre de l'intérieur pour obtenir un secours de troupes de ligne que l'on pût placer à Challans, ainsi que le désirait l'administration de ce lieu. Trois lettres, en moins de quinze jours, les 14, 16 et 27 avril, dont nos registres sont chargés, déposent de notre vive sollicitude.

Valdec de Lessart, quoiqu'il fût au mieux avec les administrateurs vendéens[3], s'abstint de répondre. Le 5 mai, le directoire écrivit :

Au Ministre de la Guerre[4].

Monsieur,

Nous n'avions jusqu'à ce jour réclamé auprès de vous que des actes de prévoyance; nous vous faisions part de nos craintes et demandions des secours pour résister à l'orage qui nous menaçait; ils deviennent instants en ce moment contre des maux réels que notre vigilance et nos soins n'ont pu prévenir.

Nous avons eu l'honneur de vous avertir, par notre lettre du 27 du mois dernier, qu'une émeute presque universelle s'était élevée dans la paroisse du Poiré, district de la Roche-sur-Yon; des révoltes pareilles ont éclaté dans plusieurs paroisses voisines, et elles ont été portées aux derniers excès dans

---

1. Écrivait Belliard aîné, de Fontenay, à Métivier, à Poitiers, le 11 mai, ajoutant : « Le Directoire ne pourra tenir longtemps contre les plaintes qu'on élève contre lui ; depuis trois mois, beaucoup de patriotes l'attaquent avec une violence inconcevable, car ils se sentent appuyés par plusieurs députés à l'Assemblée nationale. »
2. Dans le *Compte au Conseil général* du département, novembre 1791.
3. Ceux-ci, lorsqu'il avait pris le ministère de l'intérieur sans quitter les finances, lui avaient adressé, le 7 février 1791, les félicitations les plus chaleureuses :
« Une preuve de plus de la juste confiance du Roi dans vos talents et vos vues patriotiques est un titre de plus à notre reconnaissance envers lui. « Arch. nat. F1c III. — Vendée 1.)
On sait que Valdec de Lessart, décrété d'accusation par l'Assemblée législative, le 10 mars 1792, fut déféré à la Haute-Cour nationale et massacré à Versailles, avec les autres prisonniers ramenés d'Orléans vers Paris, le 9 septembre suivant.
4. La correspondance ministérielle qui suit est extraite des Archives historiques de la guerre, Correspondance générale, mai 1791.

la paroisse de Saint-Christophe-du-Ligneron, district de Challans. Les maréchaussées, auxquelles nous avions ordonné de faire de fortes patrouilles d'observation, ont été repoussées par les paysans en fureur; un cavalier a été massacré, plusieurs citoyens blessés à mort.

Ces détails sont parvenus en cette ville le 2 de ce mois, le jour que l'assemblée électorale était réunie pour la nomination d'un évêque. La présence de citoyens si vivement intéressés à ces malheurs a produit une fermentation que nous avions méconnue jusqu'à ce jour; les citoyens se sont portés en foule à l'hôtel du département, et les gardes nationales voulaient partir la nuit pour voler au secours de nos frères. Le directoire a cru devoir joindre à ce secours le peu de troupes de ligne dont il pouvait disposer, afin de présenter une force capable d'imposer et d'épargner, s'il est possible, le sang des citoyens.

Deux commissaires, dont l'un est le procureur syndic et l'autre un administrateur du département, ont été chargés d'accompagner ce secours, et d'employer les moyens les plus efficaces pour rétablir le calme. Ils ont dû prendre aujourd'hui, aux Sables-d'Olonne, trente hommes du 16ᵉ régiment, que vous avez fait passer depuis peu dans cette ville....

Vous voyez, Monsieur, qu'il est désormais impossible que nous puissions nous passer d'un régiment d'infanterie, que nous sollicitons depuis si longtemps. Un esprit de révolte du caractère le plus terrible, puisqu'il paraît inspiré par le fanatisme, s'est répandu sur tous les points de notre département à la fois. Le détachement de cavalerie que vous avez fait passer aux Sables ne peut y subsister très longtemps par le défaut de fourrages. Il pourrait être transporté à Challans, foyer actuel de l'insurrection, pourvu abondamment des vivres nécessaires à la cavalerie; et nous vous supplierions de le remplacer aux Sables par un régiment d'infanterie dont vous nous permettriez de détacher une partie pour les districts voisins.....

Signé : *Les Administrateurs composant le directoire du département de la Vendée,*
    Perreau, Millouain, Morisson; Menanteau, substitut du procureur
        général syndic; J.-M. Cougnaud, secrétaire général.

Les mêmes administrateurs, en l'absence du procureur général syndic Pichard, insistaient deux jours plus tard :

Au Ministre de l'intérieur.

Monsieur,

Nous avons prévenu, le 5 de ce mois, le ministre de la guerre des troubles qui s'étaient élevés à la fois dans trois districts de notre département, et des mouvements de troupes de ligne et de gardes nationales qu'ils avaient nécessités....

Vous verrez, Monsieur, par les procès-verbaux que nous avons l'honneur de vous faire passer, que les troupes de ligne et les gardes nationales du département de la Loire-Inférieure ont volé aux lieux de l'insurrection et paraissent, en ce moment, avoir ramené, sinon la paix, du moins le calme qui la précède.

Mais ces dispositions extrêmes que les circonstances ont forcé d'employer ne peuvent subsister longtemps, et les résistances que nous prévoyons demandent une force présente et toujours en état d'agir.

Les commissaires que nous avons envoyés sur les lieux nous mandent que plusieurs ecclésiastiques, accusés d'avoir excité à cette révolte fanatique les malheureux habitants de nos campagnes, ont pris la fuite; que deux particuliers ci-devant nobles, qui ont été vus à la tête des révoltés, sont arrêtés et ont déjà subi un premier interrogatoire devant les juges du tribunal de Challans; qu'au nombre des particuliers qui ont été arrêtés en insurrection se trouve une femme dont l'exaltation fanatique paraît avoir le plus contribué à ces excès, et qu'on assure avoir communié la veille des mains de l'un des prêtres, qu'elle accuse de l'avoir égarée.

Nous aurons l'honneur de vous faire passer à mesure les détails certains qui nous viendront de cette malheureuse affaire; mais vous jugerez, sans doute, Monsieur, d'après ceux que nous vous présentons, combien sont pressants les secours que nous avons sollicités et pour lesquels nous osons espérer que vous voudrez bien vous employer pour nous auprès du Roi.

Les deux ministres de Lessart et du Portail ne mirent aucun empressement à fournir à la Vendée constitutionnelle les troupes de ligne indispensables pour se défendre.

Le Ministre de l'intérieur au Ministre de la guerre.
(*Du 19 mai.*)

.... Je m'en rapporte à ce que les circonstances pourront vous permettre de proposer au Roi; mais je vous prie de vouloir bien m'en faire part, pour que je puisse répondre.

De Lessart.

Le Ministre de la guerre aux Administrateurs du département de la Vendée.
(*Du 21 mai.*)

Messieurs,

J'ai mis sous les yeux du Roi la lettre que vous m'avez fait l'honneur de m'écrire le 5 de ce mois.

Sa Majesté a considéré avec infiniment de regret l'impossibilité où l'on se trouve d'envoyer, comme vous le demandez, un régiment d'infanterie dans votre département, les circonstances actuelles exigeant impérieusement que le plus grand nombre des troupes de ligne soient placées sur les frontières, et le peu qui en reste dans l'intérieur y étant également d'une nécessité indispensable pour le maintien de la tranquillité publique.

Mais en attendant qu'il soit possible de venir plus efficacement à votre secours, objet que je ne perdrai point de vue, Sa Majesté approuve que vous conserviez l'escadron de cavalerie du 16ᵉ régiment, ainsi que le détachement de trente hommes de ce même régiment qui vous a été envoyé en dernier lieu.

Du Portail.

EXPÉDITION PACIFICATRICE A SAINT-CHRISTOPHE-DU-LIGNERON ET A APREMONT

Le compte rendu de la mission des deux commissaires du département de la Vendée, en vue d'apaiser les populations du district de Challans, fut ainsi officiellement rédigé, le jour même où elle s'accomplit avec le concours de deux des administrateurs de ce district :

Procès-verbal du Directoire du district de Challans[1].

Le Directoire (s'est) assemblé en conférence avec MM. Pichard, procureur général syndic, et Majou des Grois, commissaire du département de la Vendée, touchant les moyens les plus propres à ramener le calme et à inspirer de la confiance aux habitants des campagnes de ce district, qui, trompés par des conseils pervers et de fausses allégations, ont conçu le projet de la révolte et de l'incendie général des personnes et biens de la classe de ceux qu'on appelait ci-devant *bourgeois* et qui avaient pris la défense de la patrie. Le résultat de la conférence a été que quatre commissaires, savoir, les deux du département et deux de ce directoire se transporteront d'heure à autre de ce jour dans les paroisses où la révolte a paru se manifester, avec invitation d'y porter l'olivier de la paix et de haranguer les citoyens, leur annoncer la perversité des conseils qu'on leur a donnés et leur démontrer qu'on les faisait agir contre leur intérêt; ils commenceront leur route par Saint-Christophe et Apremont, comme lieux principaux où le feu de la sédition a été porté avec le plus de force. Ont été nommés pour commissaires du district les sieurs Merland et Jousson, lesquels sont partis sur-le-champ accompagnés de deux cavaliers du 16ᵉ régiment....

Et lesdits sieurs commissaires, de retour de Saint-Christophe et d'Apremont, en rendant compte de leur mission, exposent que, s'étant trouvés à l'issue de la messe célébrée ce jour à Saint-Christophe, M. le procureur général syndic a invité les citoyens des deux sexes de vouloir bien l'écouter. Le discours, que lui dictait l'amour de la paix, a paru exciter en eux de la sensibilité, et quelques larmes ont coulé. Les commissaires s'étant de même transportés à Apremont, à l'issue des vêpres, et les citoyens s'étant assemblés sur l'invitation dudit procureur général syndic, le même discours a produit sur leurs esprits les mêmes effets. En sorte qu'il est probable que les habitants de ces deux paroisses reconnaîtront leurs erreurs et qu'ils rentreront sous l'obéissance de la loi, dont ils avaient été détournés par des calomnies contre l'Assemblée nationale, que l'on accuse de vouloir détruire la religion catholique,

---

1. Arch. nat. Dxxix 15.

apostolique et romaine; ce qui doit encore faire espérer que le sang qui a malheureusement coulé servira d'un grand exemple pour retenir ceux qui seraient encore tentés de troubler la paix.

La séance a été ensuite levée à sept heures.

Fait en directoire, à Challans, le 8 mai 1791.

Signé : Mourain, Merland, Jousson;
Boursier, procureur syndic.

La conduite du directoire du département de la Vendée, et, en particulier celle du procureur général syndic, furent très vivement incriminées lors du procès de Pichard du Page devant le tribunal revolutionnaire de Paris. Cinq des députés vendéens à la Convention déposèrent contre lui [1].

Morisson dit :

..... La garde nationale de Fontenay partagea le désir de contribuer à la destruction des rebelles et se présenta à cet effet au directoire du département. Alors Pichard se fit nommer commissaire pour aller à la tête de cette force armée, qui avait les meilleures dispositions ; mais, à son arrivée dans le district de Challans, au lieu de féliciter les autorités constituées et les gardes nationales des mesures vigoureuses qu'elles avaient prises, au lieu de se réjouir avec elles de leur succès, il blâma tout ce qui avait été fait, et, conservant toujours un désir de complaire aux nobles, au lieu de fraterniser avec les patriotes, qui venaient de courir un danger, il passa son temps à visiter les nobles, qui sans doute étaient les premiers moteurs de cette insurrection.

Fayau ajouta :

..... Pendant sa mission, loin de prêter aux patriotes, que des brigands voulaient opprimer, tous les secours et toutes les forces qui leur étaient nécessaires, Pichard considéra comme rien ou comme peu de chose les hommes qui défendaient la liberté ; toute son attention, tout son temps furent donnés à ceux-là mêmes qu'on soupçonnait être les auteurs de la révolte ; en effet, il choisit pour ses pied-à-terre et pour hôtelleries les maisons de tous les ci-devant de la contrée... Pichard attribuait la révolte du district de Challans à la réunion de quelques patriotes d'une commune en société populaire ; jamais on ne le vit accuser les vrais coupables ; au contraire, il les justifiait dans tous ses discours et ne prêtait qu'à l'ignorance des habitants des campagnes la résistance que des chefs malveillants et puissants opposaient à la loi...

Goupilleau (de Montaigu) rapporta :

..... Après la première insurrection qui éclata à Challans, plusieurs prêtres furent se cacher dans différents châteaux près Montaigu ; la garde nationale, qui fit des perquisitions dans ces châteaux, fut vivement blâmée

---

1. Extraites de leurs dépositions en août 1793, aux Arch. nat. W 354.

par Pichard, et, sans les efforts réunis des patriotes il eût fait perdre sa place et même punir un brave officier qui commandait le détachement...

Le curé Musset raconta :

... Le district de Challans, qui ne cessait de demander des secours au département (de la Vendée), n'en recevant aucun, se vit obligé d'en demander à celui de la Loire-Inférieure. Cependant on annonce à Fontenay-le-Peuple que plusieurs patriotes ont été égorgés dans le district de Challans par des fanatiques révoltés ; la garde nationale de Fontenay demande à grands cris à voler au secours de ses frères. On persiste à lui refuser les munitions qu'elle demande. Ne pouvant plus résister à l'impétuosité que témoignaient ces gardes nationaux, Pichard et Luminais partirent en qualité de commissaires médiateurs et se mirent à la tête d'un détachement. Pichard et son collègue pouvaient facilement arriver assez tôt pour imposer aux révoltés, et la présence seule de la troupe qui les accompagnait aurait dissipé les brigands. Mais Pichard, constant dans ses principes, prit la route la plus longue et n'arriva à Challans que le 6 mai, c'est-à-dire trois jours après que les révoltés furent battus et mis en déroute. On aurait pu s'attendre que Pichard aurait approuvé du moins les mesures prises par le directoire du district pour arrêter l'incendie dont il était menacé ; cependant il blâma l'Administration d'avoir demandé des forces dans un département étranger et occasionné par là des déplacements très dispendieux. Après une simple apparition à l'assemblée générale du district de Challans, le sieur Pichard se retira, visitant sur la route les nobles Mauclerc, Marconnay et autres ennemis reconnus de la Révolution. De retour à Fontenay, Pichard ne proposa au département aucun moyen de réprimer les désordres qui avaient eu lieu et d'en empêcher le renouvellement ; au contraire, instruit que le nommé Salerac, lieutenant de la gendarmerie, qui, au lieu de marcher à la tête de sa troupe pour arrêter les suites de la révolte, se contenta d'attendre dans des maisons suspectes le résultat du combat, loin de provoquer la destitution de cet officier perfide, il souffrit qu'il fût élevé à la place de lieutenant-colonel de la gendarmerie. C'est d'après cette conduite de Pichard que les aristocrates et tous les ennemis de la Révolution dans la Vendée conçurent l'espoir de tout oser impunément. Voilà pourquoi les réfractaires répandaient audacieusement leurs discours incendiaires, les nobles se réunissaient sur différents points du département, et presque sous les yeux de Pichard, sans être inquiétés. Il fallait à Challans des prisons, Pichard le savait, il avait vu qu'il n'existait pas dans cette ville un lieu sûr pour y déposer les malveillants et les contre-révolutionnaires. Pichard ne fit aucune démarche auprès du département pour en procurer.

Pichard du Page opposa à ces dépositions le récit écrit par lui-même dans le Compte du Directoire au conseil du département, récit dont voici la fin :

Les commissaires, rendus à Challans, se transportèrent avec quelques membres du district dans les paroisses d'Apremont et Saint-Christophe. Ils s'efforcèrent de ranimer la confiance des citoyens effrayés. Leurs exhortations douces et paternelles parurent émouvoir la sensibilité des citoyens égarés ; ils reprirent la suite de leurs utiles travaux, qu'ils avaient abandonnés, et témoignèrent un repentir sincère de leur conduite. Le calme parut se rétablir ; les commissaires laissèrent un détachement de la garde nationale de Fontenay et la totalité de la troupe de ligne qui les avait suivis pour la garde des prisonniers. Le procès de ceux-ci, terminé depuis peu par l'amnistie[1], avait été longtemps suspendu à raison de plusieurs circonstances, parmi lesquelles la translation de ces mêmes prisonniers à Nantes paraît avoir été le principal obstacle à une prompte instruction. Le Directoire (du département) n'a eu aucune part à cet événement, qu'il a appris par M. de Lessart.

TRANSLATION A NANTES DES DÉTENUS DE CHALLANS

Les prisonniers faits à la suite des mouvements insurrectionnels des mois d'avril et de mai, ne pouvant être gardés à Challans, furent, en effet, transférés en la prison du Bouffay, à Nantes, sur la proposition du commandant Mellinet, par arrêté du district.

Délibérations du district de Challans[2].

Le 8 mai 1791, à onze heures du matin, le commandant général du camp de Challans s'est présenté au Directoire et a exposé les craintes qu'il avait que les sieurs Guerry l'aîné et Rorthais l'aîné, détenus prisonniers dans une chambre faisant partie de l'hôtel du Lion-d'Or, n'échappassent à la vigilance de la garde, quoiqu'il soit bien persuadé de son exactitude, de son zèle ainsi que de sa fermeté. Il serait d'avis qu'on les transférât à l'auditoire que messieurs du tribunal ont bien voulu céder à sa sollicitation pour servir de maison d'arrêt, et qu'il fût pris toutes les précautions nécessaires pour rendre ladite chambre sûre et à l'abri de toute atteinte...

Le Directoire, toujours reconnaissant des peines et soins que veut bien se donner M. le commandant général du camp pour le bien public et que ledit commandant demeure autorisé à faire transférer en l'auditoire, comme chambre d'arrêt lesdits sieurs Guerry l'aîné et de Rorthais,

Arrête que sa représentation sortira son plein et entier effet...

Le 12 mai 1791 est entré en directoire le sieur Mellinet, commandant général du camp de Challans, lequel, par suite de son attachement, dont il ne cesse de donner des preuves, au maintien de la paix et du bon ordre dans ce district, a déclaré que, malgré ses veilles et ses scrupuleuses recherches, il craint qu'elles ne deviennent infructueuses, surtout par rapport à la conservation des sieurs Guerry l'aîné, Guerry surnommé Boisjolly, et Rorthais l'aîné, arrêtés dans les prisons de ce district à raison de l'insurrection qui fait le sujet des démarches des forces réunies sous son commandement ; en un mot, il

1. L'amnistie par laquelle la Constituante termina ses travaux au mois de septembre 1791.
2. Arch. nat. D^{xxix} 15.

craint leur enlèvement, qu'il serait important d'éviter ; en conséquence, il serait d'avis qu'on les transférât dans les prisons de la ville de Nantes, assurant que MM. de la municipalité, entièrement dévoués à la Constitution, se feraient un vrai plaisir de les y recevoir, avec d'autant plus de raison que, ces messieurs n'étant point avec les prisonniers détenus pour le même fait, leur détention oblige la dépense d'une plus forte garde ; que même cette détention peut irriter leurs familles et leur faire entreprendre le projet de les enlever, et requiert que le Directoire ait à délibérer sur sa représentation.

Le Directoire, confus des attentions continuelles et vraiment fraternelles du commandant général du camp de Challans pour tout ce qui peut contribuer à la sûreté des citoyens et au maintien des lois faites par les représentants de la nation, et ne pouvant qu'applaudir au plan donné par ledit commandant, après en avoir conféré avec M. l'accusateur public et entendu le procureur syndic,

Arrête que ledit commandant donnera des ordres, tant aux troupes de ligne qu'aux différents détachements de gardes nationales qui sont sous son commandement, de conduire samedi matin, 14 de ce mois, les sieurs Guerry et Rorthais et autres qu'il plaira à M. l'accusateur public de désigner, dans les prisons de la ville de Nantes, que le Directoire prend pour emprunt ;

Qu'à cet effet la municipalité de Nantes sera invitée à vouloir bien faire ouvrir les portes desdites prisons, afin que le détachement commandé y dépose les personnes dont il s'agit, et qu'extrait de la présente délibération lui sera envoyé ; qu'également il sera fait part au département de la Loire-Inférieure de ladite translation en signe de reconnaissance des secours qu'ils ont si généreusement procurés à la première nouvelle de l'insurrection qui a affligé le district ;

Invite au surplus le général du camp à faire usage de la sagesse dont il est doué au regard de la translation, surtout à ce que les droits du citoyen ne soient blessés dans la plus petite chose, s'en rapportant entièrement à tout ce qu'il fera.....

Le 13 mai 1791, le Directoire, persistant dans sa délibération du jour d'hier à l'égard des prisonniers détenus ès prisons de cette ville, après en avoir conféré avec M. l'accusateur public et d'après la désignation à nous par lui faite,

Arrête que M. le commandant général des troupes réunies en cette ville sera prié de commander soixante-sept hommes pris dans les différents détachements qui sont sous ses ordres, tant des gardes nationales que des troupes de ligne et gendarmerie, en nombre à peu près égal, qui, conduits par un commandant en chef et un commandant en second, *transféreront cette nuit dans les maisons d'arrêt de Nantes les nommés* GUERRY *l'aîné*, RORTHAIS *l'aîné*, Marianne BOUTEILLER, de la paroisse de Saint-Christophe ; Pierre PINEAU, Mathieu ROUSSEAU, André DUPONT, et Jean BERNARD, ces quatre de la paroisse de Saint-Jean-de-Monts ; Germain GUILLOT, Jacques MICHOU et Louis MARAIS, aubergiste, tous les trois de la paroisse de Saint-Christophe ; Pierre FRADET, tisserand, de la paroisse d'Apremont ; Jacques

Redois, domestique, de la paroisse de Saint-Christophe, lesquels tous sont accusés de sédition et actuellement détenus dans les maisons d'arrêt de cette ville, et qu'expédition du présent arrêté sera délivrée à M. le commandant général.

Fait en directoire à Challans, le 13 mai 1791.

Signé : Mourain, Merland, Jousson, Bouvier; Boursier, *procureur syndic ;* Ganachaud, *secrétaire*.

Les prisonniers furent ramenés à Challans, à la fin du mois de juin, sur l'ordre du ministre de la justice, transmis par le ministre de l'intérieur au directoire du département de la Vendée.

Le Ministre de la justice au Ministre de l'intérieur[1].

A Paris, le 3 juin 1791.

Monsieur de Lessart,

Il y a eu, Monsieur, dans les environs de Challans, département de la Vendée, des troubles assez considérables. Vingt-trois particuliers ont été arrêtés et conduits dans les prisons de cette ville, et le tribunal qui y est établi a commencé l'instruction du procès; mais, dans la nuit du 14 de ce mois, douze des prisonniers ont été emmenés par un détachement de troupes, et les juges du tribunal qui m'informent ne savent pas où ils ont été conduits. Ils présument néanmoins que cette translation ne s'est opérée que par les ordres du directoire du district qui, guidé par des vues de prudence, a craint de laisser un si grand nombre de prisonniers dans des prisons peu sûres, peu commodes et placées au centre de l'insurrection.

Quel que soit le motif qui ait dirigé le Directoire, il n'en est pas moins vrai que cette translation est irrégulière et qu'elle doit retarder considérablement l'instruction de la procédure. D'un autre côté, si c'est le défaut de sûreté des prisons qui a déterminé le Directoire à ordonner la translation dont il s'agit, il me semble que cette considération ne peut en couvrir l'irrégularité, puisque c'était à lui à pourvoir à ce que ces prisons fussent mises en état de sûreté; au moins il aurait dû faire connaître aux juges du tribunal qu'il croyait nécessaire de prendre cette précaution.

Je vous prie d'écrire à ce sujet au directoire du district de Challans, de lui faire sentir combien sa conduite est peu conforme à la loi, et de lui recommander de faire mettre les prisons dans l'état de sûreté où elles doivent être.

Le Ministre de la justice, M.-L.-F. Duport[2].

1. Archives nationales F7 3274.
2. Marguerite-Louis-François Duport-Dutertre, né à Paris, 6 mai 1754, exécuté le 28 novembre 1792, ancien lieutenant de maire de Paris, appelé au ministère de la justice par la protection de La Fayette ; il y resta jusqu'au 22 mars 1792.

Quoique le procureur général syndic Pichard du Page se vantât d'avoir fait « couler les larmes » des « égarés » de Saint-Christophe et d'Apremont, la paix civile et religieuse n'était pas rétablie.

Le 13 mai, le maire de Coëx écrivait au district des Sables « pour l'informer qu'il y avait encore eu des rassemblements dans les environs, et que l'un des administrateurs dudit district, le sieur Lansier, venait de courir les plus grands dangers et avait failli être tué d'un coup de fusil par le nommé Rapiteau ». Procès-verbal fut dressé de cet attentat, et par arrêté, expédié « au département ainsi qu'au district de Challans, dans le territoire duquel l'insurrection avait eu principalement lieu[1] ».

LES GARDES NATIONALES DE NANTES, DES SABLES ET DE FONTENAY A SAINT-GILLES-SUR-VIE. — FÊTE FUNÈBRE EN L'HONNEUR DE MIRABEAU

Un assez fort détachement des gardes nationales de Nantes, des Sables et de Fontenay exécuta une promenade militaire à travers les bourgs de Coëx, Saint-Révérend, Saint-Maixent, et séjourna une semaine à Saint-Gilles-sur-Vie. Sa présence dans ce petit centre de ferveur patriotique donna de l'éclat à la célébration du service en l'honneur de Mirabeau.

Le 15 avril, la municipalité de Saint-Gilles avait reçu la nouvelle officielle de la mort du grand orateur le 1er, et des honneurs funèbres qui lui avaient été rendus dans la capitale et les villes principales. Aussitôt, à huit heures du matin, le maire, Henri Collinet, réunit les conseillers Louis Rafin, Laurent Pontdevie, Pierre Mercier. Le procureur Jacques-Salomon Bénéteau prononce ce réquisitoire[2] :

Vous n'ignorez pas la mort qui couvre de deuil le cœur des Français patriotes. Les lumières et le patriotisme de l'illustre Honoré Riquetti de Mirabeau le rendront à jamais mémorable. Si dans tous les temps les grands hommes qui ont rendu quelques services à la patrie par leurs talents ont été honorés, à plus forte raison le héros que nous regrettons doit-il exciter nos hommages. Il est connu, Messieurs, que son amour du bien public, de la régénération entière des droits de l'homme, enfin de notre liberté, l'a conduit au tombeau. Nous devons donc, à l'exemple de nos augustes représentants de la capitale et de toutes les villes du royaume, donner aux mânes de ce grand homme les marques éclatantes de notre reconnaissance et de notre douleur. Je re-

---

1. Délibération du district des Sables, 13 mai, aux Archives du département de la Vendée.
On remarque, en parcourant les délibérations du directoire des Sables, de la fin du mois d'avril au commencement du mois de mai, que, malgré les troubles du voisinage, les adjudications des biens nationaux sont très actives. Voir ci-dessus ch. V, p. 157.
2. Registres et papiers isolés de la mairie de Saint-Gilles.

quiers qu'il soit célébré un service solennel dans l'église de cette paroisse pour le repos de l'âme de feu Honoré Riquetti-Mirabeau ; que les corps et les bons citoyens y soient invités par le son de la caisse.

Ce qui est immédiatement arrêté. Le maire écrit au curé François-Louis Bouhier pour « l'engager à célébrer le service avec la plus grande pompe ». Mais ce prêtre, qui n'a pas prêté le serment, déclare s'y refuser.

Après l'avortement des tentatives d'insurrection, le curé fait auprès de la municipalité une démarche, afin « d'emporter ses meubles où bon lui semblerait, voyant arriver le terme de son remplacement, promettant, au reste, de ne pas abandonner la cure et d'en exercer les fonctions jusqu'à l'arrivée du prêtre que la loi placera dans cette paroisse, qu'il demande, en outre, la liberté d'habiter par la suite ».

La commune y consent, mais à la condition que le curé démissionnaire dira sa dernière messe solennelle en l'honneur du grand homme de la Révolution.

La cérémonie funèbre eut lieu le 7 mai en présence de toutes les autorités civiles, maritimes et militaires. Le défilé des troupes patriotes fit une profonde impression sur les populations rurales des environs.

Deux jours après, le 9, la commune de Saint-Gilles, « trop pauvre pour garder une garnison nombreuse », écrit au district de Challans « que la troupe n'est plus nécessaire, attendu qu'il ne paraît plus de troubles ».

Le 16, le détachement des gardes nationales de Nantes, des Sables et de Fontenay est rappelé. Ces adieux lui sont adressés :

> La municipalité de Saint-Gilles se fait le plus grand plaisir de manifester aux braves gardes nationales sa reconnaissance pour la démarche généreuse qu'ils ont faite dans ce district de Challans pour notre cause commune, pour le secours qu'ils ont apporté à notre ville dans le moment où elle était menacée du fer et du feu, et où elle était tellement dénuée de secours qu'il restait à peine dix fusils à opposer aux misérables révoltés qui en avaient conjuré la perte.

Le soir, la garde locale, « onéreuse aux habitants », était « supprimée jusqu'à nouvel ordre[1] ».

Le camp de Challans était levé le lendemain.

---

1. Analyse des registres municipaux de Saint-Gilles.

Délibération du district de Challans [1].

Le 17 mai 1791, est entré au Directoire M. François Mellinet père, commandant général du camp de Challans [2], qui a dit :

Messieurs,

Pénétré de reconnaissance pour les témoignages que vous nous avez donnés de la plus attentive fraternité, ainsi que pour la confiance que m'ont témoignée nos compagnons d'armes rassemblés dans cette ville le 4 mai, qui ont daigné me conférer le commandement général de tous les détachements que vous avez appelés, j'ai l'honneur de vous représenter que les mesures prudentes et courageuses prises par votre administration et ponctuellement exécutées par tous mes coopérateurs, ayant ramené le calme dans tout votre arrondissement, je vous supplie de vouloir bien me permettre de retourner sous le commandement de M. Legrand et avec mon détachement à Nantes, où nous ne cesserons, mes camarades et moi, de publier les sentiments d'admiration et de respect que nous ont inspirés votre zèle infatigable et votre patriotisme épuré, qui vous mettent au rang des plus ardents défenseurs et des plus fermes soutiens de la Constitution.

S'il nous reste des vœux à former pour le maintien de votre tranquillité, c'est que le Directoire de votre département, instruit par une expérience sanguinaire des dangers auxquels une indifférence perfide et des lenteurs coupables exposent la chose publique et la liberté, soit prié et stimulé par vous, Messieurs, de faire connaître et publier les décrets de la nation dans toutes les paroisses et les municipalités, de rétablir celles (des municipalités) qui ont été forcées d'abandonner, de procéder au remplacement des curés qui ont refusé d'obéir à la loi, de répandre des instructions et des proclamations pour ramener nos frères des campagnes qu'on égare, et enfin de vous envoyer des troupes de ligne et des armes pour maintenir la tranquillité et vous épargner les dépenses considérables qu'occasionne le déplacement de la garde nationale, lorsqu'elle est obligée de se mettre en marche et de quitter ses foyers pour voler au secours de ses frères et pour soutenir la Constitution et la liberté.

Le Directoire du district de Challans,

Rempli d'admiration, d'estime et de reconnaissance pour les services signalés qu'ont rendus à ce district nos frères les gardes nationaux de Nantes, voit avec chagrin que le moment est venu de se séparer de ces braves défenseurs de la liberté ; mais, ne voulant point abuser plus longtemps de leurs moments précieux,

Arrête, ouï le procureur-syndic, que M. le commandant général est,

---

1. Archives nationales, DxxIx 15.
2. François Mellinet, né à Nantes en 1741, fils d'un apothicaire, s'était distingué par la création de manufactures importantes et la fondation de l'entrepôt de cafés, qui est devenu l'entrepôt général. Délégué plusieurs fois pour porter à Rennes et à Paris les vœux du tiers état de Bretagne, il était devenu le chef du parti constitutionnel. En 1792, il fut élu à la Convention nationale, où il se lia avec les Girondins. Il mourut de maladie, au moment de leur proscription, au mois de juin 1793.

dès ce moment, libre de fixer son départ à telle époque qu'il lui plaira, de même que celui de ses frères d'armes de la ville de Nantes.

Le Directoire sent bien le vide qu'occasionnera à Challans le départ du détachement de Nantes, mais il est bien juste qu'après avoir si bien mérité de ce pays, il aille au sein de ses familles et de ses amis y porter le spectacle le plus attendrissant pour les vrais amis du bien, celui des défenseurs de la liberté triomphant des ennemis de notre Constitution.

Partez, généreux amis, reportez à vos camarades le tribut de reconnaissance dont ils nous ont fait la loi ; offrez-leur nos services, assurez-les de notre amitié, et jurez-leur en notre nom un attachement inviolable. Rappelez quelquefois à votre souvenir les bons habitants du district de Challans, dont la faiblesse des moyens ne permet pas à leur cœur de vous prouver toute sa reconnaissance.

Le Directoire, plein de reconnaissance pour la manière honnête et l'activité avec laquelle le directoire du département de la Loire-Inférieure et la municipalité de Nantes se sont portés à envoyer à notre disposition tous les secours dont nous pouvions avoir besoin,

Arrête qu'il leur sera écrit une lettre de remerciement et que copie de la présente délibération y sera jointe ;

Arrête, en outre, qu'en faisant agréer notre reconnaissance à M. le commandant général, il lui sera remis deux expéditions de la présente, dont il sera prié d'en remettre une à M. le commandant général de la garde nationale de Nantes. Fait en directoire à Challans, le 17 mai 1791.

Signé : Mourain, Merland, Bouvier, Jousson ; Boursier,
procureur-syndic, et Ganachaud, *secrétaire* [1].

---

1. Le *détachement des Nantais partis pour aller au secours de leurs frères de Challans* fit imprimer, durant l'expédition, un *Bulletin* (3 p. in-8°), dans lequel on lit :

« 3 *mai* 1791. — Nous arrivons à Machecoul... Demain matin à 4 heures, nous serons en route. Nous sommes disposés à ne rien ménager ; malheur à ceux qui auront l'audace de nous attaquer !

« 5 *mai.* — Un courrier dépêché de Saint-Gilles annonça que les paroisses voisines s'assemblaient et que le tocsin sonnait de toutes parts. Sur-le-champ 160 hommes d'infanterie et 12 cavaliers eurent ordre de se porter à Saint-Gilles. Notre détachement fut de cette expédition. Les sieurs Guerry et Rorthais étaient à la tête des paysans ; lorsqu'ils apprirent que nous marchions vers eux, ne se croyant pas assez forts, ils quittèrent leur troupe et vinrent au district de Challans pour se disculper, disant qu'en effet ils étaient à la tête des insurgents, mais *qu'ils y avaient été forcés, les paysans menaçant de les tuer* s'ils ne se mettaient à leur tête. Le district, par précaution, les fit arrêter et mettre sous bonne garde...

« Nous arrivâmes à Saint-Gilles à 8 heures du soir ; nous y fûmes reçus comme des dieux tutélaires...

« Tout paraît rentrer dans l'ordre... Il était vraiment nécessaire de nous montrer en face. Les paysans, trompés et séduits par les calotins, se préparaient à égorger les patriotes ; maintenant ils avouent qu'ils ont eu tort et disent qu'ils n'ont agi qu'à l'instigation de leurs prêtres. Hier, toutes les femmes de Saint-Gilles nous racontaient leur confession ; on ne pourrait s'empêcher d'en rire, si le but de ces manœuvres n'était pas la guerre civile. Les choses sont en cet état.

« Les contre-révolutionnaires ont beau faire, ils ne formeront point un noyau d'armée... Tout cela ne servira qu'à affermir la Constitution ; l'ardeur avec laquelle nos gardes nationales et la cavalerie de ligne parcourent la campagne est inconcevable. Nos jeunes gens semblent faits au métier de la guerre. Vive la liberté ! Ça ira ! »

CHAPITRE XII

L'INSTALLATION DU CLERGÉ CONSTITUTIONNEL

Au moment même où les Nantais de l'expédition de Challans déposaient les prisonniers de ce district dans la prison du Bouffay, des paysans, qui y avaient été amenés pour la même cause de révolte suscitée par les prêtres réfractaires, en étaient renvoyés par l'intercession de l'évêque constitutionnel Minée.

Car les troubles s'étaient étendus au département de la Loire-Inférieure. Des détachements de garde nationale avaient dû être expédiés à Saint-Aignan et à Carquefou pour soutenir l'installation de nouveaux curés, accueillis à coups de pierres. Dans le second de ces bourgs, il avait fallu un renfort de 500 hommes pour comprimer la résistance. Dix paysans et trois femmes avaient été arrêtés. Le lendemain, trente habitants de Carquefou, des deux sexes, sous la conduite de leur maire, s'étaient présentés au directoire départemental, implorant leur grâce, déjà proposée par l'évêque. L'Administration les avait reçus avec bonté et fait conduire ensuite à l'évêché ; Minée leur avait adressé ce discours paternel, dont ils semblaient avoir été profondément émus :

Mes enfants, les prêtres ont pour mission d'enseigner et de propager le christianisme, c'est-à-dire la doctrine de Jésus-Christ, celle que les apôtres nous ont transmise dans les Évangiles. Or, que dit cette doctrine ? Aimez-vous en frères, vivez en frères, respectez les lois du pays dans lequel vous vivez. Les prêtres qui ont prêté serment de fidélité à la Constitution, loin d'être blâmables, sont les seuls qui aient rempli leur devoir jusqu'au bout ; ils n'eussent pas continué à être dignes d'enseigner la morale de l'Évangile, si leur intérêt privé les avait dominés au point de leur faire oublier le respect qu'ils doivent à la Nation et à la Constitution qu'elle s'est donnée. Allez en paix, vivez en bon accord avec les gens de toute opinion, et conseillez bien à vos parents et à vos amis qui sont au Bouffay de ne plus écouter à l'avenir les conseils perfides de ceux qui auraient désiré la continuation des abus [1].

Si l'on rapproche ces belles paroles de l'évêque nantais des écrits libéraux du curé vendéen Cavoleau[2], et si on les compare aux mandements des ci-devant évêques et aux brochures des réfractaires, on voit que le clergé constitutionnel n'était pas exaspéré par la déclaration de guerre et les manœuvres de l'ancien Clergé, et qu'il s'efforçait encore de gagner le cœur et la raison des paysans.

Il est tout à fait important de remarquer que les premières tentations d'insurrection rurale se produisirent dans les campagnes du département de la Vendée avant tout déplacement ou remplacement de prêtres insermentés, et juste au moment de l'élection de l'évêque constitutionnel, par suite de laquelle la Constitution civile, simplement promulguée, allait enfin devenir applicable.

ÉLECTION DE L'ÉVÊQUE DE LA VENDÉE [3]

L'assemblée électorale convoquée pour procéder à la nomination de l'évêque départemental, en remplacement du démissionnaire Servant, s'ouvrit le dimanche 1ᵉʳ mai à Fontenay-le-Comte, dans le chœur de l'église principale, à onze heures du matin, après la messe entendue, sous la présidence du même doyen d'âge Queneau, avec le secrétaire général du département, Cougnaud, pour secrétaire provisoire, et trois scrutateurs désignés parmi les plus âgés des présents.

Les électeurs étaient moins nombreux qu'à la première assemblée, 97 au lieu de 173 [4] :

Pour le district	de Fontenay	43
—	— de la Châtaigneraie	19
—	— de Montaigu	7
—	— de Challans	4
—	— des Sables	8
—	— de la Roche-sur-Yon	16
	Total	97

A la séance de l'après-midi, trois heures, au second tour de scrutin, par 51 voix sur 89 votants, Philippe-Charles-Aimé Goupilleau,

1. A. Guépin, *Histoire de Nantes*, éd. de 1839, p. 419-420.
2. Voir plus haut. ch. VI, p. 185.
3. Nous suivons la copie du procès-verbal adressée au roi, Arch. nat F¹⁹ 181¹.
4. Voir plus haut. ch. VI, p. 176.

procureur syndic du district de Montaigu, fut réélu président définitif.

Jacques-Charles Guichet, l'un des administrateurs du directoire du district de la Châtaigneraie, fut nommé secrétaire par 51 voix sur 70 votants.

Le président et le secrétaire prêtèrent, puis par appel nominal firent prêter à chacun des électeurs le serment « de maintenir de tout leur pouvoir la Constitution du royaume, d'être fidèle à la Nation, à la Loi et au Roi, de choisir en son âme et conscience le plus digne de la confiance publique, et de remplir avec zèle et courage les fonctions publiques qui lui seraient confiées ».

Ensuite le Président prononça le discours suivant:

Messieurs,

Voilà la seconde fois que vous vous trouvez réunis pour choisir le chef de l'Église de votre diocèse ; c'est la seconde fois que vous me choisissez pour vous présider. Je n'essayerai point de vous rendre mes sentiments de reconnaissance à ce témoignage flatteur de votre amitié, à cet honneur le plus sensible que puisse recevoir un bon citoyen de ses concitoyens libres. Vous les connaissez, ces sentiments, et cela me suffit ; mais garder le silence lorsque je me trouve au milieu de vous et qu'il s'agit de l'intérêt de la patrie, c'est ce dont je ne suis pas capable.

Qu'ils se sont trompés, Messieurs, les ennemis de notre Constitution, lorsqu'ils ont cru ralentir votre zèle en déterminant à un refus l'homme juste mais faible que vous aviez choisi pour votre évêque ! Vous ne vous attendiez pas sans doute qu'une Révolution aussi salutaire que la nôtre se fût opérée sans aucun obstacle : elle heurte de front trop d'intérêts divers, trop de préjugés, trop d'abus ; mais vous saviez aussi que le plus redoutable de tous ces obstacles était le hideux fanatisme.

Que diront-ils ces perfides ennemis de notre repos et de notre bonheur, lorsqu'ils verront que leurs efforts combinés sont rendus vains par notre courage ? Que diront-ils à présent qu'ils voient notre Roi, le meilleur des rois, qu'ils obsédaient et que toujours ils cherchaient à tromper, les chasser d'auprès de son trône, annoncer à toutes les puissances étrangères qu'il reconnaît la Nation pour souveraine, que la Révolution n'est autre chose que la réforme des abus, qu'il l'adopte librement et qu'il ne veut point d'autre bonheur que celui de son peuple ?

Lâches et hypocrites ! vous vouliez perdre la patrie au risque de vous ensevelir sous ses ruines ! « Périclès est mort, disiez-vous il y a peu de jours, il ne nous faut plus que dissoudre l'Aréopage ; semblable à Athènes, la France sera un vaisseau sans gouvernail, les uns voudront faire voile, les autres regagner le port, l'orage surviendra et la France sera submergée !... » Ne vous l'avais-je pas déjà dit, que la Providence elle-même prend soin de déjouer vos horribles projets ?

Citoyens, tel est l'effet de la liberté chez un peuple libre, pour qui elle était faite, et qui, après avoir brisé ses chaînes, s'assied paisiblement sur les ruines du despotisme. Quel triomphe pour les bons citoyens ! Fiers de notre Constitution, fiers de notre liberté, mais surtout fiers de nos lois et n'agissant que pour elles et par elles, donnons aux peuples voisins l'exemple de la fermeté et de l'union, de l'amour du Roi et de la Patrie ; traçons-leur la route du bonheur après avoir cimenté le nôtre. Mais plus nous éprouverons de difficultés, plus il nous faudra déployer d'énergie ; que la droiture et la conscience soient à jamais nos guides, et justifions le droit qui nous a été rendu de nommer nos pasteurs par un choix qui soit au-dessus de toute critique ; forçons par la constance et la raison nos aveugles détracteurs à se rendre enfin à la voix de la Patrie, qui les appelle.

Furent nommés scrutateurs : Jean-Baptiste-Aimé Caillaud par 67 voix sur 83 votants ; Célestin Regain par 64, et Jean-Joseph-Daniel Majou par 63.

Le lundi 2 mai, à huit heures du matin, la séance était reprise pour la prestation de serment des scrutateurs.

Lecture était donnée d'une *Lettre à messieurs les électeurs par messieurs les écoliers du séminaire-collège de Luçon.* L'assemblée, satisfaite des sentiments qui y étaient exprimés, en demanda l'insertion au procès-verbal.

Luçon, le 30 avril 1790.

Messieurs,

Aveuglés d'un côté par les discours artificieux de nos indignes supérieurs, nous ouvrons enfin les yeux à la vérité et à la raison ; d'un autre côté, leur tyrannie insupportable, occasionnée par le mécontentement que leur cause la nouvelle Constitution, nous fait désirer ardemment l'arrivée des nouveaux supérieurs nommés par vous. Satisfaites à notre impatience, Messieurs, le plus tôt qu'il vous sera possible, car sans cela nous serions contraints d'abandonner pour ce reste d'année le cours de nos études. Ne croyez point que c'est par passion ou par préjugé que nous vous faisons un si triste portrait de nos supérieurs ; nous pouvons vous assurer que nous n'avançons rien que nous ne soyons en cas de prouver en temps et lieu ; car, sans parler des fausses bulles du Pape et des libelles diffamatoires dont ils cherchent sans cesse à falsifier notre esprit, ils ont encore osé nous rendre les complices de leur exécrable perfidie en nous faisant transcrire des lettres faites pour soulever tous les esprits du diocèse. Joint à tout cela, Messieurs, ils nous menacent de chasser sans autre forme de procès ceux qui jouissent du fruit de vos bienfaits, c'est-à-dire ceux qui jouissent de pensions franches ; nous espérons que vous ne tarderez pas à nous donner une réponse consolante.

Nous sommes, Messieurs, avec le plus profond respect, vos très humbles et très obéissants serviteurs.

Signé : J. Renaud, président, rhétoricien ; Joly, rhétoricien, secrétaire ; *Rhétoriciens :* Moreau, Savariau, Lieutaud ;

Seconde: Loyaud, Boursier, Ruchaud, Maquignaud, Martineau, Parenteau ;

Troisième: Giboteau major, Payraudeau, Logerie, Perignon, Grelier minor, Grelier major.

Quatrième: Giboteau minor, Sirol, Fabre, Rodier, Berthou, Grelier, Thomazeau, Favereau.

L'assemblée arrrêta que M. le président écrirait à MM. les écoliers du séminaire de Luçon, et leur annoncerait la nomination de l'évêque aussitôt qu'elle serait faite.

La formule du serment par lequel chaque électeur s'engage « à « choisir le plus digne de la confiance publique, sans y avoir été « déterminé par des promesses, sollicitations ou menaces », ayant été lue par le président, puis placée, écrite en gros caractères, devant le vase destiné à recevoir les bulletins, le scrutin fut ouvert pour la nomination de l'évêque.

Extrait du procès-verbal.

L'appel nominal fini, les billets ont été comptés, il s'en est trouvé 110 ; dépouillement fait, il s'en est trouvé un blanc, ce qui réduit le nombre à 109.

M. François-Ambroise Rodrigue, *curé du Fougeré*, ayant réuni 57 voix, ce qui fait la pluralité absolue, a été élu évêque du département de la Vendée.

M. le président ayant déclaré que la pluralité des voix a été en faveur de M. Rodrigue, plusieurs électeurs ont demandé l'agrément de l'Assemblée pour aller lui annoncer son élévation à l'épiscopat, en assurant qu'ils seraient de retour ce soir à neuf heures pour avertir de son acceptation ou refus ; ce qui a été accepté.

A l'instant, une députation du club des Amis de la Constitution a demandé à être introduite, et l'étant, a félicité l'assemblée électorale sur son choix et a demandé que quelques-uns de ses membres se joignissent aux électeurs pour aller annoncer à M. Rodrigue son élection.

L'assemblée, sensible à la démarche des Amis de la Constitution, adhérant à leurs désirs, leur a témoigné sa satisfaction en les engageant à exécuter leur projet.

M. le président, du consentement de l'assemblée, a déclaré que l'assemblée ne se dissoudra point qu'elle n'ait eu l'acceptation ou refus de M. Rodrigue, et a renvoyé à demain sept heures pour la proclamation ou l'élection en cas de refus.

Le mardi 3 mai, huit heures du matin, M. le président a donné lecture d'une lettre à lui adressée par M. Rodrigue, portant son acceptation ; ensuite il a été fait des députations vers tous les corps ecclésiastiques, civils et militaires pour les engager à assister à la proclamation et à la grand'messe qui doit être chantée.

A l'instant, on a annoncé l'arrivée de M. Rodrigue et le dessein où il

INSTALLATION DE L'ÉVÊQUE DÉPARTEMENTAL

était de se présenter à l'assemblée électorale ; aussitôt il a été arrêté qu'une députation de douze électeurs irait au-devant de lui; ce qui a été fait.

M. Rodrigue étant entré, a déclaré accepter.

M. le président a proclamé en ces termes :

« Citoyens, François-Ambroise Rodrigue, prêtre, curé du Fougeré, a « été élu évêque du département de la Vendée; rendons-en grâces à l'Eter- « nel ! »

A l'instant on a chanté le *Te Deum* et célébré la messe, à laquelle M. Rodrigue, les corps invités et les électeurs ont assisté.

Après laquelle il a, ainsi que tous les électeurs, signé, ensemble les électeurs qui sont survenus depuis l'ouverture du procès-verbal et qui l'ont demandé.

Fait, clos et arrêté ledit jour sur l'heure de midi.

Signé : Fr.-Amb. Rodrigue, *évêque élu du département de la Vendée ;*
Ph.-Ch.-A. Goupilleau, président; Guichet, secrétaire ;
J.-B. Caillaud, Daniel Majou, Regain, scrutateurs.

Dans la lettre d'envoi du précédent procès-verbal au Roi, le président Goupilleau réitérait à Sa Majesté « l'assurance du respect des électeurs et de leur fidélité inviolable ».

INSTALLATION DE L'ÉVÊQUE DÉPARTEMENTAL

Le lendemain de l'élection, raconte Mercier du Rocher[1], les électeurs et les patriotes allèrent au-devant de l'élu, qui arriva à Fontenay par la porte de Nantes. Moulins, président de la « Société ambulante des Amis de la Constitution », lui adressa une harangue, dans laquelle il décrivait les « maux que le fanatisme produisait sur le territoire de la Vendée ». Le nouveau prélat « était en bottes fortes ; il avait sa soutane relevée et un bâton à la main ; son domestique, à côté de lui, tenait une petite rosse très maigre, sur laquelle étaient attachées ses bougettes ». Il ne répondit rien au discours de Moulins, qu'il « avait écouté en secouant la tête et haussant les épaules ». Il remonta tout de suite en selle et gagna son hôtellerie. De là on le conduisit à Notre-Dame, où il fut solennellement proclamé.

Le 11 il partit pour Paris. Le 19, le ministre de l'intérieur, Valdec de Lessart, lui écrivait : « Sa Majesté ne doute pas que ce nouveau choix ne soit aussi heureux pour la religion que pour la tranquillité publique[2]. » Il se faisait sacrer le dimanche 3 juin à Notre-Dame de Paris, en présence des députés de la Vendée[3].

---

1. Mémoires inédits, 1er cahier.
2. Lettre de la collection Dugast-Matifeux.
3. Note du t. II des *Recherches sur Fontenay*, p. 313, où B. Fillon rectifie l'erreur qu'il a commise t. I, p. 351, en disant que l'évêque de la Vendée avait été sacré à Bordeaux, le 3 juin, en même temps que ceux des Deux-Sèvres et de Lot-et-Garonne.

De retour en sa cure de Fougeré, il se dirigea, le 10, vers Luçon, escorté par une délégation de douze membres de la Société des Amis de la Constitution. A Mortdoré, il fut rejoint par des compagnies de gardes nationales de Sainte-Gemme et de la ville épiscopale. La municipalité de Luçon vint au-devant de lui, le complimenta et l'accompagna jusqu'à la maison du chirurgien Parenteau, où il descendit.

Le lendemain, dans la matinée, une vive agitation se produisit. Une foule de dévotes et de paysans, amenés des environs, s'amassa autour de l'évêché, menaçant de faire grand tapage si « l'intrus » voulait y entrer. Impatiente de ne voir venir personne, elle se porta sous les fenêtres de la maison Parenteau et poussa quelques huées. L'évêque élu ne se montra pas, et la garde nationale dispersa sans peine l'émeute manquée. Le soir, Rodrigue assistait à la séance de la Société populaire.

Le 12, dès huit heures du matin, le maire et les officiers municipaux de Fontenay-le-Comte vinrent présenter leurs hommages respectueux au prélat choisi par le peuple. Ensuite, pris à leur hôtellerie par une délégation de la municipalité de Luçon, ils se rendirent à l'hotel de ville, où se forma le cortège de toutes les autorités constituées, qui alla, avec la garde nationale, chercher l'évêque et l'accompagna à la cathédrale. Rodrigue, revêtu des habits pontificaux, célébra sa première messe, donna sa bénédiction, et, au lieu de s'intaller à l'évêché, rentra chez son hôte [1].

La semaine suivante, le ci-devant évêque, de Mercy, fit publier une protestation véhémente contre l'usurpation de son siège apostolique. Elle fut aussitôt déférée au jury d'accusation du tribunal criminel du département, qui décida qu'il y avait lieu de poursuivre.

En l'absence du principal accusé (de Mercy), rapporte Meunier du Rocher, la justice agit contre le vicaire général Brumauld de Beauregard, de Rozan [2], le chantre en dignité Jean, l'abbé Herbert et plusieurs autres, prévenus « d'avoir excité à la révolte en écrivant des lettres anonymes, expédiant des modèles de procès-verbaux, et entretenant des correspondances clandestines qui tendaient à corrompre le peuple ».

L'information se prolongea sans produire d'effet; l'amnistie du 15 septembre y coupa court [3].

1. D'après le rapport de l'installation de l'évêque du département, lu au conseil général de la commune de Fontenay-le-Comte, le 15 juin, et signé par le maire Moreau ; les officiers municipaux Garos, Perreau, Vinet, et le procureur de la commune Pichard. — V. le *Journal d'un Fontenaisien* par A. Bitton, aux dates des 10, 11, 12, 15 et 18 juin 1791.

2. Que cette poursuite détermina à l'émigration en Italie. A Naples, il devint le précepteur de l'un des princes de la maison de Sicile.

3. Benjamin Fillon, *Recherches sur Fontenay*, p. I, page 352.

L'évêque Rodrigue ne fit d'ailleurs absolument rien pour mériter les ignominies dont le monde dévot de la ville épiscopale ne cessa de l'accabler [1]. « Pas un seul mandement, pas une seule lettre pastorale, rien n'annonça aux curés du diocèse qu'il en était évêque », lui reproche Mercier du Rocher, qui le qualifie « le théologien le plus intolérant, le plus dur qu'ait jamais vomi la défunte Sorbonne [2] ». Mais si ce patriote qui, en 1792 l'eut pour collègue au directoire du département, signale son indolence, son égoïsme, son avarice, poussée jusqu'à « vivre toujours en pension pour n'inviter personne à dîner », il constate, d'autre part, que c'était « un parfait honnête homme, mœurs pures, caractère ferme, sur lequel les événements eurent peu de prise [3]. »

ÉLECTION ET INSTALLATION DES CURÉS CONSTITUTIONNELS

Jusqu'alors pas un curé, pas un vicaire n'avait en Vendée été déplacé pour refus de serment, parce qu'aucun curé ou vicaire élu n'y avait pu être, en l'absence d'un évêque constitutionnel, institué suivant les règles canoniques. Les districts patriotes se hâtèrent de profiter de l'acceptation de Rodrigue et du rétablissement de la tranquillité publique pour convoquer les assemblées primaires afin de nommer, conformément à la loi, les fonctionnaires ecclésiastiques destinés à « remplacer ceux qui persistaient dans l'insermentation. »

Installation du curé des Sables [4].

La veille du dimanche fixé pour les premières élections des curés du district des Sables, la municipalité invita le commandant de place

---

1. Voir plus loin, p. 368, la lettre de Savary-Babin.
2. Mémoires inédits de Mercier du Rocher, 1er cahier.
3. M. Dugast-Matifeux estime que, quoiqu'il ne se soit pas montré très actif, Rodrigue se conduisit en prélat-citoyen voulant accorder l'Évangile avec la Révolution, concilier les esprits et prévenir la guerre civile.
Traversé par les réfractaires, « mal secondé par les révolutionnaires qui l'avaient cependant nommé membre, puis président du Département », il abdiqua le ministère ecclésiastique le 6 décembre 1793. Demeuré à Luçon, où il jouissait de l'estime générale, il y devint, sous le Directoire, président de l'administration cantonale. Élu juge au tribunal de Fontenay-le-Peuple, il y siégea trois ans ; le Consulat le fit passer au tribunal de Montaigu, où il exerça dix ans. Ayant pris sa retraite, il mourut le 8 décembre 1813 à Nantes, où il était né le 10 décembre 1730.
A.-D. de la Fontenelle de Vaudoré, p. 888 du t. II de l'*Histoire du monastère et des évêques de Luçon*, dit de lui : « Ce curé du Fougeré avait été, lors de l'Assemblée de 1789, choisi pour être l'un des commissaires chargés de la rédaction du Cahier. Il passait pour un habile théologien, avait de la modération et finit par mourir juge au tribunal de Montaigu. »
4. Délibération du district des Sables, 21 mai 1791, registre des Archives du département de la Vendée.

à « multiplier les patrouilles et à leur donner l'ordre de faire arrêter dans les cabarets tous ceux ou celles qui, par des injures ou voies de fait, essayeraient de troubler l'ordre et la tranquillité. »

Le 22 mai, en l'église Notre-Dame, après la messe, rapporte un témoin oculaire [1], les électeurs procédèrent à la nomination des curés de 26 paroisses dont les pasteurs étaient réfractaires. Ont été nommés : pour les Sables, M. Gérard ; pour la Chaume, M. Petiot ; pour Olonne, M. Bonneau ; pour le Château (d'Olonne), M. Biret ; pour l'Ile-d'Olonne, M. Guesdon. Le peuple fit beaucoup de menaces ; on exerça une grande surveillance ; des patrouilles partout.

Les précautions n'étaient pas inutiles, car, écrit le même témoin, l'ancien échevin André Collinet, à la date du 1er juin :

On a découvert dans une chambre obscure du couvent des capucins trente bouteilles de poudre ; on accuse les capucins. On a trouvé aussi dans la cave du sieur Roy, menuisier, rue du Port, des matières inflammables, avec une mèche conduisant par un trou de la cave à la rue ; heureusement que le feu n'y a pas pris.

Le 12 juin, la municipalité des Sables reçut l'institution canonique de son curé constitutionnel ; elle se rendit au-devant de celui-ci, accompagnée de la garde nationale, de la troupe de ligne et de la gendarmerie. Gérard arriva dans la ville au son des cloches, et le soir on alla lui donner un concert devant la maison du marchand Loizeau, chez lequel il était descendu.

Le 19, la municipalité, avec le concours de deux détachements de la garde nationale et du 84e de ligne, le mit en possession de l'église Notre-Dame de Bon-Port. Le 24 toutes les autorités civiles et militaires l'accompagnaient dans sa procession, que peu de personnes suivirent [2].

Le 25, était expédiée la circulaire suivante [3] :

A Messieurs les prêtres.

La municipalité a arrêté hier au soir que les prêtres réfractaires ne pourront dire la messe qu'à l'église paroissiale Notre-Dame, à moins qu'ils ne soient aumôniers de quelque communauté ; dans lequel cas ils pourront dire

1. André Collinet, notes inédites sur les Sables et la Chaume, à la date (d'après la copie de M. Odin).
2. Nous aurons à reparler du curé Gérard, qui abjura en 1793, fut président du district et du comité révolutionnaire, destitué et emprisonné.
3. Correspondance municipale des Sables, reg. A.

la messe à l'heure accoutumée, mais porte fermée et en présence seulement des religieuses de leur maison et des malades à l'hôpital. La municipalité a aussi arrêté, sur le vœu d'un grand nombre d'habitants, qu'il ne serait permis à aucun autre prêtre réfractaire de sortir de la ville. Vous voudrez bien vous conformer à l'arrêté dont il s'agit, duquel nous vous faisons parvenir un extrait.

Le Maire et les Officiers municipaux
de la ville des Sables-d'Olonne.

Expulsion du vicaire de Saint-Gilles [1].

Le vicaire de Saint-Gilles, Moiseau, s'était compromis, pendant les troubles des bourgs voisins, par des propos qui avaient été publiquement tenus et aussitôt rapportés au conseil général de la commune.

En la séance du 22 mai, le procureur de la commune se voit avec chagrin forcé de représenter que le cri général est que le sieur Moiseau s'est rendu désagréable par sa conduite et par ses propos incendiaires; craignant quelques suites funestes de l'exaltation mise par lui en certains esprits, et que le mécontentement général n'augmente, il requiert que ledit Moiseau, vicaire, soit renvoyé de cette paroisse et qu'il lui soit défendu d'y habiter désormais.

Ce qu'adopte le conseil; le maire écrit aux administrateurs de Challans, et ceux-ci autorisent l'expulsion.

Le 20 juin, Moiseau est mandé à la mairie pour recevoir notification de l'arrêté du district. La municipalité lui déclare :

Qu'attendu qu'il ne s'agit de rien moins que de procurer la tranquillité à la paroisse et qu'elle n'a plus besoin de ses services comme vicaire, elle lui ordonne de rendre les clefs de la sacristie et autres dépendances de l'église, faute de quoi il y sera contraint; qu'il n'a plus à compter sur le traitement qu'il avait; défendu aux marguilliers, à dater de ce jour, de lui fournir aucun ornement ni vase sacré, parce que, n'étant plus utile à la commune, il n'en doit plus user les effets.

Le sieur Moiseau ayant demandé à conférer sur ce avec le curé, celui-ci est introduit dans l'assemblée municipale.

Le sieur Bouhier représente que l'interdiction des fonctions publiques de son vicaire lui est préjudiciable à cause de sa mauvaise santé et demande à ce qu'il soit maintenu tant qu'il restera lui-même dans la paroisse.

Et les deux prêtres se retirent après avoir refusé de signer au procès-verbal. Le surlendemain 22 :

La municipalité, considérant qu'on ne saurait trop rendre des honneurs

---

1. Analyse des registres et papiers de la mairie de Saint-Gilles-sur-Vie.

à la Divinité et croyant que la présence des gardes nationales à la procession du saint sacrement rendra la cérémonie plus majestueuse, arrête que les soldats-citoyens assisteront à l'office et célébreront la Fête-Dieu en armes dans la meilleure tenue possible.

Mais, aussitôt après avoir suivi la procession du curé provisoire et du vicaire destitué, on reprend énergiquement l'action entamée contre celui-ci. La décision prise contre le vicaire Moiseau est maintenue :

La commune préfère n'avoir qu'une messe plutôt que d'exposer la paroisse à de plus grands troubles. Elle constate, d'après le bruit public, que cet homme, par ses discours insidieux, fait des efforts pour intéresser et attendrir de plus en plus ceux qu'il a trompés, afin qu'ils lui procurent les ornements nécessaires à la célébration des saints mystères. Si ce génie dangereux réussissait en cela, il deviendrait plus audacieux et accréditerait l'erreur funeste dans laquelle il a plongé nombre de pieuses familles... Une absence de huitaine qu'il fit dans les premiers jours du mois dernier, prouve cette vérité, que sa présence est cause de trouble, puisqu'on a reconnu les esprits calmés et que le trouble revint avec lui.

A la requête du procureur de la commune une pétition est adressée à l'évêque de la Vendée, « afin qu'il interdise ledit Moiseau de toutes fonctions ecclésiastiques comme de toute résidence dans la paroisse ».

Le 16 juillet, sont discutés les comptes de la cure ; une somme de 118 livres est contestée ; les comptes sont renvoyés au Directoire du district.

Néanmoins l'abbé Bouhier reste à Saint-Gilles jusqu'au commencement du mois d'août 1792. Il est successivement envoyé, pour desservir la paroisse, deux vicaires épiscopaux, et c'est seulement le 9 décembre de cette année que peut être installé un curé « légal et constitutionnel », J.-M. Hilairet.

L'ARRÊTÉ DU DÉPARTEMENT DE PARIS ET LA LOI DES 7-13 MAI 1791 SUR LA LIBERTÉ DES CULTES

A l'occasion de l'installation des curés constitutionnels du district de la Châtaigneraie, il se produisit à Saint-Mars-la-Réorthe une tentative d'opposition religieuse légale. Après la négation de la liberté des cultes par le Clergé d'ancien Régime, après l'organisation d'une lutte à mort des « réfractaires » contre les « intrus », au lendemain de plusieurs soulèvements dans les districts de Challans, de la Roche-sur-Yon et des Sables, au moment même de la découverte d'une coalition des nobles, coïncidant avec la tentative de fuite du Roi, était-il possible de prendre au sérieux l'invocation des Droits de l'homme et la réclamation de la liberté des cultes, dictées à une dévote de la noblesse par un curé destitué, et signées par un petit groupe de contre-révolutionnaires déclarés? Les patriotes vendéens s'en irritèrent, n'y pouvant voir que la provocation ironique de conspirateurs qui s'étaient crus à l'heure du succès.

Cette idée d'élever autel contre autel dans les villes et villages avait été suscitée par un célèbre arrêté du département de Paris, que présidait alors le duc de la Rochefoucauld-d'Enville[1]. Cet arrêté, du 11 avril 1791, avait suscité les plus vifs débats; le 18 l'Assemblée nationale l'avait renvoyé à son comité de Constitution[2].

D'une part, et cela ne fut pas discuté, ne paraissant pas discutable, l'arrêté départemental ordonnait la fermeture dans les vingt-quatre heures et l'aliénation au profit de la Nation, avec liberté entière pour les acquéreurs d'en faire l'usage qu'ils jugeraient à propos » (art. 5 et 10), de toutes les églises et chapelles non reconnues paroissiales. Il laissait subsister, mais closes au public, les chapelles des hôpitaux et maisons de charité, des prisons et maisons de détention, des collèges, des séminaires et de ceux des couvents de religieuses qui n'avaient pas été supprimés (art. 6). En chaque église paroissiale de la capitale il instituait un « préposé laïc » pour garder l'édifice, la sacristie, le dépôt des ornements, et veiller à la police intérieure (art. 1er). Ce préposé était « tenu, sous peine de destitution, d'empêcher qu'aucune fonction ecclésiastique ne fût exercée dans son église, dans la sacristie et les bâtiments en dépendant, *par d'autres que par les fonctionnaires publics ecclésiastiques salariés par la Nation*, nominativement attachés à ladite église paroissiale » (art. 3). Une exception était admise en faveur des ecclésiastiques « munis d'une licence particulière, accordée par l'évêque du département, visée et consentie par le curé de la paroisse, renouvelée tous les trois mois » (art. 4).

D'autre part, l'arrêté du département de Paris portait :

Tout édifice ou partie d'édifice, que des particuliers voudront destiner à réunir un grand nombre d'individus pour l'exercice d'un culte religieux quelconque portera sur la principale porte extérieure une inscription pour indiquer son usage et le distinguer de celui des églises publiques appartenant à la Nation et dont le service est payé par elle (art. 11);

---

1. Louis-Alexandre, duc de la Roche-Guyon et de la Rochefoucauld-d'Enville, né le 11 juillet 1743, membre de l'Académie des sciences, des Notables, de la Constituante, massacré à Gisors le 14 septembre 1792.
2. *Moniteur* de 1791, nos 105, 109 et 110.

Cette inscription ne pourra, pendant le cours de l'année 1791, être placée qu'après avoir été vue et autorisée par le directoire du département (art. 12);

Seront exempts de l'inscription les maîtres des maisons qui ont déjà et qui auraient des chapelles particulières pour l'usage seulement intérieur de leurs maisons (art. 13);

Il est expressément défendu de mêler aux exercices de quelque culte que ce soit des provocations contre la Constitution, contre les lois et les autorités établies; à ce signe la police doit *distinguer, de ceux qui se réunissent paisiblement pour leur religion, ceux qui sous ce prétexte s'assembleraient dans des vues criminelles et pour tenter des coalitions factieuses contre l'établissement de la Constitution* (art. 14).

Par l'article 15 le département réclamait de l'Assemblée nationale une loi pour la répression des délits sous prétexte de religion. Par le 16° il enjoignait à la municipalité parisienne de prendre des mesures efficaces pour empêcher de se reproduire « les coupables effets d'une odieuse intolérance », au mépris de « la pleine liberté religieuse, reconnue et garantie par la nouvelle Constitution ».

Dans la discussion à l'Assemblée nationale, un seul orateur du Clergé prit la parole, l'abbé Maury, pour combattre l'arrêté, pour contester une fois de plus tout droit aux autorités administratives et législatives de s'occuper de matières religieuses, pour dénier à la Constituante le pouvoir et le vouloir d'établir et de maintenir la liberté des cultes. Cela souleva de véhémentes protestations. Camus et Lanjuinais réclamèrent avec insistance le renvoi au Comité ecclésiastique, même l'abolition de l'arrêté comme inconciliable avec la Constitution civile du Clergé. Treilhard enfin présenta ces objections :

Je déclare hautement que la liberté des cultes est nécessaire, qu'elle est une conséquence de vos décrets. Mais il n'y a qu'un culte dans l'Église catholique, apostolique et romaine; il ne peut en exister deux. Je ne puis voir une ligne de démarcation où il n'y en a pas. La seule différence qu'il y ait entre un prêtre assermenté et un prêtre qui ne l'est pas, c'est *que l'un est fonctionnaire public et que l'autre ne l'est plus*. Il résulterait de l'arrêté que, *contre le vœu de la Nation, elle serait schismatique*, ce qu'elle n'a pas voulu, ce qu'elle ne veut pas être. Alors les prêtres qui ont accepté des offices et qui ne sont pas schismatiques auraient des inquiétudes, leur conscience serait troublée. Supposons que le ci-devant archevêque de Paris vienne aux Théatins faire des fonctions publiques, ordonner des prêtres : *vous aurez établi une scission, un schisme, et vous le perpétuerez*...Je le répète, je considère la liberté des cultes comme nécessaire, comme décrétée; mais *je ne peux voir deux cultes là où il n'en existe qu'un*.

Pour établir la liberté pleine et entière des cultes, il eût fallu renoncer à la Constitution civile. La Constituante ne le voulait pas et ne le pouvait plus. Elle tenta encore une fois de respecter le droit proclamé par elle et de réprimer en même temps l'hostilité contre ses lois.

Le 7 mai, sur le rapport du Comité de Constitution, elle adopta une loi sanctionnée par le Roi et promulguée le 13, par laquelle elle constatait que l'arrêté pris par le directoire du département de Paris le 11 avril était conforme aux « principes de la liberté religieuse par elle reconnus », et décidait :

Article premier. — Le défaut de prestation du serment prescrit par le décret du 27 novembre 1790 ne pourra être opposé à aucun prêtre se présentant dans une église paroissiale, succursale ou oratoire national, seulement pour y dire la messe.

Art. II. — Les édifices consacrés à un culte religieux par des sociétés particulières, et portant l'inscription qui leur sera donnée, seront fermés aussitôt qu'il y aura été fait quelque discours contenant des provocations directes contre la Constitution civile du Clergé ; l'auteur du discours sera, à la requête de l'accusateur public, poursuivi criminellement devant le tribunal compétent comme perturbateur du repos public [1].

Pour la défense de la Constitution civile l'Assemblée nationale avait, le mois précédent (4-6 avril), « chargé les municipalités et les corps administratifs de dénoncer, et les tribunaux de district de poursuivre » les fonctionnaires publics ecclésiastiques qui persisteraient à refuser le serment prescrit, et à leur appliquer les peines portées aux articles 6, 7, 8, du décret du 27 novembre, « notamment *la privation de traitement* ». Sous l'impression des graves symptômes que venaient de révéler les troubles de la Vendée, par deux autres décrets des 19 et 20 juin, promulgués en loi le 25, elle ordonne plus expressément :

1° Que les accusateurs publics seront tenus, sous peine de forfaiture et de destitution, de poursuivre ceux des anciens fonctionnaires publics ecclésiastiques qui, depuis leur remplacement entièrement consommé par l'installation de leurs successeurs, ou même depuis la notification à eux faite de la nomination desdits successeurs, auraient continué ou continueraient les mêmes fonctions publiques, et de requérir contre eux l'exécution des décrets des 27 novembre et 4-6 avril dernier ;

2° Que les fonctionaires publics ecclésiastiques, qui auraient prêté le serment et se seraient rétractés ou se rétracteraient à l'avenir, seront privés de tous traitements et pensions accordés par les précédents décrets.

LES INSTRUCTIONS DU GRAND VICAIRE DU CI-DEVANT ÉVÊQUE DE LUÇON.

Le 25 juin 1791, les gardes nationales de Sainte-Hermine et de Saint-Hermand saisirent et transmirent à l'administration départementale de la Vendée [1] une *Lettre circulaire du grand vicaire de l'évêque de Luçon* (de Mercy).

Dans l'information ouverte par l'un des juges du tribunal criminel, le chanoine André de Beauregard s'en reconnut l'auteur. S'il n'avait été averti par le procureur général syndic, Pichard du Page [2], il eût été emprisonné comme prévenu d'organisation d'une coalition factieuse dans le but de susciter la guerre religieuse et civile.

Voici, en effet, ce que contenait cette circulaire [3] :

Un décret de l'Assemblée nationale, en date du 7 mai, accorde aux ecclésiastiques qu'elle a prétendu destituer pour refus de serment, l'usage des églises paroissiales pour y dire la messe seulement; le même décret autorise les catholiques romains, ainsi que tous les non-conformistes, à s'assembler pour l'exercice de leur culte religieux dans le lieu qu'ils auront choisi à cet effet, à la charge que, dans les instructions publiques, il ne sera rien dit contre la Constitution civile du Clergé.

La liberté accordée aux pasteurs légitimes par le premier article de ce décret doit être regardée comme un piège d'autant plus dangereux que les fidèles ne trouveraient, dans les églises dont les intrus se sont emparés, d'autres instructions que celles de leurs faux pasteurs ; qu'ils ne pourraient y recevoir les sacrements que de leurs mains, et qu'ainsi ils auraient avec ces pasteurs schismatiques une communication que les lois de l'Église interdisent. Pour éviter un aussi grand mal, MM. les curés sentiront la nécessité de s'assurer au plus tôt d'un lieu où ils puissent, en vertu du second article du décret, exercer leurs fonctions et réunir leurs fidèles paroissiens dès que leur prétendu successeur se sera emparé de leur église. Sans cette précaution, les catholiques, dans la crainte d'être privés de la messe et des offices divins, appelés par la voix des faux pasteurs, seraient bientôt engagés à communiquer avec eux et exposés aux risques d'une séduction presque inévitable.

Dans les paroisses où il y a peu de propriétaires aisés il sera sans doute difficile de trouver un local convenable, de se procurer des vases sacrés et des ornements ; alors une simple grange, un autel portatif, une chasuble d'indienne ou de quelque autre étoffe commune, des vases d'étain, suffiront dans ce cas de nécessité pour célébrer les saints mystères de l'office divin.

Cette simplicité, cette pauvreté, en nous rappelant les premiers siècles de l'Église et le berceau de notre sainte religion, peut être un puissant moyen pour exciter le zèle des ministres et la ferveur des fidèles. Les premiers chrétiens n'avaient d'autres temples que leurs maisons... Dans les persécutions dont l'Église fut affligée, forcés d'abandonner leurs basiliques, on les vit se

---

1. V. plus loin, ch. XIII, le procès-verbal de la saisie de cette pièce avec plusieurs autres, Arch. nat. Dxxix 15, l. 123.
2. V. ci-dessus, ch. VI, p. 209-211.
3. L'exemplaire saisi était adressé au curé de la Réorthe, Mathurin Billaud, qui, ayant pris la part la plus active à la grande insurrection, fut compris dans la « liste des principaux chefs des brigands fusillés à Noirmoutiers le 14 nivôse an II », 3 janvier 1794. (Pièce manuscrite dans la collection Dugast-Matifeux.)

retirer dans les cavernes et jusque dans les tombeaux... Il est bien peu de paroisses où MM. les curés ne puissent se procurer un local et des ornements tels que je viens de les dépeindre... Nous pourrons incessamment fournir des pierres sacrées à ceux qui en auront besoin, et, dès à présent, nous pouvons faire consacrer les calices ou les vases qui en tiendront lieu.

M. l'évêque de Luçon, dans des avis particuliers qu'il nous a transmis pour servir de supplément à l'instruction de M. l'évêque de Langres, et qui seront également communiqués dans les différents diocèses, propose à MM. les curés :

« 1° De tenir double registre, où seront inscrits les actes de baptême, mariage et sépulture des catholiques de leurs paroisses ; un de ces registres restera entre leurs mains ; l'autre sera déposé tous les ans entre les mains d'une personne de confiance.

« 2° Indépendamment de ce registre, MM. les curés en tiendront un autre, aussi en double, où seront inscrits les actes des dispenses concernant les mariages qu'ils auront accordées en vertu des pouvoirs qui leur sont donnés par l'article 18 de l'Instruction...

« 3° MM. les curés attendront, s'il est possible, pour se retirer de leur église et de leur presbytère, que leur prétendu successeur leur ait notifié l'acte de sa nomination et institution ; et qu'ils protestent contre tout ce qui serait fait en conséquence.

« 4° Ils dresseront en secret un procès-verbal de l'intrusion du prétendu curé et de l'invasion par lui faite de l'église paroissiale et du presbytère ; dans ce procès-verbal, dont je joins ici un modèle, ils protesteront formellement contre tous les actes de la juridiction qu'il voudrait exercer comme curé de la paroisse ; et, pour donner à cet acte toute l'authenticité possible, il sera signé par le curé, son vicaire, s'il en a un, et un prêtre voisin, et même par deux ou trois laïques pieux et discrets, en prenant néanmoins toutes les précautions pour ne pas compromettre le secret.

« 5° Ceux de MM. les curés dont les paroisses seraient déclarées supprimées sans l'intervention de l'évêque légitime, useront des mêmes moyens ; ils se regarderont toujours comme seuls pasteurs légitimes de leurs paroisses, et, s'il leur était absolument impossible d'y demeurer, ils tâcheraient de se procurer un logement dans le voisinage et à portée de pourvoir aux besoins spirituels de leurs paroissiens, et ils auront grand soin de les prévenir et de les instruire de leurs devoirs à cet égard.

« 6° Si la puissance civile s'oppose à ce que les fidèles catholiques aient un cimetière commun, ou si les parents des défunts montrent une trop grande répugnance à ce qu'ils soient enterrés dans un lieu particulier quoique bénit spécialement, comme il est dit à l'article 19 de l'Instruction, après que le pasteur légitime ou l'un de ses représentants aura fait à la maison les prières prescrites par le rituel et aura dressé l'acte mortuaire, qui sera signé par les parents, on pourra porter le corps du défunt à la porte de l'église, et les parents pourront l'accompagner ; mais ils seront avertis de se retirer au moment où le curé et les vicaires intrus viendront faire la levée du corps, pour ne pas participer aux cérémonies et prières de ces prêtres schismatiques.

« 7° Dans les actes, lorsque l'on contestera aux curés remplacés leur titre de curés, ils signeront ces actes de leurs noms de baptême et de famille, sans prendre aucune qualité [1].

« Je vous prie, Monsieur, et ceux de MM. vos confrères à qui vous croirez devoir communiquer cette lettre, de vouloir bien nous informer du moment de votre remplacement, s'il a lieu ; de l'installation de votre prétendu successeur et des circonstances les plus remarquables ; des dispositions de vos paroissiens à cet égard ; des moyens que vous croirez devoir prendre pour le service de votre paroisse et de votre demeure, si vous êtes absolument forcé d'en sortir... »

En même temps que ces instructions, autographiées, étaient expédiés, imprimés, des *modèles de procès-verbaux* « à dresser par MM. les curés après l'installation de leurs prétendus successeurs » et des *modèles de protestation* « pour MM. les curés, dont les titres étaient prétendus supprimés [2]. »

LA CHAPELLE DES NON-CONFORMISTES A SAINT-MARS-LA-RÉORTHE

La circulaire du vicaire général du ci-devant évêque de Luçon est datée du 30 mai 1791.

Le 25 juin suivant, était expédiée une pétition tout à fait intéressante, à l'appui de laquelle était invoqué l'article 2 de cette même loi des 7-11 mai dont l'article 1er avait été qualifié, dans la circulaire, de « piège dangereux ».

Pétition à Messieurs les Administrateurs du département de la Vendée [3].

Supplient les habitants de la paroisse de Saint-Mars-la-Réorthe, soussignés, et un très grand nombre d'autres qui ne savent signer, tant en leur nom qu'en celui de leur famille, et ont l'honneur de vous exposer que dimanche dernier, 20 du présent mois de juin, le sieur Réthoré, chanoine régulier de la congrégation de Sainte-Geneviève, a été installé curé de Saint-Mars-la-Réorthe, district de la Châtaigneraie, et que leur conscience ne leur permettant pas de communiquer avec lui dans tout ce qui concerne la religion, ils se trouvent aujourd'hui dans l'impossibilité de rendre à Dieu le culte extérieur et public qui lui est dû. Cette privation leur est extrêmement sensible ; mais, soumis aux lois, amis de l'ordre et de la paix, ils souffrent cette privation dans le silence et sont très éloignés de se permettre aucune action

1. Cet article 7°, qui a son importance, est omis dans l'extrait que donne, p. 144 du t. I de l'*Histoire de la Vendée* (in-8°, Angers, 1878), M. l'abbé Deniau.
2. Procès-verbaux saisis en même temps que la circulaire, Arch. nat. Dxxix 15, l. 123.
3. Arch. nat. Dxxix 15 l. 123.

qui puisse troubler l'ordre public ; la voie de la pétition avouée, et consacrée sur les lieux, leur a paru la seule convenable et à laquelle ils dussent s'attacher.

Ils ont considéré que l'Assemblée nationale avait consigné dans la Déclaration des droits de l'homme tous les principes de la tolérance religieuse la plus absolue ; que ses différentes lois respiraient ce même esprit de tolérance ; que la proclamation du département de Paris ayant, d'après les principes de l'Assemblée nationale, autorisé les différentes sociétés particulières dont le culte est différent du culte national, à se procurer des édifices où, moyennant certaines conditions, elles pourraient exercer publiquement leur culte particulier, cette proclamation a été sanctionnée par l'Assemblée nationale qui, par sa loi du 13 mai dernier, autorise les édifices consacrés à un culte religieux par des sociétés particulières. Les suppliants, qui connaissent, Messieurs, votre justice et votre zèle pour le maintien des lois, et qui sont persuadés que vous êtes bien éloignés de vouloir gêner les consciences, ont cru pouvoir s'adresser à vous avec confiance.

Mais, avant de vous présenter la présente requête, ils ont voulu s'assurer d'un édifice qui pût être consacré à l'exercice du culte catholique, apostolique et romain, désigné aujourd'hui sous le nom de *non-conformiste*. Ils n'en ont point pu trouver qui remplît mieux leurs vues que la chapelle ou oratoire particulier de la maison de la Traverserie, appartenant à une dame Louise-Marie-Élisabeth de Moulins de Rochefort, veuve de messire Gabriel-Honoré Mesnard de Touchepròs.

Ils se sont en conséquence adressés à elle, et l'ont priée de consentir que sa chapelle fût dorénavant, non seulement à l'usage de sa maison, mais encore de tous les suppliants et de tous ceux qui font profession de rendre à Dieu le même culte. Leur espérance n'a point été trompée ; Mme de Touchepròs leur a de grand cœur accordé leur demande, sous le bon plaisir du Directoire de département, et, pour ne laisser aucun doute de sa bonne volonté et de son zèle pour l'avantage des fidèles catholiques non conformistes de cette paroisse, elle a bien voulu leur promettre de signer la présente requête en témoignage de son consentement et de son attachement au culte des catholiques non-conformistes.

Vous prient, en conséquence les suppliants, ce considéré, Messieurs, qu'il vous plaise les faire jouir du précieux avantage de la tolérance religieuse décrétée par l'Assemblée nationale, les autoriser à se réunir dans la chapelle de la Traverserie pour y exercer publiquement le culte qu'ils doivent rendre à Dieu, en faisant mettre sur la porte une inscription portant ces mots : *Temple des catholiques non-conformistes*, ou telle autre que vous voudrez indiquer ; prendre le prêtre dont ils feront choix sous votre sauvegarde spéciale, et enjoindre à la municipalité de Saint-Mars-la-Réorthe de les faire jouir de toute la protection et de toute la sûreté que la loi accorde aux citoyens.

Ils prieront Dieu pour la prospérité de l'État, pour la vôtre, Messieurs, et prennent l'engagement qu'il ne se passera dans leur assemblée rien de contraire aux lois.

Signé à l'original : Louise-Marie-Élisabeth DE MOULINS DE ROCHEFORT DE TOUCHEPRÈS ;

Jacques Merlet, Joseph Moreau, Jean Simon, Pierre Mallet, Jean

Merlet, Pierre Merlet, Louis Merlet, Jacques Moreau, Pierre Moreau, Mathurin Boudaud, René Boudaud, Jacques Caillaud, François Martineau, Mathurin Janneau, Pierre Rapein, Louis Charrier, René Charrier, Jacques Hémelin, Jacques Gaborit, Louis Racond, Jean Gendreau, Pierre Boudaud, Mathurin Boudaud, Pierre Coutaud, Jean-Baptiste Coutaud.

Louise-Marie-Élisabeth de Moulins de Rochefort, dame de Toucheprès, était la très riche veuve, sans enfants, d'un Mesnard, baron de Toucheprès, mort conseiller au Parlement de Bretagne[1]. D'une dévotion très exaltée, elle avait mis sa fortune, qui était considérable, au service du Clergé contre-révolutionnaire. Son château de la Traverserie fut, dès le début des agitations religieuses, le rendez-vous des émissaires de l'évêque de Mercy et du chapitre de Luçon. Intimement liée avec le curé de Saint-Mars-la-Réorthe, sa paroisse, Morennes, l'un des plus ardents parmi les réfractaires, elle l'avait installé chez elle dès qu'il avait dû évacuer la cure ; sans attendre la réponse à la pétition, que nous venons de produire, elle avait érigé sa chapelle privée, richement décorée de tout ce qui était nécessaire au culte orthodoxe, en église paroissiale, où affluaient les habitants des campagnes voisines [2].

1. On trouve dans les Études historiques et administratives par Léon Audé, à l'article Châteaumur (*Annuaire de la Société d'émulation de la Vendée*, 1857, p. 260, et 1859, p. 24, 25), quelques détails sur la famille de Toucheprès, mais aucun sur cette veuve du baron de ce nom. Le dernier Toucheprès était le marquis François-Augustin, baron de Châteaumur, qui mourut à Paris le 12 avril 1793. C'était un personnage des plus bizarres, avare, inhospitalier, seigneur à la façon du moyen âge, qui se tenait toujours dans un appartement situé au-dessus de la herse de son manoir pour surveiller tout ce qui se passait chez lui et aux alentours.

2. On verra plus loin, ch. XXII, le général Dumouriez en correspondance avec la veuve de Toucheprès, expulsée de Saint-Mars-la-Réorthe et retirée à Montaigu. Son château fut brûlé durant la guerre civile. Avec l'abbé Morennes, elle suivit la grande armée vendéenne dans la campagne d'outre-Loire, et disparut dans la déroute du Mans. Les seuls renseignements que l'on possède sur elle, et encore sont-ils incomplets, se trouvent dans la *Vie de Mathieu de Gruchy* par l'abbé de Tressay, chanoine honoraire de Luçon (Paris, Lecoffre et Cie, 1868, in-18, p. 67-70, 74-75, 91-92, 228-229, 270-271).

Cet abbé de Gruchy, d'après son apologiste, était né le 31 août 1761, dans la paroisse de Saint-Sauveur, en l'île anglaise de Jersey. Sa famille était d'origine normande et protestante. Destiné par ses oncles à devenir ministre anglican, il s'était fait marin et s'était même distingué comme corsaire contre la France. Pris par la *Pucelle* par l'escadre de du Chaffault, il avait été gardé prisonnier jusqu'à la paix avec l'Angleterre. Durant sa captivité, à l'hôpital d'Angers, il avait été pris d'une grave maladie, durant laquelle l'aumônier, Huau de la Bénardière, et une sœur Rose, le convertirent au catholicisme. Son changement de religion l'empêcha de retourner à Jersey ; il se fit apprenti menuisier à Trémentine, et c'est à ce titre qu'il fut appelé avec son patron, à Saint-Marc-la-Réorthe, pour travailler à l'église et au château de la Traverserie. L'abbé Morennes et Mme de Toucheprès s'enthousiasmèrent de sa piété et, par la protection de l'évêque de Mercy, le firent entrer au séminaire de Luçon. Ordonné prêtre, à Pâques de 1788, il fut placé comme vicaire à Beauvoir-sur-Mer. Il se distingua comme l'un des agents les plus actifs contre la Constitution civile. Mais, sa protectrice Mme de Toucheprès ayant été forcée

Le 29 juin, suivant le réquisitoire du procureur de la commune, Étienne Coignaud, la municipalité de Saint-Mars-la-Réorthe arrêtait de faire une perquisition dans la maison de la Traverserie, où, « d'après les bruits publics, la dame Desmoulins de Rochefort, veuve Mesnard, retenait chez elle des prêtres non assermentés, et notamment le ci-devant curé de Saint-Mars, qui y exerçaient toutes les fonctions du ministère, y prêchaient, administraient le sacrement de baptême et empêchaient, par un abus sacrilège de leurs pouvoirs et de la confiance des peuples, qu'ils aveuglaient, les habitants de cette paroisse et autres voisines d'assister aux offices célébrés par les curés constitutionnels ».

Le maire de Saint-Mars-la-Réorthe, Louis Barenger, se fit assister pour cette perquisition de son procureur de la commune, Coignaud, du maire du Boupère, Henri-Radegonde Biraud, du procureur de la commune de Rochetréjoux, Guilbaut-Joussière, et d'un détachement des gardes nationales de Saint-Mars, des deux Pouzauges, du Boupère, de la Flocellière, de Saint-Prouant et de Rochetréjoux.

Procès-verbal de perquisition.

... Arrivés à ladite maison, y avons trouvé une foule de peuple de tout sexe et de tout âge, qui, à notre aspect, a pris la fuite ; entrés chez ladite dame, lui avons annoncé le motif de notre visite et l'intention où nous sommes de faire une recherche exacte de tous les papiers que l'on prétend qu'elle recèle, ainsi que des prêtres non assermentés que l'on dit être logés chez elle ; avons également demandé à ladite dame le sujet du rassemblement extraordinaire d'hommes, de femmes et d'enfants qui à notre vue se sont enfuis. Ladite dame nous a répondu que ce peuple était venu pour entendre la messe. Nous lui avons représenté qu'elle agissait contre les décrets de l'Assemblée nationale en autorisant de pareilles assemblées, que la municipalité ne peut veiller à ce qui se passe chez elle dite dame, et que M. le ci-devant curé de Saint-Mars est également coupable et répréhensible d'exercer les fonctions curiales, n'ayant plus aucun exercice ni juridiction dans ladite paroisse de Saint-Mars, étant remplacé par le sieur Réthoré, curé légalement élu.

Et de suite procédant à la recherche des papiers que l'on soupçonne être cachés chez elle, nous avons en sa présence ouvert plusieurs cabinets et armoires, dont elle nous a remis les clefs ; et, après visite, recherche et vérification des papiers qui s'y sont trouvés, nous n'avons trouvé aucune pièce

---

de quitter son château, il regagna lui-même son île natale pour échapper à l'internement au chef-lieu ou à l'expulsion comme étranger. Il devint, en Angleterre, l'émissaire des évêques émigrés, y retrouva le chanoine Brumauld de Beauregard, qui fit de lui son compagnon dans sa mission en Vendée de 1795. Arrêté à Nantes, au moment où il demandait un passeport à la municipalité pour rentrer à Jersey, il fut traduit devant la commission militaire comme « prêtre rentré », condamné à mort et fusillé le 28 novembre 1795.

qui indique que ladite dame a des projets dangereux ; avons cependant trouvé une lettre de M. Paillou, datée du 27 de ce mois, par laquelle il conseille à ladite dame de ne faire dans le moment chanter ni messe ni vêpres, et recommande au ci-devant curé de Saint-Mars de se conduire avec circonspection ; avons aussi trouvé trois lettres cachetées d'écritures à nous inconnues, l'une à l'adresse de messieurs les députés du Poitou à l'Assemblée nationale rue Saint-Louis-au-Marais, n° 73. M. le procureur de la commune ayant requis que ces lettres fussent décachetées et confiées sous le serment du secret à MM. le maire de Saint-Mars et Dubois, pour en prendre lecture en présence de luidit procureur de la commune ; sous la première enveloppe de celle adressée aux députés du Poitou, il s'est trouvé une lettre à l'adresse de monsieur l'évêque de Luçon ; lecture d'icelle prise et donnée à tous les détachements, la municipalité de Saint-Mars a déclaré garder ladite lettre pour en faire tel usage qu'il appartiendra, ainsi qu'une lettre à l'adresse de M. de Gruchy, vicaire de Beauvoir, en date du 20 de ce mois, sans signature, ainsi que la lettre au ci-devant évêque de Luçon, mais que l'on dit être de l'écriture du sieur Paillou, ci-devant chanoine de Luçon ; également une autre lettre à l'adresse de Mlle Morland à l'Union chrétienne, à Luçon, sous laquelle était une lettre du sieur Morennes, ci-devant curé de Saint-Mars, au sieur de Freigne, à Luçon, en date du 20 de ce mois, qu'elle garde également pour en faire l'usage qu'elle jugera à propos ; avons trouvé aussi plusieurs numéros de l'*Ami du roi* et du *Mercure de France*.

Recherche faite dans ladite maison, n'y avons trouvé que ledit sieur Morennes, ci-devant curé de Saint-Mars ; avons aussi trouvé trois couleuvrines en fer en très mauvais état, et que nous avons laissées à ladite dame, à la charge par elle de nous les représenter à toutes réquisitions de notre part.

De là, montés dans la chambre dudit sieur Morennes, ci-devant curé de Saint-Mars, y avons fait pareilles recherches que chez ladite dame, en la présence dudit sieur Morennes, et avons trouvé : 1° une lettre sans date, adresse ni signature, mais que ledit sieur Morennes a dit être écrite à lui par l'abbé Dumas, vicaire des Épesses, par laquelle ce dernier lui marque n'oser suivre la marche qu'il lui indique pour le baptême d'un enfant, craignant d'être poursuivi ; 2° une lettre du 24 de ce mois, datée de Saint-Laurent et signée Lhovide, à l'adresse dudit sieur Morennes ; 3° des projets de protestations des curés réfractaires contre la prise de possession des curés constitutionnels, écrits de la main dudit sieur Morennes, ainsi qu'il en est convenu, et sans signature ; lesquelles pièces ladite municipalité de Saint-Mars retient par devers elle pour l'usage qu'elle avisera ; avons aussi trouvé un testament olographe de ladite dame veuve Mesnard audit sieur Morennes, portant donation d'un logement pendant sa vie dans son château avec plusieurs autres aisances, du 9 mai dernier, lequel nous avons sur-le-champ remis audit sieur Morennes, auquel nous avons demandé s'il n'avait pas baptisé des enfants, chanté la messe et dit vêpres dans la chapelle de ladite dame veuve Mesnard ; a répondu qu'il n'avait jamais baptisé, dit la messe ni chanté vêpres publiquement dans ladite chapelle, mais qu'il a seulement donné à communier à trois personnes étrangères à la maison, mais de la paroisse de Saint-Mars.

Considérant que toutes les lettres, mémoires et instructions ci-dessus indiquent des intentions manifestes de contrevenir aux lois et peuvent amener des troubles qu'il serait peut-être difficile d'apaiser; pour les empêcher autant qu'il dépend d'elle, la municipalité de Saint-Mars a arrêté que provisoirement la chapelle de ladite dame veuve Mesnard sera fermée et interdite au public, faisant défense à ladite dame d'y recevoir aucun étranger, à peine d'être par nous poursuivie et dénoncée comme perturbatrice du repos public...

Proposé à la dame Mesnard si elle voulait signer le présent procès-verbal avec nous, ainsi que ledit sieur Morennes, tous deux ont répondu ne vouloir le signer.

Signé à l'original : BARENGER, maire de Saint-Mars-la-Réorthe; CAIGNAUD, procureur de la commune;

BIRAUD, maire du Boupère ; GUILLAUD, procureur de la commune;

DEMOUTIER, major de Pouzauges, commandant le détachement; BERTRAND, aide-major; LAIDET, major de la Flocellière; MÉTAYER l'aîné, capitaine; BAUDRY, TROUVÉ, capitaines ; REMAUDINEAU, lieutenant;

DEVANNE, DUBOIS, chasseurs de Cognac; DAUTERIVE, aide-major ; VERNIER, aide-major; MICHELIN, GUILLONNEAU fils, CHAPLAIN, LAVAINE, DILOT, soldats; BENOIT, capitaine; GENTIL, RIGAUDEAU, lieutenants; VINCENDEAU, caporal; JACQUET, LAVERDEL, lieutenants; THIBAUT, JANTY, majors; ROY, RIGAUDEAU, JACQUET, SOUCHET, FIOULLEAU, MAZALLEREY.

Au cours de la perquisition avaient été pris les noms de dix-sept personnes qui n'avaient pu s'évader assez vite. La liste en fut jointe au procès-verbal, aussitôt adressé au district de la Châtaigneraie.

Le district, par un arrêté du 1ᵉʳ juillet [1], transmit le procès-verbal et les pièces annexées à l'accusateur public, « lequel était tenu d'en faire le dépôt au greffe du tribunal aux fins de poursuivre la dame Moulins, veuve Mesnard de Toucheprès, et le sieur Morennes, comme perturbateurs du repos public et réfractaires à la loi ».

Mais le tribunal s'abstint d'entamer les poursuites. Ce dont le directoire du district se plaignit, non pas au directoire du département, mais à l'Assemblée nationale, dénonçant « le chef d'un tribunal de justice, insouciant à ces actes de délire ». Les administrateurs Guichet et Maignen, qui fut député à la Législative et à la Convention, déclarèrent « ne pouvoir continuer leurs fonctions » s'il n'était pris « un parti décisif » pour réprimer les excès des prêtres réfractaires, ces hommes dénaturés ». A leur lettre du 21 juillet était jointe la pièce suivante :

---

1. Joint au dossier, Arch. nat. Dxxix, 13, l. 125.

Réclamation de plusieurs curés et citoyens patriotes du district de la Châtaigneraie, département de la Vendée, à l'Assemblée nationale.

Messieurs,

Les prêtres non-conformistes, au remplacement desquels on a pourvu en exécution de la loi, ne cessent de bouleverser le peuple par des assertions mensongères, des libelles furtifs, des bulles sans autorité qui nous frappent d'excommunication, d'anathème et de damnation. Ils les publient de famille en famille, ils épouvantent les simples, ils découragent les plus fermes et alimentent les aristocrates. Malgré la surveillance des municipalités, le zèle des accusateurs publics et la fermeté des tribunaux, on ne peut leur imposer silence. Ils se coalisent, ils se rassemblent dans certaines maisons de nos paroisses ; ils y forment des factions, des attroupements, des hordes de prétendus dévots et dévotes. Là ils mettent la division entre le père et le fils, l'époux et l'épouse, le maître et le serviteur, le maire et la municipalité ; les nouveaux curés ne sont même pas en sûreté, et la plupart n'osent prendre possession. Ce ne sont plus que troubles, séditions et menaces. Les efforts de notre zèle seront impuissants si nous ne sommes soutenus par la sagesse de vos décrets.

Les voies de la persécution ne sont point dans notre caractère ; vous avez décrété la liberté des cultes ; c'est en faveur de cette liberté que nous parlons. On veut la faire dégénérer, cette aimable liberté, en licence effrénée. Vos lois, en nous laissant libres dans nos opinions, n'obtiendront jamais leur effet si quelques personnes ou quelques sociétés osent contraindre les volontés ou troubler l'ordre public.

Tels sont les complots des ennemis de la Constitution : ils veulent sacrifier la paix générale à leur intérêt particulier ; ils donnent de fausses interprétations aux décrets ; ils établissent des oratoires dans des lieux secrets, dans des lieux qui ne peuvent être surveillés ; ils prétextent la persécution ; ce sont des gens trop justement suspects qui attroupent secrètement les mécontents pour leur prêcher clandestinement la révolte et l'intolérance.

Si votre sagesse n'y remédie par un décret formel qui leur interdise toute espèce de ralliement, qui les assujettisse aux règlements de police et qui les écarte de nos hameaux autrefois si paisibles, nos peuples, nos bons villageois seront toujours en proie à la tyrannie du fanatisme. Ces factieux abusent des moyens les plus sacrés que la religion laisse en leur pouvoir. La confession, ce tribunal de paix et de justice, est la voie dangereuse par laquelle ils propagent leur doctrine empoisonnée ; l'absolution devient le prix d'un serment sacrilège ; ils font jurer de ne pas assister à notre messe, de ne pas révéler ce perfide conseil, même à la réquisition des juges.

Hypocrisie raffinée, calomnie atroce, méfiance affectée de leur part sur les intentions de nos législateurs, tout est mis en usage pour séduire, tromper et tyranniser ; nos temples sont déserts, les lois civiles et morales mal publiées, mal enseignées, les solennités religieuses profanées. On va même jusqu'à abuser la timide et crédule jeunesse en l'écartant de nos églises, ainsi que ceux qui en servant à l'autel trouvaient dans les aumônes des fidèles une subsistance nécessaire ; les marchands, à l'instigation de ces énergumènes, nous refusent le pain et les autres choses nécessaires au service divin.

Voilà votre ouvrage, prêtres réfractaires ; tout ce désordre naît de votre fanatique intolérance. Serait-ce les persécuter, Messieurs, en s'opposant à leur propre persécution ? en sollicitant leur éloignement ? Serait-ce leur nuire en les mettant dans le cas de ne nuire à personne, en les éloignant de nos paroisses, où leurs discours imposteurs sèment le divorce et l'inimitié ? N'ont-ils pas préféré cette honte à la gloire d'être bons et utiles citoyens ?

Élaguez donc, Messieurs, élaguez ces branches parasites ; frappez de la sévérité de vos lois ces êtres monstrueux, et s'ils ne veulent pas faire le bien, forcez-les à ne pas faire le mal.

S'il s'agissait d'une insulte personnelle, nous nous garderions bien de solliciter si vivement notre vengeance ; des vues plus chrétiennes nous retiendraient ; mais quand il s'agit de la gloire de Dieu, du respect des lois et du salut de tous, les expressions sont trop faibles, les termes trop modérés et la punition trop lente.

> *Signé :* PERREAU, maire de Saint-Hilaire-de-Voust ; GOUYNEAUD, curé de la Chapelle-aux-Lys ; R. Pierre NOURY, citoyen de la Chapelle-aux-Lys ; PERREAU, juge de paix ; GUILLEMOTTEAU, curé du Breuil-Barret ; PINEAU, juge de paix du canton de la Châtaigneraie ; GIRARD, curé d'Antigny ; DAVID, GUICHET, PASSUREAU, COYAN ; GIRAUD, procureur de la commune; DROUET, officier municipal ; DEHARGUES, maire du Vieux-Pouzauges ; CHENUAU, électeur et commandant de la garde nationale des Épesses ; MAIGNEN, HÉMON, maire de Saint-Germain-le-Prinçay ; MEUNIER fils, commandant de la garde nationale de Chantonnay.

Quelques jours après l'envoi de cette adresse, une nouvelle « émotion populaire » se produisait à l'issue de la messe, devant la porte de l'église de Saint-Pierre-du-Chemin. Cette fois le directoire du district de la Châtaigneraie put contraindre l'accusateur public à requérir.

Le président du tribunal, Jacques-André Mallet, commença le 5 août, continua le 6 et le 19, acheva le 20 une information « contre les auteurs, complices et adhérents de cette « émotion ». Cependant un seul décret de prise de corps fut lancé contre Macé, laboureur à la Minaudière, « coupable d'avoir suscité l'insurrection du 31 juillet, dans laquelle plusieurs citoyens ont couru de grands risques, des coups ont été portés et de violentes menaces proférées contre les partisans du nouveau régime[1] ». Mais ce procès, pas plus que les précédents, n'aboutit. L'amnistie du mois de septembre y coupa court.

---

1. Copie de l'information se trouve DXXIX 15, aux Archives nationales.

L'ancien administrateur du district de la Châtaigneraie, le conventionnel François Maignen, déposant, le 27 avril 1793, au tribunal révolutionnaire sur les agissements de Pichard du Page, déclarait que l'ancien procureur général syndic du département de la Vendée en 1791, avait été le constant protecteur des prêtres insermentés. Il racontait [1] :

> Un fait qui vient à l'appui de la présente déclaration, ce sont les lettres et autres écrits trouvés par les gardes nationales du Boupère et de Pouzauges chez la ci-devant dame et seigneur de Saint-Mars-la-Réorthe, qui recélait tous les plus acharnés prêtres contre-révolutionnaires ; ces lettres et écrits contenaient tous les plans de conduite que chaque prêtre réfractaire devait tenir pour soulever les cultivateurs, et les protestations qu'ils devaient faire quand les assermentés se présenteraient pour prendre possession de leur cure.
> L'administration du district de la Châtaigneraie fit part de ses inquiétudes à ce sujet à Pichard et aux administrateurs du directoire du département, qui n'en firent aucun cas. Ce silence criminel obligea les administrateurs du directoire du district de faire imprimer quelques-uns de ces écrits, afin de prévenir les bons citoyens des trames que l'on ourdissait contre eux et la Révolution. Dans ces écrits infâmes on ne laissait pas que de louer la bonté et la prudence de Pichard, des Millouain, Menanteau et Paillou, administrateurs. Ces deux derniers ont été chefs des brigands, et, suivant ce que l'on a assuré au déclarant, Paillou a été exécuté à Angers.
> L'impunité de cette conspiration encouragea les séditieux. En effet, peu de temps après éclata la mésintelligence entre les citoyens de la commune des Épesses, commune adjacente à celle de Saint-Mars-la-Réorthe. Cette désunion était l'effet des prédications du curé et du vicaire des Épesses, ainsi que des menées du maire, ancien domestique du curé. Ces scélérats étaient parvenus à armer famille contre famille. L'administration du district de la Châtaigneraie en prévint aussitôt Pichard et le directoire du département, et, ne recevant point de réponse aussi promptement qu'elle le désirait, elle délégua des commissaires qui se transportèrent à l'Administration pour pousser les mesures que nécessitaient les circonstances. Le déclarant ne se rappelle point ce qui fut arrêté à ce sujet ; mais ce qu'il n'a pu oublier, c'est le ton d'assurance avec lequel Pichard dit à l'Administration qu'on la trompait, tant sur le compte de ces prêtres que sur celui du maire ; que c'étaient de très braves gens, fort paisibles. Voici quels étaient ces hommes paisibles : ils allaient de ferme en ferme haranguer les cultivateurs et les épouvanter par la damnation ou l'enfer, s'ils recevaient un prêtre assermenté, disant que les mariages faits par ces prêtres seraient nuls ainsi que les baptêmes, et que les enfants provenant de pareils mariages seraient possédés du démon. Les troubles s'apaisèrent un instant, mais ils ne tardèrent pas à jeter une nouvelle alarme parmi les bons citoyens. On fut obligé d'employer la force armée. Ceci se passa, autant que se le rappelle le déclarant, à une réunion des électeurs à Fontenay en 1791. Tous ceux qui se défiaient des principes de

---

1. Affaire Pichard, Arch. nat., W 354.

Pichard pour la Révolution demandèrent que l'on envoyât des commissaires sur le lieu et que l'on destituât sur-le-champ le maire ; d'autres réclamaient que ce maire fût mandé au département. Pendant que l'on agitait cette question, le maire était chez Pichard, qui convint qu'en effet il y avait peu de temps qu'il était sorti de chez lui, où il était venu lui parler, mais qu'il le croyait parti. On se borna à l'envoi de commissaires. Quels furent ces commissaires? des hommes envoyés par le conseil exécutif d'alors ; c'était Gensonné et Gallois. Quelles mesures employèrent-ils pour réprimer les perturbateurs? aucune. On rapporta au déclarant qu'ils avaient enjoint au maire et à ces deux prêtres d'être plus circonspects. Voilà l'origine de la cruelle guerre de la Vendée, que le déclarant attribue à la perfidie de Pichard et des Millouain, Menanteau, Laminais, Perreau d'Auzay et Paillou, administrateurs, qui conspiraient avec lui contre la patrie.

CHAPITRE XIII

LA FUITE DU ROI ET LES RASSEMBLEMENTS DE NOBLES

Dans la nuit du 20 au 21 juin 1791, Louis XVI, Marie-Antoinette, le Dauphin et sa sœur, s'étaient enfuis des Tuileries, se dirigeant vers Montmédy, où le marquis de Bouillé les attendait à la tête de l'armée de Meuse-Sarre-et-Moselle. En même temps avait disparu Monsieur, courant rejoindre son frère, le comte d'Artois, à Coblentz, où l'émigration s'organisait pour ouvrir la patrie à l'invasion étrangère [1].

On sait avec quel sang-froid la Constituante reçut la lettre par laquelle le Roi lui notifiait son départ « accompli de sa propre volonté », et que le président, Alexandre de Beauharnais, qualifia « d'enlèvement par les ennemis de la chose publique ». On sait avec quelle modération la Représentation nationale se maintint sur le terrain constitutionnel de l'irresponsabilité du chef du pouvoir exécutif, et, en son absence, prit à son propre service les ministres du fugitif, seuls légalement responsables. On sait avec quelle énergie et quelle promptitude, donnant provisoirement force de loi à ses décrets, que l'absent ne pouvait sanctionner, elle retint l'armée dans le devoir, et conserva en mouvement toutes les administrations, prouvant au pays, rassuré au même instant qu'ému, que la France existait sans roi.

---

1. L'*Événement de Varennes*, par Victor Fournel (in-8°, H. Champion, éditeur, Paris 1890), présente le résumé très complet des nombreux documents publiés sur la fuite du roi, avec quelques pièces nouvelles. On y trouve aussi, mais sans détails sur les ramifications des complots en province, les divers projets de fuite et d'enlèvement antérieurs au 20 juillet 1791, et repris ensuite jusqu'au 21 janvier 1793.

La nouvelle de la fuite royale, la proclamation de l'Assemblée et ses décrets arrivèrent très vite dans l'Ouest, transmis par des courriers extraordinaires.

Avant même les dépêches officielles, dans la nuit du 22 au 23 juin [1], une lettre des députés de la Loire-Inférieure parvint à la mairie de Nantes.

Les administrateurs du département et du district, les officiers municipaux, aussitôt réveillés, accouraient tenir conseil général. Beaucoup n'avaient pas pris le temps de s'habiller; beaucoup étaient « en chemise [2] », quand parut le nouveau commandant militaire de toute la région qui devait plus tard former le théâtre de la guerre de la Vendée.

Le maréchal de camp Dumouriez du Périer [3] était à Nantes depuis trois jours seulement. Mais, dès son arrivée, le 19, il y avait affirmé l'ardeur de son civisme en se présentant au club des Amis de la Constitution et à celui des Jeunes Patriotes. Non seulement il s'empresse de mettre la force militaire à la disposition des autorités civiles; non seulement il prête le premier et fait prêter par les officiers venus avec lui le serment de fidélité à la Nation et d'obéissance à l'Assemblée nationale, « consentant, s'il manquait à cet engagement, à être regardé comme un homme infâme, indigne de porter les armes, et à être rayé du nombre des citoyens français [4]; » non seule-

---

1. A. Guépin, *Histoire de Nantes*, p. 421.
2. *La Vie et les Mémoires de Dumouriez*, dans la collection Berille et Barrière, (4 vol. in-8° 1822-1823), t. II, p. 108-109.
3. Dumouriez du Périer (Charles-François), né le 26 janvier 1739 à Cambrai (Nord), s'engagea dans le régiment de cavalerie des Cars, et y devint cornette le 21 octobre 1758. Il arriva au grade de maréchal de camp le 9 mars 1788.

En note de ses états de service, aux Archives administratives de la guerre, on lit à cette date :

« A fait les campagnes de 1758, 1752, 1770 et 1761 en Allemagne, celles de 1768 et 1769 en Corse, de 1770 et 1771 en Pologne. — Officier qui a été toujours employé utilement dans les négociations et à la guerre. Il a été blessé en 1759 à Warbourg, en Allemagne, et une autre fois à Costercamp en 1760, et il a été fait prisonnier, couvert de dix-neuf blessures. Il a fait deux campagnes en Pologne, il a été envoyé en Prusse en 1772. »

Durant l'année 1789, Dumouriez commandait à Cherbourg où, d'après une lettre écrite par lui le 1er avril, il était depuis longtemps malade d'une fièvre bilieuse, inflammatoire. Il y réprima au mois de juillet, deux émeutes, à Carentan et au chef-lieu de son commandement.

Après être resté en disponibilité à Paris, où il entra en relations avec Mirabeau, puis avec les principaux des futurs Girondins, il accepta en 1791 d'être employé dans la 12e division militaire, sous les ordres du vieux général Verteuil. Résidant tantôt à Nantes, tantôt à Fontenay et à Niort, il resta dans la région vendéenne du mois de juin 1791 au mois de février 1792, jouant, comme on le verra, le rôle le plus important comme défenseur de la Constitution contre les préparateurs de la guerre civile et religieuse.

4. Suivant la formule de l'engagement qui devait être exigé signé des généraux d'après le décret du 11 juin, qui ne put être promulgué avant celui du 22.

ment encore il détache sa croix de Saint-Louis avant de jurer, et ne la reprend ensuite, sur la proposition du conseil général, qu'en en remplaçant le ruban ponceau par le ruban tricolore. En séance même, tandis que se rédige la proclamation des trois corps administratifs contre « le Roi parti » pour « le véritable souverain, la Nation qui reste[1] », il écrit deux billets : l'un à Vieillard de Boismartin, maire de Saint-Lô, député de Normandie; l'autre à Barère, annonçant que, « sans attendre d'autres ordres, il va rassembler tout ce qu'il pourra de troupes et marcher au secours de l'Assemblée nationale[2] ».

Il communique, en même temps, la grande nouvelle et ses intentions à son supérieur, le lieutenant général Verteuil.

Le commandant de la 12e division militaire répondait aussitôt à son maréchal de camp, qu'il ne connaissait pas encore[3] :

La Rochelle, le 23 juin 1791,

Je reçois, Monsieur, la lettre que vous m'avez fait l'honneur de m'écrire le 22 de ce mois. Je vais, conformément à son contenu, faire part aux directoires des départements de ma division de la nouvelle du départ du Roi, de la Reine et de la famille royale. J'aurai soin de vous instruire du parti qu'on aura pris dans une circonstance aussi critique. Je m'en occuperai, Monsieur, de concert avec les corps administratifs et avec le dévouement le plus vif pour la chose publique.

Quant aux troupes que j'ai dans cette partie sous mes ordres, elles sont tellement divisées par les détachements depuis Bordeaux jusqu'à Angoulême, qu'il n'y a pas un corps qui ait 500 hommes à pouvoir rassembler.

J'ai l'honneur d'être, avec un sincère attachement, Monsieur, votre très humble et très obéissant serviteur,

VERTEUIL, lieutenant général.

Je vous prie de ne pas douter, Monsieur, que ma façon de penser est pareille à la vôtre. VERTEUIL.

Vous faites très bien, Monsieur, de rester à Nantes. Je vous prie de me faire part des nouvelles alertes qui vous parviendront, et je vous instruirai de ce qui se passera dans tous mes départements. VERTEUIL [4].

---

1. A. Guépin, *Histoire de Nantes*, p. 422-424.
2. *Vie et Mémoires de Dumouriez*, t. II, p. 111. Vieillard lut à la tribune la lettre par laquelle le général se dit « prêt à voler au secours de l'Assemblée nationale et de la sublime Constitution qui nous régit. »
3. Arch. nat. F7 4198⁸.
4. Tout le corps de la lettre est de l'écriture du secrétaire habituel ; ce qui suit la signature officielle est de l'écriture de Verteuil lui-même. (Archives admin. de la guerre; dossier de Verteuil).

L'émotion fut très vive à Fontenay-le-Comte, mais elle ne produisit pas, comme à Nantes, des actes révolutionnaires.

Le directoire du département, dès qu'il reçut le courrier expédié par l'Assemblée nationale, dans la journée du 23, convoqua le district, la municipalité, les commandants de la garde nationale et de la troupe de ligne.

En cette assemblée extraordinaire, il ne fit pas prendre, il prit lui-même, avec l'approbation des assistants, des mesures qui, écrivait-il au Ministre de l'intérieur, lui paraissaient, en présence de « l'enlèvement du Roi et de la famille royale, les plus propres à maintenir la tranquillité publique et l'exécution des lois ». Le 24, il faisait imprimer cette proclamation, qui lui mérita les éloges du ministre de Lessart [1] :

Adresse des administrateurs du Directoire du département de la Vendée à tous les citoyens du département.

Citoyens,

Une nouvelle affligeante vient de frapper vos oreilles, votre Roi a été enlevé à votre amour, et nous ignorons encore les motifs, les auteurs et les circonstances d'un événement aussi cruel qu'imprévu.

Nous partageons votre surprise et votre douleur; mais loin de nous l'accablement qui pourrait ajouter encore à un aussi grand malheur!

Notre conduite nous est tracée par les décrets de l'Assemblée nationale; nous en trouverions les règles dans notre cœur, dans notre patriotisme éclairé, si la surveillance infatigable du Corps législatif nous eût abandonné, dans cet instant critique, à notre propre discernement.

Administrateurs, officiers municipaux, la difficulté des circonstances vous attache à vos fonctions par un nouveau lien, celui de l'honneur; le salut de la Patrie dépend peut-être de votre exactitude à en remplir tous les devoirs avec cette sage circonspection qui nous est recommandée par nos législateurs.

Fermement attachés à l'Administration supérieure, qui va elle-même concentrer dans l'Assemblée nationale le principe de toutes ses délibérations, les chaînons du Corps politique acquerront une nouvelle force, la tranquillité publique n'éprouvera aucune secousse, la sûreté individuelle sera protégée par votre sage surveillance, les contributions publiques conti-

---

1. Le 4 juillet, le ministre de l'intérieur répondait aux lettres du département de la Vendée : « Je ne puis qu'applaudir aux mesures que votre patriotisme et votre sagesse vous ont suggérées dans cette grande occasion de l'éloignement du Roi. » La minute ministérielle est jointe aux deux lettres et à un exemplaire de l'adresse que nous donnons, Arch. nat. F1c III — Vendée 7.

nueront à alimenter le Trésor national, et la liberté politique, conservée par vos soins, vous méritera l'estime et la reconnaissance de tous les habitants de l'Empire.

Et vous, Citoyens de tout état, gardes nationales, nos frères, et vous aussi, soldats-citoyens, qui, par une discipline sévèrement observée, par l'empressement de vos chefs à nous porter l'assurance de leurs dispositions et des vôtres à concourir avec nous au maintien de l'ordre public, plus encore que par une longue résidence, avez tant de titres au droit de cité parmi nous, abandonnez-vous sans réserve à une confiance illimitée dans la sagesse de vos administrateurs; elle était il y a peu de jours l'objet désiré et inappréciable de leurs travaux, elle est aujourd'hui le premier, le plus sacré de vos devoirs; le Roi a été dérobé un instant à son empire, mais la Loi règne et régnera toujours; elle vous ordonne de respecter la liberté, les propriétés et la tranquillité de chaque citoyen, de la protéger même s'il le faut, aux dépens de votre propre vie.

C'est en son nom que nous devons vous interdire toute réunion trop nombreuse, tout attroupement qui pourrait donner de l'inquiétude à ceux qui sont spécialement chargés du soin de la sûreté publique.

Évitez, avec une scrupuleuse attention, toute démarche, toute mesure indiscrète qui, en choquant les principes d'ordre public dont dépend peut-être en ce moment le salut de l'Empire, pourraient compromettre la tranquillité intérieure de ce département, qu'il est si essentiel de conserver sans nuage, qu'il nous sera si doux d'avoir su préserver de toute atteinte, lorsque le bien public exigera la réunion de tous nos efforts; gardons-nous de nous préparer un seul souvenir dont nous ayons un jour à rougir.

Invinciblement attachés à la Loi qui est notre égide commune, nous attendrons avec respect, et sans les prévenir, les ordres de nos législateurs; nous saurons nous montrer dignes de cette liberté dont on ne connaît tout le prix, dont on ne peut apprécier les devoirs que lorsque les obstacles se multiplient autour de son berceau; et c'est avec le sang-froid du courage, le calme de la persévérance et le maintien irréprochable de la vertu, que l'Assemblée nationale nous trouvera tous également disposés à concourir à tous les moyens de défense que l'amour de la patrie saura lui inspirer pour le salut et la gloire de l'Empire.

Fait à Fontenay-le-Comte, en Directoire, le vendredi vingt-quatre juin mil sept cent quatre-vingt-onze.

GUILLET, vice-président;

Jⁿ M^{as} COUGNAUD, secrétaire général.

Cette adresse était bien tiède pour les patriotes de la basse Vendée, qui venaient d'être attaqués par les paysans fanatisés et qui se sentaient menacés d'une révolte plus générale, préparée dans les châteaux de la noblesse.

Aux Sables-d'Olonne, on n'attendit pas la transmission régulière des instructions du département par le district. Des précautions militaires furent tout de suite prises et des mesures contre les prêtres réfractaires et les suspects aussitôt exécutées.

Procès-verbal de la municipalité des Sables [1].

Aujourd'hui 24 juin 1791, onze heures du soir, dans l'Assemblée des officiers municipaux de cette ville des Sables, à laquelle ont assisté M. Gaudin, maire, MM. Delange, Palvadeau, Duget et Guénier, officiers municipaux, et M. Mercereau, procureur de la commune.

Sont entrés : MM. Lainé, Biroché, Lainé jeune, Rouillé, chirurgien, et plusieurs autres citoyens, lesquels ont apporté le vœu des Amis de la Constitution de cette ville, et déposé sur le bureau une pétition de ladite Société, ainsi que de plusieurs citoyens de ladite ville, par laquelle ils demandent :

« Qu'attendu *l'enlèvement du Roi* et les désordres qui doivent être la suite d'un tel malheur, la municipalité veuille donner des ordres pour que l'on garde les portes de la ville et qu'on n'en laisse sortir aucun homme suspect ; qu'il soit fait des visites et recherches chez quelques-uns de ces hommes suspects ; enfin qu'on fasse fermer les portes des chapelles et églises des communautés religieuses, où les prêtres non assermentés, contrairement aux décrets de l'Assemblée nationale, donnent la communion, la bénédiction, et remplissent toutes autres fonctions publiques qui leur sont défendues par la loi ; demande en outre ladite pétition que l'on s'assure des prêtres réfractaires afin qu'ils ne puissent plus cabaler dans la ville et former des partis, comme ils l'ont fait jusqu'à ce jour ».

Le procureur de la commune,

Communication prise de la pétition déposée sur le bureau par les députés des Amis de la Constitution de cette ville et autres bons citoyens,

« Requiert de prendre en considération ladite pétition sur tous les points qu'elle renferme et, en conséquence, donner les ordres nécessaires à mettre la ville en état de défense ; que, dans les visites que vous ordonnerez chez les différents particuliers, les gardes nationales et troupes de ligne soient assistées au moins d'un officier municipal, et que les gens suspects et même ceux reconnus pour mauvais citoyens soient désarmés ; donner la consigne aux différents postes d'arrêter les gens suspects et de ne les laisser entrer en ville qu'ils n'aient été préalablement visités à l'effet de savoir s'ils ne sont pas porteurs de correspondances inquiétantes.

« Et a signé :

MERCEREAU, procureur de la commune. »

Le Conseil municipal :

Ouï la pétition des citoyens de cette ville au nombre de quatre-vingt-quinze personnes et le réquisitoire du procureur de la commune,

Arrête :

1° Que les portes de la ville ainsi que le corps de garde de la place Carcado seront occupés par des troupes, tant de ligne que de garde natio-

---

1. Extrait du 4ᵉ registre de la mairie des Sables-d'Olonne.

nale, et qu'il sera à cet effet demandé au commandant du 84e régiment douze hommes par vingt-quatre heures; que, pareil nombre d'hommes seront fournis par la garde nationale, pour le même usage; qu'il sera aussi commandé six matelots qui seront répartis pour servir l'artillerie des trois postes;

2° Qu'il sera fait des visites dans les maisons que l'on soupçonnera ennemies de la tranquillité publique et recéler des armes ou des munitions nuisibles;

3° Qu'il sera défendu à tous les prêtres réfractaires de dire leur messe ailleurs qu'à l'église paroissiale, s'ils ne sont aumôniers, dans lequel cas les portes seront fermées et les églises ne recevront que les religieuses et les malades de l'hôpital, sans qu'il soit permis auxdits aumôniers de changer les heures de leur messe; qu'il leur sera défendu de même de s'immiscer dans aucune fonction publique telle que donner la communion, la bénédiction, etc.; qu'il leur sera pareillement défendu d'avoir des conférences soit publiques soit secrètes touchant la religion, sous peine d'être emprisonnés;

4° Que lesdits prêtres réfractaires, soupçonnés de s'entendre avec les ennemis de la Constitution, seront exactement surveillés et consignés aux portes de la ville, et que le sieur Boitel, ancien curé, ainsi que le sieur Gourdin, *qui sont sortis des Sables pour aller soulever les habitants de la paroisse d'Olonne*, comme les nouvelles qui nous en sont parvenues et les prisonniers arrêtés en cette paroisse et envoyés ici en font foi, ne seront plus reçus à l'entrée aux Sables; consigne aux portes à cet effet;

5° En un mot, que la municipalité, vivement affectée de l'enlèvement du Roi, redoublera de zèle pour maintenir la tranquillité parmi ses concitoyens et résister aux efforts de leurs ennemis.

Fait, clos et arrêté les jour et an que dessus.

PALVADEAU, GUÉNIER, DELANGE, BÊCHEREL, DUGET; GAUDIN, *maire ;* ROUILLÉ, *secrétaire*.

L'arrêté municipal était aussitôt expédié au directoire du district, qui en accusait réception sans en délibérer.

PERQUISITIONS ET SAISIES DE LETTRES A SAINTE-HERMINE ET A SAINT-HERMAND.

Le 25 juin, à dix heures du matin, les officiers municipaux de Sainte-Hermine, district de Fontenay, s'étaient réunis chez l'un des officiers municipaux de Saint-Hermand, René Choyau, et les commandants des gardes nationales de l'une et l'autre paroisse. En présence du « général des habitants » de la première de ces paroisses, ils s'étaient annoncé la nouvelle de « l'enlèvement du Roi, de la Reine et de la famille royale », puis avaient délibéré sur les mesures à prendre suivant les décrets de l'Assemblée nationale et les ordres des autorités supérieures.

Leur premier soin avait été de « mettre sur pied les gardes nationales des deux paroisses », et d'établir un corps de garde à Sainte-Hermine, dont « la sentinelle ne devait laisser passer aucun étranger sans en donner avis à l'officier de garde. »

Procès-verbal de saisie et de perquisition chez Mme de Reignon à la Ranconnière.

... A l'instant a passé un jeune homme inconnu, ce qui a donné lieu à l'interroger sur son nom, sa qualité, sa demeure, d'où il venait et où il se proposait d'aller. Ledit inconnu a répondu qu'il était domestique de M. de Loynes, qu'il venait de la Rivière, et qu'il allait chez M. de Reignon, à la Ranconnière[1]. Enquis s'il avait des paquets ou lettres simples, a répondu que non, et, comme sa dénégation a paru suspecte, et qu'il n'était pas à présumer qu'il n'eût que des ordres verbaux, en présumant qu'il pouvait être porteur de lettres nuisibles à la société, on s'est cru autorisé, attendu les circonstances actuelles, à le fouiller, et, après avoir inutilement cherché, on a pensé qu'entre la peau et la chemise il pourrait se trouver quelque chose, et la visite en ayant été faite, l'événement a répondu à la prévision, y ayant trouvé une lettre à l'adresse de Mme de Reignon, à Sainte-Hermine.

Interrogé ledit domestique à quelles fins, à quel dessein il avait ainsi caché ladite lettre et disconvenu d'en avoir, a répondu que Mme de Loynes l'avait ainsi recommandé, en lui défendant de convenir d'avoir de lettre; ce qui nous a fait soupçonner que ladite lettre pouvait contenir du mystérieux nuisible au bien public; ce qui nous a déterminé à saisir ladite lettre, ainsi que le porteur, et à le conduire avec nous à la maison de la Ranconnière, demeure ordinaire de Mme Reignon.

Et, après y être arrivés, accompagnés des sieurs Rivallaud et Guibot, officier municipal et greffier de la commune de Simon-la-Vineuse, les autres officiers requis n'ayant comparu, nous avons représenté tant ledit homme que ladite lettre au sieur Reignon, fils de ladite dame Reignon, lequel a requis l'ouverture d'icelle avec un officier municipal; l'ouverture en ayant été faite et la lettre étant très suspecte, étant sans signature et annonçant des projets, nous avons cru devoir la retenir pour être jointe au présent mémoire.

La garde nationale s'étant informée à des particuliers passant, s'ils n'avaient pas de lettres qui leur avaient été remises à Luçon, ont répondu en avoir deux qu'ils nous ont présentées, dont l'une est sans adresse, et l'autre à celle de M. Savary, curé de Saint-Mars-des-Prés; et, attendu les présomptions, nous nous sommes persuadés devoir les retenir pour être pareillement ouvertes et rendues publiques si les circonstances l'exigeaient.

Et, comme la voix publique donnait à soupçonner qu'il y avait à ladite maison de la Ranconnière des armes en quantité, particulièrement de celles prohibées, nous avons requis ledit sieur Reignon de nous introduire dans tous ses appartements et de faire l'ouverture de ses meubles; à quoi adhé-

1. Fief sur le territoire de la commune de Simon-la-Vineuse. Ces Reignon sont quatre fois inscrits sur la liste générale des émigrés de la Vendée; ils n'ont pas laissé d'autre trace historique.

rant, et visite exactement faite, nous y avons trouvé trois fusils doubles, deux simples et deux paires de pistolets ; et, étant parfaitement informés qu'il n'y a plus d'armes que la quantité ci-dessus désignée, nous avons pensé que, pour assurer l'intérêt public et diminuer les forces des ennemis de la Constitution, il était urgent de ne laisser que la quantité suffisante pour la défense de la maison, d'autant plus que M. Reignon a des domestiques en assez grande quantité et qu'il a de proches voisins ; pour quoi nous nous sommes décidés à enlever deux fusils doubles, un fusil simple sans baguette et une paire de pistolets, aussi simples.

Étant ainsi occupés de nos opérations, sont à l'instant arrivés ledit maire de la paroisse de la Vineuse et M. Moulins, patriote reconnu par son attachement à la Constitution et à l'ordre public, accompagné du commandant de la garde nationale du même lieu, et, en leur présence, nous avons continué nos visites chez les nommés Clémenceau, métayers et voisins dudit sieur Reignon, sans y avoir rien trouvé de prohibé, et, après avoir effacé les armoiries dudit sieur Reignon, qui étaient dans l'extérieur de sa maison, nous sommes rendus au bourg de Simon.

Et là étant, nous, officiers municipaux, commandants et officiers des gardes nationales des paroisses ci-dessus désignées, nous sommes assemblés pour délibérer sur le parti des deux lettres dont on avait réservé l'ouverture, et, d'après les réflexions et observations réciproques, attendu que la majorité s'est déclarée pour l'ouverture d'icelles, et qu'elles pouvaient être aussi contraires à l'ordre social que celle adressée à Mme de Reignon, nous nous sommes persuadés être autorisés à violer la discrétion que d'autres circonstances auraient prescrite ; pour quoi nous en avons levé le cachet. La première écrite par une Savary-Babin et adressée au sieur Savary son frère, curé de Saint-Mars-des-Prés, n'est autre chose qu'un libelle diffamatoire contre la vertu de notre prélat, injurieux et insultant aux amis de la Constitution, et en particulier à plusieurs citoyens dont le mérite est parfaitement reconnu ; la seconde est sans signature, comme sans adresse ; elle annonce tout à la fois de la crainte et des projets qui ne peuvent qu'être désavantageux, si on n'en prévient les effets par une surveillance particulière ; lesquelles lettres, comme la précédente et les autres qui pourraient être arrêtées par la suite, seront adressées avec ces présentes à MM. les administrateurs du directoire du district de Fontenay, pour être les auteurs poursuivis ainsi qu'il sera convenable.

Arrêté ces présentes sur les sept heures du soir, ledit jour où nous nous trouvons rassemblés, comme nous jurons et promettons de continuer les secours à l'avantage et prospérité de la Constitution, après avoir réitéré notre serment de loyauté et fidélité. — *Signé* sur l'original :

CHAUVEAU, maire ; René CHOYAU, DUBOIS, procureur de la commune de Sainte-Hermine ; Joseph CHOYAU, Charles ROUSSEAU, commandants de la garde nationale, de Saint-Hermant ; DAVID, Charles-Isidore-Élie MOULINS, croix de Saint-Louis [1] ; BERNARD, membre, SIGOGNEAU.

---

1. Président de la « Société ambulante », plus tard administrateur du département.

Un autre procès-verbal, dressé une heure plus tard, constate la saisie de lettres suspectes : du notaire de Luçon, Jouanneau, à Mme de Chabot, au château de la Rairie; anonyme, au chevalier de Chabot, à la Dennerie; anonyme, à M. Martial de Chabot, à la Rairie; deux anonymes, au curé de la Réorthe, Billaud. Ouverture et lecture faites, elles sont immédiatement adressées aux administrateurs du district, afin de « prévenir les suites funestes des projets odieux qu'elles présentent et qui pourront s'exécuter, si on néglige une expédition aussi prompte que nécessaire au maintien du bon ordre ».

Nous donnons ces lettres d'après la copie authentique, transmise par le directoire du département de la Vendée au Comité des recherches de l'Assemblée constituante [1].

A Mme de Reignon, à Sainte-Hermine.

Mon mari et mes deux fils, ma chère amie, sont partis pour Luçon, *tu sais pour quelle affaire*. Pour moi, mes deux fils et l'abbé Quelf, nous ne sommes pas décidés. Ce que tu feras et Mme Serin me décidera ou à rester à la Rivière [2], ou à aller dans un endroit sûr que j'ai d'arrêté. J'ai envoyé au Bois-Vert [3] pour savoir ce qu'ils feront; je ne peux t'en écrire plus long.

Si vous voulez venir me joindre, nous serons bien cachés.

Anonyme, sans date ni adresse.

L'enlèvement du Roi et de la Reine est très vrai; la France dans ce moment-ci est bien en mouvement, et je crois qu'il y aurait du risque à partir. Venez ici, ainsi que mon oncle et ma tante. *La noblesse doit y être toute rendue ce soir, ainsi que celle des environs.* Il y en a déjà sept ou huit d'arrivés d'hier; M. de la Fontenelle, qui était arrivé d'hier au soir quatre heures, a reparti à cinq pour aller chercher deux enfants qu'il y avait laissés, car *il pourrait bien se faire qu'à la campagne l'on ne fût pas en sûreté.*

Il a été battu hier de *ne laisser passer personne dans les pays étrangers*, et de crainte qu'on eût des munitions pour les troupes étrangères, de *fouiller toutes les voitures.* Nous venons de chez mon oncle des Touches, qui n'approuve point du tout votre projet; il vous offre deux lits. MM. Le Duc, Duchesne de Vauvert [4] sont arrivés à une heure cette nuit; ils n'ont point passé

---

1. Chacune d'elles est contresignée « pour copie conforme » par le procureur général syndic du département de la Vendée, Jean-Mathias Cougnaud. Elles sont jointes aux procès-verbaux de saisie dans le dossier des *Archives nationales* Dxxix 15.
2. La Rivière du Magnil, fief situé sur le territoire de la commune de Sainte-Hermine.
3. Fief situé dans le territoire de la commune de l'Hermenault.
4. Joseph Duchesne de Vauvert, chevalier de Saint-Louis, qui émigra peu après et servit à l'armée de Condé.

par Fontenay, il y aurait eu du risque; on y a illuminé toute la nuit. Ainsi n'allez pas à la foire; venez plutôt ici; je vous attends avec impatience.

A M. Savary, curé de Saint-Mars-des-Prés.

Bonjour, mon petit frère, comment te portes-tu? J'ai su par M. Paillou que ta santé était bonne; je t'en souhaite la continuation. Je suis bien sensible, mon petit frère, au petit reproche d'amitié que tu me fais faire lorsque tu dis que je ne t'écris pas. Tu es pourtant bien un vilain tout de même, car c'est moi qui t'ai écrit la dernière. Ne va pas croire que je veuille compter avec toi, car, véritablement, si j'avais eu des choses bien intéressantes à te dire, je n'eusse sûrement pas attendu ta réponse; mais ce que j'aurais eu à te dire, tu l'as appris par Ponçay et du Boutelier, tel que les nouvelles de notre charmant intrus et de ses deux ou trois pauvres imbéciles de vicaires. Il a fait des visites mercredi chez les Nobles et le Clergé, où il n'a été reçu que très mal. Des domestiques à la porte les uns ont refusé son billet, les autres le lui ont déchiré au nez et mis sous leurs pieds; enfin il a dit à l'hôtesse d'un cabaret où il a été, contant qu'il veut aller partout, qu'il y avait à Luçon du bon et du mauvais; que surtout on n'y était point honnête; que de vingt personnes qu'il rencontrait il ne s'en trouvait pas quatre qui le saluassent. Il n'est reçu que chez les bourgeois et chez les pauvres, encore par détour. Il a dit qu'il croyait bien ne pas s'accoutumer à Luçon et que, si on continuait à le contrarier, il s'en irait. Voilà une menace bien terrible!

Nous avons eu hier matin la nouvelle de l'enlèvement du Roi, et hier au soir celle qu'il avait été rattrapé à Compiègne le même jour, c'est-à-dire mardi. Cela donne bien de l'inquiétude aux braves gens. On attend avec beaucoup d'impatience la poste de demain. Les démocrates étaient tout capots hier matin, et hier au soir ils sautaient d'aise dans les rues, jurant après les aristocrates et leur promettant la lanterne.

Presque tous les jours depuis l'arrivée de l'intrus, une troupe de rien-qui-vaille vont, l'après-midi, dans les hautes galeries du clocher, et là ils chantent : *Ah! ça ira! à la lanterne les aristocrates!* L'intrus a été processionnellement jeudi à l'Union chrétienne; il a été très mécontent de ce que les dames ni personne de leur maison n'étaient au chœur; il peut s'attendre à la même chose jeudi aux Ursulines; il n'a pas encore fait visite dans les couvents; son clergé, c'est-à-dire la garde nationale, se plaît à répandre que l'intrus doit aller voir les religieuses dans cette semaine; que, si elles refusent le serment et le prêtre qu'il leur proposera, il les chassera de leurs maisons. Voilà de grands projets pour un excommunié. Il est désolé que notre curé refuse d'être son premier vicaire; il comptait sur lui avec grand plaisir; mais, bien éloigné de cela, dit-il, il refuse même de me voir de bonne amitié. M. le curé et M. Paillou étaient les deux qui lui auraient bien convenu. Il est fort embarrassé de savoir qui prendre pour ses vicaires; car il dit que tous ceux qui ont juré sont tous des gens de mauvaise conduite, et la plupart de très mauvais sujets !

M. Raimbaud, maintenu en titres, tâchait de faire croire à des sots comme lui qu'il avait vu, la semaine dernière, M. le doyen, MM. Bouhier et

Jourdain, dire la messe à la cathédrale. M. Rossignol s'égosille à dire aux bonnes gens que MM. le doyen, de Rieussec, Beauregard et Brumault,[1] avaient fait le serment, mais qu'on les avait tant tourmentés qu'ils s'étaient rétractés ces jours derniers; que ce seraient les rétractations qui seraient cause de la guerre civile; enfin les contes que font tous ces polissons sont pitoyables. Avec tout cela, plus de la moitié des gens de Luçon refusent d'aller à leur cathédrale, et tous ces jours ici les petites églises étaient pleines; on ne pouvait s'y retourner. Le libraire, chez qui je fus par commission chercher un livre, hier matin, avait sur son comptoir un nombre de missels très propres; j'applaudis à leur beauté et à leur nombre; il me dit qu'il comptait bien n'en avoir pas assez, d'autant qu'il en avait vendu six dans la matinée, que ces messieurs étaient bien aises de se précautionner et qu'ils avaient raison.

L'intrus a fait l'enterrement d'un enfant d'un jour hier matin; il l'a chanté à son église et l'a porté à la paroisse; il a fait la cérémonie tout seul et sans assistants, il chantait et se répondait. Il a fait plusieurs baptêmes; M. le comte de Rochefort[2] a été parrain avec Mme Gillet, femme du jardinier de M. l'évêque de Mercy; il y avait plus de cent cinquante bons patriotes, mâles et femelles, à la suite du baptême. Mlle Paris, qui n'y était pas oubliée, criait par les rues : « Vivent les bons patriotes! ils sont tous des gens d'esprit; tous les autres ne sont que des sots et des bêtes, bons à mettre à la lanterne! » Le même soir, il y eut bal chez le sieur Parenteau; les méchants disent que c'est *la Vendée* (c'est-à-dire l'intrus) qui l'a ouvert avec sa commère Gillet. Il va voir toutes les femmes en couches; il y a la femme d'un menuisier dans la rue des Capucins, qui est accouchée, il y a huit jours, et il a déjà été la voir cinq fois. Mme Rambaud, qui n'est pas en couches, a pourtant eu sa visite aussi; elle l'a reçu à merveille en lui disant qu'elle ne reconnaissait et ne reconnaîtrait jamais pour son évêque que M. de Mercy, et M. Baudouin pour son curé; qu'il fallait qu'il fût bien hardi de s'annoncer comme évêque, d'autant que ce n'était pas le pape qui l'avait nommé, et que M. de Mercy existait; qu'elle lui aurait su aussi bon gré de garder sa visite. Il a sorti de chez elle sans répliquer un seul mot. C'est une guerre continuelle entre M. Rambaud et sa femme.

Adieu, mon petit frère, car je n'ai plus de place. Je t'embrasse de tout mon cœur et suis ta sœur,

Signé : SAVARY-BABIN.

P.-S. — M. et Mme de la Salle te font leurs compliments.

Le notaire Jouanneau à Mme de Chabot, en son château de la Rairie, paroisse de Saint-Philbert du Pont-Charrault.

Luçon, ce 26 juin 1791.

Madame,

C'est pour avoir l'honneur de vous prévenir que *tout le corps de la noblesse*, dont vous faites partie, *rentre dans Luçon*, sur les bruits qui courent,

---

[1]. Le doyen du ci-devant chapitre de Luçon, de Fresne, les trois autres ici dénommés et Paillou chanoines.
[2]. Moulins, le président de la Société ambulante des Amis de la Constitution.

et qu'on assure que notre Roi, parti de Paris, est maintenant *à la tête de son armée;* voyez, Madame, si vous voulez venir vous unir à eux.

J'ai l'honneur d'être avec respect, Madame, votre très humble et très obéissant serviteur.

Signé : F. JOUANNEAU.

P.-S. — Je crains bien, Madame, que nous ne puissions pas avoir d'argent pour vos marais; il est trop rare, malheureusement.

Au chevalier de Chabot, à la Dennerie.

Ce samedi matin, 25 juin 1791.

J'imagine, mon cher oncle, que je ne vous apprendrai point l'enlèvement du Roi, qui est fait de lundi. C'est un courrier qui arriva jeudi à Fontenay l'annoncer; et ils envoyaient tout de suite des émissaires ici, qui arrivèrent à neuf heures et demie du soir. Cela fait un très grand bouleversement parmi nos enragés, à ce que l'on dit. M. des Touches envoya hier un exprès à M. Demauval pour lui annoncer et l'engager à se rendre ici. Nous étions chez eux et nous arrivâmes tous hier au soir. Toutes les maisonnées des environs en firent autant. Ainsi notre ville est bien gardée, et je vous assure qu'ils ont grand'peur. Vous devriez bien vous joindre à nous, ainsi que Mme de Chabot. Nous vous donnerons un lit avec grand plaisir. Je crois que, dans ce moment ici, on est plus en sûreté dans notre petite ville que partout ailleurs. Voilà un moment bien important pour nous; car, *si le projet manque, nous sommes perdus;* mais il faut espérer que cela est bien cimenté.

Je ne peux vous mander aucune nouvelle d'ici; j'arrivai fort tard et nous n'avons vu personne. Cependant on nous a dit que Rodrigue[1] avait fait des visites partout et qu'il avait été reçu comme il le mérite. Il n'est encore pas venu ici; je me flatte qu'il n'y viendra pas. On prétend qu'il pleurait hier au soir.

Adieu, mon cher oncle, soyez sûr du tendre et sincère attachement avec lequel je serai toute ma vie.

Recevez de ma sœur et de mes filles tout ce qui convient et en faites agréer autant à vos voisins.

Depuis ma lettre écrite, Le Brodeur vient de m'apporter la lettre de Mme de Chabot. Je ne lui écris point, le faisant à vous. Vous lui direz les nouvelles.

En revenant de la messe, j'ai trouvé Mme de la Fontenelle, qui est arrivée d'hier et m'a dit que Mmes Duchesne sont arrivées de cette nuit, qu'ils n'ont pu passer à Fontenay, les portes y sont fermées; ils ont dit qu'ils y ont entendu beaucoup de bruit et que tout paraissait illuminé. Il arrive à tout instant des voitures ici. Venez donc, mon cher oncle; je prie Mme de Chabot de vous y engager, et cela dès demain; le temps presse. Les enragés font

---

1. L'évêque constitutionnel de la Vendée.

courir le bruit que *le Roi est repris ;* mais *personne ne le croit, et cela ne paraît pas probable ;* ainsi nous avons tout lieu d'espérer.

Votre bonne amie vous embrasse et sera bien aise de vous voir; votre petite poulette aussi; elle vous remercie, elle se porte fort bien à présent; c'est un mal de gorge qui lui a occasionné la fièvre.

La lettre à Martial de Chabot, du 25 juin 1791, est de « la tantine Mathieu » à son « cher petit-fils », et tout intime, sauf cette phrase contre l'évêque de la Vendée :

... Le d. Rodrigue nous inquiète beaucoup ; mais, mon cher ami, toutes les misères qu'il pourra nous faire ne me feront point abandonner ma chère solitude. Dieu nous aidera....

La lettre du ci-devant curé de Saint-Mars-la-Réorthe, datée de Saint-Laurent-sur-Sèvre, 24 juin, est un compliment à un confrère qui vient d'être remplacé dans sa cure, « et qui a mérité cette privation par sa conduite héroïque ».

La lettre du vicaire des Epesses au curé de Saint-Mars-la-Réorthe, Morennes, le promoteur de la pétition en faveur du *Temple des nonconformistes*[1], est intéressante au point de vue des baptêmes et des constatations d'état civil, soustraits par les « réfractaires » aux « intrus » :

Monsieur,

Je n'ose suivre la marche que vous m'avez indiquée; je craindrais d'être poursuivi et d'être forcé d'avouer que je savais d'où était l'enfant. Dans l'Anjou, on baptise l'enfant à la maison, en attendant un temps plus favorable, ou bien on attend le moment où l'intrus est absent pour porter l'enfant en une autre paroisse; voyez, Monsieur, si cela vous convient. Sans la bonne fête de demain, j'aurais été vous trouver, et nous aurions décidé le cas. Adieu, cher ami.

Les patriotes de Saint-Hermand et de Sainte-Hermine, en expédiant les pièces par eux saisies au district de Fontenay-le-Comte, n'avaient pas manqué de prévenir les municipalités du voisinage. Il leur avait été tout de suite répondu par l'une d'elles[2] :

1. Voir ci-dessus, p. 348-351.
2. Papiers de Mercier du Rocher ; pièce isolée.

A MM. les Officiers municipaux et Gardes nationales de Sainte-Hermine.

Sainte-Gemme, le 28 juin 1791.

Messieurs et compatriotes,

Nous nous empressons de vous remercier de la complaisance que vous avez eue de nous prévenir de votre découverte dans les lettres que vous avez trouvées sur le domestique de M. La Coudraye. Nous en avons donné connaissance à MM. les officiers municipaux de Luçon. Nous avons arrêté samedi soir un homme de Montaigu, chargé de six lettres, que nous avons décachetées. Dans l'une d'elles, nous avons lu qu'on avait mis à Nantes la tête d'un prêtre à prix pour avoir porté le viatique dans sa poche; il y avait aussi : « Ma chère amie, conservez les bons prêtres; on a fouillé en plusieurs maisons du côté de Montaigu. » Elle était adressée à la maison des Reignon.

Nous vous prions de croire que nous sommes prêts à vous fournir les secours qui sont en notre pouvoir.

Nous sommes très fraternellement, Messieurs et compatriotes,

Les Officiers municipaux de Sainte-Gemme :

> Goruchon, maire; Léaud, Ransion, Palliarin, officiers municipaux; Guyard, commandant; Boiheau, capitaine; Chevallereau aîné, lieutenant.

La veille, le 27, à 6 heures du soir, la municipalité de Luçon avait reçu de celle des Sables-d'Olonne copie d'une double lettre non signée, encore plus inquiétante que les autres précédemment saisies. Elle avait aussitôt décidé de l'adresser à l'accusateur public près le tribunal criminel du département, afin qu'il poursuivît les auteurs des « exécrables desseins formés par les ennemis du bien public qui avaient projeté de se réunir dans cette ville[1] ».

Copie de la lettre écrite à M. le marquis de Lézardière, sans date ni signature.

Vous me prenez si fort de court, mes bons amis, que je ne sais trop si vous serez contents de ma réponse, sur laquelle j'aurais tout au moins désiré de délibérer à part moi; mais le cher Soret, à qui vous avez recommandé de vous revenir tout de suite, ne me laisse pas le temps de la réflexion.

Le rassemblement à Châtillon n'est point de mon avis. Tant que d'abandonner mon château[2], je vous avoue que je préférerais un rassemblement qui

---

1. C'est la copie reçue à Luçon qui se trouve aux *Archives nationales* Dxxix 15, avec la délibération de la mairie des Sables.
2. Le château de Duchaffault, près d'Avrillé.

en soit plus à portée. En conséquence, s'il faut se faire tuer, j'aime autant l'être à Luçon qu'à Châtillon où, selon toute apparence, il ne nous serait pas possible de nous rendre tous avec nos femmes, enfants et bagages ; nous serions sûrement tous arrêtés ou massacrés en nous y rendant. Autre considération qui m'arrête encore, c'est ce diable d'argent que nous n'avons point et que, quant aux ressources en ce genre, nous en trouverons beaucoup ici et point du tout à Châtillon.

Nous sommes à Luçon dans ce moment ici environ une quarantaine de gentilshommes qui me paraissent bien disposés, et j'ai peine à croire que votre lettre, que je vais leur communiquer tout à l'heure, *les décide à quitter Luçon pour Châtillon*. Nous n'avons ici qu'une trentaine de soldats de Rohan, avec un capitaine que je crois dans les bons principes, quoique un peu faible, mais à qui l'on donnerait peut-être du nerf, et par contre-coup à sa troupe, en sachant s'y prendre. Je suis également persuadé qu'une partie de nos habitants, dans un besoin, se rallieraient à nous, ainsi qu'un bon nombre des campagnes voisines. D'après cela, pourquoi ne nous défendrions-nous pas ici comme à Châtillon ? Je sens, mes bons amis, que, si vous êtes des nôtres, vous vous rendrez beaucoup mieux dans mon particulier ; le voyage de chez vous ici n'est rien ; nous avons chevaux et voitures, votre établissement ici sera bien plus facile qu'à Châtillon. Voilà donc en faveur de mon idée beaucoup plus de facilité pour le voyage, de sûreté pour le transport et de ressources pour l'établissement ; ajoutez à cela, mes bons amis, la douceur de n'être point séparés et la douce consolation de nous secourir, nous affliger, nous réjouir et, s'il le faut, mourir ensemble.

Je vais voir à ajouter à ce que vous mande mon mari.

Mes bons amis, je pense comme lui et désire bien que vous pensiez de même. Ne craignez aucun embarras pour les chargements et les voitures ; dites seulement combien il vous en faudra. Adieu ; nous vous embrassons tous de très bon cœur.

Nous avons donné un cheval de louage à Soret, que vous renverrez demain matin à Malecôte, et votre réponse tout de suite ici.

Mandez-nous ce que vous ferez et ce qui vous est parvenu. J'ai bien peine à croire que l'on veuille vous attaquer ; on voudrait vous faire fuir peut-être, mais gardez le passage de la Guignardière. La Vendonnière nous dit avoir été visité par les gardes nationales des environs de chez lui ; ils ont fouillé partout et emporté les girouettes ; il s'est rendu ici avec sa femme.

Voilà ce que depuis hier au soir on débite ici : le Roi arrêté ; les uns disent d'une manière, les autres d'une autre ; on ne sait que croire. Les enragés paraissent crier victoire, et toutes les cloches ont sonné par ordre de la municipalité, et on a annoncé un feu de joie et un *Te Deum* chanté par le *Rodrigue*, ce soir, après vêpres, avec ordre d'illuminer, parce que le Roi est repris par des gardes nationales, dit-on, qui ont arrêté sa voiture. Tout le monde déraisonne là-dessus ; aucune nouvelle particulière n'en fait mention. Il y a bien des braves gens ici rassemblés, et ce que je puis vous dire et dans le secret entre nous, c'est que votre oncle y paraît jouir de la plus grande confiance de tous les honnêtes gens. Nos Messieurs ont l'attention de le consulter en tout. Surtout ne faites pas semblant de........ qui que ce soit de savoir cela.

Une lettre particulière de [1]........, vient-on de nous dire, mande que le Roi était hors de Paris depuis trente heures; son épouse savait où il était; on ne dit point qu'il ait été arrêté. On prétend que la nouvelle à nos municipaux leur est arrivée cette nuit par un courrier extraordinaire de Fontenay.

On lit dans le billet d'envoi, signé par le maire et le procureur de la commune des Sables, Gaudin et Mercereau :

On prétend que cette lettre est d'une Mme de la Salle, de Luçon [2]. Nos gardes nationales et 60 hommes du 84ᵉ régiment sont actuellement à assiéger le château de la Proutière, où est avec beaucoup de ses pareils le ci-devant marquis. Ce sont eux qui ont arrêté le porteur de la lettre dont il s'agit et qui l'avait dans un de ses souliers.

Les originaux de toutes ces lettres avaient été portés, le 26 et le 27, au directoire du département. Le 30, à la suite d'un rapport fait par l'un des administrateurs, il fut décidé qu'elles seraient déférées à l'accusateur public et que la copie en serait envoyée au Comité des recherches de l'Assemblée nationale. Des félicitations furent en même temps adressées aux municipalités et gardes nationales de Sainte-Hermine et Saint-Hermand.

Extrait du procès-verbal du directoire du département de la Vendée [3].

Séance du 30 juin 1791, où présidait M. Guillet, vice-président, et assistaient MM. Perreau, Millouain, Morisson, Paillou et Thiériot ; présents le substitut du procureur général syndic et le secrétaire général.

Rapport fait :

1° D'un procès-verbal dressé par les municipalités, conseils généraux des communes et gardes nationales de Sainte-Hermine et Saint-Hermand, le vingt-cinq de ce mois, contenant arrestation de différents particuliers porteurs de lettres suspectes;

2° Des lettres arrêtées, au nombre de neuf (dont le détail suit)......;

3° D'une délibération prise par la municipalité de Luçon, le 27 de ce

---

1. Les blancs sont dans la copie des Archives.
2 La lettre est, en effet, de Robert de la Salle et de son épouse. Le maréchal de camp Robert de la Salle était le frère du baron Robert de Lézardière et l'oncle du marquis de Lézardière, le second fils du baron, Jacques-Paul Toussaint, lieutenant de vaisseau démisionnaire, né en 1777, condamné par le Tribunal révolutionnaire et exécuté à Paris le 8 juillet 1794.
3. Joint aux pièces, Arch. nat. Dxxix 15.

mois, relativement à la copie d'une lettre écrite au sieur de Lézardière à la Proutière, laquelle annonce un rassemblement à Luçon de la ci-devant noblesse des environs...

Le directoire, ouï le procureur général syndic,

Considérant 1° que la lettre qui paraît avoir été écrite au sieur de Lézardière annonce un projet de rassemblement de ci-devant gentilshommes à Châtillon ou à Luçon ;

2° Que le projet de rassemblement dans ce lieu se trouve confirmé par plusieurs lettres jointes au procès-verbal dressé par les municipalités de Sainte-Hermine et Saint-Hermand, le 25 de ce mois ;

3° Qu'indépendamment de ce projet de rassemblement, qui ne pouvait être que suspect à raison de la circonstance de l'enlèvement du Roi et dans un moment où la tranquillité d'aucun individu n'était menacée, on trouve encore, dans la lettre écrite et portée avec tant de précaution au sieur de Lézardière, le dessein de séduire au besoin le commandant de la troupe de ligne de Luçon et la troupe de ligne elle-même, ainsi qu'une partie des habitants de Luçon et des campagnes voisines ;

4° Que parmi les pièces jointes au susdit procès-verbal, il se trouve des modèles de procès-verbaux et deux lettres datées, l'une de Luçon, du 30 mai dernier, et l'autre du 17 juin, sans lieu ni date ni l'année, ainsi que sans adresse, mais qui sont dites par le procès-verbal ci-dessus être adressées au sieur curé de la Réorthe, lesquelles lettres et procès-verbaux renferment des principes et des instructions absolument contraires à la Constitution du royaume et propres à alarmer les consciences et à troubler l'ordre public[1] ;

5° Que, si les municipalités et les gardes nationales de Sainte-Hermine et de Saint-Hermand se sont écartées de ce que prescrivent les décrets de l'Assemblée nationale relativement à l'inviolabilité des lettres, la conduite qu'elles ont tenue dans la circonstance, ainsi que la visite qu'elles ont faite chez le sieur Reignon, à la Rançonnière, se trouvent autorisées par la surveillance et les précautions que recommande à tous les fonctionnaires publics et gardes nationales le décret du 24 de ce mois relativement à l'enlèvement du Roi, ainsi que par l'envoi mystérieux de la lettre écrite à Mme Reignon et par les soupçons que fait naître le contenu de cette lettre elle-même, qui n'a, d'ailleurs, été ouverte qu'en présence et sur le réquisitoire du sieur Reignon fils,

Arrête :

1° Que les différentes lettres et pièces ci-dessus seront adressées sur-le-champ à l'accusateur public pour faire les recherches et poursuites nécessaires, et qu'il en sera, en outre, adressé copie au Comité des recherches de l'Assemblée nationale ;

2° Que les municipalités et gardes nationales de Sainte-Hermine et Saint-Hermand continueront leurs soins pour le maintien de l'ordre et de la tranquillité publique, la sûreté des personnes et des propriétés, et y apporteront

---

1. Procès-verbaux et instructions dont il est parlé plus haut, ch. XII, p. 348.

toute la sagesse et la prudence que les circonstances exigent et que recommandent d'une manière particulière les décrets de l'Assemblée nationale.
Fait en directoire à Fontenay-le-Comte, le 30 juin 1791.

ARMAND BADEREAU, président;
J.-M. COUGNAUD, secrétaire général.

Postérieurement, le 4 juillet, fut saisie une lettre envoyée, le 19 juin, de la Rivière, près Saint-Martin-sous-Mouzeuil, par le marquis de Loynes de la Coudraye à M. de Chabot, aux Coulendres-en-Mouzeuil[1], et dans laquelle on lisait :

M. le chevalier Baudry[2] m'écrit de Bressuire que l'avis des gentilshommes de ce pays-là et de toute la Gâtine est d'assigner un rendez-vous général *à Châtillon, afin de donner la main à la noblesse de l'Anjou et à celle du Haut-Poitou, liguées avec celles de la Marche et du Berry*.... Je suis assez de cet avis, mais il ne faut pas se dissimuler qu'un rassemblement aussi lointain que Châtillon ne sera pas du goût de beaucoup. Il ne faut pas compter, au surplus, que *les paysans nous suivraient jusque-là, puisqu'on a de la peine à les faire sortir de leurs paroisses*. M. le chevalier Baudry a écrit dans le même sens à M. de la Burcerie[3]; pour *qu'il s'entende avec MM. de Lézardière et de la Salle*. On dit que ce dernier est d'avis de se réunir à Luçon.

La réunion se serait faite à Luçon, si le Roi fugitif n'avait été arrêté à Varennes, et le rassemblement des nobles du Bas-Poitou surpris à la Proutière par les patriotes des Sables[4].

1. De la collection de M. Ch. Dugast-Matifeux et qu'il a insérée dans son ouvrage non publié *Origine et débuts de l'insurrection vendéenne*.
2. Baudry d'Asson, voir ci-dessus, chap. III, et plus loin chap. XXVIII et XL.
3. Autre Baudry, Jacques-Louis-Julien, qui possédait cette terre et s'en qualifiait.
4. On lit au chap. III des *Mémoires de la marquise de la Rochejaquelein* : « M. de Lescure était alors (juin 1791) d'une coalition qui s'était formée en Poitou et dans les provinces adjacentes. Elle était fort importante et aurait pu disposer de 30,000 hommes ; presque tous les gentilshommes du pays en étaient, et l'on pouvait compter sur une grande partie des habitants de la province, comme la suite l'a bien prouvé. Il y avait deux régiments gagnés, dont l'un formait la garnison de la Rochelle et l'autre était à Poitiers. Au jour donné, on devait supposer des ordres ; les régiments se seraient mis en marche, chacun aurait pris les armes ; on aurait opéré une jonction avec une autre coalition qui devait s'emparer de la route de Lyon et attendre les Princes, alors en Savoie. La fuite du Roi et son arrestation déconcertèrent tous ces projets. »
Les Princes, le 5 juin 1791, avaient adopté le plan de l'« Association bretonne », pour l'insurrection générale des provinces de l'Ouest, présenté par La Rouerie et Botherel. Voir plus loin chap. XXVIII.

CHAPITRE XIV

UNION DES DISTRICTS MARITIMES ; CRAINTES DE DÉBARQUEMENTS

Le 25 juin, à la séance du district des Sables-d'Olonne, se présente le juge de paix du canton du Poiroux, Charles-Jean-Marie Legcay, qui rapporte :

La commune du Poiroux est dans la plus vive fermentation; les amis de la Constitution y sont exposés aux plus mauvais traitements.

Le 23, il s'est tenu, dans l'église, une assemblée, où le sieur Gouin, ancien sénéchal, a fait sonner les cloches... On a dit, à propos de l'élection du nouveau curé : *Battons-nous!...* On a dit encore : *Vivent les aristocrates! Le Roi est parti!... Nous avons gagné!... Nous pendrons ces sacrés bougres de démocrates*[1] *!*

Les maires de Talmont et de Saint-Hilaire de Talmont signalent dans toute la région qui environne leurs communes une agitation des plus dangereuses. Le maire du Château-d'Olonne annonce un soulèvement à l'occasion de l'installation du curé constitutionnel, qu'une compagnie de garde nationale court protéger[2].

La municipalité des Sables, qui a mis à exécution son arrêté de la veille, a fait faire de nombreuses visites domiciliaires et désarmer les suspects. Elle a recueilli des renseignements de toute nature sur les menées des nobles. Elle presse le district d'agir, exige qu'il autorise, qu'il ordonne une expédition militaire à travers les châteaux, surtout ceux de la Marzelle et de la Proutière, « où les messieurs de Loynes et Robert de Lézardière tiennent des conciliabules factieux. »

Le procureur-syndic du district, ami de la famille de Lézardière, essaye d'abord de détourner la colère des patriotes ardents, en com-

---

1. Délibérat. du district des Sables, aux Archives de la Vendée.
2. Délibérat. de la municipalité des Sables, 24-26 juin.

mandant une visite militaire vers le château de la Marzelle, une « dénonciation formelle de complot contre l'État n'ayant encore été faite que contre M. de Loynes, par le sieur Friconneau [1]. »

Déclaration de Friconneau.

Au mois de février dernier, le sieur de Loynes, demeurant à la Marzelle, paroisse de Longeville, me dit, chez lui, à souper : « Vous savez, mon cher Friconneau, les obligations que vous avez aux maîtres de la Guignardière et à bien d'autres, et les services que nous vous avons rendus. D'après cela, je crois que nous pouvons compter sur vous. Je n'ignore point que vous n'êtes pas riche; mais ne soyez nullement inquiet, on pourvoira à vos besoins. Lorsqu'il faudra marcher, vous serez pourvu de tout ce qui vous sera nécessaire, soit que vous alliez à pied ou à cheval. »

Au mois d'avril dernier, me trouvant chez le curé de Longeville (Gilardeau), le sieur de Loynes y vint et, adressant la parole au curé, il lui dit : « Mon cher curé, nous en viendrons à bout, pourvu que les bons curés se liguent avec nous. Nous chasserons tous les prêtres assermentés et rétablirons les autres dans leurs droits; mais ne manquez pas d'user de tout le pouvoir et de l'ascendant que vous avez sur l'esprit de vos paroissiens, car notre plus fort appui et notre plus grande espérance sont en vous. Pour nous, nous ne négligerons rien pour faire réussir notre entreprise. Le jour de la vengeance ne tardera pas à venir; la bombe éclatera sous peu. J'ai un sabre qui n'a pas encore servi, j'espère qu'il servira contre cette engeance diabolique et principalement contre ceux inscrits sur mon livre rouge. »

A la Pentecôte dernière, la dame de Loynes, sortant de la messe, accosta ma mère, lui reprocha d'avoir souffert que j'eusse été à Challans, avec une troupe de brigands qui gagnaient trente sols par jour, et de me recevoir chez elle après une telle démarche; qu'elle aurait dû m'éloigner d'elle et me chasser pour conserver ses amis; que je lui ai fait perdre leur protection et que ce serait à tort que je compterais désormais sur eux pour les embarquements; que je prisse même bien garde de n'être pas pendu, moi et bien d'autres, sous peu de temps. Auparavant le sieur de Loynes avait tenu les mêmes propos, à cela près qu'il ne dit point que je serais pendu.

A l'époque où le sieur de Loynes donna sa démission de maire de Longeville, il dit aux habitants, à l'issue de la messe paroissiale, qu'il ne voulait

---

1. Les de Loynes sont quatre fois portés sur la liste générale des émigrés de la Vendée (Papiers de Mercier du Rocher) :

De Loynes de la Coudraie, ex-député à l'Assemblée constituante, habitant les Sables, propriétaire dans cinq paroisses du district de Fontenay-le-Comte ;

De Loynes, aîné et jeune, habitant Saint-Martin-sous-Mouzeuil, propriétaire à Xanton, même district ;

De Loynes de Boisbaudran, habitant les Sables et propriétaire dans ce district ;

De Loynes de la Marzelle, habitant les Sables, propriétaire dans trois communes du même district.

La dénonciation s'applique à ce dernier ; du reste, ils étaient tous de la « coalition des gentilshommes du Bas-Poitou » avec ceux de l'Anjou et de la Bretagne.

plus continuer les fonctions de maire, parce qu'on allait être chargé d'impôts et que, d'ailleurs, il voyait avec indignation qu'on voulait totalement détruire la religion.

Voilà, mes chers concitoyens, le détail que vous m'avez demandé de ce qui s'est passé, à ma connaissance, dans cette maison : je satisfais à votre demande et à mon devoir, parce que tout bon citoyen, en ce moment, ne doit nullement cacher les conspirations de tout un royaume [1].

Mais voici que, dans la journée du 25, survenait une pétition, délibérée la veille, à l'hôtel de ville de Talmont, en assemblée où avaient assisté des délégués de ce canton et du canton voisin du Poiroux ; signée des maires de Talmont, Maroilleau; de Saint-Hilaire-de-Talmont, Duroussy; de Château-d'Olonne, Plissonneau; du juge de paix du Poiroux, Le Gay; des procureurs des communes de Talmont et de Saint-Hilaire, Remaud et C. Gouron ; de plusieurs autres officiers municipaux et notables. On y signalait les agissements inquiétants des nobles et l'agitation des campagnes ; on y réclamait l'autorisation pour les gardes nationales de faire des visites dans les châteaux suspects et le secours de troupes de ligne au besoin.

Presque en même temps un membre de la municipalité d'Avrillé, Royer, dénonçait « un ci-devant grand-vicaire de Luçon, pour avoir fait des fonctions publiques dans la chapelle de la Guignardière », failli susciter des troubles le jour de la Saint-Jean, et agité très vivement les paysans.

La Société des Amis de la Constitution des Sables, sous la conduite du curé constitutionnel Gérard, alors son président, allait à la municipalité et au directoire du district, présenter une pétition « afin que les maisons suspectes, placées çà et là dans la campagne, fussent visitées par un détachement de troupes, et qu'en fussent enlevées les armes qui s'y trouveraient rassemblées ».

La même Société, quelques heures plus tard, revenait « prier les corps constitués de prendre les moyens propres à faire rentrer dans la ville les émigrants ci-devant nobles qui en étaient sortis [2] ».

Le directoire du district, très impérativement pressé d'agir par le maire des Sables Gaudin l'aîné, fut forcé de tenir une séance extraordinaire et d'y approuver la proposition d'une expédition militaire contre la Proutière, aussi bien que contre la Marzelle.

---

1. Dans les *Notes* inédites d'André Collinet *sur les Sables et la Chaume*, à la date du 26 juin 1791, est indiquée la dénonciation de « Friconneau à ses concitoyens » contre de Loynes, ci-devant seigneur de la Marzelle ; elle formait la 5ᵉ pièce du dossier formé le 30 juin 1791 pour l'accusation de Robert de Lézardière et de ses complices. (Voir chap suivant.) Nous en donnons le texte, d'après une copie de la collection de M. Dugast-Matifeux, qui l'a publiée dans une notice sur *les Débuts de l'insurrection vendéenne à Longeville*. Ce Friconneau était un marin, petit caboteur ou courtier de navires.
2. Pièces nᵒˢ 1, 2, 3 et 4 du dossier formé le 30 juin 1791.

Délibération du district des Sables [1].

(25 juin 1791, à 10 heures du soir.)

Vu le mémoire présenté au procureur-syndic par les maires de Talmont, de Saint-Hilaire-de-Talmont, du Château-d'Olonne, le juge de paix du canton du Poiroux et diverses dénonciations et explications d'autres officiers municipaux et habitants, d'où il résulte que les différentes paroisses du Poiroux, d'Avrillé, de Longeville et autres circonvoisines sont dans les plus grandes alarmes et menacées d'insurrections, dont les foyers paraissent être singulièrement les maisons de *la Proutière* et de *la Marzelle*...

Considérant qu'il serait dangereux de laisser plus longtemps se propager des procédés inconsidérés, qui pourraient devenir séditieux et funestes, s'ils n'étaient réprimés ; que la conservation de la paix, des propriétés et des personnes est spécialement confiée aux corps administratifs, et qu'il est de l'activité de leur surveillance d'empêcher que les ennemis du bien public ne réussissent dans leurs desseins destructeurs ;

Considérant, en outre, que, dans ce moment, il n'est qu'une montre aussi ferme que modérée de la force publique qui puisse imposer aux mécontents et dissiper leurs entreprises séditieuses en leur faisant sentir la vigueur des moyens propres à les réprimer et la promptitude avec laquelle il serait facile de les rendre nulles, si leur obstination les portait à en poursuivre l'exécution ;

Considérant enfin que la force armée, conformément au décret de l'Assemblée nationale, *en réprimant une insurrection, doit se faire une loi sévère d'éviter tout ce qui exciterait le trouble, effrayerait les personnes et menacerait leurs propriétés*...,

Arrête l'envoi au Poiroux de 50 hommes de ligne et de garde nationale pour rétablir le calme et la légalité, *sur les réquisitions du maire et de la municipalité du lieu ;*

Aussi l'envoi de 30 hommes de la garde nationale à la Marzelle, avec ordre *d'y faire des perquisitions,* sur réquisition des maire et officiers municipaux de Longeville...

(Il sera fait) avec la plus grande prudence toutes les perquisitions possibles d'armes et munitions de guerre, et, au cas où il s'en trouverait un nombre assez considérable pour annoncer des projets d'hostilité et de sédition, s'en saisir, ainsi que de la personne du sieur de Loynes et de ses complices.

Dans la nuit et dans la matinée du lendemain, le directoire du district reçut d'un sieur Mourin la « dénonciation de rassemblements considérables de gens suspects à Boisgrolland et aux environs du Poiroux, de la Mothe-Achard et de Saint-Julien-des-Landes; les voi-

---

1. 2ᵉ reg. du district des Sables, aux Archives du département de la Vendée. — Séance à laquelle étaient présents MM. Dardel, Gillaizeau, Bouhier, administrateurs; le procureur-syndic Degounor et le secrétaire Delange jeune.

tures, écrivait-il, ne font que se succéder. » La municipalité de Beaulieu signalait « les alarmes répandues par les ci-devant nobles et les prêtres réfractaires parmi les gens de la campagne, pour chercher à les ameuter et à les faire se réunir à eux ». Le maire de Moutiers-les-Mauxfaits et ses officiers municipaux insistaient sur les armements préparés dans l'intérieur du château de la Marzelle, annonçaient que leur garde nationale était prête à y aller en perquisition, demandaient l'autorisation de l'autorité supérieure et des armes [1].

Dans cette première partie de l'expédition contre les châteaux étaient encore saisies plusieurs autres lettres anonymes : l'une, au prieur de Longeville, « d'un ami qui lui était sincèrement attaché », produisant « les arguments contre les ecclésiastiques fonctionnaires publics » assermentés; l'autre, adressée à Baudry de la Vesquière, par l'intermédiaire de Chabanon, aubergiste à Avrillé; une troisième, « écrite au sieur de la Bassetière, dans laquelle il était question de faire jurer l'armée et d'exécuter un projet contre la Constitution [2] ».

Les deux détachements, commandés par un lieutenant des grenadiers du 84e de ligne et par un sergent major de la garde nationale des Sables, partirent le 26, à 2 heures du matin. Ils s'arrêtèrent un moment à Talmont, et arrivèrent à 7 heures à la Marzelle. Quand ils se présentèrent au château, avec le maire de Longeville, les maîtres avaient disparu; il ne restait que les domestiques. On trouva dans la perquisition, du plomb fraîchement coupé, des barils qui avaient contenu de la poudre, et quelques écrits compromettants, dont un attribué à M. Gentet de la Chesnelière [3].

C'est sans doute ce billet sans date ni signature cité dans le rapport du Comité des recherches de l'Assemblée nationale :

Le Roi et la Reine de France sont partis de Paris; grande rumeur partout; tous les départements, districts, municipalités, les gardes nationales, tout est en route; ce sont des cavaliers de maréchaussée qui, de brigade en brigade, portent les nouvelles. Il faut imaginer que la chose est certaine... Partez... Allons... Communiquez-moi l'arrêté. Le parti que... Enfin, mon ami, un ensemble; c'est là l'instant de la crise, c'est le moment de nous montrer dignes du sang qui coule dans nos veines... Le secret du vrai franc-maçon... Au Champ-de-Mars, à la gloire [4] !

---

1. Pièces nos 7, 9 et 8 du dossier formé le 30 juin 1791.
2. Pièces nos 12, 15 et 16 du dossier formé le 30 juin 1791.
3. Constate M. Marcel Petiteau, des Sables, dans le récit de l'affaire de la Proutière, que contient sa *Chronique sablaise* de l'*Annuaire de la Société d'émulation de la Vendée*, 1885, p. 104 et suivantes.
4. Copie de ce billet anonyme avait été adressée par le commandant de l'expédition, Laverand, à la municipalité des Sables, en même temps que celle d'une autre lettre anonyme adressée au marquis de Lézardière (V. plus haut p. 372). Billet et lettre sont compris dans le n° 10 du dossier formé le 30 juin 1791.

Dans la journée du 26, vint aux Sables le maire du Poiroux, qui déclara qu'il se réunissait dans la maison de la Proutière, chez M. Robert de Lézardière, « un grand nombre de personnes en voiture, à cheval, etc. » Le district se trouva obligé de décider l'envoi de renforts aux détachements, qui s'étaient arrêtés à Longeville.

Arrêté du district des Sables.
(26 juin, 3 heures après midi.)

Considérant que, dans un district où la paix a régné jusqu'à ce jour, il est de la plus haute importance de réprimer avec vigueur et de rendre nuls les efforts des mécontents qui tentent en ce moment de la troubler, et qu'il est de l'intérêt public que les premiers efforts pour la conserver obtiennent un heureux succès ;

Considérant aussi qu'une pareille réunion ou attroupement pourrait être l'effet de faux bruits qui se seraient répandus que l'on était dans le dessein de se porter à des excès sur les ci-devant nobles et prêtres réfractaires ou non-conformistes,

Le directoire du district des Sables arrête que le commandant du premier bataillon du 84° régiment sera invité et requis de faire joindre sans retard à la troupe détachée cette nuit un renfort qui, en prenant la même route, ira la rejoindre à Avrillé...

Recommandons, tant à la garde nationale qu'à la troupe de ligne, de conserver, dans une expédition aussi délicate, tous les ménagements dus à des Français égarés peut-être ou par de fausses menaces ou par de faux motifs, et qui, s'ils étaient éclairés sur leurs intérêts et sur les intentions pacifiques de leurs concitoyens, pourraient se rétracter de leurs erreurs, reviendraient à de meilleurs principes et rentreraient dans le sein de la paix, dont la conservation est si recommandée par les décrets de l'Assemblée nationale et notamment par celui du 21 de ce mois.

Dans la soirée, la garde nationale mit la main sur le domestique du baron de Lézardière, porteur, « entre le pied et le bas », de la fameuse lettre aussitôt transmise à Luçon[1]. La municipalité le fit emprisonner après lui avoir fait subir un interrogatoire, duquel il résultait qu'il y avait en la maison de la Proutière un grand rassemblement de maîtres et de paysans, armés les uns de fusils, les autres de faux ; ce dont était immédiatement averti le lieutenant Laverand, chef de la force armée, qui passait la nuit à Avrillé. « Toutes les cartouches fabriquées, 24 livres de petites balles, quatre livres de poudre, pour les fusils qui n'étaient pas de calibre », étaient en même temps expédiées à

---

1. Voir plus haut p. 372-374.

la troupe, avec les instructions du maire Gaudin et du procureur de la commune Mercereau [1] :

> ...Nous croyons que vous êtes plus forts qu'eux. Cependant, pour épargner le sang des bons citoyens, si l'on refuse de se rendre lorsque vous serez sous les murs de la Proutière, et si vous jugez que cette maison ne peut être emportée que difficilement, bloquez-la et marquez-nous sur-le-champ votre situation. Nous vous enverrons une pièce de canon de huit pour foudroyer nos aristocrates. Mais, comme cette pièce est lourde et que le transport en sera pénible, il ne faudra prendre cette voie que si l'on ne peut faire autrement.

Le directoire du district, avant de lever sa séance, à 10 heures du soir, avait été informé, par le gendarme porteur des dépêches du corps expéditionnaire, qu'on savait à Fontenay et à Luçon, que le Roi et la famille royale avaient été arrêtés à Varennes et étaient ramenés à Paris. Dès lors, les administrateurs n'hésitèrent plus à prendre tout à fait au sérieux le rassemblement des nobles. Ils en informèrent officiellement les départements de la Vendée et de la Loire-Inférieure, ainsi que les districts voisins de Challans et de l'île de Ré.

Lettre du district des Sables au district de Challans et au département de la Loire-Inférieure [2].

(26 *juin* 1791.)

Messieurs et chers confrères,

> Un rassemblement de près de cent maîtres et de plus de trois cents paysans, cantonnés à la Proutière et dans les alentours de cette maison, demande le plus prompt secours pour que la guerre civile ne s'allume pas dans ce pays. Le danger imminent réclame la plus prompte expédition. Nous nous adressons à vous, Messieurs, pour que vous veuilliez bien inviter et requérir sans délai M. le commandant de la troupe de ligne cantonnée dans votre ville pour qu'il se transporte le plus promptement possible à la paroisse du Poiroux, à la maison de la Proutière, où la troupe de ligne et la garde nationale des Sables se sont transportées aujourd'hui. Votre vigilance pour la conservation de la paix publique et celle de vos concitoyens nous donnent la plus grande confiance dans les soins que nous avons l'honneur de vous inviter de prendre afin d'envoyer les plus prompts secours, et nous ne doutons pas que, si vous le pouvez et comme nous vous en prions instamment, vous nous procurerez un détachement de la troupe à cheval en garnison

---

1. 4ᵉ reg. des délibérations et 1ᵉʳ de la Correspondance de la mairie des Sables.
2. Archives nationales, Dxxix 15, en copie; un des originaux est aux Archives de la Loire-Inférieure, dossier Vendée.

à Machecoul. Vous voudrez bien, Messieurs, veiller à ce que la troupe soit suffisamment munie de cartouches.

Les administrateurs du district des Sables :

GILLAIZEAU, C. DARDEL; DEGOUNOR l'aîné, *procureur-syndic ;* DELANGE le jeune, *secrétaire.*

ENQUÊTES ET AGITATIONS A SAINT-GILLES, BEAUVOIR ET SAINT-JEAN-DE-MONTS

Le directoire du district de Challans avait à craindre, si le rassemblement de la Proutière n'était vite dissipé, l'insurrection générale des communes qui avaient manifesté un si violent fanatisme aux mois d'avril et de mai.

Le 25 juin, Saint-Gilles-sur-Vie avait mis sa garde nationale sous les armes et établi des postes de nuit, redoutant une attaque des gens de Saint-Révérend, de Coëx et d'Apremont. Sa municipalité avait ordonné, « si quelques mauvais citoyens troublaient ou cherchaient à troubler l'ordre, de les prendre de suite et de les constituer prisonniers. » Le 27, en recevant la nouvelle de l'arrestation du Roi, elle avait maintenu la force armée sur le qui-vive, prescrivant de monter « une garde de sept heures du soir à quatre heures du matin, ce jour, le lendemain et ainsi de suite. » Elle avait, en outre, arrêté :

Que les couleurs nationales seraient portées par les personnes de la paroisse et les citoyens qui pourraient y entrer;

Que les aubergistes, cabaretiers et autres personnes logeant et donnant à manger à des étrangers auraient un livre parafé par un officier municipal pour inscrire les nom, âge et demeure des étrangers qui se présenteraient chez eux, et qu'ensuite lesdits cabaretiers et aubergistes viendraient en rendre compte, à peine de vingt livres d'amende et de plus grande peine en cas de récidive et suivant l'exigence des cas [1].

La municipalité de Beauvoir-sur-Mer, au reçu des décrets de l'Assemblée nationale, avait, le 25, « à la presque unanimité de ses membres », pris les mesures suivantes :

Pour s'assurer des poudres à tirer, interdiction aux débitants d'en vendre sans autorisation;

Ordre au commandant de la garde nationale de fournir un officier et quelques soldats pour accompagner deux officiers municipaux qui iront mettre le scellé sur le cabinet du sieur Gergaud, où l'on soupçonnait que se tenait la correspondance générale des prêtres réfractaires.

Car (écrivait-elle, le 26, au district), la cure de ce lieu est un repaire

---

1. Extrait des registres de la mairie de Saint-Gilles.

d'aristocrates, d'autant plus à craindre que notre curé a une influence particulière sur l'esprit des prêtres... Ces prêtres ont une conduite extraordinaire dans les fonctions de leur ministère, confessions multipliées, publications de mariage, et mariages même précipités ; ils sont toujours allant et venant, ce qui fait croire qu'ils sont porteurs de correspondances [1].

De Saint-Jean-de-Monts, un fonctionnaire patriote avait envoyé à Challans un messager de confiance, avec cette lettre, du 27 :

Messieurs,

Comme je m'aperçois dans un moment critique, je me trouve obligé de vous donner avis de ce qui se passe ici, puisque la municipalité ferme les yeux à tout, malgré tous les avis sûrs que je lui donne.

Voilà deux jours que le peuple s'assemble pour se soulever ; il y a eu un conseil tenu ce matin en ce bourg par Pierre Billet, cabaretier, Jacques Pelloquin, Louis Rabaland, Aupaty, Pierre Rabaland, au Petit-Moine, tous du parti de notre curé et de son frère. En outre, il est arrivé ce matin, à onze heures, un appellé Bézeau, *domestique de M. Guerry*, qui est descendu à la cure y porter des lettres ; cet homme a été suspect, nous avons été pour l'arrêter, mais trop tard, vu que la municipalité ne veut pas s'en mêler. Quoique j'aie à ma main de bons citoyens, nous ne pouvons rien faire sans vos ordres ; nous ne savons à qui nous adresser. J'ai vu que la municipalité ne sait comment s'y prendre sur ce que le domestique de M. Guerry a porté à notre curé. Je serais d'avis de le faire garder par six fusiliers, afin qu'il ne s'absente point.

On vient de m'apprendre à l'instant *qu'il y a aussi sur cette côte un bateau qui annonce par sa manœuvre verser du monde à terre ; qu'il y a aussi un bâtiment qui tire du canon ;* le canot va se joindre sitôt le coup de canon ; ensuite il fait toujours sa manœuvre à louvoyer la côte. Je revois, Messieurs, qu'il nous faut de toute nécessité de la troupe ici, et faire prendre notre curé et son frère, ainsi que ceux qui s'assemblent journellement. Pour votre sûreté et la nôtre, *c'est sûr qu'il va y avoir une révolte ici.* Le porteur est dans le cas de vous dire ce que je vous marque. J'ai l'honneur d'être, etc.

MOURAIN.

Ainsi informé de ce qui se passait et se préparait sur son propre territoire, le district de Challans déploya le plus grand zèle afin de faire arriver au plus vite les secours réclamés pour l'expédition de la Proutière. Dans la journée du 27 juin, il transmettait par

1. Extrait d'une lettre des officiers municipaux de Beauvoir jointe au dossier de la correspondance du district de Challans, Archives nationales, DXXIX 15. Cette lettre est signée du maire Mourain, des officiers municipaux Ch. Nicière, Dupleix, Raguenier, Chanuyau ; du procureur de la commune Ch. Gouy, du secrétaire général J. Morin.

courriers extroardinaires, des copies de la lettre du district des Sables, avec les dépêches les plus pressantes [1] :

Au directoire du district de Machecoul.

... Nous sommes persuadés que vous ferez vos efforts pour faire porter toutes les forces dont vous êtes munis vers la Proutière; dans cette persuasion, voici la marche que la troupe doit tenir : de votre ville à Saint-Christophe, Apremont, Saint-Georges-du-Pointindoux et le Poiroux.

Au directoire du département de la Loire-Inférieure.

... Nous avons l'honneur... de vous inviter à procurer secours à nos frères des Sables, qui se sont portés hier pour dissiper cet attroupement et en arrêter les effets; nous croyons devoir vous prévenir que nous venons d'être instruits que l'incendie général de Luçon entrait dans le projet de ces ci-devant, et nous tenons cette nouvelle du courrier gendarme que le directoire des Sables a dépêché vers nous. Nous prenons tous les moyens pour surveiller les ennemis du bien public ; nous allons faire désarmer les ci-devant.

Aux gardes nationales de Nantes.

Frères et amis,

Nous vous adressons de suite copie d'une lettre que le directoire des Sables vient de nous écrire. Son contenu vous fera voir combien les ci-devant ont envie d'allumer la guerre civile et combien il est important de porter des secours prompts à nos frères des Sables qui sont sans doute aux prises actuellement. Nous faisons partir sur-le-champ un détachement de nos forces. Volez donc à la Proutière! Le danger est imminent et la guerre civile se déclare dans cette partie.

Le courrier des Sables nous instruit qu'un domestique de la Proutière a été arrêté muni d'une lettre à l'adresse de M. Loynes à Longeville et trouvée au talon, laquelle annonçait que le temps était favorable pour incendier Luçon et qu'il fallait partir sur-le-champ. Ce domestique est aux prisons des Sables avec les fers aux pieds.

A la municipalité de Nantes.

Messieurs et chers confrères constitutionnels,

... N'ayant ni poudre ni balles, nous vous engageons à nous procurer ces munitions ; nous avons chargé le courrier de l'argent pour payer le tout. Nous prenons les plus grandes précautions pour arrêter les projets des ci-devant.

1. Extraits de la correspondance du district de Challans, Arch. nat., DxxIx 15.

Les administrateurs de Challans ne s'adressaient pas à leurs supérieurs immédiats les administrateurs du département de la Vendée, mais directement au Ministre de l'intérieur, pour obtenir la régularisation des dépenses que les circonstances les obligeaient d'engager, et pour réclamer les armes promises à leurs gardes nationales depuis si longtemps.

Au Ministre de l'intérieur.

Monsieur,

La douleur que nous avons ressentie à la nouvelle de l'enlèvement du Roi s'est changée tout à coup en joie à celle de son arrestation, et cette joie serait complète si ce pays n'était pas menacé d'une guerre civile. Nous avons l'honneur de vous prévenir qu'un rassemblement de près de 100 maîtres ci-devant nobles et de 300 paysans, dans la maison de la Proutière, appartenant au sieur Robert Lézardière, située paroisse du Poiroux, district des Sables, département de la Vendée, et dans les environs, nous a fait prendre la précaution de mettre notre district sur le pied de guerre. Nous avons, en conséquence, engagé toutes nos municipalités à faire monter leurs gardes nationales sur la défense, et, comme nous n'avions aucune munition de guerre, nous avons cru, pour la sûreté publique, devoir faire venir de Nantes 200 livres de poudre, 300 livres de balles, 50 boîtes à mitraille, 50 boulets de 4 livres, des lances à feux et mèches.

Nous désirerions bien que le nombre des fusils destinés pour le district parvînt promptement ; car la garde nationale s'ennuie de n'être pas armée, tant elle brûle du feu de se sacrifier pour le maintien du bon ordre et de la tranquillité générale.

Nous prenons le parti de vous adresser copie de la lettre que le directoire des Sables nous a écrite hier relativement au rassemblement dont nous avons eu l'honneur de vous entretenir dans cette épître et, pour soutenir le courage des gardes nationales et troupes de ligne des Sables, nous avons invité, de suite de sa réception, le directoire du district de Machecoul et le département de la Loire-Inférieure à requérir le transport des forces dont ils peuvent se dessaisir, en la maison de la Proutière ; nous avons fait marcher vers la même maison un détachement composé de 25 hommes et un officier de la compagnie du régiment ci-devant Rohan cantonné en cette ville.

Comme la municipalité de Challans n'a point de fonds, nous avons cru devoir tirer un mandat de six cents livres sur le receveur du district, pour frayer à la dépense des munitions de guerre, l'objet étant pressant. Nous vous prions d'être assurés de notre vigilance à maintenir la tranquillité et à empêcher l'effusion du sang.

Quant à l'article des armes, l'intérêt vif et bien juste que nous prenons à la sûreté de nos administrés nous engage à vous réitérer notre demande, et nous ne savons à quelle cause attribuer la privation de la distribution de ces armes que nous éprouvons, car nous en avons un besoin pressant.

Les administrateurs du district de Challans,
Boursier, Bouvier, Mourain, Merland, P. Jousson ; Ganachaud, procureur syndic.

— Les mêmes, ne recevant aucune information sur ce qui se passe au Poiroux, expédient, dans la nuit du 27 au 28, le garde national Chartier, avec un billet à leurs confrères des Sables :

... Veuillez satisfaire à notre zèle et attachement à la chose publique en nous donnant des détails précis et nous indiquant de quelle manière nous pourrions seconder votre activité et le dévouement patriotique de ceux qui ont volé à la Proutière, tant nous désirons concourir au rétablissement du bon ordre et de la tranquillité générale et partager avec (nos frères) la gloire de vaincre l'aristocratie et d'en effacer jusqu'à la moindre trace.

Rien de décisif n'étant annoncé dans la matinée du 28, les mêmes écrivent dans la journée :

Au district des Sables.

La lettre que nous recevons de vous dans l'instant n'est nullement consolante, puisqu'elle nous laisse toujours dans l'incertitude sur votre sort et celui de vos concitoyens, et que, d'un autre côté, nous craignons que vous ne soyez beaucoup trop faibles pour repousser les révoltés réunis au château de la Proutière. Ce qui nous donne néanmoins une lueur d'espérance, c'est que nous présumons que les 30 dragons partis ce matin de Machecoul et les 25 hommes du 84ᵉ régiment partis hier d'ici vous auront mis dans le cas au moins de vous tenir sur la défensive. Dans cette perplexité, nous prenons le parti de dépêcher vers vous deux courriers pour nous informer de votre situation.

Nous avons la satisfaction de vous annoncer que 14 autres dragons arrivent ici ce soir, pour se rendre, en escortant un caisson de munitions de guerre venant de Nantes à notre destination, rejoindre demain les forces réunies à la Proutière, en passant par votre ville. Nous vous informons encore que le département de la Loire-Inférieure a donné des ordres pour faire partir de sa garde nationale avec de la gendarmerie pour rejoindre le même endroit; nous ignorons quel est le nombre, mais nous savons que leur départ s'effectuera demain de Machecoul pour se rendre par la traverse au point de ralliement.

Nous faisons encore partir d'ici, pour la même destination, en passant par votre ville, 20 artilleurs qui sont en garnison en cette ville avec deux pièces de campagne. Il est plus que probable que ces forces réunies opéreront votre conservation et la nôtre. Vous serez peut-être embarrassés de pourvoir à la subsistance de tant de monde; mais ce doit être votre premier soin.

Ne manquez pas de nous informer, par le retour de nos courriers, de la situation de vos affaires.

Le district de Machecoul a été averti, le 28, une heure après minuit, que le détachement de 30 dragons et 30 gardes nationaux envoyés par lui vers le Poiroux a dû trouver sur sa route tout ce qui lui était nécessaire. Un exprès de Challans a fait préparer « l'avoine à Saint-Christophe, la dînée à Apremont, la nuitée à Sainte-Flaive ». Les administrateurs de Challans ajoutaient :

> Nous pensons que la troupe de ligne sera suffisante, d'autant plus que nos confrères des Sables ne semblent désirer que de la troupe de ligne, ce qui fait que la nôtre est partie hier sans être accompagnée d'aucuns gardes nationaux.

La municipalité de l'Aiguillon-sur-Vie, dans la journée du 28, a été aussi requise par le district de Challans de préparer des vivres et des fourrages, pour les 14 dragons et 20 artilleurs expédiés par le département de la Loire-Inférieure :

> Comme la viande de boucherie vous manquera, vous pourrez faire tuer un veau et le leur servir.

Le passage des troupes à travers la région la plus fanatisée produisait une telle impression, qu'à Apremont même la municipalité s'empressait de joindre au détachement qui se rendait au Poiroux six des douze soldats de ligne qui formaient sa garnison [1].

CRAINTES DE DÉBARQUEMENTS

Cependant la nouvelle, transmise le 27 par Mourain, de Saint-Jean-de-Monts, de l'apparition de bateaux inquiétants sur la côte, avait été apportée le même jour, de Jard aux Sables.
Le 28, en séance du district, le maire de Saint-Vincent-sur-Jard Biret, l'officier municipal de Jard Landreau et des gardes nationaux de Talmont, rapportent avoir aperçu quatre bâtiments de 40 tonneaux chacun, faisant des manœuvres tout à fait suspectes; ils ont cru y apercevoir des hommes revêtus de divers uniformes; s'il y avait eu débarquement, ajoutent-ils, « ils n'auraient pu opposer de résistance, n'ayant ni armes ni munitions [2] ».
Ce qui venait confirmer une lettre du maire et du procureur de la commune de Saint-Hilaire-la-Forêt, Jaunâtre et Nicolleau.
Une chaloupe est aussitôt dirigée vers l'île de Ré et vers la Rochelle, avec un commissaire chargé d'inviter les autorités maritimes

---

1. Correspondance du district de Challans, Archives nationales, Dxxix 15.
2. Pièce 17 du dossier formé le 30 juin 1791.

de faire « la reconnaissance et, au besoin, la chasse des bâtiments signalés », et aussi de réclamer du général commandant la 12e division militaire quatre pièces de canon [1].

La municipalité de Saint-Gilles écrit dans la journée au district de Challans [2] :

... Vous avez sans doute appris que trois navires chargés d'armes et d'émigrants n'attendaient que le signal pour débarquer dans les environs de Jard, de l'Aiguillon. Nos pêcheurs virent passer hier près d'eux une espèce de gabarre venant du côté de la Manche, sur le pont de laquelle ils aperçurent une vingtaine de personnes bien vêtues.

Ne nous perdez pas de vue, Messieurs, pour les avis; de notre côté, nous ne négligerons rien de ce qui peut concourir à notre intérêt commun.

COLLINET, maire de Saint-Gilles;
BENÉTEAU, procureur de la commune.

Le 28 au soir, l'alarme est très vive à Saint-Gilles. De l'autre côté de la rivière, « les habitants de Croix-de-Vie poussent des cris multipliés et demandent des secours, attendu qu'il *paraît un débarquement sur la côte de Sion* ». On sonne le tocsin. Le commandant Gratton, avec les seuls quinze fusils en état et des hommes armés de bâtons et de fourches, est envoyé à la découverte sur la côte [3].

Le maire de Croix-de-Vie, qui était parti pour une mission au chef-lieu de département, arrive au moment de l'alerte, contresigne le billet qu'un des officiers municipaux avait préparé pour Saint-Jean-de-Monts, et y ajoute un *post-scriptum*.

Je vous donne avis que plusieurs bâtiments cherchent à faire une descente, ayant à bord des troupes ou émigrants; veillez à faire donner des ordres aux postes jusqu'à la Barre (de Monts), car il y va du salut de la patrie. En cas de descente, vous voudrez bien en donner avis sur-le-champ aux municipalités les plus voisines pour y faire porter le plus prompt secours.

Signé : FOULLAU.

Faites surveiller, je vous prie. Je suis avec fraternité,

Signé : INGOULT, maire,

Le même maire de Croix-de-Vie envoie au district de Challans un exprès pour l'informer de ce qu'il a vu lui-même en revenant d'Avrillé :

---

1. 2° registre des délib. du district des Sables, aux Archives de la Vendée.
2. Lettre extraite de la correspondance du district de Challans, Archives nationales, Dxxix 15.
3. Analyse des registres municipaux de Saint-Gilles.

Le commandant des troupes en expédition sur la Proutière m'a empêché de continuer mon voyage vers Fontenay, me chargeant d'aller porter aux Sables l'avis de la municipalité de Jard sur l'apparition d'un petit navire qu'elle pensait vouloir décharger des émigrants ou des munitions; d'après un domestique pris au moment, *on devait faire des signaux de feux pour faire aborder à terre.*

Tous les paysans de la partie du sud, Jard, Longeville, le Bernard, etc., sont dans les meilleurs principes, et veulent concourir avec nous à repousser les ennemis. Hier, on aperçut un petit bâtiment sur notre côte avec beaucoup d'hommes à bord qui paraissaient bien mis. Des Sables ici, j'ai fait prier les préposés des douanes nationales des côtes de veiller à ce qu'il n'approche pas de bâtiments trop près et qu'ils fassent prévenir tous les bons citoyens dans les environs de quelque descente. Je vais m'occuper d'en faire autant pour la partie d'ici à Notre-Dame-de-Monts. Reposez-vous sur nos soins et notre activité pour cette partie.

Ingoult, à neuf heures du soir, fait passer ce second billet à Saint-Jean-de-Monts :

L'ennemi est à mettre pied à terre à Sion; je suis à rassembler la paroisse de Saint-Hilaire-de-Riez.

La minorité patriote de la municipalité de Saint-Jean-de-Monts est en proie à une véritable terreur dans la nuit du 28 au 29 juin. Transmettant par exprès au district de Challans les billets du maire de Croix-de-Vie, elle écrit :

... Vous voyez, Messieurs, combien nous sommes menacés et combien il est pour nous à craindre. Les bâtiments sont au nombre de six à sept, actuellement vis-à-vis d'ici, et quelquefois il en paraît jusqu'à quinze ou vingt, qui se répandent le long de nos côtes. Notre situation est d'autant plus à plaindre que nous sommes dépourvus de tout, de fusils, canons, munitions et soldats. Car l'on ne doit absolument point compter sur nos habitants; au premier abord, toute leur valeur sera de se cacher enfin, surtout dans la circonstance, où l'arrestation de leurs prêtres les détourne de tous combats. Veuillez donc, Messieurs, sur-le-champ nous envoyer tout ce qui pourrait nous être nécessaire; requérir les gardes nationales des paroisses voisines de Challans, pour nous les envoyer sur-le-champ, croyant que le débarquement ne tardera pas, étant à tous instants sur le bord de l'eau avec des petits bateaux à y sonder les fonds de la côte. Dans l'instant l'on sonne le tocsin, et il paraît devant ce bourg, au lieu de six barques, douze à quinze. Envoyez-nous donc de suite, Messieurs, munitions, armes, etc.

J. Chartier, *maire.*

Les administrateurs qui tiennent la permanence du directoire, P. Jousson, Boursier et Merland, sur le réquisitoire du procureur-syndic, arrêtent, au reçu de cette lettre, de « requérir tout ce qu'il y a de forces disponibles dans les bourgs voisins de la mer », et ils expédient vers Croix-de-Vie la garde nationale de Challans. Ils écrivent à 11 heures du soir :

Au district de Machecoul.

... Persuadés, Messieurs et chers confrères, de votre patriotisme et de votre amour de l'ordre, nous nous adressons encore à vous pour vous prier de donner des ordres à la troupe que vous avez dans votre ville de se rendre ici pour y travailler à repousser l'ennemi. Nous faisons partir dans ce moment tout ce que nous avons de forces à notre disposition pour Croix-de-Vie, afin de s'opposer au débarquement dans le cas où il ne fût pas encore effectué en entier ; ne manquez pas, nous vous en conjurons, d'expédier pour ici, aussitôt le reçu de la présente, le plus grand nombre de troupes qui sera à votre disposition.

Au département de la Loire-Inférieure.

... Nous ne pouvons précisément déterminer le nombre d'hommes dont nous avons besoin, parce que les forces de l'ennemi nous sont inconnues, mais vous pouvez, comme nous, en juger d'après le nombre de vaisseaux qui ont paru sur la côte de Saint-Jean-de-Monts, vous observant que la majeure partie n'est que bateaux ou barques pour débarquer.

Au milieu de la nuit, le commandant de la garde nationale de Saint-Gilles, rentré de l'expédition sur la côte, jusqu'à Sion, rapporte qu'une seule barque « s'est approchée et a été repoussée par le vent ».

Le maire et le procureur de la commune de Saint-Hilaire-de-Riez, Gautier et Noulleau, envoient un courrier au district pour « l'engager à ne pas envoyer de troupes ».

Le district de Challans se hâte de « prier » Nantes et Machecoul « de suspendre tous départs de troupes et même de faire rentrer celles qui pourraient s'être mises en marche. » Il réclame de Saint-Jean-de-Monts des renseignements précis.

Ils sont fournis dès la matinée du 29 :

A MM. les Administrateurs du district[2].

Deux des embarcations dont nous avions parlé hier sont restées toute la nuit et nous ont causé la plus grande inquiétude. Elles mouillèrent

---

1. Registres de Saint-Gilles.
2. Correspondance du district de Challans, Arch. nat., Dxxix 15.

toutes les deux vis-à-vis le bourg et très près de terre. Au soleil couché environ, une des deux *fit un feu qui dura environ sept ou huit minutes*, et qui nous annonçait être un signal de débarquement, paraissant désigner un second signal en terre. Sur les dix à onze heures, *ce feu ou signal se recommença à plusieurs fois*. Le tocsin a sonné toute la nuit. Le bourg seul s'est rassemblé, à l'exception de six à sept hommes du Marais, qui vinrent seuls au son; de sorte que nous n'étions que 45 à 48, qui furent aidés par la garde nationale du Perrier, qui arriva à onze heures du soir. Nous avons ainsi passé la nuit sur la côte, toujours inquiets, environ soixante et quelques personnes, sans armes à feu, excepté vingt et quelques fusils, dont partie d'eux n'avaient pas de quoi les charger un seul coup. Ce qui nous donnait courage, c'était l'attente des munitions que nous vous avions demandées, et de quelques secours que vous nous auriez envoyés ou qui nous seraient venus du Marais; mais nous aurions été bien trompés, puisque de part ni d'autre aucune personne n'est venue se joindre à nous pour tâcher d'éviter un malheur que nous croyions près d'éclater.

Ce matin, nous avons fait un examen scrupuleux pour découvrir ces embarcations; elles se sont retirées du côté de l'île d'Yeu, et *il en paraît quatre vis-à-vis ce bourg;* elles ont tiré plusieurs coups de canon du côté de Saint-Gilles. L'on ne sait si elles ne se sont point retirées pour recommencer ce soir à faire leur débarquement d'une autre manière, car l'on peut présumer qu'elles ne veulent faire que du mal; l'on est toujours incertain sur leur conduite, et *il paraît qu'on leur avait promis de se trouver à leur débarquement et qu'elles n'attendent, depuis cinq à six jours qu'elles sont dans le même endroit, qu'un signal de terre qui leur annonce l'endroit où elles doivent débarquer.* Peut-être encore que le jour est fixé entre tous, et il est à craindre qu'il arrive sous peu. Car, sur toutes les côtes de ce pays-ci, il en paraît de distance en distance. Nous craignons toujours le futur, surtout dans la circonstance où nous sommes si mal armés et avec si peu d'hommes qui s'y portent. Nous prenons l'arrêté d'aller désarmer tous nos Maraîchains, parce qu'au moins, s'ils ne veulent pas se prêter dans cette occasion, leurs armes ne pourront que nous nuire.

Nous sommes bien intrigués de savoir le résultat de l'affaire de la Proutière.

Si vous pouviez nous envoyer un détachement de quelques hommes, nous les recevrions avec plaisir, et on aurait plus de confiance dans le commandement.

J. CHARTIER, maire de Saint-Jean-de-Monts; Pierre BAUD.

La municipalité de Saint-Gilles, dès quatre heures du matin, avait écrit :

Au district de Challans.

Des armes, des armes ! De grâce donnez-nous des armes ! Depuis hier soir neuf heures, nous avons éprouvé ici des transes mortelles. Des barques, dont les manœuvres depuis plusieurs jours nous sont suspectes, approchèrent si près de la côte, la sonde à la main, qu'on en crut une faisant un débarquement à Sion ; à cet instant tout le monde de Croix-de-Vie sonnait l'alarme et demandait du secours de toutes parts. Le tocsin a sonné dans plus de dix paroisses, et ce matin de tous côtés il nous est arrivé des secours. Nous avons renvoyé tout le monde, mais nous restons toujours exposés aux tentatives de nos ennemis, et, *s'ils font une descente de nuit, nous sommes hors d'état de résister un quart d'heure*, n'ayant pas douze fusils en cas de tirer. Nous vous supplions, Messieurs, de prendre particulièrement ceci en considération : *Qu'on nous envoie de suite seulement 50 fusils, et nous nous ferons tuer tous jusqu'au dernier de nous !* Vous ne pouvez, sans vous rendre responsables des événements, nous refuser plus longtemps secours, et c'est dans cette attente que nous serons jusqu'au dernir soupir vos frères les plus dévoués,

  Les officiers municipaux :
    COLLINET, maire ; MONBEAU, *Pierre* MERCIER, PORTEAU, PONTDEVIE ;
    J. BENÉTEAU, procureur de la Commune.

Le district répond à deux heures de l'après-midi :

Vous connaissez l'impossibilité où nous sommes de vous envoyer les armes que vous nous demandez par la vôtre de ce jour, et cette impossibilité nous garantit autant que de besoin de la responsabilité dont vous nous menacez, et ces menaces ne nous empêcheront pas de veiller de notre mieux au salut des habitants de votre municipalité.

De Saint-Hilaire-de-Riez, encore le 29 juin, le maire de Croix-de-Vie fait passer ce renseignement au district :

Venant ici pour conférer avec les officiers municipaux et voir quel service on pourrait faire, j'ai, chemin faisant, rencontré les nommés Merlet et Baisseau qui venaient de Commequiers. Ils m'ont assuré que ce matin il avait passé au Pas-Opton deux voitures : la première avait du canon, la deuxième les armes et munitions allant sur le grand chemin qui conduit à Challans. Ainsi, Messieurs, *faites surveiller les châteaux voisins. Nous avons des canons que nous pourrions monter sur la côte; mais point de poudre.*

Le district de Challans répond aux lettres et billets que lui a fait parvenir, ce jour et la veille, la municipalité de Croix-de-Vie :

... Nous recevons à l'instant deux courriers extraordinaires des Sables, qui nous annoncent qu'ils ont vu, comme vous, une frégate sur leur côte ; mais il paraît que vous devez avoir peu d'inquiétude à ce sujet, nos courriers nous ayant informés qu'ils avaient eux-mêmes vu cette frégate, qui est, dit-on, chargée pour Lorient, donner la chasse à une espèce de corsaire au devant de la ville des Sables. Il nous est absolument impossible de vous envoyer des fusils ; vous savez sûrement que nous n'en avons pas à notre disposition. D'après cela, faites tout ce qui sera praticable pour vous procurer le plus grand nombre d'armes possible. Vos Maraîchains doivent en être mûnis. Il arrive dans ce moment-ci deux détachements de gardes nationales de Bois-de-Céné et de Saint-Gervais, qui se rendent sur la côte de Saint-Jean-de-Monts ; faites en sorte d'opérer de votre côté le rassemblement le plus nombreux, afin que la côte se trouve garnie depuis chez vous jusqu'à la Barre. Mettez la plus grande exactitude à nous informer de ce qui se passera dans vos parages, et soyez sûrs que nous ne négligerons rien pour surveiller et protéger votre sûreté [1].

RENSEIGNEMENTS ÉCHANGÉS ENTRE LA LOIRE-INFÉRIEURE ET LES DÉPARTEMENTS DE L'ANCIENNE BRETAGNE

Le directoire du département de la Loire-Inférieure avait pris tout à fait au sérieux les craintes d'un débarquement d'émigrés sur les côtes des anciennes provinces du Poitou et de la Bretagne, avec le concours des Anglais. Il s'était hâté de les transmettre à l'Assemblée nationale, et il s'était mis en correspondance avec les administrations bretonnes pour organiser la stricte surveillance de la mer.

On était depuis assez longtemps très inquiet dans l'Ouest des rassemblements d'émigrés dans les îles anglaises de Jersey et de Guernesey. Le 20 mai, les administrateurs du département d'Ille-et-Vilaine avaient fait passer au Comité des recherches de la Constituante cette lettre du directoire du district de Saint-Malo, en date du 17 [2] :

Il est difficile, Messieurs, de se faire une idée de l'émigration prodigieuse qui se fait depuis quelque temps sous nos yeux et par différents points de notre côté ; elle est portée à ce point que, depuis quinze jours ou trois semaines, il est passé plus de 300 personnes dans l'île de Jersey ; il n'y a pas de jour qu'il n'en parte en bateau. Du grand nombre de ci-devant privilégiés qui avaient afflué dans notre ville il n'en reste que deux ou trois ; tous les autres se sont écoulés successivement vers l'Angleterre. Maintenant il en arrive en foule du côté de Dinard, avec armes et bagages ; ils viennent de toutes les parties de la province et, comme ils embarquent de suite, il est aisé de juger

---

1. Toute cette correspondance du district de Challans, tirée du carton Dxxix 15, liasse 123, des Archives nationales, est contresignée « pour copie conforme aux originaux » par les administrateurs Mourain, P. Jousson, Boursier et Bouvier.
2. Lettre qui se trouve aux Archives nationales, parmi les pièces dites secrètes, Dxxix[b] 33, non loin d'une lettre, datée de Londres 13 mai, signée du pseudonyme de « Gallicus », et dénonçant à Carra une vaste conspiration des Français réfugiés en Angleterre, laquelle devait éclater à la fin de ce mois ou au commencement du suivant, à Paris, et aussi dans d'autres lieux, les conjurés visant « les villes riches de commerce, les villes de guerre frontières, surtout les villes de guerre maritimes et marchandes. »

qu'ils sont attendus et que l'on a soin de tenir tout prêt pour leur prompte sortie. Il en est plusieurs qui ont lâché dans les auberges des propos qui ne laissent pas de fournir matière à réflexions. Il y a deux jours qu'un sieur Dulescouet, accompagné d'un train considérable, dit hautement, dans une auberge avant d'arriver à Dinard, que l'on *ne tarderait pas à les revoir, qu'ils sauraient bien se faire faire place, et qu'ils espéraient trouver les chemins bien grands.*

L'aspect d'une émigration aussi étonnante et les propos répandus avec affectation ont à la fin produit l'effet qu'ils devaient produire : ils ont monté les têtes et excité de la fermentation dans les esprits. Plusieurs personnes des paroisses de la côte de l'autre côté de la rivière sont venues nous en prévenir. Un officier de la garde nationale de Pleurtuit a été député pour nous demander des armes pour se mettre en état de défense ; ils craignent que l'on tombe sur eux la nuit, et qu'on les prenne au dépourvu ; ils désireraient placer des sentinelles le long de la côte, de distance en distance ; mais ils ne peuvent prendre aucune mesure pendant qu'ils seront sans armes ; nous désirerions bien qu'il fût possible de leur en procurer quelques-unes.

Par suite de la même inquiétude et des mêmes causes, il y a maintenant du mouvement dans le régiment d'Anjou en garnison à Saint-Servan. Il se répandit hier que plusieurs officiers devaient partir pour Jersey et que les bateaux étaient arrêtés à cet effet; malheureusement quelques circonstances parurent justifier ce bruit; les soldats crurent devoir se mettre en mesure, ils exigèrent qu'il leur fût délivré des cartouches et, s'ils mirent de la fermeté dans cette demande vis-à-vis de leurs chefs, ils y mirent aussi beaucoup de calme et de sang-froid. Le lieutenant-colonel voulut lever la sentinelle des drapeaux et de la caisse, sous prétexte de décharger la troupe, mais ils ne voulurent pas y consentir.

Le temps ne nous permet pas, Messieurs, d'entrer en de plus longs détails.

Signé : Cherumont, Boullet, Jouanjan, Michel.

Le général de Toustain, commandant la 13ᵉ division militaire, à Rennes, rapporte au ministre de la guerre, le 29 juin [1] :

... J'ai reçu hier une lettre de MM. les administrateurs du département des Côtes-du-Nord séant à Saint-Brieuc, qui m'annoncent beaucoup de frayeur sur ce qu'on apercevait, depuis plusieurs jours, à la hauteur de Pléhédel et d'Erquy une flotte composée de 40 voiles, et qu'on ignore où elle veut cingler; ils me demandent d'envoyer des troupes pour leur tranquillité...

Il y a continuellement des attroupements considérables...

Deux châteaux viennent d'être brûlés avant que la troupe de ligne et la garde nationale aient pu arriver pour l'empêcher...

1. Arch. hist. de la guerre; correspondance générale, juin 1791.

Les administrateurs du Morbihan, de Vannes, le 30 juin, écrivent à ceux de la Loire-Inférieure [1] :

Messieurs, frères et amis,

... Nous avons appris avec intérêt le détail des mesures que vous avez prises pour mettre vos côtes à l'abri de toute surprise ; nous sommes très reconnaissants des avis que vous nous donnez sur l'apparition d'un certain nombre de voiles devant Saint-Jean-de-Monts.

Nous aimons à croire que les inquiétudes que cette nouvelle pourrait donner seront aussi promptement dissipées que celle d'un débarquement de 6,000 hommes près de Plancoët. On n'a vu jusqu'ici aucun vaisseau de guerre passer à la hauteur de Belle-Isle, d'où nous recevons en ce moment un courrier. Cependant, les mesures les plus actives et les plus sûres ont été prises pour mettre les différents points de notre département susceptibles d'être attaqués, en état de défense. On a renforcé de 500 hommes la garnison de Belle-Isle ; on répare et on arme toutes les fortifications, tant au Port-Louis, qu'à l'île de Groix, à Belle-Isle et sur les côtes ; des frégates sont sorties de Lorient et croisent dans les parages qui nous avoisinent, afin d'observer les vaisseaux ennemis qui pourraient se présenter dans nos mers ; avec de pareilles précautions et les munitions qui existent dans nos arsenaux, nous n'avons rien à craindre d'une attaque imprévue.

Quant aux mesures intérieures, nous nous sommes assurés comme vous, Messieurs, des personnes suspectes et qui par leurs manœuvres pourraient compromettre la sûreté publique.

A l'instant où nous reçûmes la nouvelle d'un débarquement à Plancoët, nous arrêtâmes de vous demander un secours de 600 hommes qui seraient répartis à la Roche-Bernard et Muzillac, pour former un cordon sur l'endroit le plus exposé de nos côtes. Le courrier était au moment de partir lorsqu'on nous annonça que cette alarme était sans fondement. Nos troupes étaient déjà en marche pour Saint-Brieuc ; elles sont rentrées le lendemain.

Quoique tout paraisse actuellement calme, nous allons continuer de veiller.

Comptez, Messieurs, que, s'il se présente quelque autre évènement, nous vous en instruirons exactement. Nous vous prions d'en user ainsi envers nous. C'est en agissant de concert que nous triompherons de la ligue de tous les tyrans.

Les commissaires civils et les corps administratifs réunis (du département du Morbihan et du district de Vannes) :

FAVEROT, *vice-président ;* GILLES, ROUAULT, BRULON, SERRES fils, LE MALLIAUD, *procureur général syndic,* et ROLLIN, *procureur-syndic ;* Pierre GRELIER, *secrétaire général.*

1. Archives nationales, Dxxix 15, liasse 123.

Le département de la Loire-Inférieure répond, le 2 juillet :

Heureusement la nouvelle qui nous avait effrayés se trouve n'avoir aucune réalité ; le district de Challans avait été trompé en prenant pour une flotte ennemie quelques barques et navires qui avaient paru à la hauteur de Saint-Jean-de-Monts. Ce district a reconnu son erreur, et toutes ses dépêches nous confirment dans la certitude que ces barques et navires n'avaient aucun projet hostile. Plusieurs bruits semblables répandus en même temps, que la frayeur avait créés et que la distance exagérait à tous les bons citoyens, se sont successivement détruits et dissipés. On avait parlé d'un débarquement de 6,000 hommes à Plancoët, département des Côtes-du-Nord. Ce département, auquel nous avons dépêché un courrier, pour lui donner avis du premier sujet de nos inquiétudes, nous marque, en retour par ce courrier, que ce débarquement n'est rien moins que réel. Nous vous faisons, Messieurs, passer copie de sa lettre, ainsi que de toutes les autres lettres relatives au même évènement. Vous y verrez que, si les alarmes ont été trop vives, l'ardeur que tous les citoyens ont montrée pour voler au secours de la patrie a justifié l'opinion que l'on doit se faire d'eux sur les principes de la Constitution et de la Révolution. Au surplus, l'ordre règne partout ; nos côtes sont mises en état de défense, les prêtres reconnaissent leur erreur, les honnêtes habitants des campagnes se désabusent, et nous espérons voir succéder à des jours de deuil et d'alarme des jours de prospérité et de tranquillité.

Nous sommes avec respect, Messieurs,

Les administrateurs, membres du directoire du département de la Loire-Inférieure :

M. MOURAIN, J.-M. BENOISTON, *président ;* CORNET, J. PUGNE, DUFRÉNOIS, PAPIN, LETOURNEUR, GRELIER, *secrétaire général.*

L'Assemblée nationale ne s'était pas moins inquiétée que les départements de l'Ouest, au premier moment. On lit dans son procès-verbal du 2 juillet 1791, séances du matin et du soir [1] :

« Il a été reçu une lettre des administrateurs du directoire du département de la Loire-Inférieure, datée du 28 juin, par laquelle ils annoncent les mouvements qui ont eu lieu sur les côtes du Poitou, sur la nouvelle de l'apparition d'un grand nombre de voiles et d'un projet de descente prêt à être effectué par les Anglais. Ils font part à l'Assemblée des mesures prises pour envoyer des forces sur le lieu le plus menacé et pour s'opposer à toute tentative des ennemis.

« On a demandé le renvoi de cette lettre et des pièces qui y étaient jointes aux *Comités de la Marine, Militaire et Diplomatique ;* ce qui a été ordonné.

« La lettre et les pièces ont été remises à M. Fréteau.....

« Le 2 juillet au soir, le Président fait part à l'Assemblé nationale d'une

---

1. Copié sur la minute, Archives nationales C 74, liasse 716.

lettre des administrateurs du district de Saint-Malo, à laquelle étaient jointes *quatre-vingt-sept lettres arrêtées au retour de Jersey*, sur un bateau d'un particulier de ce port, très suspect et notoirement connu pour avoir transporté un nombre considérable d'émigrants dans cette île. Le grand rassemblement qui s'y trouve, leur correspondance habituelle avec leurs affidés en France et les circonstances actuelles ont déterminé à les adresser à l'Assemblée nationale.

« L'Assemblée a ordonné le renvoi de ces pièces au Comité des rapports et des recherches. »

Enfin le commandant de la douzième division militaire écrivait de la Rochelle, 5 juillet :

Au ministre de la guerre [1].

Monseigneur,

N'ayant point eu de confirmation de l'apparition d'aucune escadre dans nos mers, j'ai ralenti les dispositions.

VERTEUIL, *lieutenant-général.*

Les patriotes des îles vendéennes avaient été très inquiets durant cette crise. La municipalité de Noirmoutier s'était empressée d'envoyer chercher des armes et des munitions à l'arsenal de Rochefort. La municipalité de l'île d'Yeu profita de la circonstance pour se débarrasser de son ancien gouverneur et châtelain, resté commandant militaire sans fort ni troupe, sans doute en relations avec les gentilshommes conspirateurs du continent et l'un des futurs premiers chefs de la grande insurrection de 1793 [2].

Aux Administrateurs du district des Sables [3].
(*Du 15 juillet* 1791.)

Messieurs,

Depuis longtemps et surtout depuis les derniers événements qui viennent de se passer sur le continent, l'insolence de la famille Verteuil à notre égard ne connaît plus de bornes, et, le ressentiment des citoyens croissant à proportion, nous avons été à la veille d'en voir résulter les plus fâcheuses

---

1. Archives historiques de la guerre; correspondance générale, mois de juillet 1791.
2. On trouvera dans notre tome II, d'abondants détails sur la lutte des Verteuil avec les autorités élues de l'île d'Yeu, depuis l'origine de la Révolution, et sur la très caractéristique insurrection des femmes au mois de janvier 1792.
3. Lettre autographe, dont copie fut envoyée au département le 25 juillet 1791, dans des papiers de l'île d'Yeu, aux Archives de la Vendée.

suites ; d'un autre côté, nous étions bien informés que des vaisseaux chargés de mécontents couraient la mer, pleins de projets contre les patriotes.

Si ces gens abordant à notre île se fussent abouchés avec le sieur de Verteuil, notre ennemi acharné, c'était fait de nous; nous aurions payé cher notre attachement à la Constitution et les pertes qu'elle a causées au sieur de Verteuil.

Cédant à ces pressantes considérations, et surtout à la dernière, la loi impérieuse de notre propre sûreté, nous avons intimé à notre ex-gouverneur l'ordre de sortir de l'île, lui donnant huit jours pour préparer son départ et disposer ses effets. Il l'a fait avec toute la tranquillité possible; il a vendu ce qu'il n'a pas jugé à propos d'emporter. Hier, une barque partant pour Nantes a emporté sa femme, ses filles et ses enfants.

Cette retraite diminue bien à la vérité nos dangers, mais elle ne nous met pas dans une entière sûreté. Sans armes, sans munitions, nous deviendrons la proie du premier armateur qui voudra descendre ici.

Nous apprenons que l'île de Noirmoutier a envoyé à Rochefort chercher des munitions, qu'elle obtiendra sans doute par un ordre. Nous vous demandons, Messieurs, la même faveur ; nous sommes bien plus exposés qu'eux et nous avons beaucoup moins de moyens de défense.

Nous avons l'honneur d'être, avec respect,

Les officiers municipaux de la paroisse de l'île-d'Yeu,

Signé : Jean Daᴠɪᴅ, *faisant pour le maire;* Pʳᵉ Moɪᴢᴇᴀᴜ, Vincent Cᴀɪɴᴛᴀɪɴ, Jⁿ Dᴜᴠᴀʟ; Cᴀᴅᴏᴜ, *procureur de la commune.*

CHAPITRE XV

L'EXPÉDITION DE LA PROUTIÈRE ET LE PROCÈS DES LÉZARDIÈRE

L'événement de l'arrestation du Roi « enlevé » avait été officiellement annoncé aux administrateurs du département de la Vendée dans la soirée du 25 juin. Les directoires des districts en furent informés par la circulaire suivante[1] :

A Fontenay-le-Comte, 25 juin 1791, 11 heures du soir.

Messieurs,

Nous nous empressons de vous transmettre l'heureuse nouvelle, qu'un courrier extraordinaire vient de nous apprendre, que le Roi et la famille royale ont été arrêtés à Varennes, au moment où ils quittaient la route de Verdun.

Vous voyez, Messieurs, avec quelle énergie on nous recommande de veiller avec la plus scrupuleuse attention au maintien de la tranquillité publique. Elle a été soigneusement respectée autour de nous, et bientôt, Messieurs, votre correspondance vous apprendra qu'il ne nous reste qu'à nous féliciter de l'événement qui nous enlève nos inquiétudes, et de la sagesse de nos coopérateurs, qui ont su prévenir tous les désordres qui pourraient y mêler de l'amertume.

Vous ne pouvez, Messieurs, donner une trop prompte publicité aux pièces qui accompagnent cette lettre.

Les Administrateurs du directoire de la Vendée,

Signé : Morisson, Perreau, Paillou, Millouin, L.-A. Luminais, Thiériot; Pichard, *procureur général syndic;* Jean-Mathias, Cougnaud, *secrétaire général.*

---

1. Retrouvée autographe dans ceux des papiers de Benjamin Fillon qu'a conservés M. Charier-Fillon, maire de Fontenay-le-Comte.

Le lieutenant Laverand, qui commandait le corps expéditionnaire, après avoir fait des perquisitions dans les châteaux des ci-devant nobles de Loynes et de Baudry, à la Marzelle et à la Carte[1], s'était maintenu sur la défensive à Avrillé. Il envoya, le 27 juin, dans l'après-midi, un officier réclamer aux Sables de l'argent pour la troupe et des munitions. Il fit en même temps passer au directoire du district des Sables la copie d'une « lettre signée par le baron Robert de Lézardière, au nom de gentilshommes » réunis à la Proutière, offrant la paix si on leur laissait leurs armes. Comme cette lettre « contenait des choses de la plus grande conséquence », le directoire appela le maire Gaudin, les officiers municipaux Delange l'aîné, Duget, Palvadeau, Bécherel et Grenier, ainsi que le procureur de la commune Mercereau, à venir délibérer avec lui. Dans la séance, ouverte à cinq heures du soir, après une discussion dont le détail n'est pas fourni par le procès-verbal[2], fut voté et signé l'arrêté suivant :

Arrêté du district et de la commune des Sables-d'Olonne.
(*Du 27 juin* 1791.)

L'assemblée, considérant que l'attroupement fait à la maison de la Proutière est une contravention à la loi, qu'il n'est point au pouvoir du corps administratif ni de la municipalité de statuer sur cette contravention,

Arrête, sur la capitulation proposée, que les attroupés commenceront par remettre leurs armes de tout genre, découvrir les mines pratiquées, s'il y en a dans les alentours de leur rassemblement, donneront leur parole d'honneur de se rendre avec la troupe aux Sables, d'y rester en état d'arrestation sûre, à la réserve cependant de leurs femmes et enfants hors d'état de porter les armes, qui se retireront où bon leur semblera; et que, dans cet état d'arrestation, leurs personnes seront respectées et qu'ils jouiront de tous les moyens légaux de se justifier devant la loi des inculpations d'attroupement illégal contre eux fortement prononcées.

Signé : Gaudin, maire; Bécherel, Palvadeau, Delange, Duget; Mercereau, procureur de la commune.
C.-F. Dardel, Grenier, Gillaizeau; Degounor l'aîné, procureur-syndic;
Delange le jeune, secrétaire.

La commune de Saint-Martin de l'île de Ré ayant fait passer aux Sables un détachement de garde nationale et deux canons, il fut envoyé à Avrillé, vers huit heures du soir, 100 hommes avec un

---

[1]. 2e registre des délibérations du district des Sables, aux archives du département de la Vendée. — Voir plus loin, p. 420.

[2]. Ce procès-verbal formait la 18e pièce du dossier du 30 juin 1791, affaire Lézardière et complices.

canon de douze, et à minuit 80 hommes avec une pièce de huit [1].

Trois gardes nationaux du premier de ces renforts, l'un de la Mothe-Achard et les autres des Sables, furent chargés par le commandant de l'expédition d'aller vers Luçon presser l'arrivée de troupes, qu'on disait en venir, ainsi que du chef-lieu du département. La ville épiscopale, n'ayant pas les forces attendues, s'empressa de faire appel aux communes patriotes du voisinage [2].

Luçon, le 28 juin 1791.

MM. Rouillé, Frapier et Pierre Lescure, députés du camp formé à la Proutière, paroisse du Poiroux, réclament des forces pour parfaire le siège de cette maison, formidable par le rassemblement d'un grand nombre de ci-devant privilégiés et d'ecclésiastiques ; réclament les forces que vous pourrez y envoyer bien armées de leurs fusils, baïonnettes, etc., leur commandant à la tête.

Signé : Morand, Mazurre; Rossignol, procureur de la commune.

Cette lettre n'ayant pas la forme officielle, les gens de Sainte-Hermine, qui craignaient de tomber dans un piège aristocratique, réclamèrent des explications avant de faire partir leur force armée :

A Messieurs les officiers municipaux à Luçon.

Sainte-Hermine, le 28 juin 1791, sur les six heures du soir.

Votre lettre de ce jour n'étant signée que de trois officiers municipaux, nous n'avons pas cru devoir requérir sur-le-champ le départ de la garde nationale ; nous avons préféré vous envoyer un courrier pour nous assurer de la sincérité de votre réquisition. Pendant ce temps-là notre monde se rassemble, et votre réponse nous décidera. Faites, je vous prie, qu'elle soit authentique, car nous devons nous défier des manœuvres de nos ennemis.

Nous sommes avec respect et sincérité vos frères et amis,

Les officiers municipaux de Sainte-Hermine et Saint-Hermand,

Signé : Chauveau, maire; Michelon, maire ; Dubois, Bernard ; Joseph Bouquin, secrétaire-greffier; L. Moillereau, Sigogneau, Baranger; Mercerot, juge de paix; Pierre Cottois.

Ce billet[3] fut remis au courrier de Sainte-Hermine par les deux seuls officiers municipaux qui se trouvaient à la mairie de Luçon :

Les faits annoncés dans la lettre que nous vous avons fait passer ce matin

---

1. Notes inédites d'A. Collinet, à la date du 27 juin 1791.
2. Les lettres suivantes sont extraites des papiers de Mercier du Rocher, registre 1er, nos 7, 8, 9.
3. Écrit sur la seconde page de la lettre.

ne sont que trop certains. Une partie de nos gardes nationaux sont déjà partis pour se rendre au camp. Ceux de Sainte-Hermine viennent d'arriver. Nous n'avons pas tous signé parce que tous n'y étaient pas. Il en est ainsi ce soir ; nous ne signons que deux.

Signé : Morand, Mombaux.

Le commandant de la garde nationale de Luçon écrivait, de son côté, à 7 heures trois quarts du soir :

A Messieurs les commandants de la garde nationale de Saint-Hermand et Sainte-Hermine.

Nous sommes toujours reconnaissants des offres de votre ville pour la chose publique. Notre municipalité est on ne peut plus fatiguée par les divers objets qui l'occupent. Les trois députés qui sont venus demander des secours sont partis de suite pour le Département. Nous les attendons ce soir. Les Amis de la Constitution, électeurs dans le district des Sables, étant de retour de Fontenay et s'étant trouvés au moment de la demande de secours, sont partis sur la réquisition des trois dénommés pour la Rochelle. Nous vous avons envoyé, sur la réquisition de notre municipalité, un détachement de 26 hommes qui, nous l'espérons, seront rendus à 9 heures ce soir. Un postillon venant d'arriver dans ce moment nous affirme qu'il y a au camp mille hommes de rendus. La chose est pressante et mérite une victoire complète pour abattre les ennemis de la Révolution. Il y a quatre grosses pièces de canon de 18 et 12 de rendues.

Nous avons l'honneur d'être avec fraternité, frères et camarades, vos camarades de Luçon,

Signé : Maigne, commandant ; Bouglé.

Cependant les délégués du camp d'Avrillé avaient continué leur route vers Fontenay, sans rencontrer les secours du Département. Celui-ci n'avait même pris encore aucune décision ; il fut forcé de tenir une séance extraordinaire [1].

Délibération du directoire du département de la Vendée.

Séance du 28 juin 1791, au soir, où présidait M. Guillet, vice-président, et assistaient MM. Perreau, Millouain, Morisson, Paillou, Menanteau, Luminais et Thiériot ; présents le procureur général syndic et le secrétaire général.

Sur les huit heures du soir, MM. *Frapier,* garde national à la Mothe-Achard, et *Jacques-Marie Rouillé,* garde national de la ville des Sables, ayant demandé et obtenu l'entrée de la salle, ont dit qu'ils sont partis hier, le soir, sur les huit heures et demie, de la ville des Sables pour accompagner, avec

---

1. Archives nationales, Dxxix 15.

un détachement de gardes nationales des Sables et de la Mothe, un canon du calibre d'environ 12 à 18 livres de balles, le conduire à Avrillé, où devaient se trouver réunis d'autres détachements, et partir ensemble pour la Proutière, paroisse du Poiroux, où la tranquillité publique paraissait menacée par un rassemblement d'hommes ; qu'ils sont arrivés ce matin sur les cinq heures et demie au bourg d'Avrillé, où ils ont effectivement trouvé les détachements qui leur avaient été annoncés ; que M. Laverand, commandant de la compagnie des grenadiers du 84ᵉ régiment d'infanterie, en garnison aux Sables, et chargé du commandement des différentes troupes réunies, avait témoigné des doutes sur la suffisance des forces qu'il avait à opposer au rassemblement qu'il était chargé de dissiper ; qu'en conséquence il avait invité MM. Frapier et Rouillé de se transporter sur la route de Luçon à Fontenay pour aller au-devant des gardes nationales de ces deux villes, que l'on présumait devoir être en marche, et les prévenir de la nécessité de leur secours ; qu'ils étaient partis sur-le-champ, et que, n'ayant rien rencontré jusqu'à Luçon, ils avaient cru devoir donner connaissance à la municipalité de l'objet de leur démarche ; que la municipalité s'est concertée pour les mesures à prendre ; qu'ils avaient ensuite continué leur route jusqu'en cette ville, et qu'ils se sont empressés de se rendre auprès du directoire, afin qu'il puisse prendre les précautions que les circonstances peuvent exiger, sur lesquelles cependant ils ne peuvent donner aucuns détails positifs.

Le directoire, ouï le procureur général syndic et après en avoir délibéré,

Considérant que si, par les dépêches du district des Sables parvenues au département le jour d'hier, il ne paraissait pas que le rassemblement que l'on disait exister au Poiroux dans la maison de M. Robert de Lézardière exigeât d'autres forces que celles des gardes nationales des cantons voisins et des troupes de ligne en garnison aux Sables, les nouvelles transmises par la municipalité de Luçon et les sieurs Frapier et Rouillé font craindre au détachement envoyé par le district des Sables de ne pouvoir s'acquitter de sa mission sans une augmentation de forces ;

Ne pouvant non plus négliger les avis, quoique vagues mais alarmants, qui ont été donnés au directoire par différentes personnes,

Arrête que sera sur-le-champ fait un réquisitoire à M. le commandant de l'escadron du 16ᵉ régiment de cavalerie en garnison en cette ville, de faire partir un détachement de trente-six hommes, deux maréchaux des logis et un lieutenant pour se rendre à Luçon, où il attendra des ordres ;

Arrête, en outre, que MM. Pichard, procureur général syndic, et Luminais, administrateur, seront invités de se transporter sur les lieux, pour, en qualité de commissaires du directoire, donner des ordres aux gardes nationales et troupes de ligne, diriger leur conduite et agir dans toutes les circonstances de la manière qui leur paraîtra la plus propre à ramener le calme et la tranquillité publique ;

Leur déléguant spécialement tous les pouvoirs dont le directoire lui-même est revêtu, et leur recommandant particulièrement d'employer tous les moyens pour éviter l'emploi de la force publique et l'effusion du sang ;

Les autorisant, en outre, à se transporter partout où ils jugeront leur présence nécessaire pour le rétablissement et le maintien de la paix et du bon ordre.

Quand les commissaires du département arrivèrent, l'événement était accompli.

L'INCENDIE DE LA PROUTIÈRE ET DE GARNAUD

Le lieutenant Laverand, dans la matinée du 28, avertit la municipalité des Sables qu'aucune réponse ne lui est venue de la Proutière sur l'arrêté relatif à la capitulation. S'il doit procéder à l'attaque, il réclame la présence des officiers municipaux qui l'ont requis. Bientôt se présentent, avec une escorte, le maire des Sables, Gaudin, et plusieurs de ses collègues de la commune, qui président à la visite des maisons suspectes du bourg d'Avrillé et des environs [1].

Le corps expéditionnaire, qui compte 564 hommes, s'avance, entre une et deux heures de l'après-midi, vers la Proutière. Des paysans rencontrés sur la route annoncent que la maison a été de bonne heure évacuée par les dames qui accompagnaient leurs maris, et que depuis, les messieurs eux-mêmes sont partis dans la direction des Sables.

La colonne principale fait halte en vue du château, dans lequel entre l'avant-garde, composée de quelques soldats du 84e régiment, ci-devant de Rohan, et d'un assez grand nombre de gardes nationaux des Sables, de la Mothe-Achard, de Talmont et autres communes, depuis le commencement de la Révolution en lutte quotidienne avec les anciens seigneurs.

Un quart d'heure après, le lieutenant Laverand voit la grande maison de la Proutière en flammes, et ce spectacle l'émeut au point qu'il tombe évanoui, à la tête de sa colonne principale immobile [1].

Un détachement du régiment de Rohan et des gardes nationaux, dit un contemporain [2], sont arrivés les premiers et se sont saisis d'un vieux nègre cuisinier, resté seul à la garde de la maison. Il y avait un reste d'ambigu servi au salon. Les soldats ont bu, mangé et pillé des effets précieux. Un des gardes nationaux des Sables, nommé Loyseau, sans ordres du commandant, a commencé à mettre le feu, qui a consumé les objets précieux de cette maison et de la métairie qui la joignait. Ils consistaient en cinquante lits de maîtres, vaisselle d'argent et une immense bibliothèque bien choisie. Tout

---

1. D'après les notes inédites d'A. Collinet. — Voir plus loin, p. 419-422, le rapport des commissaires du département.
2. André Collinet, notes inédites.

a été le fruit du pillage et la proie des flammes, tout, sans exception, car les rebelles n'ont absolument rien sauvé [1].

D'après la tradition transmise dans la famille Robert de Lézardière, ce ne serait ni la troupe ni la garde nationale qui mit le feu et pilla, mais une bande de vagabonds étrangers au pays, mêlés à l'avant-garde de la force armée.

Plusieurs explosions durant l'incendie furent considérées par les chefs militaires comme provenant de dépôts de poudre atteints l'un après l'autre par le feu [2].

Une autre maison noble de la même paroisse du Poiroux, celle de Garnaud, appartenant au frère de Robert de Lézardière, Robert de la Salle, fut brûlée dans la même journée. Mais ni la Marzelle ni la Guignardière ne furent saccagées, quoique leurs propriétaires, les de Loynes et les Du Chaffault, fussent des ennemis de la Révolution encore plus déclarés.

Il n'est pas dit un mot des incendies dans la lettre par laquelle le district des Sables annonce la fin de l'expédition :

Aux Administrateurs du district de Challans [3].

Les Sables, 28 juin 1791.

Messieurs et chers confrères,

Vos inquiétudes sur nos alarmes sont aussi consolantes pour nous que les dangers que nous avons courus étaient affligeants. Le repaire de la Proutière est dégagé ; mais les malveillants qui l'habitaient circulent encore dans nos entours. Si, dans cette insurrection du moment, nous eussions eu plus tôt

---

1. D'après ces mêmes notes d'André Collinet, M. Marcel Petiteau rappelle, en son étude sur Dumouriez aux Sables, *Annuaire de la Société d'émulation de la Vendée*, 1885, p. 132, que Loyseau, étant officier municipal en 1795, fut chargé d'un achat de blé par la ville des Sables à la Barre-de-Monts, et qu'y allant avec 150,000 des 300,000 francs que le représentant Gaudin avait fait prêter pour un mois, il s'en laissa dépouiller en route. Quoiqu'on l'eût vu revenir les vêtements déchirés, on crut peu à l'attaque dont il se disait victime, et, longtemps encore après, les mousses, lorsqu'il passait sur le port, se regardaient, levaient le doigt et chantaient : « Loyseau vole, vole, vole! »

Nous aurons l'occasion de revenir sur cette dernière aventure de Loyseau, commissaire du district pour le payement et l'embarquement de grains sur la côte de Monts. Nous produirons, dans la seconde partie de notre ouvrage, *la Vendée patriote*, la déclaration du patron de la barque qui le ramena blessé, déclaration acceptée, sans débats, comme couvrant la responsabilité du commissaire « dépouillé par les brigands ».

C. Merland, dans ses *Biographies vendéennes*, t. IV, p. 14, n'éclaircit pas le mystère de l'incendie du château de la Proutière, qui fut, dit-il, pris avant l'arrivée des troupes « par des gens de pillage et de rapine ». Le maire Gaudin, dénoncé à l'Assemblée nationale, dut être défendu par son futur collègue à la Convention, Goupilleau (de Fontenay), de l'accusation d'avoir coopéré à cet incendie, puisqu'il se trouvait présent à l'expédition.

2. Fait relevé par le docteur Petiteau, d'après le rapport de Laverand.
3. Correspondance du district de Challans, Archives nationales, Dxxix 15.

les braves dragons qui viennent d'arriver, les ci-devant privilégiés de la Proutière ne nous auraient pas échappé. Comme les forces des révoltés sont maintenant divisées, il est de l'intérêt public de les dépister. Rien ne peut mieux servir à cet effet que la troupe à cheval; elle est maintenant cantonnée à Talmont; demain, sur notre réquisitoire, elle doit être ici. Nous concerterons les opérations, et ces braves militaires auront indubitablement des opérations utiles à remplir en faisant route vers leurs quartiers. Les secours qui nous viennent de toutes parts nous consolent de nos inquiétudes passées; mais rien n'est plus flatteur pour nous que les procédés d'après lesquels vous vous montrez si fraternels à notre égard; ils ne peuvent que nous attacher à vous davantage, et notre reconnaissance, Messieurs, nous est trop chère pour ne pas vous assurer de toute son étendue.

Les administrateurs du district des Sables :

C. Dardel, Gillaizeau; Degounor l'aîné, *procureur-syndic;* Delange, *secrétaire.*

Le district de Challans insistait pour avoir des détails. Le district des Sables s'abstient encore le lendemain de les fournir par écrit. Il charge deux personnes de confiance, par lesquelles il fait porter sa dépêche du 29, de donner de vive voix « un récit aussi circonstancié que ses membres pourraient le faire eux-mêmes. » Ayant reçu deux pièces de campagne de l'île de Ré, il refuse celles que Nantes avait mises en route. Il convient d'une correspondance par exprès, qui se rencontrerait à Landevieille deux fois par jour, tant que les circonstances l'exigeraient [1].

L'arrivée des deux commissaires du département refroidit tout à coup le zèle du district des Sables, mais elle surexcite l'ardeur de la municipalité, qui se défie du procureur général syndic, Pichard du Page, et le suppose capable de supprimer les preuves de la conspiration des nobles.

Le maire, Gaudin aîné, assisté du procureur de la commune, Mercereau, se hâte d'ouvrir l'information et de consigner au registre municipal les interrogatoires des quelques prisonniers amenés par les gardes nationales des Sables, de Talmont, d'Olonne et autres commune patriotes.

Déposition du chirurgien Jean-Pierre Moreau, officier municipal de Moutiers-les-Mauxfaits, reçue le 30 juin [2].

Dimanche dernier, 26 du courant, le nommé Lestrade, verrier, et le nommé Grosjean, cordonnier, passant par le Poiroux, furent arrêtés par

---

1. *Ibidem.*
2. Extrait du 4ᵉ registre des délibérations de la commune des Sables, à la date.

quatre paysans à eux inconnus, ainsi que par deux gentilshommes, qui les forcèrent d'aller à la Proutière. Rendus là, on les mit sous des tables, leur tenant toujours le pistolet sur la gorge, principalement le sieur de Loynes. On les a détenus jusqu'au mardi, jour de l'attaque, gardés par quatre fusiliers.

Le même jour, environ vers midi, le sieur de Loynes et un des enfants du sieur Du Chaffault vinrent jusqu'à l'allée de la Guignardière, voir si l'armée était prête à partir pour faire le siège du château. L'ayant vue bien disposée, ils repartirent à bride abattue vers la Proutière. Arrivé au château, le sieur de Loynes dit que la troupe arrivait avec du canon et qu'il fallait *se replier du côté des Sables, pour profiter du moment où il n'y avait point de forces, pour mettre le feu aux quatre coins de la ville.*

Et en effet ils partirent du château, emmenant avec eux les deux particuliers, qui les suivirent de force, et qu'on avait armés de broches à rôtir de six à sept pieds de longueur. Étant à la hauteur de Pierre-Levée, ils rencontrèrent une Sablaise apportant la nouvelle de ne point avancer plus loin, car elle était informée de l'arrivée de 800 hommes de troupes de Nantes, avec quatre pièces de canon; elle dit être envoyée de la part de M. Vaugiraud.

A l'instant même, M. de Lézardière se retourne vers sa troupe et dit : *N'allons pas plus loin; contre la force il n'y a pas de résistance!* Ils renvoyèrent les paysans qui les accompagnaient, sous promesse de retourner à leurs ordres; ce qu'ils promirent, à la réserve des ci-dessus dénommés, qu'ils ramenèrent avec eux ; à force de sollicitations, ils les laissèrent aller boire à un ruisseau, où ils trouvèrent le moyen de s'évader en traversant des pâtis d'ajoncs et de bruyères, et se sont rendus aux Moutiers, où ils ont fait leur déposition à la municipalité.

Le comparant ajoute qu'il est allé au Directoire du district faire cette même déposition, et que le procureur général syndic du département, le sieur Pichard, qui s'y trouvait, *s'est non seulement refusé à entendre les détails qui peuvent conduire à la connaissance des coupables de la sédition qui nous alarme, mais a même cherché à éluder tout ce qui pourrait tendre à la conviction des coupables.*

Et s'est soussigné MOREAU, avec GAUDIN, maire, et MERCEREAU, procureur de la commune.

Extraits de déclarations de prisonniers [1].

Le 1er juillet 1791, neuf heures du matin, à la maison commune, devant le maire Gaudin, les officiers municipaux Delange et Boulineau, et le procureur-syndic Mercereau, les gardes nationaux J.-M. Rouillé, J.-G. Gouin, J. Savin, et le grenadier au 84e régiment Évrard, amènent un sieur Jacques Soindre, que la garde nationale a arrêté au pont de la Chaise, et remis entre les mains du détachement campé à Avrillé.

1. *Ibid.* aux dates.

Le comparant dépose :

Depuis deux ans et demi à la maison de la Proutière en qualité d'*écrivain*, il n'a pas prêté la main à la correspondance de la conjuration formée par le sieur de Lézardière et ses complices et adhérents. Il n'a eu connaissance de cette conjuration que quatre ou cinq jours avant l'attaque du château, où il fut armé d'un fusil de chasse et d'une épée. Le nombre des maîtres était d'environ *vingt-cinq à trente*, parmi lesquels se trouvaient les sieurs Massonet, vicaire hebdomadier de Luçon; Michaud, aumônier; dom Gilles Robert, d'Apremont; le petit abbé Du Chaffault. Ceux qu'il a reconnus étaient M. de Lézardière père et trois de ses enfants, outre l'abbé de Lézardière; M. de Loynes, M. de la Vérie, un des enfants Du Chaffault, chevalier de Malte, le chevalier de Vaugiraud et son fils, M. de Lallière, les deux MM. Masson, M. de la Burcerie, M. de Laumondière des Abbayes, le chevalier d'Archiais, sont ceux qui sont venus à sa mémoire. Ils étaient trois écrivains laïques, lui, le sieur Morailleau, de Talmont, et Fleurisson. Il estime *qu'on était, dans le plus fort du rassemblement, environ 260*.

Lorsqu'on évacua le château, il fut apporté *une lettre qui annonçait que la ville des Sables était entièrement dépourvue de forces; ce qui leur fit former le projet de venir aux Sables pour s'en emparer*. Étant au moulin Moiron, à la Jaconnière, ils furent rencontrés par une femme, qu'il présume être la bonne de M. Vaugiraud le jeune, qui leur dit que 400 hommes de Nantes arrivaient le même jour pour donner du secours à la ville. A cette nouvelle, on fit des représentations à toute la troupe, et à l'instant les paysans se dispersèrent. Les maîtres firent route pour la Moricière, où étaient retirées les dames. Ils n'y couchèrent point, dirigèrent leur marche du côté de l'Erraudière et le lendemain se rendirent aux Gâts, leur dessein étant de *se retirer sur Châtillon. Mais la nouvelle de l'arrestation du Roi leur fit abandonner ce projet, et ils se séparèrent*.

C'est tout ce que le déposant a déclaré savoir, et a signé : J. SOINDRE.

Le 1ᵉʳ juillet 1791, à onze heures du matin, devant les mêmes, a comparu *Rose Lambert*, femme du capitaine Rousseau, mandée pour donner des informations sur la conjuration; elle a déclaré :

Elle est partie le vendredi 24 juin dernier avec M. de Vaugiraud père, Madame et ses deux filles, pour se rendre à la Proutière, où ils arrivèrent environ à huit heures du matin. Dans ce moment, il pouvait y avoir environ quinze maîtres et une quarantaine de paysans. Elle n'a reconnu que les trois messieurs de Lézardière, MM. de Loynes et de la Chesnelière, sa femme et ses deux filles, les Messieurs Masson, M. d'Archiais. Le mardi, sur les neuf heures du matin, ils donnèrent l'ordre aux femmes de partir; lesquelles le firent sur-le-champ et se rendirent dans une maison, à environ deux lieues, qu'elle ne connaît point, non plus même que la paroisse où elle est située. Elle a bien eu connaissance que *des paysans qui étaient dans les cours étaient armés de fusils;* c'est tout ce qu'elle sait.

A déclaré ne savoir signer.

DÉCLARATIONS ET DÉPOSITIONS

Le 7 juillet, onze heures du matin, devant les mêmes a comparu le sieur *Louis Ruchaud*, maçon, demeurant au bourg d'Avrillé, lequel a déclaré :

Le dimanche 26 juin, environ 6 heures du soir, étant allé à la Guignardière, maison appartenant à M. Du Chaffault, il rencontra le sieur Bareil, maire d'Avrillé, qui lui conseilla d'aller à la Proutière et de ne pas abandonner des gens qui lui faisaient du bien, et qui chercha en outre à l'effrayer en lui disant que ses jours n'étaient pas en sûreté à Avrillé.

Étant rendu à la Proutière, il trouva environ 200 *hommes attroupés et armés*, dans le nombre desquels il reconnut le sieur de Loynes, Vaugiraud et son fils, les Messieurs de Lézardière, le sieur Masson et le ci-devant prieur d'Avrillé, M. Baudry, et, au surplus, ne se rappelant pas les autres.

Il a entendu dire qu'il fallait *évacuer le château pour aller s'emparer de la ville des Sables*, et que, lorsqu'il fut question de mettre à exécution ce projet, il se sauva, ainsi qu'un grand nombre d'autres, dans les bois de la Proutière et s'en retourna chez lui.

A dit ne savoir signer.

Le même jour, a aussi comparu *Pierre Merlet*, charpentier, également du bourg d'Avrillé, lequel a dit :

Le dimanche 26 juin, étant allé à la messe de la chapelle de la Guignardière, un homme, connu sous le nom de Soldat de la Guignardière et habitué de cette maison, l'engagea à se promener avec lui du côté du Poiroux, et le conduisit à la Proutière, où il pouvait y avoir 150 personnes ; mais le monde arrivait de toutes parts, le nombre a pu être, au plus fort du rassemblement, de 300.

Ayant connu les mauvaises intentions des attroupés, il a cherché à s'échapper sous prétexte d'aller au Poiroux. Le sieur de Loynes l'arrêta et le menaça de lui brûler la cervelle s'il ne retournait à la Proutière, où en effet il retourna malgré lui.

Il reconnut parmi les attroupés MM. de Loynes, Massonet, ci-devant prieur d'Avrillé, Robert et ses enfants, Émery, qui sont les seuls qu'il ait reconnus. Au surplus, il a entendu, ainsi que le sieur Ruchaud, parler du projet de prendre les Sables et s'est retiré chez lui lorsqu'on a cherché à exécuter le projet.

A déclaré ne savoir signer.

Le 10 juillet, vers 3 heures du soir, devant le procureur de la commune Mercereau, a comparu *Pierre Savari*, natif de Saint-André-au-Marais, actuellement au service du sieur Gentet de la Chesnelière :

Lequel a déclaré n'avoir nulle connaissance des projets de conspiration fomentés tant par son maître que par d'autres ci-devant nobles, et notamment par ceux qui ont fait un rassemblement à la Proutière...

Cependant, a-t-il ajouté, le samedi 25 du mois dernier il fut porteur d'un billet que lui remit son maître pour le porter à la Marzelle, maison appartenant à M. de Loynes, sans savoir ce qu'il pouvait contenir, ne sachant ni lire ni écrire. Effectivement il donna la lettre à M. de Loynes et s'en retourna de suite sans réponse.

Ce même jour, environ les 5 à 6 heures du soir, ledit sieur Gentet partait de chez lui avec son épouse et ses deux filles, mais il n'en savait point les motifs. Il a bien appris l'aventure qui s'est passée à la Proutière; depuis ce temps, il n'a point vu ni entendu parler de son maître, malgré qu'il lui eût dit que, sous deux jours, il serait de retour chez lui.

A déclaré ne savoir signer [1].

La plupart des déclarations, dépositions et interrogatoires qui précèdent furent reçus également par le directoire du district. Les procès-verbaux de celui-ci en contiennent quelques autres qui méritent d'être recueillies [2].

Le 29 juin, un exprès envoyé par la municipalité de Saint-Hilaire-la-Forêt a remis à l'assemblée une lettre des maire et procureur de la commune, par laquelle ils annoncent qu'à 3 heures du matin, le tocsin sonnait à Longeville, Jard et Saint-Vincent-sur-Jard; qu'un particulier venait d'entendre deux décharges de mousqueterie, qu'un coup de canon avait été tiré en mer et qu'on soupçonnait qu'il s'était exécuté une descente devant Saint-Vincent-sur-Jard; qu'il a été arrêté un homme de ceux qui s'étaient attroupés à la Proutière; que ledit homme a déclaré que hier, vers les 10 heures du matin, 297 hommes, armés de fourches et de fusils, étaient sortis dudit lieu de la Proutière, qu'ils avaient marché jusqu'à Pierre-Levée, et qu'ayant appris par une femme que la garde nationale de Nantes arrivait, ils ont congédié les paysans qui les accompagnaient, et que 30 hommes à cheval étaient partis pour la Barentonnière; ce qui donne auxdits officiers municipaux la crainte de se trouver entre deux feux... Il a été écrit pour les rassurer.

Le 1er juillet, vers 2 heures après midi, Chabanon, maire de Longeville, accompagné de plusieurs gardes nationaux, amène :

Louis Penaud, attaché au service du sieur de Loynes en qualité de garde particulier de ses terres et la majeure partie du temps en qualité de journalier dans sa maison de la Marzelle;

Pierre Pelletier, homme d'affaires dudit sieur de Loynes, et la nommée *Marie Jouoit*, sa femme;

Bénigne Criort, femme de chambre de la dame de Loynes,

---

1. Cette information municipale, extraite des registres de la mairie des Sables, est d'autant plus précieuse que les pièces de l'information judiciaire manquent, n'ayant sans doute pas été expédiées, comme celles relatives aux troubles du district de Challans, au Comité des recherches de l'Assemblée constituante. Nous n'avons pu retrouver, au greffe du tribunal civil des Sables-d'Olonne, qu'une nomenclature authentique des pièces recueillies et déposées.

2. Extraits du 2e registre des délibérations du district des Sables, aux Archives du département de la Vendée.

Et *Chabot*, âgé de 14 ans, entré à la Saint-Jean dernière au service dudit sieur de Loynes.

Du procès-verbal dressé par la municipalité de Longeville, il résulte que ledit Penaud s'est présenté à cette municipalité pour déclarer les connaissances qu'il avait de l'attroupement dénoncé, ainsi que des desseins des attroupés, et, comme il paraît par ce procès-verbal que ledit Penaud a lui-même porté les armes tant à la Proutière que lors de l'évasion des attroupés pour se rendre en la ville des Sables, le directoire a requis que la garde nationale eût à mettre ledit Penaud en arrestation... et les autres en liberté.

Le 2 juillet, dans l'après-midi, la municipalité de Talmont annonça l'arrestation du nègre, cuisinier à la Proutière, dont on avait annoncé la mort au moment de l'incendie du château. Peu après, vers 5 heures du soir « Emmanuel Scipion, nègre libre », est amené, et aux questions qui lui sont posées répond :

Il y a aujourd'hui huit jours, il se fit un rassemblement considérable à la maison de la Proutière, du nombre duquel étaient les sieurs Du Chaffault, chevalier de Malte, de la Salle, de Vaugiraud, le chevalier de Loynes et autres ci-devant nobles, quelques ecclésiastiques et environ deux ou trois cents paysans armés de fusils, fourches et faux. Il a connaissance que le jour où la troupe marchait vers la maison de la Proutière, ces messieurs formèrent, à ce qu'il croit, le dessein de venir attaquer les Sables; qu'étant sortis du château, ils marchèrent effectivement vers les Sables, que lui-même avait un fusil qui lui avait été fourni par le sieur Vaugiraud, et qu'étant rendus vers le moulin Moizeau, une femme prévint la troupe, à la tête de laquelle étaient les sieurs de Lézardière père et fils, qu'il était arrivé aux Sables 400 hommes de la garde nationale de Nantes; qu'alors ces messieurs rétrogradèrent, observant que chemin faisant il rencontra un homme qui avait quatre chevaux, sur l'un desquels il monta, et que M. de Lézardière paya ce particulier.

Les administrateurs du district, en constatant l'aveu du domestique nègre, qu'il avait été lui-même armé, ordonnèrent qu'il fût maintenu en arrestation et le déférèrent à l'accusateur public.

Le 8 juillet, ils faisaient savoir à la municipalité que *Bareil*, maire d'Avrillé, se trouvait dans la ville, et qu'elle eût à le faire livrer à l'accusateur public :

Ce particulier est véhémentement soupçonné d'avoir été non seulement du nombre des attroupés à la maison de la Proutière, mais même d'avoir sollicité plusieurs particuliers de s'y réunir, d'après ce qui résulte de la déclaration faite par le sieur Royer, officier municipal, à la séance du 6 de ce mois.

Aux recherches sur la conspiration des nobles coopéra efficacement le district de Challans. Les administrateurs firent passer à leurs collègues des Sables et de Machecoul, le 30 juin, « une lettre arrêtée à la Mothe-Achard et écrite au sieur Morisson de la Bassetière, demeurant à Saint-Julien des Landes », dont copie fut adressée au district de Machecoul [1]. La commune de Saint-Gilles-sur-Vie se considéra comme autorisée par les décrets des 21 et 22 juin à suspendre l'inviolabilité du secret de la correspondance transmise par la poste, pour découvrir « les manœuvres des ennemis du bien public. » Elle décida, par arrêté du 2 juillet [2], que « chaque jour de courrier, deux officiers municipaux se rendraient avec le greffier à la poste, pour y prendre connaissance des lettres dont les adresses inspireraient des soupçons et pour en faire l'usage le plus convenable. » Ainsi fut prise et réservée « une lettre au curé du Fenouiller de 171 lignes sur trois pages, qui commençait par ces mots : « Monsieur et cher confrère, je vous fais mes compliments de « ce que vous avez été trouvé digne de souffrir pour Jésus-Christ », et qui finissait par ceux-ci : *Propter metum Judeorum*, FRÈRE JOSEPH. » Il en fut ouvert et copié une autre, écrite « au curé de Bretignolles par le ci-devant évêque de Luçon », du même genre que celles découvertes à Sainte-Hermine et à Challans [3] : ce qui prouvait la persistance de l'agitation religieuse, dirigée par l'ancien haut Clergé et surexcitée au moment même où, si Louis XVI avait réussi à se mettre sous la garde de l'armée de Bouillé, les gentilshommes vendéens auraient donné le signal de l'insurrection.

LA PROTESTATION DES 290

Tous les patriotes de la Vendée étaient convaincus de cela. Leurs accusations contre les nobles et les prêtres conspirateurs trouvaient, d'ailleurs, une preuve éclatante dans la fameuse « *Déclaration des 290 députés* sur les décrets qui suspendent l'exercice de l'autorité royale et qui portent atteinte à l'inviolabilité de la personne sacrée du Roi » :

... Nous déclarons à tous les Français :
Qu'après nous être constamment opposés jusqu'à présent à tous les décrets qui, en attaquant la royauté ou dans son essence ou dans ses droits,

---

1. D'après une dépêche du 30 dans la copie de la correspondance transmise au Comité des recherches. (Arch. nat., Dxxix 15) ; pièce n° 16 du dossier du 30 juin 1791.
2. Reg. de Saint-Gilles, délibérations du 1er au 4 juillet 1791.
3. Il ne fut gardé au dossier du 30 juin 1791 que la lettre au curé de Longeville, n° 12.

ont préparé les peuples à recevoir sans indignation comme sans examen, les principes antimonarchiques que ces jours d'anarchie ont vus éclore ;

Qu'après avoir défendu, jusqu'à ces derniers moments, la monarchie minée dans ses fondements ;

Qu'après avoir vu consommer son anéantissement par les délibérations de l'Assemblée nationale; car attaquer la personne du Monarque, c'est anéantir la monarchie; suspendre la monarchie, c'est la détruire :

Rien ne peut plus nous autoriser à prendre part à des délibérations qui deviennent à nos yeux coupables d'un crime que nous ne voulons point partager ;

Mais que la monarchie existant toujours dans la personne du Monarque, dont elle est inséparable ;

Que ses malheurs et ceux de son auguste famille nous imposant une obligation plus étroite que jamais de nous rallier autour de sa personne et de la défendre de l'application des principes que nous réprouvons,

Nous plaçons notre unique honneur, notre devoir le plus sacré, à défendre de toutes nos forces, de tout notre amour pour le sang des Bourbons, de tout notre attachement aux principes que nos commettants nous ont transmis, les intérêts du Roi et de la famille royale et leurs droits imprescriptibles ;

Qu'en conséquence nous continuerons, par le seul motif de ne point abandonner les intérêts de la personne du Roi et de la famille royale, d'assister aux délibérations de l'Assemblée nationale; mais que ne pouvant ni avouer ses principes ni reconnaître la légalité de ses décrets, nous ne prendrons dorénavant aucune part aux délibérations qui n'auront pas pour objet les seuls intérêts qui nous restent à défendre.

Fait à Paris, le 29 juin 1791 [1].

Parmi les signataires, dont le premier était l'abbé Maury, se retrouvent les ci-devant évêques de Poitiers et de Luçon, Beaupoil de Saint-Aulaire, Isidore de Mercy, et tous les députés de la noblesse des diverses parties de l'ancienne province du Poitou : le chevalier de la Coudraye, Claude de la Châtre, le comte de Lambertye, d'Iversay, Irland de Bazoges, avec d'Arsac, marquis de Ternai (de Loudun), le marquis de Juigné (des Marches communes du Poitou et de la Bretagne), et enfin Bouex de Villemort, qui ajoute à son nom : « Tout à Dieu et tout au Roi. »

---

1. In-4° de 30 p., Paris, bureau de l'*Ami du roi*, 1791. (Arch. nat. AD 101 et 105.) On lit au verso de la première page de cette déclaration : « M. de Foucauld a essayé d'en faire lecture à la séance du 5 juillet au matin. Beaucoup de voix se sont élevées pour demander l'ordre du jour. Le président a mis cette motion aux voix au milieu du tumulte qu'elle avait excité ; elle a été décrétée sans que M. de Foucauld ait pu parvenir à se faire entendre, et la séance a été levée sur-le-champ. »

LES COMMISSAIRES DU DÉPARTEMENT AUX SABLES

Cependant le procureur général syndic, Pichard du Page, et Luminais, son collègue de la commission extraordinaire envoyée par le département de la Vendée, après avoir constaté l'inutilité de leur présence à Avrillé et au Poiroux, étaient arrivés dans la ville des Sables le 29 juin et tout de suite s'étaient mis en travers des mesures ordonnées par les autorités locales pour capturer les conspirateurs fugitifs.

District des Sables.

Séance du 29 juin 1791 [1].

... Sur les cinq heures, MM. les commandants et officiers municipaux se sont présentés, et le procureur-syndic (Degounor) leur a proposé de se concerter sur les moyens d'arrêter les attroupés et de disposer les troupes à cet effet.

La matière mise en délibération, il a été convenu qu'il serait pris un arrêté par lequel il serait donné ordre à un détachement de troupes de ligne et de garde nationale de se transporter à deux châteaux où l'on soupçonnait que les attroupés s'étaient réfugiés, lesquels deux châteaux seraient indiqués par ledit arrêté aux troupes qui devaient marcher, et à l'instant de leur départ, avec les ordres de se comporter dans cette opération avec toute la prudence et les ménagements dus à des citoyens, comme aussi d'arrêter lesdits attroupés.

Et, dans l'instant que le directoire s'occupait de la rédaction dudit arrêté, les commandants et officiers municipaux retirés, sont entrés MM. Luminais, administrateur au directoire du département, et Pichard, procureur général syndic dudit département, commissaires à l'effet de prendre la conduite et direction des opérations dans la circonstance, et, après qu'ils ont eu pris communication des pièces relatives à cette affaire, s'étant informés de la nature des preuves que l'on pouvait avoir recueillies de la réalité d'un attroupement dans les deux maisons indiquées, considérant qu'il n'existe que de simples soupçons et aucune preuve certaine, considérant encore qu'il existe à l'administration des pièces importantes en nombre et qualité suffisante pour déterminer une dénonciation, considérant que les délits dont il est question sont absolument de nature à être soumis aux tribunaux, et ne pouvant perdre de vue les ordres du directoire à ses commissaires, par lesquels il leur est spécialement recommandé d'éviter toutes les mesures qui pourraient entraîner l'effusion du sang ou même des désordres moins déplorables; et cependant ne pouvant oublier que, le jour d'hier, une maison considérable a été réduite en cendres par l'effet de l'exaltation de quelques individus sourds aux exhortations et aux ordres précis de leurs chefs, lesdits

---

1. 2ᵉ registre des délibérations, aux Archives du département de la Vendée.

sieurs commissaires arrêtent, en vertu des pouvoirs qui leur ont été délégués, qu'à l'instant même, ou dans le plus bref délai, s'il n'est possible de le faire avant la fin du jour, copie de toutes les pièces qui peuvent servir à la conviction des prévenus d'attroupement seront remises à l'accusateur public avec expédition du présent arrêté, lequel servira de dénonciation pour ensuite le procès leur être fait avec toute la diligence possible. Et se sont soussignés : P.-A. LUMINAIS; PICHARD, procureur général syndic.

Dans la matinée du 30, arrivaient trois gardes nationaux de Montaigu, Fayau [1], Dorset et Douillard, qui s'étaient mis à la recherche des échappés. Ils déclarèrent :

Qu'ils avaient rencontré la veille, près de Boulogne [2], deux voitures à bœufs, dans lesquelles étaient plusieurs dames et quelques messieurs, au nombre de 7 ou 8, suivant à pied ladite voiture, à la réserve d'un qui était à cheval; quelques-uns d'eux avaient des fusils; ils s'arrêtèrent dans le village, demandèrent de l'eau, et dirent qu'ils sortaient de châteaux incendiés.

Dans la soirée du même jour, des gardes nationaux d'Olonne rapportèrent que leur commune « paraissait tranquille; que cependant il leur était survenu que, dans le bois de la Chaboissière, s'étaient réfugiés plusieurs gens attroupés. » Sur quoi intervinrent les commissaires du département, installés au directoire du district. Ils signèrent une réquisition « à 15 dragons, ayant un maréchal des logis à leur tête, de se transporter sur-le-champ vers ce bois et d'y faire toutes les perquisitions possibles. » Rien n'y fut découvert.

Le 1er juillet, à cinq heures du matin, était apportée, par un garde national de Montaigu, la nouvelle de l'arrestation de Robert de Lézardière et de ses fils sur le territoire de ce district, à Saint-Fulgent.

Vers 6 heures, se sont présentés au directoire du district, Gaudin, maire, et Mercereau, procureur de la commune de la ville des Sables, lesquels ont demandé que les détenus de Montaigu fussent transférés dans cette ville, déclarant qu'ils prendraient les mesures nécessaires pour leur sûreté individuelle et les pourvoir d'un logement.

Ils se sont épanchés en différents propos, qui seraient offensants si on ne les attribuait à une chaleur de patriotisme qui, quoique démesurée puisqu'elle tend à compromettre les administrateurs, ne les affecte pas, parce qu'ils sont dans le cas de justifier de leur conduite à Messieurs de l'Assemblée nationale, devant lesquels M. le Maire a dit devoir rendre compte de tout.

1. Le futur conventionnel.
2. Canton des Essarts.

Dans la soirée, les juges du tribunal du district venaient, en personne, déclarer « que leurs prisons étaient malsaines, peu sûres, et qu'ils craignaient qu'on ne pût y garder » les prisonniers.

Messieurs les Commissaires du département délibéraient sur le parti à prendre dans la circonstance, lorsque M. le Maire des Sables est entré au directoire et a déclaré qu'il ne reconnaissait pas de pouvoirs auxdits commissaires du département; qu'ils étaient, d'ailleurs, ainsi que les membres du district, excepté deux, de fort mauvais patriotes, et *qu'il voulait que les prisonniers fussent transférés aux Sables.*

Sur quoi, messieurs les Commissaires, auxquels a été également reproché l'arrêté pris le soir de leur arrivée, comme une sorte de désir qu'ils avaient de *laisser sauver les prisonniers,* ont répondu que l'*Assemblée nationale serait juge de leur conduite respective.*

Et, à l'instant, messieurs les Commissaires ont délivré un réquisitoire au commandant du détachement de dragons, qui est actuellement dans cette ville, pour qu'il partît sur-le-champ se rendre à Montaigu et y surveiller la sûreté des prisonniers, les accompagner ensuite aux Sables-d'Olonne, lorsque le tribunal de Montaigu aura décidé leur translation dans la maison que la municipalité des Sables indiquera pour servir de prison provisoire.

Ici M. le Maire est sorti du directoire, en déclarant de nouveau *qu'aucune décision des commissaires n'aurait son exécution.*

Les commissaires se sont alors déterminés, d'après les bruits répandus et accrédités parmi un grand nombre des gardes nationales, de leurs intentions perfides, et vu l'impossibilité de faire aucun bien par leur présence, à *se retirer dans le jour vers leur département,* en arrêtant qu'extrait du présent procès-verbal sera envoyé à l'Assemblée nationale, et que messieurs du district voudront bien continuer à prendre les plus sages précautions pour que les lois soient exécutées avec la sagesse recommandée à ceux qui en sont les agents et l'exactitude qui en augmente l'utilité.

Messieurs les Commissaires devant, au surplus, prendre toutes les précautions, et dans la forme que leur permettent les dispositions des esprits, ont arrêté que, pour prévenir toute espèce de désobéissance aux mesures que les circonstances leur prescrivaient de prendre, ils inviteraient messieurs du district, dont l'autorité n'est pas encore entièrement méconnue, à signer et donner en leurs noms tous les ordres dont l'exécution doit avoir lieu dans la ville des Sables; et, en conséquence de cette détermination, messieurs du district ont été engagés d'écrire à la municipalité pour savoir d'elle si, suivant la promesse de M. le Maire, une maison pourrait être indiquée et mise en état, sous trois jours, pour servir de prison provisoire aux détenus, dont le tribunal de Montaigu ordonnera sans doute la translation, qui sera protégée contre les malintentionnés de toute espèce par le détachement de dragons qui les accompagnera à leur retour, et auquel il sera réuni un détachement de garde nationale de Palluau, où un autre corps de garde nationale de ce lieu remplacera celui de Montaigu et marchera jusqu'aux Sables.

On a reçu dans cet instant réponse de la municipalité, qui assure qu'elle tient prête à l'arrivée des prisonniers une maison d'arrêt, dans laquelle ils seront détenus avec sûreté, et *qu'elle répond qu'aucun attentat ne sera commis contre leur vie par les citoyens, gardes nationaux et soldats.*

Les commissaires du département Pichard du Page et Luminais ne quittèrent pas les Sables-d'Olonne avant la fin de la journée du 30 juin, comme ils l'avaient annoncé, mais seulement dans la matinée du 1er juillet. Ils avaient passé la nuit à rédiger un rapport, qui était un véritable réquisitoire, non contre les nobles conspirateurs, mais contre le maire Gaudin, contre les gardes nationales patriotes et les soldats du 84e régiment.

Rapport des commissaires du département de là Vendée [1].

Monsieur le Président de l'Assemblée nationale,

La démarche imprudente, peut-être coupable, d'un certain nombre de ci-devant nobles a semé le désordre, l'inquiétude et l'anarchie dans ce district.

Le district des Sables apprit, le 26 de ce mois, qu'il se formait une grande réunion d'hommes et des approvisionnements d'armes *dans les maisons de la Marzelle, de la Proutière et de Garnaud, appartenant à MM. de Loynes et Robert de Lézardière frères.* Il se détermina à ordonner à un détachement de 30 soldats du régiment de Rohan et autant de gardes nationaux d'aller fouiller ces maisons et d'y enlever les armes qui s'y trouvaient en nombre assez considérable pour provoquer la défiance. Il donna connaissance de son arrêté au Département qui, en lui rappelant les principes constitutionnels qui limitent les pouvoirs des corps administratifs, approuva cependant sa décision, d'après les motifs importants qui l'avaient déterminée et les sages mesures qui avaient été ordonnées dans les moyens d'exécution.

Le détachement se transporta, le 27, en vertu des ordres qu'il avait reçus, à la Marzelle, une des maisons indiquées. Il n'y trouva que des domestiques en petit nombre et deux ou trois fusils. On crut y remarquer quelques débris de lames de plomb, qui pouvaient indiquer que l'on avait fraîchement fabriqué des balles. On emmena l'homme d'affaires de M. de Loynes et sa femme, qui depuis ont été relâchés.

De là, le détachement se mit en route pour aller à la Proutière; mais, en passant par Avrillé, on apprit à l'officier des grenadiers de Rohan qui commandait tout le détachement qu'il y avait dans cette maison des munitions de guerre en grande quantité, une réunion de plusieurs centaines d'hommes, parmi lesquels plus de cinquante ci-devant nobles, et même du canon. La prudence lui prescrivait de prendre de nouvelles précautions. Il fit part de ces détails au district des Sables, qui requit un renfort de 30 hommes pour cette expédition et en donna communication au Département,

---

1. Archives nationales, Dxxix 15, l. 123.

en ajoutant à ses dépêches copie d'une lettre de M. de Lézardière, maître de la maison de la Proutière, qui avait écrit au commandant que « *les hommes réunis avec lui n'avaient jamais eu et n'avaient encore aucune intention hostile, mais qu'ils étaient pour vendre chèrement leur vie, si l'on prétendait les y forcer ; qu'ils demandaient qu'on leur laissât leurs armes, parce que leur vie était menacée de toutes parts et que la crainte d'être massacrés était le motif qui les avait fait se rassembler*[1]. »

La même nouvelle de cette opposition présumable était déjà parvenue aux corps administratifs par deux gardes nationaux qui avaient été détachés d'Avrillé pour reconnaître les gardes nationales de Luçon et de Fontenay, que l'on attendait d'après des bruits multipliés. Le Directoire du département s'était empressé, d'après leur rapport, de nommer deux commissaires pour se transporter à la Proutière, y prendre toutes les précautions nécessaires au maintien et à l'exécution des lois, et tâcher d'étouffer dès sa naissance ces semences de guerre civile. Il leur avait prescrit de se conformer aux principes de prudence et de modération que l'Assemblée nationale a de nouveau recommandés avec tant de soin dans ses derniers décrets. Il avait requis un détachement du régiment de Royal-Lorraine, actuellement en résidence à Fontenay, pour partir sur-le-champ et attendre à Luçon les ordres des commissaires. Il avait de même prévenu le commandant de la garde nationale de Fontenay de tenir sa troupe prête à marcher au premier ordre.

Nous fûmes nommés commissaires et partîmes sur-le-champ le mardi à minuit ; mais, malgré toute la diligence possible, nous n'arrivâmes qu'à sept heures du matin, et nous eûmes la douleur d'apprendre que, la veille à trois heures du soir, le commandant, dont le corps à ses ordres avait été successivement renforcé de plusieurs détachements des gardes nationales voisines, s'était avancé vers le château ; qu'il s'était fait précéder d'un corps d'à peu près soixante hommes tant du régiment de Rohan que de la garde nationale des Sables ; que ce détachement était entré dans la maison sans y trouver que quelques domestiques qui n'avaient fait aucune résistance, et qu'un quart d'heure après leur entrée et avant l'arrivée du corps principal, la maison avait été en feu ; que plusieurs personnes en avaient pillé les effets ; qu'un nègre cuisinier avait été massacré[2], et que l'incendie avait été d'autant plus vif qu'on avait mis le feu à la fois à presque tous les lits placés dans les différents appartements. Le commandant, qui avait défendu, sous les peines les plus sévères, toute espèce d'atteinte à la propriété et à plus forte raison les attentats dont il venait d'être le témoin, tomba frappé d'effroi et de douleur, et fut près d'une demi-heure sans connaissance.

Nous prîmes à Avrillé toutes les informations que nous pûmes recueillir sur les circonstances de l'attroupement, et il paraît, d'après le récit de plusieurs personnes, que, depuis quelques jours on avait réuni dans cette maison les fusils de ceux qui s'y étaient rassemblés et ceux des paysans des cam-

---

1. C'est le sens, sinon le texte même, du billet du baron de Lézardière au commandant de l'expédition Laverand, qualifié d'offre de « capitulation » par le district et la commune des Sables. (Voir plus haut p. 402.)

2. Le nègre avait été simplement fait prisonnier. (Voir plus haut son interrogatoire devant le district des Sables, p. 413.)

pagnes voisines; qu'un grand nombre de ces paysans, que l'on évalue être de 100 à 200, s'y tenaient renfermés ou y étaient détenus avec 20 à 25 ci-devant nobles et les femmes de plusieurs d'entre eux; qu'il y avait aussi quelques prêtres non assermentés. On prétend qu'ils étaient tous sortis le mardi pour venir attaquer la ville des Sables, qu'ils croyaient dénuée de forces. D'autres affirment, avec plus de probabilité, qu'ils avaient l'intention de s'embarquer à la côte où l'on a effectivement vu des bâtiments qui paraissaient faire des manœuvres pour aborder [1].

Nous prîmes le parti de nous rendre sur-le-champ à Talmond, où le commandant avait conduit la plus grande partie des hommes à ses ordres, après en avoir distribué quelques petits détachements dans les paroisses voisines pour y observer ce qui se passait. Nous envoyâmes un réquisitoire au commandant du détachement de cavalerie du 16me régiment, qui était resté à Luçon, pour qu'il eût à faire passer des hommes à Avrillé, pour y protéger une foire considérable qui se tenait le lendemain 29, et nous congédiâmes une partie des gardes nationales, dont le peu de discipline pouvait éloigner les laboureurs de prendre part à la foire. Rendus à Talmond, nous sollicitâmes de nouveau les plus grands efforts du commandant pour rappeler à ses troupes la nécessité de la plus exacte circonspection, et nous partîmes pour les Sables, où l'on nous apprit qu'il régnait une grande agitation. MM. les Administrateurs du district avaient délibéré peu de moments avant notre arrivée, en présence de la municipalité et avec elle, d'envoyer la nuit même un corps considérable faire la fouille des deux châteaux où M. le Maire des Sables disait avoir ouï dire que s'étaient réfugiés les prévenus d'attroupement. Nous avions eu en route des indices qu'ils avaient pris la fuite par la route de Montaigu. Nous avions été témoins de la prodigieuse exaltation d'une partie des gardes nationaux et soldats. Nous savions qu'on avait menacé de brûler encore plusieurs châteaux; que plusieurs avaient été insultés, et l'exemple de ce qui s'était passé la veille nous fit observer à messieurs du district qu'il pouvait résulter les suites les plus cruelles d'une mesure qui nous paraissait au moins inutile et seulement propre à augmenter l'agitation des esprits, déjà trop alarmante.

Nous nous aperçûmes que M. le Maire avait principalement influé sur cette délibération, ou plutôt qu'il l'avait arrachée par des inculpations outrageantes contre les membres du district, et nous arrêtâmes qu'elle n'aurait point d'effet. Nous prîmes connaissance des différentes imputations faites aux prévenus d'attroupement et de projets de révolte, et nous les dénonçâmes à l'instant même à l'accusateur public en l'invitant de donner les suites les plus actives à la procédure. Nous requîmes plusieurs petits détachements de dragons du premier régiment pour aller prendre, le lendemain matin, des informations dans les paroisses voisines, dont nous invitâmes les officiers municipaux à nous faire parvenir des informations étendues sur la situation des esprits et les faits qui pourraient être parvenus à leur connaissance. Une lettre de la municipalité d'Olonne, qui en contenait une autre à elle adressée par le maire des Sables, dans laquelle il était question d'un attroupement dans

---

1. Cette explication des apparitions de navires, qui avaient tant inquiété les communes de la côte, est curieuse. (Voir plus loin, p. 447-449.)

un bois de son territoire, nous détermina à en faire faire la fouille par un autre détachement de dragons et des gardes nationaux d'Olonne, avec ordre de n'arrêter que ceux qui pourraient s'y trouver réunis en nombre suspect. Les soldats de la garde nationale de cette paroisse, porteurs de la lettre, nous ont assuré que cette fouille était superflue; mais nous avons cru devoir l'ordonner pour ne pas donner matière à de nouvelles inquiétudes déjà beaucoup exagérées. Nous ne connaissons pas encore le résultat de cette démarche.

Nous venons d'ordonner le remplacement à Talmond, par un détachement de garde nationale de l'île de Ré, arrivé hier en cette ville sur la réquisition du district, de celui des gardes nationaux sablais, qui nous ont témoigné avoir besoin de rafraîchissement, et de celui du détachement de Rohan, dont le commandant nous répète, par la lettre de ce jour, qu'une partie de ses soldats est dans un état d'indiscipline effrayant, qu'il ne peut plus arrêter.

Nous devons dire, quelque chagrin que nous ressentions en le prononçant, que l'agitation des esprits est au plus haut degré dans cette ville et dans les campagnes voisines; que l'animosité contre les prêtres non assermentés et les nobles nous fait craindre les plus cruels excès, et que l'insubordination des soldats, des gardes nationales, du moins du plus grand nombre d'entre eux, ainsi que le défaut d'obéissance d'un grand nombre de citoyens envers ceux qu'ils ont eux-mêmes revêtus de l'autorité qu'ils exercent au nom de la loi, est telle, que l'emploi des moyens de douceur et de conciliation, dont on pourrait se promettre le plus prompt retour à l'ordre, n'est pas à notre disposition, parce qu'il contrarie l'opinion d'un très grand nombre, et que la confiance publique, qui doit en assurer le succès, nous a été enlevée par les déclamations des faux patriotes, ainsi qu'aux différents corps administratifs. Les gardes nationales s'ébranlent sans ordres de leurs municipalités, celles-ci agissent souvent sans prévenir les districts; chaque citoyen s'établit juge des opérations des administrateurs. Les arrestations s'effectuent arbitrairement. Plusieurs personnes en ont déjà été l'objet, et la dernière qui nous ait été annoncée est celle de l'abbé Robert de Lézardière, que l'on garde à vue à la Roche-sur-Yon.

Un seul moyen reste peut-être de prévenir des désordres incalculables; nous nous empressons de l'indiquer :

Nous supplions l'Assemblée nationale de choisir dans son sein un commissaire, dont la prudence imposante calmera sûrement cette effervescence, qui peut entraîner tous les maux de l'anarchie, et qui déjà se propage dans le district de Challans, voisin de celui-ci, si l'on ne se hâte d'en arrêter le progrès.

Nous sommes, avec respect, Monsieur le Président, vos très humbles et très obéissants serviteurs,

    Les commissaires du département de la Vendée :

        P.-A. LUMINAIS, *administrateur;*
        PICHARD, *procureur général syndic.*

Ce rapport, approuvé par le directoire du département, fut expédié, avec une lettre de Fontenay-le-Comte, 5 juillet, par laquelle les administrateurs de la Vendée réclamaient deux commissaires de l'Assemblée nationale au lieu d'un et appuyaient les dernières conclusions de leurs propres commissaires aux Sables.

Au Président de l'Assemblée nationale.

... Le ressentiment et l'indiscipline des soldats des régiments de Rohan et de quelques gardes nationales ont produit tous les excès qui découlent de l'exagération des principes même les plus estimables, et le tableau que présente le rapport des commissaires ne contient pas la plus faible partie des détails dont la sensibilité des membres de l'Assemblée nationale aurait été justement indignée. Les vols dans les maisons brûlées ou saccagées, commis par ceux mêmes dont le devoir était de s'y opposer, les lettres interceptées de toutes parts, la désobéissance soutenue des soldats aux ordres de leurs chefs, constatée par le rapport de leur commandant, vieil officier de grenadiers, dont le patriotisme est connu, des recherches inquisitoriales qui se continuent encore sous nos yeux, la défiance répandue contre le directoire du département, qui embarrasse et arrête tous ses moyens d'opposition aux désordres : voilà, Monsieur le Président, une partie des motifs qui nous ont déterminés à réclamer avec instance la présence de deux commissaires de l'Assemblée. Daignez peser toute l'importance de cette réclamation, et soyez persuadé que l'amour seul du bien public et la nécessité d'arracher ce département à l'état d'anarchie dans lequel est déjà plongée une partie de son territoire, et qui en menace les autres portions, a seule été capable de nous faire surmonter la répugnance et l'espèce d'humiliation qui résulte pour des administrateurs de l'aveu de leur insuffisance pour opérer le bien, lors même que leur conscience est pure et leur conduite à l'abri de tout reproche.

Signé : Armand Badereau, président[1] ;
Jn-Mas Cougnaud, secrétaire général.

Le 6 juillet, sous les mêmes signatures, était adressée au ministre du Portail la demande formelle du déplacement de la troupe de ligne en garnison aux Sables[2].

Le Département de la Vendée au Ministre de la guerre.

Monsieur,

Nous vous prions instamment d'ordonner le remplacement du 1er bataillon du 84e régiment d'infanterie ci-devant Rohan, et de le faire sortir de ce département.

L'état d'indiscipline effrayant dans lequel il se montre habituellement,

---

1. Badereau passa, en 1793, aux insurgés royalistes. Pris à Challans, il passa devant une commission militaire qui, le 29 décembre, ne le condamna qu'à trois mois de détention (d'après une note de M. Duguet-Matifeux). Dans la liste des *Généraux et chefs de la Vendée militaire* de M. A. des Noyhes (1887, in-f°), on retrouve son nom sans détails : « De Badereau, capitaine de Charette et de Suzannet. »

2. Archives histor. du ministère de la guerre, Correspondance générale de juillet 1791.

les excès de tous genres, incendies, vols, pillages, auxquels se sont livrés un grand nombre d'entre eux pendant l'expédition de la Proutière, l'exemple contagieux qu'ils ont donné aux gardes nationales et aux habitants des campagnes, ne nous permettent pas de garder un silence criminel sur le danger extrême qu'il y aurait à les laisser plus longtemps en résidence dans notre département, où règne déjà la plus funeste agitation...

Il est indispensable de faire remplacer ce bataillon par un autre, dont la bonne conduite puisse être opposée avec succès aux exemples de désordres et de rapines que celui-ci a laissés après lui et dont la fermeté puisse également imposer aux mauvais citoyens qui pourraient concevoir et entreprendre des projets de révolte [1]...

1. Dans cette lettre le département annonce au ministre de la guerre le prochain envoi du « *rapport* du commandant qui a été employé à la Proutière et malgré les ordres duquel ce château a été livré aux flammes ». Ce rapport ne se retrouve ni aux Archives du ministère de la guerre ni aux Archives nationales.

M. le docteur Marcel Petiteau, dans sa Chronique sablaise de l'*Annuaire de la Société d'émulation*, 1885, cite le *Journal du lieutenant Laverand*, reconnu seul authentique par la municipalité des Sables, et le *Compte rendu* contradictoire d'un autre officier du 84e, M. de Chalancey, qui accusait de l'incendie et du pillage la garde nationale de l'avant-garde. Nous lui avons demandé communication de ces pièces; il nous a répondu ne pas les avoir. Il ne les a connues que par ce qui en est dit dans les procès-verbaux et la correspondance de la municipalité et du district.

Nous avons cherché aux Archives administratives de la guerre des renseignements sur les deux officiers mêlés à l'affaire de la Proutière. Le premier était et resta jusqu'à sa retraite un vieux soldat fidèle à la patrie. Quant à l'autre, il quitta le régiment de Rohan-Soubise plutôt que de prêter le serment exigé par le décret du 21 juin 1791, et courut s'enrôler dans l'armée de Condé. Du reste, voici leurs états de services, doublement reconstitués d'après le registre matricule du 84e et les dossiers particuliers de ces deux officiers :

LAVERAND (Antoine), né à Rieux (Haute-Garonne) le 22 novembre 1730, soldat le 27 novembre 1750; sergent le 24 août 1762; fourrier le 1er août 1766; porte-drapeau le 16 avril 1769; sous-lieutenant de chasseurs le 12 juin 1776, de grenadiers le 1er avril 1779; lieutenant en second le 25 mai 1782 et en premier le 17 novembre 1788; capitaine le 15 septembre 1791; chef de bataillon le 8 octobre 1793; à la suite de la 13e demi-brigade d'infanterie légère, il était employé à Rennes le 20 brumaire an IX (20 novembre 1800), quand il lui fut accordé, pour 6 campagnes et un séjour de quatre ans (1763-1766) à la Martinique, en représentation de 58 ans et 19 jours de services, une solde de retraite de 2,000 francs, à toucher à Nantes. La colonne des « Observations » du registre matricule porte à la date de 1779 : « Rempli de zèle, propre à être employé. »

CHALANCEY (Jean-François Bichet, baron de), né le 28 septembre 1766, à Langres (Haute-Marne), entra comme surnuméraire dans la compagnie de chevau-légers de la garde ordinaire du roi le 5 juillet 1782; il devint sous-lieutenant de remplacement au régiment de Rohan-Soubise le 1er septembre 1787, fut réformé par ordonnance du 17 mars 1788, replacé sous-lieutenant le 17 novembre 1789, et donna sa démission pour refus de serment le 6 juillet 1791; il fut remplacé le 15 septembre suivant.

Le 16 août 1789 il avait été grièvement blessé — est-il dit en un mémoire annexé à ses états de services, — dans une insurrection du régiment de Rohan-Soubise, en défendant le drapeau que les révoltés voulaient porter à la municipalité de Nantes. Il émigra le 15 septembre 1791 et alla s'engager dans l'armée des princes, avec lesquels il fit la campagne de France en 1792. Il fit ensuite partie de la compagnie n° 2 des chasseurs nobles de l'armée de Condé le 5 avril 1793, et le 15 novembre 1794 passa officier dans le régiment d'Hervilly au service de l'Angleterre. C'est en cette qualité qu'il se distingua dans l'expédition de Quiberon; le 16 juillet 1795 il fut blessé d'un éclat d'obus à l'épaule, en prenant part à l'attaque du poste de Sainte-Barbe.

Au mois de mai 1814 il était commandant d'armes à Langres, et reprit ces fonctions

On a vu que l'attroupement échappé de la Proutière en se rendant vers les Sables, dans l'espérance de surprendre cette ville sans troupes, s'était dissipé à la nouvelle de l'arrivée de 5 à 600 hommes de Nantes.

Il était réellement apparu, vers Avrillé et le Poiroux, une cinquantaine de dragons-Conti, commandés par le chevalier de Lorenqui, capitaine, que Dumouriez [1] avait « expédiés à toute bride, avec ordre de prendre tous les moyens de conciliation, d'empêcher le pillage et les excès. » Mais ces cavaliers étaient arrivés trop tard ; la Proutière était incendiée. Ils s'en retournèrent vite rejoindre le maréchal de camp à Machecoul, d'où ils regagnèrent leur cantonnement d'Ancenis.

Leur campagne inutile est ainsi racontée dans une lettre amoureuse, écrite par l'un de leurs officiers à sa femme [2] :

À Mlle **Ribault, chez Mme sa mère, rue d'Ardoye, à Compiègne, en Picardie.**

D'Ancenis, le 9 juillet 1791.

Ma tendre et douce amie,

Tandis que, la nuit du 29 au 30, tu rappelais toutes tes forces pour goûter tranquillement le plaisir de t'entretenir avec ton bon ami, je ne puis te cacher que j'étais dans ce même moment occupé de toi, mais d'une manière bien différente.

Nous avions reçu, le 29, à huit heures du soir, des ordres pour nous rendre dans la plus grande diligence aux Sables-d'Olonne, à la distance de 22 lieues d'Ancenis, port de mer dans lequel est situé un château considérable, entouré de forteresses et de pont-levis, où l'on prétendait qu'étaient enfermés 8 ou 900 mécontents, tant prêtres que ci-devant gentilshommes, munis de 18 pierriers, et dont on prétendait que 14 vaisseaux anglais (dont plusieurs avaient mouillé sur ce port), voulaient protéger l'évasion. Toutes les forces des villes voisines, telles que Nantes, Machecoul, Savenay, Blain et Guérande, où nous avons des détachements permanents de notre régiment depuis notre arrivée en Bretagne, se portèrent avec les gardes nationales, protégés de plusieurs pièces de canon qu'ils avaient amenées avec eux, et

---

après les Cent-Jours. Colonel de la légion départementale de la Haute-Marne le 12 octobre 1815, il devint colonel du 11e régiment d'infanterie légère le 19 novembre 1820, obtint le grade de maréchal de camp au mois de juillet 1824, et fut admis le 27 décembre 1829 à faire valoir ses droits à la retraite ; sa pension fut liquidée sur le pied de 43 ans 27 mois de service, dont 4 campagnes.

1. *Vie et mémoires de Dumouriez*, t. II, p. 122.
2. Lettre autographe trouvée chez M. Charier-Fillon, maire de Fontenay, dans les papiers de Benjamin Fillon.

bloquèrent ce château, que l'on pourrait bien nommer un fort considérable.

Nous partîmes donc 60 hommes d'Ancenis à neuf heures et demie du soir ; mais, malgré que, d'après ta lettre dernière, un semblable orage, ou peut-être le même, se soit porté jusque sur Compiègne, je doute qu'il fût aussi considérable que celui auquel nous fûmes en proie depuis onze heures du soir jusqu'à trois heures du matin. Les vieillards les plus âgés nous ont assuré n'en avoir jamais vu un semblable. Mais peu de personnes ont été à même d'en voir toute l'horreur comme notre détachement, situé dans ce temps sur l'éminence d'une grande route, au milieu de la nuit la plus obscure et entouré d'un feu continuel, tantôt produit par les éclairs effrayants qui se succédaient très rapidement, tantôt par les éclats de la foudre qui tomba sept fois différentes au milieu de notre détachement. Nos chevaux effrayés se culbutaient les uns sur les autres ; plusieurs se sont renversés sous leurs maîtres. Je me suis trouvé plus de cinq minutes sous le mien, sans que le zèle des dragons, qui dans ce moment me prouvèrent bien leur attachement sincère, pût me secourir plus tôt. Ils étaient pour moi, ainsi que pour plusieurs autres, obligés d'attendre qu'un éclair ou la foudre, en les éclairant, leur indiquât par intervalle l'endroit où nous étions tombés. Notre commandant fut jeté avec son cheval dans un étang considérable, à plus de trente pieds au bas de la hauteur où nous étions, et ne dut son salut qu'à la vigueur de son cheval ou, pour mieux dire, à un hasard heureux. Un de nos chevaux fut tué, deux autres estropiés ; mais heureusement aucun de nous n'avons été blessés ; il n'y a que trois dragons qui ont eu des contusions légères.

Je t'avoue franchement que je crus être à mon dernier jour. Je n'ai point eu peur, mais je ne fus pas le maître d'un sentiment intérieur qui, après m'avoir fait recommander mon âme au Seigneur, me fit l'invoquer de toute ma force pour qu'il daignât veiller sur toi. Ton sort me paraissait bien plus affreux que le mien ; je te voyais veuve d'un époux qui t'est cher, et, sans doute, par l'ignorance où tu ne pouvais manquer d'être longtemps livrée relativement à mes malheurs, réduite à l'affreuse nécessité de m'imputer des crimes dont la pensée seule me fait frémir et t'eussent réduite au désespoir.

Voilà, ma chère amie, l'état où se trouvait ton tendre époux le jour de sa fête ! Je ne te rapporte ces détails que parce qu'il n'existe plus la plus légère image de ces malheurs.

Nous arrivâmes à cinq heures du matin à Nantes, d'où nous repartîmes à dix heures, après avoir fait rafraîchir les hommes et les chevaux, qui, je t'assure, en avaient grand besoin. Nous fûmes on ne peut mieux accueillis de tous les habitants de Nantes. Arrivés à notre destination, nous vîmes qu'on avait mis le feu à ce château, dans lequel on ne trouva pas une âme, excepté un vieux nègre. Tu vois, d'après cela, combien on doit ajouter foi à tout ce qu'on se plaît à répandre de bruits de cette nature. Nous avons su depuis que ces vaisseaux anglais étaient des vaisseaux marchands, qui avaient coutume d'arrêter sur ces côtes. Nous sommes enfin de retour depuis mercredi 6 du présent......

Je désire que la présente te trouve en aussi bonne santé qu'elle m'a laissé à son départ. Songe qu'il est un mortel, au bonheur duquel tu es attachée, et que je ne puis être heureux qu'en te sachant heureuse. Reçois mille baisers de ma part et crois-moi jusqu'à mon dernier soupir ton plus sincère ami et ton fidèle époux,

Duflot de Saint-Pierre.

A Machecoul s'étaient arrêtés les 500 soldats et gardes nationaux de Nantes commandés par Dumouriez et Levieux, que, malgré le retrait des demandes de secours, le département de la Loire-Inférieure avait fait avancer. Le district de Challans écrivait, le 30 juin, à celui de Machecoul de ne pas les laisser aller plus loin, l'affaire des nobles « étant terminée par leur fuite », et les côtes se trouvant « suffisamment surveillées par des gardes nationaux de bonne volonté. » L'apparition de bateaux « sur une si grande longueur de côtes », ajoutait-il, devait avoir eu pour but « des sondages pour le choix d'un lieu propre à une descente[1]. »

Mais, s'ils voulaient s'épargner les frais qu'auraient entraînés la présence des 500 Nantais sur leur territoire, les administrateurs de Challans ne manquaient pas de profiter de la circonstance pour réclamer de la ville de Nantes des armes et des munitions pour leurs gardes nationales patriotes, et du maréchal de camp de la 12e division militaire la permanence dans leur chef-lieu et à Saint-Gilles de quelques détachements de cavalerie et d'infanterie. On ne put leur laisser les deux pièces de canon avec les artilleurs, que Machecoul leur avait expédiés au premier appel. Mais le sergent Maurice, du corps royal de l'artillerie, leur fut prêté pour achever l'instruction de volontaires fournis d'une petite pièce de campagne. Dumouriez, sur les demandes réitérées de Saint-Gilles, procura à ce petit port patriote, complètement isolé au milieu de populations rurales très hostiles, 15 hommes du 84e. Il fit passer au district de Challans, dont l'administration départementale de la Vendée accueillait mal les réclamations incessantes, quelques fusils et des cartouches, en lui recommandant de « les bien mettre sous la garde ou des municipalités ou des commandants de gardes nationales, afin qu'on n'en abusât pas et qu'on les retrouvât au besoin[2]. »

Quant à la ville des Sables, elle ne laissa pas le bataillon du 84e partir aussi vite que l'eussent désiré les commissaires du département. Elle s'arrangea directement avec la ville de Saint-Martin pour conserver les canons qu'avaient amenés avec eux les volontaires de l'île de Ré, les premiers accourus pour dissiper le rassemblement des gentilshommes.

1. Extraits de la correspondance du district de Challans, Arch. nat., Dxxix 15.
2. D'après deux lettres du premier des sept cahiers manuscrits de la correspondance militaire de Dumouriez, en 1791-1792, que nous avons trouvés aux Archives nationales, F7 4423, où ils se sont égarés sans titre et sans nom.

Pour réfuter le rapport départemental et couper court aux attaques dirigées contre elle dans la presse parisienne et à l'Assemblée nationale, la municipalité sablaise expédia ce récit aux députés patriotes [1] :

RÉPONSE AU RAPPORT DU DÉPARTEMENT

Du 11 juillet 1791.

Nous ne vous avons point rendu compte des événements qui se sont passés dans notre district parce que nos occupations ne nous l'ont guère permis. C'est avec la plus grande surprise que nous avons vu hier dans la *Chronique de Paris* un détail aussi faux qu'exagéré de l'affaire de la Proutière et des vaisseaux ennemis qui ont paru sur nos côtes. Nous nous em pressons de vous marquer l'exacte vérité, afin que vous puissiez en donner connaissance aux feuillistes qui ont écrit sur cette matière d'une manière si alarmante, et être à même d'éclairer l'Assemblée nationale quand elle aura à prononcer sur cette affaire.

Depuis longtemps, vous le savez, la maison Robert, ci-devant Lézardière, était regardée comme un foyer d'aristocratie, le centre d'un parti contre-révolutionnaire. L'affaire du sieur Du Chaffault tenait sûrement à ce parti, et c'est en conséquence que la ville des Sables demanda alors des troupes, qui peut-être ont sauvé notre district des plus grands malheurs. Cette maison et ses complices étaient devenus d'une insolence extrême ; ils ne dissimulaient plus leur projets et les paysans des paroisses qui avoisinent le château de la Proutière, appartenant au sieur Robert, séduits par leurs ci-devant seigneurs et des prêtres coupables, insultaient ouvertement les magistrats établis par la Constitution. Les bons citoyens de ces cantons, effrayés, présentèrent, le 20 juin, un mémoire au directoire de notre district. Dans ce mémoire signé de plusieurs maires et magistrats respectables, ils demandaient que l'on fît marcher des troupes contre la Proutière et la maison de la Marzelle appartenant au sieur de Loynes, afin de désarmer cette maison et rétablir chez eux l'ordre et la tranquillité publiques. Nos administrateurs crurent devoir encore attendre à faire cette expédition ; mais, la fuite du Roi ayant montré la nécessité de s'assurer des ennemis du bien public, la Société des Amis de de la Constitution de la ville des Sables présenta au directoire du district deux pétitions à l'appui du mémoire dont il s'agit. Il se décida enfin, le 25 juin, à faire marcher contre la Proutière et la Marzelle.

Le réquisitoire du directoire aux troupes ne fut donné que fort tard, en sorte qu'on assembla à la hâte 60 hommes, moitié garde nationale, moitié du 84e régiment. Ils partirent des Sables la nuit du 25 au 26, à 2 heures après minuit, firent halte à Talmond et arrivèrent à la Marzelle à sept heures trois quarts du matin. Cette maison fut visitée sur-le-champ en présence du maire de Longeville, sa paroisse. Le sieur de Loynes et sa famille étaient à

---

1. Reg. de la correspondance de la municipalité des Sables, à la date.

la Proutière ; trois domestiques seulement en étaient les gardiens. On y trouva du plomb fraîchement coupé, trois moules à balles, des barils où il y avait eu de la poudre et un billet très intéressant que l'on croit être de la main du sieur Gentet de la Chesnelière et que vous trouverez dans les pièces ci-jointes. La troupe se porta ensuite sur le bourg de Longeville, d'où, après s'être rafraîchie, elle marcha contre la Proutière. Elle était rendue à Avrillé, quand elle apprit que la Proutière était fortifiée et contenait un attroupement considérable. Néanmoins elle résolut de continuer sa route et d'attaquer les attroupés, quand un courrier de notre directoire lui apporta l'ordre de rester à Avrillé et d'y attendre du renfort.

Le maire du Poiroux, paroisse dans laquelle est située la Proutière, était venu le dimanche 25 au directoire du district des Sables sur le midi, et lui avait appris que 40 ci-devant gentishommes et à peu près 300 paysans étaient fortifiés au château de la Proutière et s'étaient mis en état de se défendre. Ce qui avait décidé nos administrateurs à envoyer à notre troupe patriote des ordres d'attendre de nouvelles forces, afin de ne pas se compromettre. En effet, dès le soir, on fit partir des Sables 30 hommes du 84ᵉ régiment, l'on demanda du secours à Challans. Le lendemain 27, un détachement de gardes nationaux, avec un canon de 8, partit aussi pour Avrillé, et, le 28, une chaloupe fut expédiée pour l'île de Ré, afin d'avoir deux pièces de canon et un détachement de ces braves insulaires; enfin rien ne fut négligé pour mettre notre petite armée dans un état imposant.

Cependant les gardes nationales des campagnes, instruites de ce qui se passait, s'assemblaient de toutes parts, et vinrent à Avrillé le 28. La petite armée se trouva formée de 564 hommes, lorsque M. Laverand, officier du 84ᵉ régiment qui la commandait, la jugea suffisante pour attaquer le château ennemi; il la fit avancer contre lui et se mit en marche vers les neuf heures du matin. L'attroupement aristocratique n'osa l'attendre, et à son arrivée elle trouva le château évacué et livré aux flammes, sans qu'on ait pu savoir qui avait mis le feu; mais les coups de fusil qu'on entendait continuellement dans le château enflammé et l'explosion de la poudre font soupçonner que c'est afin de soustraire les pièces de conviction dont il était rempli qu'il a été incendié; on regrette surtout une correspondance que l'on savait devoir être intéressante.

Pendant que les choses se passaient ainsi à la Proutière, les habitants des paroisses qui avoisinent le rivage correspondant à ce château étaient dans les alarmes. Des bâtiments, que l'ont croit être de Jersey et de Guernesey, après avoir croisé plusieurs jours à la hauteur des côtes de la Tranche et de Jard, s'en étaient approchés, avaient tiré du canon et fait des signaux. Le maire de Saint-Vincent-sur-Jard et quelques habitants de cette paroisse vinrent aux Sables, dans la nuit du 27 au 28, y demander des munitions; mais les secours venus de l'île de Ré aux Sables et l'apparition de la frégate *La Néréide* qui les escortait, et dont les corsaires ont sans doute eu connaissance, les a éloignés de nos côtes.

Nous avons mille grâces à rendre aux gardes nationales et troupes de ligne qui de toutes parts ont volé à notre secours. Le département avait d'abord refusé de nous en donner malgré les demandes présentées par notre directoire. Cependant il nous a envoyé de la cavalerie lorsqu'elle ne nous était plus nécessaire.

En récompense, MM. Pichard, procureur général syndic, et Luminais, administrateur, ont été nommés commissaires par le département et sont venus aux Sables exercer quelques jours la dictature et tâcher de sauver les coupables. Cela nous a paru très inconstitutionnel, parce que de tels commissaires suspendent ainsi par leur présence le pouvoir d'un corps administratif, et que nous doutons qu'un département ait le droit de déléguer ses pouvoirs à deux individus.

La famille Robert, ci-devant Lézardière, a été arrêtée à Saint-Fulgent, conduite à Montaigu et ensuite aux Sables, où l'on fait son procès; 29 particuliers sont déjà décrétés de prise de corps. Dans cette affaire, ils sont, en outre de l'attroupement, convaincus, après avoir évacué le château de la Proutière, d'avoir marché contre les Sables pour s'en emparer et les détruire; ils n'en étaient qu'à une lieue et demie et ne furent détournés de leur projet insensé que par le faux avis qu'ils reçurent qu'il était arrivé aux Sables des gardes nationales de Nantes; nous étions instruits de leur marche, et ils auraient été mal reçus ici.

Un officier présent à l'expédition de la Proutière, mais dont le patriotisme est fort suspect et qui vient de donner sa démission, a donné un journal de l'expédition à M. le procureur général; cet officier s'appelle M. Chalancey; nous vous prévenons que dans cette affaire on ne doit pas ajouter foi à cet écrit plus qu'à ceux du département de la Vendée. Nous vous ferons passer, s'il est nécessaire, le journal de M. Laverand, brave homme qui commandait en chef l'expédition dont il s'agit.

Les officiers municipaux des Sables.

Lorsque se présentèrent aux Sables les Commissaires civils Gensonné et Gallois [1], le maire Gaudin aîné, dans la série de notes à leur présenter, adoptées par la municipalité le 8 août, fit insérer cet article, à la fin [2] :

MM. les commissaires sont priés de se ressouvenir de ce que nous avons eu l'honneur de leur dire, que M. de Chalancey, ainsi qu'aucun autre officier, n'ayant mis les pieds au château de la Proutière, ne peut donner de renseignement sur le feu qui y a été mis; que l'avant-garde seule, qui est entrée dans le château et qui a aidé à sauver des effets, pourrait en avoir connaissance, mais c'est elle qui nous accuse. Tout ce que l'on peut avancer contre cet événement ne peut donc être que des faits recueillis au hasard, qui ne méritent aucune confiance.

Certifié conforme : ROUILLÉ, secrétaire.

1. Voir au chapitre suivant dans notre tome II.
2. Délibération de la municipalité des Sables du 8 août 1791.

LES POURSUITES JUDICIAIRES

Sous la pression des ardents patriotes de la municipalité des Sables, les administrateurs du district avaient dû faire entamer l'action judiciaire contre la conspiration des Nobles, en déférant la lettre anonyme adressée au marquis de Lézardière[1] à l'accusateur public. Celui-ci en fit le dépôt au greffe du tribunal dans la matinée du 29 juin[2].

Acte de dépôt.

Aujourd'hui 29 juin 1791, dix heures du matin, au greffe du tribunal du district des Sables-d'Olonne, et par-devant nous, greffier, soussigné, a comparu M° *Jacques-René-François Veillon*, gradué, accusateur public près ledit tribunal, lequel a mis et déposé entre les mains de moidit greffier soussigné :

1° Copie d'une *lettre anonyme écrite au ci-devant marquis de Lézardière*, à la Proutière, qui paraît n'être revêtue d'aucune date, rapportée certifiée conforme à la copie, qui a été envoyée à la municipalité de cette ville des Sables par M. *Laverand*, commandant du détachement, et signée *Rouillé*, secrétaire; et plus bas est écrit : « Dont copie conforme, signé *Delange* le jeune, secrétaire ;

2° La lettre d'envoi de ladite copie de la lettre ci-dessus référée, fait par M. le procureur-syndic du district de cette ville des Sables audit M° *Veillon*, comparant, en date du 28 de ce mois. Signé *Degounor* l'aîné, procureur-syndic du district des Sables. . . . .

Acte est donné du dépôt et est signé *Veillon* et *Biroché*, greffier.

Ce même jour, 29 juin, siégeant au directoire du district, les deux commissaires du département Pichard du Page et Luminais, recevaient et des officiers municipaux et des administrateurs les diverses pièces saisies et les dépositions reçues, constituaient un dossier de l'affaire de la Proutière et des troubles de l'arrondissement des Sables. Ce dossier était transmis immédiatement à l'accusateur public comme pouvant contenir « des preuves de conviction d'attroupement », délit dont, par leur arrêté même, les administrateurs commissaires se portaient dénonciateurs.

Acte de dépôt[3].

Aujourd'hui 30 juin 1791, quatre heures de relevée, a comparu *Veillon*, accusateur public,

---

1. Voir plus haut, p. 372-374.
2. Suivant acte inscrit au « Registre pour servir à transcrire les actes des dépôts criminels », que nous avons trouvé dans le grenier du greffe du tribunal civil des Sables-d'Olonne.
3. *Ibid.*

Lequel, en conséquence de la plainte par lui rendue ce jour *contre les sieurs Robert dits de Lézardière père et fils, et de Loynes*, leurs complices, fauteurs et adhérents, accusés d'attroupement séditieux avec armes, de projets d'incendie, de massacre et pillage, a mis et déposé en ce greffe et entre les mains de nousdit greffier soussigné :

1° Un mémoire ou pétition présenté par la municipalité de Talmond et autres circonvoisines, à laquelle s'étaient joints plusieurs habitants des cantons de Talmond et du Poiroux, à MM. les administrateurs du district des Sables, dressé en l'hôtel municipal de Talmond, le 25 de ce mois, signé *Maroilleau*, maire de Talmond ; *Remaud*, procureur de la commune ; *Duroussy*, maire de Saint-Hilaire-de-Talmond ; *Plissonneau*, maire de la commune du Château-d'Olonne ; *J.-J. Caillaud*, officier municipal de Talmond ; *Benartier*, officier municipal ; *Mabilly ; Le Gay*, juge de paix du canton du Poiroux ; *C. Bourau*, procureur de la commune de Saint-Hilaire-de-Talmond ; *Pellizatty* et *Girard*, secrétaire greffier ;

2° Une pétition des Amis de la Constitution de la ville des Sables aux administrateurs de district de la même ville, pour que les maisons suspectes, qui sont placées çà et là dans la campagne, soient visitées par un détachement de troupes et que les armes qui s'y trouveront rassemblées en soient enlevées ; ladite pétition signée *Cellenier, Gérard*, curé des Sables ; *M. Béliard, Jude, Pillet, Gobert ; H. Mathias*, musicien ; *Blay ; Pastoreau*, caporal-fourrier ; *Morlter, Guéral, Mainguet ; Waymel*, caporal ; *Mathurin Goquet*, fusilier ; *Rouillé (Laurent)*, tambour-major ; *Poisson, Gaudin, Beauvais ; Savarry*, grenadier ; *Boissy* (Parisien) ; *Benoist, Chaillot ; Loizel*, curé ; *Moignien, Le Hellée, G^{er} Rivière, Levé* et *D. Guignard ;*

3° Une pétition de la même Société des Amis de la Constitution auxdits sieurs administrateurs de la ville des Sables, pour les prier de prendre les moyens propres à faire rentrer dans la ville les émigrants ci-devant nobles qui en étaient sortis, et de faire passer sa pétition à l'Assemblée nationale, ainsi que celle ci-dessus référée, qui s'y trouvait jointe ; signé *Bauvais, Méguillon, Chouquet, Benoist Bécherel, Delattre Laurent, Jolly, Blanc ; Gérard*, curé ; *Godner, Gaudin* jeune, *Rouillé* jeune, *Rocher, Bermond, Gobert, Gouy ; Sourrouille*, juge de paix ; *Laisné, Gaudin, Blay, Belle-Isle, Le Page, Louis Leroy, Sabat, Lanfray, Chuquet, Belfleur, Ouvrard, Mallet ;*

4° Une lettre du sieur *Royer*, officier municipal d'Avrillé, adressée à MM. les administrateurs du district des Sables, portant, entre autres choses, qu'il devait être excité des troubles, le jour de la Saint-Jean dernière, dans la paroisse d'Avrillé, et une dénonciation contre un ci-devant grand vicaire de Luçon, pour avoir fait des fonctions publiques dans la chapelle de la Guignardière ; ladite lettre en date du 25 juin présent mois, signée *Royer*, officier municipal ; et au dos est écrit : « A MM. les administrateurs du directoire du district des Sables, aux Sables, en diligence ; »

5° Une dénonciation faite contre le sieur de Loynes, ci-devant seigneur de la Marzelle, par *le sieur Friconneau à ses concitoyens*, écrite sur papier libre, n'ayant aucune date, signée *Friconneau ;*

6° Un extrait du registre des délibérations du district des Sables de la séance du samedi 25 juin présent mois, portant l'arrêté pris par ledit directoire de district, qu'il serait envoyé des détachements de troupes de ligne et gardes nationales, l'un à la maison de la Marzelle, pour, en présence de la municipalité de la paroisse de Longeville, faire toutes les perquisitions possibles dans la maison de la Marzelle pour en enlever les armes et munitions de guerre qui s'y trouveront; l'autre, au bourg du Poiroux, pour rétablir le calme et prendre, sur la réquisition de la municipalité de ladite paroisse du Poiroux, telle mesure que la prudence suggérera; ledit arrêté en date dudit jour 25 de ce mois, sur les dix heures du soir, rapporté, signé : *C.-F. Dardel, Gillaizeau, Bouhier, Degounor* l'aîné, procureur-syndic, et *Delange* le jeune, secrétaire; et plus bas est écrit : « Pour ampliation, signé *Delange* le jeune, secrétaire; »

7° Une lettre écrite au procureur-syndic du district des Sables par le sieur *Mourin*, où il lui dénonce des rassemblements considérables de gens suspects à Boisgrolland et aux environs du Poiroux, de la Mothe-Achard et de Saint-Julien; « les voitures, dit-il, ne font que se succéder »; ladite lettre en date du 26 de ce mois, signée *Mourin;* et au dos est écrit : « A M. le procureur-syndic du district des Sables, aux Sables »;

8° Une lettre écrite à MM. les administrateurs du directoire du district des Sables par la municipalité des Moutiers, où elle les instruit qu'on lui a assuré que la Marzelle renfermait des munitions de guerre et des armes, et le dessein formé par la garde nationale des Moutiers de faire une perquisition dans cette maison, à l'effet de quoi elle demande une autorisation et des armes; ladite lettre en date du 26 de ce mois, signée *Bouhier,* maire; *Friconneau, Moreau* et *Touranchaud*, procureur de la commune; au dos de laquelle est écrit : « Très pressé, à MM. les administrateurs composant le directoire du district, aux Sables. »

9° Une lettre écrite au directoire du district des Sables par la municipalité de Beaulieu, où elle lui dénonce les alarmes répandues par les ci-devant nobles et les prêtres réfractaires parmi les gens de la campagne, pour chercher à les ameuter et à se réunir à eux; ladite lettre en date du 26 de ce mois, signée *Lansier,* maire; *Jacques Praud, Daniau* et *R. Boisliveau,* greffier;

10° Une copie de lettre anonyme écrite au ci-devant marquis de Lézardière, où on annonce un rassemblement et établissement avec invitation de s'y trouver, l'enlèvement du Roi et le bruit de son arrestation, rapporté et certifié conforme à la copie envoyée par M. *Laverand,* commandant du détachement des Sables actuellement à Avrillé, signée *Rouillé,* secrétaire; au pied de laquelle est l'extrait d'une lettre de la garde nationale des Sables, où elle annonce qu'elle s'est portée sur la Marzelle, où elle n'a trouvé qu'un billet dont elle envoie copie, lequel billet contient les intentions les plus hostiles et est anonyme; au pied duquel est écrit : « Pour ampliation, *Rouillé,* secrétaire »;

11° La lettre d'envoi, fait par le corps municipal de la ville des Sables au directoire du district de la même ville, des lettres et billets anonymes ci-dessus référés; ladite lettre d'envoi en date du 27 de ce mois, signée *Gaudin,* maire, et *Mercereau,* procureur de la commune;

12° Une lettre anonyme adressée au prieur de Longeville, contenant des arguments prêtés contre les ecclésiastiques fonctionnaires publics, finissant par ces mots : « Je suis un ami qui vous est sincèrement attaché », et au dos de laquelle est écrit : « A M. le prieur de Longeville, à Longeville. »

13° Un avis donné au directoire du district des Sables par le maire de Jard, qu'il y a sur la côte un bâtiment qui leur paraît suspect, et qu'il y a un rassemblement d'hommes, de femmes et d'enfants ci-devant nobles aux maisons de la Proutière et de Garnaud, et à l'abbaye de Boisgrolland ; en date du 21 de ce mois, signée *Bourmaud*, maire ;

14° Une lettre qui semble écrite au directoire du district des Sables par M. Laverand, commandant le détachement de troupes de ligne et gardes nationales en cantonnement à Avrillé, datée dudit lieu d'Avrillé, le 27 de ce mois, portant des détails sur la position et les forces rassemblées à la maison de la Proutière et celles réunies au camp d'Avrillé, signée *Laverand ;* dans laquelle est intercalée une copie de la lettre qui paraît avoir été écrite audit sieur *Laverand* par le ci-devant baron de *Lézardière,* au nom de tous les ci-devant gentilshommes réunis en armes dans sa maison de la Proutière, ladite copie de lettre rapportée, signée *le Baron de Lézardière au nom de tous les gentilshommes actuellement réunis en la maison de la Proutière,* en date du lundi matin 27 de ce mois, ladite copie étant écrite sur papier libre et n'étant certifiée véritable par personne ;

15° Une enveloppe de lettre, dans le revers de laquelle est écrit un billet anonyme qui paraît adressé au sieur *Baudry dit de la Vesquière* et portant sur l'adresse : « A M. *Chabanon*, aubergiste d'Avrillé, pour faire tenir, s'il lui plaît, à M. de Baudry de la Vesquière, demeurant en la maison de la Carte, paroisse de Longeville, à Longeville » ;

16° Une lettre anonyme écrite au sieur de la Bassetière, dans laquelle il est question de « faire jurer l'armée en masse et d'exécuter un projet contre la Constitution » ; au dos de laquelle est écrit : « A M. de la Bassetière, en son château de la Bassetière, près la Mothe-Achard, en Poitou », sur laquelle il n'y a qu'un timbre, duquel il ne paraît que les lettres A. R. R. et le nombre 16 en chiffres arabes, et qui a été cachetée avec de la cire rouge ;

17° Une lettre écrite par le sieur *Jaunâtre,* maire de Saint-Hilaire-de-la-Forêt, à MM. les administrateurs du district des Sables, où se trouvent consignées les alarmes que leur occasionne l'approche d'un bâtiment qui semble vouloir accoster la terre et faire un débarquement à Saint-Vincent-sur-Jard ; ladite lettre en date du 29 de ce mois, signée *Jaunâtre,* maire, et *Nicolleau,* procureur de la commune ; au dos de laquelle est écrit : « A MM. les administrateurs du district des Sables, à l'hôtel de l'administration, aux Sables » ;

18° Le procès-verbal de la perquisition faite dans les maisons de la Marzelle et de la Carte, appartenant aux sieurs de Loynes et Baudry, par le détachement de la garde nationale et des grenadiers du 84° régiment, commandés par le sieur *Laverand,* lieutenant de grenadiers, en présence de la municipalité de la paroisse de Longeville ; ledit procès-verbal rédigé par ledit corps municipal de Longeville, signé *Mouchard, Guillodon, Caillonneau, Chabanon,* maire, et *Viaud,* greffier, mais n'étant revêtu d'aucune date et n'ayant que l'heure de deux heures, lors de la perquisition faite dans ladite maison de la Carte ;

19° Une lettre écrite par le procureur-syndic du district de la Roche-sur-Yon au procureur syndic du district des Sables, par laquelle il lui annonce l'arrestation du sieur abbé *Robert*, en date ladite lettre du 29 de ce mois, signée *Tireau*, procureur-syndic du district de la Roche-sur-Yon ;

20° Une lettre qui semble avoir été écrite par la municipalité des Moutiers-les-Maufaits au directoire du district des Sables, portant des détails sur l'attroupement de la Proutière, signée *Bouhier*, maire; *Moreau* et *Friconneau ;* au pied de laquelle est une note des témoins qui peuvent être entendus et qui ont connaissance des faits, datée des Sables cejourd'hui 30 du présent mois de juin, signée *Moreau*, officier municipal ;

21° L'extrait du registre des délibérations du directoire du district des Sables de la séance du 26 de ce mois, portant l'arrêté qu'il serait donné ordre au commandant de la troupe de ligne de faire joindre un détachement de 30 hommes au détachement de troupes et garde nationale réunies à Avrillé, fait en directoire ledit jour 26 de ce mois, rapporté, signé *C.-F. Dardel, Gillaizeau, Degounor* l'aîné, procureur-syndic, et *Delange* le jeune, secrétaire ; et plus bas est écrit pour ampliation *Delange* le jeune, secrétaire ;

22° Une lettre écrite par MM. les commissaires du département de la Vendée à M. l'accusateur public, portant qu'ils lui font passer les pièces relatives aux troubles qui existent dans le district des Sables, en date de ce jour, signé *Pichard* et *L.-A. Luminais ;*

23° Un extrait du registre des délibérations du directoire du district des Sables, portant l'arrêté pris par les commissaires du département de la Vendée que les pièces relatives aux troubles qui existent dans ce district seront envoyées dans le plus court délai à l'accusateur public, et qu'elles peuvent servir de preuves de conviction d'attroupement, et que ledit arrêté servira de dénonciation ; ledit arrêté en date du 29 de ce mois, rapporté et signé *L.-A. Luminais* et *Pichard*, procureur général syndic ; et plus bas est écrit : pour ampliation, signé *Delange* le jeune, secrétaire » ;

24° Enfin la lettre dudit sieur commissaire audit accusateur public, qui contient la dénonciation faite par lesdits sieurs commissaires, en date de ce jour, signée *Pichard* et *L.-A. Luminais ;*

Duquel dépôt ledit Me Veillon comparant a requis acte que nousdit greffier lui avons octroyé pour valoir et servir ce que de raison ; lecture faite audit Me Veillon, comparant, du présent acte du dépôt, il a persisté et persiste, et s'est avec nousdit greffier soussigné auxdits Sables, les jour, mois et an que dessus ; signé Veillon, accusateur public ; Biroché, greffier.

Des arrestations ayant été faites par la garde nationale et la troupe de ligne, de nouvelles dépositions ayant été reçues et des interrogatoires faits par la municipalité et par le district, les commissaires du département déféraient à l'accusateur public, et celui-ci déposait un dossier additionnel quatre jours après.

Acte de dépôt[1].

Du 3 juillet 1791, dépôt par l'accusateur public des pièces suivantes :
1° Un extrait du registre des délibérations de la municipalité de cette ville, portant une déposition, faite à ladite municipalité par le sieur *Moreau*, officier municipal des Moutiers-les-Maufaits, des détails de l'attroupement de la maison de la Proutière, et qu'il déclare avoir été donnés à la municipalité des Moutiers par deux particuliers, l'un nommé Lestrade et l'autre Gros Jean, ledit extrait en date du 30 juin dernier, rapporté, signé Moreau, officier municipal des Moutiers-les-Maufaits; et plus bas est écrit : « Pour copie conforme au registre, signé Rouillé, secrétaire »;
2° Un extrait du registre des délibérations du directoire du district des Sables de la séance du mardi 28 juin dernier au soir, contenant la déposition du nommé Pierre *Pattau* sur l'attroupement par lui trouvé sur la route du Poiroux à Grosbreuil, signé pour ampliation Delange le jeune, secrétaire;
3° Une lettre écrite à l'accusateur public par MM. *Pichard et Luminais* commissaires du département de la Vendée, par laquelle ils lui annoncent qu'ils lui font passer l'extrait du registre du directoire portant la déposition dudit Pattau, ladite lettre en date du 30 juin dernier, signée Luminais et Pichard;
4° Une autre lettre qui paraît avoir été écrite par les mêmes commissaires audit sieur accusateur public, par laquelle ils lui annoncent qu'ils lui font passer copie de la déposition du sieur *Moreau*, officier municipal de la commune des Moutiers-les-Maufaits; ladite lettre en date du 30 juin dernier, signée Luminais et Pichard;
5° Un extrait du registre des délibérations du directoire de district, contenant que le sieur Jacques *Soindre* a été conduit audit directoire par la garde nationale, et la déclaration dudit Soindre sur l'attroupement formé à la maison de la Proutière, ledit extrait en date du 1er de ce mois, rapporté, signé Jacques Soindre; et plus bas est écrit : « Pour copie conforme, signé Delange le jeune »;
6° Le procès-verbal d'arrestation de Louis *Perraud* au corps de garde établi à Longeville, par la garde nationale de Longeville, et la déclaration faite par ledit Perraud sur l'attroupement réuni à la Proutière, ledit procès-verbal dressé par le corps municipal de la commune de Longeville, en date du 30 juin dernier, et signé Duret, Mouchard, Maussion, Hillairet; Herbert, capitaine; Chabanon, maire, et Viaud, greffier;
7° La lettre écrite par les sieurs commissaires du département de la Vendée au sieur accusateur public, portant l'envoi de la déclaration du sieur *Soindre*, et celle du nommé *Perraud*, portée à l'extrait du registre du directoire et au procès verbal dressé par la municipalité de Longeville, ci-dessus référé; ladite lettre en date du 1er de ce mois, signée L.-A. Luminais et Pichard;
8° Une lettre écrite par la municipalité de Grosbreuil, mais qu'il est im-

1. Extrait du greffe du tribunal des Sables.

possible de constater à qui elle est adressée, n'ayant aucune espèce d'indication à cet égard ; ladite lettre contenant des détails sur le rassemblement et attroupement fait à la maison de la Proutière ; lesdits détails signés *Vouneau, Bonnaud, Massé,* et *Prouteau*, maire ; au pied desquelles signatures sont des observations ; ladite lettre en date du 29 juin dernier ;

9° Une lettre qui semble écrite à l'accusateur public par les commissaires du département de la Vendée, mais n'ayant aucune adresse, contenant l'envoi d'une pièce mal à propos qualifiée de procès-verbal de la municipalité de Grosbreuil, puisqu'il paraît qu'elle n'est rien autre chose que la lettre ci-dessus référée, écrite par cette municipalité, ladite lettre en date du 1er de ce mois, signée L.-A. Luminais et Pichard ;

10° Une lettre écrite à M. Gaudin, maire de cette ville des Sables, par la dame *Gaudin de Loynes*, par laquelle elle réclame une jument sur laquelle était monté un domestique qui a été arrêté et conduit en la chambre d'arrêt de ce tribunal ; ladite lettre n'étant revêtue d'aucune date ; signée Gaudin de Loynes ; au dos de laquelle est écrit : « A M. Gaudin, maire des Sables, aux Sables » ;

11° Une lettre qui semble écrite audit accusateur public par MM. les administrateurs composant le directoire de district des Sables, portant l'envoi de la lettre de ladite dame de Loynes au sieur Gaudin, maire, ci-dessus référée ; ladite lettre en date de ce jour ; signée C.-F. Dardel, Gillaizeau ; Degounor l'aîné, procureur syndic, et Delange le jeune, secrétaire ;

12° Une lettre écrite audit accusateur public par le directoire du district des Sables, par laquelle il prévient ledit accusateur public que le nommé *Scipion, nègre, cuisinier de la Proutière*, a été conduit à la geôle ; ladite lettre en date de ce jour ; signée Dardel ; Degounor, procureur syndic, et Delange le jeune, secrétaire. . . . . . . (dont dépôt fait les jour et an que dessus).

ARRESTATION DU BARON DE LÉZARDIÈRE, DE SES FILS ET DE BAUDRY DE LA VESQUIÈRE

Le baron de Lézardière et trois de ses fils s'étaient enfuis dans une voiture, que leur avait prêtée leur ami Baudry de la Vesquière. Celui qu'on appelait l'abbé de Lézardière, élève au séminaire de Saint-Sulpice, diacre depuis peu, fut arrêté, le 29 juin, le premier, cherchant à rejoindre son père et ses frères ; le district de la Roche-sur-Yon le fit garder à vue. Le district de Montaigu reçut les autres, reconnus dans la nuit du 29 au 30 juin à Saint-Fulgent et ramenés par la garde nationale. En vertu d'un arrêté, signé du vice-président Moisgas et du secrétaire Faverou, les quatre ci-devant nobles et le domestique qui conduisait leur voiture furent écroués dans la prison du tribunal du district. Un des juges, Brunet, leur fit subir à chacun un interrogatoire, et, sur les conclusions du commissaire du Roi J.-V. Goupilleau, de l'avis de l'accusateur public Dugast, les cinq prévenus, « Robert père et fils et le nommé Villeneuve », le tribunal décida, par jugement du 1ᵉʳ juillet, que « lesdits sieurs seraient transférés des prisons de Montaigu dans celles des Sables, le procès commencé contre eux devant être suivi par le tribunal du district des Sables-d'Olonne[1]. »

Les prisonniers, désarmés d'un sabre et d'une vieille épée, furent confiés au brigadier de la gendarmerie nationale, Bidault, qu'accompagnait un détachement de maréchaussée, de cavalerie et de garde nationale, grossi à la Roche-sur-Yon, où le quatrième fils du baron fut réuni à ses frères.

Les autorités des Sables avaient été avisées, dès le 1ᵉʳ juillet, de l'arrestation de Robert de Lézardière, par un garde national à cheval que les administrateurs de Montaigu lui avaient expédié en toute hâte. Des préparatifs furent faits pour les recevoir ailleurs que dans la prison ordinaire.

Les prisonniers arrivèrent, le 4 juillet, à dix heures du matin. Le directoire du district requit la municipalité de les recevoir et mettre en lieu de sûreté, ainsi qu'un de leurs complices, celui-là même qui leur avait procuré la voiture.

René-Gabriel Baudry, ci-devant de la Vesquière, avait été arrêté le 3. Les officiers municipaux de la commune de Longeville, sur le territoire de laquelle était situé son château de la Carte, l'avaient fait amener aux Sables avec une escorte de garde nationale commandée par le citoyen Pommeray[2]. Interrogé le soir même, à dix heures, au district, il avait déclaré[3] :

Le samedi 25 juin, vers cinq heures du soir, arrivent chez lui les sieurs de Loynes et Du Chaffault, qui l'effrayèrent lui et sa femme, lui disant qu'il fallait partir sur-le-champ pour ne pas être exposés à être égorgés, s'ils restaient. Ils s'équipèrent sur-le-champ, et se rendirent avec eux à la Marzelle, où ils arrivèrent vers huit heures du soir. Après soleil couché, ils en partirent et rencontrèrent au Pont-Vieux, le sieur Chesnelière et son épouse, dans une voiture, avec la dame de Loynes, sa fille et l'épouse dudit Baudry et sa fille, ils firent route tous ensemble pour Boisgrolland, où ils arrivèrent vers minuit et demi. Le lendemain dimanche, ils se rendirent à la Proutière, où ils sont restés jusqu'au mardi matin. Il en partit, entre cinq et six heures, pour se rendre à la Moricière (de Nieul). Pendant son séjour à la Proutière, il a vu, dans la forêt, une troupe de paysans armés. Il y avait, en outre, le sieur

---

1. D'après l'acte de dépôt aux Sables, du 4 juillet, donné plus loin, p. 442.
2. Pommeray, volontaire au premier bataillon de la Vendée en décembre 1791, devait se trouver en congé dans son pays natal, au mois de mars 1793, et devenir, au mois de septembre de cette année, chef du bataillon de la levée en masse des districts des Sables et de la Roche-sur-Yon. (D'après le procès-verbal du 10 septembre, que nous donnerons dans la seconde partie de cet ouvrage, *La Vendée patriote*.)
3. Reg. des délibérat. du district des Sables, à la date. Arch. de la Vendée.

Baudry aîné de la Burcerie, le sieur de l'Aumondière, le sieur Vaugiraud et ses fils, les deux Masson, les deux Gazeau de l'Audière, le sieur d'Archiais le jeune, le sieur Hémery, et autres ; tous étaient armés ; mais il n'était pas du nombre de ceux qui ont marché jusqu'au moulin Moizeau[1].

Cette explication du rassemblement des gentilshommes et l'excuse personnelle du prévenu ne furent pas admises. L'arrestation fut maintenue et Baudry emprisonné, en même temps que l'accusateur public adressait au greffe du tribunal les pièces le concernant, ainsi que d'autres, transmises par le lieutenant Laverand, commandant de l'expédition dans les châteaux, et relatives à l'ensemble de la conspiration étouffée.

Acte de dépôt[2].

Aujourd'hui 4 juillet 1791 une heure et demie de relevée, au greffe du tribunal du district des Sables-d'Olonne et par devant nous greffier soussigné, a comparu Me Jacques-René-François Veillon, gradué, accusateur public près ledit tribunal, lequel, en conséquence de la plainte par lui rendue le 30 juin dernier contre les sieurs *Robert dit Lézardière père et fils* et de *Loynes*, leurs complices, fauteurs et adhérents, accusés d'attroupements séditieux avec armes, de projets d'incendie, de massacre et pillage, a mis et déposé en ce greffe et entre les mains de nousdit greffier soussigné :

1° Copie du procès-verbal d'arrestation du sieur *René Baudry* et contenant la déclaration faite par ledit sieur *Baudry*, lors de son arrestation, ledit procès-verbal dressé à l'hôtel du maire de la paroisse de Longeville en date du 3 juillet présent mois, rapporté, signé : *Chabanon*, maire ; *Guillaudeau, Brianceau, Tiffonet, Pommeray, Maussion, Girard* et *Viaud*, secrétaire, et plus bas est écrit pour copie conforme, signé *Delange* le jeune, secrétaire ;

2° Un extrait du registre des délibérations du directoire du district des Sables de la séance du 3 juillet présent mois, dix heures du soir, portant la conduite du sieur *Baudry dit de la Vesquière* audit directoire par le sieur *Pommeray* et autres gardes nationales, la déclaration faite audit directoire par ledit sieur *Baudry*, et de l'arrêté pris en conséquence par ledit directoire, ledit extrait signé : pour ampliation, *Delange* le jeune, secrétaire ;

3° La lettre écrite par le procureur syndic du district des Sables audit sieur accusateur public comparant, portant l'envoi du procès-verbal d'arrestation dudit sieur *Baudry* et de sa déclaration ou interrogatoire ci-dessus référé, ladite lettre en date du 4 de ce mois, signée *Degounor*, procureur-syndic et plus bas *Delange* le jeune, secrétaire ;

4° Un extrait du registre des délibérations dudit directoire de district

---

1. Délibér. du district des Sables, à la date. — Cette déclaration a été insérée dans le *Journal d'un Fontenaisien*, de M. A. Bitton, *Revue du Bas-Poitou*, 1re liv. de 1790.
2. Extrait du registre trouvé au greffe du tribunal des Sables.

de la séance du lundi 4 juillet présent mois, portant que le sieur *Laverand*, commandant des détachements réunis à Avrillé, a apporté au directoire deux lettres, l'une écrite au ci-devant *marquis de Lézardière* saisie sur le nommé *Sorret*, l'autre écrite audit sieur *Laverand* par le ci-devant *baron de Lézardière*, ensemble un billet trouvé dans la maison de la Marzelle, paroisse de Longeville, et trois moules à balles, dont un cassé, ainsi qu'un couteau, portant encore l'arrêté que lesdites lettres, billet, moules à balles et couteau seront envoyés à l'accusateur public, ledit extrait signé : pour ampliation *Delange* le jeune, secrétaire ;

5° Une lettre écrite par le ci-devant *baron de Lézardière au nom des gentilshommes réunis à la Proutière* qui paraît avoir été adressée au commandant *Laverand*, commandant les détachements réunis à Avrillé, mais n'ayant aucune adresse, datée du lundi matin 27 juin dernier et signée *le baron de Lézardière*, au nom des gentilshommes actuellement réunis à la Proutière ;

6° Une lettre anonyme écrite de deux écritures différentes, n'ayant aucune espèce de date, sur le repli de laquelle est écrit : « à M. le *marquis de Lézardière*, à la Proutière », et sur l'autre repli est aussi écrit : « Il n'y a point de peaux ici pour guêtres, il en viendra de Fontenay lundi ou mardi » ;

7° Un billet également anonyme sans aucune espèce de date ni d'adresse, dans lequel on annonce le départ du Roi et de la Reine de France et la commotion qu'occasionne ce départ, ayant en deux endroits différents des réticences marquées par des points, ledit billet écrit sur un carré de papier[1] ;

8° Une lettre écrite à l'accusateur public par les administrateurs du directoire du district des Sables, portant envoi des lettres et billets ci-dessus référés, ladite lettre en date du 4 de ce mois, signée *Degounor* l'aîné, procureur-syndic et *Delange* le jeune, secrétaire ;

9° Un extrait du registre des délibérations dudit directoire de district de la séance du 4 juillet, présent mois, deux heures de relevée, portant que les sieurs *Robert dit Lézardière père et fils* et le nommé *Villeneuve* ont été conduits au directoire, et l'arrêté dudit directoire par lequel il arrête que les lettres et procédures criminelles commencées contre les sieurs *Robert père et fils* et le nommé *Villeneuve* seront envoyées au greffier du tribunal du district des Sables, à qui elles sont adressées, et que la municipalité sera chargée de procurer auxdits sieurs Robert père et fils un lieu d'arrêts où leurs personnes seront en sûreté ; ledit extrait rapporté signé au registre *C.-F. Dardel, Gillaizeau, Degounor*, procureur syndic, et *Delange* le jeune, secrétaire, signé pour ampliation, *Delange* le jeune, secrétaire ;

10° Une lettre, que ledit M° *Veillon* nous a déclaré lui avoir été écrite par le directoire du district des Sables, portant l'envoi de l'arrêté pris par ledit directoire au sujet desdits sieurs *Robert père et fils*, ci-dessus référé, ladite lettre signée *Dardel, Gillaizeau, Degounor* l'aîné, procureur-syndic, et *Delange* le jeune, secrétaire, et en date du jour d'hier, mais n'ayant aucune espèce d'adresse ;

11° Enfin, trois moules à balles, dont l'un, presque encore dans son neuf,

---

1. Il s'agit du billet cité plus haut, p. 381.

a une des mâchoires cassées, et un couteau à manche d'ébène, ayant sur le dos dudit manche un tire-bouchon, ledit manche ayant des moulures de chaque côté ;

Duquel dépôt ledit M⁰ *Veillon* a requis acte que nousdit greffier soussigné lui avons octroyé pour valoir et servir ce que de raison ; lecture faite audit M⁰ *Veillon* du présent acte de dépôt, il y a persisté et persiste et s'est, avec nousdit greffier, soussigné, auxdits Sables les jour, mois et an.

Signé : VEILLON, accusateur public ; BIROCHÉ, greffier.

Le même jour, une heure et demie plus tard, le maire et les officiers municipaux des Sables procédèrent eux-mêmes à l'emprisonnement du baron Robert de Lézardière et de ses fils.

Procès-verbal municipal [1].

Aujourd'hui, 4 juillet 1791, trois heures de relevée, dans l'assemblée des officiers municipaux de la ville des Sables, tenue à la Maison commune.. ;

En vertu d'une lettre missive, en date de ce jour, du directoire du district des Sables, signée *Dardel, Gillaizeau*, administrateurs ; *Degounor* l'aîné, procureur-syndic, et *Delange* l'aîné, secrétaire ;

Nous avons mis en état d'arrestation et conduit en la maison connue sous le nom de la Coupe, située en cette ville, rue du Port, que nous avons choisie pour prison provisoire, attendu le peu d'étendue et même de sûreté de la prison ordinaire de cette ville, d'ailleurs presque entièrement remplie d'autres prisonniers, les personnes des sieurs *Robert ci-devant Lézardière*, ses quatre enfants et le nommé *Villeneuve*, qui ont été conduits en cette ville par des détachement de dragons, gardes nationaux et gendarmes nationaux ;

Lesquels six prisonniers, rendus à ladite maison de la Coupe, ont été déposés dans la chambre qui leur était destinée, une autre à côté, et, comme celle au troisième étage est occupée par un autre prisonnier qui y a été conduit par ordre du directoire du district, outre les précautions prises par la Municipalité pour rendre les deux chambres le plus sûres possible, et ôter aux prisonniers les moyens de s'évader, elle a établi le sieur Joyau pour concierge de ladite prison et une garde de 12 hommes, 6 de la garde nationale et 6 du 84⁰ régiment en garnison dans cette ville, qui veillent, par des sentinelles posées au besoin, à la sûreté des prisonniers, auxquels deux de nous avons fait ôter un jonc à poignée d'or, six couteaux, trois canifs et leurs tire-bouchons, appartenants aux sieurs Robert, et, après qu'il a été constaté par visite exacte qu'il ne leur est resté aucune arme ni instrument nuisible, nous les avons abandonnés et confiés à la garde dudit sieur Joyau, qui s'en est chargé et s'est avec nous soussigné.

1. Extrait du 4ᵉ reg. des délibérations du conseil général de la commune des Sables.

Dans la même prison que lesdits prisonniers est le sieur Baudry, ci-devant de la Vesquière, demeurant à la Carte, près Longeville.

Signé : Gaudin, maire ; Boulineau, Palvadeau, Delange, Bécherel, Mercereau, procureur de la commune ; Rouillé, secrétaire.

Le reçu des prisonniers et des pièces judiciaires de leur arrestation sur le territoire du district de Montaigu fut délivré au brigadier chargé de les amener.

Acte de dépôt [1].

Aujourd'hui, 4 juillet 1791, trois heures de relevée, au greffe du tribunal des Sables-d'Olonne, a comparu le sieur Charles *Bidault*, brigadier de la gendarmerie nationale à la résidence de Montaigu, lequel a remis audit greffe et entre les mains de moidit greffier soussigné, une liasse de pièces en expédition des actes de procédure faits au tribunal de district de Montaigu à l'encontre des sieurs *Robert dit Lézardière père et fils* et du nommé *Villeneuve*, qu'il m'a déclaré lui avoir été remise par le sieur *Trastour*, greffier dudit tribunal du district de Montaigu, laquelle liasse suivant l'inventaire joint auxdites pièces :

1° Grosse de l'extrait du registre des délibérations du directoire du district de Montaigu de la séance du jeudi 30 juin dernier contenant l'arrêté pris par ledit directoire de district, portant que lesdits sieurs *Robert père et fils et le domestique qui les conduisait* seraient mis en état d'arrestation, ledit extrait, en date dudit jour 30 juin dernier, rapporté, signé pour ampliation *Moisgas*, vice-président et *Faverou*, secrétaire ; signé en grosse *Trastour*, greffier ; ledit extrait coté, sur la marge de la première page, de la lettre A ;

2° Grosse de l'acte d'écrou des sieurs *Robert dits Lézardière* père et fils et du nommé *Villeneuve*, dans les prisons du tribunal de Montaigu, dressé par *Royer*, huissier audiencier du même tribunal en date du 30 juin dernier, rapporté, signé pour copie conforme à l'original *Deniau*, signé en grosse *Trastour*, greffier, coté à la première page de la lettre B ;

3° Grosse du rapport de l'exploit de signification faite auxdits sieurs *Robert père et fils* et au nommé *Villeneuve* de l'acte d'écrou fait de leur personne, ledit exploit de *Royer*, sergent du tribunal de Montaigu en date dudit jour 30 juin dernier, rapporté, signé *Royer*, enregistré au bureau de Montaigu le premier de ce mois par *Veraut ;* signé en grosse *Trastour*, greffier, coté, sur la marge de la première page, de la lettre C ;

4° Grosse de l'interrogatoire subi par le sieur *Louis-Jacques-Gilbert-Robert Lézardière*, pris par le sieur *Brunet*, l'un des juges du tribunal de district de Montaigu, ledit interrogatoire en date du 30 juin dernier sur les une heure de relevée, signé en grosse *Trastour*, greffier, et coté, sur la première page, de la lettre D ;

5° Grosse de l'interrogatoire subi par le sieur *Jacques-Paul-Toussaint-*

---

[1]. Extrait du registre trouvé au greffe du tribunal civil des Sables-d'Olonne.

Robert, fils aîné du sieur Robert Lézardière, pris par le sieur *Brunet*, juge du tribunal de district de Montaigu, ledit interrogatoire n'étant revêtu en tête d'icelui que de la date de l'année et de l'heure, mais étant rapporté à la fin d'icelui en date du 30 juin dernier, signé en grosse *Trastour*, greffier, et coté, sur la marge de la première page, de la lettre E ;

6° Grosse de l'interrogatoire subi devant ledit sieur *Brunet*, juge du tribunal de Montaigu par le sieur *Sylvestre-Joachim-Robert*, troisième fils du sieur Robert Lézardière, en date du 30 juin dernier, sur les trois heures et demie du soir, ledit interrogatoire rapporté, signé à la minute *Lézardière, troisième fils*, M. *Richard Jaqueneau*, ci-devant sacriste, *Brunet* et *Trastour*, greffier, mais n'étant, sur ladite grosse, revêtu d'aucune signature et étant coté, sur la marge de la première page, de la lettre F ;

7° Grosse de l'interrogatoire subi devant ledit sieur *Brunet*, juge dudit tribunal de Montaigu, par le nommé Jacques *Villeneuve*, domestique du sieur *Guerry*, portant en tête la date de la présente année et l'heure de six heures du soir sans qu'il soit fait mention du mois et du quantième, mais rapporté à la fin d'icelui en date du 30 juin dernier et signé à la minute *Brunet*, signé en grosse *Trastour*, greffier, coté, sur la marge de la première page, de la lettre G ;

8° Grosse des conclusions du commissaire du Roi dudit tribunal de Montaigu tendantes au renvoi desdits sieurs *Robert père et fils* et du nommé *Villeneuve*, devant les juges qui en doivent connaître, en date du 30 juin dernier, rapporté, signé J.-V. *Goupilleau*, signé en grosse *Trastour*, greffier, coté, sur la marge de la première page, de la lettre H ;

9° Grosse de l'avis de l'accusateur public près ledit tribunal de Montaigu tendant à fin de renvoi devant les juges qui en doivent connaître, en date dudit jour 30 juin dernier, rapporté, signé *Dugast*, signé en grosse *Trastour*, greffier, et coté, sur la marge de la première page, de la lettre J;

10° Grosse du jugement rendu par le tribunal du district de Montaigu contre lesdits sieurs *Robert père et fils* et le nommé *Villeneuve*, portant que lesdits sieurs *Robert père et fils* et le nommé *Villeneuve* seront transférés des prisons de Montaigu dans celles du tribunal de district des Sables, et que le procès commencé contre eux sera suivi par ledit tribunal de district des Sables, ledit jugement en date du 1er de ce mois, signé à l'expédition *Trastour*, greffier, enregistré à Montaigu le 4 juillet présent mois, par *Hérault*, et coté, sur la première page et en marge d'icelui, de la lettre K ;

11° Enfin, grosse de l'inventaire de toutes lesdites pièces ci-dessus référées, dressée par M° *Trastour*, greffier du tribunal de district de Montaigu en date du deux de ce mois, rapportée, signée à la minute *Trastour*, greffier, signée en grosse *Trastour*, greffier et cotée, à la marge de la première page, de la lettre L.

Comme aussi ledit sieur Charles *Bidault* a remis audit greffe et entre mes mains un sabre nu et une vieille épée, compris en l'inventaire ci-dessus référé, ledit sabre avant d'être dépouillé de son fourreau servant de canne, ayant la poignée garnie de peau de mouton jaune avec des entourages de peau de mouton rouge et de fils de cuivre rouge blanchi, sur laquelle poignée il y a des clous de cuivre jaune blanchi enfoncés çà et là et à l'un desquels est attachée une petite chaîne aussi de cuivre blanchi et ledit sabre étant à la pointe tranchant des deux côtés, et ladite épée ou colismarde ayant une monture en fer, le milieu entouré de fils d'argent ou cuivre blanchi si peu serrés l'un à l'autre que le bois s'aperçoit en différents endroits, ladite monture ayant une sous-garde à ressort, ladite épée étant tranchante des deux côtés, d'un bout à l'autre, ayant un fourreau en cuir coupé d'un côté d'environ un demi-pouce et de l'autre d'environ deux pouces, et auquel il manque un des anneaux qui doivent tenir ladite épée suspendue.

De tout quoi, moidit greffier soussigné ai dressé le présent acte pour valoir et servir ce que de raison et me suis, en foi de ce, soussigné.

BIROCHÉ, greffier.

Dans l'après-midi du 5 juillet, le frère du baron Robert de Lézardière, le maréchal de camp Robert de la Salle, muni d'un passeport régulier, délivré par la municipalité de Luçon, se présentait au directoire du district des Sables. Il demandait une escorte de quatre cavaliers pour rechercher son frère, Robert de la Vérie, et sa belle-sœur, qui, « depuis l'incendie de leur demeure (Garnaud), erraient dans les bois, exposés à y mourir de faim et de maladie, vu l'état d'infirmité de ces personnes. » Les administrateurs s'empressaient de donner, au chef du détachement resté à Avrillé, « l'ordre d'opérer la recherche des deux personnes ci-dessus, avec tous les égards dus au malheur de leur état et de les conduire en tout lieu du district qu'elles lui désigneraient[1]. » Mais, le lendemain, Robert de la Salle était arrêté comme l'un des principaux « fauteurs et complices de la conjuration Lézardière ».

Délibération de la municipalité des Sables[2].

Sur les cinq heures du soir, ladite municipalité assemblée, en vertu d'un réquisitoire de M. l'accusateur public en date de ce jour, signé Vcillon, tendant à mettre en état d'arrestation le sieur La Salle, avons requis le chef du poste placé à la maison d'arrêt de se transporter à l'auberge de la Coupe d'Or, avec cinq fusiliers, pour se saisir de la personne ci-dessus désignée et la conduire dans la chambre d'arrêt où est détenu le sieur Baudry ci-devant de Vesquière.

Fait et arrêté le 6 juillet 1791, l'an IV de la liberté.

Signé : GAUDIN, maire; PALVADEAU, DELANGE;
MERCEREAU, procureur de la commune.

Le 5, presque en même temps que leur oncle, les deux filles du

1. Délibér. du district, aux Arch. de la Vendée.
2. 4ᵉ reg. de la mairie des Sables.

baron, Pauline et Louise, s'étaient adressées au district pour « réclamer la liberté de leurs deux plus jeunes frères », dont l'un, Charles, n'avait pas quinze ans; l'autre, dit l'abbé, en avait à peine vingt. Il fut répondu à ces demoiselles « que l'affaire étant entre les mains du tribunal, c'était donc aux juges qu'elles devaient se pourvoir à cet égard[1]. » Les deux jeunes gens leur furent rendus, sans doute grâce au commissaire du roi Mercier de Plantibaud et au juge Bréchard.

Le baron Robert de Lézardière et ses deux fils, prisonniers, firent présenter, le 6 août, au maire et au conseil général de la commune, une requête sur diverses incommodités qu'ils éprouvaient dans leur emprisonnement. Les officiers municipaux, appelés par le maire à en délibérer, arrêtèrent « que l'on ne ferait aucun droit à leur requête, à l'exception de sortir de la chambre pour aller aux latrines[2]. »

Trois jours plus tard, après une assez longue discussion, la municipalité prit cette décision[3] :

Consigne du poste de la prison.

1° MM. les chefs du poste auront la plus grande attention à ne laisser communiquer personne avec les détenus, si ce n'est leurs conseils qui, après avoir justifié leur qualité, auront libre entrée de la prison;

2° Les vivres qui seront fournis aux détenus seront visités par le geôlier pour s'assurer s'il ne s'est point glissé quelque lettre ou papier ou autre chose contre l'ordre, lesquelles choses, s'il s'en trouve, seront arrêtées et remises à la municipalité;

3° Attendu les grandes chaleurs et tant qu'elles dureront, les fenêtres des deux chambres les plus hautes de ladite prison seront ouvertes pendant tout le jour, si les détenus le désirent, et, pendant la nuit, les guichets, qui sont aux fenêtres desdites deux chambres, seront également ouverts, mais les fenêtres des deux chambres basses ne seront ouvertes, attendu leur peu d'élévation, que pendant le repas des détenus;

4° Les prisonniers pourront aller aux latrines pendant le jour et non pendant la nuit, et il leur sera fourni des commodes qu'ils feront vider par leur domestique;

5° Il sera permis aux dames Robert, femmes, filles et sœurs de quelques détenus, d'entrer dans la chambre où sont les sieurs Robert, de même que leurs neveux, trois fois la semaine, et d'y rester une demi-heure chaque fois, soit le soir, soit le matin, mais leurs visites seront en présence de la garde, et leurs conversations se feront à haute voix;

6° Le perruquier aura la liberté de communiquer avec les détenus pour les raser ou accommoder, en prenant la précaution nécessaire de la part du geôlier pour s'assurer qu'il ne leur porte point d'armes ou autres choses prohibées;

1. Délib. du district.
2. Délibération du 6 août, signée Gaudin, maire, Delange et Palvadeau.
3. Délib. du 9 août, reg. de la mairie des Sables.

7° Le geôlier ne confiera à personne les clefs des prisons et fera lui-même l'ouverture des portes et les fermera ;

8° Si quelqu'un des détenus était ou devenait malade, le médecin, chirurgien ou apothicaire qu'ils appelleront, pourront entrer dans ladite prison, mais en représentant au geôlier une permission de la municipalité ;

9° Les chefs de poste ne s'absenteront point et ne laisseront s'absenter aucun soldat sans leur permission, et ne la donneront jamais qu'à un seul à la fois, pour rentrer à son poste dans le temps qu'il lui prescrira ;

10° Si quelque soldat s'enivrait étant de garde, le chef de poste en ferait son rapport à la municipalité.

Considérant le local, la municipalité ne peut, sans compromettre la sûreté des prisonniers, leur donner plus de facilités ou moyens. Elle arrête que les articles compris en la présente consigne seront exécutés jusqu'à ce que quelque circonstance nécessite d'y faire quelques changements.

Sera la présente mise dans le corps de garde afin que la garde et le geôlier s'y conforment.

Signé : Delange, Duget, Guénier, Bécherel ;

Palvadeau, suppléant le procureur de la commune.

Dans la prison ordinaire de la ville continuaient à être enfermés les individus non nobles, dont l'arrestation faite par les gardes nationaux et soldats était maintenue après interrogatoire à la mairie et devant le directoire du district. Les dernières déclarations et dépositions reçues furent enregistrées le 7 juillet [1].

Acte de dépôt.

Aujourd'hui 7 juillet 1791, onze heures du matin, au greffe du tribunal du district des Sables et par devant nous, greffier soussigné, a comparu Mᵉ Jacques-René-François *Veillon*, gradué, accusateur public près ledit tribunal, lequel, en conséquence de la plainte par lui rendue le 30 juin dernier contre les sieurs *Robert dit Lézardière* père et fils et de *Loynes*, leurs complices, fauteurs et adhérents, accusés d'attroupements séditieux avec armes, de projets d'incendie, massacre, pillage et contre-révolution, a mis et déposé en ce greffe et entre les mains de nousdit greffier, soussigné :

1° Un procès-verbal dressé par le corps municipal de la ville et communauté de Talmont, contenant la déclaration faite par les nommés Pierre *Lestrade* et Jean *Limouzin* pour servir d'ajouté aux dépositions par eux faites au district des Sables ; ledit procès-verbal en date du 2 de ce mois, signé : *Maroilleau*, maire, *Remaud*, procureur de la commune, et *Girard*, secrétaire greffier.

2° Un extrait du registre des délibérations du directoire du district des Sables de la séance du 5 juillet présent mois, portant que les nommés Pierre

---

[1]. C'est du moins le dernier acte de dépôt que nous ayons trouvé dans le grenier du tribunal des Sables. Il n'existe, au greffe du tribunal de Fontenay-le-Comte, non plus qu'aux Archives départementales de la Vendée, aucune trace de l'information du procès Robert de Lézardière.

Trichet et Jean *Picaud*, domestique et garde-bois du sieur Robert dit Lézardière y ont été conduits, ensemble l'arrêté du directoire portant que lesdits *Trichet* et *Picaud* seront mis en état d'arrestation, ledit extrait signé : pour ampliation, *Delange* le jeune, secrétaire;

3° La lettre d'envoi des pièces ci-dessus référées, écrites par ledit directoire du district des Sables et que ledit M° comparant a déclaré lui avoir été adressée, ladite lettre n'ayant aucune adresse, étant en date du 5 de ce mois, signée : *Dardel, Bouhier, Degounor* l'aîné, procureur-syndic et *Delange* le jeune, secrétaire.

4° Un extrait du registre des délibérations dudit directoire du district, de la séance du mercredi 6 de ce mois, portant une dénonciation faite audit directoire du district par le sieur *Royer*, officier municipal de la paroisse d'Avrillé contre le sieur Pierre *Bareil*, maire de ladite paroisse d'Avrillé, et les indications pour se procurer les preuves des faits par lui dénoncés, ensemble l'arrêté pris par ledit directoire que copie de la délibération serait envoyée à l'accusateur public, ledit extrait rapporté, signé des administrateurs et procureur-syndic du district des Sables et signé : pour ampliation, *Delange* le jeune, secrétaire.

5° La lettre d'envoi dudit extrait portant dénonciation contre le sieur *Bareil*, maire d'Avrillé, écrite par les administrateurs du directoire du district des Sables et que ledit M° *Veillon* a déclaré lui avoir été adressée n'ayant aucune adresse, étant en date du jour d'hier 6 de ce mois, signée : *Dardel, Gillaizeau, Bouhier, Degounor* l'aîné, procureur-syndic et *Delange* le jeune, secrétaire.

Duquel dépôt ledit M° *Veillon* a requis acte que nousdit greffier lui avons octroyé pour valoir et servir ce que de raison, lecture faite audit M° *Veillon* du présent acte de dépôt, il a persisté et persiste, et s'est, avec nousdit greffier, soussigné, auxdits Sables, lesdits jour, mois et an que dessus.

VEILLON, accusateur public ; BIROCHÉ, greffier.

ARRESTATION DE COMPLICES DES LÉZARDIÈRE

Plusieurs des nobles et prêtres, cités comme ayant fait partie du rassemblement de la Proutière, se voyant traqués par les gardes nationales patriotes, essayèrent d'émigrer vers les îles anglaises de Jersey et de Guernesey, où déjà était formé, par les réfugiés de Bretagne, un centre très actif de contre-révolution. Ils s'embarquèrent sur une chaloupe, chargée de sel, qui, longeant la côte vendéenne, s'arrêta en vue de Noirmoutier, où elle fut surprise.

Au Président de l'Assemblée nationale[1].

De la Fosse, paroisse de Barbâtre, île de Noirmoutier, le 3 août 1791.

Les habitants du petit hameau nommé la Fosse en la paroisse de Saint-Nicolas de Barbâtre, île de Noirmoutier, département de la Vendée, ont

1. Arch. nat. Dxxxi[b], pièces secrètes, liasse 351.

l'honneur de vous exposer et à Messieurs de l'auguste Assemblée nationale, que de légers indices leur donnèrent à penser, le 29 du mois dernier que, dans le bâtiment commandé par un nommé Pierre Guérin, affourché sur ses ancres près du pont de Fromentine, à côté de leurs réduits, il y avait plusieurs émigrants.

Dans cette idée, ils se seraient, sur l'avis du capitaine des gardes nationales de ce canton, armés de fusils, sabres, faux et bâtons, au nombre de vingt et quelques. Après avoir été pleinement convaincus qu'en effet il existait des émigrants à bord de ce bâtiment nommé *la Mignonne*, ils se seraient décidés à s'embarquer dans deux petites chaloupes pour aller les y trouver. Arrivés et comptés de tribord à bâbord, plusieurs de nous auraient volé dans le bâtiment et se seraient tous mis en devoir de se défendre en cas de révolte ou rébellion. Ces émigrants étaient dans la cale, sur du sel, renfermés par les panneaux dont le capitaine Guérin avait été prié de faire ouverture ; sur son refus, un de nous fut obligé de la faire.

Nous aperçûmes de suite des personnes à nous inconnues, qui déclarèrent ne vouloir faire aucune résistance. Nous aurions pris le parti de les en faire sortir et embarquer un à un, avec le capitaine, dans nos chaloupes. Nous les mîmes à terre et ensuite nous les conduisîmes dans une maison voisine, de là à la municipalité du lieu, sans qu'il se soit élevé aucun différend. Le calme, la paix et la tranquillité ont été le partage de tout le monde. Cependant de temps en temps on criait : Vive la Nation !

Arrivés à cette municipalité de campagne, elle a interrogé ces émigrants, qui se sont trouvés être un prêtre, quelques gentilshommes jadis, et autres ; et, attendu qu'elle se trouvait gênée pour le logement et le secours pour la vie, elle les a renvoyés au chef-lieu de canton, distant de la prise de trois lieues, où nous les avons conduits, entre onze heures et minuit. La municipalité les a encore interrogés et a ordonné qu'ils seraient transférés au district de Challans avec leurs effets, or et argent, où partie de nous et de gardes nationaux du canton les conduisirent le 31 de ce mois.

Nous ajoutons que, pour éviter le pillage qui aurait pu avoir lieu à bord du bâtiment, nous aurions eu la précaution d'y établir quatre gardes ou veillants, qui en ont été relevés par des marins, qui sont venus le prendre pour le rendre au port de Noirmoutier.

Nous avons l'honneur de vous assurer, Messieurs, que nous préférerions plutôt mourir que de laisser échapper de nos mains les émigrants et le capitaine qui cherche à les passer dans les pays étrangers pour nous être funestes un jour.

Nous avons l'honneur de demander aux représentants de la Nation s'il y a lieu à confiscation du bâtiment en question et du sel qui y était. Dans ce cas, nous osons vous prier, Messieurs, de fixer vos vues paternelles sur de pauvres malheureux insulaires qui, malgré leurs rudes et pénibles travaux, du moins la majeure partie de nous, manquent de pain et de tout secours à la vie au moins la moitié de l'année ; qui, malgré cela, et les uns comme les autres, soussignés, sont et seront toujours voués de cœur et d'inclination à l'exécution entière de vos sages et immortels décrets ; vous observant, en outre, que le propriétaire du bâtiment et de la cargaison était à bord, et

qu'il a été arrêté sur les côtes de la Barre-de-Monts et conduit à Challans.
Nous avons l'honneur d'être, Monsieur le Président, vos très humbles et très obéissants serviteurs,

Signé : Charles PALVADEAU, *capitaine de la garde nationale ;* Charles BAUXEAU, *sous-brigadier des douanes nationales ;* Charles LEROUX, *des douanes nationales.*

Les émigrants, conduits à l'Aiguillon-sur-Vie, furent remis aux autorités du district de Challans. Celles-ci constatèrent judiciairement qu'ils étaient des fugitifs du rassemblement de la Proutière, et en conséquence les adressèrent au tribunal des Sables, au nombre de neuf : Baudry de la Burcerie ; Charles, Théodore et Marie-Désiré Gazeau ; Charles Masson de la Renaudière et son frère, Gabriel Masson ; Deshommes dit d'Archiais ; Nicollon des Abbayes ; L.-B. Robin des Burondières, vicaire de la Boissière de Landes [1].

Du 17 août 1791.

Lecture faite d'une requête de MM. Baudry, Gazeau, Charles Gazeau, Masson, Marie-Désiré Gazeau et Gabriel Masson, détenus à la maison d'arrêt appelée ci-devant la Coupe, lesquels demandent qu'attendu la grande chaleur

---

1. Baudry de la Burcerie est inscrit sur la liste générale des émigrés de la Vendée comme habitant les Sables et propriétaire dans ce district, ainsi que dans ceux de Challans et de Fontenay-le-Comte.
   La même liste des émigrés contient :
   Gazeau de la Boissière, habitant Grosbreuil, propriétaire aux Sables et dans cinq autres communes des environs ; ses trois fils, dont les premiers sont qualifiés des Arpents et de Laudraie ;
   Les deux frères Nicollon, habitant les Sables, propriétaires aux Sables, à Châteauneuf et à Landeronde ;
   Louis Deshommes d'Archiais, chevalier, habitant Talmont, propriétaire dans sept communes des districts des Sables et de Challans.
   D'après le recueil de M. A. des Nouhes (*Généraux et chefs de la Vendée militaire et de la Chouannerie*), l'un des Nicollon des Abbayes, de Landeronde, revint de l'émigration en 1796, fit la guerre avec Suzannet en 1799, reprit les armes en 1815 et mourut après 1830.
   Un des Gazeau fut divisionnaire de l'armée de Sapinaud, fut pris à Savenay et guillotiné à Nantes au mois de janvier 1794. Un autre Gazeau, de la Bouère, commune de Jallais, fut divisionnaire de Stofflet en 1793 et 1794, refusa de faire la campagne d'outre-Loire, passa à Charette ; arrêté en 1796, il s'évada, fut nommé colonel en 1816 et mourut en 1847.
   D'après le dossier de la commission militaire des Sables (aux Archives du département de la Vendée), Gazeau de la Boissière (Louis-Charles), « ci-devant brigadier des armées du ci-devant roi, demeurant à la Benatonnière, commune de Grosbreuil », fut condamné à mort le 21 mars 1794.
   Sa veuve, née Baudry, fut, avec Baudry de la Burcerie et 96 autres prisonniers des Sables, transférée à l'île de la Montagne (Noirmoutiers), le 24 germinal an II, 13 avril 1794, par décision du Comité de surveillance et révolutionnaire des Sables, qui les avait fait arrêter comme suspects, à la fin du mois de septembre 1793. (1er et 2e reg. du Comité, aux Arch. du dép. de la Vendée.)

on leur permette, ou de se tenir pendant la journée dans une chambre haute, où il est permis d'avoir les croisées ouvertes, ou qu'on les établisse dans ladite chambre haute, ou enfin qu'on leur permette de faire ouvrir les fenêtres de la chambre où ils sont actuellement détenus.

Sur ce, le Conseil municipal délibérant, arrête que les fenêtres de la chambre où les susdits sont détenus seront ouvertes, pendant les chaleurs, et jusqu'à nouvel ordre, comme celles des chambres hautes, c'est-à-dire à peu près de 8 heures du matin jusqu'au jour cessant.

Signé : GAUDIN, *maire,* et DEBARD [1].

L'INFORMATION DU TRIBUNAL DES SABLES

L'information sur la conspiration de Robert de Lézardière allait être commencée par le tribunal des Sables, lorsque Mercier de Plantibaud [2], commissaire du Roi, constata qu'il avait deux parents parmi les accusés, et que par conséquent la loi l'obligeait à « se départir de la connaissance de l'affaire ». Mais il ne se contenta pas de requérir les juges de « commettre l'un d'eux ou un homme de loi pour remplir ses fonctions »; il envoya au ministre de la justice, Duport-Dutertre, qui en adressa copie à son collègue de l'intérieur, Valdec de Lessart, un compte rendu, aussi clair que bref, de l'affaire de la Proutière [3].

Au ministre de la justice [4].

Monsieur,

Je me félicitais de ce que, depuis quelque temps, la tranquillité paraissait rétablie dans mon district ; ma satisfaction n'a pas été de longue durée.

---

1. Registres des délibérations de la municipalité des Sables, à la date.
2. Inscrit sur la liste générale des émigrés possédant des biens dans le département de la Vendée. (Papiers de Mercier du Rocher, reg. II, pièce 7.) Il y est qualifié d' « ex-commissaire de Capet près le tribunal du district des Sables », ayant eu aux Sables son dernier domicile, propriétaire à Boupère et à Saint-Hilaire-de-Loulay, district de Montaigu. Cependant il n'avait pas émigré, puisqu'à la fin de 1793 il était détenu aux Sables, avec plusieurs membres de sa famille, par ordre du Comité de surveillance révolutionnaire. (D'après les registres de ce Comité, aux Arch. de la Vendée.)
3. Archives nationales, F⁷ 3274. — La copie de cette pièce est accompagnée de la minute de la lettre suivante du ministre de l'intérieur :

« Paris, le 5 août 1791.

« Monsieur Duport, ministre de la justice,

« J'ai reçu, Monsieur, la lettre que vous m'avez fait l'honneur de m'écrire le 31 juillet, avec la copie de celle du commissaire du Roi près le tribunal des Sables-d'Olonne, qui vous a informé des désordres arrivés dans ce canton. Je vous suis obligé d'avoir bien voulu m'en faire part; je pense comme vous qu'il faut laisser agir MM. les commissaires. » (Les commissaires du pouvoir exécutif Gallois et Gensonné, envoyés en Vendée conformément au décret de l'Assemblée nationale du 15 juillet.)

4. Ce document est d'importance décisive. Il suffirait à lui seul pour réfuter, anéantir la thèse moderne des érudits royalistes de l'Ouest, qu'il n'y eut absolument rien de

L'esprit de sédition et de révolte vient d'y éclater et s'y est manifesté audacieusement. Les ci-devant nobles ont fait dans leurs châteaux des attroupements avec armes et avec des projets de contre-révolution.

Dans le fait, le directoire du district, instruit que, dans plusieurs châteaux, on faisait des amas d'armes, que l'on fabriquait des balles et qu'on faisait des provisions de poudre, a requis les troupes de ligne et les gardes nationales étant en cette ville d'aller faire la visite dans ces châteaux. On s'est d'abord présenté à celui de la Marzelle, paroisse de Longeville et qui appartient au sieur de Loynes; celui-ci, sans attendre la visite, s'est évadé et s'est réfugié avec sa famille chez le sieur Robert de Lézardière, au château de la Proutière, accompagné de quelques paysans et de deux ou trois ci-devant nobles.

A ce dernier château se sont rassemblés, les 26, 27 et 28 du mois dernier, environ 300 hommes dont 30 et quelques nobles et tous les autres paysans. Cette troupe s'est armée de fusils, de pistolets, d'épées, de piques, de faux et de broches et était sans doute bien résolue de résister aux troupes. Mais, instruite qu'on avait fait venir du canon pour la forcer, elle prit la résolution d'abandonner le château et de se mettre en route pour venir s'emparer de la ville des Sables, qu'elle jugeait facile à prendre, parce qu'elle pensait que toutes les troupes en étaient sorties pour aller investir le château de la Proutière. Elle n'avait plus qu'une lieue à faire lorsqu'une fausse nouvelle, qui s'était répandue ici, de l'arrivée de 500 hommes de garde nationale de Nantes, lui fut portée par une femme. Sur cet avis la troupe fit halte et se sépara. Pendant sa marche pour venir ici, les troupes s'emparèrent du château de la Proutière, paroisse du Poiroux distante de cette ville de trois lieues; on y a mis le feu, on estime la perte occasionnée par cet incendie à 80 ou 100,000 livres; 50 lits de maîtres, une quantité prodigieuse de linge et des meubles de toutes espèces ont été consumés par les flammes; on ne s'en est pas tenu là, on a encore incendié le château de Garnaud dans la même paroisse et qui appartient à un frère du sieur Robert de Lézardière.[1]

préparé avant « l'insurrection populaire » du mois de mars 1793, et qu'en particulier l'affaire de la Proutière ne fut qu'une invention des patriotes exaltés des Sables-d'Olonne, afin de se débarrasser de gentilshommes qui ne s'étaient réunis que pour converser sur l'incident de Varennes. (V. le *District de Challans*, par Alfred Lallié.)

M. l'abbé Deniau, en sa récente *Histoire de la Vendée*, s'est gardé d'adopter cette thèse insoutenable; il donne (t. I, p. 133-134) ce bref et curieux récit, dont les très grosses erreurs sont rectifiées par les pièces authentiques ici produites :

« Au château de la Proutière s'assemblèrent quelques gentilshommes sous la conduite du châtelain, M. de Lézardière, et du comte de Vaugiraud, célèbre capitaine de vaisseau, qui venait de s'illustrer dans les guerres d'Amérique.

« C'étaient des Anglais qui, conventions faites, devaient leur procurer des armes; déjà ils n'attendaient plus, pour donner le signal de la révolte, que l'arrivée des voiles anglaises, quand les autorités de Nantes, averties de leur rassemblement, envoyèrent contre eux le régiment de Rohan et des gardes nationaux, commandés par le célèbre Dumouriez, alors chef de bataillon. Une halte trop prolongée que Dumouriez fit à Machecoul permit aux conjurés de s'échapper dans les bois, par des souterrains détournés. D'un autre côté, les gardes nationales du pays, qui les bloquaient, arrêtées par un violent orage qui survint alors, ne purent les poursuivre. Quand Dumouriez arriva, le château était désert. Pour se dédommager de sa fausse expédition, il arrêta quelques prêtres du voisinage et revint à Machecoul, d'où il retourna à Nantes. »

1. Correspondance municipale, à la date.

Ces attroupements ayant été dénoncés au tribunal, l'accusateur public a donné sa plainte. Déjà quinze ou seize témoins ont été entendus. Ayant pris communication de cette information, j'y ai vu avec autant de surprise que d'indignation que deux ci-devant nobles, dont je me trouve être parent, paraissent avoir été de l'attroupement à la Proutière; ce qui m'a obligé de me départir de la connaissance de cette affaire et de requérir que le tribunal commît un des juges ou un homme de loi pour faire mes fonctions.

Le sieur Robert de Lézardière, deux de ses enfants, le sieur de la Salle, son frère, maréchal de camp, et le sieur Baudry de la Vesquière ont été arrêtés, et ils sont maintenant à la chambre d'arrêt, en attendant un décret de prise de corps qu'on ne tardera pas à leur signifier.

La défense des accusés est de dire que l'attroupement ne s'est fait que pour la défense du château de la Proutière et pour le garantir du pillage dont ils étaient menacés; qu'ils ne voulaient point attaquer, mais seulement se défendre et que, s'ils ont fait feinte de venir aux Sables, ce n'a été que pour obliger les troupes à abandonner le château investi. Cette défense perd tout son mérite à la lecture d'une lettre interceptée par laquelle il paraît que le projet était de faire un attroupement général de tous les nobles du pays à Châtillon, et l'auteur de la lettre, qui est le sieur de la Salle, engageait à changer le lieu de l'attroupement et à le fixer à Luçon, où il prétendait trouver plus de ressources en hommes et en argent.

Quoique j'aie été obligé de me départir dans cette affaire, je ne me suis pas cru pour cela dispensé de vous en rendre compte et de mettre en exécution les ordres qu'il vous plaira de me donner à ce sujet.

Signé : Mercier, *commissaire du Roi près le tribunal du district des Sables-d'Olonne*[1].

---

1. Le Comité de surveillance et révolutionnaire des Sables, présidé par le procureur-syndic du district, Biret, fit emprisonner comme suspects Mercier-Plantibaud père, son fils aîné et sa fille, sur une dénonciation ainsi formulée au procès-verbal de la séance du 4 octobre 1793 :

« *Mercier-Plantibaud* père, Mercier fils aîné et la Mercier fille; connus pour leur incivisme, dont ils sont hautement accusés par l'opinion publique; ils seront mis en état d'arrestation, et, tant qu'à Plantibaud dit Colombière, le Comité ajourne; cet ajournement est motivé sur ce que ce citoyen est occupé à l'armée et que quelqu'un assure qu'il s'y comporte bien. »

Le même Comité révolutionnaire, présidé par Rouvière, refusait, le 1er vendémiaire an III, de faire mettre Mercier père en liberté, sur sa demande, « attendu que le pétitionnaire était bien reconnu pour un agent d'émigrés et avait toujours manifesté des sentiments contraires à la Révolution dans les crises malheureuses. »

La note suivante était fournie sur lui aux représentants du peuple, qui avaient demandé le tableau des suspects détenus, avec les motifs de leur incarcération :

« N° 3. — Mercier-Plantibaud père, homme de loi. Il existe au Comité une lettre de la femme de Vaugiraud, émigré, signée L. V., à lui adressée; il a été trouvé chez lui une malle appartenant à Vaugiraud, émigré, laquelle malle est en dépôt au district et contient des papiers que le Comité ne connaît pas. D'après la connaissance et la conduite de cet homme, le Comité pense qu'il y aurait inconvénient à le mettre en liberté. »

Mercier-Plantibaud, son fils et sa fille étaient enfin mis en liberté par un arrêté des représentants Auger, Morisson et Gaudin, le 21 nivôse an III — 10 janvier 1795. (Registres du Comité de surveillance des Sables, aux Arch. du dép. de la Vendée.)

Degounor, procureur-syndic du district des Sables, était depuis longtemps lié avec les châtelains de la Proutière et de Garnaud ; il avait donc été très douloureusement affecté d'être contraint par ses fonctions de signer les réquisitions militaires durant la crise. Il s'abstint de commander, durant les poursuites, les mesures propres à découvrir les preuves de la culpabilité des accusés. Les murmures que suscita sa conduite le déterminèrent à donner sa démission. Le directoire du département la refusa le plus longtemps possible et le procureur général syndic usa de toute son habileté pour la lui faire retirer. Mais Degounor y persista. Il écrivait à Pichard du Page [1] :

Les Sables, le 30 octobre 1791.

Monsieur,

La part que vous prenez à ma retraite, même en me blâmant, m'honore et me confirme dans mon procédé. Libre de toute espèce de préjugés, dirigé par les intentions les plus pures et absolument étranger à l'intérêt, mes peines m'eussent été chères si le souffle des factions ne les eût empoisonnées. Comme je ne peux me défier de personne, mon supplice est d'être en butte à la défiance d'autrui ; il n'est que la retraite qui puisse m'en sauver et je vais *m'y ensevelir sans retour*. Mon bonheur, Monsieur, est d'y emporter avec votre estime les bontés dont le directoire du département m'honore. J'en conserverai le souvenir jusqu'au dernier moment de ma vie ; souffrez, Monsieur, que je vous supplie de vouloir bien être l'interprète de ma respectueuse reconnaissance auprès de Messieurs les administrateurs.

J'ai l'honneur d'être avec respect, Monsieur, votre très humble et très obéissant serviteur,

Degounor l'aîné, procureur-syndic.

L'ensevelissement ne fut pas complet. L'aimable correspondant de Voltaire et de Turgot, le brillant libéral de 1789 à 1791, réussit à se faire oublier durant la Terreur.

Il faillit, dans sa maison de Bretignolles, comme son frère, à Challans, devenir victime de l'insurrection générale du mois de mars 1793. Son patriotisme fut mis hors de suspicion par le récit que le district lui fit faire des événements dont il avait été témoin.

Lorsque la Convention prépara l'organisation de l'instruction primaire, il fut nommé président de la commission chargée de recruter des instituteurs et des institutrices ; puis bibliothécaire du canton des Sables, chargé de recueillir les manuscrits, les livres et les objets d'art et de science [2].

L'instruction de l'affaire de la tentative d'insurrection contre les Sables fut conduite par l'un des juges élus à la création du tribu-

---

1. D'après l'autographe des papiers de Mercier du Rocher, 1ᵉʳ reg., pièce 11.
2. Reg. du district des Sables, 1793-1795. *passim*.

nal du district, M.-F. Bréchard, avocat au Parlement et dernier sénéchal de Talmont, que ses liaisons d'ancienne date avec Robert de Lézardière, procureur-syndic de l'assemblée provinciale, pour la Noblesse, dont lui-même était membre, pour le Tiers État, firent accuser de lenteur et de partialité [1].

Le baron et ses fils se choisirent pour défenseur officieux un parent du commissaire du Roi, Mercier-Vergerie, qui fut également plus tard déclaré suspect et emprisonné pour « s'être montré un royaliste très prononcé, notamment lors de la fuite du Roi et de la révolte des infâmes Robert dits Lézardière [2]. »

Deux mois s'écoulèrent sans que l'acte d'accusation fût rédigé, et le juré d'accusation n'était pas même convoqué lorsque survint l'amnistie prononcée par la Constituante, le 15 septembre 1791.

Les accusés de la conjuration Lézardière-de Loynes, détenus au nombre de trente-six, furent élargis le 26 septembre. Le baron célébra sa sortie de prison en faisant distribuer quatre cents livres aux pauvres de la ville des Sables [3].

Le contemporain que nous citons si souvent, rédigeant la première partie de ses mémoires inédits à la fin de 1793, écrivait :

1. Le Comité de surveillance et révolutionnaire des Sables comprit ce juge parmi les suspects mis en prison le 14 octobre 1793, par arrêté ainsi motivé :
« *Bréchard père*, ci-devant juge, homme qui a fanatisé le peuple des campagnes, très lié avec les ci-devant nobles dont il fut l'agent, qui s'est montré le partisan déclaré des *Robert de Lézardière*, lorsque, détenus pour cause d'insurrection et de contre-révolution dans les prisons de cette ville, ils subissaient devant ce juge leur interrogatoire, et qui fut suspecté de partialité en dépréciant les charges contre ces scélérats ; reconnu avoir un de ses enfants parmi les Brigands, dont il est un des chefs.... »
Cependant, dans le tableau des détenus suspects, dressé le 20 décembre 1794, le même Comité, tout en constatant « que Bréchard était attaché aux prêtres réfractaires et à leurs momeries », concluait, sur ce qu' « il avait paru bien se montrer au commencement de l'insurrection », à ce qu' « il n'y aurait peut-être pas d'inconvénients à le mettre en liberté. »
Bréchard père fut mis en liberté le 19 nivôse — 9 janvier 1795, en vertu d'un arrêté du 2, signé par les représentants en mission Auger, Morisson et Gaudin. (Reg. des délibér. du Comité de surveillance des Sables, aux Arch. du dép. de la Vendée.)
Mathurin-François Bréchard (d'après le *Dictionn. des familles de l'ancien Poitou*, par Beauchet-Filleau), avait trois fils : Florent, prêtre ; Charles, né aux Sables en novembre 1768, mort le 6 juin 1819 à Fontenay-le-Comte, et François, né à Talmont le 6 mai 1770, mort en 1843. Charles, qui fut membre du Conseil supérieur de l'armée catholique et royale, puis secrétaire de Puisaye en Bretagne, est très célèbre par la part qu'il prit à la première pacification vendéenne, publiant une adresse à ses anciens coreligionnaires, dans laquelle il annonçait son entière conversion au régime républicain. Durant les négociations qui aboutirent au traité de la Jaunais, il était secrétaire de Gaudin (des Sables), emploi dans lequel le remplaça son frère François, engagé volontaire, devenu capitaine dans le bataillon de la première réquisition, fourni par le « Département Vengé ». Peu après, les deux frères s'établirent défenseurs officieux à Fontenay, d'où le plus jeune passa à Poitiers, où il s'acquit une grande clientèle par son talent oratoire.
2. Mercier-Vergerie, emprisonné comme suspect, presque en même temps que Mercier-Plantibaud et Bréchard père, fut libéré comme eux, par arrêté des représentants Auger, Morisson et Gaudin (des Sables).
3. D'après les Notes manuscrites d'André Collinet, à la date.

Ces conspirateurs, il eût fallu les frapper du glaive de la loi. Leur impunité est un malheur qui en a produit bien d'autres...

Ah ! si ces châteaux sur le sort desquels Pichard s'apitoyait, si ces repaires de l'aristocratie avaient été tous incendiés, si les tigres qui les habitaient eussent été impitoyablement mis à mort, dès que la Nation a déclaré qu'elle était libre, ce beau territoire n'aurait pas été en proie aux horreurs de la guerre civile, les cabanes des laboureurs n'auraient pas été brûlées ; ils cultiveraient leurs champs en paix. Cette belle population, dont les mœurs étaient dignes de l'âge d'or, n'aurait pas été égarée ; le fanatisme n'aurait pas fait couler des torrents de sang depuis les rives de la Loire jusqu'aux bords de l'Océan ; l'innocence ferait encore notre bonheur ; tout est perdu pour longtemps !

CE QUE DEVINT LA FAMILLE ROBERT DE LÉZARDIÈRE

Robert de Lézardière, amnistié, ne s'occupa pas de relever les ruines de sa maison de la Proutière. Il partit aussitôt pour Paris avec sa nombreuse famille. L'un de ses fils, le diacre, Jacques-Augustin, rentré au séminaire de Saint-Sulpice, fut massacré au couvent des Carmes le 2 septembre 1792[1]. Le baron, cependant, n'émigra pas ; il se cacha aux environs de la capitale, à Choisy-le-Roi. Trois de ses fils, Jacques-Paul-Toussaint, Sylvestre-Joachim et Charles-Eutrope-Athanase-Benjamin, aussi ardents que jeunes, avaient dû prendre part à la défense des Tuileries au 10 août. Ils suivirent le procès de Louis XVI et se mêlèrent aux tentatives désespérées qui furent faites, pour sauver le Roi, jusqu'au 21 janvier. Jacques-Paul, s'il faut en croire le comte d'Allonville[2], « alla trouver le général (Dumouriez) et reçut de lui la promesse positive, sa parole d'honneur, qu'il irait prendre le commandement des fédérés, à qui il fit dire d'attendre ses ordres et de demeurer tranquilles jusqu'à l'instant où il se rendrait parmi eux. Mais Lézardière était à peine sorti de chez lui qu'il partit pour la campagne, rendant ainsi toute tentative de soulèvement en faveur du Roi totalement impossible. »

Le très jeune Charles assistait à la séance de la Convention, les jours du procès du Roi ; il en rapportait chaque soir, de vive voix, un double compte rendu à M. de Malesherbes, à Paris, et à son père, à Choisy. Ce serait même lui[3] qui, sur un billet que Louis XVI put

---

1. Le fait est consigné dans la Notice sur le Poiroux de l'ouvrage de Benjamin Fillon et de Rochebrune, *Poitou et Vendée*. Le nom du jeune Robert se retrouve (sous son autre nom de Lézardière), dans le dictionnaire des *Martyrs de la Foi chrétienne*, de l'abbé Guillon, 4 vol. in-8, Paris, 1820-1821.

2. *Mémoires secrets*, t. III, p. 149. — Voir aussi les *Mémoires et Souvenirs d'Hyde de Neuville*, publiés en 1888 et 1890, 2 vol. in-8°. Paris, Plon, éditeur.

3. *Biographies vendéennes* de C. Merland, t. IV, p. 160, dans la Vie de Mlle de Lézardière.

faire passer, amena pour l'assister à l'heure suprême un prêtre inassermenté, l'abbé Edgeworth de Firmont. Le dernier confesseur du Roi, aussitôt après l'exécution, vint, dans l'asile des Lézardière, recevoir le dernier soupir de la baronne, qui, malade depuis la mort de son fils Jacques-Augustin, finit de vivre ce jour même, 21 janvier 1793.

Les Lézardière, pendant leur séjour aux environs de Paris, ne cessèrent pas d'entretenir des relations dans la basse Vendée; ils furent, malgré leur éloignement, mêlés aux premiers actes de l'insurrection générale de 1793. Le jour de l'attaque des Sables, le 24 mars, l'un des chefs, Baumler, demandait à Joly, qui avait pris le commandement supérieur, « s'il n'avait pas reçu de lettre de M. de Lézardière »; Joly répondait « qu'il en donnerait des nouvelles le lendemain »[1].

Durant la Terreur, les fils furent recherchés, comme l'indique la note suivante, anonyme, en date du 1er août 1793 :

Extrait du rapport de l'un des agents secrets du Ministre des affaires étrangères à Paris, relatif au chevalier de Lézardière[2].

Il y a quelque temps, je causais avec le député Legendre, sur ce qui se passe dans la Vendée, affaire que j'annonçai longtemps à l'avance, parce que je connais le local et les habitants. Je savais que *Legendre avait été chargé d'examiner les papiers d'un ci-devant chevalier de Lézardière*, né, ainsi que tous les siens, dans le foyer même de la révolte. Legendre me dit qu'il n'avait rien trouvé de suspect dans la correspondance de Lézardière. Mais je n'approuvai point sa présence à Paris, et un événement qui vient de se passer dans la Vendée pourrait justifier mes craintes. A l'affaire de Luçon, un chef des rebelles, du nom de la Vérie, a été tué[3]. Il est de la maison de Lézardière, dont les possessions seigneuriales s'étendaient dans les environs des Sables jusque du côté de Poitiers. Je crois que c'est le père ou l'oncle du Lézardière dont je viens de parler. Si donc ce dernier est encore ici, il faut le faire surveiller de près, vu les circonstances...

Le Comité de surveillance révolutionnaire des Sables-d'Olonne écrivait, le 2 novembre de cette même année 1793, au Comité de sûreté générale de la Convention, pour lui désigner « des aristocrates de ce pays réfugiés à Paris », entre autres « les Lézardière »[4].

---

1. Déposition de Marie Gaborit, femme Duteuil, p. 132 des *Documents inédits pour servir à l'histoire des soulèvements de 1793 en Vendée*, recueillis par M. le vicomte d'Agours, in-8°, Saint-Nazaire, 1883.
2. Archives du ministère des affaires étrangères, France, reg. 327, f° 13.
3. C'était le troisième des frères Robert : Robert de Lézardière, Robert de la Salle et Robert de la Vérie.
4. 2° registre du Comité révolutionnaire des Sables, 12° jour du second mois de l'an II. Arch du dép. de la Vendée.

Une descente de police révolutionnaire fut faite à Choisy, mais l'abbé Edgeworth y échappa; les fils Lézardière venaient de se mettre en route, sans doute pour la Vendée. Le baron seul fut arrêté et conduit dans les prisons de Paris. Jacques-Paul et Sylvestre-Joachim accoururent, dès qu'ils furent informés de la captivité de leur père, et parvinrent à le faire mettre en liberté en se constituant prisonniers à sa place[1].

Le 19 messidor an II, 7 juillet 1794, furent condamnés et exécutés à Paris les deux frères « J.-P. et S.-J. Robert Lézardière », ainsi désignés dans le *Moniteur*[2]. Dans la triple liste manuscrite des 61 personnes désignées dans l'acte d'accusation, la délibération du jury et le jugement du tribunal révolutionnaire du 19 messidor, on lit[3] :

53°. Jacques-Paul Robert dit Désardières, 32 ans, né à Challans, département de la Vendée, ex-noble et lieutenant de vaisseau, arrêté depuis quatorze mois, demeurant à Choisy-sur-Seine;

54°. Sylvestre-Joachim Robert dit Désardières, 27 ans, né à Challans, élève de la marine, demeurant à Choisy-sur-Seine.

Il n'y a absolument rien qui les concerne au dossier de l'affaire dite de la Conspiration des prisons, « première fournée ». Avec l'ancien premier président de la Chambre des comptes, membre de l'Académie française, Armand-Charles-Marie de Nicolaï; avec le maréchal de camp Louis-Bruno de Boisgelin, ex-président de l'Ordre de la Noblesse de Bretagne, lorsqu'elle refusa de répondre à la convocation aux États généraux; avec le duc de Gesvres et le prieur de Saint-Cernin, l'octogénaire Salignac de Fénelon, etc., etc., ils furent, suivant le texte des questions soumises au jury,

Convaincus de s'être déclarés ennemis du peuple en conspirant contre la liberté, la sûreté du peuple, provoquant, par la révolte des prisons, l'assassinat et tous les moyens possibles, la dissolution de la représentation nationale, le rétablissement de la royauté et de tout autre pouvoir tyrannique.

Quelques heures avant de monter à l'échafaud, où ils moururent bravement en criant : « Vive le Roi! » ils écrivirent sur le même morceau de papier, conservé comme une relique dans la famille Lé-

---

1. D'après la tradition de la famille, transmise à C. Merland par le vicomte Charles de Lézardière, Vie de celui-ci dans les *Biographies vendéennes*, t. IV, p. 16-17.
2. P. 192 du t. XXI de la réimpression.
3. Archives nationales, W 409, dossier 941. L'erreur a été reproduite sans explication par M. Wallon, *Histoire du tribunal révolutionnaire*, t. IV, p. 425.

zardière, ces mystérieux et touchants billets d'adieu, qu'un domestique fidèle put faire parvenir à leur père :

Au citoyen Danjou, hôtel d'Anjou, place Saint-Michel.

Les petites fillettes et Mimi viennent de recevoir les dernières et les plus chères consolations. Elles ont tout sacrifié dans leur maladie jusqu'à leur tendre attachement, aux sentiments que leur ont inspirés dans leur enfance leurs parents et leur nouvel et précieux ami[1]. Elles vont rejoindre leur mère et leurs frères avec tranquillité, résignation. La bonne Henriette a été bien suppléée auprès d'eux. Un mot d'adieu au bon Danjou et aux bonnes amies.

19 messidor, à 9 heures du matin[2].

Que vous dirai-je de plus, sinon que les petites fillettes et Mimi n'ont de regrets et de chagrins que vous ; leur confiance et leur tranquillité sont la seule base sur laquelle deux jeunes personnes puissent reposer.

Je recommande mon pauvre Danjou, qui eut de moi des soins incroyables.

Adieu, je vais rejoindre ma mère et mon frère[3]. Je compte sur les mêmes grandes et augustes considérations, qui nous élèvent au-dessus de nous-mêmes pour nous soutenir. Je demande à celui devant qui je vais paraître, ainsi que votre bonheur à tous, celui de Joseph et de Charles[4].

Adieu encore.

J'embrasse mon cher Danjou. Je lui demande de faire tout au monde pour que nos bons parents et amis lisent notre petit mot[5].

Le baron Robert de Lézardière s'était réfugié en Normandie ; il y resta caché par l'abbé Edgeworth, près de Bayeux, jusqu'au 18 fructidor. Découvert alors, il s'exila en Allemagne.

Le dernier de ses fils, le vicomte Charles, avait rejoint l'armée de Charette le 15 septembre 1794 et était devenu l'un des aides de camp du chef vendéen. La première affaire à laquelle il assista fut celle de Freligné, où il vit, après la défaite des républicains, égorger tous les prisonniers, parmi lesquels quinze femmes trouvées dans leur camp. « Un enfant de quatorze ans, le fils du chef de brigade Mermet, qui tenait étroitement embrassé le corps de son père, fut même impitoyablement brûlé par les Vendéens qui, après avoir pillé le camp, le livrèrent aux flammes. » Charles de Lézardière prit en horreur la guerre civile au spectacle de semblables atrocités ; il accueillit avec

---

1. « L'abbé Fénelon, mort avec eux. »
2. « De l'écriture de Sylvestre ». La suite est « de l'écriture de Paul ».
3. « Celui massacré aux Carmes. »
4. « Le père et l'oncle La Salle. »
5. Au bas est écrit, de la main du grand-père du vicomte actuel Robert de Lézardière :
« *Lundi 7 juillet, jour de leur mort, arrivée dans l'après-midi.* »

joie la fausse capitulation de la Jaunais. Mais, quand Charette reprit les armes, il était trop engagé pour refuser de rentrer dans son état-major. Il assista à plusieurs batailles, où il se distingua non seulement par sa bravoure, mais surtout par sa générosité après le combat [1].

Fait prisonnier en 1796, il comparut devant le conseil de guerre des Sables-d'Olonne. Son défenseur faisait appel à la clémence des juges, en raison de sa jeunesse, lorsque se présenta un grenadier, Théodore, qui déclara qu'à l'affaire des Quatre-Chemins, l'accusé lui avait sauvé la vie, ainsi qu'à six de ses camarades. Sur quoi le conseil de guerre, à la majorité d'une voix, lui épargna la mort en le condamnant à la déportation.

Grâce à une blessure, qui le fit entrer à l'hôpital de Rochefort, Charles de Lézardière évita de faire partie d'un convoi pour Cayenne. Il en attendait un autre, dans la citadelle de l'île de Ré, lorsqu'il fut dénoncé comme ayant émigré. Il allait être jugé pour ce crime, puni de mort, quand, prévenue par une lettre expédiée à tout hasard à Paris, arriva, la veille du jour où il devait comparaître devant les juges, à Fontenay-le-Peuple, sa sœur Louise, apportant la preuve qu'il n'avait jamais quitté la France. Il fut donc acquitté de ce chef capital, mais on le garda prisonnier, et il erra de prison en prison jusqu'à l'hôpital de Caen, d'où il parvint à gagner, par la mer, le territoire anglais. Il rejoignit son père et ses sœurs à Emerich [2].

Après le 18 Brumaire, le vieux baron Robert de Lézardière revint prendre possession de son château de la Proutière, qui n'avait pas été vendu ; mais la mort l'arrêta à Nantes [3].

Le maréchal de camp Robert de la Salle-Lézardière, chevalier, frère du baron, dont le château de Garnaud avait été brûlé en même temps que celui de la Proutière, disparut dans l'émigration. En 1815, sa veuve réclamait en ces termes une pension par l'intermédiaire de Son Altesse Royale Monsieur :

.... Mᵐᵉ de la Salle est ruinée absolument par les suites de la Révolution et de la guerre de la Vendée ; elle a vu vendre sous ses yeux, au nom de son mari, des biens à elle propres. Ceux de M. de la Salle l'ont été en totalité, et c'est à l'âge de 77 ans qu'elle se voit réduite à la position la plus malheureuse, privée d'une fortune qui fut considérable. M. de la Salle a servi 44 ans avant la Révolution. Il fut successivement capitaine de grenadiers, major et lieutenant-colonel du régiment du Roi-Infanterie. Il émigra en 1791, fit la campagne de 1792 à la tête de la noblesse du Bas-Poitou, et fut, en 1797, employé comme officier général dans l'expédition de lord Moira. Il jouissait, avant la Révolution, de 8,200 livres de pension. La touchante bonté de Votre

---

1. C. Merland, Vie de Charles de Lézardière, *Biogr. vendéennes*, t. IV, p. 89.
2. Ibid., p. 91-94.
3. Ibid., p. 22 et 94.

Altesse Royale a donné à Mme de la Salle l'espoir qu'Elle daignerait accueillir sa demande avec quelque intérêt et voudrait adoucir la cruelle position où l'ont mise les malheurs de la Révolution[1].

Dans la liste[2] très longue des signataires d'une « Réponse à la proclamation du préfet par intérim de la Vendée (de Roussy), en date du 21 novembre 1816 » contre « les malveillants et hommes audacieux » plus royalistes que le Roi, liste où se retrouvent les noms de presque tous les survivants des guerres de la Vendée, on lit, au second rang, aussitôt après « de Sapinaud, lieutenant-général, commandeur de l'ordre royal et militaire de Saint-Denis, inspecteur des gardes nationales de la Vendée : *Charles de Lézardière*, chef d'état-major des gardes nationales, chevalier de Saint-Louis »; et, un peu plus loin : « *le baron de Lézardière,* chef de légion de la garde nationale, ex-député à la session de 1815, chevalier de Saint-Louis ».

Ce dernier, sous le même nom et avec le titre de son père, fut, les 14-22 août 1815, nommé par le collège électoral de Bourbon, troisième député de la Vendée, avec Ladouespe, Laval et Auvinet. Mais ce n'est pas lui, c'est le vicomte Charles, élu député des Sables à la Chambre des députés, en 1824, qui prit une assez large part au débat à la suite duquel fut votée la fameuse loi du milliard d'indemnité aux émigrés.

Charles de Lézardière ne tarda pas cependant à se brouiller avec les ultra-royalistes; il alla jusqu'à leur crier du haut de la tribune, durant la discussion du budget : « Nous sommes en France, en 1827, non plus à Coblentz, en 1792; ce qui fut ridicule alors serait mortel aujourd'hui! » Non réélu à la Chambre des députés, il accepta de ses amis du ministère Martignac la préfecture du département de la Mayenne, que lui enleva bientôt le ministère Polignac. Il avait prévu la Révolution de 1830, mais il n'y prit aucune part, non plus qu'à l'équipée de la duchesse de Berry. Renommé député par le collège de Laval, il protesta, en 1832, contre la prolongation de l'état de siège en Vendée; puis il rentra dans la vie privée, pour n'en sortir qu'après la Révolution de 1848. Il fut alors élu conseiller général de la Vendée

---

1. D'après ses états de service, aux Archives administratives de la Guerre, Charles-Christophe-Aimé, chevalier de la Salle-Lézardière, était né le 19 janvier 1728 au château de la Proutière et entré au service en 1743, comme lieutenant au régiment royal de Lorraine-Cavalerie. Passé en 1747 avec le même grade au régiment du Roi, il obtint le brevet de capitaine dix ans plus tard, eut rang de colonel en 1770, devint en 1774 capitaine de grenadiers, passa major en 1776, lieutenant-colonel en second 1781, en premier 1783, et au 1er janvier 1784, prit sa retraite avec le grade de maréchal des camps et armées du Roi. De 1769 à 1784, il avait obtenu quatre pensions, qui élevaient le montant de ses grâces annuelles à la somme de 8,200 livres.

La lettre de sa veuve, que nous citons, est jointe à ses états de service, sans mention de la pension obtenue pour elle.

2. Pièce donnée par B. Fillon, p. 524 du t. I de ses *Recherches sur Fontenay*.

par le canton de Talmont. Il mourut au château de la Proutière le 8 novembre 1866, à l'âge de quatre-vingt-dix ans, veuf et sans enfant[1].

Un seul des fils du baron Louis-Jacques-Gilbert avait émigré, Joseph-Alexis, l'aîné de ceux dont on vient de parler, né en août 1765, cadet à l'école militaire en 1779, lieutenant au régiment du Roi-Infanterie, passé capitaine aux chasseurs des Flandres. Il était rentré en France avec son père en 1801. Il fut envoyé à la Chambre des députés en 1814 et prit part à l'insurrection de 1815; il ne joua ensuite aucun rôle politique[2]. C'est de lui que descendent les représentants actuels de la famille Robert de Lézardière, dont le premier acte, arrivés à peine à leur majorité, a été de prendre part, en 1870, à la défense de Paris[3].

Quand on lit ce que dit de la féodalité Mlle Pauline de Lézardière, dans la *Théorie des lois politiques de la France*[4], on se rend compte de l'entraînement fatal qui arma contre la Révolution une famille des plus instruites, des plus actives et des plus braves, dont l'amitié du grand ministre Turgot et de Malesherbes eût pu faire un puissant instrument de progrès dans la région la plus arriérée de la France. Libérale en 1770, au point d'entamer et de gagner, à ses frais, contre l'évêché de Luçon, un procès pour la suppression de la dîme, rachetée dans la région qu'elle habitait[5], elle s'engagea contre le Tiers

1. Sur les conseils et avec l'appui de Guizot et de Villemain, il publia, en 1844, une édition en 4 volumes in-8° du célèbre livre de sa sœur Pauline, morte en 1835.
Son autre sœur, Louise, en religion Sainte-Angèle, finit sa vie dans l'ancienne abbaye de Boisgrolland, qu'elle avait achetée pour y fonder une communauté religieuse, qui faisait l'éducation de quelques pensionnaires.
2. V. le Dictionnaire Beauchet-Filleau, article *Robert*.
3. Le vicomte de Lézardière était sous-lieutenant dans le bataillon des mobiles de l'arrondissement des Sables.
4. Voir surtout l'analyse de la partie non publiée (dans la biographie de C. Merland), et le chapitre de l'*Histoire à l'audience*, d'Os. Pinard, consacré à Mlle de Lézardière.
5. Dans un Mémoire adressé le 28 novembre 1790, aux administrateurs du district des Sables-d'Olonne et à ceux du département de la Vendée, par les maires et officiers municipaux du Poiroux, de Grosbreuil et autres paroisses environnantes (extrait des registres du canton du Poiroux, dans l'*Annuaire de la Société d'émulation de la Vendée*, 1889, p. 242), on lit :
« 6° Il y a dans le canton bon nombre de gens éclairés, capables, dévoués et ordinairement zélés pour la chose publique; mais quelques pertes particulières qu'ils éprouvent ou croient éprouver par la Constitution les portent à rester dans le silence. L'un d'eux en 1770, dépensa pour une somme de 60,000 livres de sa fortune et obtint, par le zèle qu'il y employa, la cassation d'un arrêt du Conseil qui accordait au clergé de ce diocèse la dîme générale dans toute son étendue. »
L'arrêt du Parlement de Paris contre l'évêque de Luçon avait été obtenu (Diction. Beauchet-Filleau, art. Robert) grâce à la découverte, par le baron Robert de Lézardière, de la preuve du rachat de la dîme, opéré au XVI° siècle. Ce succès lui valut d'être, en plusieurs circonstances solennelles, comme le mariage de Louis XVI avec Marie-Antoinette, le représentant de la Noblesse du Poitou, et d'être nommé le procureur-syndic de l'Assemblée provinciale.

État, dès l'origine de la lutte entre les trois Ordres, parce qu'elle voyait s'évanouir son rêve d'une aristocratie du genre de celle de l'Angleterre, se mettant à la tête des réformes économiques et politiques, sans rien abandonner de ses prééminences héréditaires, de ses privilèges honorifiques, érigés en droits historiques incommutables. Elle se trouva entraînée, plus peut-être qu'elle ne l'eût voulu, dans les néfastes étourderies du comte d'Artois, par l'intrigue des d'Autichamp, des la Châtre, des de Loynes, par l'exaltation des Du Chaffault et des Baudry. Quoi qu'il en soit, la tentative insurrectionnelle avortée et impunie de 1791, dont son château de la Proutière fut le centre, lui laisse une grande part dans la responsabilité de la préparation de la guerre civile et religieuse de Vendée.

APPENDICE

N° 1

MERCIER DU ROCHER

SES MÉMOIRES, SON JOURNAL ET L'HISTOIRE DE SA VIE

André-Charles-François Mercier du Rocher est né à La Rochelle, le 29 novembre 1753. Il est mort à Fontenay-le-Comte, en 1816, « frappé, le 16 avril, d'une apoplexie foudroyante, lorsqu'il s'occupait d'écrire sa vie, qu'il avait beaucoup allongée en laissant courir sa plume avec son imagination, qui était très vive ».

Au commencement du manuscrit que termine cette note de sa fille, Mme veuve Armand Brisson, il donne ces renseignements sur les origines de sa famille :

J'avais à peine treize ans, que je perdis mon père, mais je me souviens lui avoir entendu dire que notre famille, de race noble, était venue du royaume d'Aragon en France pendant les troubles qui agitaient ce pays, qui est maintenant une province d'Espagne. Quoi qu'il en soit, toujours est-il vrai que nous descendons de Guillaume Mercier, sieur du Treuil-aux-Filles, et maire de la Rochelle en 1484. Les enfants de ce Mercier embrassèrent les nouvelles opinions religieuses (ce n'est pas Le Mercier, comme le nomme la matricule des maires, imprimée au tome II de l'*Histoire de la Rochelle*, par Arcère[1]), René Mercier fut élu maire de la Rochelle en 1556..... René Mercier éleva sa famille dans la nouvelle croyance ; mais, après sa mort, François Mercier, son petit-fils, témoin de la conversion d'Henri IV, croyant peut-être que le parti le plus sage était, comme l'on dit, d'être toujours de l'avis de son hôte et de la religion de son roi, se convertit à la foi catholique et romaine. Depuis la mort funeste de Henri, la mésintelligence qui régnait à la Rochelle entre les partisans des deux religions s'était accrue ; Louis XIII ne négligeait rien pour faire triompher les catholiques et élever leurs autels sur les débris de ceux des protestants. Les deux partis coururent aux armes et, après huit années de combats, après un siège dont la mémoire subsistera

---

1. *Histoire de la Rochelle et de l'Aunis* (2 vol. in-4°, 1756-1757), par Arcère (Louis-Étienne) oratorien, né à Marseille en 1698, mort en 1782.

longtemps, la Rochelle épuisée ouvrit ses portes à Louis XIII, le jour de la Toussaint de l'année 1628, ou plutôt, comme on l'a dit, « elle capitula avec son roi ». A cette époque, le gouvernement municipal fut anéanti ; il y eut dans la ville un intendant de police et un procureur du Roi de police. François Mercier, converti depuis longtemps à la foi catholique, fut revêtu de ce dernier emploi. C'était un homme assez généralement estimé des gens de bien des deux partis qui, pendant le siège, avait contribué au soulagement des malades et des blessés par les connaissances médicales dont il était doué, et surtout par un baume dont il avait le secret[1], qu'il distribuait généreusement à tous ses concitoyens de quelque religion qu'ils fussent, quelque opinion politique qu'ils eussent sur les événements de ces temps malheureux. Le cardinal de Richelieu le crut très propre à entretenir la paix entre les habitants de la ville.... »

A.-Ch.-F. Mercier était le seul enfant mâle survivant à Jean-Baptiste-Charles Mercier, mort, en 1767, conseiller au présidial de la Rochelle. Il avait commencé ses études au collège de Niort, en 1766 ; il fut envoyé, en 1767, au collège de Bressuire, dont il traversa vite toutes les classes avec de brillants succès. Étant en rhétorique, en 1770, il fit ses débuts de poète et presque d'homme politique par un compliment en vers adressé à M. des Voisins, greffier en chef du Parlement de Paris, exilé dans la petite ville poitevine.

En raison du mauvais état de son héritage paternel, l'oncle, qui était son tuteur, eût voulu, comme sa grand'mère, très dévote, le faire entrer dans la carrière ecclésiastique. Malgré ses résistances, on l'envoya au petit séminaire d'Angers, mais il s'arrangea de manière à y arriver si tard qu'il n'y trouva plus de place comme interne, et ne put être admis que comme externe à suivre le cours de logique, puis de morale, en 1771 et 1772. Il passait ses vacances au château de Réaumur, étant petit-neveu par alliance du célèbre physicien[1].

Il raconte avec beaucoup de détails, dans son autobiographie, pourquoi il ne se laissa pas faire prêtre et comment se formèrent les opinions anticléricales qu'il devait manifester durant sa vie publique, en restant, sous tous les régimes, partisan de la liberté des cultes et déiste à la manière de Voltaire.

Ma dernière confession est du mois d'août 1771. Je commençais à concevoir Dieu comme un être incréé, souverainement bon, miséricordieux, et les religions qui courent le monde comme autant d'institutions politiques. Je crus qu'il suffisait de pratiquer cette maxime, que j'avais puisée dans le *Selectœ e profanis scriptoribus historiœ :* « Alteri ne feceris quod tibi fieri non vis », vous ne ferez point à autrui ce que vous ne voulez pas qu'on vous fasse.

Il existe au milieu de la forêt de Benon une de ces fondations antiques que la pieuse crédulité de nos pères a consacrées à la prière et qui sont devenues les asiles de la mollesse, de la bonne chère, de la fainéantise et souvent du libertinage le plus hypocrite et le plus raffiné. Je veux parler de l'abbaye de la Grâce-Dieu, où trois bernardins qui ne voyaient jamais leur abbé, M. de Vareilles, faisaient

---

1. Baume dont Mercier du Rocher donne la formule dans cette histoire de sa vie.
2. René-Louis Ferchault de Réaumur, membre de l'Académie des sciences, né à la Rochelle le 28 février 1683, mort le 17 octobre 1757.

leur demeure. Ils jouissaient d'environ trente à quarante mille livres de rentes. Ils pouvaient à peine supporter le fardeau de leurs richesses et de leur oisiveté ; il leur fallait des étrangers pour chasser l'ennui qui habitait avec eux ces brillantes cellules.

Mes deux oncles et moi nous y allâmes faire une visite d'après-dînée ; le seul reproche qu'ils nous firent avec la plus grande sincérité fut de n'avoir pas été leur demander la soupe. Ils se rendirent tous à Benon le surlendemain pour nous inviter à dîner avec la famille Macauld. Les dames arrivèrent en voiture, les messieurs vinrent à pied en traversant les bois pour abréger le chemin. Le repas y fut splendide et délicat ; les mets les plus exquis, tant en gras qu'en maigre, y furent prodigués ; les vins, les liqueurs y coulèrent avec abondance dans le cristal le plus pur ; on resta près de quatre heures à table. Les moines en firent les honneurs avec une politesse qu'on ne trouve que parmi les gens du grand monde. Le prieur s'appelait Dom Huet de Sourdon ; le procureur était un descendant de Perrot d'Ablancourt, si connu dans la république des lettres par ses traductions de Tacite, des Commentaires de César, de Lucien et autres écrivains de l'antiquité ; le troisième était un de mes anciens professeurs et se nommait Dom Jousselin.

On passa du dîner dans la salle de compagnie où les joyeux enfants de saint Bernard nous présentèrent des jeux de cartes. Mais les dames préférèrent visiter la maison ; elles parcoururent les chambres des religieux, les appartements destinés aux étrangers ; elles y rencontrèrent tout ce qui peut être nécessaire à la toilette des femmes du bon ton. Je descendis dans l'église avec ma tante de Réaumur, j'examinai les tableaux dont elle était décorée. Je conduisis ensuite ma tante dans la sacristie : croirait-on qu'au milieu de cette orgie religieuse, où tout l'intérieur de la maison venait d'être dévoilé aux yeux du sexe destiné à faire le bonheur de l'homme, croirait-on que, dans un cloître où des moines se font servir par de jolies paysannes ; où, pendant que nous étions à table, ils avaient fait sonner les vêpres, comme s'ils avaient eu l'intention de les célébrer ; croirait-on, dis-je, qu'après tout cela un des religieux en apercevant Mme de Réaumur dans la sacristie, vint à elle en s'écriant : « Ah ! Madame, qu'avez-vous fait ? vous êtes dans les cas réservés ! — Vous voulez plaisanter ! lui dis-je. — Non, me dit-il très sérieusement, Madame est dans les cas réservés. La sacristie est le seul endroit de notre maison dont l'entrée soit interdite aux femmes. » — Je ris en moi-même de la petitesse des hommes qui attachent des pratiques de vertu à des choses qui en méritent si peu le nom. Ma réflexion fut courte mais vive, et je me hâtai de sortir avec la compagnie d'un séjour où l'on s'enivrait des plaisirs du monde qu'on paraissait abandonner par amour pour Dieu. O vanité des institutions des hommes, tu as raison de redouter l'œil perçant de la philosophie ! J'étais le plus jeune de la compagnie, j'étais avec mes oncles, mes tantes, ceux qui représentaient mon père, mais je suis persuadé que personne d'entre eux ne fit les mêmes réflexions que moi. Tous étaient enchantés de l'heureux jour qu'ils avaient employé ; mon oncle Macauld était un peu en gaieté. La sagesse dont il se piquait ne l'avait pas mis en garde contre le nectar qu'on avait versé à la table des anachorètes........

Comment, ayant évité l'état ecclésiastique, il ne put devenir militaire et se laissa destiner à la magistrature, pour laquelle il ne se sentait aucune inclination, c'est encore ce qu'il explique en quelques pages du meilleur style dix-huitième siècle. Il y donne, en passant, son portrait au physique et au moral, dresse le compte de sa vie entière, finie, comme elle a commencé, dans une heureuse et studieuse obscurité, ne renie aucun de ses actes de

I.

citoyen et d'administrateur durant la période révolutionaire, et, pour ainsi dire, se contemple de face, la conscience satisfaite :

Mon oncle me présentait la carrière du barreau pour la profession d'avocat au Parlement, celle de la médecine ou l'état ecclésiastique. Je fus étonné qu'il ne me dît rien de l'état militaire. Ma famille était pleine de gens qui tenaient un rang dans ces diverses conditions. Des magistrats, des militaires, des prêtres et des médecins du Roi, tels étaient ceux à qui je devais le jour. Je compte pour rien la noblesse vraie ou supposée dont la plupart d'entre eux se vantaient. Car, dans mes opinions politiques même, jamais cette caste aussi orgueilleuse que fainéante ne devrait être comptée pour quelque chose dans un État. Celui qui sert bien son pays soit dans l'épée, soit dans la magistrature, est le seul noble à mes yeux; pour posséder la noblesse héréditaire, il faut être, comme ses pères, vertueux, sage, courageux, aimer la patrie et ses concitoyens, les défendre de son bras, de ses talents et de ses lumières. Les Mercier tiraient leur origine des anciens maires de la Rochelle, qui étaient des officiers militaires et qui commandaient en chef dans les temps de guerre étrangère ou civile. Les Macauld avaient été anoblis sous Louis XIV pour avoir rendu des services importants à la cause du Roi pendant la guerre des Tours, comme on peut le voir au second volume de l'*Histoire de la Rochelle*, par Arcère, et dans l'*Espion rochelois;* les de Lacoste, dont mon père était issu à cause de sa mère, qui portait ce nom, se disaient gentilshommes béarnais, venus à la Rochelle avec le bon Henri IV; les de Hillerin, dont ma mère était sortie, ne parlaient que de l'antiquité de leur noblesse, voulaient absolument descendre d'un baron allemand. Ils fondaient cette descendance sur ce qu'un de Hillerin, officier au régiment de la Couronne et cousin germain de ma mère, avait lu, en passant par un village d'Allemagne, sur le frontispice d'une vieille porte, cette inscription : *Château Dehillerin, Schloss-Dehillerin.* Ce château n'était sûrement pas si beau que celui de M. le baron de Thunder-ten-Tronckh, où Pangloss enseignait à Candide la métaphysico-théologo-cosmo-nigologie; mais, par l'inscription dont il était décoré, il flattait infiniment la vanité de mes chers parents.

J'ai dit que la lecture du *Télémaque* avait peut-être contribué à développer en moi l'inclination que j'avais eue pour la profession des armes......

Je n'étais pas riche, et je sentais bien, dès lors, qu'on n'est regardé dans le monde qu'autant qu'on y jouit d'une certaine aisance. Je n'avais point l'ambition d'amasser des richesses, mais j'avais à cœur de conserver mon petit patrimoine. Je me rappelais ces vertueux républicains de l'antiquité dont l'histoire parle avec tant d'éloges pour leur vie simple et frugale, et je trouvais dans la personne du maréchal de Catinat un exemple moderne de l'héroïsme et de la simplicité. C'était à mes yeux le plus grand homme du siècle de Louis XIV, un véritable Romain.

J'avais commencé à ceindre l'épée, à tirer des armes, et je conçus le projet de suivre la carrière militaire que plusieurs de mes ancêtres avaient parcourue; je comptais plusieurs chevaliers de Saint-Louis dans ma famille encore existants. Je répondis à mon oncle, avocat du Roi au présidial de la Rochelle, qui me pressait depuis longtemps de me décider sur le choix d'un état, que mon inclination m'entraînait vers le parti des armes. Il loua la noblesse de mes sentiments; mais, comme il était homme de robe, il m'observa que la magistrature était préférable à l'épée, qu'on n'était pas toujours jeune, que la faiblesse de ma constitution et la petitesse de ma taille lui paraissaient un obstacle à mon penchant.

J'avais alors atteint ma dix-neuvième année, j'avais à peine pieds nus 4 pieds 11 pouces de hauteur; ma taille a toujours été parfaitement bien tournée; sans être gros, j'étais assez bien fourni, droit, la tête haute, beaucoup d'adresse et d'aisance dans mes manières, la démarche vive et décidée; mes cheveux, qui avaient été blonds dans mon enfance, et mon teint, qui avait été de lis et de roses jusqu'à ma petite vérole, s'étaient rembrunis assez fortement depuis cette maladie ; mes yeux, qui ont toujours été noirs, pétillaient du feu de la jeunesse et n'en sont pas encore dépourvus ; mon nez un peu retroussé, l'ensemble de ma petite figure chiffonnée, me donnaient cet air de finesse et de mutinerie qui plaît quelquefois. Joignez à cela une main et un pied dont une jolie femme eût pu désirer la tournure. Ma jambe, un peu trop courte pour ma taille, était ce qu'il y avait de moins bien dans toute ma stature. Mon tempérament a toujours été vigoureux, hors des atteintes des maladies et surtout de ces fièvres qu'on nomme tierce, quarte, etc.; dans les épidémies qui ont fait des ravages, je n'ai éprouvé que bénignement ce qu'elles ont de fâcheux. J'ai su me garantir de bonne heure des excès auxquels l'effervescence de la nature porte la plupart des jeunes gens... Lorsque j'ai été plus instruit, l'hygiène est la partie de la médecine à laquelle je me suis le plus attaché. De la sobriété dans mes repas, peu de vin, beaucoup d'eau, point de café, point de liqueurs spiritueuses, peu de ragoûts, des mets naturels et sans apprêts ; une application trop forte à l'étude quelquefois ; point d'ambition, point de soucis, un contentement intérieur qui avait sa source dans une âme pure, et la gaieté qui a accompagné cette heureuse manière d'exister durant quelques années ; des peines cruelles ensuite, des chagrins dévorateurs, consolés par la raison, par la philosophie, par l'exemple des vertus champêtres, par les douces images de la nature et l'étude de ses mystères ; le soin des affaires publiques, les troubles, les agitations, les tempêtes politiques, les horreurs de la guerre civile où je me suis trouvé engagé, les veilles employées aux fonctions dont j'ai été chargé sur un théâtre assez célèbre ; la renaissance graduée du calme, enfin le retour à l'obscurité, dont je n'aurais jamais dû sortir, à cet état enchanteur où l'homme honnête s'occupe de son ménage, de ses propriétés, de sa femme, de ses enfants, et rêve le bien qu'il n'a pu opérer parmi ses semblables en administrant la chose commune : telle a été, jusqu'au moment où j'écris, ma vie morale et physique comme j'aurai occasion de la présenter dans ces mémoires.

On voit, d'après le tableau que je viens de tracer, que ma constitution physique et ma manière de vivre me rendaient très propre à supporter les fatigues de la guerre et les privations de jouissances qu'elle nécessite souvent. Mon oncle le robin persista dans son opinion ; mon oncle le militaire inclinait pour favoriser mon penchant au service, il n'osa se prononcer pour moi, et je restai dans le silence et continuai mon cours de physique au collège d'Angers sous le père La Plaigne. Mon oncle ne me laissa pas longtemps tranquille, il me sollicita encore sur ma vocation. Je lui répondis que, si l'état militaire n'était pas de son goût, je me décidais pour la finance, que feu mon père avait eu le projet de me placer dans cette partie, et que le ministre comte de Saint-Florentin, qui vivait encore alors, lui avait promis de me procurer un emploi dès que je pourrais le remplir. La réponse de mon oncle m'accabla de chagrin, il me dit qu'il n'avait aucun moyen d'obtenir ce que le ministre avait promis à feu mon père, et qu'il fallait absolument me livrer à l'étude du droit. Il faut que le jargon de notre législation soit bien rebutant, puisqu'il n'est pas un homme célèbre, soit dans les lettres, soit dans les sciences, soit dans les armes, qui n'ait jeté loin de lui le code, les coutumes et les ordonnances. Corneille, Racine, La Fontaine, Catinat et Boileau, furent condamnés dans leur jeunesse à cette pénible et dégoûtante étude.

A.-Ch.-F. Mercier du Rocher étudia le droit à Paris, où il fut reçu avocat en 1787. Il retrouva dans la capitale un de ses oncles, qui, après avoir dissipé par ses prodigalités autant que par ses pertes dans le commerce maritime, sa fortune et celle de sa femme, s'était établi avocat au Parlement et qui, après des aventures mystérieuses, devait coopérer à la Constitution municipale de Paris, ayant été élu, par le district de Saint-Leu, l'un des trois cents Représentants de la commune, convoqués à l'hôtel de ville le 18 septembre 1789 [1].

Pierre-Nicolas Mercier-Dupinier, lisons-nous dans l'autobiographie de son neveu, après avoir consumé son patrimoine, partit pour Paris, s'y fit recevoir avocat au Parlement, et commençait à se distinguer dans cette profession, lorsqu'il publia un ouvrage contre le chancelier Maupeou.

Il échappa à la vigilance des exempts de la police qui le cherchaient pour le conduire à la Bastille, il se retira à Berne, où il eut le courage de se déchaîner en plein sénat contre l'aristocratie des magistrats de cette république. On n'osa pas le faire arrêter tandis que le peuple de la ville le suivait, mais on prit des moyens pour le faire saisir dans la maison où il logeait. Il se sauva encore une fois des mains des aristocrates et se rendit dans les États du pape; il visita Rome et une partie de l'Italie, mais les discours qu'il tenait contre les prêtres et la Sainte-Inquisition l'obligèrent à se retirer en Prusse et de là en Allemagne. Ce fut par la force qu'il eut d'intéresser en sa faveur la médiation de l'empereur et de Frédéric qu'il obtint la mainlevée de la lettre de cachet que le feu roi Louis XV avait décernée contre lui, comme il le dit dans la copie d'une lettre qu'il écrivit à Cagliostro qui venait de sortir de la Bastille [2]. Dupinier, de retour à Paris, fut pourvu d'une charge d'avocat au conseil du Roi..... La Révolution arriva.

Plein d'enthousiasme pour la liberté, il embrassa avec chaleur le parti du peuple. Il demeurait alors à Paris, rue des Petits-Carreaux, n° 34, maison de Mme Chaleray. Il se trouvait dans un des quartiers désignés sous la dénomination de district de Saint-Leu; il en fut élu président en 1789. Il fut un des représentants de la Commune, qui le mit au nombre des 24 commissaires chargés de rédiger un plan de gouvernement municipal pour la ville de Paris. On peut consulter à cet égard le journal intitulé : *Procès-verbaux de l'Assemblée générale des représentants de la Commune de Paris*, convoquée le 18 septembre 1789 [3]. J'ai ouï dire à M. Berthier de Vauxlouis, son ami, que Bailly avait paru à Dupinier un homme peu fait pour les circonstances orageuses, et qu'au milieu des dangers qui menaçaient la ville, il était venu consulter le corps municipal et lui proposer de délibérer sur la livrée qu'il devait donner, en qualité de maire, aux gens qui le servaient. Dupinier traitait Bailly d'homme nul en politique et de savant respectable. Il mourut, le 16 février 1790, des fatigues qu'il avait essuyées dans les fonctions municipales. Le district de Saint-Leu lui rendit les derniers honneurs funèbres. Il m'avait fait son légataire universel et avait chargé M. Berthier de Vauxlouis, directeur des comptes des domaines du Roi, de l'exécution de son testament. J'ai renoncé à tous les avantages qu'il m'avait faits ainsi qu'à sa succession, ne voulant avoir rien à démêler avec Marie-Thérèse-Olive Mercier, ma tante, qui avait régi ses biens depuis 1761, et avec laquelle il était en procès pour reddition de comptes.

---

1. Voir *Le personnel municipal de Paris pendant la Révolution*, par Paul Robiquet (collection municipale des documents relatifs à l'histoire de Paris pendant la Révolution (Paris 1890, in-8° p. 225). M. Robiquet ne donne aucun renseignement sur Mercier Dupinier, qui n'a de biographie nulle part.

2. Cette lettre, de Paris, 24 juillet 1786, le seul des nombreux manuscrits du portefeuille de Mercier Dupinier, qui soit resté entre les mains de Mercier du Rocher, est transcrite, de la main de celui-ci, dans son autobiographie, « pour donner une idée de la manière dont s'exprimait Dupinier, des évènements qu'il a éprouvés dans le cours de sa vie, et servir à l'histoire de l'homme à qui elle était consacrée, le fameux comte de Cagliostro. »

3. Le nom de Mercier (D. P.), se retrouve dans la liste du « Comité de constitution », institué par les représentants de la Commune de Paris le 2 et nommé le 3 décembre 1789, liste donnée page 173-174 de l'intéressant ouvrage de M. Paul Robiquet.

Ce fut sans doute l'oncle Mercier-Dupinier qui lança le jeune Mercier du Rocher, d'abord dans les salons littéraires et philosophiques, ensuite dans les clubs politiques.

Notre Mercier, raconte, en ses « Mémoires pour servir à l'histoire de la guerre de la Vendée »[1], sa réception à la Société des Amis de la Constitution, dès l'origine[2]; il exprime les plus vives sympathies pour le collègue de son âge qui siégeait à côté de lui aux Jacobins, et qui n'était autre que l'un des fils de Philippe-Égalité, celui-là même qui devait devenir Louis-Philippe Ier, Roi des Français.

Il se le rappelait treize ans plus tard, écrivant dans son Journal manuscrit vers la fin du mois de frimaire an XII (décembre 1803), à propos d'un simulacre d'élection pour le Corps législatif de Bonaparte :

Comment se persuader que des hommes qui, sous le trop infortuné Louis XVI, ont élu leurs députés aux États généraux, aillent, sous l'empire d'un Corse hideux, voter pour lui laisser le choix des électeurs qui doivent élire, selon les caprices de ce despote, les vils approbateurs de ses volontés? Qui se persuadera que des Français aient pu descendre à ce point d'avilissement, après avoir proclamé la liberté, après avoir repoussé les rois armés contre eux, après avoir triomphé de leurs satellites? Ô Français! ô Français! ô mes compatriotes! qui que vous soyez, quelle qu'ait été votre opinion politique dans le cours de cette inconcevable révolution, répondez-moi! Royalistes ou républicains, vous attendiez-vous à cette destinée et devriez-vous laisser subsister un tel ordre de choses? Si vous étiez royalistes, ne soupireriez-vous pas après le rétablissement d'un Bourbon? Si vous étiez républicains, pensez-vous que l'ombre de ce gouvernement existe encore? Vous ne vivez ni sous une monarchie ni sous une république, vous êtes dans un état amphibie qui vous fera éprouver les peines de la servitude et les orages de la licence. Tels furent les Romains après la bataille d'Actium, après la chute de leur liberté, après la mort d'Octave; une foule de maîtres se disputèrent le droit de les gouverner ; il en sera de même de vous, mes concitoyens, si le ciel ne protège la France. Son salut dépend d'un événement que je le conjure de hâter ; il n'y a qu'un homme au monde qui puisse éteindre les inimitiés, les haines secrètes qui dévorent les deux partis, mais il n'y a que la volonté de celui qui tient dans ses mains puissantes le sort des empires qui puisse vous donner cet homme. Que ce Dieu de bonté veuille appeler à lui les deux frères de Louis XVI et leurs deux enfants, et le sceptre des Français appartient légitimement à ce prince intéressant, qui sous le nom de Jeune Égalité, s'est montré l'ami du peuple et le défenseur de ses droits; c'est lui que vos vœux doivent appeler à la place de premier consul de la République française, de Consul héréditaire. Il est doué de tous les talents, de toutes les vertus, il a été se perfectionner à l'école de l'adversité, après avoir reçu la plus belle éducation du monde par les soins de la célèbre Genlis. Français, c'est de sa destinée que dépend votre bonheur et celui de votre postérité. Puissé-je voir cet heureux avènement avant de mourir, et je descendrai sans regret dans la tombe! Ô

---

1. Premier des cahiers du manuscrit original.
2. Le nom de Mercier se trouve sur la liste imprimée du 21 décembre 1790, reproduite pages 33-34 du tome Ier de *La Société des Jacobins* (Collection des documents relatifs à l'histoire de Paris pendant la Révolution). Seulement M. F.-A. Aulard ajoute à ce nom : « C'est l'auteur du *Tableau de Paris*, futur conventionnel. » C'est le futur administrateur du département de la Vendée, Mercier du Rocher, qui, dans une note du quatrième cahier de son Journal manuscrit, dit : « J'étais du comité des présentations à la Société des Jacobins, à Paris, vers la fin de 1790, avec Louis-Philippe d'Orléans. »

Philippe, ô toi que j'ai vu souvent, auprès duquel j'ai siégé tant de fois en 1790, dont j'ai admiré la raison, la douce éloquence et la sagesse, dans un âge où le commun des hommes commence à peine à s'exprimer, reçois ici l'hommage de mon respect, de ma vénération et les vœux que j'adresse saintement pour toi au Maître du monde. Ils sont dictés par le désir de voir ma patrie heureuse et tranquille.

Si la Révolution n'avait pas éclaté au moment de son entrée dans la vie active, Mercier du Rocher se serait abstenu d'exercer la profession d'avocat et de rechercher des emplois dans la magistrature; il se serait simplement adonné aux belles-lettres, à la science, à la philosophie et à la philanthropie, retiré dans sa petite propriété de Vouvant, près de la Châtaigneraie, « lieu champêtre, solitude délicieuse », dit-il [1], où il se trouvait si bien pour « méditer sur la nature des êtres et sur l'origine des gouvernements », sans la moindre envie de jouer un rôle dans le monde, dédaigneux des honneurs et des richesses.

Lorsqu'il achevait sa philosophie à Angers, le passage d'une assez bonne troupe de comédiens faillit le faire devenir auteur dramatique. Il commit, suivant son expression [2], « un avorton tragique », *Le Siège de la Rochelle*. Dans l'incendie de sa maison de Vouvant par les Vendéens, en 1793, furent détruits douze de ses ouvrages [3] :

1° Traduction en vers des *Églogues* de Virgile et de quelques *Odes* d'Horace;
2° Traduction du premier livre du poème *de la Nature des choses*, de Lucrèce et de quelques autres passages;
3° Diverses pièces de vers;
4° *Les Naturalistes*, comédie en trois actes et en prose;
5° *Discours à l'Académie de Besançon* sur cet axiome : « Les vertus patriotiques peuvent s'exercer dans les monarchies comme dans les républiques »;
6° *Observations morales, physiques et politiques*, faites avec la bonne volonté d'être utile;
7° *Relation secrète de ma vie*, pour mon instruction particulière;
8° *La nouvelle Agar*, dialogue champêtre, dont le sujet est véritable;
9° Lettres pour servir à l'Histoire naturelle du Poitou;
10° *Le Jurisconsulte ambulant*, critique des coutumes;
11° Mémoire envoyé à l'Académie de la Rochelle, en 1787, sur cette double question : « 1° Quel serait le moyen le plus facile et le plus économique, dans le pays d'Aulnis, de suppléer au bois pour la brûlure des vins, sans nuire à la qualité de l'eau-de-vie? 2° Si, à défaut de bois, on peut employer avec succès le charbon de terre ou tout autre combustible, quelle serait alors la meilleure forme à donner aux fourneaux et aux chaudières? »

Le premier ouvrage politique de Mercier du Rocher est daté du 20 mars 1791; c'est une *Adresse aux habitants des campagnes du département de la Vendée* [4], dont l'auteur, en rentrant de Paris à Vouvant, dans

---

1. Premier cahier de ses *Mémoires* inédits.
2. A la dernière page de son autobiographie arrêtée par sa mort à un parallèle entre Corneille et Racine.
3. Dont la liste a été dressée par son beau-frère B. Gauly et imprimée dans les *Recherches sur Fontenay* de B. Fillon, tome Ier, pages 351-352.
4. Dont nous avons donné des extraits ci-dessus p. 238-240.

les premiers jours de l'année 1791, avait constaté avec chagrin le changement de caractère et la surexcitation contre-révolutionnaire, produits par « le travail perfide des prêtres. » Un peu plus tard, au mois de mai, lorsque devaient avoir lieu les opérations électorales pour la nomination des députés à l'Assemblée législative, il lança une nouvelle *Adresse aux citoyens des Assemblées primaires du département de la Vendée*[1]. Ces deux brochures le mirent en vue, et quoiqu'il n'eût fait aucune démarche, qualifiant d'intrigue la simple présentation de soi-même aux suffrages des électeurs, il fut élu député suppléant à la première législature, le 6 septembre, et, le 10, dans la même assemblée des électeurs au second degré, membre du conseil de département[2]. Au commencement de l'année 1792, entré au directoire par suite de démissions, il y devenait le substitut du procureur général syndic Pervinquière. Réélu au renouvellement de l'administration départementale[3], au mois de novembre 1792, il resta durant la guerre civile et la Terreur, ardent et actif patriote, maintenu en fonctions lors des deux épurations faites par les représentants du peuple, jusqu'à l'abolition des directoires de département et la création des municipalités cantonales par la Constitution de l'an III. Il fut ensuite membre du jury départemental d'instruction publique et membre de la municipalité cantonale de Fontenay-le-Peuple. Le 15 prairial, an VIII, le premier préfet de la Vendée le nomma, sans l'avoir consulté, membre du conseil municipal de la ville de Fontenay. Il accepta « quoiqu'il ne se souciât pas beaucoup, écrivait-il[4], d'occuper une place dans un ordre de choses qui n'était pas très stable et où le despotisme avait repris plus qu'il n'avait perdu. » Il n'était pas dupe des proclamations consulaires qui déclaraient la Révolution achevée et la République française à jamais établie. Le coup d'État des 18 et 19 brumaire l'avait, au contraire, désespéré de l'établissement de la République en France, et il en avait ainsi noté les conséquences dans son Journal[5] :

Les militaires sont comme les gros chiens de garde, qu'il faut tenir à la porte de la maison pour repousser les voleurs, et qu'il ne faut pas laisser entrer dans la maison.

— Oh! citoyen, disait un domestique à son maître, l'égalité est en France.

— Est-ce que tu ne sais pas, répondit le maître, que Bonaparte vient de la chasser à coups de pied dans le cul?

La haine que Napoléon inspirait à ce Bleu, demeuré l'enthousiaste libéral de 1789 et le patriote énergique de 1792, ne s'apaisa qu'au spectacle des désastres de 1813 et de la première Restauration de 1814. Les Cent-Jours rendirent une faible lueur d'espérance à Mercier du Rocher. Mais le désastre de Waterloo ralluma sa colère ; en voyant, derrière les étrangers victorieux, rentrer définitivement les Bourbons de la branche aînée, il reprocha à l'empereur de ne pas avoir su au moins courir au devant d'un boulet et se faire tuer pour clore le cycle de ses victoires militaires, si funestes à la liberté et à la patrie. Voyant revenir tout l'Ancien Régime, avec les émigrés

1. Dont nous donnons des extraits dans notre t. II, ch. XVIII.
2. V. notre t. II, ch. XVIII.
3. V. notre t. III, ch. XXXIV.
4. Troisième cahier de son journal manuscrit, prairial an VIII.
5. Fin du deuxième cahier.

et les nobles conspirateurs « qui n'ont rien appris ni rien oublié », avec les « prêtres fanatiques qui ont perverti les naïfs et honnêtes paysans » et causé la dévastation du « Bocage enchanté », il s'écrie plusieurs fois dans les dernières pages qu'il ait écrites : « Napoléon, lâche Napoléon, qu'as-tu fait? »

A.-Ch.-F. Mercier du Rocher s'est marié deux fois : la première, le 1er thermidor an IV (19 juillet 1796) avec Sophie Aumon, fille d'un médecin de Fontenay, qui mourut le 26 septembre 1807, sans lui laisser d'enfant ; la seconde, le 1er août 1809, avec Marie-Philippine-Aimée Gauly, fille d'un juge au tribunal civil de Fontenay, dont il eut un fils, né en 1810 et mort en 1811, et trois filles. L'aînée de celles-ci, Philothée-Sélima, mariée le 5 septembre 1836 à feu Armand Brisson, est la mère de M. Paul-Ernest Brisson, juge au tribunal civil de Fontenay. La seconde, Noémi, mariée à feu Gaillard, conseiller à la cour de Poitiers, est décédée en 1891, laissant un fils, M. Léon Gaillard, ancien secrétaire général de préfecture. La troisième fille est morte en bas âge.

C'est entre les mains de M. Ernest Brisson que se trouvent les manuscrits et les livres[1] de son grand-père Mercier du Rocher, dont il nous a fait la communication complète et dont il a l'intention d'assurer la conservation en les léguant à notre Bibliothèque nationale : ce qui sera un service éminent rendu à la science historique.

On ne connaissait avant nous que les deux premiers cahiers des *Mémoires pour servir à l'histoire de la guerre de la Vendée*, dont copie a été prise, il y a trente ou quarante ans, en double, par son beau-frère Gauly et pour M. Dugast-Matifeux. La première copie aurait été, nous a-t-on dit, détruite ; nous avons vu la seconde, à Montaigu, reliée avec les brochures imprimées de l'auteur et diverses pièces inédites se rapportant aux événements qui y sont racontés.

Sur la couverture en parchemin du manuscrit original on lit :

Premier cahier de mes Mémoires pour servir à l'histoire de la guerre de la Vendée : ils sont formés de quatre cahiers et ne vont que jusqu'au mois de pluviôse an II. Je les ai écrits sur les cendres fumantes de la Vendée.
Paris, le 24 août 1806.   Mercier du Rocher.

Avant le commencement du récit, sur une feuille de papier coupée, est ce *Nota* :

J'ai pris la plume pour écrire ces Mémoires dans les premiers jours de floréal de l'an II de la République. Je l'ai laissée à la nouvelle de la journée du 9 thermidor de la même année. J'en étais alors à la malheureuse affaire qui eut lieu à Chantonnay le 5 septembre 1793. Je n'ai repris le cours de ces Mémoires que dans les premiers jours de floréal de l'an VI.

Au-dessous est inscrit ce titre étrange, sous lequel l'auteur eut peut-être un moment l'envie de publier tout de suite son ouvrage :

Mémoires de feu citoyen Nullipart, ou Histoire complète de la guerre de la Vendée, de son origine et des causes de sa durée, mise au jour par Théodore Brusquauroi, citoyen français, 1799.

---

1. Les livres eux-mêmes enrichis d'annotations intéressantes, comme la première édition des *Mémoires de Mme la marquise de Larochejaquelein*, parue à Bordeaux en 1815.

Il choisit pour épigraphe cette phrase du *Lévite d'Ephraïm* de Jean-Jacques Rousseau :

A de tels forfaits, celui qui détourne ses regards est un lâche, un déserteur de la justice ; la véritable humanité les envisage pour les connaître, pour les juger, pour les détester.

L'introduction est des plus brèves :

Si la postérité ne consulte que les rapports du Comité de salut public et les écrits calqués sur ces pièces pour connaître l'histoire de la guerre dite de la Vendée, elle sera grossièrement trompée. Ce Comité a été trompé lui-même et n'eut aucun moyen d'être éclairé sur cet objet ; entouré d'hommes que des passions violentes agitaient, il n'a pu démêler la vérité.

Je ne prends la plume que pour la dire et pour exposer franchement l'origine, les suites et les effets des malheurs qui ont désolé cette belle contrée.

Administrateur du département de la Vendée, y ayant vécu avec les hommes qui le cultivaient, avec les malveillants qui sont cause de sa dévastation, je me dois à moi-même de dérober quelques instants aux affaires publiques pour manifester mon opinion sur la conduite qu'ont tenue mes contemporains dans des circonstances difficiles. Je vais dire tout ce que je sais.

Je dirai les fautes de l'Assemblée constituante, celles de la Convention nationale, et les horreurs que des hommes qui se disaient républicains exercèrent sur le territoire français, sous prétexte de détruire le fanatisme religieux. Je n'épargnerai pas les nobles, les gens à coffre-fort, et je frapperai surtout les prêtres, dont les manœuvres ont fait verser tant de sang. La trahison du pouvoir exécutif, des ministres et des généraux sera mise au grand jour. Loin de moi tout mensonge et toute flatterie ! J'écris pour la vérité.

A la date du 7 mai 1794, Mercier décrit la chambre de la maison de la ci-devant Union chrétienne, devenue le siège de l'administration départementale, où il écrit ses Mémoires, et explique quelle est en ce moment la disposition de son esprit :

C'est dans un appartement très élevé du grand corps de logis. De là je découvre un vaste horizon en promenant mes regards sur les riches campagnes de Saint-Michel, d'Oulmes et de Montreuil. Dans ce silencieux réduit je me dérobe quelquefois aux affaires publiques pour me livrer à la méditation. Je m'élève au-dessus de cette terre, qui est le théâtre de la guerre civile, pour juger les événements, loin des passions des hommes, de la haine des partis, pour les rapporter tels qu'ils se sont passés et en faire connaître les causes et les effets. Heureux si mon faible travail échappe aux recherches des gens insensés qui croient tout faire pour obtenir le bonheur de leur patrie, en persécutant ceux qui disent la vérité sans fiel, sans amertume. Heureux si, quand l'excès de la fièvre révolutionnaire sera passé, il peut servir à préserver notre postérité des maux qu'entraîne l'esprit de parti, le désir de la vengeance, l'envie de se distinguer, la soif des richesses et des propriétés, la domination des prêtres et les fureurs du fanatisme ! S'il produit un peu de bien, je n'aurai pas tout à fait perdu mon temps.

De ce que Mercier du Rocher a interrompu la rédaction de ses Mémoires « à l'arrivée du courrier de Paris qui apportait la nouvelle de la journée du 9 thermidor », et a « laissé tomber sa plume pour considérer les changements que cette époque devait amener dans notre organisation politique », la plupart des lecteurs de la copie, qui s'arrête là, l'ont considéré comme un admirateur de Robespierre, convaincu que, par sa chute, la Révolution était compromise et la République perdue.

Ce n'est pas tout à fait exact. Se remettant à ses Mémoires en l'an VI, Mercier juge les événements des 31 mai-2 juin 1793 et du 9 thermidor an II. Il se prononce contre la Montagne, pour les Girondins. Il compare Robespierre à Cromwell; il lui reproche « d'avoir voulu conduire le peuple au despotisme le plus affreux sous le nom de liberté, et d'avoir anéanti la souveraineté nationale en faisant jeter dans les fers soixante-dix députés qui s'opposaient avec une vertueuse indignation aux ordres sanguinaires de ce nouveau tyran ». Mais il se hâte d'ajouter :

Il se trouve cependant, il faut en convenir, des politiques éclairés, des hommes dont le sentiment a un certain poids dans la balance de l'opinion publique, qui craignirent à la vérité les fureurs de ce régime (le gouvernement révolutionnaire) tant qu'il dura, mais qui soutiennent maintenant qu'il a sauvé la patrie de la guerre civile générale, de l'invasion des armées étrangères et de la vengeance implacable de ces lâches émigrés qui ont ameuté les nations de l'Europe contre leurs concitoyens pour les faire égorger et dépouiller leurs enfants de leur patrimoine. Ces politiques soutiennent que Robespierre, au milieu de l'anarchie apparente des sociétés populaires, avait trouvé le moyen de centraliser le gouvernement en sa personne sans faire semblant d'y songer, d'effrayer les conspirateurs de toutes les classes, de ranimer la tiédeur des gens qui doutaient du succès de la Révolution, d'exalter le courage de nos soldats, de mettre de l'ensemble dans les mouvements de nos armées, et d'étonner l'Europe par les victoires remportées sur les généraux les plus expérimentés, les plus capables. des puissances coalisées contre nous.

Quelle était, en effet, notre situation au mois de juillet 1793 ? Condé, Valenciennes, Le Quesnoy, étaient au pouvoir de l'ennemi; nous avions abandonné Mayence; des généraux conspirateurs livraient nos frontières; nous étions battus sur tous les points. Les Prussiens, les Autrichiens se flattaient de prendre leur revanche et de marcher sur Paris. Les Espagnols, qui nous ont vaincus tant de fois, bloquaient jusqu'à la ville de Perpignan. Les Anglais se firent vendre et livrer Toulon. Marseille, Lyon, la Vendée, le Morbihan, étaient le théâtre de la guerre civile ! Voilà où nous en étions ; voyez où nous en sommes, et dites-nous si, malgré les atrocités de ce régime affreux, Robespierre n'a pas servi son pays. Que de grands crimes, que de hauts faits, que de grandes vertus, que d'horreurs présente notre Révolution durant le cours de ce dictatoriat ! La postérité jugera celui qui l'a exercé, elle le jugera comme simple citoyen, elle le jugera comme homme ; elle marquera la place qu'il doit occuper parmi les génies politiques qui ont gouverné le monde, et cette place ne sera point inférieure à celle du cardinal de Richelieu, si l'on rapproche, si l'on compare les circonstances dans lesquelles ils se sont trouvés l'un et l'autre.

Sur leurs copies, les deux premiers cahiers des Mémoires de Mercier du Rocher ont pu être très heureusement communiqués à des historiens tels que J. Michelet et Louis Blanc, qui s'en sont beaucoup inspirés pour rectifier les opinions erronées sur les origines et les débuts de la guerre de Vendée. Mais rien n'était connu jusqu'à ce jour des troisième et quatrième cahiers. La rédaction n'en est pas définitive, revue et corrigée, comme celle des précédents. Les mains de papier grand format, qui les composent, ne sont plus remplies au recto et au verso de la fine écriture de l'auteur. Les pages en sont pliées sur la longueur, par moitié, le texte attendant des additions et des remaniements, dont beaucoup restent à faire. Ce n'est plus un récit suivi, d'une forme arrêtée ; des extraits de rapports, de brochures, de livres, y sont accumulés, avec des notes les confirmant ou les réfutant, sur les événements et incidents dont l'auteur n'a pas été témoin ou qu'il n'a pu connaître par les documents administratifs restés entre ses mains. On ne saurait imprimer ces deux cahiers à la suite des premiers, mais la lecture en est des plus fécondes pour le chercheur. Nous y avons pris plusieurs morceaux d'un vif intérêt et littérairement achevés.

Tout en écrivant ses Mémoires politiques et en préparant son autobiographie, l'infatigable écrivain qu'était ce petit homme, jusqu'à sa dernière heure, tenait au courant ce qu'il appelait « mes Cahiers de notes » ou « mon Journal ». Ces cahiers sont au nombre de six, commençant au 10 mars 1793 et finissant au 5 mars 1816. On peut y suivre l'histoire intérieure du département de la Vendée, et l'on y rencontre, sur les faits généraux de l'histoire de la France, des aperçus originaux.

Sur les Vendéens des divers partis ayant joué, durant la crise révolutionnaire, des rôles quelconques, à l'occasion de leur mort, minutieusement notée, il y a là des détails biographiques introuvables ailleurs. Nous en avons usé, mais non abusé ; car les notices de Mercier sur les personnes qu'il a connues et sur les familles qui leur survivent sont assez souvent grossies de détails trop intimes, dont l'histoire n'a que faire. Pour les gens qu'il n'aimait ni n'estimait il avait, comme on dit, la dent dure, et son pétillant esprit se complaisait à aiguiser ses pointes.

En outre des écrits personnels de Mercier du Rocher, M. Ernest Brisson a les pièces justificatives des Mémoires de son grand-père. 474 sont reliées par ordre de date en deux registres, et 30 ou 40 autres isolées. 200 au moins sont des documents authentiques, retenus dans les mains de l'administrateur départemental du commencement de 1792 à la fin de 1794. Les archives du département de la Vendée furent, on le sait, brûlées quand l'armée catholique royale s'empara de Fontenay le 25 mai 1793, et elles n'ont pu être reconstituées. On comprend toute l'importance des papiers sauvés.

Parmi les pensées que Mercier du Rocher a jetées en marge et sur les couvertures de tous ses manuscrits et livres, se rencontrent celles-ci :

L'expérience a prouvé que dans toutes les révolutions, la sagesse est défendue sous peine de mort. Il n'est pas bien difficile de mettre la paix au milieu des gens quand ils sont las de se battre.
Je crois qu'il y a des événements, que tous les efforts de la prudence humaine ne pourraient empêcher, et qu'il y a une fatalité qui nous entraîne malgré nous. Cependant il faut toujours nous conduire comme si notre sort dépendait de notre volonté.

Ainsi, par allusion, — car pas une seule fois il ne s'abaisse à se défendre des actes auxquels il a participé ou dont il a pris l'initiative, et que ses ennemis politiques lui reprochaient, — explique-t-il les « écarts » auxquels les circonstances l'ont forcé : la vivacité de quelques-unes de ses motions révolutionnaires et son opposition à la pacification de Hoche. Il n'avait, d'ailleurs, après avoir traversé la plus terrible des convulsions politiques, aucune vengeance personnelle à se reprocher, et il était sorti des fonctions publiques les mains nettes. Il n'avait pas à se repentir d'avoir en son jeune âge passionnément aimé la liberté, ni d'en avoir combattu les ennemis; il ne regrettait qu'une chose, c'est que sa patrie, après l'avoir conquise, l'eût perdue.

N° 2

J.-J.-M. SAVARY

L'HISTORIEN DES GUERRES DES VENDÉENS ET DES CHOUANS.

« *Les guerres des Vendéens et des Chouans contre la République française,* par un officier supérieur des armées de la République » [1] datent de 1824-1827. C'est un ouvrage capital et encore aujourd'hui, comme le dit notre vénérable ami l'érudit patriote Charles Dugast-Matifeux, « la seule histoire loyale et véridique de la Vendée ».

La publication en avait été préparée, dès 1800, par une brochure, où l'auteur, sans donner son nom, s'intitule « officier supérieur qui a été chargé d'une partie des opérations relatives au rétablissement de la tranquillité intérieure ». Cette brochure se retrouve sous un double titre : *Mémoire politique et historique des insurrections de l'Ouest ;* — *Histoire de l'origine des troubles de la Vendée et moyens de terminer la guerre contre les Chouans et de porter leurs forces contre les Anglais* [2].

M. L. de la Sicotière, dans la préface de son ouvrage sur *Louis de Frotté et les insurrections normandes* [3], conteste l'autorité acquise au grand ouvrage depuis plus de soixante ans reconnu comme classique et suivi par tous les historiens de la Révolution. M. le sénateur de l'Orne dit avoir « vérifié à la Guerre beaucoup d'omissions »; même il accuse « d'avoir tronqué les textes » l'avocat qui a fait « le dossier d'une des parties en cause ».

Il faudrait prouver cela. D'ailleurs, les papiers que conservent les Archives de la Guerre sur les affaires de la Vendée sont précisément, en majeure partie, ceux que possédait Savary et qu'il eût pu supprimer s'il l'avait estimé utile à sa cause, selon la méthode du parti qu'il a combattu. Le caractère de l'homme et les actes de sa vie le mettent au-dessus de toute insinuation posthume contre sa loyauté et sa probité [4].

---

1. 6 volumes in-8, de la collection Baudouin.
2. In-8 de 65 p. publié à Paris, chez Montardier.
3. 2 vol. in-8, Paris, Plon, 1889.
4. On peut s'assurer, dans les familles Arago et Laugier, que les documents, dont Savary était détenteur comme chef d'état-major à l'armée de l'Ouest, ont tous été rendus, sans réserve, au Ministère de la guerre.

Savary (Jean-Julien-Marie), né le 18 novembre 1753, à Vitré (Ille-et-Vilaine)[1], était fils d'un fermier et marchand-fabricant, mort vingt ans avant la Révolution. Reçu avocat au parlement de Paris en 1780, il avait exercé cette profession à Rennes et à Nantes, d'où il avait été appelé pour devenir juge au tribunal civil du district de Cholet, à la création ; il en était le président au commencement de l'année 1793. Il faisait en même temps partie de la garde nationale et avait ouvert un cours public de mathématiques, pour l'instruction des jeunes gens qui se destinaient à la marine et à l'artillerie. La Société populaire des Amis de la Constitution, puis des Amis de la liberté et de l'égalité, en correspondance avec le club des Jacobins, avait été fondée par lui.

Le 14 mars 1793, les insurgés vendéens s'étant emparés de Cholet, il fut fait prisonnier et, avec les notables de la ville, gardé un mois entier au château. Le 14 avril, il profita d'une panique des royalistes, battus par les généraux Berruyer et Leygonier, pour s'échapper et sauver avec lui ses compagnons de captivité, sans cesse menacés d'être massacrés. Ayant rejoint à Vezins la colonne de Leygonier, il fut, quelques jours après, nommé, par le département de Maine-et-Loire, commissaire civil près de l'armée opérant contre l'insurrection. Plus tard il fut requis de se transporter à Montaigu, à la disposition de l'état-major de l'armée des côtes de Brest, commandée par le général Canclaux, et utilisé pour dresser des plans et fournir des renseignements. Le 15 brumaire an II (5 octobre 1793), à Antrain, il fut nommé, par les représentants Bourbotte, Prieur (de la Marne) et Turreau, chef provisoire de l'état-major des armées réunies de l'Ouest et des côtes de Brest. Au mois de nivôse, il fut placé à Angers comme chef de l'état-major, chargé particulièrement des opérations de l'encadrement ; en ventôse, il fut appelé à servir dans la division du général Commaire, et à la mort de celui-ci, il dut prendre le commandement, à Châteaubriant. En messidor, un ordre du général Vimeux l'envoya à Fontenay-le-Peuple et le fit employer à l'état-major général de l'armée de l'Ouest, dont le chef était le général Michel Beaupuy. Celui-ci, sur la feuille réglementaire signée par Savary en l'an III, écrivait cette note : « Bon chef d'état-major, beaucoup de détails et grand travailleur. »

Le 12ᵉ jour du second mois de l'an II (2 novembre 1793), du quartier général d'Angers, cette proposition était adressée aux représentants en mission :

Les officiers généraux de l'armée de l'Ouest, reconnaissant combien le citoyen Savary a été utile dans toutes les opérations de la guerre de la Vendée et combien il peut l'être encore par son zèle, ses talents et ses connaissances, se réunissent pour demander aux représentants du peuple qu'il lui soit expédié un brevet d'adjudant général chef de brigade attaché à l'état-major de l'armée de l'Ouest.

Signé : KLÉBER, MULLER, CANUEL, CHABOT, DEMBARRÈRE, BOUIN-MARIGNY, MARCEAU, CHALBOS.

Le 15 brumaire, 6 novembre 1793, les représentants Bourbotte, Turreau et Francastel prenaient un arrêté conforme à cette pétition, « témoins eux-

---

1. Suivant son acte de naissance annexé aux pièces réunies par lui aux Archives administratives de la guerre, et que nous produisons dans cette notice.

mêmes du zèle, de l'activité et des connaissances distinguées que le citoyen Savary avaient développées dans toutes les circonstances depuis qu'il était attaché à l'armée de l'Ouest. »

Tenu de fournir ses états de service et son certificat de civisme pour la délivrance du brevet réclamé pour lui, Savary remplissait ainsi la colonne des Observations ·

De Châteaubriant, 3 prairial an II (23 mai 1794).

Savary ne demande aucun avancement, aucun grade, aucun emploi déterminé. Il ne connaît qu'un devoir, c'est de servir la République, au poste de soldat, si on l'y croit utile. Il aime mieux obéir que commander, et, s'il eut jamais quelque ambition, ce fut de voir la République triomphante de ses ennemis, en la servant.

Quant à sa conduite morale et politique, son patriotisme et sa capacité, il pourrait réclamer le témoignage des représentants du peuple, des généraux et de ceux qui l'ont suivi soit dans sa conduite particulière, soit à l'armée.

Savary ne connaît d'autre existence que celle de républicain. Il a tout perdu dans la Vendée, il est sans fortune, il a péniblement souffert ; on ne l'entendra ni se plaindre ni demander, tant qu'il aura des bras et qu'il existera des tyrans.

Le 20 messidor an III, — 8 juillet 1795, — il répondait à la commission de l'organisation et du mouvement des armées de terre, qui lui annonçait son remplacement :

Le général en chef vient de me faire passer votre lettre d'avis avec l'ordre de cesser les fonctions d'adjudant général à l'armée de l'Ouest. Il m'informe en même temps d'attendre à mon poste l'officier qui doit me remplacer.

Je vois avec plaisir, citoyens, que la République trouve des défenseurs plus zélés que moi, et j'obéis de bon cœur.

Le lieu ordinaire de mon domicile était dans la Vendée ; je suis obligé d'y renoncer ; ayant tout perdu par les troubles de la Vendée, j'ignore encore où je pourrai me retirer.

En attendant, le commandant de place de Saumur voudra bien me faire remettre les ordres qui pourraient m'être adressés.

Je ne demande aucun grade, aucun emploi autre que celui de soldat ; c'est le plus beau titre dans une république...

Salut et fraternité.
SAVARY.

Mais le remplaçant annoncé ne venait pas ; au contraire, l'adjudant général, qui, nommé par les représentants et même par eux employé comme général de division, n'avait pas été régulièrement confirmé dans son grade, l'était enfin ; tenu d'annoncer son acceptation, il le faisait en ces termes :

Saumur, 29 messidor (17 juillet 1795).

Citoyens,

Le général en chef vient de m'adresser la lettre de service du Comité de salut public, qui me nomme adjudant général à l'armée de l'Ouest. Je sais que cette tâche est pour moi difficile à remplir. J'eusse préféré de servir la République comme soldat. Je vous l'ai déjà annoncé plus d'une fois ; mais je ne sais qu'obéir.

Salut et fraternité,
SAVARY.

En vendémiaire an IV, l'assemblée électorale de Maine-et-Loire le nommait, sans qu'il se fût présenté, sans même qu'il eût assisté aux opérations en qualité d'électeur, l'un des représentants du département au Conseil des cinq cents. Il se hâtait de répondre au président :

Au camp de Chemillé, le 29 vendémiaire an IV de la République une et indivisible.
(21 octobre 1795).

Citoyen président,
Je reçois à l'instant le procès-verbal que vous m'adressez de ma nomination au nouveau Corps législatif.
Devenu soldat avec la Révolution, je ne me crois pas propre à faire un législateur. C'est un aveu sincère que je fais à la France entière.
O mes concitoyens, vous qui m'appelez à des fonctions si difficiles à remplir, fixez votre choix sur des hommes qui puissent faire le bonheur des Français ; mais je n'en ai malheureusement que le désir. Je donne ma démission et je prie l'assemblée de l'accepter.

SAVARY.

L'assemblée électorale d'Angers entendait la lecture de cette lettre, et à l'unanimité refusait la démission.
Savary demeura représentant de Maine-et-Loire jusqu'au coup d'État des 18-19 brumaire an VIII, qu'il n'approuva pas [1].
Il eût aisément pu, en se faisant le courtisan du premier consul, soit rentrer dans le nouveau Corps législatif, soit reprendre sa carrière judiciaire, interrompue par l'insurrection vendéenne, soit suivre l'état militaire, où, dans une situation modeste, il avait rendu d'éminents services.
Comme il était sans aucune fortune, on le décida, en l'an X, à rechercher l'emploi de sous-inspecteur aux revues. La demande faite en son nom était appuyée auprès de Bonaparte par trois généraux des plus illustres.
Grouchy écrivait :

Ayant commencé et fini la guerre des royalistes avec lui, je dois rendre le plus éclatant témoignage à ses talents, aux services qu'il a rendus, en ajoutant que l'estime et l'attachement de Kléber et de Marceau, près desquels il fut constamment employé, en sont d'irrécusables garants.

Bernadotte disait :

Les services qu'il a rendus à la patrie sont positifs et connus de l'armée. Ses autres titres sont ceux d'un père de famille dont la probité est intacte et le patriotisme sage et éclairé. J'ajoute que l'intérêt personnel que porte le citoyen Joseph Bonaparte à la réussite de sa réclamation est une preuve de l'estime universelle qu'inspire Savary.

---

1. Il publia plus tard, en 1819 (Paris, Barrois l'aîné, 1819, in-8 de 94 pages) une brochure intitulée *Mon examen de conscience sur le 18 Brumaire*. M. Dugast-Matifeux, dans la note sur Savary, ajoutée à la reproduction commentée de son récit sur *Cholet pendant la Révolution*, cite encore (*Journal de Cholet* du 14 juillet 1889), un opuscule pseudonyme de Savary, intitulé « *Étrennes du bon vieux temps*, recueil édifiant par le frère Candide, ignorantin (Paris, Barrois l'aîné, s. d., in-18 de 132 pages), compilation de légendes utiles même à la foi, car les faux miracles font douter des vrais, s'il y en a. »

Moreau ajoutait :

Je ne puis que répéter le témoignage très avantageux qu'en rendait le général Kléber, qui avait fait avec lui la guerre de la Vendée, et sa franchise connue ne permet point d'en douter.

Le ministre de la police générale Fouché insistait auprès de son collègue de la guerre :

Ce citoyen est mon compatriote et n'a cessé de bien mériter de la République depuis le commencement de la Révolution. Les fonctions qu'il demande lui conviennent extrêmement, et il ne les solliciterait pas si son âge et sa santé lui permettaient encore de servir activement à l'armée.

Savary, nommé sous-inspecteur aux revues de 2e classe en décembre 1801, n'obtint la première classe qu'en juin 1810 ; il passa inspecteur le 30 avril 1812.

Il était entré dans la Légion d'honneur le 17 janvier 1805. Il fut décoré du Lis le 1er juillet 1814 et fait chevalier de Saint-Louis le 27 septembre suivant.

David d'Angers, son ami, a fait de lui un médaillon.

Il mourut à Paris en 1839, laissant un fils, Félix Savary, membre de l'Académie des sciences et du Bureau des longitudes, qui mourut lui-même en 1843.

N° 3

LES MISSIONNAIRES DE SAINT-LAURENT

L'importance du rôle joué dans la préparation de la guerre de la Vendée par les montfortistes ou mulotins de la compagnie de Marie et par leurs auxiliaires, les Filles de la Sagesse, a été indiquée plusieurs fois au cours de ce volume [1], et particulièrement signalée par le général Dumouriez en son *Journal de sa tournée d'août* 1791 [2].

Les dangers de l'influence sur les populations rurales de ces missionnaires fanatiques, antijansénistes, ultramontains absolus, propageant avec une ferveur infatigable les doctrines et les pratiques de la société de Jésus, alors supprimée, furent plusieurs fois constatés, sous l'Ancien Régime, et dénoncés à l'intendance de Poitiers, ainsi qu'au Parlement de Paris.

Celui-ci se refusa toujours à leur reconnaître l'existence légale. C'est durant son exil de 1771-1774, que les Missionnaires de Saint-Laurent surprirent de Louis XV des lettres patentes en dérogation à l'édit de 1749,

---

1. Ch. II, p. 43 ; ch. VI, p. 191, 199-202.
2. Voir à la fin de notre chapitre XVI, dans le tome II.

signées au mois de mars 1773, enregistrées par la Commission de Paris au mois d'août et par le Conseil supérieur de Poitiers au mois de décembre [1].

La légalité de cette autorisation restreinte et conditionnelle, la seule qu'ait obtenue la compagnie de Marie, fut contestée en 1777 et non reconnue par le Parlement. C'est à ce propos que fut rédigé, par un magistrat du Poitou, un très important mémoire, que nous avons trouvé parmi ceux des papiers du célèbre archéologue et érudit vendéen Benjamin Fillon qui restent entre les mains de M. A. Charier-Fillon, maire de la ville de Fontenay (Vendée).

Mémoire contre l'établissement des Missionnaires du Saint-Esprit et des Filles de la Sagesse, à Saint-Laurent-sur-Sèvre (en Poitou), 1777.

Louis-Marie Grignon, surnommé de Montfort, du lieu de sa naissance, fondateur de deux associations qui paraissent aujourd'hui légalement, la première sous le nom de *Prêtres-Missionnaires du Saint-Esprit, sous l'invocation de l'Immaculée-Conception de la Vierge*; la seconde sous le titre de *Filles de la Sagesse*, prêchait dans les campagnes de la Bretagne et du Poitou. Il mourut le 28 avril 1716 dans le bourg de Saint-Laurent-sur-Sèvre, diocèse de la Rochelle, à une heure de la petite ville de Mortagne. En 1720, ses prosélytes vinrent s'établir à son tombeau, dans les deux maisons qu'achetèrent Mme de Bouillé et M. de Mognave. La sœur Marie-Louise-de-Jésus, Mlle Trichet, y amena quelques compagnes, et M. Mulot plusieurs prêtres de différentes provinces.

Cet établissement, au bourg de Saint-Laurent, illustré par la mort du fondateur des deux associations, en est devenu le chef-lieu. C'est à Saint-Laurent que réside le général, dont la volonté fait la loi unique dans cet institut, qui n'a point de régime. C'est à Saint-Laurent où les *Filles de la Sagesse* font leur noviciat, et d'où, après avoir prononcé des vœux simples, elles sont réparties par le supérieur dans divers endroits du Royaume, pour y gouverner des hôpitaux et y tenir les petites écoles. C'est de Saint-Laurent que sortent, sous l'autorité des évêques, ces prêtres si connus sous le nom de *Mulotins*, pour aller faire des missions dans les villes et bourgs où ils sont appelés par les pasteurs.

Cet établissement a subsisté sous trois supérieurs généraux (a), pendant plus de 50 ans, sans avoir d'existence légale. Recherché plusieurs fois, il s'est toujours soustrait à des poursuites d'un certain genre. Sans biens-fonds, sans richesses

---

1. Antérieurement à cette date de 1773, ni dans les recueils de lois anciennes ni dans les actes du Parlement, on ne trouve rien qui concerne les deux communautés de Saint-Laurent. Nos recherches aux Archives nationales, dans les séries O et X, n'ont abouti qu'à découvrir parmi les actes énumérés du secrétaire d'Etat de la maison du Roi, O¹400, n° 44, un projet de lettres patentes en faveur de l'école des Filles de la Sagesse, qui paraît ne pas avoir abouti, après consultation de l'intendant de Poitiers. Le Ministre de la maison du Roi (de Saint-Florentin, duc de la Vrillière) écrivait à celui-ci, M. de Blossac, à la date du 26 janvier 1768 :

« Je joins ici un projet de Lettres patentes, accompagné de différents Mémoires et d'une foule
« de certificats qui tous ont pour objet de faire confirmer par le Roi un établissement formé dès
« l'année 1753, à Saint-Laurent-sur-Sèvre, sous le titre d'*École de charité des Filles de la Sagesse*, et
« de procurer à cette maison seule la permission de faire des acquisitions et de recevoir des dons ou
« legs jusqu'à concurrence de la somme qu'il plaira à Sa Majesté de fixer. Les motifs qu'on emploie
« pour obtenir l'une et l'autre grâce sont fondés sur l'utilité reconnue des Filles de la Sagesse pour
« le service des hôpitaux et l'instruction de la jeunesse, surtout des religionnaires. Vous voudrez
« bien vous faire rendre un compte exact de l'origine de l'établissement dont il s'agit, de ses pro-
« grès, ainsi que de son état actuel, et, en nous faisant part des éclaircissements qui vous auront
« été donnés, me marquer ce que vous pensez des demandes qui sont faites à son sujet. »

(a) M. Mulot, d'où les *Mulotins*, mort le 12 mai 1749, a été le premier supérieur général à Saint-Laurent. A M. Mulot succéda M. Audubon, mort le 16 décembre 1755; à M. Audubon a succédé M. Charles Besnard, originaire de Bretagne.

apparentes, il était regardé sans envie et même sans conséquence. La charité des *Filles de la Sagesse*, l'humilité première des *Missionnaires* et surtout ce zèle religieux à la portée du peuple et qui l'attire, donnaient à cet établissement un grand nombre de partisans parmi ceux mêmes qui ne se croient pas peuple ; mais le vrai chrétien, le vrai dévot, l'a toujours vu comme l'asile et le foyer de la superstition, et le sage, dont l'œil attentif se fixe sur tout ce qui peut être avantageux ou nuisible à ses semblables les hommes, a prononcé dès longtemps que, si ce nouvel institut n'était arrêté dans sa course, il causerait autant de maux que la Société dont il s'efforce de suivre les traces.

Jusqu'à l'époque de l'exil du Parlement, les *Missionnaires* avaient fait de vains efforts pour être patentés ; mais, habiles à profiter des circonstances qui peuvent leur être favorables, ils saisirent avec avidité cette révolution de la magistrature, et, par leurs intrigues, au mois de mars 1773, ils obtinrent, tant pour eux que pour les *Filles de la Sagesse*, des lettres patentes qui furent enregistrées à la Commission de Paris le 11 août, et au Conseil supérieur de Poitiers le 24 décembre suivant. Les mêmes lettres patentes, en dérogeant à l'édit de 1749, accordent à ces nouveaux établissements la faculté d'acquérir jusqu'à la concurrence de 5,000 livres de rente en biens-fonds ; savoir, 4,000 livres pour les *Filles de la Sagesse* et 1,000 livres pour les *Missionnaires du Saint-Esprit*.

EXAMEN DE CETTE PREMIÈRE QUESTION :

Les Missionnaires du Saint-Esprit et les Filles de la Sagesse, ont-ils une existence légale en France ?

Rien n'est plus vrai que le Prince, en dérogeant à l'édit de 1749, a pu accorder des lettres patentes aux *Missionnaires du Saint-Esprit* et aux *Filles de la Sagesse* ; mais il est vrai aussi qu'il ne les a accordées qu'à la charge par eux de faire faire une information juridique de l'avantage ou du désavantage qui pouvait résulter de leur établissement légal. On sait par la voix publique que cette information a été faite au bourg de Saint-Laurent par le juge de la Châtaigneraie en Poitou ; mais, on ne craint pas de le dire, tous les témoins qui ont été ouïs étaient des amis intimes des *Missionnaires*, qui n'ont point eu besoin de signification, mais seulement de lettres missives. Le rapport seul a suffi ; et, si quelques habitants du bourg de Saint-Laurent ont déposé favorablement, c'est, comme ils l'ont avoué depuis, par intérêt à le faire, par la crainte, dans leurs différentes professions, de perdre *la pratique des Missionnaires*.

Mais cette information présente d'ailleurs une nullité qui paraît radicale. Les *Missionnaires*, par l'arrêt de la Commission de Paris rendu immédiatement après l'obtention des lettres patentes, étaient obligés de rapporter le consentement des officiers de justice de la ville et baronnie de Mortagne, d'où relève le bourg de Saint-Laurent et pour le fief et pour le contentieux. La chose en effet était de droit et de nécessité absolue : qui mieux qu'eux-mêmes pouvait en connaître les avantages et les abus ? Cependant cette formalité essentielle n'a point été remplie, et les *Missionnaires* ne sauraient prouver qu'ils ont appelé à leur information les officiers de la baronnie de Mortagne. Il y a plus : cette opération a été si sourde qu'ils n'en ont eu aucune connaissance. Il faut pourtant avouer que les *Missionnaires* ont fait signifier leurs lettres patentes au procureur fiscal de la baronnie de Mortagne, mais plus de quinze jours après l'information, c'est-à-dire lorsqu'il n'était plus temps. Le rapport est du 31 juillet, contrôlé le 1ᵉʳ août suivant.

Cependant tout ce qu'on a pu faire, on l'a fait. Il est certain qu'un officier de la baronnie de Mortagne adressa dans ce temps-là un mémoire contre les *Mis-*

sionnaires à M. le procureur général de la Commission de Paris, qui lui promit par sa réponse (*b*) d'avoir égard à ses observations, lors de la présentation des lettres patentes à l'enregistrement. Le même mémoire fut envoyé à M. Vincent, lieutenant particulier et assesseur civil du présidial de Poitiers. Mais les *Missionnaires* dédaignèrent sans doute ou craignirent un siège aussi éclairé, le premier et le seul tribunal compétent dans la province ; on y attendit en vain la présentation des lettres patentes à l'enregistrement. Ainsi l'avis des juges royaux n'a point été pris : autre défaut de formalité essentiel contre ces lettres patentes sur lesquelles les *Missionnaires du Saint-Esprit* et les *Filles de la Sagesse* fondent leur existence légale.

Mais disons tout : si la révolution de la magistrature a été une circonstance favorable, que les *Missionnaires* ont saisie avec avidité pour parvenir à leurs fins, il en était une autre dont ils ont profité aussi habilement. Plus tard ils auraient peut-être vainement sollicité des lettres patentes, ou du moins ils auraient trouvé les plus fortes oppositions à leur enregistrement. M. le duc de Villeroy, seigneur de Mortagne, avoit pris des engagements et donné parole pour la vente de cette baronnie à M. le marquis de la Tremblaye, pour lors absent du royaume. A son retour devait se passer le contrat d'acquisition, comme il s'est passé en effet. Les *Missionnaires* ne l'ignoraient pas ; ils craignirent avec raison d'être traversés dans leurs projets d'établissement légal par un seigneur des lieux mêmes, éclairé sur leurs abus, sur ses vrais intérêts et ceux de ses vassaux, et dont la famille, aussi recommandable par la naissance que par sa solide piété, avait vu naître, se former, s'accroître l'asile de Saint-Laurent et gémissait hautement sur les motifs de sa superstition. Dès lors les *Missionnaires* mirent en jeu tous les ressorts de leur politique pour prévenir ces obstacles.

M. le chevalier de la Tremblaye, si connu par ses rares qualités du cœur et de l'esprit, se trouvait dans son château à une lieue de Saint-Laurent, lorsqu'il apprit qu'il se faisait dans ce bourg une information *de commodo et incommodo*. Il vit tout le mal qui allait en résulter pour le seigneur de Mortagne et ses concitoyens, si les *Missionnaires* obtenaient une fois l'existence légale.

Mais que faire ? il n'était que particulier ; il n'avait aucun titre pour s'opposer ; il eut recours à la seule voie convenable à la circonstance, celle de prier M. le duc de Villeroy, comme partie intéressée, d'appuyer de son crédit le mémoire de l'officier de justice de sa baronnie, pour suspendre du moins l'enregistrement des lettres patentes au Conseil supérieur de Poitiers... « Je ne demande que du temps
« et me charge de tout après l'acquisition. En renonçant à Mortagne, il sera beau,
« monsieur le duc, d'en être encore le bienfaiteur. » Sa lettre est du 20 juillet 1773.

M. le chevalier de la Tremblaye écrivit aussi dans le même temps et pour le même objet à M. Filleau, procureur général de ce conseil supérieur.

Cette lettre mérite de trouver sa place dans ce mémoire :

« Je n'ai pas l'honneur d'être connu de vous, Monsieur, mais les devoirs im-
« portants, que vous remplissez avec l'estime et la considération générale, et mon
« amour pour l'humanité, sont mes titres auprès de vous.

« Nous sommes menacés de l'établissement d'une société de *Missionnaires*
« dans le bourg de Saint-Laurent-sur-Sèvre, dépendant de la baronnie de Mor-
« tagne, que mon frère, actuellement absent du Royaume, est sur le point d'acheter
« de M. le duc de Villeroy ; on m'annonce que les lettres patentes sont déjà obte-

---

(*b*) « Paris, ce 9 juillet 1773. — Monsieur, lorsqu'on présentera à l'enregistrement les lettres-
« patentes qu'ont obtenues les pères *Missionnaires* de Saint-Laurent-sur-Sèvre, je me ferai
« remettre le mémoire que vous m'avez envoyé et aurai égard aux observations qu'il contient ;
« elles sont fort sages et je ne puis qu'approuver le zèle qui vous a porté à me le faire passer.
« Je suis, Monsieur, votre affectionné serviteur. » — Signé : « Jolly de Fleury. »

« nues et qu'ils disent hautement être assurés de l'enregistrement au Conseil supé-
« rieur de Poitiers. Si l'acquisition de cette terre était consommée, et si les lois
« nous fournissaient des armes contre ce funeste établissement, nous nous y oppo-
« serions de tout notre pouvoir. Nous vous porterions, Monsieur, le cri de tous les
« honnêtes gens contre cette société digne assurément de toute votre attention ;
« nous vous peindrions tous les dangers du fanatisme et de la superstition dont
« la maison de ces prêtres est devenue l'asile et le foyer ; nous vous dévoilerions
« l'imbécillité du peuple, qui de vingt lieues à la ronde, où ces énergumènes vont
« répandre leurs principes jésuitiques, apporte à leurs pieds le denier de la veuve
« et de l'orphelin. Les traits les moins affligeants du tableau que nous mettrions
« sous vos yeux seraient l'extinction totale de la faible lueur de raison qui nous
« reste dans ce coin de terre, je ne sais quelles idées sombres et sinistres que
« ces organes de la superstition jettent dans les esprits de ceux mêmes qui ne se
« croient pas peuple, enfin les cultivateurs changés par eux en vrais bêtes de
« somme, et tous les effets du despotisme religieux sur la stupidité. Ce n'est pas
« à vous, Monsieur, qu'il serait besoin d'en dire davantage et de montrer dans
« l'avenir, qui ne peut se dérober à l'homme de génie, les conséquences d'un sem-
« blable établissement ; mais nous ne sommes que de simples particuliers dans
« les circonstances présentes et, bien éloignés du rôle infâme de délateurs, nous
« devons nous borner à former des vœux pour que des protées, qui ne manque-
« ront pas de prendre à vos yeux la seule forme qui puisse vous séduire, ne par-
« viennent pas cependant à surprendre votre vertu. Signé : *Le chevalier de la*
« *Tremblaye*. »

Mais tout, dans ce temps de trouble, devait porter l'empreinte du moment ; les batteries étaient si bien dressées que toutes ces démarches furent sans succès. On vit donc exister sous l'autorité apparente des lois ces *mulotins* qui, dans des temps plus lumineux (*c*), auraient peut-être été condamnés à rentrer dans le néant pour lequel ils étaient faits, et qui déjà avaient excité les inquiétudes du ministère public.

Il y a environ vingt ans que M. le procureur général du Parlement de Paris écrivit au procureur fiscal de la baronnie de Mortagne, M. Hutin : il lui demanda si cette société de *Missionnaires* était patentée ; ce que c'était que leurs confréries du *Sacré-Cœur, de la chenette, de l'esclavage de la Vierge, des Cinq-Plaies, des pénitents, et surtout s'ils ne prêchaient pas les femmes et les filles à huis clos*.

Le procureur fiscal, au lieu de répondre affirmativement à ces questions, en abandonna le soin au sénéchal, M. de Hillerin, un des plus zélés partisans des *Missionnaires*, qui ne s'attacha qu'à louer leurs travaux apostoliques, laissant à l'écart l'objet essentiel des sollicitudes de M. le procureur général. Il est cependant très vrai que ces différentes confréries existaient alors et existent encore, et qu'ils ont prêché les femmes et les filles à huis clos pendant leurs *Missions*; notamment dans la chapelle de Saint-Louis de Mortagne, lors de la mission qu'ils firent dans cette ville, en 1755. Et si l'on en croit le cri public, ils l'ont fait bien des fois de-

---

(*c*) M. de Montblin, transféré de son premier exil, l'île d'Yeu, dans la petite ville de Mortagne, où il a demeuré près de deux ans, témoin des abus qui résultaient de l'établissement de Saint-Laurent, s'est bien convaincu qu'il n'obtiendrait jamais une existence légale au Parlement de Paris ; ce digne magistrat le regardait comme l'asile de la superstition, et s'était bien promis de fixer un jour sur cet institut l'attention du ministère public. Il le disait souvent à ses amis. Les *missionnaires* craignaient sans doute des regards aussi perçants, ou plutôt ne voyaient qu'un proscrit dans M. de Montblin ; car, pendant que la noblesse et tous les états se faisaient un devoir sacré d'adoucir par des égards la rigueur de son exil, ils ne lui ont pas même rendu le moindre devoir de bienséance. Cette note rappellera une perte réelle pour la patrie, la magistrature et les amis de M. de Montblin.

puis, dans la chapelle du château de la Barbinière, au bourg de Saint-Laurent, où se rassemblent journellement *les confrères pénitents qui certainement ne sont pas patentés.* Les *Missionnaires* devraient-ils ignorer que les lois de l'État défendent toute assemblée, association, société qui n'est pas légalement reconnue ?

Supposons cependant les lettres patentes, qu'ont obtenues les *Missionnaires du Saint-Esprit* et les *Filles de la Sagesse* pour leur existence légale, revêtues de toutes leurs formalités, il serait facile de démontrer quelles ont été surprises à la religion du prince, et qu'elles sont à la fois obreptices et subreptices.

1° Les *Missionnaires du Saint-Esprit* ont-ils exposé, dans leur requête pour l'obtention des lettres patentes, qu'il y a 7 à 800 *Filles de la Sagesse* répandues en France ; que ces filles leur sont servilement attachées et obligées de donner au supérieur général qui, tous les ans, fait sa tournée, une somme plus ou moins forte et qui se nomme le *bouquet*, ce qui produit à la maison de Saint-Laurent un fonds très considérable. Il est vrai qu'on fournit à ces filles un habillement, mais d'une laine très grossière et qui ne doit s'évaluer qu'au prix le plus modique.

2° Les *Missionnaires du Saint-Esprit* ont-ils exposé qu'ils n'admettent au noviciat que des filles à leur choix, toujours jeunes, et surtout qu'il est du plus rare qu'ils en reçoivent sans dot ; que quelques-unes portent 1,000, et d'autres 2, 3, 4 et jusqu'à 5,000 livres ; qu'en outre, ils touchent, au total ou en partie, le revenu de celles de leurs filles qui ont du patrimoine ? Mortagne peut en fournir trois exemples. Mlle de Sapinaud, dont la famille existe avec considération dans cette petite ville et dans les environs, a porté à Saint-Laurent, il y a quelques années, outre un mobilier assez considérable, plus de 100 louis en or effectif et de pension annuelle par son patrimoine. M. son frère paye 600 livres au supérieur général sur sa quittance. Mlle de Sapinaud eut une succession l'année dernière, elle se transporta de 40 lieues à Mortagne pour la recueillir ; la rumeur était grande dans le pays, on avait les yeux ouverts sur les procédés des *Missionnaires*, qui, craignant sans doute les réclamations d'une famille puissante, se désistèrent avec autant de générosité que de politique. Moyennant 50 louis, Mlle de Sapinaud renonça à cette succession avec réserve, en cas de retour dans le monde. Une demoiselle Audineau vécut à Saint-Laurent trois ans ; outre son mobilier, qui fut enlevé la veille et le jour de son départ par les *Filles de la Sagesse* de Mortagne, l'argent qu'elle avait alors rapporte annuellement au moins 400 livres de rente. Sœur Apolline, originaire de Bretagne, mais actuellement dans l'hospice de Mortagne, a apporté en entrant 4 à 5,000 livres. Il est à croire que bien d'autres sont dans le même cas et que nulle d'entre elles n'est exempte de payer le *bouquet*.

3° Les *Missionnaires du Saint-Esprit* ont-ils exposé que les *Filles de la Sagesse* ne font point de vœux solennels, mais seulement des vœux simples et sont par conséquent aptes à hériter ; que, lorsqu'il tombe des successions à ces filles, ils sont fort attentifs à les recueillir du moins en partie, et qu'au contraire, si elles meurent dans cet institut, les familles ne retirent rien de ce qu'elles y ont porté ? Bien plus encore, si les dégoûts surviennent, si la tyrannie s'en mêle, a-t-on des exemples que ces filles aient recouvré leurs effets et leur argent avec leur liberté ? Combien en fournirait-on que tout reste à Saint-Laurent ?

4° Les *Missionnaires du Saint-Esprit* auraient-ils obtenu des lettres patentes s'ils n'eussent caché avec soin ce vice inhérent à leur institut et intolérable dans tout État policé, savoir, d'être *un corps qui n'est point lié à ses membres, lorsque ses membres, quoique également libres dans le droit, sont nécessairement liés dans le fait ?* Tels sont cependant les *Missionnaires du Saint-Esprit*. On connaît l'effet du despotisme religieux sur l'esprit des personnes du sexe. Ces prêtres dans leurs missions persuadent à de jeunes filles de venir à Saint-Laurent; ces filles parcourent ensuite différents endroits, s'attachent par le plaisir de la nouveauté; elles se croient stables dans leur condition; leurs parents meurent; et si l'ennui ou les vexations, les font soupirer après un autre état, elles n'ont plus que le parti d'aller inquiéter leurs familles pour fait d'hérédité, ou celui de souffrir, si cette ressource leur manque, ou si l'âge est passé de pourvoir d'elles-mêmes à leurs besoins. *Est-ce être libre?* Question bien intéressante pour l'humanité!

5° Les *Missionnaires du Saint-Esprit* auraient-ils également obtenu des lettres patentes, s'ils n'avaient pris un égal soin de cacher cet autre vice radical de leur institut, si funeste par ses conséquences et contre lequel les tribunaux ont toujours réclamé, je veux dire l'autorité absolue du chef, et la soumission aveugle des membres? Je suis très persuadé que les juges de la Commission étaient dignes par leur savoir de *l'intérim* qu'ils ont rempli et que les constitutions des *Missionnaires du Saint-Esprit* ne contiennent rien de contraire aux lois du Royaume. Je veux croire que ces mêmes constitutions, qui ne sont encore entre les mains de personne, depuis que les minutes de la consommation ont été déposées au Parlement, n'érigent pas le despotisme du supérieur en droit. Cette maxime jésuitique existe pourtant dans le fait. Il est notoire que la volonté du général fait la loi unique; que, semblables aux jésuites, les *Missionnaires* n'ont point de régime; que les sujets sont dans leurs mains comme un bâton dans celles du vieillard et qu'ils leur font entreprendre tout ce qu'ils veulent. Le fait arrivé à Poitiers, suivi de l'expulsion des *Filles de la Sagesse* de l'hôpital général, prouvera combien est absolu le pouvoir du despote actuel, M. Besnard.

« La sœur Gertrude était depuis longtemps supérieure de l'hôpital de
« Poitiers; elle le gouvernait à la tête de cinq de ses sœurs avec tout l'applaudis-
« sement des personnes qui en composaient le bureau d'administration, et même
« à la satisfaction de la ville entière, lorsque des raisons puissantes la pressèrent
« de supplier M. Besnard, son supérieur général, de lui permettre de se choisir
« un autre confesseur que M. Allaire (*d*).

« M. Besnard y consentit, et M. de la Ronde eut, de son aveu, la direction
« de la supérieure.

« Treize mois s'étaient écoulés, lorsqu'au commencement de décembre 1776
« M. Besnard, étant à Poitiers, dit à la sœur Gertrude qu'il fallait qu'elle retournât
« se confesser à M. Allaire.

« Cette sœur, étonnée, lui objecte que les mêmes motifs qu'elle avait eus
« précédemment et dont elle lui avait fait part, subsistaient encore; que jamais
« elle ne ferait son salut avec M. Allaire.

« — N'importe, répond M. Besnard, le jeudi au soir, ou vous irez à lui ou
« vous partirez dimanche pour la maison commune de Saint-Laurent (*e*). Je
« vous laisse ces trois jours pour y penser.

« La sœur Gertrude, affligée de la résolution de M. Besnard, prenant sur
« elle de vaincre sa répugnance pour M. Allaire, plutôt que de déplaire à son
« supérieur, alla dès le samedi au matin se jeter à ses pieds (*f*) pour l'assurer

(*d*) M. Allaire était depuis 25 ans le confesseur ordinaire de la maison; jamais ces filles n'en pouvaient avoir d'autre que lui.

(*e*) C'est le moyen que les *Missionnaires* emploient pour punir les *Filles de la Sagesse* qui refusent de faire aveuglément leur volonté; ils les font venir à Saint-Laurent, les mettent en pénitence, et, après les avoir humiliées pendant six mois, ils leur ôtent quelquefois l'habit et leur laissent, pour toute ressource, le plaisir d'aller à l'âge de 40 ans mendier leur vie, si elles n'ont pas d'autres moyens de se la procurer. La sœur Geauffreau a été ainsi chassée de leur maison de Lorient, et la sœur Bévand de celle de la Rochelle.

(*f*) Il est d'usage que les *Filles de la Sagesse* parlent à genoux à leur supérieur, M. Besnard.

« qu'elle était prête de faire tout ce qu'il voudrait, qu'elle retournerait donc à
« M. Allaire.

— Non, répond pour lors M. Besnard, vous partirez demain pour la maison
« commune de Saint-Laurent.

« MM. les administrateurs de l'hôpital, instruits de ce qui se passait, firent au
« contraire signifier à la sœur Gertrude l'ordre de rester. Il ne s'agissait de rien
« moins que de leur enlever sur-le-champ une fille qui avait la conduite de 5 à
« 600 personnes, des comptes étendus à rendre, et dont l'absence précipitée les
« mettait dans les plus grands embarras.

« La sœur Gertrude, ne sachant à qui elle devait obéir, écrivit toujours à
« M. Allaire pour lui demander l'heure à laquelle il voudrait l'entendre en con-
« fession ; mais le premier compliment qu'il lui fit, fut d'exiger qu'elle recom-
« mençât toutes les confessions qu'elle avait faites à M. de la Ronde. — Com-
« ment, s'écria la sœur Gertrude, seraient-elles nulles ? Je n'ai donc pas gagné les
« indulgences du jubilé ? — C'est, répliqua M. Allaire, parce que vous n'avez point
« eu, pendant ce temps, confiance en moi. — Mais, Monsieur, vous n'ignorez pas
« quelle est encore ma répugnance ; je ne viens à vous que pour satisfaire aux
« ordres de mon supérieur. Si mes confessions sont nulles par le défaut de con-
« fiance en votre personne, celle que je vais faire le sera également, et ce sera
« toujours à recommencer. » Là-dessus, M. Allaire lui dit les choses les plus
« dures et la renvoya.

« M. Besnard, cependant, reçut une lettre de M. le procureur du Roi, où il
« lui détaillait de quel œil les tribunaux (*g*) envisageaient sa conduite, tout ceci
« n'étant que tyrannie exercée par un supérieur sur la conscience d'une fille qui
« lui était soumise. MM. les administrateurs du bureau lui en mandèrent à peu
« près autant. Alors, pour calmer les esprits, M. Besnard pria les grands
« vicaires de nommer à la sœur Gertrude un autre confesseur que M. Allaire.

« Ce n'était là qu'un tour du supérieur ; le confesseur qu'il fit nommer était
« un M. de Gennes, frère, parent, ami des jésuites, ancien conseiller au Conseil
« supérieur de Poitiers. « Vous pensez sans doute, dit ce nouveau directeur à la
« la sœur Gertrude, que je serai plus complaisant que M. Allaire. Eh bien, je
« ne vous absoudrai point que vous n'ayez vous-même demandé votre change-
« ment à MM. les administrateurs. Sur toutes choses, obéissez à M. Besnard. »

« Les administrateurs, indignés d'une conduite si étrange, ont alors pris le
« parti d'appeler la sœur Gertrude au bureau ; ils lui ont représenté qu'elle ne
« tenait à son ordre que par des vœux simples, et que si elle voulait y renoncer,
« ils renverraient toutes les *Filles de la Sagesse* et la créeraient supérieure perpé-
« tuelle de leur hôpital.

« La sœur Gertrude ne voulait pas ainsi quitter son institut ; mais la hauteur
« de M. Besnard, les propos indiscrets des grands vicaires ont amené la révolu-
« tion. Les *Filles de la Sagesse* ont été renvoyées de l'hôpital, et la supérieure a
« continué auprès des pauvres, à l'aide de quelques personnes de la ville, les soins
« qu'elle leur rendait depuis vingt ans. »

Ce fait récent, où le despotisme du supérieur général s'est montré dans tout
ce qu'il a d'absolu et d'impérieux, ne doit-il pas faire craindre, s'il n'est ré-
primé, les suites les plus funestes pour des sujets déjà faibles par leur sexe, et
qui doivent être d'autant plus chers à l'État qu'ils y tiennent encore par l'ombre
de liberté dont ils jouissent?

6° Les *Missionnaires du Saint-Esprit,* en demandant par leur requête la
dérogation à l'édit de 1749, ont-ils exposé tous les moyens dont ils se serviraient

---

g) Il y eut dans ce temps deux dénonciations, faites par le procureur du Roi, de ce qui se
passait ; l'une en date du 11 décembre 1776 ; l'autre en date du 6 janvier 1777.

pour acquérir jusqu'à la concurrence de 5,000 livres de rente, tant pour eux que pour les *Filles de la Sagesse*? Cette faculté d'acquérir leur a été accordée ; mais ont-ils découvert la source de leurs richesses, qu'ils ont néanmoins décelée par leurs demandes? L'argent que portent en entrant leurs sœurs, celui qu'ils lèvent du patrimoine, des successions, des pensions de quelques-unes et du *bouquet* annuel de toutes; voilà sans doute le Pactole qui ne tarit jamais et coule sans cesse dans le gouffre du Saint-Laurent.

Mais n'est-il pas quelque autre mine aussi abondante et que les *Missionnaires* exploitent avec la même facilité? Si les administrateurs des différents hôpitaux que gouvernent les *Filles de la Sagesse* veillaient de près, ils verraient peut-être que les remèdes, qu'ils achètent à grands frais pour le soulagement des pauvres, sont administrés dans le dehors au profit de ces filles, qui se font encore payer leurs soins; ils verraient peut-être, à la honte de l'humanité et dans son asile, que l'argent soutiré par ces filles pour secourir l'indigent et l'infirme, aide à former ce *bouquet* qu'elles offrent annuellement à leur supérieur. Mais ne cherchons pas une source plus impure encore à ces richesses que la voix toujours exagérante du peuple publie être immenses et que l'on doit seulement estimer très considérables, si l'on calcule et les projets qu'ont les missionnaires d'acquérir, et l'ostentation qu'ils font sous nos yeux de leur opulence.

Au bourg de Saint-Laurent va paraître un vaste bâtiment et une chapelle que le cri public fait monter fort haut, et que des gens appréciateurs, d'après l'inspection du plan, des matériaux, des marchés passés avec les ouvriers, estiment devoir coûter au moins 150,000 livres. Déjà les fondements sont posés, la pierre taillée, les bois charroyés, et les matériaux tous prêts n'attendent que leur place. Ainsi donc nos fortunes iront à élever des bâtiments fastueux.

Mais si, au berceau même de leur institut, les *Missionnaires* osent former de pareilles entreprises, que ne tenteront-ils pas dans la suite? Peut-on présumer qu'ils en resteront-là? Non, sans doute. La même source de leurs richesses coulera toujours et plus abondamment encore, lorsqu'ils auront des bâtiments plus vastes et plus commodes pour recevoir un plus grand nombre de *Filles de la Sagesse*. Que deviendront ces richesses? Ou elles resteront sans circulation, ou les *Missionnaires* demanderont une nouvelle dérogation à l'édit de 1749, qui leur permette d'acquérir. Dans le premier cas, quelle perte pour l'État! et dans le second, quelle atteinte aux droits des seigneurs dans le fief desquels seront situés les biens qu'ils auront acquis! La taille étant réelle, quel rejet ne faudra-t-il pas faire sur les autres possessions des citoyens taillables, qui déjà se plaignent d'être trop chargés!

Il résulte de cette première question que les *Missionnaires du Saint-Esprit* et les *Filles de la Sagesse* n'ont point en France une existence légale. En vain prétendraient-ils se l'arroger par l'obtention des lettres patentes au mois de mars 1773, enregistrées à la commission de Paris le 11 août et au conseil supérieur de Poitiers le 24 décembre suivant; en vain voudraient-ils se prévaloir de ces mêmes lettres patentes pour user de la faculté qu'elles leur accordent d'acquérir jusqu'à la concurrence de 5,000 livres de rente ; il appert que ces lettres-patentes ne sont point revêtues de leurs formalités : 1° l'information *de commodo et incommodo* n'a point été faite dans les formes juridiques ; 2° cette information présente une nullité et un vice radical par le défaut de rapport du consentement des officiers de justice de la baronnie de Mortagne, d'où relève le bourg de Saint-Laurent et pour le fief et pour le contentieux, rapport auquel les *Missionnaires* étaient obligés par l'arrêt de la Commission de Paris ; 3° l'avis des juges royaux n'a point été pris, et tout s'est passé dans un temps de trouble.

D'ailleurs, il est évident que ces mêmes lettres-patentes sont à la fois obreptices et subreptices, surprises à la religion du Prince, qui ne les aurait pas accordées, s'il eût eu connaissance des abus consacrés dans ces nouveaux établissements.

EXAMEN DE CETTE DEUXIÈME QUESTION :

Est-il avantageux pour l'État de donner aux Missionnaires du Saint-Esprit et aux Filles de la Sagesse l'existence légale qu'ils n'ont pas, et même de tolérer plus longtemps l'existence qu'ils ont eue jusqu'ici ?

Cette question est déjà jugée au tribunal de ceux qui, comme l'auteur de ce mémoire, ont sans cesse devant les yeux le bien de l'humanité, et qui ne voient, dans les établissements qui se succèdent, que ce qui peut être à son avantage ou à son détriment. Celui des *Missionnaires du Saint-Esprit* et des *Filles de la Sagesse*, légalement reçu, serait-il un bien, serait-il un mal ? Quoi ! dans un siècle où la politique trouve que les ordres religieux sont déjà trop multipliés ; où ceux-là mêmes qui, aussi anciens que la monarchie, lui ont rendu dans tous les temps des services qu'elle avoue, sont menacés d'éprouver des révolutions, on hésitera à prononcer qu'un institut trop connu dans la première question par ses abus pratiques, ne doit point avoir en France une existence légale ? Et quel si grand bien doit-il en résulter ?

De quelle utilité sont pour l'État les *Filles de la Sagesse* ?

1° Ces filles tiennent des hôpitaux. Qu'a-t-on besoin de 7 à 800 filles dans les hôpitaux ? N'étaient-ils pas soignés avant qu'elles eussent paru, ne le sont-ils pas encore dans beaucoup d'endroits par d'autres que par elles ? Elles enlèvent, au contraire, la substance du double d'indigents qu'on y placerait et favorisent singulièrement la mendicité dans les campagnes par les différents hospices qu'elles engagent d'y établir et y établissent journellement par la persuasion et les intrigues des *Missionnaires (h)*. Telle personne dans un bourg n'avait jamais songé à se faire admettre au rang des pauvres et travaillait en conséquence jusqu'à la fin de sa vie, qui, dès l'âge de cinquante ans, se regardant au nombre des infirmes, va briguer le triste privilège de vivre aux dépens d'autrui.

2° Les *Filles de la Sagesse* visitent, soignent et traitent même les malades dans les bourgs et dans les petites villes où elles sont établies. Mais quel abus ne résulte-t-il pas de là ? Sans autre expérience de la médecine et de la chirurgie qu'un peu de pratique destructive, ces filles ne se bornent pas à traiter les pauvres, qu'elles font encore payer autant qu'elles peuvent, mais elles traitent aussi les malades aisés, en sorte que les médecins et chirurgiens se voient forcés de taire leurs conseils et de négliger leur profession. En vain crierait-on aussi haut contre ces Esculapes féminins que Tissot contre les Mages, le peuple, toujours peuple, a une espèce de frénésie pour les remèdes que ces filles distribuent au hasard, sans en sentir les conséquences et sans connaître les différents genres de maladies par leurs principes et par leurs causes.

D'ailleurs, les pauvres ne souffrent-ils pas de ces établissements dans les bourgs et dans les petites villes ? Les quêtes qui se font dans les églises y sont ordinairement portées et employées suivant le caprice des *Filles de la Sagesse*,

---

(*h*) Il n'y a pas longtemps que ces prêtres, dans la ville de Châtillon, en Poitou, captèrent tellement l'esprit d'une demoiselle Massoteau, qu'ils lui firent faire, par l'abus le plus étrange, un testament de 15,000 livres pour fonder un hôpital qui devait être tenu par les *Filles de la Sagesse*. La testatrice ayant donné au delà de ce dont elle pouvait disposer, il y eut une contestation entre les *Missionnaires* et la dame Massoteau, sa mère. Le résultat fut qu'un certain curé de Saint-Malaire refusa nettement l'absolution à cette dame, disant publiquement qu'il fallait avant tout qu'elle rendît justice aux *Missionnaires ;* elle en passa en effet par ce qu'ils voulurent, à quelque chose près, et les vrais héritiers furent dépouillés.

qui ne trouveraient peut-être même pas à propos qu'on éclairât leur administration. L'homme aisé, l'homme charitable, diminue ses aumônes, dont il ignore et l'usage et l'emploi. En serait-il ainsi si le pasteur, le premier père des pauvres, à l'aide de quelques dames qualifiées et de confiance, se chargeait de cette répartition ?

Les *Filles de la Sagesse* tiennent les écoles et y enseignent gratuitement les pauvres petites filles ; mais, dans tous les endroits où elles sont reçues, n'y a-t-il pas pour cet objet des legs, des fondations, et manque-t-il de personnes pieuses dans ces endroits mêmes pour se charger de cette institution ?

Voilà sans doute de quelle utilité peuvent être pour l'État les *Filles de la Sagesse*, même suivant leur institut (*i*), et cette utilité ne compense pas à beaucoup près les inconvénients qui résultent de leur établissement.

De quelle utilité sont pour l'État les *Missionnaires du Saint-Esprit*? Ces prêtres font des missions dans les campagnes, dans les petites villes et même dans les capitales, partout où ils sont appelés. Mais chaque paroissien n'a-t-il pas, pour l'instruire, un curé, un vicaire, des religieux si l'on veut, pieux et éclairés ? Le cultivateur surtout a-t-il besoin de passer trois semaines à suivre une mission, lorsqu'il est plus que démontré que la religion a tellement multiplié les fêtes que les plus dignes prélats en ont retranché le nombre dans leurs diocèses ?

Mais ces missions, telles que les font les *Missionnaires du Saint-Esprit*, sont-elles à l'avantage de l'État, du public ? Sont-elles à la plus grande gloire de la religion? D'après un tableau fidèle, mettons un chacun dans le cas de prononcer.

1° Les *Missionnaires du Saint-Esprit*, aux termes de leur institut, sont 9 mois de l'année à prêcher. Combien de personnes à 2 et 3 lieues se détournent de leurs travaux pour venir les entendre ! Le laboureur quitte sa charrue, l'artisan son atelier, les femmes et les filles le soin du domestique. Que de journées perdues pour l'État ! combien d'hommes qui lui sont continuellement enlevés !

2° Ces missions sont toutes à la charge du public ; elles sont pour lui une nouvelle taxe, une capitation réelle, quoique volontaire. Dans ces missions, la maison qu'occupent les *Missionnaires du Saint-Esprit* se nomme, comme leur asile de Saint-Laurent, la *Providence*, où le peuple porte sans cesse, pourvoit abondamment à leurs besoins et se prive souvent du nécessaire pour les nourrir ;

3° Pendant ces missions, on voit toujours, à la suite des *Missionnaires du Saint-Esprit*, cinq ou six marchands étaler leurs boutiques : ce sont des rosaires, des médailles (*k*), des petits habits de la Vierge, des chenettes, des livres de cantiques, d'exercices et de confrérie ; choses qu'il faut acheter comme nécessaires dans la circonstance et payer bien au-dessus de leur valeur. Ces mercantilles de dévotion minutieuse, si elles n'offrent pas d'autres abus, n'ont-elles pas celui d'enlever à nos campagnes un numéraire dont la circulation leur est absolument essentielle ?

4° Dans toutes ces missions, il est d'usage de construire des calvaires dispendieux, d'y planter une croix d'une élévation et d'une structure singulière pour être, est-il dit (*l*), « à tous les étrangers et à la postérité un monument éternellement subsistant, que la mission a été faite dans cette paroisse. » Il est aussi d'usage de

---

(*i*) Dans l'acte d'acceptation de la paroisse de Saint-Laurent, le 24 décembre 1719, il est dit Que les *Filles de la Sagesse* y seront reçues pour enseigner gratuitement les « petites filles, et y visiter et soigner les malades. »

(*k*) C'est un négociant de Cholet, en Anjou, qui, en échange des mouchoirs et des toiles qu'il envoie en Italie, reçoit des ballots de médailles, de christs, etc., dont il fait un parti aux *Missionnaires*, qui les distribuent ensuite à leurs marchands.

(*l*) Il est peu de bourgs et de petites villes, en Poitou principalement, qui ne fixent l'attention des voyageurs par des monuments en ce genre. A 2 lieues de Mortagne on peut voir de ces calvaires, à Évrunes, Saint-Christophe, la Seguinière, Cholet, la Tessouale, Saint-Hilaire, la Verrie Chambreteau, Saint-Laurent, Moulins, le Longeron, Saint-Martin-Lars, etc., etc.

bâtir, le long des chemins les plus fréquentés, des petites chapelles où est placée l'image de la sainte Vierge, sous le titre de Notre-Dame de Pitié. Le tout est aux frais du peuple, à qui on fait un devoir sacré d'y contribuer, soit en fournissant la croix, ou les matériaux, soit en portant les pierres nécessaires à la construction du calvaire, soit en contribuant de son argent aux frais qu'il faut faire à ce sujet. La cérémonie de planter la croix est toujours précédée d'une quête faite par une personne désignée. Le pauvre donne son denier, et l'homme aisé son écu. Cette quête monte pour l'ordinaire très haut ; à 150 livres au moins dans les plus petits bourgs, et à plus de 500 livres dans les bourgs un peu considérables (*m*) ; aussi y a-t-il une oraison expresse (*n*) pour ceux qui ont contribué par leurs aumônes, libéralités ou travaux à la construction du calvaire.

D'après cet exposé, dira-t-on que les missions que font partout les *Missionnaires du Saint-Esprit* sont à l'avantage de l'État, du public ? Voyons si elles sont aussi peu à la plus grande gloire de la religion.

1° Je suis très persuadé qu'on ne voit plus dans ces missions des traits de fanatisme et de superstition aussi caractéristiques que celui qui est connu de tout le monde et attribué à M. de Montfort (*o*) ou à un de ses premiers prosélytes. Je veux croire que les *Missionnaires du Saint-Esprit* ne font plus dans leurs sermons de ces apostrophes outrageantes et personnelles qu'on leur a souvent reprochées, et qu'ils ne prêchent plus les femmes et les filles à huis clos ; mais je ne crains pas de dire qu'il se joue dans ces missions des farces indignes de notre auguste religion et qu'il s'y passe des scènes de bouffonnerie. C'est surtout aux conférences publiques tenues dans l'église par deux missionnaires, et que l'on nomme avec trop de raison *la comédie*, où le peuple vient en foule et rit hautement des cas singuliers et ridicules souvent que l'un propose et que l'autre résout sur le même ton.

2° Pendant les missions d'hiver, les exercices commencent dès 5 heures du matin, heure indue, propre à favoriser les intrigues, contraire à l'honnêteté des mœurs et même aux lois d'une exacte police.

3° A la clôture de chaque mission il se fait une procession générale, qui est toujours annoncée plusieurs jours d'avance. Il est spécialement ordonné à toutes les filles d'y assister habillées en blanc, un voile sur la tête et un étendard à la main, comme un *signe visible de la victoire remportée sur le monde, le démon et la chair*. Les hommes et les femmes doivent également s'y trouver, et la curiosité y attire tous les environs. L'ordre de la procession est dirigé par les missionnaires et, dans la marche, on les voit se porter tantôt à la tête, tantôt au centre, à la droite, à la gauche, pour faire exécuter les évolutions nécessaires.

Cependant, dans un champ vaste, spacieux et préparé à cet effet, on a soin de dresser un autel élevé pour le Saint-Sacrement, et, au pied de l'autel, un endroit commode pour le prédicateur. C'est dans ce champ où se rend cette procession, toujours très nombreuse. La marche est si bien ordonnée, qu'après plu-

(*m*) La quête qui se fit à Chambreteau, très petit bourg, dans la mission du mois de septembre 1776, est montée à plus de 150 livres et celle de la Tessouale, bourg considérable, au carême dernier, est monté de 7 à 800 livres.

(*n*) *Oremus, benedic, Domine, stationem istam, et præsta, per invocationem sancti tui nominis, ut quicumque ad hanc calvariam ædificandam pura mente auxilium dederint, corporis sanitatem et animæ medelam percipiant. Per Dominum nostrum*, etc.

(*o*) M. de Montfort, prêchant sur l'enfer dans l'église de la paroisse de Roussay, en Anjou, s'écria dans un fanatique enthousiasme sur la laideur du démon : *Vous allez le voir paraître !* A l'instant parut un bouc lâché par ses émissaires et tout couvert de matières inflammables. Ce bouc courant çà et là jeta l'épouvante parmi le peuple, et il serait peut-être arrivé les plus grands accidents, si M. Macé et M. de la Ferrucière, tous deux de la ville de Montfaucon, qui se trouvaient à ce sermon, n'eussent ouvert les portes qui avaient été fermées, et n'eussent rassuré les esprits en les désabusant.

sieurs circuits elle parvient à se ranger devant l'autel, pour y entendre le sermon, après lequel elle revient à l'église, dans le même ordre, dont sont toujours très jaloux (p) les *Missionnaires*. Combien de fois n'a-t-on pas vu des jeunes gens déguisés en vierges à la faveur du voile? Mais outre les abus qu'entraînent d'ordinaire ces processions, que doivent penser nos ennemis en voyant, en pleine campagne, 5 à 6,000 personnes, des étendards en l'air, des évolutions, un prédicateur qui a bien de la peine à se faire entendre à la vingtième partie de ses auditeurs?

Si MM. les curés voulaient être sincères, ils pourraient nous dire quel si grand bien, à l'avantage de la religion et des mœurs, il est résulté de ces missions qu'ils ont eues dans leurs paroisses, et si le fruit qu'en ont retiré leurs paroissiens peut compenser la perte de temps et les frais qu'ils ont faits pour entendre et nourrir les *Missionnaires du Saint-Esprit!* Par quelle fatalité donc, MM. les curés, qui ont des lumières, principalement en Poitou, qui sont magistrats et pasteurs tout ensemble, à qui l'Église et l'État confient les plus chers intérêts, par quelle fatalité, dis-je, se déterminent-ils à appeler ces prêtres, vraies sangsues, et à faire entendre à leurs brebis une voix qui n'est pas celle du pasteur? Comment ne sentent-ils pas que ces missions interceptent cette confiance si désirée, si nécessaire, qui les honore et qui est le plus grand avantage de leur ministère? Si, par défaut de santé ou trop peu de confiance dans leurs propres forces, ils veulent, par des moyens extérieurs, renouveler la ferveur et ranimer le zèle de leurs paroissiens, n'ont-ils pas des curés, leurs confrères, des vicaires, dans l'étendue de leur conférence, dont ils connaissent et les sentiments et les lumières, qui pourraient remplir cet emploi et pour qui ils le rempliraient à leur tour? Mais non; c'est une fantaisie qu'il faut passer avec des dépenses qui seraient faites plus à propos pour le soulagement de leurs pauvres.

Si toutes ces considérations ne persuadent pas MM. les curés sur l'abus de ces missions, de quel œil doivent-ils voir cette vénération populaire au tombeau de M. de Montfort, que préconisent sans doute ses prosélytes, et par leurs discours et dans les livres qu'ils débitent sur la vie et les miracles de leur instituteur? De tous les endroits où ont paru les *Missionnaires du Saint-Esprit*, on voit venir à Saint-Laurent nombre de personnes qui, dans leurs maladies, se vouent à M. de Montfort et qui, croyant avoir été guéries par son intercession, y portent leurs actions de grâces et leurs offrandes. De quel œil MM. les curés voient-ils ces voyages superstitieux, ces neuvaines, la poussière de ce tombeau prise comme remède? Sans doute M. de Montfort a pu être un homme selon Dieu, un saint personnage; mais n'est-il pas de la prudence d'attendre que Dieu ait manifesté la gloire et la sainteté de son serviteur, et que l'Église ait reconnu que les miracles qu'on lui attribue ne sont ni de l'invention ni de la politique de ses enfants (q)?

(p) Il est arrivé en pareille circonstance à la procession générale qui se fit à Poitiers, il y a huit ans, qu'une vierge ayant voulu ramasser une bague tombée de son doigt, fut frappée par un missionnaire qui lui ôta son étendard, le brisa, le déchira et finit par le jeter dans la rivière au bord de laquelle la procession passait.

(q) Il y a longtemps que les *Missionnaires* cherchent à accréditer la dévotion à M. de Montfort. Quelques années après sa mort ils firent venir au tombeau de leur instituteur une fille prétendue possédée, de la Châtaigneraie, en Poitou. Le bruit courut qu'au bout de sa neuvaine la prétendue démoniaque devait être guérie. Mais le procureur fiscal de la baronnie de Mortagne M. Pathiou, instruit de cette histoire, après en avoir conféré avec M. Bouteillier de Belleville, sénéchal, se transporta avec ses gardes pendant la neuvaine à la communauté des *Filles de la Sagesse* et demanda à voir la prétendue possédée. Sur le refus formel que la supérieure fit d'obéir, il menaça de faire enfoncer la porte, qui enfin lui fut ouverte. Il vit cette fille, qui d'abord joua son rôle assez bien. Son interrogatoire pris, le procureur fiscal dit à la supérieure qu'il était indigne d'abuser ainsi de la crédulité du peuple en se jouant de la religion, et que, si la prétendue possédée était encore le lendemain à Saint-Laurent, il la ferait mettre en prison pour

5° Les missions, je le crois, sont un bien en elles-mêmes, mais elles cessent de l'être lorsqu'elles ne sont pas à la plus grande gloire de la religion et qu'elles nuisent à l'intérêt général et particulier, vice radical de celles que font partout les *Missionnaires du Saint-Esprit*, et que n'ont pas celles des *Missionnaires de Saint-Lazare*.

J'écris ce mémoire dans une province où il y a eu, au carême dernier, deux missions à 2 lieues de distance : l'une à Mortagne, faite par les *Missionnaires de Saint-Lazare*, l'autre au bourg de la Tessouale, par les *Missionnaires du Saint-Esprit*. Celle-ci s'est passée dans le trouble, l'agitation, dans la multiplicité des exercices, dans la perte d'un temps précieux aux cultivateurs et nécessaire à la subsistance des journaliers (*r*), qui manquent de pain ; enfin, toute à la charge du peuple. Celle de Mortagne, au contraire, s'est passée dans la modestie et la paix. Les exercices, toujours édifiants, et de trois heures dans chaque journée, laissaient tout le temps pour le travail et le soin du domestique ; on n'a point vu de ces mercantilles de dévotion qui éloignent le vrai culte et soutirent l'argent du peuple ; point de processions singulières, point de quête ; rien en un mot n'a été à la charge du citoyen.

Les *Missionnaires de Saint-Lazare*, fondés par l'État, avoués par lui, ont vécu à Mortagne comme ils vivent partout, à leurs frais. Doux, humains, pieux, charitables, ils ont emporté le regret général. Plusieurs curés du voisinage, témoins de leur zèle et de leurs travaux, forcés de convenir de la différence extrême qui se trouve entre leurs missions et celles des *Missionnaires du Saint-Esprit*, les ont priés de venir exercer leur ministère dans leurs paroisses.

A quoi bon donc de multiplier ces êtres sans nécessité ? L'État a, dans les *Missionnaires de Saint-Lazare*, un corps respectable de missionnaires dont les missions sont à la plus grande gloire de la religion et jamais au détriment de l'intérêt public et particulier ; un corps fondé par lui et patenté, un corps répandu dans toute la France ; pourquoi tolérer des intrus qu'il est démontré lui être à charge et nuisibles à la religion ?

Il résulte de cette deuxième question qu'il n'est point avantageux pour l'État de donner aux nouveaux établissements des *Missionnaires du Saint-Esprit* et des *Filles de la Sagesse* l'existence légale qu'ils n'ont pas. En vain fonderait-on l'utilité des *Missionnaires du Saint-Esprit* sur ce qu'ils font des missions ; mais ces missions, telles que les font ces prêtres, ne peuvent être à la gloire de la religion et sont toujours au détriment de l'intérêt public et particulier. En vain fonderait-on l'utilité des *Filles de la Sagesse* sur ce qu'elles tiennent des hôpitaux, soignent les pauvres malades et tiennent les petites écoles gratuitement : je dis que cette utilité n'est qu'apparente, est surtout abusive et très souvent dangereuse.

De l'ensemble de ce mémoire il résulte :

1° que les *Missionnaires du Saint-Esprit* et les *Filles de la Sagesse* n'ont point en France une existence légale ;

2° Qu'il n'est point avantageux pour l'État de donner aux *Missionnaires du Saint-Esprit* et aux *Filles de la Sagesse* l'existence légale qu'ils n'ont pas ;

3° Qu'il est du plus grand intérêt de l'État de ne pas tolérer plus longtemps l'existence qu'ont eue jusqu'ici les *Missionnaires du Saint-Esprit* et les *Filles de la Sagesse*.

---

instruire son procès. La prétendue démoniaque partit dans la nuit de la communauté des *Filles de la Sagesse*, et là finit le miracle.

(*r*) Plusieurs cultivateurs du bourg de la Tessouale conviennent qu'ils ont perdu un temps précieux. Aussi vers la fin de la mission n'y voyait-on que des femmes.

Un feuillet, un seul, manque au manuscrit original des Mémoires de Mercier du Rocher sur la guerre de Vendée ; mais on le retrouve dans la copie de la première partie de ces Mémoires, copie conservée dans la Collection de M. Dugast-Matifeux. Il contient précisément le récit de l'expédition des Angevins contre les mulotins et du conflit entre le district de Montaigu et l'administration départementale[1], avec des détails sur Montfort, sur Mulot, et l'action des missionnaires de Saint-Laurent.

Qu'était, y lit-on, la maison de Saint-Laurent? Un repaire de forcenés qui excitaient les citoyens au meurtre et au carnage, en leur prêchant que c'était la loi de Dieu. Qu'étaient Dauche et Duguet? Deux brigands, deux loups revêtus de la peau de l'agneau, qui avaient fait imprimer et distribuer dans ces contrées un libelle infâme, intitulé *Catéchisme des véritables catholiques*, et qui n'était propre qu'à les exciter à la guerre civile[2].

Inutile de citer plus, le Mémoire de 1777 suffit.

DÉVELOPPEMENT DE LA COMPAGNIE DE MARIE JUSQU'A NOS JOURS

D'après le R. P. Fontenau, de la compagnie de Marie[3], Louis-Marie Grignon de Montfort (1675, 31 janvier — 1716, 28 août) laissa en mourant une double congrégation de missionnaires s'intitulant Pères de la compagnie de Marie et Frères du Saint-Esprit. René Mulot, son successeur, y adjoignit en 1720 une communauté de Filles de la Sagesse, dont l'évêque de la Rochelle, de Champflour, l'institua directeur.

Les deux maisons de Saint-Laurent-sur-Sèvre, inséparables, eurent pour directeurs généraux ensuite : Audubon, des Sables-d'Olonne, de 1749 à 1755 ; — Besnard, de Rennes, qui obtint de Louis XV les lettres patentes autorisant l'institution montfortiste ; — Micquignon, d'Amiens, de 1788 à 1792.

Le R. P. Supiot, d'Ancenis, fut le directeur général à partir de cette époque. Sans quitter Saint-Laurent ou les environs, il sut se soustraire aux conséquences de la guerre civile et maintenir la compagnie existante malgré même l'interdiction formelle des arrêtés consulaires et des décrets impériaux. De son vivant, il se donnait pour suppléant, en 1806, et pour successeur, en 1810, Duchesne, de Pornic. Il ne mourut qu'en 1818, à 87 ans, heureux et fier « d'avoir vu les Bourbons remonter sur le trône et recommencer les missions interrompues depuis plus d'un quart de siècle. » Duchesne, mort en 1820, fut remplacé par l'ancien curé d'Auray, Gabriel Deshayes, au décès duquel, en 1841, fut élu supérieur Dalin, un Vendéen, qui dirigeait auparavant le petit séminaire des Sables-d'Olonne. Celui-ci, pour la première fois, institua des succursales des établissements de Saint-Laurent-sur-Sèvre, créa des résidences, à Angoulême, à Orléans, à Tourcoing, et alla, en 1853, à Rome, faire approuver canoniquement la compagnie de Marie. Démission-

---

1. Voir ci-dessus, p. 199-201.
2. Voir ci-dessus. p. 191.
3. *Vie du bienheureux L. de Grignon de Montfort, missionnaire apostolique, fondateur des prêtres missionnaires de la Compagnie de Marie, des Sœurs de la Sagesse et des Frères du Saint-Esprit.* Paris, Oudin éditeur, 1887 ; grand in-8° de 563 pages.

naire en 1855, mort en 1877, il passa la direction à Guyot, de Josselin, à qui enfin succéda, en 1887, Maurille, de Chemillé.

Le biographe officiel de Grignon de Montfort rapporte [1] :

En 1880, les Pères de la compagnie de Marie furent expulsés de leurs maisons de Saint-Laurent, d'Angoulême, Orléans et Tourcoing. Mais on a trouvé le moyen d'atténuer, autant que possible, les tristes effets produits par les trop fameux décrets lancés en haine des congrégations non autorisées. Dieu semble même avoir voulu tirer le bien du mal, car le noviciat des Pères, transféré en Hollande, devient plus nombreux que par le passé, et l'on a commencé au Canada un vaste établissement qui donne de grandes espérances pour l'avenir.

C'est en 1829 que l'évêque de Luçon Soyer introduisit en cour de Rome la cause de la béatification du missionnaire apostolique fondateur de la compagnie de Marie. En 1838, le pape Grégoire XVI déclara Grignon de Montfort « vénérable »; Pie IX, par décret du 29 septembre 1869, proclama « les vertus héroïques du père de Montfort ». Léon XIII, enfin, déclara, par décret du 21 février 1886, « qu'on pouvait en toute sûreté procéder à la béatification du Vénérable Louis-Marie Grignon de Montfort. » La cérémonie eut lieu à Rome, avec le plus grand éclat, du 22 au 28 janvier 1888.

On lit dans le livre du R. P. Fonteneau [2] :

L'esprit de Montfort avait tellement pénétré dans les religieuses populations de la Vendée qu'elles conservaient encore (à l'époque de la Révolution) l'empreinte de son courage et de sa foi. Qu'il me soit permis de dire ici ce que nous avons entendu répéter bien souvent : *La Vendée a été et est encore ce que l'ont faite Montfort et ses enfants.*

Plus clairement il est dit, en une brochure populaire qui « se vend dans les magasins de Sainte-Marie et du Père de Montfort à Saint-Laurent-sur-Sèvre » [3] :

C'est certainement aux prédications du père de Montfort que la Vendée doit la fermeté de sa foi, et *ce sont à coup sûr ces mêmes prédications qui, cent ans à l'avance, ont préparé la Guerre des Géants* et l'holocauste héroïque de tous ces laboureurs-martyrs enfouis par la Révolution sous leurs sillons ensanglantés ou sous les ruines fumantes de leurs chaumières incendiées.

N° 4

LES VOLONTAIRES NATIONAUX ET LES GARDES NATIONALES DE SAINT-GILLES-SUR-VIE

Nous avons parlé [4] de la part très active que prirent aux fédérations de Poitiers et de Challans, aux mois de mars et de mai 1790, les « Volontaires

---
1. P. 425.
2. P. 419.
3. *Le R. P. de Montfort; histoire de sa vie et de sa béatification* (1 feuille in-8°, 1888), p. 7.
4. Ch. IV, p. 125, 126, 129, 130.

nationaux » de Saint-Gilles, sous le commandement de Gratton et de Rafin de Bois-Séjour.

Depuis l'impression des premières feuilles de notre volume, M. A. Odin, des Sables-d'Olonne, nous a communiqué le « Registre pour servir à MM. les volontaires de Saint-Gilles-sur-Vie, commencé le 24 avril 1790 ».

Ce petit manuscrit [1], d'espèce rare, est assez intéressant. — Il commence par un procès-verbal, réglant l'organisation et la discipline du corps.

Aujourd'hui 24 avril 1790, en vertu du contenu de l'article 11 de notre Règlement du 27 décembre 1789, et de l'agrément de M. Joubert fils, nommé commandant le 18 avril de la présente année, nous avons procédé à la rédaction du présent procès-verbal par lequel nous nous constituons de nouveau en corps de volontaires nationaux en nous référant entièrement à notre souscription du 29 novembre dernier, enregistrée au greffe de la municipalité de cette ville de Saint-Gilles.

Avons réglé et arrêté, pour nous y tenir irrévocablement, les articles ci-après, promettant de nous y conformer entièrement :

ARTICLE PREMIER. — Nous avons nommé à la pluralité des voix, et par la voie du scrutin, le sieur Antoine Gratton pour commandant en chef dudit corps de volontaires, et le sieur Jean Rafin pour commandant en second dudit corps, lesquels ont accepté.

ART. 2. — Nous déclarons unanimement vouloir conserver la dénomination de Volontaires nationaux que nous avons prise à la formation de notre corps, à moins qu'il n'en soit autrement ordonné par l'Assemblée nationale.

ART. 3. — Arrêtons aussi unanimement que les commandants en chef et en second, que nous nous sommes choisis et qui se trouvent dénommés à l'article 1er du présent procès-verbal, seront inamovibles et ne pourront être destitués que pour cause d'inconduite ou de malversations dans les places qui leur sont confiées, et ce, jusqu'à la nouvelle organisation qui sera faite par l'Assemblée nationale.

ART. 4. — Le commandant ne pourra décacheter aucune lettre ni paquet concernant le corps des volontaires qu'en présence de la majorité.

ART. 5. — Voulant conserver entre nous une parfaite égalité, avons arrêté que toutes nos délibérations seraient prises en commun et décidées à la pluralité des voix et au scrutin.

ART. 6. — Lorsque la municipalité requerra les volontaires, le commandant les rassemblera, et la majorité décidera la réponse qu'on fera à la municipalité.

ART. 7. — Tout volontaire qui s'absentera pour plus de trois jours en informera le commandant.

ART. 8. — Arrêtons que ceux d'entre nous qui refuseraient de se soumettre aux peines infligées par le corps, à la majorité absolue des voix, seront obligés de donner leur démission et ne pourront plus être reçus parmi nous.

ART. 9. — Avons aussi arrêté que notre uniforme sera : habit bleu de roi, revers blanc, collet et parement écarlates, doublure blanche, boutons blancs, deux contre-épaulettes en argent, veste et culotte blanches.

Les commandants porteront des épaulettes, le premier de major, et le second de major en second.

ART. 10. — Les deux commandants nommés par le présent procès-verbal,

---

1. Carnet format in-12, de 172 pages, cotées et parafées par « J.-B.-A.-E. Gratton, commandant en chef du dit corps de volontaires. »

lorsque l'agrandissement de notre corps permettra de former des compagnies, conserveront leur place.

ART. 11. — Nous nous réservons la faculté de donner plus d'extension au présent règlement suivant l'exigence des cas.

Clos et arrêté à Saint-Gilles les jour et an que devant.

Signé : GRATTON, commandant en chef; RAFIN, commandant en second; GABORIT, GRATTON, MASSON DE PRÉCLOS, DESCHAZEAU, CHAUVITEAU, LÉVÊQUE, JOUBERT, LAMAUD, BROUARD, DOUX.

(*Dix-neuf autres ne sachant signer ont fait une croix.*)

Suit cet arrêté pris, par les officiers, sur la couleur et la forme du drapeau :

Le 3 mai 1790, nous, volontaires nationaux soussignés, avons arrêté entre nous de faire faire un drapeau blanc en haut duquel il y aura les trois couleurs de la nation *en hiac* croisé; au milieu du drapeau, l'écusson de France, au-dessus duquel sera un ruban rouge portant la devise : « Vivre libre ou mourir. »

Le 9 mai est réformé l'article 4 du règlement du 24 avril : « La majorité du corps des officiers suffira pour qu'on puisse décacheter les lettres et paquets et, après délibération, le commandant sera chargé d'y répondre. » Le 23, sont nommés président et secrétaire du Comité, Gratton aîné et Gaborit.

Le commandant en second, Rafin, est chargé, le 23 et le 27 mai, de demander et soutenir, à la réunion, tenue le 30 par les délégués de la fédération de Challans, « qu'il soit formé un état-major de district »[1]. Comme l'on persiste à croire nécessaire « la formation d'un état-major par les gardes nationales du district, composé d'un commandant, d'un commandant en second, d'un major, d'un aide-major secrétaire et d'un porte-drapeau de district », on prie le délégué de l'appuyer de tout son pouvoir et de demander :

Que, l'assemblée du 30 étant formée, il soit procédé par la voie du scrutin à la nomination aux places dont il est question ;

Que ces places n'excluent point de celles qu'on remplit déjà dans les gardes nationales des différentes paroisses ;

Que l'état-major ait le commandement sur toutes les gardes nationales du district, en suivant les grades, quand elles seront rassemblées en corps, et qu'il aura seul le droit de les y rassembler ;

Que toutes les fois que les gardes nationales composant le district seront obligées de se réunir en corps pour prendre un parti quelconque, l'état-major convoquera tous les officiers des différentes paroisses pour délibérer sur ce qui sera proposé, et que la majorité des voix décidera ;

Que l'état-major soit chargé seul de la correspondance dans tout ce qui concernera les gardes nationales du district, et que la demeure du commandant général soit le lieu où on s'assemblera pour faire le travail;

Que les officiers de l'état-major conserveront leurs places jusqu'à l'organisation qui sera faite par l'Assemblée nationale, et ne pourront être destitués que pour cause d'inconduite ou de malversation ;

Que les gardes nationales des différentes paroisses rendront compte tous les mois à l'état-major des mouvements qui auront pu avoir lieu dans leur corps;

---

1. Voir ci-dessus, p. 129-130.

Que l'état-major sera chargé de toutes les dépenses relatives à la correspondance générale et toutes autres, et tenu d'en rendre un compte détaillé tous les mois.

Signé : GRATTON, commandant en chef ; RAFIN, CHAUVITEAU, lieutenant en second, DESCHAZEAU, LÉVÊQUE, capitaine, GABORIT, porte-drapeau et secrétaire.

La proposition des volontaires de Saint-Gilles ne fut pas acceptée.

On s'occupe, dans les séances suivantes, de la délégation à la Fédération générale du Champ-de-Mars, à Paris.

Ce jourd'hui 24 juin 1790, le corps assemblé, M. le commandant a donné connaissance d'une lettre de la municipalité de Challans, en date du 20 de ce mois, concernant la Fédération qui doit avoir lieu à Paris le 14 du prochain, et portant invitation de se trouver à Challans le 27 courant au nombre de 6 par 100. D'après quoi nous avons procédé à la nomination de ceux d'entre nous qui seront chargés de représenter notre corps ; les voix se sont réunies sur MM. Gratton, commandant en chef, Masson-Préclos, sous-lieutenant, et Deschazeau, volontaire, lesquels ont accepté.

Délibérant ensuite sur les pouvoirs à donner à nos frères ci-devant dénommés, il a été arrêté unanimement qu'ils se conformeraient entièrement au décret de l'Assemblée nationale, dont la municipalité de Challans nous a fait passer copie dans la lettre ci-devant mentionnée, et dont nos représentants sont porteurs, et d'avoir pour agréable tout ce qu'ils feront relativement à la nomination des députés qu'ils enverront à Paris.

Signé : GRATTON, commandant ; CHAUVITEAU, lieutenant en second ; RAFIN, DESCHAZEAU, LÉVÊQUE, capitaine.

Cette délibération était présentée à la municipalité ; mais celle-ci faisait notifier par le procureur de la commune, Merland, que, ne se trouvant qu'au nombre de trois membres, elle ne pouvait « inscrire son approbation au bas des pouvoirs » donnés par le comité ; ce dont celui-ci prend acte :

Aujourd'hui 29 juin 1790, le corps rassemblé, MM. Gratton et Deschazeau, que nous avions députés à Challans pour nommer les députés à la Fédération de Paris, nous ont rendu compte de leur mission en donnant communication d'un extrait en bonne forme du procès-verbal dont ci-après copie ; nous avons unanimement applaudi à la protestation qu'ils ont faite contre le tirage au sort et avons décidé que nous en informerions nos camarades rassemblés à Paris. MM. Gratton et Deschazeau nous ont aussi prévenus que M. Masson-Préclos, que nous avions chargé des mêmes pouvoirs, n'avait pas voulu protester avec eux, et il a été arrêté que ledit sieur Masson-Préclos viendrait en présence du corps dire les raisons qui l'ont décidé à ne pas faire valoir le vœu de ses commettants.

D'après la décision qui avait été prise par le corps rassemblé le 24 de ce mois pour changer notre dénomination de *Volontaires nationaux* en celle de *Gardes nationaux*, M. Gratton, commandant en chef, Lévêque, capitaine, Chauviteau, second lieutenant, Gaborit, Masson-Préclos, sous-lieutenant, et Joubert, sergent, nous ont dit qu'ils nous avaient, le même jour 24 du courant, fait inscrire comme tels sur le registre de la municipalité.

Extrait du procès-verbal de l'assemblée de Challans.

« Aujourd'hui, 27° jour du mois de juin 1790, nous, députés des paroisses où il y a garde nationale, assemblés à Challans, chef-lieu de notre district, sur la convocation faite par MM. les officiers municipaux, en vertu d'un décret de l'Assemblée nationale, en date des 8 et 9 de ce mois, accepté par le Roi, concernant le pacte fédératif général de tout le royaume, qui aura lieu à Paris le 14 juillet prochain, a été procédé à l'élection d'un président et d'un secrétaire par la voie du scrutin, à la simple pluralité relative, et, recensement fait de tous les députés qui se sont trouvés rassemblés au nombre de 49, MM. Imbert de la Terrière, commandant de Challans, et Rouillé, major de Palluau, ont réuni la majorité et ont accepté les places de président et secrétaire de l'assemblée.

« Il a été ensuite procédé à la vérification des pouvoirs de MM. les députés, en présence de MM. les officiers municipaux, et, les listes de toutes les gardes nationales de chaque paroisse du district visées sur le bureau, elles ont donné un nombre de 900 hommes ou environ ; en conséquence et en vertu de l'article du décret ci-dessus qui nous donne la liberté de n'envoyer qu'un député par 400 hommes à la distance de plus de cent lieues, nous avons arrêté qu'on n'enverrait que deux députés.

« Sur la question qui s'est élevée, savoir, si on nommerait les députés par la voie du scrutin ou si leurs noms seraient tirés au sort,

« A l'instant ont comparu les sieurs Gratton et Deschazeau, députés de la garde nationale de Saint-Gilles-sur-Vie, lesquels ont déclaré que, leurs pouvoirs portant que les décrets de l'Assemblée nationale dont il leur a été envoyé copie par la municipalité de Challans, en date du 20 de ce mois, prescrivent de choisir les députés sur la totalité des gardes nationales du district, et non de les tirer au sort, ils ne pouvaient concourir, au nom de leur corps, au tirage, arrêté à la majorité, et ont signé *Gratton*, commandant en chef de Saint-Gilles et député, *Deschazeau*, député de la garde nationale de Saint-Gilles.

« Sur quoi, nous, président, après avoir mis aux voix si on ferait droit ou non à l'observation des sieurs Gratton et Deschazeau, l'assemblée s'est décidée pour la négative, et en conséquence il a été arrêté qu'on tirerait les noms des députés par la voie du sort, et qu'on nommerait par la même voie deux suppléants pour remplacer les députés en cas de refus de leur part ou autre empêchement.

« Ce préliminaire observé, il a été mis autant de billets qu'il y avait de comparants dans un chapeau ; sur deux desquels étaient inscrits les mots *députés*, et sur deux autres 1er *et* 2e *suppléant*. Le reste était blanc. Dans un autre chapeau on a mis les noms des comparants ; et deux enfants en ont tiré l'un après l'autre, et au fur et à mesure M. le maire de la municipalité les a ouverts. Le dépouillement fait, M. Mourain, commandant de Croix-de-Vie, a été proclamé premier député, et Charles Germain, garde national de Palluau, second député ; M. Collinet de Saint-Charand, capitaine de Croix-de-Vie, 1er suppléant, et M. Coursaud, capitaine des grenadiers de Challans, 2me suppléant, lesquels ont accepté et signé.

« Fait et arrêté audit Challans lesdits jour et an que d'autre part. Signé : *Imbert de la Terrière, Briaud de Montplaisir, Burgaud, Dorset-Dubreil, Dout* fils junior, *Grelier, Vogien* l'aîné, *Rousseau, Gunachaud, Darmot, Courant, Merlet* le jeune, *Chartier, Rouvière, Guérin, Taconnet, Cormier*, commandant ; *Grolleau, Guilbaud* aîné, *Seguin, Mourain*, député ; *Barreau* fils, *Brunet, Bouvier, Bouvier* le jeune, *Leroux, Collinet, Coursaud*, 2me suppléant ; *P. Barrillon, Charles Germain* pour acceptation ; *P. Praud, Texier, C.-P.-M. Rouillé, Letaneur,* maire ; et de moi greffier soussigné, signé *Couthouix*, secrétaire-greffier de la municipalité. »

La garde nationale de Saint-Gilles persiste dans sa protestation contre le tirage au sort ; celles de Palluau et du Fenouillet s'unissent à elle, et une nouvelle réunion est indiquée, pour le 2 juillet, à Challans. Le commandant Gratton, le capitaine Lévêque et le lieutenant Chauviteau y sont délégués ; on leur donne, le 1er, les instructions impératives :

1° De suivre de point en point les décrets de l'Assemblée nationale au sujet de la nomination des députés à la Fédération générale de Paris ;

2° De ne nommer qu'un député par 200 dans la totalité des gardes nationales des paroisses qui composeront l'assemblée qui aura lieu demain à Challans.

Le 3, les délégués rapportent à leurs commettants le procès-verbal suivant :

« Aujourd'hui 2 juillet 1790, les gardes nationales des paroisses de Palluau, le Fenouillet et Saint-Gilles-sur-Vie, assemblées par députation en la ville de Challans, chef-lieu de leur district, il a été procédé à la nomination d'un président et d'un secrétaire par acclamation, et les voix se sont réunies sur MM. Gratton, commandant de la garde nationale de Saint-Gilles, pour président, et Saulnier, sergent de celle de Palluau, pour secrétaire, lesquels ont accepté et signé.

« Il a été arrêté de nommer deux commissaires qui seront chargés de se présenter à la municipalité aux fins de la prier d'assister à notre assemblée, conformément au réquisitoire du procureur de la commune de ce lieu de Challans en date du 31 juin dernier, signé *Degounor*, procureur de la commune, et *Couthouïx*, secrétaire-greffier, suivant l'expédition qui nous en a été remise ; MM. Rouillé et Lévêque, députés de Palluau et de Saint-Gilles, ayant obtenu la majorité, ont accepté et signé au registre *C.-P.-M. Rouillé*, député de Palluau ; *Lévêque*, député de Saint-Gilles.

« Nous, commissaires, après nous être transportés chez M. le maire, avons rapporté à l'assemblée qu'il nous avait répondu n'entendre point faire droit au réquisitoire du procureur de la commune ni s'assembler pour être présent à notre procès-verbal.

« Sur quoi l'assemblée a arrêté que MM. les commissaires requerraient un officier public pour se transporter au greffe de la municipalité de Challans et requérir du greffier une expédition en forme de la protestation, dire et réquisitoire du sieur Rouillé, en date du 30 du mois de juin dernier, du réquisitoire du procureur de la commune, intervenu sur le tout, et de tout ce qui le suit ; et ont signé au registre *C.-P.-M. Rouillé*, commissaire ; *Lévêque*, commissaire ; *Gratton*, président ; *Saulnier*, secrétaire.

« Et, attendu le défaut d'officier public en cette ville, à l'exception du sieur Viaud, qui s'est formellement refusé de se transporter avec nous à la municipalité pour constater le refus dont MM. les commissaires nous ont fait le rapport comme il est dit ci-devant, avons pris acte dudit rapport, protestons de tout ce qui est à protester en pareil cas, et, sur la lecture qui nous a été faite de l'adresse de nos braves frères de Saint-Gilles et de Challans, portant protestation contre la députation faite le 27 de ce mois en cette ville, et adhésion au pacte fédératif du royaume, qui aura lieu à Paris le 14 du présent, nous, députés de Palluau et du Fenouillet, avons arrêté que nous joindrions, au nom de notre corps, notre adhésion à tout ce qui a été fait et souscrit par nos frères de Saint-Gilles et de Challans.

« Fait et arrêté audit bourg de Challans, lesdits jour et an que devant ; signé au registre : *Gratton*, président ; *Lévêque, Chauviteau*, députés de Saint-

Gilles; *Dorion*, député du Fenouillet; *C.-P-M. Rouillé, Rousseau, Bléo* l'aîné, *Antoine Tessier, Praud* et moi, secrétaire soussigné, député de Palluau. Pour expédition conforme à l'original, signé *Saulnier*, secrétaire. »

Approuvent tout ce qui s'est fait à Challans, le 3 de ce mois, par les gardes nationales assemblées, avons arrêté que nos protestations et pièces y relatives seront envoyées à la Fédération générale du 14 de ce mois.

Signé : A. GRATTON, RAFIN, CHAUVITEAU, DESCHAZEAU.

Aujourd'hui 4 juillet 1790, le corps assemblé, délibérant sur une lettre que nous avons reçue de notre cher frère C.-P.-M. Rouillé, major de la garde nationale de Palluau, nous lui avons fait la réponse suivante :

« Cher camarade,

« Par votre lettre du 3 de ce mois, nous voyons avec plaisir que votre paroisse vous a député pour faire valoir sa protestation à Paris ; nous vous faisons passer les pièces que vous demandez et vous chargeons de nos pouvoirs pour ce qui nous concerne, sans entendre participer aux frais de votre députation, qui ne doivent regarder que votre commune.

« Nous sommes avec fraternité, cher camarade,

« *Les Gardes nationaux de Saint-Gilles-sur-Vie.* »

Le 10 juillet, la garde nationale de Saint-Gilles reçoit une lettre des députés Birotheau des Burondières et Gallot, contenant un extrait du procès-verbal de l'Assemblée nationale, où des félicitations sont adressées aux citoyens qui ont pris part à la Fédération de Challans. De nouvelles démarches sont faites inutilement auprès de la municipalité pour que la commune réponde à l'invitation de sa sœur de Paris et envoie un représentant à la Fédération générale.

Le 14 juillet est inscrit, au registre, ce compte rendu de la fédération locale :

Nous nous sommes rassemblés en corps sur les dix heures et demie et, après avoir entendu une messe solennelle, célébrée à l'église, on s'est rendu à l'autel de la Patrie, dressé dans les grandes allées du château, où, requis par la municipalité de prêter le serment civique décrété par l'Assemblée nationale, nous nous sommes acquittés de ce devoir avec les sentiments du plus pur patriotisme. Cette obligation remplie, chacun de nous a prononcé le serment fédératif et, unis de cœur à tous nos frères du royaume, nous leur avons voué une amitié à toute épreuve et juré de sacrifier nos vies pour le maintien de la cause commune.

Le 15 septembre, sur communication d'une lettre du ministre de la guerre, le Comité fait passer l'état des citoyens organisés en garde nationale dans le canton et réclame : « 100 fusils avec leurs baïonnettes, 100 gibernes garnies de leurs banderoles, 22 sabres et leurs baudriers, 3,000 cartouches, 300 pierres à fusil et une caisse de tambour. »

L'initiative des honneurs à rendre à la mémoire de Mirabeau fut prise en ces termes par la garde nationale de Saint-Gilles-sur-Vie :

Aujourd'hui 14 avril 1791, nous, officiers de la garde nationale de Saint-Gilles-sur-Vie, vivement affectés de la mort du premier orateur de la liberté française, d'un de ses fondateurs les plus illustres, d'un patriote qu'on a entendu dire à l'Assemblée nationale : *Je poursuivrai sans relâche les factieux de tous les partis ;* de Mirabeau enfin, et, pour partager avec tous les bons citoyens la gloire de rendre à ce grand homme un tribut d'hommages mérités, avons arrêté de prendre le deuil pour huit jours et de prier la municipalité de cette ville de se joindre à nous pour faire célébrer un service dans l'église de cette paroisse, comme de donner les ordres nécessaires à cet effet, et avons nommé le sieur Gratton pour communiquer à ladite municipalité l'extrait de la présente délibération.

Signé : GRATTON, RAFIN, CHAUVITEAU, MASSON, GABORIT.

A la date du 2 mai 1791, les officiers et gardes nationaux constatent sur leur registre qu'à la réquisition de la municipalité[1], ils se sont assemblés chez leur commandant et ont « arrêté de marcher en détachement pour se rendre à Challans, afin de porter à leurs frères les secours que se doivent réciproquement les amis de la Constitution[2]. »

Les troubles apaisés, ils s'occupent du développement de leur corps, auquel l'autorité municipale ne semble pas se prêter de bonne grâce.

Aujourd'hui 10 juillet 1791, nous, officiers de la garde nationale de Saint-Gilles, avons dressé le présent procès-verbal par lequel nous exposons qu'en vertu d'une délibération prise le 8 de ce mois, nous avons écrit à la municipalité de cette commune pour la prévenir que nous sentions le besoin de donner dans le moment présent une nouvelle forme à la garde nationale et que nous l'invitions à se joindre à nous, au pied des décrets, pour, de concert, former deux compagnies de cinquante hommes chacune ; ce qui deviendrait très avantageux au bien du service. Le lendemain 9, dans l'après-midi, nous reçûmes une lettre de la municipalité, par laquelle ces messieurs nous disaient qu'ils applaudissaient à nos vues, mais qu'ils ne se trouvaient pas en nombre suffisant pour nous donner une solution. D'après quoi nous espérions qu'étant tous à Saint-Gilles, ils se rassembleraient le lendemain pour délibérer sur cet objet. Aujourd'hui 10, environ les onze heures et demie, n'ayant entendu parler de rien, nous leur avons écrit de nouveau pour les prier encore de s'occuper de notre demande. Le maire nous a répondu que, partant pour Saint-Hilaire, il allait transmettre notre lettre à ses collègues. Un instant après, nous en avons reçu une du sieur Monbeau, officier municipal, qui nous dit qu'en l'absence du maire et du procureur de la commune, partis pour assister à la prise de possession du nouveau curé de Saint-Hilaire-de-Riez, et vu la maladie d'un autre membre, la municipalité ne pouvait donner de solution à notre demande aujourd'hui. Ces délais, en ne nous permettant pas d'assembler la commune aujourd'hui, renvoyaient nécessairement notre opération au dimanche prochain, et comme, dans les circonstances présentes, il se peut que, d'un moment à l'autre, nous nous trouvions obligés de prendre les armes pour la défense de notre côte, et qu'il importe d'être formé par compagnies pour le maintien de l'ordre et l'activité du service, nous avons prévenu la municipalité par une lettre adressée au sieur Monbeau qu'à l'issue des vêpres nous ferions battre la caisse pour inviter les citoyens inscrits sur le registre ouvert pour le service des gardes nationales à se trouver de suite chez le commandant dudit corps, et que nous informerions le district de notre conduite à cet égard. En réponse à cette dernière lettre, le sieur Monbeau nous a mar-

---

1. Voir ci-dessus, p. 329.
2. Contre l'insurrection de Saint-Christophe-du-Ligneron.

qué qu'il se référait à sa première. La caisse ayant été battue suivant l'ordre donné par le commandant, le sieur Monbeau, de son autorité privée, a arrêté le tambour au milieu du bourg et lui a défendu hautement de battre, sous peine de prison. Cette conduite nous porte naturellement à suspendre notre opération pour éviter une division qui ne pourrait qu'être nuisible au bien public et au maintien de la bonne intelligence qui devrait régner entre la municipalité et la garde nationale, mais nous croyons devoir dresser procès-verbal des faits ci-dessus énoncés, pour copie être envoyée au directoire du district de Challans pour y faire droit.

Signé : GRATTON, RAFIN, ÉMERY GRATTON, capitaine ; CHAUVITEAU, lieutenant ; MASSON, GABORIT, secrétaire.

Le conflit entre le garde nationale et la municipalité paraît s'aggraver. Le 12, à onze heures du soir, se produit une scène violente entre le maire, Henri Collinet, et Gratton, commandant le poste établi au parquet.

A la suite d'une explication entre ledit officier et lui concernant le service, ledit sieur Collinet a eu l'impudence *de vouloir faire mettre de suite ledit officier de garde en prison et aux fers, et de requérir au même instant le sieur Pradel, sergent du 84e régiment, commandant le détachement en garnison à Saint-Gilles, de commander sa troupe pour exécuter cet ordre illégal et arbitraire.* Ce que celui-ci a refusé, par la connaissance qu'il a des ordonnances militaires. Ce que voyant ledit sieur Collinet, il a notifié à l'officier de garde de *sortir de la chambre* qui lui était destinée et de passer la nuit dans celle des soldats ; ce que ledit officier de garde a exécuté par son dévouement pour la tranquillité publique, en prenant acte de cette violence inouïe.

Voici des faits certains et que peuvent attester toute la garde et plusieurs autres citoyens qui en ont été les témoins ; voici un acte d'autorité qu'on aura peine à croire d'un chef de commune qui n'était pas alors en fonctions, n'ayant avec lui qu'un officier municipal, point de secrétaire-greffier, n'étant point décoré de son écharpe et n'ayant point convoqué d'assemblée municipale ; d'un chef de commune qui doit connaître ses lois et être esclave de leur exécution.

Nous réclamons contre cette tyrannie injuste qui attaque, dans la personne de notre camarade, non seulement la garde nationale de Saint-Gilles, non seulement tous nos frères des gardes nationales du royaume, mais même encore les ordonnances militaires qui font d'un officier de garde une personne inviolable et sacrée.

Nous demandons réparation publique de cette injure ; nous nous croyons strictement obligés d'employer pour l'obtenir toutes les voies qui nous sont ouvertes. En conséquence, nous avons décidé que nous enverrions copie du présent procès-verbal à MM. les Administrateurs du directoire du district de Challans, pour qu'ils aient à faire droit sur son contenu.

Signé : GRATTON, commandant ; E. GRATTON, capitaine ; MASSON, lieutenant ; RAFIN, commandant en second ; GABORIT, secrétaire.

Le district de Challans nomme un commissaire, Pierre Jousson, qui met ainsi fin au conflit, suivant le procès-verbal inséré au registre de la garde nationale de Saint-Gilles-sur-Vie :

Aujourd'hui 14 juillet 1791, je soussigné, Pierre Jousson, administrateur du directoire du district de Challans, commissaire nommé par le directoire le jour d'hier, suivant qu'il appert par l'extrait du registre de ses délibérations, signé au délivré Merland et Ganachaud, secrétaire, aux fins d'informer et prendre des renseignements sur les contestations élevées entre le sieur Collinet, maire de Saint-Gilles, et les officiers de la garde nationale dudit lieu, comme il est énoncé par le procès-verbal desdits officiers gardes nationaux, adressé au directoire en date du 12 de ce mois, signé à l'expédition Gaborit, secrétaire ;

Après avoir donné avis tant au sieur Collinet qu'auxdits officiers que j'étais dans l'intention de vaquer au but de ma commission sur les deux heures de l'après-midi, et les avoir invités de se trouver à ladite heure à la maison commune dudit lieu, nous nous y sommes réellement transportés, et, après avoir entendu les dires respectifs des deux parties, il en est résulté que, sur la rixe survenue entre ledit Collinet et le sieur Gratton l'aîné, officier de garde en ce moment, des propos respectifs tenus avec vivacité avaient engagé le sieur Collinet à menacer ledit officier de garde de le faire mettre en prison et aux fers, ce qu'il a reconnu être contre la loi, hors de ses pouvoirs et l'effet d'une vivacité outrée.

D'après cela, les sieurs *Henri Collinet*, maire ; *Arrouet-Madeleine-Mathieu-Monbeau, Louis Rafin, Pierre Mercier*, officiers municipaux ; *Jacques-Salomon Bénéteau*, procureur de la commune ; les sieurs *Jacques-Antoine-Aimé-Émery Gratton, Jean-Jacques Rafin, Émery Gratton, Charles Chauviteau, Jacques-François Masson, Jean-Baptiste Gaborit*, officiers de la garde nationale de ce lieu ;

En présence des sieurs *Antoine Pradel*, sergent du 84e régiment, et *Charles Dorion*, commandant de la garde nationale du Fenouillet : se sont juré un attachement et une amitié inviolables et ont promis de coopérer avec union et intelligence au maintien du bon ordre et à l'exécution des lois, renonçant pour toujours à tout esprit d'animosité.

En foi de quoi ils ont, avec moidit commissaire, signé le présent procès-verbal, fors le sieur Pradel, qui a déclaré ne savoir signer.

Fait et arrêté en la maison commune à Saint-Gilles les jour et an que devant sur les cinq heures de l'après-midi.

Signé à la minute : COLLINET, maire ; GRATTON, commandant ; RAFIN, commandant en second ; J. BENÉTEAU, procureur de la commune ; J.-B. GABORIT, sous-lieutenant ; Louis RAFIN ; ÉMERY GRATTON, capitaine ; MASSON, lieutenant ; DORION, commandant ; MONBEAU, PIERRE MERCIER, CHAUVITEAU, lieutenant ; P. JOUSSON, commissaire.

Le 24 juillet, à la maison commune, s'effectuait d'un commun accord la subdivision de la garde nationale de Saint-Gilles en deux compagnies. Les officiers et sous-officiers nécessaires étaient élus. Gratton aîné et Rafin restaient commandants. La première compagnie avait pour chefs : C. Gratton, capitaine ; Masson, lieutenant ; Gaborit, sous-lieutenant ; la seconde : Charles Chauviteau, capitaine ; Démié, lieutenant ; Galliot, sous-lieutenant.

Le 1er juin 1792, est inscrite au registre la réponse négative faite à la garde nationale de Challans, qui a invité celle de Saint-Gilles à « assister à la fête qui doit avoir lieu pour l'érection du bonnet de la liberté dans l'endroit le plus apparent de ladite ville. » Au jour indiqué, la garde nationale du canton de Saint-Gilles avait à procéder à sa réorganisation.

L'organisation en un corps unique des citoyens inscrits sur les registres des municipalités de Saint-Gilles-sur-Vie, Croix-de-Vie, Saint-Hilaire-de-Riez et du Fenouillet, pour le service de la garde nationale, conformément à la oi du 14 octobre 1791, fut achevée par la « nomination des officiers et sous-officiers des cinq compagnies formant le bataillon de Saint-Gilles, à l'assemblée tenue le 17 juin 1792, à la chapelle de Saint-Gilles, et où présidait le citoyen Jean Ingoult, maire de Croix-de-Vie, comme le plus ancien d'âge des maires présents. »

La compagnie des grenadiers eut pour officiers : Jean-Marie-Jacques-Pierre Rafin, capitaine ; Jean-Baptiste Gaborit fils, lieutenant ; François Brunelière-Lagarde et André Récapé, sous-lieutenants ;

La 2ᵉ compagnie : Jean-Émery Gratton, capitaine ; Jacques-François Masson, lieutenant ; Marie-Joseph Bethuis-Tabloire et Jean-Isaac-Guillaume Hubert, sous-lieutenants ;

La 3ᵉ compagnie : Étienne Robion père, capitaine ; Jacques Ferrand, lieutenant ; Jean-Chrysostome Péan et Jean-Baptiste Gaborit, sous-lieutenants ;

La 4ᵉ compagnie : Jacques-Clément, capitaime ; Jean-Baptiste Candé, lieutenant ; Jean-Baptiste Lévêque et François Dupont, sous-lieutenants ;

La 5ᵉ compagnie : Toussaint Grelier, capitaine ; Benjamin Malescot, lieutenant ; Jean Petit et Jacques Albenque, sous-lieutenants.

Le 1ᵉʳ juillet 1792, en assemblée, à la maison commune, en présence du maire Collinet, et sous la présidence du plus âgé des capitaines, Étienne Robion, conformément à la loi du 14 octobre 1791, les officiers et sergents du bataillon élurent :

Jean-Marie-Jacques-Pierre Rafin, commandant en chef[1] ; Jean-Baptiste Gaborit fils, commandant en second ; Jean-Émery Gratton, adjudant ; Julien Merland, porte-drapeau.

Pour leur remplacement dans les compagnies, furent nommés, en réunion chez le commandant en chef : François Brunelière-Lagarde, capitaine des grenadiers ; Jean-François Masson, capitaine de la 2ᵉ compagnie.

Le 14 octobre 1792, fut formée une compagnie de canonniers nationaux, conformément aux lois du 14 octobre 1791 et du 18 mars 1792. Elle eut pour premiers chefs : Jean Petit père, capitaine ; Marie-Jacob Bethuys, lieutenant et Jean Daniel, sous-lieutenant.

Le 26 décembre, Jean-Émery Gratton ayant été nommé officier municipal, Julien Merland maire, et Jean-Yves Daniel officier municipal, furent élus : adjudant du bataillon, Jean-Baptiste Blanc ; porte-drapeau, Charles Chauviteau ; sous-lieutenant des canonniers, Jean-Jacques Thomas.

Le 19 mai 1793, fut instituée une compagnie soldée du bataillon de Saint-Gilles. Elle avait pour capitaine Chartier ; pour lieutenant Jean Péan ; pour sous-lieutenant, Récapé. D'après la liste d'inscription, elle comprenait 78 hommes.

Le 17 brumaire an IV (7 novembre 1795), la garde nationale est réorganisée suivant la loi du 28 prairial. Elle a pour capitaine Jean-Baptiste Gaborit fils ; Peinson père, lieutenant et Masson, sous-lieutenant.

De nouveau réorganisée par arrêté du directoire exécutif (sans date), Jean-Baptiste Gaborit fils en reste capitaine ; Porteau-Bois-Renard est nommé lieutenant ; Jean Joubert et Péan fils aîné, sous-lieutenants.

Une nouvelle réorganisation s'opère en vertu de la loi du 10 prairial

---

1. Gratton aîné avait été élu le premier commandant du bataillon des volontaires de la Vendée à sa formation, le 5 décembre 1791. (Voir notre t. II, ch. XXI.)

an V (30 mai 1796). Gaborit et Porteau conservent leurs grades, ainsi que Joubert; Guillon est nommé deuxième sous-lieutenant.

Plus tard encore une dernière réorganisation laisse les mêmes officiers, et c'est ici, sans date, en l'an VIII probablement, que se termine le « Registre pour servir à Messieurs les volontaires nationaux de Saint-Gilles, commencé le 24 avril 1790 »[1].

N° 5

SERVANTEAU DE LA BRUNIÈRE

COLONEL DÉMISSIONNAIRE DE LA GARDE NATIONALE DES SABLES-D'OLONNE.

Nous avons produit[2] des documents qui prouvent que la noblesse du Bas-Poitou se fit donner des grades importants dans la formation spontanée de la garde nationale, sous diverses dénominations, et prit part aux fédérations de 1790.

Mais nous avons omis de parler du changement qui s'opéra dans le commandement de la garde nationale des Sables-d'Olonne, lorsque Gaudin l'aîné, qui l'avait créée, devint maire de la ville. Nous avons simplement indiqué[3] que le successeur du jeune bourgeois, ardent patriote, était un noble, Servanteau de la Brunière, qui, seigneur de Coëx, donna sa démission au moment où sa troupe était requise pour réprimer l'insurrection de Saint-Christophe-du-Ligneron et des paroisses voisines.

Cette démission est ainsi constatée dans le procès-verbal de la séance du conseil municipal des Sables en date du 4 mai 1791 :

A comparu M. Servanteau, lequel a dit qu'étant obligé d'aller à sa campagne et craignant de ne pouvoir remplir les fonctions de colonel de la garde nationale de cette ville, il prie la municipalité de recevoir sa démission de cette place, et a signé : H. SERVANTEAU.

Le maire Gaudin, procédant à l'installation des officiers de la garde nationale des Sables nouvellement nommés, le 20 février 1791, sur la place Carcado, avait adressé ce discours à Henri Servanteau et à la troupe qui devait le reconnaître pour colonel :

Citoyens soldats,

Vous êtes assemblés ici pour entendre le serment que vont faire vos officiers et les reconnaître pour vos chefs. Vous les avez honorés de votre choix, ils en en sont sans doute dignes, et vous leur obéirez avec plaisir. Vous suivrez avec

---

1. La dénomination de « volontaires nationaux », sous laquelle se forma la garde nationale de Saint-Gilles, fut prise également par les soldats-citoyens de la Rochelle. Le supplément aux procès-verbaux de l'Assemblée constituante, composé de brochures recueillies par l'archiviste Camus, contient un *Règlement pour la formation, la constitution, l'administration et le service des Volontaires nationaux de la Rochelle*, imprimé par P.-L. Chauvet, imprimeur du Roi, et daté du 29 septembre 1789. (*Archives nat.*, AD XVIII° 97.)
2. Ch. III et IV.
3. Page 296.

plaisir les ordres d'un colonel que la nation a décoré parce qu'il a longtemps exposé ses jours pour elle ; il va jurer de les exposer encore si les circonstances l'exigent, pour la patrie et pour la Constitution.

Le serment, dans la bouche d'un honnête homme, n'est pas une chose vaine ; vous pouvez l'en croire sur sa parole, ainsi que vos autres commandants, et, toutes les fois que vous prendrez les armes, songez que vous avez vous-mêmes fait ce serment sacré.

En vous voyant armés pour le maintien de l'ordre et la défense de la liberté, vous offrez un spectacle bien touchant, bien respectable. Il serait horrible si vous l'étiez pour une cause opposée. Mais éloignons de nous cette affreuse idée ! Au XVIIIe siècle, ma patrie ne renferme point des bourreaux de la Saint-Barthélemy ni des Croisés ; vous êtes trop éclairés sur les cabales qui cherchent à renverser la Constitution et sur vos propres intérêts ; comme vos frères d'armes des autres gardes nationales de France, vous n'aurez jamais que ce cri de ralliement : *La liberté ou la mort* [1].

Henri-François-Marie Servanteau de la Brunière était né le 9 août 1763. Cadet gentilhomme, le 16 août 1778, il était devenu sous-lieutenant au régiment de Dauphin-Dragons, le 26 avril 1781, lieutenant en second le 10 juin 1785 et lieutenant le 1er mai 1788, avait donné sa démission et s'était retiré dans son pays natal, aux Sables, dès le commencement de la Révolution [2].

Après sa démission, il n'émigra pas, mais il alla à Paris comme beaucoup d'autres nobles de Vendée, et en revint au mois d'octobre 1792 ; il fut arrêté avec Veillon de Boismartin, sur le soupçon d'avoir été des « Chevaliers du poignard », comme on appelait les gentilshommes rassemblés aux Tuileries jusqu'au 10 août.

La journée du mois de février 1791, à la suite de laquelle fut, pour la première fois, prononcée dans la presse parisienne et répandue à travers la France entière la dénomination de « Chevaliers du poignard », est ainsi racontée par un royaliste vendéen [3] :

C'était un projet très hardi et dont l'exécution aurait pu être la cause de grands changements.

On fit secrètement savoir, dans les paroisses, aux gentilshommes que l'on connaissait déterminés, qu'on méditait un coup hardi, qui pourrait remettre le Roi sur son trône. On réussit à en assembler un grand nombre à Paris ; le 28 février, quelques-uns s'armèrent de poignards et de pistolets, en outre de leurs épées, et vinrent, comme à l'ordinaire, dans les appartements du château des Tuileries.

Toute espèce d'action hardie impose au peuple. Il est toujours disposé à se montrer pour ceux qui en sont les auteurs. Un mot du Roi pouvait rendre les gentilshommes maîtres du château, et l'Assemblée était dans la même enceinte ; il eût pu se faire qu'une demi-heure vît l'échafaudage philosophique de la Constitution renversé de fond en comble.

1. Extraits des registres municipaux des Sables, aux dates.
2. D'après le contrôle de Dragons-Dauphin, créé en 1673, 7e régiment de dragons en 1791, aux Arch. adm. du ministère de la guerre.
3. *Les causes de la Révolution de France et les efforts de la Noblesse pour en arrêter les progrès* (in-8 de 271 pages, 2e éd. imp. à Copenhague, aux frais de l'auteur, par K.-H. Seidelin, 1800, p. 141-142). M. Dugast-Matifeux a dans sa bibliothèque, un exemplaire de ce très rare ouvrage, qu'il croit, d'après les corrections qui s'y trouvent, être celui de l'auteur, Jacques-Louis Bougrenet de la Tocnaie, ancien officier, seigneur de Moricq, dont la devise était : « *Bougre net de toute bougrerie* ».

M. de la Fayette sentit de quelle importance il était de détourner le danger ; profitant du moment d'irrésolution, où l'on n'attendait que le signal pour commencer l'attaque, il vint trouver le Roi, l'intimida, le persuada et l'obligea à tenir le discours suivant aux gentilshommes :

« Messieurs, je suis sensible au zèle et à l'intérêt que ma Noblesse conserve pour moi; mais, dans ce moment, vos services ne me sont d'aucune utilité. Les bruits que l'on a fait courir sur mon manque de sûreté et sur ma détention ne sont nullement fondés ; c'est pourquoi je vous prie, je vous ordonne même de de déposer ici les armes que vous pouvez avoir. Je les garderai en dépôt, et vous pouvez être certains que vous serez respectés par les gardes nationales, et que vous ne serez pas inquiétés pour ce que vous avez fait aujourd'hui. »

En conséquence, chacun vint porter ses armes dans le tiroir d'une commode près du roi; La Fayette s'en empara, et les gardes nationaux chargèrent dans les escaliers à coups de crosses de fusils ceux des gentilshommes qui s'écartaient de la foule.

Ce n'est pas l'ancien colonel de la garde nationale sablaise, c'est son fils qui, ayant disparu, fut inscrit sur la liste générale des émigrés de la Vendée. On voit, dans les délibérations du Comité de surveillance et révolutionnaire[1], que Servanteau père fut emprisonné le 25 septembre 1793, avec sa fille, comme suspect, en raison de l'émigration de son fils et comme ayant participé à la défense des Tuileries. Le 30 frimaire an III (20 décembre 1794), il était ainsi noté sur le tableau des détenus, demandé au comité par les représentants du peuple en mission :

SERVANTEAU, *ex-noble*. Il paraît constant que cet homme a été mû par le même esprit qui a fait réunir un grand nombre de ci-devant à Paris le 10 août. Le comité pense qu'il n'y a pas lieu de le mettre en liberté.

Il fut élargi, ainsi que sa fille, à la fin du mois de nivôse an III (janvier 1795), au moment où était proclamée l'amnistie accordée par la Convention aux rebelles de la Vendée, et par arrêté des représentants Auger, Morisson et Gaudin, presque en même temps que Baudry-Burcerie et Deshommes d'Archiais, comme lui détenus « pour avoir toujours manifesté de mauvais principes et s'être trouvés à Paris le 10 août »

---

1. Trois registres aux Archives du département de la Vendée

OMISSIONS ET RECTIFICATIONS

Page 7, *note* 2. — Ce n'est pas à Paris, mais à Poitiers, que mourut Ch. Cochon-Lapparent, le 17 juillet 1825. On a omis de rappeler qu'il fut ministre de la police du 3 avril 1796 au 16 juillet 1797.

Pages 11 *et* 459. — Si les dates de la naissance au château de la Vérie, près de Challans, et de la mort, à Nantes, vers 1800-1801, du baron Robert de Lézardière, ne sont pas données, c'est qu'elles manquent dans tous les recueils biographiques, et que les actes ne subsistent pas, même dans la famille.

Page 20, nous citons les érudits vendéens qui crurent reconnaître dans les vieux petits ports de Saint-Gilles ou de Jard le *Portus Secor* ou *Sicor* des géographes anciens. M. Ernest Desjardins, en son grand ouvrage, la *Géographie historique et administrative de la Gaule romaine* (in-8°, Paris, Hachette, 1876), p. 274, hésite entre Machecoul, Bourgneuf et Pornic. Pour ce dernier port se prononce M. A. Charier-Fillon dans le travail considérable qu'il achève sur les *Mouvements du sol* à Noirmoutier et le long des côtes voisines. L'érudit architecte vient de publier son opinion, qui nous paraît décisive, sur ce point controversé de géographie et d'histoire : *Note sur le Promontorium Pictonum ou le Portus Sicor* (16 p. in-8°, Niort, Clouzot, 1891).

Page 34, *note* 1, *au commencement du deuxième alinéa*. — Le chevalier de Loynes de la Coudraye n'était pas le « père », mais le frère du marquis.

Page 38, *ligne* 26. — Au lieu de « les gentilshommes qu'ils avaient députés », on doit lire : les gentilshommes qui l'avaient député.

Page 61, *note* 4, *lignes* 6-7. — On a imprimé Champ-de-Mars, c'est « Cham-de-Mai » qu'il faut lire.

Page 63. — Le dernier des correspondants de l'Ordre de la Noblesse avec les députés, en 1789, se nommait Imbert de la Terrière, et non de la « Ferrière ». Il était, comme on l'a vu pages 125 et 499, colonel de la garde nationale de Challans, au moment de la Fédération du mois de mai 1790. Il mourut avant les troubles. Au mois de mars 1793, comme on le verra vers la fin de notre tome III, sa veuve, née Bouhier, fit partie du premier comité royaliste de Challans, avec ses deux filles, qui distribuaient des cartouches aux insurgés, en costumes d'amazones.

Page 102, *note* 2. — Au lieu de « d'Arnetti », on doit lire : Alfred d'Arneth.

Pages 137 *à* 144, il faut ajouter aux déclarations volontaires des communautés religieuses : celle des Dominicains de Fontenay-le-Comte, qui fut faite le 26 février 1790. Il faut ajouter aux visites municipales : celle chez les Cordeliers de Fontenay, 29 mai 1790, faite par le maire F.-J. Pichard, l'officier municipal Craipain et le greffier Fleury ; l'inventaire dressé à la confrérie de la Miséricorde, le 21 septembre 1790. Les procès-verbaux se trouvent dans les papiers de Benjamin Fillon, entre les mains de M. Charier-Fillon. Parmi ces mêmes papiers, nous avons trouvé le procès-verbal de la visite faite par les officiers municipaux de Fontenay, Esnard et Vinet aîné, assistés du greffier de la commune, chez les Cordeliers, le 22 mars 1791, en exécution de la loi du 14 octobre 1790 : le supérieur François Bonnet, les trois moines et le religieux profès de la maison, y déclarent tous « vouloir continuer à vivre conventuellement. »

Pages 144 à 146. — Durant l'impression de ce volume a paru un intéressant travail de M. Louis Brochet, membre de la Société des Antiquaires de l'Ouest,

Histoire de l'abbaye royale de Saint-Michel-en-l'Herm (avec documents et dessins inédits, grand in-8° de xxx-160 pages), auquel nous renvoyons pour compléter ce que nous disons. Cet ouvrage contient, pages 135-140, un extrait du procès-verbal de la visite commencée par la municipalité de Saint-Michel, le 5 mai, procès-verbal arrêté le 3 octobre 1790, adressé au district de Fontenay et donnant un « dépouillement de la levée courante », d'après laquelle, en 49 articles, sont établis et évalués les divers revenus en argent et en nature, terrages, rentes et dîmes du monastère. Ces revenus, non compris ceux de l'île de Ré, forment le total de 48,876 l. 6 s.

Page 191, *note* 4, *dernière ligne.* — Au lieu de « et de législation », on doit lire : de la Législative.

Page 199, *ligne* 15. — Au lieu de « meneur », on doit lire : successeur.

Page 231 (*faussement numérotée* 331), *note* 1. — Il y a à ajouter : Le 5 avril 1791, Casimir Gobert, huissier audiencier de l'amirauté, faisant provisoirement fonction d'huissier audiencier du tribunal du district des Sables d'Olonne, fut chargé, en exécution d'un jugement du 31 mars, d'aller relever le texte vrai de la délibération du mardi 22 février, sur le registre municipal d'Avrillé. Il ne subsiste de sa mission que « l'acte de dépôt de trois rôles et demi d'écriture », mentionné dans le registre A du tribunal de district retrouvé au tribunal civil des Sables.

Pages 300-301. — Il faut ajouter à la note sur les Guerry et les Rorthais ce renseignement, tiré du *Dictionnaire historique et archéologique des familles de l'ancien Poitou* par Beauchet-Filleau : « Josse de Rorthais, chevalier, seigneur de Saint-Révérend, né le 19 juillet 1757, lieutenant dans les canonniers gardes-côtes du Poitou, émigra et servit en 1792 dans la 2e compagnie noble de Poitou-Infanterie. » Sans doute il ne revint pas de l'émigration ; on ne sait ni où ni quand il mourut.

Page 424. — D'un procès-verbal de la municipalité des Sables (registre 4e), en date du 25 juin, il résulte que tous les officiers du premier bataillon du 84e, ci-devant régiment de Rohan, y compris le sous-lieutenant de Chalancey, se présentèrent pour prêter le serment décrété le 11 par l'Assemblée nationale, et signèrent leur demande, que la municipalité rejeta, « ne jugeant pas que ce serment pouvait convenir dans les circonstances » suscitées par la fuite du Roi. Néanmoins il fut « arrêté qu'on remercierait lesdits sieurs officiers de leur zèle. »

Page 438. — Les détails biographiques manquent sur René-Gabriel Baudry de la Vesquière. On sait seulement qu'il prit part à l'insurrection de 1793 et fit sonner le toscin à Longeville, sa paroisse. Le 26 avril, il fut condamné à mort par la commission militaire des Sables-d'Olonne et exécuté.

Nous nous abstenons de relever les menues fautes d'impression et de rédaction qui se corrigent d'elles-mêmes. Mais nous comptons sur nos lecteurs attentifs, de quelque opinion qu'ils soient, pour nous signaler les erreurs de fait et de personne que nous avons pu commettre. Nous nous ferons un devoir de mentionner les rectifications à la fin de notre tome III.

TABLE PAR ORDRE DE MATIÈRES

Avertissement. I

CHAPITRE PREMIER

La convocation des États généraux de 1789.

Les guerres religieuses et civiles du xvie siècle.	1
La terreur de la Révocation; l'édit de tolérance.	2
Observations et questions des protestants du Bas-Poitou sur l'édit de 1787.	3
Le docteur Gallot; sa lettre à Necker, du 3 décembre 1788	5
Idées du département de Fontenay sur la convocation des États généraux.	7
Opposition de l'Assemblée provinciale; les Robert de Lézardière et les Vaugiraud	10
Mémoire de la noblesse de la Gâtine et du Bocage; Desprez-Montpezat. .	12
Les demandes de Nantes; adhésion de Fontenay-le-Comte, 30 novembre . .	14
Refus d'adhésion de Luçon aux demandes de Quimper	16
États du Poitou sur le modèle de ceux du Dauphiné; mémoire des trois Ordres, corps et corporations de Fontenay, 24-28 décembre	17
Saint-Gilles-sur-Vie; ses plaintes et ses vœux, 28 décembre	20
Les Sables-d'Olonnne	25
Adhésion de la ville à la demande d'États du Poitou, 24 janvier	27
Dépôt du Mémoire de la commune contre le clergé et la noblesse	28
Adoption de ce Mémoire par la mairie; Gaudin l'aîné, 13 février.	31

CHAPITRE II

Les Élections et les Cahiers.

La noblesse du Bas-Poitou; sa rébellion contre les lettres royales de convocation.	32
Les assemblées factieuses de Fontenay; convocation anonyme; Loynes de la Coudraye	33

Dénonciation des assemblées du 28 janvier et du 11 février par le corps de ville de Fontenay, 10 février 1789. 35
Rapport à Necker du président de l'élection, Majou. 35
Rapports de l'intendant de Poitiers, Boula de Nanteuil, sur les assemblées des 10, 11, 17 février. 36
Transmission au gouvernement des résolutions des gentilshommes. 39
La faute de copiste relevée par le comte d'Orfeuille 39
Les Cahiers primitifs des campagnes du Poitou; ceux du Bas-Poitou disparus 40
Le Cahier de Jouhet, rédigé par le seigneur, le comte de Moussy 41
Relations des paysans avec les nobles. 42
Influence du Clergé; Grignon de Montfort et les missionnaires de Saint-Laurent-sur-Sèvre. 43
L'assemblée et le Cahier de la sénéchaussée secondaire de Fontenay. . . . 44
L'article sur la Féodalité introduit dans le Cahier général du Tiers État du Poitou. 45
Demande d'États provinciaux du Bas-Poitou. 46
Réclamations en faveur des non-catholiques par le bailliage de Vouvant, à la Châtaigneraie 47
La réforme du Clergé; ses biens; le boisselage 48
Les prélèvements des moines mendiants 51
Contre le tirage pour la milice; les canonniers gardes-côtes 51
Extrait de la supplique des communes de Machecoul. 52
La réclamation de Noirmoutier pour les îles. 53
Les privilèges et les devoirs seigneuriaux de Noirmoutier, de Bouin et de l'île d'Yeu. 55
L'assemblée générale des trois Ordres à Poitiers; correspondance des représentants de Saint-Gilles, Gratton et Benéteau, avec leur municipalité, 9-28 mars 58
Notes de Goupilleau (de Montaigu) et lettre de Goupilleau (de Fontenay), 17 mars-27 août 60
Les sept députés du Tiers État du Bas-Poitou. 61
L'assemblée générale et le Cahier de la Noblesse 62
Ses députés; leurs correspondants dans le pays, futurs chefs de la grande insurrection. 63
Protestation contre la réunion des Ordres en Assemblée nationale, 30 juin. 65
Levée du mandat impératif des députés nobles, 27 juillet 1789 65
Protestation contre l'abolition de la noblesse héréditaire. 66
L'assemblée et le Cahier du Clergé 67
Réunion des curés députés au Tiers État 68
Le refus de la borderie et autres fautes de la Constituante. 69

CHAPITRE III

Les agitations et les complots de 1789.

La crise du 14 juillet; délibérations des communes de Machecoul, 19-22 juillet 71
La grande panique du 22 juillet dans l'Ouest. 76
L'émeute de Fontenay-le-Comte, 9-10 août. 77
Le Régiment national et le Comité patriotique de Fontenay; Baudry d'Asson. 79

Arrêté des officiers de l'état-major réglant la discipline, 7 septembre 1790.	79
Formation du Comité en assemblée de commune et sa constitution en assemblée municipale, 1er octobre	81
La famine aux Sables-d'Olonne	82
Réponse de la ville des Sables à la ville de Paris, 26 août.	83
La famine à Saint-Gilles et Croix-de-Vie; délibérations communes des deux municipalités, 7 et 22 novembre	84
Correspondance des Sables avec le gouvernement sur les subsistances, 13 décembre 1790 et 17 mars 1791	85
Arrestation de Baudry de la Richardière aux Sables, 12-13 novembre 1789.	86
Rapport de Target à l'Assemblée nationale sur cette affaire.	87
Les premiers procès de lèse-nation ; Lambesc, Besenval.	89
Le marquis d'Autichamp; l'état de ses services contre-révolutionnaires rédigé par lui-même, 28 février 1816	90
Le comte d'Autichamp; l'état de ses services contre-révolutionnaires présenté par son oncle à Charles X, mars 1826.	93
Suite des procès de lèse-nation : Augeard, Favras.	94
Les comtes de Luxembourg et de la Châtre mêlés au complot.	97
Troubles de Mouilleron-en-Pareds, fin de 1789 et commencement de 1790.	98
Adresse du député Gallot à ses concitoyens du district de la Châtaigneraie, 22 janvier 1790.	99
Poursuite et condamnation du prieur-curé Guinefolleau, 22 juillet 1790	100
La réserve des subsistances de la Vendée, en vue de l'insurrection future, 1789-1792.	100
Extrait de la lettre du chef vendéen Jaudonet de l'Augrenière, du 27 décembre 1793.	101
Extrait des Mémoires du général Turreau.	102
Le premier appel à l'étranger; lettre du comte d'Artois et réponse de l'empereur Joseph II, 12-30 octobre 1789	102

CHAPITRE IV

Formation du département, des districts et des municipalités. La Fédération de 1790.

Discussion sur la dénomination du troisième département du Poitou et choix du chef-lieu de la Vendée.	106
Mémoire des Sables-d'Olonne, 4 janvier 1790	107
Décision de l'Assemblée nationale, 26 janvier; réclamations en faveur de la Roche-sur-Yon.	109
Première assemblée des électeurs de la Vendée à Fontenay, 28 juin 1790.	109
Vif incident sur la question du chef-lieu, 2 juillet.	111
Élection des administrateurs du département; les élus appréciés par Mercier du Rocher.	112
Formation des districts; Fontenay, les Sables	113
Pétition du district des Sables contre le chef-lieu du département, 2-3 juillet	116
Appui que lui prête le district de Montaigu; lettre de Goupilleau, 27 septembre.	117
Installation du district des Sables, 23 juillet.	118

Organisation des municipalités. 119
A Saint-Gilles 120
Aux Sables ; l'abbé Gaudin, procureur de la commune 121
Les fédérations du Poitou ; à Poitiers, 11 avril. 123
La fédération, à Challans, des gardes nationales de ce district avec celles des Sables, de Machecoul et de Nantes 125
Le pacte fédératif. 127
Adresse à l'Assemblée nationale, 13 mai. 128
Fédération rurale au Fougeré, 30 mai. 129
Essai pour rendre permanente la confédération vendéenne. 129
Fédération générale ; lettres de la ville des Sables à La Fayette et à la Commune de Paris, 20 juin et 5 juillet. 130
Les députés des gardes nationales vendéennes au Champ-de-Mars ; leur retour, leur drapeau. 132
Entraves mises par la Commission de l'Assemblée provinciale au nouveau régime administratif et fiscal. 132
Première session du Conseil général du département, novembre et décembre 1790. 133
Ses arrêtés pour la conservation des « enfants bâtards », sur les arbres des seigneurs, les haies et les chemins vicinaux. 134

CHAPITRE V

Les biens du Clergé.

Les biens ecclésiastiques à la disposition de la nation, 2-3 novembre 1789. . 136
Déclarations ordonnées par la loi des 13-14 novembre 136
Déclarations individuelles de titulaires de bénéfices, février-mars 1790. . . 137
Déclarations de supérieurs d'abbayes 137
Déclaration du prieur de l'abbaye des Fontenelles, 21 février 138
Sa pétition aux États généraux 140
Les religieuses du diocèse de Luçon. 141
Visites municipales à Fontenay 141
Visite municipale chez les Trinitaires de Beauvoir-sur-Mer, 28-29 mai . . 142
L'abbaye royale de Saint-Michel-en-l'Herm. 144
Ses revenus, d'après la visite de la congrégation de Saint-Maur et les comptes du collège Mazarin. 145
Inventaire de sa bibliothèque. 146
Les moines expulsés de la municipalité, 7 février 147
Exploits d'huissier lancés pour reprise de rentes et droits, en mai 1790 . . 147
Soumissions municipales en vue d'acquérir des biens d'Église 148
Pétition de la ville des Sables, juin-août. 149
Soumission détaillée de la commune d'Olonne. 150
Soumission définitive de la ville des Sables. 151
État comparatif des fermages des biens ecclésiastiques et des traitements ou pensions à payer le 1er janvier 1791. 153
Les traitements ou pensions payés à tous les prêtres jusqu'au troisième trimestre de 1792. 154
Adjudications de baux, estimations de biens, octobre 1790-mars 1791. . . . 155

Ventes de biens, février 1791-juillet 1792. 156
Réponse du département de la Vendée au contrôleur général (de Lessart),
    qui presse les adjudications, 23 décembre 1790. 158
Succès de l'aliénation, quoique retardée. 159
État des ventes au 14 novembre 1791. 161

CHAPITRE VI

La Constitution civile. — Les réfractaires et les intrus.

Signal de la guerre religieuse et civile; mandement de l'évêque de Tréguier. 162
Protestation du chapitre de Luçon contre le refus du titre de religion de
    l'État à la religion catholique; les deux Brumauld de Beauregard. . . 163
Promulgation et application de la Constitution civile du Clergé, 12 juillet 1790-
    26 janvier 1791. 166
Le serment imposé par la Constituante, par l'ancienne Monarchie et par
    l'Empire. 166
Assermentation à Fontenay d'un curé sur trois. 167
Opinion de Mercier du Rocher sur le serment et la déportation des prêtres. 168
Organisation de la lutte contre la Constitution civile. 169
Conclusion de l'instruction pastorale de l'évêque de Boulogne, adoptée par
    les évêques de Luçon et de la Rochelle, 23 novembre 1790-janvier 1791. 170
Délibérations et proclamation de la municipalité des Sables contre le mandement et les lettres de l'évêque de Luçon, janvier 1791. 172
Ses injonctions au curé de la ville, 10 mars. 175
Première assemblée des électeurs, à Fontenay, pour l'élection de l'évêque
    du département, 27 février-1er mars 1791. 176
Élection de Jean Servant, prêtre de l'Oratoire; son acceptation sous réserve,
    1er-3 mars. 179
Sa correspondance avec le ci-devant évêque de Mercy. 180
Lettre du président de l'assemblée électorale (Goupilleau, de Montaigu), au
    président de l'Assemblée nationale. 180
Du même, au Roi; réponse du ministre, 6-14 mars. 182
Démission de Jean Servant, avril. 182
Lettre de l'évêque de Mercy à M. Noirot, curé de Sallertaine, 27 mars . . 183
Extrait de la *lettre* d'un curé constitutionnel (Cavoleau) *à un bon ami*, qui
    l'engage à retirer son serment civique. 185
Appréciation des effets du serment en Vendée par le même Cavoleau . . . 190
Le catéchisme anticonstitutionnel des missionnaires de Saint-Laurent-sur-
    Sèvre; sa réfutation par le curé Benjamin Gauly 191
Les prières insurrectionnelles : au Sacré-Cœur de Jésus. 196
La prière supposée de Louis XVI se vouant au Sacré-Cœur 197
La propagande contre-révolutionnaire des mulotins. 199
Expédition des gardes nationaux d'Angers en leur maison de Saint-Laurent-
    sur-Sèvre, 1er-2 juin 1791. 199
Les deux missionnaires arrêtés, mis en liberté sur réclamations du Département de la Vendée. 200

Protestation du district de Montaigu, rayée du registre de ses délibérations par arrêté du Département, 21 juin. 201
Statistique des deux Clergés vendéens, l'assermenté et l'inassermenté, à la fin de 1791. 203
Plainte du curé Massé, de Saint-Christophe-du-Ligneron, contre le Département qui favorise les réfractaires, septembre 1791 205
Réplique de Cavoleau pour le Département 206
Dépositions des conventionnels vendéens Goupilleau (de Montaigu), Morisson, Maignen et Musset, sur la protection accordée aux prêtres anticonstitutionnels par le procureur général syndic Pichard, avril 1794 209
Réponse de Pichard du Page à ces dépositions 210

CHAPITRE VII

Les agitations et les complots de 1790-1791. — La Société ambulante des amis de la Constitution.

Les projets d'enlèvement du Roi, ourdis à Turin par le Comité du comte d'Artois et condamnés par l'ambassadeur Mercy-Argenteau, avril-mai 1790. 212
Le démembrement de la France consenti pour le concours de l'étranger à la restauration de l'Ancien Régime. 214
Le désarmement des patriotes suscité par des agents de conspiration, à Angers, septembre 1790 214
Soulèvements des paysans de Beaufou, des Lucs et du Poiré contre la garde nationale de Saint-Étienne-du-Bois, 12 septembre 215
Procès-verbaux de la municipalité et de la garde nationale de Saint-Étienne, 12-17 septembre. 216
Lettres et instructions du directoire du district de Challans, 27-28 septembre. 218
Réquisitoire du procureur de la commune de Saint-Étienne 220
Démission du maire; apaisement de l'affaire par le district. 221
Dénonciation, par « lettre d'une mère » à Goupilleau (de Montaigu), de la conspiration de Robert de Lézardière avec le comte d'Artois, 19 novembre 1790 222
Correspondance entre les deux Goupilleau et avec le Comité des recherches de l'Assemblée nationale sur les agissements des Nobles et les excitations des anciens évêques, novembre-décembre. 223
La Châtre, Maillebois et les contre-révolutionnaires de Vendée 225
Fausse alarme dans le district de Challans, janvier 1791. 225
S.-F. Du Chaffault et la rébellion d'Avrillé contre la vente des biens du Clergé et la Constitution civile; délibération du district des Sables, 25 février. 226
Craintes de la commune des Sables; ses lettres au ministre de la guerre, au Comité des recherches de l'Assemblée nationale, 25 février 228
Son Adresse aux Jacobins de Paris 230
Ses lettres aux députés de la Vendée, à Birotheau des Burondières, 22 mars 232
Arrivée de cent hommes de Perche-Infanterie, 29 mars 233
Plaintes contre le mauvais esprit des officiers; retrait de la garnison, 14-18 avril 234

Arrivée d'un détachement de Royal-Lorraine-Cavalerie, 25 avril. 235
Fuite de Du Chaffault; l'affaire sans suite 235
La Société ambulante des Amis de la Constitution du département de la
    Vendée, fondée à l'Oie, 19 février 1791. 235
Girard de Villars, Ch.-T.-E. Moulins, J.-P.-M. Fayau, P.-M. Rouillé. . . 236
Premiers adhérents; affiliation aux Jacobins de Paris. 237
Adresse de A.-Ch.-F. Mercier aux habitants de la campagne 238
Réunions de la Société en diverses localités, 1791 240
Son Adresse aux municipalités, octobre 241
Absence de journal; l'imprimerie Ferré aux Sables 243

CHAPITRE VIII

Les soulèvements de Saint-Jean-de-Monts et d'Apremont.

Tentative d'assassinat contre le vicaire assermenté de Saint-Jean-de-Monts,
    Laroche, 9 avril 1791. 244
Demande de troupes de ligne par le district de Challans, 11 avril 245
Commencement d'information judiciaire; déposition des veuves Mourain. . 246
Déposition du laboureur J. Arnaud. 247
Déposition du vicaire Laroche; interrogatoire du curé Morand. 248
Arrêté pour la fondation d'un « Club des vrais amis de la Constitution », à
    Apremont, 24 avril. 249
Soulèvement rural après la messe; procès-verbal des officiers de la garde
    nationale d'Apremont, 25 avril 250
Addition à ce procès-verbal, 26 avril. 255
Dépositions du notaire Grolleau et du vicaire assermenté Miracle 256
Déposition du sabotier Tallonneau. 258
Déposition de la femme de Félix Goupilleau. 259
Interrogatoires de François Cantin, 27 et 31 juillet. 260
Interrogatoire du curé Riout, 1er août. 262

CHAPITRE IX

L'insurrection de Saint-Christophe-du-Ligneron.

Délibération du district de Challans envoyant chercher des forces au Dépar-
    tement, 28 avril 267
Réquisition de la gendarmerie en vue de troubles le 1er mai. 270
Procès-verbal du soulèvement du 1er mai, par la garde nationale de Saint-
    Christophe-du-Ligneron 27
Déposition de l'administrateur du district, A.-Th. Bouvier. 274
Déposition de J. Grollier, domestique 275
Interrogatoire du laboureur J. Rocquand 276
Interrogatoires des femmes Sire et Amairaud 277

★

518   TABLE PAR ORDRE DE MATIÈRES

Réquisition des gardes nationales du district et appels aux districts voisins,
 1ᵉʳ mai. 1791. 278
Délibérations de la commune de Saint-Gilles-sur-Vie, 1-3 mai 279
Délibérations de la commune et du district des Sables, 2 mai 280
Déclaration de Fruchard, maire de Landevieille. 281
Déclaration de Grondin, maire, Riout, procureur de la commune, et Gaudin,
 vicaire de Coëx 282
Déposition du curé de Coëx, Babin ; du maçon Clautour. 282
Déposition du notaire d'Apremont, Grolleau 283
Déposition sur propos tenus, à la foire de la Mothe-Achard, par le sergent
 royal F. Goupilleau... 283
Répression de l'insurrection de Saint-Christophe, 2 mai ; procès-verbal de
 la brigade de maréchaussée de la Roche-sur-Yon 284
Rapport des officiers de la force armée expédiée à Saint-Christophe-du-
 Ligneron.. 287
Déposition du maire de Saint-Gilles, H. Collinet. 289
Déposition du commandant en second de la garde nationale de Saint-Gilles
 Rafin... 290

CHAPITRE X

Apparition des Nobles dans les attroupements ruraux.

Renseignements fournis à la municipalité de Saint-Gilles-sur-Vie sur la
 présence, dans un attroupement en marche, des nobles Guerry, Rorthais
 et autres... 291
Déclaration du laboureur Berthomé, des sabotiers Braud et Chaillou ... 291
Dépositions du curé de Coëx, Babin ; du maçon Clautour, de l'administra-
 teur des Sables, Lansier. 293
Déposition du curé de Saint-Révérend, Petiot ; de P. Rabeau, armurier de
 Challans ; de Graud, laboureur.................................. 294
Déposition de J. Guilbaud, laboureur à Saint-Révérend. 295
Déposition du sabotier J. Gautreau............................... 296
Démission du commandant de la garde nationale des Sables, Servanteau
 de la Brunière, seigneur de Coëx 296
Sur les propos de Mˡˡᵉ de Hauteporte, la ville des Sables se met en état de
 défense 297
La municipalité de Challans achète des munitions à Machecoul 297
Réquisition aux dragons de Conti de se porter à Saint-Christophe.... 298
Déposition du vicaire Miracle sur l'expédition de Guerry et Rorthais à
 Apremont 298
Dépositions du notaire Grolleau et de sa fille 299
Dépositions du sergent Goupilleau, des sabotiers Braud et Gautreau. ... 300
Réquisition du district de Challans pour l'enterrement du curé de Saint-
 Christophe, mort de maladie durant les troubles................. 301
Arrestation et premier interrogatoire de Guerry de la Vergne...... 302
Premier interrogatoire de Josse de Rorthais...................... 304
Interrogatoire de Guerry de Boisjolly 306
Déposition de M. J.-L. de la Rochefoucauld-Bayers, 20 mai......... 307

Second interrogatoire de Guerry de la Vergne, 3 août 1791. 308
Second interrogatoire de Josse de Rorthais 310

CHAPITRE XI

Le camp de Challans.

Renvoi des gardes nationales auxiliaires de Machecoul et Bourgneuf et des dragons de Conti. 312
Demande d'un renfort de trois cents hommes à la ville de Nantes, 3 mai . 313
Arrivée des Nantais le 4; leur chef, Mellinet, élu commandant général du camp de Challans; délibération du district. 313
Lettre du district de Challans au district de Paimbœuf, 5 mai 314
Recherche de Regain, vicaire de Saint-Christophe, promoteur de l'insurrection, 6 mai-11 août 315
Expéditions et arrestations à Saint-Étienne-du-Bois, au Poiré, à Saint-Jean-de-Monts. 316
Arrivée à Challans des commissaires du département, Pichard du Page et Majou des Grois, 7 mai 317
Pression exercée sur eux par les Amis de la Constitution; dénonciation de Goupilleau (de Montaigu) contre la négligence et la lenteur de l'administration départementale. 318
Correspondance du Département avec le ministre de la guerre, 5 mai. . . 319
Avec le ministre de l'intérieur et entre les deux ministres, 7-19 mai 320
Lettre du ministre de la guerre aux Administrateurs de la Vendée, 21 mai. 321
Expédition pacificatrice des commissaires du Département et du district de Challans, procès-verbal du 8 mai. 322
La conduite du procureur général syndic incriminée. 323
Dépositions, dans le procès Pichard du Page, de Morisson, Fayau, Goupilleau (de Montaigu). 323
Déposition du curé Musset et réplique de Pichard. 324
Translation à Nantes des prisonniers de Challans; arrêtés du district, 8, 12 et 13 mai. 325
Lettre du ministre de la justice (Duport-Dutertre) au ministre de l'intérieur (de Lessart), 3 juin. 327
Promenades militaires des gardes nationales dans les bourgs troublés. . . 328
Les Nantais à Saint-Gilles; la cérémonie funèbre en l'honneur de Mirabeau, 7-9 mai. 328
La levée du camp de Challans; remerciements du district de Challans aux Nantais, 17 mai 330

CHAPITRE XII

L'installation du clergé constitutionnel.

Discours paternel de l'évêque constitutionnel Minée à des paysans de la Loire-Inférieure arrêtés pour rébellion et mis en liberté. 332
Seconde assemblée électorale pour le choix de l'évêque de la Vendée, 1ᵉʳ mai 1791 333

Discours du président élu, Goupilleau (de Montaigu)	334
Lettre aux électeurs par les écoliers du séminaire-collège de Luçon, 30 avril.	335
Procès-verbal de la nomination comme évêque du curé de Fougeré, F.-A. Rodrigue, 2-3 mai	336
Son acceptation, son sacre et son installation à Luçon, 3 mai, 3-12 juin	337
Protestation de l'ancien évêque de Mercy; poursuites contre ses grands vicaires et son chapitre	338
Élection de curés constitutionnels; installation de Gérard, aux Sables, 22 mai-19 juin	339
Circulaire municipale aux prêtres réfractaires, 25 juin	340
Expulsion du vicaire de Saint-Gilles, Moiseau, 22 mai-20 juin	341
L'arrêté du Département de Paris sur la liberté des cultes; 11 avril	342
Discussion de la loi libérale des 7-13 mai 1791	344
Loi des 19-20-25 juin contre les inassermentés	345
La lettre-circlaire du grand vicaire de l'évêque de Luçon, organisant la lutte contre le clergé constitutionnel, 30 mai	346
Pétition des non-conformistes de Saint-Mars-la-Réorthe; la chapelle de Mme veuve de Toucheprès, 25 juin	348
Perquisition à la Traverserie, 29 juin	351
Poursuites contre Mme de Toucheprès et le curé réfractaire Morennes	353
Réclamation de curés et citoyens patriotes du district de la Châtaigneraie, 21 juillet	354
L'émotion populaire de Saint-Pierre-du-Chemin, août	355
Déposition du conventionnel Maignen sur les séditions impunies du district de la Châtaigneraie	356

CHAPITRE XIII

La fuite du Roi et les rassemblements des Nobles.

Fuite du Roi et de sa famille, 20-21 juin 1791	358
Arrivée de la nouvelle dans l'Ouest ; Dumouriez, à Nantes, prêt à marcher au secours de l'Assemblée nationale, 22 juin	359
Adhésion du commandant de la 12e division militaire, Verteuil, à l'initiative de son maréchal de camp, 23 juin	360
Adresse du Département de la Vendée à ses concitoyens	361
Aux Sables, double motion des Amis de la Constitution; mesures contre les prêtres réfractaires et les suspects, 24 juin	363
Perquisitions et saisies de lettres par les gardes nationales et les municipalités de Sainte-Hermine et de Saint-Hermand	364
Visite du château de la Ranconnière, 25 juin	365
Lettre à Mme de Reignon et lettre anonyme sur le rassemblement de la Noblesse à Luçon	367
Lettre de la femme Savary-Babin à son frère, curé de Saint-Mars-des-Prés, contre l'évêque constitutionnel	368
Lettre du notaire Jouanneau à Mme de Chabot, sur la rentrée de la Noblesse à Luçon, 26 juin	369
Lettre à MM. de Chabot	370
Lettres du curé de Saint-Mars-la-Réorthe à un confrère réfractaire et du vicaire des Épesses au curé de Saint-Mars	371

TABLE PAR ORDRE DE MATIÈRES 521

Saisie d'une lettre à Sainte-Gemme, 28 juin 1791. 372
La lettre de M. et Mme de la Salle au marquis de Lézardière, prise sur un
   domestique, aux Sables, et transmise à Luçon. 372
Arrêté du Département approuvant ces saisies et déférant les lettres à l'accusateur public, 30 juin 374
Lettre du marquis de la Coudraye à de Chabot sur le rendez-vous général
   à Châtillon ou à Luçon 376

CHAPITRE XIV

Union des districts maritimes; craintes de débarquements.

Rassemblements insurrectionnels dénoncés par les maires du Poiroux, de
   Talmont, de Saint-Hilaire, 25 juin 377
Dénonciation de Friconneau contre de Loynes. 378
Demande d'action contre les châteaux par des officiers municipaux de Tal-
   mont, de Saint-Hilaire, de Château-d'Olonne et du Poiroux 379
Pétition des Amis de la Constitution. 379
Délibération du district des Sables ordonnant une expédition militaire, 25 juin,
   10 heures du soir. 380
Visite du château de la Marzelle et saisie de lettres adressées à Baudry de
   la Vesquière, à de la Bassetière, à de Loynes, etc., 26 juin. 381
Le billet attribué à Gentet de la Chesnelière. 381
Le corps expéditionnaire renforcé ; arrêté du district, 26 juin. 382
Appel de secours à Challans et à Nantes 383
Agitation et mesures de défenses à Saint-Gilles et Beauvoir 384
Lettre de Mourain, de Saint-Jean-de-Monts, sur des rassemblements insur-
   rectionnels et l'apparition de bâtiments sur la côte, 27 juin. 385
Demandes de secours du district de Challans à Machecoul et à Nantes . . 386
Lettre au ministre de l'intérieur. 387
Demande de nouvelles au district des Sables 388
Envoi de secours vers la Proutière. 389
Bâtiments suspects signalés de Jard et de Talmont. 389
Mêmes renseignements de Saint-Gilles et Croix-de-Vie. 390
Alarme sur la côte de Sion 391
Nouvel appel de secours à Machecoul et à Nantes, 28-29 juin 392
Lettre du maire de Saint-Jean-de-Monts sur les embarcations apparues et
   disparues, 29 juin 393
Lettres des municipalités de Saint-Gilles et Croix-de-Vie et réponse du dis-
   trict de Challans. 394
Communications échangées entre la Loire-Inférieure, Ille-et-Vilaine et le
   Morbihan 395
La panique dissipée; lettre du Département de la Loire-Inférieure, 2 juillet. 398
Inquiétudes à l'Assemblée nationale, séance du 2 juillet. 398
Dépêche du général Verteuil au ministre de la guerre, 5 juillet. 399
De l'île d'Yeu, expulsion de l'ancien gouverneur Verteuil et demande
   d'armes, 15 juillet 399

CHAPITRE XV

L'expédition de la Proutière et le procès des Lézardière.

Transmission par le Département de la nouvelle de l'arrestation du Roi, 25 juin.	401
Offre pacifique des Nobles rassemblés à la Proutière; refus de la capitulation par arrêté du district et de la commune des Sables, 27 juin.	402
Le détachement d'Avrillé renforcé; secours de Luçon et de Sainte-Hermine.	403
Délibération du Directoire du Département; envoi de deux commissaires.	404
Incendie de la Proutière et de Garnaud, 28 juin.	406
La fin de l'expédition annoncée au district de Challans.	407
Commencement d'information devant la municipalité des Sables, 30 juin.	408
Déposition du chirurgien Moreau.	409
Déposition de Jacques Soindre, de Rose Lambert.	410
Déposition du major Ruchaud, du charpentier Merlet, du domestique Savari.	411
Interrogatoire de prisonniers devant le district; les gens de de Loynes.	412
Le nègre Scipion, cuisinier de la Proutière.	413
Arrestion de Bareil, maire d'Avrillé.	413
Saisies de lettres suspectes à Challans et à Saint-Gilles.	414
La protestation des 290 députés à l'Assemblée nationale, 29 juin.	415
Les commissaires du Département, Luminais et Pichard, aux Sables.	416
Leur arrêté contre la fouille des châteaux.	416
Conflit avec la municipalité, 30 juin.	417
Rapport des commissaires à l'Assemblée nationale.	419
Lettre du Directoire du Département et demande à l'Assemblée nationale de deux Commissaires civils, 5 juillet.	423
Demande au ministre de la guerre du retrait du 84ᵉ régiment.	423
Les deux officiers Laverand et de Chalancey.	424
Rappel des secours de Nantes; lettre intime d'un officier de dragons.	425
Réponse des officiers municipaux des Sables au rapport départemental.	428
Actes de dépôt des pièces à l'appui de la dénonciation au nom du Département contre les Lézardière et de Loynes, 29 et 30 juin.	431
Acte de dépôt des pièces contre les accusés secondaires.	436
Arrestation du baron Robert de Lézardière et de ses fils, à Saint-Florent, ramenés de Montaigu aux Sables, 30 juin-4 juillet.	437
Arrestation de Baudry de la Vesquière, 3 juillet.	438
Acte de dépôt de la personne de ce dernier et des pièces le concernant.	439
Procès-verbal de l'emprisonnement des Lézardière, 4 juillet.	441
Acte de dépôt des actes du tribunal de Montaigu transmettant les prisonniers au tribunal des Sables.	442
Recherche de Robert de la Véric et arrestation de Robert de la Salle, 5 juillet.	443
Démarches de Mˡˡᵉˢ de Lézardière; mise en liberté de leurs plus jeunes frères.	444
Traitement des prisonniers, consigne municipale du poste de la prison de la Coupe, 9 août.	445
Dépôt de pièces nouvelles, 7 juillet.	446

Arrestation d'émigrants à Noirmoutier; lettre à l'Assemblée nationale, 3 août 1791. 447
Neuf complices du rassemblement de la Proutière transmis aux Sables . . 449
Lettre du commissaire du roi Mercier de Plantibaud au ministre de la justice; récit de l'affaire Lézardière, qu'il ne peut suivre, 5 août 450
Démission du procureur-syndic Degounor et sa lettre à Pichard du Page, du 30 octobre. 453
L'instruction faite par le juge M.-F. Bréchard. 454
Abandon de l'affaire et mise en liberté des Lézardière par suite de l'amnistie du 15 septembre. 454
A Paris, à Choisy-le-Roi; le 10 août 1792; les massacres de septembre et le procès du Roi. 455
Recherche des Lézardière; arrestation du père; condamnation et exécution de deux des fils, 7 juillet 1794 456
Leurs billets d'adieu. 457
Charles de Lézardière en Vendée; son acquittement en conseil de guerre. 458
Retour et mort du baron, 1801; pétition de Mme Robert de la Salle en 1815. 459
Les deux Lézardière députés sous la Restauration. 460
Entraînement fatal dans la contre-révolution, d'une famille libérale amie de Turgot et de Malesherbes 461

APPENDICE

N° 1. — MERCIER DU ROCHER, ses *Mémoires*, son *Journal* et l'*Histoire de sa vie* 463

N° 2. — J.-J.-M. SAVARY, *l'historien des guerres des Vendéens et des Chouans*. 476

N° 3. — LES MISSIONNAIRES DE SAINT-LAURENT ; *Mémoire contre eux, de 1777 ; Développements de la Compagnie de Marie jusqu'à nos jours*. . . 480

N° 4. — LES VOLONTAIRES NATIONAUX ET LES GARDES NATIONALES DE SAINT-GILLES-SUR-VIE, *Extraits de leur registre manuscrit, 1789-an VIII*. 495

N° 5. — SERVANTEAU DE LA BRUNIÈRE, colonel démissionnaire de la garde nationale des Sables; *Note sur les Chevaliers du poignard*. 506

OMISSIONS ET RECTIFICATIONS. 509

TABLE PAR ORDRE DES MATIÈRES. 511

FIN DU TOME PREMIER.

Paris. — Imprimerie PAUL DUPONT, 4, rue du Bouloi. (Cl.) 94.11.91.

www.ingramcontent.com/pod-product-compliance
Lightning Source LLC
Chambersburg PA
CBHW071417230426
43669CB00010B/1578